Die Vermögensverwaltung durch Wertpapierdienstleistungsunternehmen

Europäische Hochschulschriften
Publications Universitaires Européennes
European University Studies

Reihe II
Rechtswissenschaft

Série II Series II
Droit
Law

Bd./Vol. 3980

PETER LANG
Frankfurt am Main · Berlin · Bern · Bruxelles · New York · Oxford · Wien

Wolfgang Süss

Die Vermögensverwaltung durch Wertpapierdienstleistungsunternehmen

Zugleich ein Beitrag zu § 34 a WpHG

PETER LANG
Europäischer Verlag der Wissenschaften

Bibliografische Information Der Deutschen Bibliothek
Die Deutsche Bibliothek verzeichnet diese Publikation in der Deutschen Nationalbibliografie; detaillierte bibliografische Daten sind im Internet über <http://dnb.ddb.de> abrufbar.

Zugl.: Augsburg, Univ., Diss., 2002

D 384
ISSN 0531-7312
ISBN 3-631-52465-X

www.peterlang.de

Meiner Mutter

Vorwort

Die vorliegende Arbeit hat im Sommersemester 2003 dem Fachbereich Rechtswissenschaften der Universität Augsburg vorgelegen. Das Rigorosum fand am 14. Juli 2003 statt.

Besonderer Dank gilt meinem Doktorvater Prof. Dr. Thomas M. J. Möllers für die Hilfestellung bei der Themenfindung, die Betreuung der Arbeit sowie die zügige Betreibung des Promotionsverfahrens. Frau Prof. Dr. Gsell möchte ich für die Übernahme und Erstellung des Zweitgutachtens danken.

Dank gebührt ferner zahlreichen Mitarbeitern des Bundesaufsichtsamtes für das Kreditwesen sowie des Bundesaufsichtsamtes für den Wertpapierhandel (jetzt: zusammengefaßt in der Bundesanstalt für Finanzdienstleistungsaufsicht), die sich zu jeder Zeit als diskussionsbereite Ansprechpartner zeigten.

Meinen Eltern danke ich für die stets selbstverständlich gewährte Unterstützung (aber nicht nur dafür).

Inhaltsverzeichnis

§ 1 Herleitung und Einordnung der Vorschrift des § 34 a WpHG

A. Einordnung in den Kontext des WpHG

Die Vorschrift des § 34 a über die „Getrennte Vermögensverwaltung" wurde durch das am 28. Oktober 1997 verkündete und zum 01. 01. 1998 in Kraft getretene Gesetz zur Umsetzung von EG-Richtlinien zur Harmonisierung bank- und wertpapierrechtlicher Vorschriften („6. KWG-Novelle")[1] in das Wertpapierhandelsgesetz (WpHG)[2] eingefügt. § 34 a WpHG gilt heute nach Änderung des ursprünglich vorgesehenen Gesetzeswortlautes auf Beschlußempfehlung des Finanzausschusses[3] sowie einer terminologischen Änderung[4] anläßlich der Umsetzung der EG-Richtlinien über die Einlagensicherung[5] und die Anlegerentschädigung[6] in der folgenden Fassung:

(1) Ein Wertpapierdienstleistungsunternehmen, das kein Einlagenkreditinstitut im Sinne des § 1 Abs. 3d Satz 1 des Gesetzes über das Kreditwesen ist, hat Kundengelder, die es im Zusammenhang mit einer Wertpapierdienstleistung oder einer Wertpapiernebendienstleistung entgegennimmt und im eigenen Namen und auf Rechnung des Kunden verwendet, unverzüglich getrennt von den Geldern des Unternehmens und von anderen Kundengeldern auf Treuhandkonten bei einem Kreditinstitut, das im Inland zum Betreiben des Einlagengeschäftes befugt ist, oder einem geeigneten Kreditinstitut mit Sitz im Ausland, das zum Betreiben des Einlagengeschäftes befugt ist, zu verwahren. Das Wertpapierdienstleistungsunternehmen hat dem Kreditinstitut vor der Verwahrung offenzulegen, daß die Gelder für fremde Rechnung eingelegt

---

1 BGBl. I 1997, 2518, 2563; das Gesetz wurde am 05. 06. 1997 vom Bundestag verabschiedet, die Zustimmung des Bundesrates erfolgte abschließend am 04. 07. 1997.

2 Wertpapierhandelsgesetz vom 27. 04. 1994, BGBl. I 1994, 1749, verkündet als Art. 1 Zweites Finanzmarktförderungsgesetz; vgl. zu den zahlreichen Änderungen dieses Gesetzes: *Möllers/ Ganten*, ZGR 1998, 773, 774, Fn. 2.

3 Vgl. BT-Drucks. 13/7627, S. 166 f.

4 Gesetz zur Umsetzung der EG-Einlagensicherungsrichtlinie (94/19/EG) und der Anlegerentschädigungsrichtlinie (97/9/EG) vom 16. 07. 1998, BGBl. I 1998, 1842; diese Änderung betraf die explizite Ausnehmung von Einlagenkreditinstituten i.S.d. § 1 IIId KWG vom Anwendungsbereich des § 34 a I WpHG; siehe dazu § 2 A.I.1.a).

5 Richtlinie 94/19/EG vom 30. 05 1994, ABl. der EG Nr. L 135/5.

6 Richtlinie 97/9/EG vom 03. 03. 1997, ABl. der EG Nr. L 84/22.

werden. Es hat den Kunden unverzüglich darüber zu unterrichten, auf welchem Konto die Kundengelder verwahrt werden und ob das Kreditinstitut, bei dem die Kundengelder verwahrt werden, einer Einrichtung zur Sicherung der Ansprüche von Einlegern zugehört und in welchem Umfang die Kundengelder durch diese Einrichtung geschützt sind.

(2) Ein Wertpapierdienstleistungsunternehmen ohne eine Erlaubnis zum Betreiben des Depotgeschäftes im Sinne des § 1 Abs. 1 Satz 2 Nr. 5 des Gesetzes über das Kreditwesen hat Wertpapiere, die es im Zusammenhang mit einer Wertpapierdienstleistung oder einer Wertpapiernebendienstleistung entgegennimmt, unverzüglich einem Kreditinstitut, das im Inland zum Betreiben des Depotgeschäftes befugt ist, oder einem Kreditinstitut mit Sitz im Ausland, das zum Betreiben des Depotgeschäftes befugt ist und bei welchem dem Kunden eine Rechtsstellung eingeräumt wird, die derjenigen nach dem Depotgesetz gleichwertig ist, zur Verwahrung weiterzuleiten. Absatz 1 Satz 3 gilt entsprechend.

(3) Das Bundesministerium der Finanzen kann durch Rechtsverordnung, die nicht der Zustimmung des Bundesrates bedarf, zum Schutz der einem Wertpapierdienstleistungsunternehmen anvertrauten Gelder oder Wertpapiere der Kunden nähere Bestimmungen über den Umfang der Verpflichtungen nach den Absätzen 1 und 2 erlassen. Das Bundesministerium der Finanzen kann die Ermächtigung durch Rechtsverordnung auf das Bundesaufsichtsamt übertragen.

Mit dem Vierten Finanzmarktförderungsgesetz wird der Titel der Vorschrift in „Getrennte Vermögensverwahrung" abgeändert.[7]

I. Schaffung des § 34 a WpHG vor dem Hintergrund der erstmaligen gesetzlichen Erfassung der Vermögensverwaltung aufgrund deren wachsender Bedeutung

Die Einführung dieser Vorschrift ist im Zusammenhang mit der Erweiterung des WpHG auf die in § 2 IV neu definierten Wertpapierdienstleistungsunternehmen und der damit einhergehenden Aufnahme der Vermögensverwaltung als Wertpapierdienstleistung gemäß § 2 III Nr. 6 WpHG zu sehen. Erst durch diese Ausweitung des Anwendungsbereiches des WpHG wurde es erforderlich, Anforde-

7 BGBl. I 2002, 2010, 2033. Inhaltliche Änderungen der Vorschrift sind indes hiermit nicht verbunden; siehe zu den Motiven dieser Änderung der Überschrift von § 34 a WpHG § 2 B.I.2.a)cc),(2b).

rungen an die Handhabung des entgegengenommenen Kundenvermögens in das Gesetz aufzunehmen. Zuvor war die Anwendung des WpHG im wesentlichen auf Kreditinstitute beschränkt, für die ein Kundenschutz im Rahmen der Vermögensverwaltung, wie ihn auch § 34 a WpHG intendiert, bereits aufgrund des Kreditwesengesetzes (KWG) bzw. des Depotgesetzes (DepotG) bestand.[8] Vor diesem Hintergrund erscheint es daher folgerichtig, daß Einlagenkreditinstitute bzw. Depotbanken vom Anwendungsbereich des § 34 a WpHG ausgenommen sind.[9]

Mit der erstmaligen gesetzlichen Normierung der Vermögensverwaltung als Wertpapierdienstleistung gemäß § 2 III Nr. 6 WpHG wurde mithin die Voraussetzung dafür geschaffen, daß nun die Regelungen des WpHG in vollem Umfang auch *bankunabhängige Vermögensverwalter* erfassen bzw. durch Einführung neuer Vorschriften - wie eben der des § 34 a I WpHG - weitere Anforderungen an diese gestellt werden können. Damit kam der deutsche Gesetzgeber, wenn auch verspätet, den europarechtlichen Vorgaben der Wertpapierdienstleistungsrichtlinie[10] (WpDIRL) gemäß deren Anhang, Abschnitt A, Nr. 3 nach. Da also die Ausdehnung des Anwendungsbereiches des WpHG auf Vermögensverwalter ohne Bankstatus[11] wegen der europäischen Maßgaben bereits bei Verabschiedung der ursprünglichen Fassung des WpHG absehbar war, ist auch die bereits zuvor erfolgte Neuordnung des bankenrechtlichen Aufsichtswesens vor diesem Hintergrund zu sehen. Neben dem Bundesaufsichtsamt für das Kreditwesen (BAKred) wurde das Bundesaufsichtsamt für den Wertpapierhandel (BAWe) als weitere selbständige, zentrale Kapitalmarkt-Aufsichtsbehörde zum 1. August 1994 mit der Zuständigkeit zur Überwachung der Vorschriften des WpHG errichtet, vgl. §§ 3, 4 WpHG.[12] Daß der Aufsicht des BAWe damit auch Kreditin-

---

8 *Schäfer*, WpHG, vor § 31, Rn. 5 geht davon aus, daß der durch § 34 a WpHG intendierte Schutz durch diese Gesetze bereits sichergestellt war.

9 Hierauf wird im einzelnen vertieft einzugehen sein: Hintergründe und Berechtigung der Privilegierung von Einlagenkreditinstituten im Rahmen des Abs. 1 sollen unter Gliederungspunkt § 2 A.II1.b) genauer untersucht werden, diejenigen der Privilegierung von Depotbanken im Rahmen des Abs. 2 unter § 4 II.2.

10 Richtlinie 93/22/EWG des Rates vom 10. 05. 1993 über Wertpapierdienstleistungen, ABl. der EG Nr. L 141/27.

11 Und andere zuvor nicht erfaßte Finanzdienstleister, die keine Kreditinstitute sind, wie insbesondere die Vermittler von Finanzanlagen nach § 2 III Nr. 3 und Nr. 4 WpHG, vgl. Anhang zur WpDIRL, Abschnitt A, Nr. 1. Im einzelnen zur Vielzahl der erst nachträglich erfolgten Umsetzungen der WpDIRL in bezug auf die Statuierung von Wertpapierdienstleistungen nach Abschnitt A des Anhanges zur WpDIRL vgl. die Begr. RegE zu § 2 III WpHG in: BT-Drucks. 13/7142, S. 101.

12 Die Errichtung des BAWe mit Sitz in Frankfurt a.M. erfolgte durch Erlaß des Bundesministeriums der Finanzen, für den sich die Rechtsgrundlage in § 3 I WpHG findet, vgl. Bundesanzeiger vom 31. 08. 1994; generell gesprochen oblag damit die

stitute i.S.d. KWG unterfielen, soweit sie Wertpapierdienstleistungen erbringen, gründet sich darauf, daß das KWG entsprechend dem in Deutschland geltenden Universalbankensystems ursprünglich von einem umfassenden Institutsbegriff ausging. Dagegen folgte der europäische Gesetzgeber mit der Aufsplittung in verschiedene Institutsgruppen nach Tätigkeitsbereichen offensichtlich eher einem anderen Verständnis, nämlich dem des im angelsächsischen Raum gängigen Trennbankensystems.[13] Es kommt somit, obschon der Regelungsbereich dieser Richtlinie seinem Gegenstand nach dem Wertpapier- und Börsenrecht sowie dem Finanzdienstleistungsrecht im weiteren Sinne zuzuordnen ist, zu einer Überschneidung mit dem Bankenaufsichtsrecht nach traditioneller deutscher Auffassung.[14]

Das gesetzgeberische Aktivwerden im Bereich der Vermögensverwaltung ist als Konsequenz eines sich in den letzten Jahrzehnten immer weiter ausdehnenden Marktes für die Vermögensverwaltung in Deutschland und Europa zu verstehen. Erforderlich für die Entstehung eines solchen Marktes ist neben dem Vorhandensein eines Substrates für die Vermögensverwaltung, also von Vermö-

---

Marktaufsicht dem BAWe, während die Institutsaufsicht dem BAKred zugewiesen war, vgl. *Assmann* in: Assmann/ Schneider, WpHG, § 1, Rn. 8. Eine graphische Übersicht über die Kompetenzverteilung bei der Aufsicht nach dem Umsetzungsgesetz findet sich bei *Dreyling* in: Assmann/ Schneider, WpHG, § 4, Rn. 8. Mit dem Gesetz über die integrierte Finanzdienstleistungsaufsicht vom 22. 04. 2002 (BGBl. I 2002, 1310) wurden jedoch die ehemaligen Aufsichtsämter über das Kreditwesen (BAKred), den Wertpapierhandel (BAWe) sowie zudem das Bundesaufsichtsamt für das Versicherungswesen mit Wirkung zum 01. 05. 2002 unter dem Dach der neuen Bundesanstalt für Finanzdienstleistungsaufsicht (BAFin) zur Bündelung der Finanzmarktaufsicht zusammengeführt. Damit soll vor allem einer Tendenz im Markt Rechnung getragen werden, verstärkt Finanzprodukte „aus einem Guß" anzubieten, womit die ehemals klare Trennlinie zwischen dem Kredit- und dem Finanzdienstleistungsgewerbe (bzw. dem Versicherungswesen) immer mehr verschwimmt. Da jedoch das materielle Recht im Zuge der Neuorganisation der Aufsichtsämter nicht geändert wurde, bleibt inhaltlich die Aufteilung in die verschiedenen „Aufsichtssäulen" intern weitgehend erhalten. Lediglich treten neben diese klassischen Organisationseinheiten sog. Querschnittsabteilungen, die sich zukünftig der Bewältigung sektorübergreifender Problematiken annehmen sollen. Im einzelnen zur internen Aufteilung des BAFin siehe dessen Internetauftritt unter http:/www.bafin.de/bafin/bafin_wirueberuns.html (S. 3 ff).

13 Vgl. *Köndgen*, ZBB 1996, 361; *Weber-Rey/ Baltzer*, WM 1997, 2288. De facto scheint aber der Europäische Gesetzgeber, ideologisch unvoreingenommen, in erster Linie pragmatisch vorgegangen zu sein, indem er eher von einem im Verhältnis zum klassischen Trennbankensystem weiteren Bankenbegriff ausging. Auch wurden die nationalstaatlichen Bankbegriffe nicht aufgehoben und die Bereiche „investment banking" und „commercial banking" nicht streng voneinander abgegrenzt; siehe § 2 A.I.

14 *Horn*, ZBB 1994, 130, 136.

gen überhaupt, daß der Vermögensinhaber entweder nicht willens oder nicht in der Lage ist, sein Vermögen selbst zu verwalten.[15] Weil es in Deutschland - anders als etwa in den USA[16] - bis zum Beginn der 60er Jahre meist an einer dieser beiden Voraussetzungen fehlte, kam der Verwaltung fremder Vermögen im Geschäftsumfang der Banken hierzulande zunächst keine nennenswerte Bedeutung zu.[17]

Wirtschaftsgeschichtlich kann dabei die professionelle Vermögensverwaltung durch einen Dritten nach dem Maße der Arbeitsteilung bei der Verwendung von Kapital als das Erreichen einer weiteren Ebene des Kapitalismus gesehen werden. Ausgehend von der im 18. Jahrhundert bestehenden Identität von Eigentümern und Unternehmern als der ersten Phase industrieller Entwicklung, ist die zweite Phase durch die in der Folgezeit stattfindende Spaltung in Eigentümer und Unternehmensverwalter gekennzeichnet. Die bei der Vermögensverwaltung eintretende Aufsplittung der Eigentümerfunktion, die darin liegt, daß nun der Geldvermögensinhaber die Entscheidung des „Wie" der Kapitalanlage einem anderen überträgt und sich fortan damit begnügt, Kapital zur Verfügung zu stellen, bildet somit die dritte Stufe eines Phasenmodells des arbeitsteiligen Vorgehens bei der Kapitalverwendung.[18]

Der Umstand, daß die Vermögensverwaltung auf Wertpapierbasis in den letzten Jahrzehnten immer größere Bedeutung erlangt, erklärt sich insbesondere auch aus der ansteigenden Quote des Gesamtanlagevolumens in Wertpapieren, welches Ende 1999 in Deutschland einen Anteil von etwa 30 % der gesamten Vermögensbildung erreicht hatte, was einer Steigerung seit 1992 um 117 % gleichkommt.[19] Hinsichtlich des in Aktien angelegten Vermögens war für diesen

---

15 *Schwintowski/ Schäfer*, BankR, § 12, Rn. 2; *Schäfer* in: BuB, 11/1; vgl. dazu auch *Coing*, AcP 167 (1967), 99 f.

16 Zur rechtstatsächlichen Entwicklung der privaten Vermögensverwaltung in den USA bis zu Beginn der 60er Jahre *Coing*, AcP 167 (1967), 104 f.

17 *Schwintowski/ Schäfer*, BankR, § 12, Rn. 2; *Schäfer* in: BuB, 11/1; *Liebich/ Mathews*, Treuhand im Recht der Wirtschaft, S. 197; zum Stand der Entwicklung der privaten Vermögensverwaltung zu Beginn der 60er Jahre in Deutschland *Coing*, AcP 167 (1967), S. 120 f.

18 Dieses Phasenmodell geht auf zurück auf: *Clark*, 94 Harvard Law Review 1981, 561 ff, der eine weitere, vierte Stufe darin ausmacht, daß dem Anleger selbst die Entscheidung darüber, welche Sparquote er zu erfüllen hat und über wieviel er frei verfügen kann, abgenommen wird, wie sich dies bei den Pensionskassen und Versicherungsträgern in den USA als institutionellen Anlegern abzeichnen soll. Vgl. zu einer zusammenfassenden Darstellung des Phasenmodells in deutscher Sprache: *Schwintowski/ Schäfer*, BankR, § 12, Rn. 3 ff sowie *Schäfer* in: Assmann/ Schütze, Hdb. des KapitalanlageR, § 28, Rn. 3 ff; *ders.* in: BuB, 11/2 ff.

19 Diese Prozentzahlen basieren auf der Grundlage der Ergebnisse einer Infratest-Umfrage im Auftrag des deutschen Aktieninstituts e.V. Frankfurt in: FAZ vom 02.

Zeitraum sogar eine Verdreifachung des Wertes des Aktienbestandes zu konstatieren.[20] Diese zunehmende Verbreitung von Wertpapieren unter Privatanlegern dürfte einen Hauptgrund darin haben, daß sich seit der Währungsreform in Deutschland umfangreiche Vermögen gebildet haben, deren Vererbung zudem in den letzten Jahren schwerpunktmäßig begonnen hat.[21] Damit einhergehend war eine stetig abnehmende Scheu gegenüber der - im Verhältnis zu klassischen Anlageformen risikointensiveren - Anlage in Aktien auf breiter Front zu verzeichnen.[22] Die erhöhte Risikobereitschaft der deutschen Privatanleger kann wiederum zum einen auf die Tatsache zurückgeführt werden, daß es sich bei den anzulegenden Geldern immer häufiger um nicht selbst verdientes oder überschüssiges Kapital handelt, zum anderen in jüngerer Zeit zusätzlich darauf, daß sich die Aktienindizes mehrere Jahre nahezu durchgehend in einem Aufwärtstrend befanden, der von September 1999 bis März 2000 in einem wahren „Aktienboom" gipfelte.[23] So stieg die Zahl der Aktionäre allein im ersten Halbjahr 2000 von 8 Millionen auf 11,32 Millionen, womit der Anteil der Aktienbesitzer an der Bevölkerung über 14 Jahre bereits 17,7 % betrug.[24]

---

08. 2000, S. 27. Dem Anteil von ca. 30 % am Gesamtgeldvermögen der privaten Haushalte in Höhe von 6749 Milliarden DM entspricht ein Geldwert von 2367 Milliarden DM.

20 Von 181 Milliarden DM auf 635 Milliarden DM, womit der Anteil der Aktie am Geldvermögen der privaten Haushalte knapp 10 % beträgt, vgl. Infratest-Umfrage, a.a.O. sowie Fischer-Weltalmanach 2001, S. 241.

21 *Balzer*, Vermögensverwaltung durch Kreditinstitute, S. 2; Im Jahr 2000 verfügte bei einem Gesamtgeldvermögen von 6749 Milliarden DM durchschnittlich betrachtet jeder Privathaushalt in Deutschland über Ersparnisse in Höhe von fast 180 000 DM. Dies stellt einen Anstieg seit Anfang der neunziger Jahre um fast zwei Drittel dar, vgl. Infratest-Umfrage, a.a.O. in FAZ vom 02. 08. 2000, S. 27. In ihrer neuesten „Reichtumsstudie" geht die Boston Consulting Group bereits von einem privaten Geldvermögen von 4,7 Billionen Euro aus, das bis 2005 auf 8,2 Billionen Euro ansteigen soll; siehe Capital vom 21. 02. 2002, S. 149.

22 Dessen ungeachtet entfällt auf die Geldanlage bei Banken in Spareinlagen, Sparbriefen sowie Termin- und Sichteinlagen mit 2272 Milliarden DM nach wie vor der Löwenanteil am gesamten Geldvermögen der privaten Haushalte, vgl. Infratest-Umfrage, a.a.O. und Fischer-Weltalmanach 2001, S. 241.

23 Vgl. insofern nur die größtenteils durch Privatanleger verursachte mehrfache Überzeichnung im Falle der ersten Börsenemission der Deutschen Telekom als erster „Volksaktie" sowie ferner der „Infineon"-Aktie im Früjahr 2000 stellvertretend für den mittlerweile wieder abgeflauten Enthusiasmus der Anleger im Zuge der „New Economy".

24 Infratest-Umfrage in: FAZ vom 02. 08. 2000, S. 27: „Deutschland wird zum Land der Aktionäre". Dennoch ist im internationalen Vergleich der Nachholbedarf noch groß. So beträgt der Anteil der direkten Aktienbesitzer an der Gesamtbevölkerung in den USA rund 25 %, in Großbritannien 23 % und in Schweden sogar 35 %.

Als weitere wesentliche Triebfeder für das veränderte Anlageverhalten der privaten Haushalte dürfte sich zudem bereits die zunehmende Notwendigkeit einer verstärkten privaten Altersvorsorge auswirken, welche sich aufgrund der demographischen Veränderungen und daraus resultierender Engpässe in den staatlichen Alterssicherungssystemen schon heute deutlich abzeichnet.[25]

In diesem Umfeld traten nun neben den Banken als vermögensverwaltenden Instituten vermehrt bankunabhängige Vermögensverwaltungsunternehmen auf den Plan.[26] Mangels hinreichender gesetzlicher Erfassung dieser „Wertpapierdienstleister" entstand eine Grauzone, in der es um den Schutz des Kunden nicht immer zum besten stand[27] und die meist mit dem häufig beklagten „grauen Kapitalmarkt" als Schlagwort gemeint ist.[28] Diesem sollen die vorbezeichneten Regelungen der WpDIRL auf europäischer Ebene sowie deren Umsetzung durch das WpHG auf nationalstaatlicher Ebene Abhilfe schaffen.

II. Fünfter Abschnitt des WpHG: Organisations- und Verhaltensregeln: ratio legis; Schutzrichtung und Rechtsnatur

Die Vorschrift des § 34 a WpHG findet sich im fünften Abschnitt des WpHG, der mit den §§ 31 ff erstmals gesetzliche Verhaltenspflichten für die Durchführung von Wertpapiergeschäften aufstellt. Mit Etablierung derartiger in den USA entstandenen sog. „compliance-codes"[29] erreicht Deutschland Jahre nach den USA, Belgien, Frankreich und Großbritannien den internationalen Standard des Kapitalmarktrechts.[30]

---

25 Von der Dresdner Asset Management wird die „Versorgungslücke" bei der öffentlichen Altersversorgung in Deutschland für 2035 auf etwa 18 % geschätzt, in: FAZ vom 23. 10. 2000, S. 40.

26 *Schäfer/ Müller*, Haftung für fehlerhafte WpDl, Rn. 12.

27 Vgl. die von *Möllers/ Ganten*, ZGR 1998, 773, 775 angeführte Vielzahl aufsehenerregender Urteile zum Schutz des Anlegers in der jüngeren Vergangenheit.

28 Vgl. nur *Mielk*, WM 1997, 2200, 2201; *Beck*, KWG, Bd. 1, § 1, Rn. 53; *Meixner*, NJW 1998, 862, 863; *Schäfer*, WpHG, § 1, Rn. 2 m.w.N; teilweise ist mit dieser Bezeichnung indes auch nur die Kapitalanlage außerhalb der geregelten Märkte gemeint.

29 Der Begriff Compliance leitet sich vom englischen „to comply with" (=einhalten) ab und bezeichnet zum einen die Gesamtheit vorbeugender Maßnahmen in einem Unternehmen, welche die Einhaltung von Gesetzen, Regeln, Usancen im Wertpapiergeschäft sicherstellen; zum anderen wird er für regelkonformes Verhalten bei der Abwicklung von Wertpapiergeschäften verwandt: *Eisele* in: Schimansky/ Bunte/ Lwowski, BankRhdb., Bd. 3, § 109, Rn. 1.

30 *Eisele* in: Schimansky/ Bunte/ Lwowski, BankRhdb., Bd. 3, § 109, Rn. 5 und 7; insgesamt kann im Rahmen der internationalen Rechtsangleichung von einer Vorbildfunktion des Wertpapier- und Kapitalmarktwesens der USA als der bedeutendsten

Die Regelungen lassen sich unterteilen in Verhaltensregeln (§ 31: allgemeine und § 32: besondere Verhaltensregeln), welche berufliche Verhaltensstandards der Wertpapierdienstleistungsunternehmen im Umgang mit ihren Kunden normieren („rules of conduct“[31]), und Organisations- oder Aufsichtsregeln (§ 33: allgemeine Organisationspflichten, § 34: Aufzeichnungs- und Aufbewahrungspflichten und § 34 a: getrennte Vermögensverwaltung), die Anforderungen an unternehmensinterne Abläufe stellen („prudential rules“[32]). Diese von der WpDlRL vorgegebene Trennung (Art. 11 für Wohlverhaltensregeln und Art. 10 für Aufsichtsregeln) erklärt sich aus der Entstehungsgeschichte der Richtlinie, welche die in Großbritannien bestehende Unterscheidung zwischen geschäftsbedingten und strukturellen Interessenkonflikten übernimmt.[33]

§ 34 a WpHG ist als Umsetzung von Bestimmungen aus Art. 10 WpDlRL, die eine Reglementierung des Wertpapiergeschäfts über unternehmensinterne Kontrollmechanismen zu erzielen suchen und im konkreten Fall am Umgang mit dem Kundenvermögen ansetzen, den Organisationsregeln zuzuordnen.[34] Er stellt insoweit eine lex specialis zu dem allgemein gefaßte Organisationspflichten enthaltenden § 33 WpHG dar. Seinem Regelungsgehalt nach ist § 34 a WpHG zudem als Konkretisierung des § 33 I Nr. 1 und 3 WpHG ebenso wie des § 31 I Nr. 1 WpHG zu sehen.[35] An seiner Einordnung als Aufsichts- bzw. Organisationsregel kann aber aufgrund der Herkunft aus Art. 10 WpDlRL kein Zweifel bestehen. Die Hauptbedeutung der Qualifizierung als organisatorische Regelung oder - gemäß der Diktion des Art. 10 WpDlRL - Aufsichtsregel, liegt dabei, wie viel zu selten hervorgehoben wird[36], in der Verteilung der aufsichtsrechtlichen Zuständigkeit zwischen den Mitgliedstaaten. Für Art. 10 WpDlRL gilt nämlich der aus der Einführung des „Europasses“ für Wertpapierdienstleistungsfirmen folgende Grundsatz der Zuständigkeit der Aufsichtsbehörden des Herkunftsmit-

---

Börsenszene der Welt ausgegangen werden, *Claussen*, Bank- und BörsenR, § 9, Rn. 2.

31 Vgl. insoweit den Wortlaut der englischen Originalfassung von Art. 11 WpDlRL und zur Etablierung dieser Regeln durch Art. 11 WpDlRL: *O'Neill* in: Cranston, Single Market, p. 189, 195 und 201 ff.

32 Vgl. insoweit den Wortlaut der englischen Originalfassung von Art. 10 WpDlRL und zur Etablierung dieser Regeln durch Art. 10 WpDlRL: *O'Neill* in: Cranston, Single Market, p. 189, 194 und 204 f.

33 *Schäfer*, WpHG, vor § 31, Rn. 2.

34 So im Ergebnis auch *Schäfer*, WpHG, vor § 31, Rn. 12.

35 *Koller* in: Assmann/ Schneider, WpHG, § 34 a, Rn. 1; *Wolf*, BKR 2002, 892.

36 Eine Darstellung, die diesem Umstand Bedeutung beimißt, findet sich in der deutschsprachigen Literatur lediglich bei *Grundmann*, Europ. SchuldvertragsR, 4.20, Rn. 9.

gliedstaates nach Art. 8 III WpDIRL (Prinzip der Herkunftslandkontrolle)[37]; hingegen obliegt die Überwachung der Verhaltensregeln, die nicht an die Ausstattung und Organisation der Unternehmen anknüpfen, gemäß der Ausnahmeregelung des Art. 11 II WpDIRL (vgl. Art. 8 III, 2. Hs. WpDIRL) dem Aufnahmemitgliedstaat.

Gemeinsame Zielsetzung der §§ 31 ff WpHG wie des gesamten WpHG und dem Kapitalmarktrecht im generellen ist zuvorderst der Schutz der Funktionsfähigkeit der Kapitalmärkte[38], auf den die Gesamtvolkswirtschaft in hohem Maße angewiesen ist.[39] Im Vordergrund stehende ratio legis ist mithin das Wohl der Allgemeinheit als öffentliches Interesse.[40] Einer anderen Interpretation steht für das nationale Recht die insoweit unzweideutige Überlegung des Finanzausschusses im Wege, in den Gesetzestext des WpHG ausdrücklich aufzunehmen, daß das BAWe die ihm zugewiesenen Aufgaben nur im öffentlichen Interesse wahrnehme;[41] denn Grund für diese Erwägung war gerade, daß andernfalls der unzutreffende Umkehrschluß gezogen werden könne, für die Aufsicht über den Wertpapierhandel sei neben dem Funktionsschutz von Börse und Wertpapiermarkt auch ein Individualschutz der Anleger gewollt.[42] Die Stärkung des Vertrauens des breiten Anlegerpublikums in die Integrität der Märkte, indem Reglementierungen für das Verhalten der Wertpapierdienstleistungsunternehmen aufgestellt werden, auf die der private Kapitalanleger ohne eigenen Marktzugang und ohne professionelles Know-How angewiesen ist,[43] stellt somit nur ein

---

37 Vgl. die daraus resultierende Festsetzung der Nichtgeltung von §§ 33 I Nr. 2 und 3, 34 und 34 a WpHG für Zweigstellen von Unternehmen aus dem europäischen Ausland in § 37 III WpHG.

38 Hier kann zwischen institutioneller, operationaler und allokativer Funktionsfähigkeit unterschieden werden, vgl. *Kümpel/ Hammen/ Ekkenga*, KapitalmarktR, Bd. 1, 050, S. 39 ff sowie *Koller* in: Assmann/ Schneider, WpHG, vor § 31, Rn. 9 f.

39 Beschlußempfehlung des Finanzausschusses in: BT-Drucks. 12/7918, S. 97; *Kümpel/ Hammen/ Ekkenga*, KapitalmarktR, Bd. 1, 050, S. 38; *Weber-Rey/ Baltzer*, WM 1997, 2288, 2293.

40 Vgl. Beschlußempfehlung des Finanzausschusses in: BT-Drucks. 12/7918, S. 97; *Kümpel/ Hammen/ Ekkenga*, KapitalmarktR, Bd. 1, 050, S. 38; *Kümpel* in: Assmann/ Schneider, WpHG, § 15, Rn. 98.

41 So geschehen in § 4 II WpHG. Eine entsprechende Vorschrift findet sich in § 6 IV KWG hinsichtlich der Befugnisse des BAKred. Seit dem 01. 05. 2002 werden die Befugnisse nach beiden Gesetzen einheitlich von der BAFin ausgeübt.

42 Beschlußempfehlung des Finanzausschusses in: BT-Drucks. 12/7918, S. 97. Diese Aussage findet sich im unmittelbaren Anschluß an die Erläuterung der Umsetzung der Verhaltenspflichten aus Art. 10 und 11 WpDIRL.

43 Vgl. zu diesen Schutzrichtungen der 31 ff WpHG: Beschlußempfehlung des Finanzausschusses in: BT-Drucks. 12/7918, S. 97; *Kümpel/ Hammen/ Ekkenga*, KapitalmarktR, Bd. 1, 065, S. 104 und *Balzer* in: Herrmann/ Berger/ Wackerbarth, Bank-

Durchgangsziel und also Mittel zur Erreichung des Hauptzweckes, der Funktionsfähigkeit der Kapitalmärkte dar.[44] Die „doppelte Zielsetzung“ der WpDlRL des Anlegerschutzes und der Gewährleistung eines reibungslosen Funktionieren der Kapitalmärkte[45] läßt sich daher - jedenfalls nach deren Ausprägung im nationalen Recht[46] - besser als abgestufte Hierarchie von Zielsetzungen verstehen, von denen die eine in erster Linie der Durchsetzung der anderen dient. Zwar ist nicht zu verkennen, daß der Schutz des Marktes und derjenige der Anleger letztlich nur zwei Seiten ein und derselben Medaille darstellen[47]; gleichwohl handelt es sich, soweit hierdurch auch ein Schutz des einzelnen Anlegers als Teil der Anlegerschaft erzielt wird, insofern zunächst um einen bloßen Rechtsreflex.[48]

Die §§ 31 ff WpHG stellen demnach aufsichtsrechtliche Regelungen im überwiegend öffentlichen Interesse dar.[49] Damit ist jedoch noch nicht gesagt, daß diese nicht zumindest auch dem Schutz des einzelnen zu dienen bestimmt sind, was anhand einer Auslegung für jede einzelne Norm gesondert festzustel-

---

und Wirtschaftsrecht im Wandel, S. 21, 22; *ders.*, ZBB 1997, 260, 261 sowie generell zu dem Umstand, daß ein funktionierender individueller Anlegerschutz auf den institutionellen Anlegerschutz zurückwirkt: *Möllers*, ZGR 1997, 334, 337.

44 So wohl auch *Hopt*, ZHR 159 (1995), 135, 159 „Zwischenziel“; *Kümpel/ Hammen/ Ekkenga*, KapitalmarktR, Bd. 1, 050, S. 38 und 065, S. 104 sowie *Schäfer*, WpHG, vor § 31, Rn. 7. Auffällig ist zudem, daß in der zitierten Gesetzesbegründung der Schutz des Anlegers stets nur im selben Atemzug mit einer nachteiligen Konsequenz für die Funktionsfähigkeit der Wertpapiermärkte infolge Vertrauensverlusts der Anlegerschaft erwähnt wird, so etwa in: BT-Drucks. 12/7918, S. 97 (linke Spalte, 3. und 4. Absatz sowie rechte Spalte, oben), S. 105 (linke Spalte, oben).

45 38. Erwägungsgrund des Rates in: ABl. der EG vom 11. 06. 1993, Nr. L 141/27, 30. Der Anlegerschutz soll dabei vornehmlich durch Transparenz der Marktvorgänge und hinreichende Information des Kunden als den Leitgedanken der Harmonisierungsbestrebungen erzielt werden, vgl. *Horn*, ZBB 1994, 130, 137; *ders.*, ZBB 1999, 1, 7. Im einzelnen hierzu siehe *Möllers*, ZGR 1997, 334, 338 ff, 366 f, der anhand einer Analyse der bestehenden Anlegerschutzvorschriften in Aktien- und Kapitalmarktrecht aufzeigt, daß dem Abbau von Informationsassymetrien im Rahmen des Anlegerschutzes entscheidende Bedeutung zukommt.

46 Die Frage, ob damit der deutsche Gesetzgeber den europarechtlichen Anforderungen in ausreichendem Maße nachgekommen ist, wird im Rahmen der Untersuchung eines zivilrechtlichen Individualschutzes des Anlegers näher beleuchtet werden; siehe § 6 B.VII.2.

47 So *Hopt*, ZHR 159 (1995), 135, 159; *Köndgen* in: Ferrarini, European Securities Markets, The ISD and beyond, p. 115, allerdings sogleich den individuellen Anlegerschutz als Gegenseite der Medaille sehend.

48 Siehe *Kümpel/ Hammen/ Ekkenga*, KapitalmarktR, Bd. 1, 050, S. 46; *Kümpel* in: Assmann/ Schneider, WpHG, § 15, Rn. 98.

49 *Kümpel/ Hammen/ Ekkenga*, KapitalmarktR, Bd. 1, 065, S. 104 f; *Koller* in: Assmann/ Schneider, WpHG, vor § 31, Rn. 17.

len und für die Qualifikation als Schutznorm i.S.d. § 823 II BGB entscheidend ist.[50]

Ganz unabhängig von dieser Problematik ist, da viele eindeutig dem öffentlichen Recht zugehörige Normen als Schutzgesetze anerkannt sind[51], der Streit um die Frage, ob es sich bei den §§ 31 ff WpHG um die Statuierung von allein öffentlich-rechtlichen Pflichten handelt, oder ob ihnen infolge privatrechtsgestaltender Wirkung zumindest auch der Charakter einer privatrechtlichen Vorschrift zuzuweisen ist. Dieser Streit entpuppt sich mithin als im wesentlichen akademischer Natur[52], weil sich auch für die Entscheidung anderer wesentlicher Rechtsfragen im Zusammenhang der §§ 31 ff WpHG hieraus nichts Ausschlaggebendes ableiten läßt.[53] Jedenfalls aber darf, wie *Kümpel*[54] veranschaulicht, von der Tatsache, daß eine Gesetzesnorm einem bestimmten öffentlichen Interesse dienen soll, noch nicht zwingend auf deren Zuordnung zum öffentlichen Recht geschlossen werden. Man würde ansonsten der sog. Interessentheorie den Vorrang vor allen anderen zur Eröffnung des Verwaltungsrechtsweges entwickelten Theorien einräumen, was der h.M. in Rechtsprechung und Lehre widerspräche.[55] Andererseits steht auch die Tatsache, daß die Verhaltenspflichten gemäß § 31 ff WpHG nach ganz überwiegender Meinung auf das Privatrecht ausstrahlen, indem sie die zivilrechtlichen Verpflichtungen des Wertpapierdienstleistungsunternehmen - insbesondere den den §§ 383 ff HGB und 675 BGB zugrundeliegenden Rechtsgedanken der Wahrung des Kundeninteresses - gegenüber seinem Kunden konkretisieren,[56] einer Qualifizierung als öffentlich-rechtlichen Normen

---

50 Da die Frage nach dem Individualschutzcharakter für die Rechtsnatur der 31 ff WpHG nicht entscheidend ist, soll sie an späterer Stelle entschieden werden, siehe hierzu § 6 B.II.4.

51 Vgl. nur die Aufzählung bei Palandt/ *Thomas*, BGB, § 823, Rn. 145 ff.

52 Er wird daher von der Mehrzahl der Autoren auch nicht eindeutig entschieden.

53 An der Tatsache, daß die Einhaltung dieser Normen der Aufsicht des BAWe (seit 01. 05. 2002: des BAFin) untersteht, besteht selbst dann kein Zweifel, wenn man diese dem Privatrecht zuordnet, vgl. *Kümpel/ Hammen/ Ekkenga*, KapitalmarktR, Bd. 1, 065, S. 105; auch die Ausstrahlungswirkung auf das Zivilrecht zieht nicht zwingend die Qualifikation als privatrechtliche Norm nach sich, vgl. dazu sogleich im Text.

54 *Kümpel/ Hammen/ Ekkenga*, KapitalmarktR, Bd. 1, 065, S. 105.

55 Vgl. zur h.M. und abweichenden Ansätzen: *Kopp/ Schenke*, VwGO, § 40, Rn. 11 m.w.N.

56 *Kümpel/ Hammen/ Ekkenga*, KapitalmarktR, Bd. 1, 065, S. 105, *Koller* in: Assmann/ Schneider, WpHG, vor § 31, Rn. 19; eine Ausstrahlungswirkung nehmen des weiteren an: *Schwark* in Hadding/ Hopt/ Schimansky, Das Zweite Finanzmarktförderungsgesetz in der praktischen Umsetzung, S. 109, 118 ff; *Köndgen*, ZBB 1996, 361, *Gassner/ Escher*, WM 1997, 93, 94; *Horn*, ZBB 1997, 139, 149 f, 152; *ders.* in: Horn/ Schimansky, Bankrecht 1998, S. 265, 282; *Balzer* in: Hermann/ Berger/ Wak-

nicht entgegen. Überwiegend wird wohl davon ausgegangen, daß es sich um öffentlich-rechtliches Aufsichtsrecht handelt, das lediglich qua „Ausstrahlungswirkung“ auf die zivilrechtlich geschuldeten Vertragspflichten Einfluß nimmt.[57] Wegen der engen Verzahnung der Verhaltensregeln gemäß § 31 f WpHG mit kommissions- und auftragsrechtlichen Bestimmungen des HGB und BGB erscheint aber jedenfalls für diese auch eine Zuordnung zum Privatrecht nicht abwegig,[58] während bei den Organisationsregeln der §§ 33 und 34 WpHG der aufsichtsrechtliche Charakter klar im Vordergrund steht.[59] Dies umso mehr, als letzteren kaum Aussagekraft im Hinblick auf die inhaltliche Konkretisierung von Handlungspflichten im Verhältnis zum Anleger beizumessen ist.[60] Angesichts dieser Schwierigkeiten bei der Qualifizierung versucht denn auch die Mehrzahl der Autoren dem Dilemma um eine definitive Zuordnung zu einem der beiden Rechtsgebiete zu entgehen, indem sie zu einer kumulativen Einordnung tendieren, wobei zumeist Eindeutiges nicht gesagt wird.[61] Für eine Qualifizierung der gesamten §§ 31 ff WpHG als öffentliches Recht dürfte aber als gewichtiges Argument hinzukommen, daß die dem WpHG zugrundeliegende WpDlRL ausschließlich auf Art. 57 II EGV a.F. (jetzt Art. 47 II EGV) gestützt wurde und im Hinblick auf die Sanktionierung von Verstößen in Art. 27 WpDlRL nicht von zivilrechtlichen Folgen die Rede ist. Die WpDlRL ist somit als Rechtsakt ausgestaltet, der lediglich das Verhältnis zwischen Aufsichtsbehörden und Wertpapier-

---

kerbarth, Bank- und Wirtschaftsrecht im Wandel, S. 21, 40 ff; *ders.*, ZBB 1997, 260, 261 ff; *Reich*, WM 1997, 1601, 1604.

57 So wohl *Koller* in: Assmann/ Schneider, WpHG, vor § 31, Rn. 19; *Horn*, ZBB 1997, 139, 149 f; *ders.* in: Horn/ Schimansky, Bankrecht 1998, S. 265, 282; *Balzer* in: Herrmann/ Berger/ Wackerbarth, Bank- und Wirtschaftsrecht im Wandel, S. 21, 40 ff; *ders.*, ZBB 1997, 260, 261 ff; *Gaßner/ Escher*, WM 1997, 93, 94; dazu ausführlich unter § 6 B. II.1.b).

58 So *Kümpel/ Hammen/ Ekkenga*, KapitalmarktR, Bd. 1, 065, S. 105; *Kümpel*, Bank- und KapitalmarktR, 8.242 und wohl auch *Grundmann*, Europ. SchuldvertrR, 4.20, Rn. 1, der die Rechtsnormen zur Geschäftsausübung aus Art. 11 WpDlRL als solche sieht, deren Beachtung dem Kunden vertraglich geschuldet ist. Für eine zivilrechtliche Qualifikation der Beratungs- und Informationspflichten könnte zudem die nachträglich eingefügte Verjährungsvorschrift des § 37 a WpHG als Argument gelten, die selbst eindeutig privatrechtlich ausgestaltet ist.

59 Hinsichtlich der Aufzeichnungs- und Aufbewahrungspflichten bringt auch der Finanzausschuß des Deutschen Bundestages in: BT- Drucks. 12/ 7918, S. 105 explizit zum Ausdruck, daß diese ausschließlich der Kontrolle durch die Aufsichtsbehörden dienen sollen.

60 Siehe dazu näher § 6 B.II.1.b).

61 Eindeutig insoweit nur *Reich*, WM 1997, 1601, 1604, der von einer „Doppelnatur“ spricht.

firma regelt.[62] In diese Richtung weist ferner der Umstand, daß es sich bei den Pflichten der Unternehmen aus Art. 10 und 11 der WpDIRL nach der Konzeption des europäischen Gesetzgebers letztlich um Zulassungsvoraussetzungen für die europaweite Erbringung von Wertpapierdienstleistungen handelt, vgl. Art. 3 VIIe WpDIRL.

Was die hier in Frage stehende Norm des § 34 a WpHG anbelangt, so lassen sich dieser zwar im Gegensatz zu den anderen Organisationsregeln der §§ 33 und 34 WpHG Aussagen entnehmen, die, wie noch zu zeigen ist[63], geeignet sind, durch die bezeichnete Ausstrahlungswirkung zu einer Konkretisierung des Privatrechts zu führen, wie dies bei den Verhaltenspflichten der §§ 31 und 32 WpHG der Fall ist. Auch bedient sich der Gesetzgeber zur Erreichung der durch Art. 10 I Satz 2, Spiegelstrich 2 und 3 WpDIRL[64] vorgegebenen Zwecke, wie der Gang der vorliegenden Bearbeitung dokumentieren wird, privatrechtlicher Mechanismen. Da es sich jedoch bei § 34 a WpHG nach der Vorsehung des europäischen Gesetzgebers, die sich in der Aufnahme der § 34 a WpHG betreffenden Regelungsinhalte in Art. 10 WpDIRL wiederspiegelt, um eine eindeutig aufsichtsrechtliche Vorschrift und gemäß Art. 3 VIIe WpDIRL stets einzuhaltende Zulassungsvoraussetzung für den Europaß handelt, kommt man um eine Zuordnung zum öffentlichen Recht nicht umhin.[65] An dieser Einordnung durch den europäischen Gesetzgeber, welche für die Verteilung der aufsichtsrechtlichen Zuständigkeit zwischen den Mitgliedstaaten entscheidend ist, kann für den Umgang mit diesen Regelungen in der Rechtswirklichkeit nicht gedeutelt werden, wenn sie auch keinesfalls zwingend und im Hinblick auf die praktische Handhabung der Aufsicht durch den Herkunftsmitgliedstaat problematisch erscheint. Denn der Sache nach handelt es sich weniger um die generelle interne Ausstattung und Organisation der Wertpapierdienstleistungsunternehmen angehende Bestimmungen, als vielmehr um in jedem Einzelfall zu beachtende Anforderun-

---

62 *Koller* in: Assmann/ Schneider, WpHG, vor § 31, Rn. 16; *Grundmann*, Europ. SchuldvertrR, 4.20, Rn. 8, kehrt dieses Argument um, indem er gerade die Richtigkeit der Kompetenzgrundlage aus Art. 57 II EGV a.F. moniert, welche nur für den aufsichtsrechtlichen Teil der Richtlinie zutreffend sei. Für die Pflichten aus Art. 10 und 11 WpDIRL wäre hingegen, weil es sich um Verhalten am (Sekundär-) Markt handele, nach seiner Auffassung Art. 100 a EGV a.F. die einschlägige Ermächtigungsnorm gewesen.

63 Bei der Frage, inwieweit Verstöße gegen § 34 a WpHG zu einer zivilrechtlichen Haftung der Wertpapierfirma führen: § 6 B.II.1.b).

64 Siehe zu diesen Bestimmungen, deren Umsetzung § 34 a WpHG darstellt, sogleich unter II.1.

65 So - ohne Begründung - jetzt auch die bislang einzige höherinstanzliche Entscheidung zu § 34 a WpHG: BVerwG WM 2002, 1918, 1924; im Anschluß daran auch *Wolf*, BKR 2002, 892.

gen hinsichtlich der Handhabung der Kundengelder und Wertpapiere, was die betreffenden Regelungen in die Nähe der Verhaltenspflichten rückt. Es stößt daher durchaus auf Bedenken, daß sie nach dem Verständnis der WpDlRL durch den Herkunftsmitgliedstaat zu überprüfen sind (Art. 8 III WpDlRL), obschon ein eventueller rechtswidriger Umgang mit dem Kundenvermögen im Falle der relevanten grenzüberschreitenden Sachverhalte[66] erst im Ausland auftreten wird, wo eine Überwachung durch die lokal zuständigen Behörden des Aufnahmestaates näherliegender, sachgerechter und erfolgsversprechender erscheint.[67]

B. Europarechtlicher Hintergrund

I. Art. 10 I Satz 2, zweiter und dritter Spiegelstrich der WpDlRL

§ 34 a WpHG basiert auf Art. 10 WpDlRL, der sich in Titel IV der Richtlinie „Bedingungen für die Ausübung" findet, und wie o.g. Aufsichts- bzw. Organisationsregeln enthält. Abs. 1 des § 34 a WpHG setzt Art. 10 I Satz 2, Spiegelstrich 3 um, während Abs. 2 der Umsetzung des 2. Spiegelstriches dient:

> „Der Herkunftsmitgliedstaat erläßt Aufsichtsregeln, die die Wertpapierfirma fortwährend einzuhalten hat. Sie schreiben vor, daß die Wertpapierfirma insbesondere (...)
> - geeignete Vorkehrungen für die den Anlegern gehörenden Wertpapiere trifft, um deren Eigentumsrechte - insbesondere für den Fall der Insolvenz der Firma - zu schützen und zu verhindern, daß die Wertpapierfirma die Wertpapiere der Anleger ohne deren ausdrückliche Zustimmung für eigene Rechnung verwendet;
> - geeignete Vorkehrungen für die den Anlegern gehörenden Gelder trifft, um deren Rechte zu schützen und zu verhindern, daß die Gelder der Anleger von der Wertpapierfirma - außer wenn es sich um ein Kreditinstitut handelt - für eigene Rechnung verwendet werden;"

---

66 Zu Fallgruppen grenzüberschreitender Sachverhalte im Bereich der WpDlRL, vgl. *O'Neill* in: Cranston, Single Market, p. 189, 215 f.

67 In diesem Sinne auch *O'Neil* in: Cranston, Single Market, p. 205. In ZBB 2001, 116 (Verf. abgekürzt mit *J.K.*) ist insoweit gar die Rede von einem „Geburtsfehler" der WpDlRL. Daß die Einordnung der Regelungen über das Kundenvermögen als Aufsichts- oder Organisationsregeln sachlich kaum zu überzeugen vermag, wird bei der Prüfung, unter welchen Voraussetzungen den § 31 ff WpHG auch privatrechtliche Wirkung zukommt (§ 6 B.II.1.b)), noch deutlicher zu Tage treten.

In den Erwägungsgründen des Rates finden diese Vorschriften spezielle Berücksichtigung. Die Art. 10 I Satz 2, Spiegelstrich 2 und 3 betreffende Passage lautet[68]:

> „Aus Gründen des Anlegerschutzes ist insbesondere darauf zu achten, daß die Eigentumsrechte des Anlegers an den Wertpapieren und andere eigentumsähnliche Rechte sowie seine Rechte an den der Firma anvertrauten Geldern durch Abgrenzung von den Rechten der Firma geschützt werden."

II. Entstehungsgeschichte der WpDlRL in bezug auf Verhaltens- und Organisationsregeln

Die Entstehungsgeschichte der Schaffung von gesetzlichen Rahmenbedingungen für die Durchführung von Wertpapiergeschäften in Form von Verhaltensregeln hatte ihren Anfang auf europäischer Ebene bereits am 25. 07. 1977, als die Kommission der Europäischen Gemeinschaft eine Empfehlung betreffend europäische Wohlverhaltensregeln für Wertpapiertransaktionen erließ,[69] die die intendierte Verwirklichung der Grundfreiheiten im Bereich des Kapitalmarktrechtes harmonisierend begleiten sollten. Weil es sich aber bei der Empfehlung um einen gemäß Art. 249 V EGV nicht verbindlichen Rechtsakt handelt, blieb dieser erste Harmonisierungsversuch der Kommission weitgehend unbeachtet.[70] Ein Vorschlag der EG-Kommission für eine Richtlinie des Rates über Wertpapierdienstleistungen ließ dann allerdings noch bis zum 03. 01. 1989 auf sich warten.[71] Dieser befaßte sich aus Sicht der §§ 31 ff WpHG nur mit der Organisation der Wertpapierdienstleistungsfirmen und enthielt zunächst keine Regelungen für die Beziehung zwischen Wertpapierdienstleistungsfirma und ihren Kunden. Begründet wurde dies mit den insoweit bestehenden erheblichen Unterschieden in den einzelnen Mitgliedstaaten.[72] Nachdem der Wirtschafts- und Sozialausschuß in seiner Stellungnahme das Fehlen verbindlicher Verhaltensregeln in Bezugnahme der Empfehlung der Kommission von 1977 monierte[73], legte die EG-

---

68 ABl. der EG vom 11. 06. 1993, Nr. L 141/27, 29.

69 Nr. 77/354/EWG; ABl. der EG vom 20. 08. 1977, Nr. L 212/37; vgl. ausführlich zu den darin enthaltenen „allgemeinen" und „ergänzenden Grundsätzen": *Koller* in: Assmann/ Schneider, WpHG, vor § 31, Rn. 1 f.

70 *Jentsch*, WM 1993, 2189, 2190; *Möllers/ Ganten*, ZGR 1998, 773, 776.

71 Nr. 89/C 43/10; ABl. der EG von 22. 02. 1989, Nr. C 43/7; zur Vorgeschichte: *Jentsch*, WM 1993, 2189, 2190 f.

72 *Koller* in: Assmann/ Schneider, WpHG, vor § 31, Rn. 3.

73 Nr. 89/C 298/03; ABl. der EG vom 27. 11 1989, Nr. C 298/6, 14.

Kommission am 08. 02. 1990 einen geänderten Richtlinienvorschlag[74] vor. Jener wurde mit geringfügigen Abweichungen als Richtlinie des Rates Nr. 93/22/EWG vom 10. 05. 1993 (WpDIRL)[75] angenommen und enthielt nun neben den Organisationsregeln (Art. 10) auch Wohlverhaltensregeln (Art. 11) zur Harmonisierung des Aufsichtsrechts als Mindeststandards.

III. Einordnung der WpDIRL in die Richtliniengeschichte auf dem Gebiet des Bank- und Kapitalmarktrechts

1. Verhältnis der WpDIRL zur Zweiten Bankenrechtskoordinierungsrichtlinie

Die WpDIRL ist vor allem vor dem Hintergrund der Zweiten Bankenrechtskoordinierungsrichtlinie aus dem Jahre 1989[76] zu sehen, seit welcher das Prinzip der Herkunftslandkontrolle oder der gegenseitigen Anerkennung von Aufsichtsmaßnahmen sowie das Konzept des Europasses zur allgemein akzeptierten Grundausrichtung eines europäischen Bankrechts geworden sind.[77] Die WpDIRL etablierte die Grundfreiheiten unter Adaption der genannten Grundsätze nun auch für den Wertpapierhandel durch Nichtbanken. Sie gleicht damit Wettbewerbsungleichheiten zwischen den Wertpapierhandel betreibenden Kreditinstituten im (europäischen) Sinne der Bankenrechtskoordinierungsrichtlinien, die bereits durch die Zweite Bankenrechtskoordinierungsrichtlinie in den Genuß der europaweiten Liberalisierung kamen, und bankunabhängigen Wertpapierfirmen aus.[78] Aufgrund des in Kontinentaleuropa vorherrschenden Verständnisses von der „Universalbank" waren es vornehmlich solche, die von der im Verhältnis zu reinen Wertpapierdienstleistern früheren Liberalisierung des Marktes profitierten. De facto ging dieser rechtliche Nachteil vor allem zu Lasten der englischen „investment firms"[79], die wegen der dort praktizierten Aufteilung von „commercial-banking" und „investment-banking" („Trennbankensystem"), von denen nur ersteres von Kreditinstituten betrieben wurde, keinen Bankstatus innehatten.[80]

74 Nr. 90/C 42/06; ABl. der EG vom 22. 02. 1990, Nr. C 42/ 7.
75 ABl. der EG Nr. L 141/27.
76 Richtlinie 89/646/EWG vom 15. 12. 1989, ABl. der EG Nr. L 386/1.
77 *Troberg* in: Schimansky/ Bunte/ Lwowski, BankRhdb., Bd. 3, § 135, Rn. 8.
78 Zu vereinzelten, dennoch verbleibenden Unterschieden in der jeweiligen Reichweite der beiden Europässe vgl. *O'Neill* in: Cranston, Single Market, p. 189, 211 ff.
79 So die direkte Übersetzung und in der englischen (Original-)Fassung der WpDIRL („Investment Services Directive") verwandte Bezeichnung für „Wertpapierfirma", die selbst in Deutschland anschaulicher wirkt.
80 Vgl. *O'Neill* in: Cranston, Single Market, p. 189, 190 sowie *Grundmann*, Europ. SchuldvertrR, 4.20, Rn. 2.

Gegenüber diesem Vorteil dürfte der Gesichtspunkt, daß andererseits investment firms zunächst keiner standardisierten Regulierung unterlagen, als weniger gewichtig zurücktreten.[81]

Diese Marktunterschiede wurden durch die WpDIRL, die für den Bereich des Investment Banking das Pendant zu der vorwiegend das Commercial Banking betreffenden Zweiten Bankenrechtskoordinierungsrichtlinie bildet[82], weitreichend nivelliert. Obgleich somit die beiden Richtlinien prinzipiell sachlich zu trennende Geschäftsfelder reglementieren, so gilt es doch ein Zusammenspiel beider Richtlinien zu beachten, da die Aufsplittung in die genannten Bereiche nur in den (angelsächsischen) Mitgliedstaaten, in denen das Trennbankensystem strikt durchgehalten wird, den faktischen Gegebenheiten entspricht. In den anderen Staaten ist auch das Recht des Wertpapierhandels Bankenrecht. Soweit also auch Kreditinstitute Wertpapierdienstleistungen anbieten, wie dies in Kontinentaleuropa die Regel ist, unterliegen sie insofern ebenso wie reine investment firms den Aufsichts- und Verhaltensregeln nach Art. 10 und 11 der WpDIRL. In Deutschland als einem Musterbeispiel für die ursprüngliche Geltung eines „Universalbank"-Verständnisses schlägt sich dies denn auch in der Aufnahme der Kreditinstitute in den Anwendungsbereich des WpHG nieder, vgl. § 2 IV WpHG. Hierin kommt mithin eine Wertung des europäischen Gesetzgebers zum Ausdruck, der für den Bereich des Commercial Banking, auf den die Zweite Bankenrechtskoordinierungsrichtlinie gemünzt ist, keine Verhaltenskodifizierungen für notwendig hielt und also von einer höheren Schutzwürdigkeit des Kunden bei Wertpapiergeschäften ausgeht.

---

81 Anders *Schäfer*, AG 1993, 389, 390, der gerade hiervon die Gefahr einer Wettbewerbsverzerrung zugunsten von reinen Wertpapierdienstleistungsunternehmen ausgehen sieht; zieht man jedoch in Betracht, daß er die möglichen Wettbewerbsnachteile mit der Summe der Reglementierungen begründet, denen Banken durch die Zweite Bankenrechtsrichtlinie in Kombination mit den Richtlinien über Jahresabschlüsse, Eigenmittel und Solvabilität unterworfen wurden, so widerspricht seine Aussage nicht zwingend der hier vorgenommenen Gewichtung der Ungleichheiten; in der Gewichtung wie hier: *Jentsch*, WM 1993, 2189, 2191.

82 *Grundmann*, Europ. SchuldvertrR, 4.20, Rn. 2; vgl. auch *O'Neill* in: Cranston, Single Market, p. 189, der ebenfalls von einer prinzipiellen Aufteilung der Regelungsmaterien in die beiden Richtlinien ausgeht. Die Zweite Bankenrechtskoordinierungsrichtlinie umfaßt allerdings auch bestimmte Wertpapiergeschäfte, so daß auch diese Differenzierung nicht in reiner Form vollzogen wurde, vgl. dazu auch *Horn*, ZBB 1999, 1, 6, bei Fn. 36; *Troberg* in: Schimansky/ Bunte/ Lwowski, BankRhdb., Bd. 3, § 136, Rn. 10 f führt die Schwierigkeiten bei der Eingrenzung des Anwendungsbereiches neben den angedeuteten Strukturunterschieden im Bankenrecht der einzelnen Staaten, darauf zurück, daß die WpDIRL in vielen Punkten auf mühsam errungenen Kompromisse beruht.

Eine Ausnahme von der Unterwerfung der (Einlagen-) Kreditinstitute[83] unter Art. 10 und 11 WpDIRL findet sich allerdings gerade in der den Regelungsgehalt des § 34 a I WpHG betreffenden Vorschrift des Art. 10 I Satz 2, Spiegelstrich 3 WpDIRL. Diese sucht einen Schutz des Kunden über die Art der Verwaltung seines Vermögens zu erzielen, wie er hierzulande nach Einschätzung des nationalen Gesetzgebers für Einlagenkreditinstitute, die er insgesamt vom Anwendungsbereich der Umsetzungsnorm des § 34 a I WpHG ausnimmt, bereits anderweitig gewährleistet ist.[84] Es deutet sich somit an, daß es sich bei § 34 a WpHG um eine systematische Schnittstelle des neuen Aufsichtsrechts zum Schutz des Wertpapierkunden handelt, die Kreditinstitute von sonstigen Wertpapierfirmen scheidet.[85]

2. Ergänzende Harmonisierungsrichtlinien im Bereich des Wertpapierhandels

Die WpDIRL wird begleitet von der ebenfalls durch die 6. KWG-Novelle umgesetzten Kapitaladäquanzrichtlinie[86]. Deren Vorschriften regeln die finanzielle Ausstattung der Wertpapierfirmen und sind neben der WpDIRL für die Erteilung des Europasses nach der WpDIRL kumulativ zu beachten, vgl. Art. 3 III Satz 1, Spiegelstrich 1 WpDIRL. Alle die Solvenz der Unternehmen betreffenden organisatorischen Anforderungen, wie die Mindestkapitalausstattung oder das haftende Eigenkapital, werden in dieser Richtlinie gesondert aufgeführt, so daß sie unter diesem Aspekt als ausgelagerter Teil der WpDIRL betrachtet werden kann, welche selbst nur additiv solche Organisationsvorschriften (vgl. Art. 10) enthält, die sich nicht auf die Kapitalausstattung beziehen.[87] Im Rahmen der EU-Rechts-

83 Vgl. zur europäischen Definition des Kreditinstitutes, die mit der des Einlagenkreditinstitutes nach dem KWG gleichzusetzen ist: Art. 1, Nr. 1 der Zweiten Bankrechtskoordinierungsrichtlinie (RL 89/646/EWG vom 15. 12. 1989, ABl. der EG Nr. L 386/1) unter Verweis auf Art. 1, Spiegelstrich 1 der Ersten Bankrechtskoordinierungsrichtlinie (RL 77/780/EWG vom 12. 12. 1977, ABl. der EG Nr. L 322/30) und genauer zur Einführung dieses Begriffes ins deutsche Recht unten: § 2 A.II.1.a).

84 Im einzelnen zur tatbestandlichen Privilegierung dieser Kreditinstitute im Rahmen von § 34 a I WpHG sowie deren Rechtfertigung unter Berücksichtigung der europäischen Vorgaben: § 2 A.II.1.

85 Dies wird sich im folgenden noch deutlicher abzeichnen: Siehe etwa zu den Hintergründen dieser Unterscheidung § 2 A II.1.b) und zusammenfassend die Ergebnisse einer Gegenüberstellung von Einlagenkredit- und sonstigen Instituten nach den aufsichtsrechtlichen Anforderungen unter § 2 A.II.1.b)cc),(2); zu der Frage, zu welchen Abgrenzungskriterien dies im neuen Aufsichtsrecht bei der Annahme von Kundengeldern führt: § 2 B.I.2.a)bb),(2).

86 Richtlinie 93/6/EWG vom 15. 03. 1993; ABl. der EG Nr. L 141/1.

87 Vgl. *O'Neill* in: Cranston, Single Market, p. 189, 204; ferner *Beck*, KWG, Bd. 1, § 1, Rn. 16, welcher die Kapitaladäquanzrichtlinie als „wesentliche Ergänzung" der

harmonisierung stellt damit die Kapitaladäquanzrichtlinie die aufsichtsrechtliche Entsprechung zur Eigenmittel- und Solvabilitätskoeffizientenrichtlinie dar, welche entsprechende Regelungen für Kreditinstitute etablierten.[88]

Weitere Standardisierungen des europäischen Wertpapierhandels- und Finanzdienstleistungsmarktes wurden zudem bereits durch die Börsenzulassungsrichtlinie von 1979[89], die beiden Verkaufsprospektrichtlinien von 1980[90] und 1989[91] und die Richtlinie von 1988 über die Pflichten des Erwerbers einer bedeutenden Beteiligung (auch Transparenzrichtlinie)[92] sowie nicht zuletzt die Insiderrichtlinie von 1989[93] vorgenommen. Wichtig im Regelungskontext des Schutzes des Wertpapierkunden nach der WpDIRL ist aber insbesondere die Anlegerentschädigungsrichtlinie[94], zu der speziell § 34 a I WpHG direkte regulatorische Bezüge aufweist.[95] Mit dieser jüngeren europarechtlichen Neuerung, die das Bestehen eines externen Entschädigungssystems nun auch für die reinen Wertpapierfirmen vorschreibt, dürfte der Harmonisierungsprozeß im Bereich des Wertpapierhandels sein vorläufiges Endstadium erreicht haben.[96] Die Anlegerentschädigungsrichtlinie schließt die letzte Lücke bestehender Divergenzen zwischen Kreditinstituten und Wertpapierfirmen im europäischen Aufsichtsrecht,

---

WpDIRL bezeichnet, sowie zu einer Übersicht über die Bestimmungen der Kapitaladäquanzrichtlinie: *Troberg* in: Schimansky/ Bunte/ Lwowski, BkRhdb., Bd. 3, § 136, Rn. 12 und *Jung*, BB 1998, 649 m.w.N. Zur Umgestaltung des deutschen Aufsichtsrecht durch diesen europäischen Rechtsakt siehe ausführlich die Gegenüberstellung der aufsichtsrechtlichen Anforderungen an Einlagenkreditinstitute und sonstige Wertpapierfirmen unter § 2 A.II.1.b)cc).

88 *Kümpel*, Bank- und KapitalmarktR, 19.67.

89 Richtlinie 79/279/EWG vom 05. 03. 1979, ABl. der EG Nr. L 66/21.

90 Richtlinie 80/390/EWG vom 17. 03. 1980, ABl. der EG Nr. L 100/1, geändert durch die Änderungsrichlinie 87/345/EWG vom 22. 06. 1987, ABl. der EG Nr. L 185/81 und die Richtlinie 90/211/EWG vom 23. 04. 1990, ABl. der EG Nr. L 112/24.

91 Richtlinie 89/298/EWG vom 17. 04. 1989, ABl. der EG Nr. L 124/8.

92 Richtlinie 88/627/EWG vom 12. 12. 1988, ABl. der EG Nr. L 348/62.

93 Richtlinie 89/592/EWG vom 13. 11. 1989, ABl. der EG Nr. L 334/30.

94 Richtlinie 97/9/EG vom 03. 03. 1997, ABl. der EG Nr. L 84/22.

95 Die Bedeutung der Entschädigungssysteme im aufsichtsrechtlichen Gesamtgefüge zum Schutz der Kundengelder wird im Zusammenhang mit § 34 a I WpHG unter § 2 A.II.1.b)cc(1f) und (2) sowie im Zusammenhang mit § 34 a II WpHG unter § 4 A.II.2.b)bb) Berücksichtigung finden; ein direktes Zusammenspiel der Regelungstechnik des § 34 a I WpHG mit der Einlagensicherung wird bei der Frage nach der Rechtsform des Treuhandkontos im Rahmen von Abs. 1 unter § 3 A.II. zu beachten sein.

96 Vgl. insoweit *Mielk*, WM 1997, 2200, der schon in der 6. KWG-Novelle den vorläufigen Schlußpunkt auf dem Weg zu einem harmonisierten europäischen Markt für Finanzdienstleistungen sieht.

insofern als nun alle wesentlichen normativen Vorkehrungen des Bankenordnungsrechts zumindest dem Grunde nach auch für Wertpapierfirmen gelten.[97]

Zu konstatieren ist ferner, daß insgesamt im Bereich des Investment Banking mehr auf eine Regulierung des Marktes durch Aufstellung von marktbezogenen Bestimmungen gesetzt wurde, als dies in der langjährigen europäischen Gesetzgebungsgeschichte im Hinblick auf das allgemeine Bankenrecht[98], die von institutionenbezogenen Regelungen geprägt war, der Fall war.

Beachtenswert bleibt schließlich, daß die nationalen Normen des jeweiligen Börsenplatzes bislang von einer Harmonisierung ausgenommen wurden (vgl. Art. 15 II WpDIRL), welche damit auch weiterhin der Aufsicht der innerstaatlich zuständigen Kontrollbehörden unterliegen.[99]

IV. Einordnung in den gemeinsamen Finanzmarkt

Im umfassenden Kontext der Verwirklichung des gemeinsamen Finanzmarktes als wesentlichem Teil des gemeinsamen Binnenmarktes war neben der Einführung des Euro und der Gewährleistung der freien Kapitalverkehrs in Art. 56 EGV (Art. 73 b EGV a.F.)[100] zur Integration der nationalen Finanzmärkte die Schaffung gesetzlicher Rahmenbedingungen erforderlich. Die WpDIRL liefert den rechtlichen Rahmen für die Abwicklung von Wertpapiergeschäften, das „investment banking", und schließt eine der letzten Lücken im Regelungsgebäude für die Vollendung des Binnenmarktes, soweit der Finanzsektor angesprochen ist.[101] Wie auch in den deutschen Gesetzesunterlagen mit der Betonung der herausragenden Bedeutung der Kapitalmärkte für die Gesamtvolkswirtschaft hervorgehoben wird,[102] handelt es sich beim Finanzmarkt um einen für das Funktionieren des gemeinsamen Binnenmarktes essentiellen Teilbereich. Aufgabe der im Zentrum der Kapitalmärkte stehenden Börsen ist es, eine Mittlerfunktion zwi-

---

97 Siehe im einzelnen die Gegenüberstellung der jeweiligen aufsichtsrechtlichen Anforderungen im nationalen Recht unter § 2 A.II.1.b)cc).

98 Zu einem chronologischen Überblick über die bisherigen Koordinierungsschritte im Bankenrecht siehe *Troberg* in: Schimansky/ Bunte/ Lwowski, BkRhdb., Bd. 3, § 135, Rn. 42 ff.

99 Vgl. dazu die Stellungnahme des Wirtschafts- und Sozialausschusses Nr. 89/C 298/03; ABl. der EG vom 27. 11 1989, Nr. C 298/6, 15; in Deutschland liegt die spezifische Börsenaufsicht in den Händen der Börsenaufsichtsbehörden der Länder sowie der Handelsüberwachungsstellen der Börsen, siehe *Eisele* in: Schimansky/ Bunte/ Lwowski, Bd. 3, § 109, Rn. 3.

100 Dazu *Jentsch*, WM 1993, 2189, 2190; *Horn*, ZBB 1999, 1, 3 f.

101 So die Formulierung von *Jentsch*, WM 1993, 2189.

102 Beschlußempfehlung des Finanzausschusses in: BT-Drucks. 12/7918, S. 97.

schen Kapitalaufbringern und Kapitalanlegern zu übernehmen.[103] Die Börse bringt somit die Bedürfnisse der privaten Sparer[104], die geeignete Anlagen für ihr Kapital suchen und diejenigen von Staat und Wirtschaft, die für ihre Investitionen Eigenkapital benötigen, zum Ausgleich und kanalisiert sie durch Konzentration von Kapitalangebot und Kapitalnachfrage an einem Platz.[105] Wesentlicher Aspekt ist daher auch die an den Börsen stattfindende Marktpreisbildung.[106] Darüber hinaus kommt heute den an den Märkten gehandelten Aktien auch eine Währungsersatzfunktion zu, insofern als Unternehmensübernahmen inzwischen mitunter nur mittels Aktientausch finanziert werden.[107] All dies läßt erahnen, in welchem Ausmaße die Kapital- und mithin Gesamtmärkte auf die Investitionen privater Anleger angewiesen sind und warum daher der Anlegerschutz letztlich nur als vordergründiges Motiv des Gesetzgebers, nicht hingegen als Selbstzweck zu begreifen ist.

Die hier in Frage stehenden Organisations- und Verhaltensregeln stellen somit die notwendige Ergänzung der mit der WpDIRL vollzogenen Liberalisierung des Wertpapierhandels durch eine Harmonisierung des Aufsichtsrechts zum Schutze der Anleger dar. Die ursprüngliche Idee der Schaffung eines einheitlichen europäischen Kapitalmarktes unter Aufsicht einer zentralen europäischen Aufsichtsbehörde[108] wurde mit dem Beitritt Großbritanniens im Jahre 1973 zu-

---

103 *Claussen*, Bank- und Börsenrecht, § 9, Rn. 3.

104 Zu dem Umstand, daß das Bedürfnis einer Anlage in Aktien wächst, weil die private Altersvorsorge zunehmend wichtiger wird, bereits oben A.I.

105 *Claussen*, Bank- und Börsenrecht, § 9, Rn. 1; *Schwanenwerde*, Finanzmärkte in der BRD, S. 15; vgl. auch die insoweit notwendige institutionelle und allokative Funktionsfähigkeit der Kapitalmärkte bei *Kümpel/ Hammen/ Ekkenga*, KapitalmarktR, Bd. 1, 050, S. 39 ff sowie *Koller* in: Assmann/ Schneider, vor § 31, Rn. 9 f und zu den in diesem Zusammenhang an einen hochleistungsfähigen Kapitalmarkt zu stellenden Anforderungen: *Engels*, Institutionelle Rahmenbedingungen effizienter Kapitalmärkte, S. 11, 12 f sowie zu einer Analyse des Finanzplatzes Deutschland vor Beginn der Harmonisierungsbestrebungen auf europäischer Ebene: *ders.* a.a.O., S. 13.

106 *Königs* in: Bruns/ Häuser, Institutionen des deutschen Kapitalmarkts, S. 7, 10.

107 In Deutschland wurde mit dem Angebot für die Mannesmann AG durch die britische Vodafone AirTouch in Höhe von 218 Milliarden US-Dollar erstmals eine große Übernahme gegen Ausgabe von neuen Aktien ohne Barkomponente eingeleitet. In den USA hingegen entfallen inzwischen schon gut zwei Drittel des M&A- („Mergers & Acquisitions“ = Fusionen und Übernahmen) Volumens auf Akquisitionsvorhaben durch Aktienumtausch. Zu einer ersten Kommentierung dieses neueren Phänomens, der „Aktie als Währung“ vgl. Verlagsbeilage zur FAZ, Nr. 219 vom 20. 09. 2000, „Finanzmärkte“, S. B 14.

108 Basierend auf dem Bericht einer von der Kommission eingesetzten Sachverständigengruppe zur Untersuchung der Funktionsfähigkeit eines europäischen Kapital-

gunsten des Zusammenspiels einander nur stark angenäherter Rechtsordnungen, also integrierter, jedoch nationaler Märkte aufgegeben. Da zu diesem Zeitpunkt in Großbritannien noch keine gesetzlichen Regelungen zur Bankenaufsicht existierten, war die von der Kommission anvisierte totale Zentralisierung nicht mehr politisch durchsetzbar.[109] Auch heute dürfte die Mehrzahl der Regierungen kaum bereit sein, eine zentrale europäische „Superaufsichtsbehörde" zu akzeptieren, weil es im Falle einer Insolvenzkrise um die europäische Entscheidung über den Einsatz immenser nationaler Steuergelder ginge.[110] Es ist daher zu vermuten, daß der Weg zu einem einheitlichen gemeinsamen Finanzmarkt, auf dem mit der WpDIRL ein großer Schritt getan wurde, durch weitere Angleichungen der nationalen Rechte begangen werden wird. Naheliegend erscheint insoweit eine Anhebung der Mindeststandards[111], durch die die prinzipielle Eigenständigkeit der nationalen Finanzmärkte nicht aufgehoben würde. Dies indes unter dem Vorbehalt, daß nicht in näherer Zukunft das Niveau des bestehenden politischen Konsenses durch privatrechtliche Initiativen überholt wird, wofür Tendenzen zu innereuropäischen Börsenfusionen in der jüngsten Vergangenheit[112] ein Indiz sein könnten.

---

marktes von 1966, sog. „Segre'-Bericht", aufgegriffen in einem Papier der Kommission 1972.

109 *Schäfer*, AG 1993, 389; *Horn*, ZBB 1994, 130, 132; *Grundmann*, Europ. SchuldvertrR, 4.20, Rn. 3.

110 So die Einschätzung des für die Aufsicht zuständigen Direktors der Deutschen Bundesbank, Edgar Meister, in: FAZ vom 30. 09. 2000, S.25. Auch nach Auffassung des ehemaligen Präsidenten des BAKred, Georg Wittich, sei eine europäische Wertpapieraufsicht unrealistisch und wegen zweifelhafter Effizienz einer solchen zentralen Aufsicht auch nicht angebracht, FAZ vom 20. 01. 2001, S. 17. Seitens der EU scheinen aber dahingehende Pläne noch nicht endgültig ad acta gelegt worden zu sein. So will Alexandre Lamfalussy, der in einer Gruppe von sieben „Weisen" zur Verbesserung der Regulierungen auf den EU-Wertpapiermärkten den Vorsitz führt, bei einer für 2004 angesetzten Revision auf den Vorschlag einer einzigen EU-Regulierungs- und Aufsichtsbehörde zurückkommmen, falls dann die Wertpapiermärkte noch immer nicht besser funktionierten, FAZ vom 16. 02. 2001, S. 15.

111 So nun auch der Vorschlag der Dachorganisation der europäischen Aufsichtsämter „FESCO" (abgedruckt in: ZBB 2001, 116 ff), welcher insbesondere eine Präzisierung der bislang generalklauselartig gefaßten Verhaltenspflichten aus Art. 11 WpDIRL vorsieht.

112 Die geplante iX-Fusion der Frankfurter Deutsche Börse AG mit dem London Stock Exchange ist jedoch gescheitert, vgl. *M. Weber*, NJW 2000, 3461, 3466. Vollzogen ist dagegen inzwischen der Zusammenschluß der Pariser, der Amsterdamer und der Brüsseler Börse, welcher unter dem Namen „Euronext" firmiert.

C. Historie des deutschen Rechts

I. Erstmals aufsichtsrechtliche Regelungen für die Durchführung von Wertpapiergeschäften

Wie bereits erwähnt, stellt die Etablierung von „compliance codes" im deutschen Recht eine Neuerung dar. Als einziger erkennbarer Ansatz zur Formulierung von Verhaltenspflichten bei der Abwicklung von Wertpapiergeschäften sind die sog. Händler- und Beraterregeln zu nennen, die erstmals Ende 1970 von der Arbeitsgemeinschaft der deutschen Wertpapierbörse aufgestellt wurden.[113] Abgesehen davon, daß diese inhaltlich keine Änderung des geltenden Rechts herbeiführten,[114] handelte es sich hierbei auch nicht um Rechtsnormen; vielmehr war ihre Geltung abhängig von Anerkennungsverträgen des Beraters mit den ihm beschäftigenden Kreditinstitut bzw. den einzelnen Wertpapierbörsen.[115] Damit blieb die Reglementierung der Wertpapierdienstleistungsunternehmer bis zur Einführung des WpHG weitgehend der Rechtsprechung des BGH überlassen, der sich zu Beginn der 90er Jahre intensiver dem ständig an Bedeutung wachsenden Bereich des Wertpapiergeschäfts und der Vermögensverwaltung annahm.[116] Insbesondere hinsichtlich der (zivilrechtlichen) Aufklärungs- und Beratungspflichten im Rahmen des zwischen Kunden und Wertpapierdienstleister bestehenden Geschäftsbesorgungsvertrages war die Präzisierung durch die Rechtsprechung bei Einführung der Wohlverhaltenspflichten durch das WpHG bereits so weit fortgeschritten, daß diese inhaltlich kaum mehr zusätzliche Anforderungen begründen, sondern nur die nach allgemeinem Zivilrecht bestehenden Pflichten in einem öffentlich-rechtlichen Kontext konkretisieren.[117] Als aufsichtsrechtliche Regelungen stellen indes auch diese Pflichten wie die gesamten §§ 31 ff WpHG in der Geschichte des deutschen Rechts eine Neuerung dar.

Eine derart komplexer Regelungsinhalt, wie ihn § 34 a WpHG enthält, konnte indessen nicht aufgrund der Konkretisierung zivilvertraglicher Pflichten

---

113 *Möllers/ Ganten*, ZGR 1998, 773, 775; abgedruckt in der aktuellen Fassung von 1988 bei *Baumbach/ Hopt*, HGB, (29. Aufl.), (17) Händlerregeln, Einl., Rn. 7 sowie in WM 1988, 1829.

114 *Baumbach/ Hopt*, HGB, (29. Aufl.), (17) Händlerregeln, Einl., Rn. 2; *Möllers/ Ganten*, ZGR 1998, 773, 775.

115 *Baumbach/ Hopt*, HGB, (29. Aufl.), (17) Händlerregeln, Einl., Rn. 1.

116 Siehe dazu *Gassner/ Escher*, WM 1997, 93.

117 *Gassner/ Escher*, WM 1997, 93, 104. Da es aber das BAWe (seit dem 01. 05. 2002: die BAFin) in der Hand hat, die gesetzlichen Informationspflichten durch ständige Praxis oder Aufstellung von Richtlinien nach § 35 VI WpHG zu präzisieren, können diese die bisher durch Richterrecht ent-wickelten Beratungspflichten in der Zukunft wirkungsvoll ergänzen, siehe *Möllers*, ZGR 1997, 334, 364.

durch die Rechtsprechung bei Inkrafttreten dieser Vorschrift bereits antizipiert sein. Damit bestanden zuvor weder explizite gesetzliche noch durch die Rechtsprechung aufgestellte Anforderungen hinsichtlich der Art der Verwahrung des Kundenvermögens im Rahmen der Vermögensverwaltung. Eine Grenze für die Verwendung des fremden Vermögens wurde somit nur ganz allgemein durch das Strafrecht (vgl. §§ 246, 266 StGB)[118] sowie für den bankunabhängigen Vermögensverwalter zudem durch die bankgeschäftlichen Tatbestände der § 1 I Satz 2 Nr. 1 KWG (Einlagengeschäft) und § 1 I Satz 2 Nr. 5 KWG (Depotgeschäft) gezogen.

II. Explizit treuhandrechtliche Normierung; sinnverwandte Vorschriften

Bei der Suche nach rechtskonstruktiven Vorbildern im deutschen Recht stößt man einzig auf die §§ 551 III BGB (§ 550 b II BGB - alt -), 27 IV WEG sowie 6 I Satz 3 KAGG als sinnverwandten Vorschriften. Dies ist darauf zurückzuführen, daß der Gesetzgeber auf eine gesetzliche Regelung der Treuhand als solcher bisher verzichtet hat und sich treuhandrechtliche Regelungen daher nur splitterhaft kodifiziert in einzelnen Vorschriften wiederfinden.[119] Die §§ 551 III BGB, 27 IV WEG und 6 I Satz 3 KAGG normieren den allgemeinen treuhandrechtlichen Gedanken, daß entgegengenommene Gelder getrennt vom eigenen Vermögen zu verwahren sind.[120] Im Falle des § 551 III BGB hat der Vermieter die Mietkaution von seinem Vermögen getrennt bei einem Kreditinstitut anzulegen, während bei § 27 IV WEG und § 6 I KAGG vom Verwalter einer Wohnungseigentümergemeinschaft bzw. der Kapitalanlagegesellschaft nur gefordert wird, die Gelder der Wohnungseigentümer bzw. der Anteilsinhaber gesondert vom eigenen Vermögen zu halten. Wie dies genau zu geschehen hat, bleibt in beiden Fällen offen, so daß diesen Bestimmungen durch Eröffnung eines Treuhandkontos in der Form der Vollrechtstreuhand jedenfalls Genüge getan ist. Eine

---

118 Vgl. zum strafrechtlichen Schutz des Verwaltungstreugebers im einzelnen: *Liebich/ Mathews*, Treuhand im Recht der Wirtschaft, S. 182 ff.

119 Explizit treuhandrechtliche Normierungen finden sich ferner in den §§ 39 AO, 847 a I und II ZPO, 165 II, 171 c III ZVG, 1 II BRAGO, 42 DepotG, 6 II KAAG. Zudem sieht die Insolvenzordnung gemäß § 313 I InsO die Übernahme der Insolvenzverwaltung in Kleinverfahren durch einen Treuhänder sowie die Einschaltung eines Treuhänders in die Restschuldbefreiung gemäß §§ 286 ff InsO vor. Zu letzterem Punkt siehe sogleich im Text. Im übrigen läßt sich im Hinblick auf § 34 a WpHG - über die gesetzliche Anerkennung von Treuhandverhältnissen hinaus - aus diesen Vorschriften nichts entnehmen.

120 Vgl. dazu sowie zum Sinn und Zweck der getrennten Verwaltung, im Insolvenzfall die Zuordenbarkeit des Treugutes zu gewährleisten B.2.b).

Verpflichtung des Treuhänders, im Rahmen des Treuhandzweckes entgegengenommene Beträge von seinem Vermögen getrennt zu halten, sieht auch § 292 I Satz 2 InsO für den jetzt in die Restschuldbefreiung (§§ 286 ff InsO) eingeschalteten Treuhänder vor. Auch hier wird aber die Rechtsnatur des Treuhandverhältnisses nicht näher definiert.[121] Ungeachtet der bemerkenswerten Tatsache, daß in der Bestimmung des § 292 I Satz 2 InsO eine nachhaltige Förderung der Tendenz zur Aufgabe des Unmittelbarkeitsprinzips gesehen werden kann[122], läßt sich somit für die spezielle Regelungstechnik des § 34 a WpHG auch aus dieser Norm nichts Näheres ableiten.

§ 34 a WpHG geht damit nicht nur über die bezeichneten Vorschriften hinaus, indem er neben der Trennung der Kundengelder vom eigenen Vermögen des Unternehmens, auch diejenige von den Geldern anderer Kunden verlangt; einen Vorläufer findet § 34 a I WpHG insoweit lediglich in § 6 der Makler- und Bauträgerverordnung als nicht parlamentarischem Gesetz, wonach empfangene Vermögenswerte auch getrennt von denjenigen sonstiger Auftraggeber zu verwalten sind.[123] Er ist zudem soweit ersichtlich die einzige Vorschrift im deutschen Recht, die, wie im einzelnen zu zeigen sein wird, auf die Rechtsfigur der Ermächtigungstreuhand ausgerichtet ist, so daß sie neben anderem auch Anstoß zu einer intensiveren Beschäftigung mit dieser bislang - nach Auffassung des Verfassers zu Unrecht - doch eher vernachlässigten Treuhandvariante gibt.

D. Gang der Bearbeitung

Die Vorschrift des § 34 a WpHG reiht sich an systematisch zentraler Stelle in das neu konzipierte Aufsichtsrecht zum Schutz des Wertpapierkunden ein. Schon der Wortlaut der Vorschrift, der in seinem Abs. 1 Einlagenkreditinstitute und in seinem Abs. 2 Kreditinstitute mit der Erlaubnis zum Betreiben des Depotgeschäftes aus dem persönlichen Anwendungsbereich der Vorschrift ausnimmt, impliziert, daß § 34 a WpHG eine Schnittstelle zum Einlagengeschäft einerseits sowie zum Depotgeschäft andererseits bildet. Ein wesentlicher Part der

---

121 Vgl. auch *Döbereiner*, Restschuldbefreiung, S. 343, der, weil § 292 InsO die Rechte und Pflichten des Treuhänders, nicht aber das Treuhandverhältnis als solches definiert, die Überschrift „Rechtsstellung des Treuhänders“ als zu ungenau kritisiert.

122 So *Henssler*, AcP 196 (1996), 37, 59; *Wenzel* in: Kübler/ Prütting, InsO, § 292, Rn. 4 und 8. Vgl. zum Unmittelbarkeitsprinzip und anderen Ansätzen der Eingrenzung des insolvenzrechtlichen Schutzes des Treugebers unten § 3 C.I.

123 Siehe dazu, daß auch dieser Norm kein Modellcharakter für Lösungen von Rechtsfragen im Rahmen von § 34 a I WpHG entnommen werden kann, unter § 3 B.II.

vorliegenden Arbeit wird daher darin bestehen, die Rolle zu definieren, die § 34 a WpHG künftig im Verhältnis zum Einlagengeschäft i.S.d. § 1 I Satz 1 Nr. 1 KWG bzw. dem Depotgeschäft i.S.d. § 1 I Satz 2 Nr. 5 KWG einnimmt. Auf dieser Grundlage kann sodann im Anwendungsbereich von § 34 a I WpHG (unter § 2) und § 34 a II WpHG (unter § 4) eine fundierte Abgrenzung nach den im Wertpapierhandel denkbaren Formen einer Entgegennahme und Verwendung von Geldern oder Wertpapieren der Kunden zu dem jeweils übergeordneten bankgeschäftlichen Tatbestand vorgenommen werden. Im Vordergrund der Betrachtung stehen dabei die gängigen Gestaltungsformen der Vermögensverwaltung, das „Treuhandmodel" und das „Vertretermodell" sowie darüber hinaus das in der Gesetzesbegründung in Bezug genommene Modell der Ermächtigungstreuhand.

Angesichts der Tatsache, daß der Anwendungsbereich von Abs. 1 eine Beschränkung auf solche Kundengelder vorsieht, die das Wertpapierdienstleistungsunternehmen zur Verwendung im eigenen Namen entgegennimmt, obgleich der Wortlaut von Art. 10 I Satz 2, Spiegelstrich 3 WpDlRL hierfür keine Veranlassung gibt, wird ferner aufzuzeigen sein, daß der deutsche Gesetzgeber sowohl unter rechtstechnischen Gesichtspunkten wie auch nach praktischen Regulierungsbedürfnissen hinter den europäischen Vorgaben zurückbleibt. Dies wirft im konkreten Fall grundsätzliche Fragestellungen der Konsequenzen einer nicht richtlinienkonformen Umsetzung auf, die im einzelnen erörtert werden.

An die Feststellung des Anwendungsbereiches schließt sich, dem Aufbau der Norm folgend, jeweils die Untersuchung an, welche konkreten Anforderungen sich in bestmöglicher Verwirklichung der europarechtlich vorgegebenen Zielsetzungen für die adressierten Wertpapierdienstleister ergeben. Dies erfolgt für § 34 a I WpHG unter § 3, für Abs. 2 der Norm unter § 5. Bei der Darstellung des Pflichteninhalts wird dabei in teleologischer Hinsicht insbesondere schwerpunktmäßig auf die rechtliche Ausgestaltung des für den Kunden zu führenden Treuhandkontos (Abs. 1) bzw. Wertpapierdepots (Abs. 2) einzugehen sein. Ferner soll im Rahmen von Abs. 1 näher untersucht werden, unter welchen Umständen die gegenständliche Annahme von Kundengeldern zu erfolgen hat, damit die Rechtsposition des Kunden nicht bereits geschmälert wird, bevor es überhaupt zur vorgeschriebenen Weiterleitung der Gelder auf ein Treuhandkonto bei einem Einlagenkreditinstitut kommt.[124]

---

124 Die Art und Weise, wie das Wertpapierdienstleistungsunternehmen die Kundengelder entgegennimmt, entscheidet auch bereits über die Anwendbarkeit von § 34 a I WpHG. Die Darstellung der adäquaten Ausgestaltung des Treuhandverhältnisses zwischen Wertpapierdienstleistungsunternehmen und Kunden erfolgt daher einheitlich unter § 2 B.II.

§ 6 der Bearbeitung widmet sich schließlich der Prüfung der Rechtsfolgen, die Verstöße eines Unternehmens gegen die Verwahrpflichten aus § 34 a WpHG nach sich ziehen. Ausgehend von dem en détail wenig einheitlich, jedoch überwiegend ambivalent beurteilten rechtlichen Charakter der Wohlverhaltensregeln gemäß § 31 ff WpHG soll hier vor allem erörtert werden, inwieweit der Vorschrift des § 34 a WpHG trotz ihrer Einordnung als öffentlich-rechtlicher Aufsichtsregel, auch privatrechtlich haftungsbegründende Wirkung zukommt.

Die Arbeit endet mit einer Schlußbetrachtung, die insbesondere den dringenden Vorschlag enthält, wie § 34 a I WpHG de lege ferenda neu zu fassen ist, um nicht nur den europarechtlichen Anforderungen gerecht zu werden, sondern der Vorschrift auch nach den faktischen Verhältnissen am Markt der Vermögensverwaltung den ihr normzwecktechnisch gebührenden Stellenwert zukommen zu lassen.

§ 2 Anwendungsbereich § 34 a I WpHG/ Verhältnis zum Einlagengeschäft

A. Persönlicher Anwendungsbereich von § 34 a I WpHG

Der persönliche Anwendungsbereich des § 34 a I WpHG erstreckt sich auf Wertpapierdienstleistungsunternehmen, die kein Einlagenkreditinstitut i.S.d. § 1 IIId des KWG darstellen.

I. Positive Abgrenzung: Wertpapierdienstleistungsunternehmen; Einordnung in die neuen Institutsbegriffe nach der 6. KWG-Novelle

Positive Voraussetzung für die Anwendbarkeit von § 34 a I WpHG ist somit die Eigenschaft einer Firma als Wertpapierdienstleistungsunternehmen:

Der Begriff des Wertpapierdienstleistungsunternehmens ist definiert in § 2 IV WpHG. Danach sind Wertpapierdienstleistungsunternehmen Kreditinstitute, Finanzdienstleistungsinstitute und nach § 53 I Satz 1 KWG tätige Unternehmen, die Wertpapierdienstleistungen allein oder zusammen mit Wertpapiernebendienstleistungen gewerbsmäßig oder in einem Umfang erbringen, der einen in kaufmännischer Weise eingerichteten Geschäftsbetrieb erfordert.

Angeknüpft wird damit an den Begriff der Wertpapierdienstleistung i.S.d. § 2 III WpHG. Neben der ebenfalls als Wertpapierdienstleistung i.S.d. § 34 a I WpHG in Betracht kommenden Finanzkommission nach § 2 III Nr. 1 WpHG ist für die Vorschrift des § 34 a I WpHG über die „Getrennte Vermögensverwaltung" zentral der ebenso wie diese mit der 6. KWG-Novelle eingefügte § 2 III Nr. 6 WpHG. Hiernach wird erstmals die Vermögensverwaltung, d.h. „die Verwaltung einzelner in Wertpapieren, Geldmarktinstrumenten oder Derivaten angelegter Vermögen für andere mit Entscheidungsspielraum" zur Wertpapierdienstleistung erklärt. Dementsprechend statuiert § 1 Ia Nr. 3 KWG, daß die vom Anwendungsbereich her identische[125] „Finanzportfolioverwaltung" auch als Finanzdienstleistung anzusehen ist. Ohnehin sind alle die in § 2 III WpHG definierten Wertpapierdienstleistungen zugleich Finanzdienstleistungen i.S.d. § 1 Ia KWG oder Bankgeschäfte i.S.d. § 1 I KWG. Der Grund hierfür liegt darin, daß der deutsche Gesetzgeber bei der Umsetzung der WpDlRL - jedenfalls idealty-

125 *Schäfer*, WpHG § 2, Rn. 34.

pisch betrachtet - eine Aufteilung von Institutsaufsicht nach dem KWG und Aufsicht über das Marktverhalten nach dem WpHG vorgenommen hat, der die aufsichtsrechtliche Kompetenzverteilung zwischen BAKred und dem neugeschaffenen BAWe entsprach. Danach blieb die Erteilung einer Genehmigung dem BAKred vorbehalten, die gemäß § 32 I Satz 1 KWG nur für das Betreiben von Bankgeschäften (§ 1 I Satz 2 KWG) oder die Erbringung von Finanzdienstleistungen (§ 1 Ia Satz 2 KWG) erteilt wird.[126] Ein spezielles Genehmigungsverfahren für die Anerkennung als Wertpapierdienstleistungsunternehmen ist hingegen nicht vorgesehen; diese Qualifizierung ist indessen maßgeblich dafür, ob ein Institut den Verhaltenspflichten des WpHG nach §§ 31 ff unterfällt und somit zusätzlich der Aufsicht durch das BAWe, vgl. § 35 WpHG. Weil damit Institutsaufsicht (also Zulassung und Solvenzaufsicht) nach dem KWG einerseits und Überwachung der Verhaltensregeln nach dem WpHG andererseits in verschiedenen Gesetzen geregelt wurden,[127] war eine Doppelnormierung sämtlicher erfassungswürdiger wirtschaftlicher Betätigungen der Wertpapierdienstleister erforderlich, wobei die Frage nach der Erfassungswürdigkeit dem deutschen Gesetzgeber durch den Anhang zur WpDIRL, Abschnitt A weitgehend abgenommen wurde.[128] Da also die Finanzportfolioverwaltung in § 1 Ia Satz 2 Nr. 3 KWG auch als Finanzdienstleistung erfaßt wird, kommen als Adressaten des § 34 a WpHG zunächst die Finanzdienstleistungsinstitute in Betracht.

Darüber hinaus kann die Verpflichtung zur getrennten Verwahrung bei einem Einlagenkreditinstitut nach § 1 IIId KWG auch selbst ein Kreditinstitut treffen, soweit dieses nicht zum Betreiben von Einlagengeschäften gemäß § 1 I Satz 2 Nr. 1 KWG berechtigt ist. Dies dann, wenn ein Institut nicht über eine Vollkonzession i.S.d. § 32 I Satz 1, 1.Alt. KWG verfügt[129], aber wegen des Betreibens

126 Wenn auch das BAKred und das BAWe durch das Gesetz über die integrierte Finanzdienstleistungsaufsicht vom 22. 04. 2002 (BGBl. I 2002, 1310) mit Wirkung zum 01. 05. 2002 in der BAFin zusammengefaßt wurden, so bleibt doch die Aufteilung von Kredit- und Wertpapieraufsicht auf KWG und WpHG weiterhin erhalten.

127 Die notwendige Verknüpfung der beiden Gesetze wurde in § 35 II Nr. 6 KWG hergestellt, nach dem ein nachhaltiger Verstoß gegen die Bestimmungen des WpHG zur Aufhebung der gemäß § 32 KWG erteilten Erlaubnis führen kann. Dies entspricht der Vorgabe in Art. 3 VII e) der WpDIRL.

128 Lücken verbleiben aufgrund der Einschränkungen des sachlichen und persönlichen Anwendungsbereichs der WpDIRL, insbesondere durch Art. 2 II und Anhang C der Richtlinie. Insofern wäre Raum für eine weitere Fassung des Anwendungsbereichs im nationalen Recht, solange hierdurch keine Diskriminierung ausländischer Anbieter erfolgt, vgl. *Grundmann*, Europ. SchuldvertragsR, 4.20, Rn. 30.

129 Vgl. insoweit die Möglichkeit der Erteilung einer auf bestimmte Bankgeschäfte beschränkten Erlaubnis nach § 32 II Satz 2 KWG.

eines anderen Bankgeschäftes i.S.d. § 1 I KWG, insbesondere der im Zusammenhang mit § 34 a I WpHG naheliegenden und als Depotgeschäft i.S.d. 1 I Satz 2 Nr. 5 KWG einzustufenden Verwahrung von Wertpapieren eine Banklizenz gemäß § 32 I Satz 1, 1. Alt. KWG benötigt.[130] Die Kreditinstitutseigenschaft geht in diesem Fall derjenigen als Finanzdienstleistungsinstitut vor, vgl. § 1 Ia Satz 1, 2. Hs. KWG. Ein weiterer Fall der Anwendung des § 34 a I WpHG auf Kreditinstitute ergibt sich für die Tätigkeit der Finanzkommissionäre, welche gemäß § 1 I Satz 2 Nr. 4 KWG per se bereits ein Bankgeschäft darstellt.

Kreditinstitute und Finanzdienstleistungsinstitute, die keine Einlagenkreditinstitute sind, können, wenn sie bestimmte Bankgeschäfte tätigen oder Finanzdienstleistungen erbringen, auch nach § 1 IIId Satz 2 KWG als „Wertpapierhandelsunternehmen" gelten. Dieser Begriff entspricht inhaltlich der Definition der Wertpapierfirma nach der WpDlRL und bildet insbesondere den Anknüpfungspunkt für die Vorschriften über den Europäischen Paß gemäß §§ 53 b und 53 d KWG[131] sowie die Zugehörigkeit zu einer Entschädigungseinrichtung nach dem Einlagensicherungs- und Anlegerentschädigungsgesetz (vgl. § 1 I Nr. 2 und 3 EAG). Er ist zudem sachlich deckungsgleich mit dem Begriff des Wertpapierdienstleistungsunternehmens nach § 2 IV WpHG;[132] die Aufzählung in § 1 IIId Satz 2 KWG stimmt mit den in § 2 III WpHG erfaßten Wertpapierdienstleistungen überein. Da somit zu den in § 1 IIId Satz 2 KWG enumerativ aufgelisteten Geschäftsarten auch die Portfolioverwaltung nach § 1 Ia Satz 2 Nr. 3 KWG und die Finanzkommission nach § 1 I Satz 2 Nr. 4 KWG zählen, gilt für § 34 a I WpHG, daß ein Institut[133], das seinem Anwendungsbereich unterfällt, immer als Wertpapierhandelsunternehmen einzustufen ist.[134]

---

130 Vgl. *Schäfer*, WpHG, § 2, Rn. 34; *Schäfer/ Müller*, Haftung für fehlerhafte WpDl, Rn. 219.

131 Begr. RegE § 1 IIId KWG, BT-Drucks. 13/7142, S. 68 sowie *Beck*, KWG, Bd. 1, § 1, Rn. 335; *Fülbier* in: Boos/ Fischer/ Schulte-Mattler, KWG, § 1, Rn. 175. Der Begriff des Wertpapierhandelsunternehmens ist allerdings insofern enger als er Einlagenkreditinstitute ausschließt, selbst wenn sie die für Wertpapierhandelsunternehmen typischen Geschäfte betreiben.

132 Ein Unterschied besteht wiederum nur insoweit, als Einlagenkreditinstitute zwar Wertpapierdienstleistungsunternehmen, nicht aber Wertpapierhandelsunternehmen sein können. Dies hat seinen Grund darin, daß das WpHG anders als das KWG nicht zwischen verschiedenen Institutstypen unterscheidet, sondern an alle Unternehmen, die Wertpapierdienstleistungen erbringen, die gleichen Anforderungen stellt.

133 „Institut" ist gemäß § 1 Ib KWG der Oberbegriff für Kredit- und Finanzdienstleistungsinstitute.

134 Da auch § 34 a I WpHG Einlagenkreditinstitute ausnimmt, gilt diese Feststellung tatsächlich ohne jede Einschränkung.

Der „Straffung des KWG“[135] dienen soll weiter die Schaffung des Begriffs der Wertpapierhandelsbank in § 1 IIId Satz 3 KWG, welcher solche Wertpapierhandelsunternehmen bezeichnet, die zugleich Kreditinstitute sind.[136] Um eine Wertpapierhandelsbank handelt es sich bei den Adressaten des § 34 a I WpHG folglich etwa dann, wenn das Finanzkommissionsgeschäft betrieben wird, ohne daß eine Zulassung als Einlagenkreditinstitut vorliegt.

Die Vielzahl begrifflicher Überschneidungen ist vor dem Hintergrund zu sehen, daß die EG-rechtliche Definition des Kreditinstituts von der des deutschen Rechts differiert. Der enge europarechtliche Begriff des Kreditinstituts ist mit dem des Einlagenkreditinstituts nach § 1 IIId Satz 1 KWG identisch.[137] Nur so läßt sich verstehen, daß es sich bei den für die Bezeichnung „Wertpapierfirma“ konstitutiven Geschäften europarechtlich nie um Bankgeschäfte handelt, wohingegen für ein „Wertpapierhandelsunternehmen“ nach deutschem Recht eine (wenn auch beschränkte) Banklizenz erforderlich sein kann, obgleich beide Begriffe hinsichtlich des Geschäftsumfanges, den sie beschreiben, identisch sind. Einer unterschiedlichen Beurteilung unterliegen insoweit die Wertpapierdienstleistungen nach dem Anhang zur WpDlRL, Abschnitt A, Nr. 1.b) und Nr. 4, die das KWG in § 1 I Nr. 4 (Finanzkommissionsgeschäft) und Nr. 10 (Emissionsgeschäft) den Bankgeschäften zuordnet.

Eine weitere Erklärung für Divergenzen zwischen den Institutsformen Finanzdienstleistungsunternehmen und Wertpapierdienstleistungsunternehmen im deutschen Recht ergibt sich aus dem Umstand, daß der nationale Gesetzgeber mit den § 1 Ia Satz 2 Nr. 5-7 KWG zusätzliche Finanzdienstleistungen ohne europarechtliche Veranlassung normiert hat.[138] Für die Drittstaateneinlagenvermittlung, das Finanztransfer- sowie das Sortengeschäft gelten die Vorschriften der WpDlRL nicht. Sie finden sich daher auch nicht in § 2 III WpHG unter den Wertpapierdienstleistungen wieder.

---

135 So die Begr. RegE § 1 IIId KWG, BT-Drucks. 13/7142, S.68.

136 Dieser Definition kommt im Rahmen des § 33 I Nr. 3.c) KWG Bedeutung zu, wo an Wertpapierhandelsbanken erhöhte Anforderungen hinsichtlich der Mindestkapitalausstattung gestellt werden.

137 Begr. RegE § 1 IIId KWG, BT-Drucks. 13/7142, S. 68 und *Beck*, KWG, Bd. 1, § 1, Rn. 331. Vgl. die Definition in Art. 1, Nr.1 der Zweiten Bankrechtskoordinierungsrichtlinie (RL 89/646/EWG des Rates vom 15. 12. 1989, ABl. Nr. L 386/1) unter Verweis auf Art. 1, 1. Spiegelstrich der Ersten Bankrechtskoordinierungsrichtlinie (RL 77/780/EWG des Rates vom 12. 12. 1977, ABl. Nr. L 322/30); danach ist neben dem Betreiben des Einlagengeschäftes kumulativ das Gewähren von Krediten für eigene Rechnung vorauszusetzen; zu diesem im Verhältnis zum deutschen Recht engeren Bankbegriff: *Horn* in: ZBB 1989, 107, 111 f.

138 Vgl. insoweit die Begr. RegE zu § 1 Ia Satz 2 Nr. 5-7 KWG, BT-Drucks. 13/7142, S. 66 f.

Insgesamt findet damit eher eine Anlehnung des europäischen Gesetzgebers an das dem angelsächsischen Bankenrecht entstammende Verständnis des Trennbankensystems statt, welches im Gegensatz zum ursprünglich umfassenden Begriff des Kreditinstituts im deutschen Recht (Universalbankprinzip) steht.[139] Auch dieses Prinzip wurde aber vom europäischen Gesetzgeber nicht strikt durchgehalten; vielmehr waren eher pragmatische Erwägungen prägend, nachdem aufgrund der Strukturunterschiede im Bankenrecht der einzelnen Mitgliedstaaten in vielen Punkten nur mühsam Kompromisse zu erringen waren.[140] Die Einpassung der sich hieraus ergebenden komplizierten EG-Vorgaben in die gewachsene nationale Rechtskultur,[141] sollte aber nach dem Willen des deutschen Gesetzgebers dennoch möglichst zügig vorangehen.[142] In der Kombination dieser beiden Aspekte dürfte für manche in den letzten Jahren durch Umsetzungsgesetze veranlaßte Unebenheit in KWG und WpHG die Ursache zu suchen sein.

Der Gesetzgeber hat damit in Umsetzung der Wertpapierdienstleistungsrichtlinie[143] und der Kapitaladäquanzrichtlinie[144] mit der 6. KWG-Novelle eine Vielzahl von Institutsbegriffen geschaffen, die sich nicht deutlich einzelnen Gruppen von Vorschriften zuordnen lassen und deren Abgrenzung daher zum Teil überflüssig, zum Teil aber auch sprachlich nicht aufeinander abgestimmt ist, womit sich im einzelnen erhebliche Abgrenzungsprobleme stellen können.[145]

Für § 34 a I WpHG gilt, daß die in Pflicht genommenen Wertpapierdienstleistungsunternehmen sowohl Finanzdienstleistungsunternehmen als auch Kreditinstitute, Wertpapierhandelsunternehmen und -banken sein können. All diese Institute kommen als Vermögensverwalter i.S.d. § 2 III Nr. 6 WpHG in Frage.

II. Negative Abgrenzung:

1. Tatbestandliche Privilegierung der Einlagenkreditinstitute

§ 34 a I WpHG ist hingegen nicht anwendbar auf solche Wertpapierdienstleistungsunternehmen, die selbst als Einlagenkreditinstitut i.S.d. § 1 IIId KWG zu qualifizieren sind.

---

139 *Weber-Rey/ Baltzer*, WM 1997, 2288; vgl. dazu bereits oben: § 1 A.I. und III.1.

140 Dazu bereits oben unter Gliederungspunkt § 1 B.III.1. „Verhältnis der WpDlRL zur Zweiten Bankenrechtskoordinierungsrichtlinie".

141 *Meixner*, NJW 1998, 862, 863.

142 *Jentsch*, WM 1993, 2189, 2195; *Köndgen*, ZBB 1996, 361, 363.

143 Richtlinie 93/22/EWG vom 10. 05. 1993, ABl. der EG Nr. 141/27.

144 Richtlinie 93/6/EWG vom 15. 03. 1993, ABl. der EG Nr. L 141/1.

145 So insbesondere auch *Schäfer*, WpHG, § 2, Rn. 6.

a) Begriff des Einlagenkreditinstituts

Die Einführung des Begriffes „Einlagenkreditinstitut" basiert auf der Umsetzung der Bankenrechtskoordinierungsrichtlinien;[146] er ist identisch mit der europarechtlichen Definition des Kreditinstituts.[147] Dieser Begriff bildet den Anknüpfungspunkt für eine Reihe von Spezialvorschriften wie die Vorschriften über den Europäischen Paß (§§ 53b, 53 d KWG) oder das Anfangskapital (§ 33 I KWG)[148] und eben den hier in Frage stehenden § 34 a I WpHG. Entsprechend Art. 10 I Satz 2, Spiegelstrich 3 WpDIRL werden somit (europarechtliche) Kreditinstitute durch Nichtunterwerfung unter die Pflichten des § 34 a I WpHG freier gestellt.[149]

Als Einlagenkreditinstitut sind gemäß der Legaldefinition in § 1 IIId Satz 1 KWG solche Kreditinstitute einzustufen, die sowohl Einlagen oder andere rückzahlbare Gelder entgegennehmen (§ 1 I Satz 2 Nr. 1 KWG) als auch das Kreditgeschäft (i.S.d. § 1 I Satz 2 Nr. 2 KWG) betreiben.

Dabei ist fraglich, ob auch diejenigen Kreditinstitute umfaßt sind, die sich zwar im Besitz einer Vollkonzession nach § 32 I Satz 1, 1. Alt. KWG befinden, tatsächlich aber keine Einlagen entgegennehmen. Nach zustimmungswürdiger Auffassung ist in solchen Fällen primär maßgeblich, daß das Unternehmen über eine Vollkonzession verfügt, da es aufgrund dieser jederzeit zur Aufnahme von Einlagengeschäften berechtigt ist.[150]

Diese Einschätzung darf indes nicht so verstanden werden, daß das Bestehen einer Erlaubnis konstitutiv für die Qualifikation als Kreditinstitut wäre; vielmehr knüpft der Begriff des Kreditinstituts in § 1 I KWG nur an das Betreiben von Bankgeschäften in einem gewissen Umfang an,[151] dessen Folge dann lediglich

146 Vgl. zur Definition soeben: Fn. 137.

147 Begr. RegE § 1 IIId KWG, BT-Drucks. 13/7142, S. 68; *Beck*, KWG, Bd. 1, § 1, Rn. 331.

148 Begr. RegE § 1 IIId KWG, BT-Drucks. 13/7142, S. 68; *Beck*, KWG, Bd. 1, § 1, Rn. 331.

149 *Koller* in: Assmann/ Schneider, WpHG, § 34 a, Rn. 2. Zur Frage, ob sich bereits aus Art. 10 I Satz 2, Spiegelstrich 3 WpDIRL die vollständige Ausnehmung der Einlagenkreditinstitute aus dem Regelungsbereich von § 34 a I WpHG folgern läßt, vgl. sogleich unter b)bb).

150 So im Ergebnis *Beck*, KWG, Bd. 1, § 1, Rn. 332; *Fülbier* in: Boos/ Fischer/ Schulte-Mattler, KWG, § 1, Rn. 172; Schreiben des BAKred vom 30. 12. 1994, I 3 - 113A - 1/94 und vom 04. 01. 1996, I 3 - 211 - 5/94, abgedruckt in: Cronsbruch/ Möller/ Bähre/ Schneider, KWG, Nr. 4.259, 4.278; a.A. ohne Begründung oder Nachweis *Wolf*, BKR 2002, 892, 893, wonach für das WpHG zum Teil der formelle Institutsbegriff vertreten werde.

151 *Bähre/ Schneider*, KWG, § 1, Anm. 2; *Fülbier* in: Boos/ Fischer/ Schulte-Mattler, KWG, § 1, Rn. 8.

die Erlaubnispflichtigkeit ist. Über das Erfordernis einer einheitlichen Verwendung von Begrifflichkeiten hinaus bestehen dabei im Rahmen von § 34 a WpHG noch besondere Gründe, den Terminus „Einlagenkreditinstitut“ materiell zu interpretieren. Denn wenn sich ein Institut den Pflichten gemäß § 34 a I WpHG nachhaltig widersetzt und, statt die Kundengelder weiterzuleiten, selbst Einlagengeschäfte betreibt, so liegt nun neben dem zunächst begangenen Verstoß gegen § 34 a I WpHG (sanktioniert als Ordnungswidrigkeit gemäß § 39 I Nr. 8 WpHG) ein schwerer wiegender Verstoß gegen die Erlaubnispflichtigkeit von Bankgeschäften (sanktioniert als Straftat gemäß § 54 I Nr. 2 KWG) vor.[152] Systematisch-logisch ist also in diesem Fall vorrangig die Erlaubnis gemäß den §§ 1 I Satz 1 Nr. 1, 32 KWG zu beantragen, nach deren Erteilung die Anwendung von § 34 a I WpHG offensichtlich obsolet wird. Dieser gesetzessystematische Vorrang des Erlaubnisverfahrens gemäß § 32 KWG wird dabei insoweit durch handfeste faktische Erwägungen untermauert, als ein Betreiben des Einlagengeschäftes ohne die entsprechende Erlaubnis nicht nur regelmäßig die Anordnung der sofortigen Einstellung der Geschäfte durch das BAKred (seit 01. 05. 2002: die BAFin) zur Folge haben wird (§ 37 KWG), sondern überdies zur Abwicklung des Institutes führen kann (vgl. § 38 KWG).[153] Demgegenüber fällt der Umstand, daß die Privilegierung in § 34 a WpHG sich zunächst auf Wertpapierdienstleistungsunternehmen „ohne eine Erlaubnis zum Betreiben des Einlagengeschäftes“ bezog und ohne Hinweis auf eine inhaltliche Abweichung in die jetzige Fassung geändert wurde[154], argumentativ nicht ins Gewicht.

Für die negative Abgrenzung des Anwendungsbereiches von § 34 a I WpHG kommt es mithin darauf an, wann Unternehmen, die Gelder ihrer Kunden entge-

---

152 Siehe zur Sanktionierung von Zuwiderhandlungen gegen die Pflichten aus § 34 a WpHG: § 6 A.3.

153 Daß diesen Vorschriften nicht nur theoretische Bedeutung zukommt, zeigt der Jahresbericht des BAKred 1999, S. 63 f.

154 Diese Änderung von § 34 a WpHG erfolgte durch das Gesetz zur Umsetzung der der EG-Einlagensicherungsrichtlinie (94/19/EG) und der Anlegerentschädigungsrichtlinie (97/9/EG) vom 16. 07. 1998, BGBl. I 1998, 1842; zur Gesetzesbegründung vgl. BT-Drucks., 13/10188, S. 25. Auch wenn somit nun neben dem Betreiben des Einlagengeschäftes noch das Betreiben des Kreditgeschäftes erforderlich ist, um als Einlagenkreditinstitut der Privilegierung des § 34 a I WpHG zu unterfallen (vgl. § 1 IIId Satz 1 KWG), so ist die Änderung doch insgesamt als lediglich redaktorische Anpassung zu verstehen, mit der § 34 a I WpHG an die bereits mit der 6. KWG-Novelle neu eingeführten Begrifflichkeiten sprachlich angeglichen wird. In praxi stellen nämlich das Betreiben des Kreditgeschäftes und das Betreiben des Einlagengeschäftes letztlich zwei Seiten einer Medaille dar, weil es sich um die jeweils wesentlichen Bestandteile des Aktiv- bzw. Passivgeschäftes handelt; siehe dazu näher die funktionale Betrachtung des Einlagengeschäftes unter B.I.2.a)bb), (2d).

gennehmen, nach sachlichen Kriterien bereits Einlagengeschäfte vornehmen, da sie schon dann als Einlagenkreditinstitute i.S.d. § 1 IIId Satz 1 KWG zu gelten haben und somit wiederum vom persönlichen Anwendungsbereich der Vorschrift ausgenommen sind.[155]

b) Hintergrund und Rechtfertigung der Privilegierung von Einlagenkreditinstituten

Um nicht nur die tatbestandliche Privilegierung der Einlagenkreditinstitute im Rahmen von § 34 a I WpHG auf ihre rechtliche Schlüssigkeit hin zu untersuchen, sondern auch den Regelungszweck der Vorschrift offenzulegen, soll im folgenden § 34 a I WpHG - stets in Relation zum Einlagengeschäft - in das neugefaßte aufsichtsrechtliche Gesamtgefüge zum Schutz der Kundengelder eingeordnet werden. Die Einordnung von § 34 a I WpHG und dem Einlagengeschäft in den aufsichtsrechtlichen Regelungszusammenhang wird sodann die Basis für eine gründliche Abgrenzung des § 34 a I WpHG von § 1 I Satz 2 Nr. 1 KWG bilden, durch dessen Reichweite der Anwendungsbereich von § 34 a I WpHG negativ bedingt ist.

aa) Verhältnis von § 34 a WpHG zum Einlagengeschäft nach Schutzzweck, Regelungstechnik und Konzeption

(1) Schutzzweckvergleich

§ 34 a WpHG dient als kapitalmarktrechtliche Regelung dem Schutz des Anlegers vor dem Verlust seiner Mittel. Wie oben dargelegt soll hiermit eine Stärkung des Vertrauens der Anleger in die Kapitalmärkte erreicht werden, um so letztendlich deren Funktionieren sicherzustellen.[156] Der Anlegerschutz ist also das Instrumentarium, mit dem die Erreichung des im gesamtvolkswirtschaftlichen Interesse stehenden Endzweckes bewirkt werden soll. Ein solcher Schutz war bisher für die Entgegennahme von Geldern durch Nichtbanken nicht gegeben, weil es bislang wie gezeigt an einer gesetzlichen Erfassung der unabhängigen Wertpapierdienstleistungsunternehmen fehlte. Anders verhält es sich jedoch,

155 Vgl. hierzu die „Untersuchung der Anwendbarkeit des § 34 a I WpHG auf die in Deutschland existenten Vermögensverwaltungsmodelle" unter Gliederungspunkt B.I.2.a). Die negative Abgrenzung zum Einlagengeschäft findet sich unter B.I.2.a)bb),(2).

156 Vgl. 38. Erwägungsgrund des Rates in: ABl. der EG vom 11. 06. 1993, Nr. L 141/27, 30 und genauer zu den Schutzrichtungen des § 34 a WpHG, die sich am besten als abgestufte Hierarchie von Zielsetzungen verstehen lassen, oben § 1 A.II.

soweit die Verwahrung und Verwaltung von Geldern durch Banken betroffen ist. Denn für Einlagenkreditinstitute wird ein Schutz des Anlegers bereits durch Unterwerfung dieser Gruppe von Instituten unter das Regelwerk des KWG erzielt. Schon seit 1934[157] dient die Erfassung des Einlagengeschäftes als Bankgeschäft in § 1 I Satz 2 Nr. 1 KWG dem Schutz des breiten Publikums vor Verlusten bei der Anlage seiner Mittel.[158] Zwar differiert das dahinterstehende öffentliche Interesse insoweit leicht von dem des § 34 a WpHG, als hier volkswirtschaftlicher Zweck klassischerweise die Sicherung eines beträchtlichen Teiles des Volksvermögens ist, der den Kreditinstituten im Rahmen des Einlagengeschäftes zur Verwendung im eigenen Namen anvertraut wird[159]; der regulatorische Anknüpfungspunkt aber ist in beiden Fällen derselbe.

Aus dieser Identität der Primärschutzzwecke heraus erklärt sich, daß der deutsche Gesetzgeber, soweit es sich um die Annahme von Geldern durch Einlagenkreditinstitute handelt, einen über das bestehende Regelwerk hinausgehenden Schutz des Anlegers nicht für veranlaßt und mithin eine tatbestandliche Privilegierung dieser Gruppe von Instituten im Rahmen des § 34 a I WpHG für gerechtfertigt hielt. Schon ein erster Blick auf die Regelungstechnik, die der Gesetzgeber in § 34 a I WpHG verwendet, macht deutlich, daß er Gelder des Kunden bei Einlagenkreditinstituten im Hinblick auf die Schutzzwecke des § 34 a I WpHG für sicher aufgehoben hält. Denn zur Verwirklichung des Schutzes der Kundengelder i.S.d. Vorgaben des Art. 10 I Satz 2, Spiegelstrich 3 WpDIRL, verlangt der deutsche Gesetzgeber in § 34 a I WpHG gerade die unverzügliche Weiterleitung empfangener Kundengelder an ein Kreditinstitut mit der Erlaubnis zum Betreiben des Einlagengeschäfts und bedient sich somit der Schutzmechanismen, die das KWG für Bankgeschäfte i.S.d. § 1 I Satz 2 Nr. 1 KWG bereithält.

(2) 34 a I WpHG als Ergänzungsvorschrift zu § 1 I Satz 2 Nr. 1 KWG

Damit manifestiert sich schon an dieser Stelle, wie eng die Verwirklichung des Anlegerschutzes durch § 34 a I WpHG mit derjenigen durch die Unterstellung des Einlagengeschäftes unter die Regelungen des KWG verknüpft ist. Es drängt sich bereits hier der Schluß auf, daß es zur Beschreibung des Anwendungsberei-

157 Das Reichsgesetz über das Kreditwesen von 1934 (RGBl. I 1934, 1203) als Vorläufer des heutigen KWG ist als Grundordnung für die Kreditwirtschaft in Reaktion auf die sog. Bankenkrise im Jahre 1931 geschaffen worden, vgl. *Kümpel*, Bank- und KapitalmarktR, 19.1.

158 *Bähre/ Schneider*, KWG, § 1, Anm. 7; *Beck*, KWG, Bd. 1, § 1, Rn. 94; *Fülbier* in: Boos/ Fischer/ Schulte-Mattler, KWG, § 1, Rn. 33.

159 *Bähre/ Schneider*, KWG, § 1, Anm. 7; *Beck*, KWG, Bd. 1, § 1, Rn. 51.

ches der hier zu besprechenden Norm einer Abgrenzung zum Einlagengeschäft bedürfen wird.[160] Denn § 34 a I WpHG ist nach oben Gesagtem als Ergänzungsvorschrift für diejenigen Fälle der Verwaltung von Kundengeldern im eigenen Namen zu verstehen, in denen nicht schon der aufsichtsrechtliche Schutz des KWG im Hinblick auf Einlagenkreditinstitute eingreift. Die Ergänzungsfunktion des § 34 a I WpHG wird mithin zum einen dann relevant, wenn die Qualifikation der Annahme fremder Gelder als Einlagengeschäft i.S.d. 1 I Satz 2 Nr. 1 KWG mißlingt, zum anderen, wenn die Entgegennahme nicht durch ein vom Anwendungsbereich des § 34 a I WpHG ausgenommenes Einlagenkreditinstitut i.S.d. § 1 IIId Satz 1 KWG erfolgt. Sie steht damit unter einer doppelten negativen Bedingung.

Während also bisher für die gesetzliche Gewährung eines Kundenschutzes und das Bestehen einer staatlichen Aufsicht die Qualifikation der Übergabe von Geldern als Einlagengeschäft ausschlaggebend war[161], bringt § 34 a I WpHG einen Schutz auch unterhalb des Einlagenniveaus, der gemäß § 35 WpHG der Aufsicht des BAWe (seit dem 01. 05. 2002 der BAFin) unterliegt. Hierin tritt ein Grundgedanke der 6. KWG-Novelle zutage, mit der der Schutz des Anlegers über die bankgeschäftlichen Tatbestände hinaus ausgedehnt werden soll. Es wurde damit den Entwicklungen auf dem Markt der Finanzanlage entsprochen, wo die Gelder der Anleger längst nicht mehr nur den Sparkonten der etablierten Einlagenkreditinstitute zuflossen.[162] Die Tatsache, daß das öffentliche Interesse essentiell berührt ist, wo ein beträchtlicher Teil des Volksvermögens nach mehr oder minder freiem wirtschaftlichen Ermessen verwaltet wird,[163] gebietet bei nennenswerter Umverteilung der Gelder die Ausweitung der staatlichen Aufsicht.

---

160 Diese erfolgt unter B.I.2.a)bb),(2).

161 Vgl. *Kümpel*, Bank- und KapitalmarktR, 3.5.

162 Das Verhältnis der in Aktien angelegten Gelder zu klassischen Formen der Geldanlage bei Banken hat sich in den letzten Jahren stark zugunsten der Geldanlage in Aktien verschoben. Ende 1999 betrug der Wert des Aktienbestandes der privaten Haushalte 635 Milliarden DM, was eine Steigerung seit 1992 um 300 % und einen Anteil von knapp 10 % (Wertpapiere insgesamt bereits ca. 30 %) am Gesamtgeldvermögen bedeutet. Relativ stagnierend blieben in den letzten Jahren hingegen die Zahlen der bei Banken in Spareinlagen, Sparbriefen sowie Sicht- und Termineinlagen angelegten Gelder, deren Anteil am Gesamtgeldvermögen bei einem Geldwert von 2272 Milliarden DM aber immer noch etwa 30 % ausmacht. Im Zuge der Hausse an den deutschen Börsen im ersten Halbjahr 2000 dürfte die Aktie noch einige weitere Prozentpunkte zugelegt haben. Vgl. zu diesen Zahlen und dazu, daß die Aktie als Anlageform in der Zukunft weiter an Bedeutung gewinnen dürfte, bereits § 1 A.I.

163 Vgl. *Bährel Schneider*, KWG, § 1, Anm. 7; *Beck*, KWG, Bd. 1, § 1, Rn. 51.

(3) „Verwahrmonopol" der Einlagenkreditinstitute

Indem § 34 a I WpHG vorschreibt, daß bankunabhängige Finanzportfolioverwalter Kundengelder, die sie im eigenen Namen (auf Rechnung des Kunden) verwenden, unverzüglich auf Konten bei Kreditinstituten mit der Erlaubnis zum Betreiben des Einlagengeschäftes weiterzuleiten haben, wird sichergestellt, daß alle zur Vermögensbildung angelegten Gelder[164], hinsichtlich derer das verwaltende Institut im eigenen Namen zu verfügen berechtigt ist, einheitlich bei Einlagenkreditinstituten verwahrt werden. Ab Eingang der Beträge auf diesen Konten unterliegen sie dann demselben Schutz wie Vermögenswerte, die als klassische Spareinlagen bei Kreditinstituten lagern. Durch § 34 a I WpHG wird also die Grenze neu gezogen, die darüber entscheidet, ab wann Gelder nur bei Einlagenkreditinstituten zu verwahren sind und somit - grundgedanklich[165] - der Schutz des Kunden eines bankunabhängigen Vermögensverwalters im Verhältnis zum Bankkunden assimiliert.

Den Einlagenkreditinstituten wird damit Exklusivität im Hinblick auf die Verwahrung von Geldern des Publikums, die zur Verwaltung im eigenen Namen anvertraut sind, eingeräumt. Der Hintergrund ist in den traditionell erhöhten aufsichtsrechtlichen Anforderungen zu sehen, die insbesondere vom KWG an diese Gruppe von Bankinstituten gestellt werden. Ob und inwieweit dies auch nach Inkrafttreten der 6. KWG-Novelle weiterhin der Fall ist, wird sogleich (unter (cc)) den Gegenstand einer gesonderten Untersuchung der aufsichtsrechtlichen Anforderungen im einzelnen bilden. Festzuhalten bleibt an dieser Stelle zunächst, daß den Einlagenkreditinstituten nach der gesetzgeberischen Konzeption nach wie vor eine Monopolstellung hinsichtlich der längerfristigen Inbesitznahme fremder Geldvermögen gebührt.

bb) Privilegierung der (Einlagen-) Kreditinstitute bereits auf europäischer Ebene

Mit der Besserstellung der Einlagenkreditinstitute geht der deutsche Gesetzgeber konform mit den Vorgaben des europäischen Gesetzgebers, denn die Privilegierung der Einlagenkreditinstitute ist bereits durch die Vorgaben in Art. 10 I Satz

---

164 Wie *Canaris* deutlich macht, wohnt auch dem Einlagengeschäft neben der Verwahrungsfunktion eine Vermögensbildungs- und Gewinnerzielungsfunktion inne, wobei als Mittel hierzu der Zinsgewinn dient, Staub/ *Canaris*, HGB, BankvertragsR II, Rn. 1163.

165 Im weiteren Verlauf der Bearbeitung wird jedoch deutlich werden, daß die faktische Bedeutung der Vorschrift in ihrer jetzigen Fassung hinter diesem rechtstechnischen Grundgedanken weit zurückbleibt.

2, Spiegelstrich 3 WpDIRL antizipiert. Hiernach sind von den Mitgliedstaaten Aufsichtsregeln zu erlassen, die vorschreiben, daß die Wertpapierfirma „geeignete Vorkehrungen für die den Anlegern gehörenden Gelder trifft, um deren Rechte zu schützen und zu verhindern, daß die Gelder der Anleger von der Wertpapierfirma - außer wenn es sich um ein Kreditinstitut handelt - für eigene Rechnung verwendet werden.“ Zwar erfolgt eine explizite Ausnehmung der Kreditinstitute, die ja wegen der andersartigen europarechtlichen Definition mit den Einlagenkreditinstituten nach deutschem Recht identisch sind[166], sprachlich nur hinsichtlich des zweiten Gesichtspunktes, der Verwendung für eigene Rechnung der Firma. Daraus jedoch den Umkehrschluß zu ziehen, daß hinsichtlich des Schutzes der Rechte des Kunden im allgemeinen sehr wohl noch Regelungen für Kreditinstitute zu statuieren seien, erscheint verfehlt. Vielmehr kann davon ausgegangen werden, daß der europäische Gesetzgeber einen ausreichenden Schutz der Kundengelder bei Kreditinstituten bereits für gegeben hielt, und daher nur klarstellen wollte, daß es aufgrund des höheren Schutzniveaus diesen Instituten gerade gestattet sein soll, auch Geschäfte auf eigene Rechnung durchzuführen. Hierfür spricht ferner der Umstand, daß es sich nach dem europäischen Begriff des Kreditinstituts bei keiner der in der WpDIRL, Anhang, Abschnitt A aufgeführten Wertpapierdienstleistungen um Bankgeschäfte handelt und der europäische Gesetzgeber bei Erlaß der WpDIRL eher die bankunabhängigen, reinen „investment firms“ nach angelsächsischem Vorbild im Auge gehabt haben dürfte.[167] Für diese bestanden auf europäischer Ebene bis dato noch keine gesetzlichen Anforderungen, während Kreditinstitute seit der Ersten und Zweiten Bankenrechtskoordinierungsrichtlinie bereits mehrfach Gegenstand vereinheitlichender europäischer Reglementierungen waren. Schließlich kann argumentiert werden, daß es sich - wie noch genauer zu zeigen sein wird - bei der Verhinderung der Verwendung von Kundengeldern auf eigene Rechnung vornehmlich um einen Unterpunkt des Schutzes der Rechte des Kunden für den Krisenfall der Insolvenz als Hauptzweck der Bestimmung handelt.[168] Es erscheint daher der Rückschluß zulässig, daß bei der Entgegennahme von Geldern durch (Einlagen-)

---

166 Siehe zum Begriff des Einlagenkreditinstitutes oben a), zu sich aus den unterschiedlichen Bankbegriffen ergebenden Schwierigkeiten bei der Schaffung verschiedener Institutsgruppen im deutschen Recht oben unter I. und zur europäischen Definition des Kreditinstitutes vor dem Hintergrund der unterschiedlichen europäischen Bankrechtstraditionen oben § 1 A.I. Vgl. dazu auch Gliederungspunkt § 1 B.III.1. „Verhältnis der WpDIRL zur Zweiten Bankenrechtskoordinierungsrichtlinie“, welches ebenfalls vor diesem Hintergrund zu sehen ist.

167 Eine Vorbildfunktion des englischen Financial Services Act von 1986 für die Verhaltenspflichten in Art. 11 WpDIRL weist *Köndgen*, ZBB 1996, 361, 362 nach.

168 Vgl. zu den Schutzzwecken von § 34 a I WpHG und deren Verhältnis speziell unten dd).

Kreditinstitute auf eine Bewahrung der Rechtspositionen des Kunden durch getrennte Verwaltung der Gelder insgesamt verzichtet werden kann.

Was die Frage einer ordnungsgemäßen Umsetzung durch den deutschen Gesetzgeber betrifft, kann indes letztlich sogar dahingestellt bleiben, ob europarechtlich eine Besserstellung der (Einlagen-) Kreditinstitute hinsichtlich des gesamten Art. 10 I Satz 2, Spiegelstrich 3 WpDIRL beabsichtigt war. Denn jedenfalls hat auch hier der Grundsatz Gültigkeit, daß es einer gesonderten Umsetzung von EG-Richtlinien nur dort bedarf, wo der geforderte Regelungsgehalt im nationalen Recht noch nicht verwirklicht ist.[169] Auch unter diesem Aspekt bedurfte es einer ausdrücklichen Ausnehmung der Kreditinstitute hinsichtlich der Vorkehrungen zum Schutz der Rechte des Kunden in Art. 10 WpDIRL nicht. Wie im folgenden aufgezeigt werden wird[170], besteht für die Einlagenkreditinstitute des deutschen Rechts auch ohne getrennte Verwaltung der Kundengelder ein hinreichender Schutz des Kunden vor dem Verlust seiner Gelder infolge Insolvenz des verwaltenden Institutes.

Der Umstand, daß nach oben Gesagtem jedoch von einer Privilegierung der Einlagenkreditinstitute in bezug auf den gesamten von Art. 10 I Satz 2, Spiegelstrich 3 WpDIRL geforderten Regelungsgehalt bereits auf europäischer Ebene ausgegangen werden darf[171], verwundert insoweit wenig, als das Bankenaufsichtsrecht in den letzten Jahren mehr und mehr durch den europäischen Gesetzgeber seine Prägung erhielt. Überprüft man die jüngsten Änderungen des KWG auf ihre Herkunft, so handelt es sich dabei nahezu ausnahmslos um die Transformation europäischer Richtlinien.[172] Das daraus resultierende vereinheitlichte Anforderungsprofil an (Einlagen-) Kreditinstitute ließ es zu, die Mitgliedstaaten insoweit vom Erlaß von Aufsichtsregeln zum Schutze der Gelder des Kunden eines Wertpapierdienstleistungsunternehmens freizustellen.

169 Dies ergibt sich schon daraus, daß Richtlinien gemäß Art. 249 III EGV nur hinsichtlich ihres Zieles verbindlich sind und der Umsetzung einer Richtlinie auch durch einen allgemeinen rechtlichen Kontext Genüge getan werden kann, vgl. Schlußanträge des GA N. Fennelly in Rs. C-217/97, Kommission/ Bundesrepublik Deutschland, Slg. 1999, I-5087, 5094 m.w.N.

170 Sogleich unter Gliederungspunkt cc).

171 So im Ergebnis neben dem deutschen Gesetzgeber (in: BT-Drucks. 13/10188, S. 25) auch *Koller* in: Assmann/ Schneider, WpHG, § 34 a, Rn. 2.

172 Die Rückführung auf europäische Richtlinienvorgaben wird bei der Gegenüberstellung der einzelnen aufsichtlichen Regelungen berücksichtigt werden, siehe sogleich unter (c).

cc) *Tatbestandliche Privilegierung der Einlagenkreditinstitute im Kontext des aufsichtsrechtlichen Gesamtgefüges zum Schutz der Kundengelder*

Die Freistellung der Einlagenkreditinstitute von den Pflichten nach § 34 a I WpHG sowie die Tatsache, daß der Gesetzgeber diesen Instituten die Position der allein zur Verwahrung von Kundengeldern berechtigten Stelle einräumt, muß seine Rechtfertigung in den an diese Institutsgruppe gestellten aufsichtsrechtlichen Anforderungen finden. Dabei war es vor der 6. KWG-Novelle, die erstmalig die bankunabhängigen Wertpapierdienstleistungsunternehmen in die staatliche Aufsicht miteinbezieht, ganz eindeutig, daß die Gelder der Kunden in der Obhut der Einlagenbanken einem höheren Schutzniveau unterliegen. Daß eine Sonderbehandlung der Einlagenkreditinstitute aber auch weiterhin gerechtfertigt ist, läßt sich am besten anhand einer gegenüberstellenden Betrachtung veranschaulichen. Verglichen werden sollen dabei die die Organisation von Einlagenkreditinstituten betreffenden Vorschriften mit denjenigen aufsichtsrechtlichen Anforderungen, die im Hinblick auf die für den persönlichen Anwendungsbereich des § 34 a I WpHG in Frage kommenden Institutstypen bestehen. Insoweit haben sich zwar die Unterschiede durch die Umsetzung der WpDlRL und Kapitaladäquanzrichtlinie in der 6. KWG-Novelle deutlich nivelliert. Von einer „aufsichtsrechtlichen Gleichstellung“[173] der Wertpapierfirmen im Verhältnis zu den Kreditinstituten kann aber in wesentlichen Punkten nur im Hinblick auf die aufsichtsrechtliche Erfassung überhaupt die Rede sein. So werden durch die 6. KWG-Novelle die selbständigen Wertpapierhäuser in Konsequenz der Gleichbehandlung hinsichtlich des Europäischen Passes nun auch im Hinblick auf die Vorschriften über die Solvenz, die Liquidität, die Risikodiversifizierung und Großkredite erfaßt, die bisher durch Festlegung von Grenzen des Aktivgeschäfts der Kreditinstitute dem spezifischen Schutz des Einlagengläubigers dienten;[174] Differenzen bleiben aber insoweit bestehen, als diese öffentlich-rechtlichen Bindungen nicht immer in gleicher Schärfe für die unabhängigen Wertpapierdienstleister gelten bzw. eine teilweise Freistellung dieser Unternehmen erfolgt. Im einzelnen sind zum Schutze der Kundengelder die jeweils folgenden Vorkehrungen zu beachten:

---

173 So *Kümpel*, Bank- und KapitalmarktR, 19.48.

174 Vgl. BVerwG WM 1984, 1364, 1369 und erneut VG Berlin WM 1986, 879, 883.

(1) Gegenüberstellung der aufsichtsrechtlichen Anforderungen an Einlagenkreditinstitute und derjenigen an die Adressaten des § 34 a I WpHG

(a) § 33 I Nr. 1 und § 10 KWG Anfangskapital und Eigenmittelausstattung

An erster Stelle der aufsichtsrechtlichen Kontrollmechanismen steht die Überwachung der angemessenen Ausstattung eines jeden Institutes mit Eigenmitteln, welche den Aufsichtsbehörden das präziseste Instrument der Bankenaufsicht an die Hand gibt.[175] Dem Begriff der in § 10 KWG definierten angemessenen Eigenmittel kommt dabei in zweifacher Hinsicht zentrale Bedeutung zu: Sie dienen nicht nur per se als wesentlicher Garant für die Stabilität eines Institutes, sondern bilden auch die Bezugsgröße zur Ermittlung einer Reihe von weiteren Meßfaktoren, die Gegenstand aufsichtlicher Kontrolle sind.[176] Das Fehlen der zum Geschäftsbetrieb erforderlichen Mittel ist dann auch der erste Grund zur Versagung einer beantragten Erlaubnis im Rahmen des § 33 KWG. Da es sich beim Erlaubnisverfahren um den ersten Kontakt des Unternehmens mit den Aufsichtsbehörden handelt, wird hier das Augenmerk insbesondere auf ein ausreichend vorhandenes Anfangskapital gerichtet und somit das erforderliche Eigenkapital zunächst absolut bestimmt[177].

Bei der Höhe des erforderlichen Anfangskapitals treten die augenscheinlichsten Unterschiede zwischen Einlagenkreditinstituten und den übrigen Anbietern von Wertpapierdienstleistungen auf. Sein Vorhandensein ist bereits Voraussetzung für die Erteilung einer Erlaubnis zum Betreiben von Bankgeschäften oder der Erbringung von Finanzdienstleistungen, § 33 I Nr. 1 KWG; es muß jedoch gemäß § 35 II Nr. 3 KWG zur Vermeidung einer Aufhebung der Erlaubnis auch später in voller Höhe zur Verfügung stehen. Ein angemessenes Startkapital stellt im Anfangsstadium der unternehmerischen Tätigkeit die maßgebliche Meßgröße dar, weil die Institute erfahrungsgemäß zunächst mit Verlust arbeiten. Den zu Beginn der Geschäftsaufnahme anfallenden besonders hohen Kosten stehen regelmäßig noch keine entsprechenden Erträge gegenüber, so daß solche Verluste verkraftet werden müssen, damit sich das Unternehmen in der verschärften Wettbewerbssituation der Startphase behaupten kann.[178]

---

175 *Troberg* in: Schimansky/ Bunte/ Lwowski, BankRhdb., Bd. 3, § 137, Rn. 1.

176 *Kümpel*, Bank- und KapitalmarktR, 19.27; *Boos* in: Boos/ Fischer/ Schulte-Mattler, KWG, § 10, Rn. 2 unter zusätzlichem Hinweis auf die Bedeutung der Eigenmittel für die Beurteilung der Soliditität eines Instituts durch Rating-Agenturen.

177 Vgl. *Weber-Rey/ Baltzer*, WM 1997, 2288, 2291.

178 *Beck*, KWG, Bd. 2, § 33, Rn. 11. Das Anfangskapital muß dabei als statische Größe so bemessen sein, daß es in einer Vorausschau von drei bis fünf Jahren ausreicht,

Entsprechend der Zweiten Bankenrechtskoordinierungsrichtlinie wird für das Betreiben eines Einlagenkreditinstituts in § 33 I Nr. 1.d) KWG ein Anfangskapital von nicht weniger als fünf Millionen Euro verlangt. Demgegenüber ist für Finanzdienstleistungsinstitute ein Anfangskapital von mindestens 50.000, 125.000 oder 730.000 Euro ausreichend. Insoweit wird in Einklang mit der Kapitaladäquanzrichtlinie danach differenziert, ob das betreffende Institut befugt ist, sich im Rahmen seiner Tätigkeit Eigentum oder Besitz an Geldern oder Wertpapieren zu verschaffen sowie danach, ob es auf eigene oder auf fremde Rechnung handelt, vgl. § 33 I Nr. 1.a-c) KWG.

Soweit hier nun § 34 a I WpHG als Ergänzungsvorschrift zu § 1 I Satz 2 Nr. 1 KWG und seine Rolle als Auffangschutztatbestand für die Entgegennahme von Geldern unterhalb des Einlagenniveaus in Frage steht, gilt zunächst, daß nur Gelder erfaßt werden, die das Wertpapierdienstleistungsunternehmen zur Verwendung auf Rechnung des Kunden annimmt. Im Anwendungsbereich von § 34 a I WpHG kommt somit ein Handeln auf eigene Rechnung des Unternehmens nicht in Betracht.

Weiter für die Klassifizierung im Rahmen des § 33 I Nr. 1 KWG entscheidend ist das Merkmal der Befugnis zur Verschaffung von Eigentum oder Besitz an den Vermögenswerten des Kunden. Weil unter Entgegennahme der Kundengelder i.S.d. § 34 a I WpHG schon sprachlich zuallererst die reale, also körperliche Entgegennahme im Sinne der Erlangung unmittelbaren Besitzes (§ 854 I BGB) zu verstehen ist, muß die Frage nach der Erforderlichkeit einer solchen Erlaubnis für die Adressaten des § 34 a I WpHG grundsätzlich positiv beantwortet werden.[179] Auch unter teleologischen Gesichtspunkten ergäbe jedes andere Ergebnis wenig Sinn, denn § 34 a WpHG soll gerade dem Schutz desjenigen Kunden dienen, der seine Vermögenswerte einem Unternehmen anvertraut, obwohl dieses für eine längerfristige Verwahrung der Gelder nach der Konzeption des KWG nicht in Betracht kommt. Sofern anzulegende Gelder nach der Vereinbarung eines Anlagekonzeptes zwischen Verwalter und Kunden jedoch sofort auf ein Treuhandkonto bei einem Kreditinstitut i.S.d. § 1 IIId Satz 1 KWG eingehen, ohne daß es zu einem zwischenzeitlichen Besitzerwerb des Wertpapier-

---

um die in Aussicht genommenen Geschäfte hinreichend abzusichern, *Fischer* in: Boos/ Fischer/ Schulte-Mattler, KWG, § 33, Rn. 6.

179 Dies klingt auch bei *Koller* in: Assmann/ Schneider, WpHG, § 34 a, Rn. 7 an, wenn er ausführt, daß zum Begriff der Kundengelder nicht nur Bargeld zähle, das das Wertpapierdienstleistungsunternehmen real „entgegennimmt". Über den unmittelbaren Besitz hinaus kommt eine Anwendung von § 34 a I WpHG lediglich noch in dem Fall in Betracht, in dem die Kundengelder auf Eigenkonten des Unternehmens eingehen. In diesem Fall wäre das Unternehmen mittelbarer Besitzer; siehe genauer zu den Anwendungsfällen von § 34 a I WpHG unter B.II.

dienstleistungsunternehmens kommt, ist die Pflicht zur unverzüglichen Weiterleitung gemäß § 34 a I WpHG gegenstandslos. § 34 a I WpHG setzt folglich die Berechtigung des Wertpapierdienstleisters zu einer - wenn auch vorübergehenden - Verschaffung des Besitzes an den Kundengeldern voraus.[180] Damit sind die Adressaten des § 34 a WpHG bei einem Handeln auf fremde Rechnung mit der Befugnis zur Besitzverschaffung zumindest unter § 33 I Nr. 1.b) zu subsumieren, was zu einem notwendigen Anfangskapital von nicht weniger als 125.000 Euro führt.

Wie bereits erwähnt ist es jedoch durchaus möglich, daß auch Kreditinstitute den Pflichten des § 34 a I WpHG unterfallen: Zum einen kommt als einschlägige Wertpapierdienstleistung nach § 34 a I WpHG auch die Finanzkommission (§ 2 III Nr. 1 WpHG) in Betracht, welche gemäß § 1 I Satz 2 Nr. 4 KWG als Bankgeschäft eingestuft wird, zum anderen kann eine Bankerlaubnis wegen anderer im Zusammenhang mit der Vermögensverwaltung stehender Tätigkeiten (z.B. dem Betreiben des Depot- oder Investmentgeschäftes[181]) erforderlich sein. In diesen Fällen handelt es sich bei dem von § 34 a I WpHG erfaßten Unternehmen um eine Wertpapierhandelsbank i.S.d. § 1 IIId Satz 3 KWG, für die § 33 I Nr. 1.c) KWG ein Anfangskapital von mindestens 730.000 Euro vorschreibt. Selbst wenn aber aufgrund der Bankeigenschaft des § 34 a I WpHG-Adressaten dieses erhöhte Anfangskapital gefordert wird, verbleibt gleichwohl ein gravierender Unterschied zu den Einlagenkreditinstituten, für die ein noch immer siebenfach erhöhter Betrag bzw. absolut gesehen eine um mehr als vier Millionen Euro höhere Summe gefordert wird.[182] Zieht man den Normzweck von § 33 I KWG in Betracht, der wie o.g. in der Überbrückung der Anfangsphase bis zum „breakeven" liegt, so wird deutlich, daß im derart unterschiedlich bemessenen Anfangskapital, mit dem ja zugleich die notwendigen Kapitalreserven der Institute in absoluter Form festgesetzt werden, ein Hauptgrund für das erhöhte Vertrauen des Gesetzgebers in die Sicherheit der Einlagenbanken liegt.

Neben der soeben beschriebenen absoluten Bestimmung des angemessenen Eigenkapitals, wird die Solvenz (Zahlungsfähigkeit) der Institute „im Interesse der Erfüllung ihrer Verpflichtungen gegenüber ihren Gläubigern"[183] auch dadurch gesichert, daß das Aktivgeschäft zu einem festgelegten Mindestprozent-

---

180 So im Ergebnis wohl auch *Schäfer/ Müller*, Haftung für fehlerhafte WpDl, Rn. 222.

181 Vgl. *Schäfer*, WpHG, § 2, Rn. 34; *Schäfer/ Müller*, Haftung für fehlerhafte WpDl, Rn. 219.

182 Die in § 33 I Nr. 1 KWG genannten Mindestbeträge entsprechen insoweit der ständigen Praxis des BAKred. Abweichende standardisierte Kapitalanforderungen gelten z.B. für Hypothekenbanken/ Schiffsbanken (25 Mio Euro) sowie Bausparkassen (15 Mio Euro).

183 So die Formulierung in § 10 I Satz 1 KWG.

satz mit Eigenmitteln unterlegt sein muß, vgl. § 10 KWG i.V.m. Grundsatz I des BAKred[184]. Der fragliche Prozentsatz (Solvabilitätskoeffizient) für das Verhältnis zwischen dem haftenden Eigenkapital und den risikogewichteten Aktiva ist EU-weit auf 8 % festgelegt worden und findet sich im deutschen Recht in § 2 des Grundsatzes I des BAKred zu § 10 KWG. Dieser Grundsatz begrenzt in mehr oder minder restriktiver Form die Geschäfts- oder die Risikoübernahmemöglichkeiten eines Instituts.[185] Grundgedanke der im Detail äußerst kompliziert gefaßten Regelungen ist es, daß für offene Positionen mit Risikopotential Eigenmittel vorgehalten werden. Das Eigenkapital schafft somit einen „Puffer" zwischen den Vermögenswerten der Bank (Aktiva) und ihren Zahlungsverbindlichkeiten (Passiva) und mithin die Voraussetzung dafür, daß die Bank auch im Falle des Ausfalls bestimmter Forderungen, ihrerseits zur Erfüllung von Verbindlichkeiten im Stande ist.[186] Nachdem die Kriterien zur Berechnung der insoweit erforderlichen Eigenmittel und das Volumen der risikogewichteten Aktiva für (europarechtliche) Kreditinstitute bereits durch die Eigenmittelrichtlinie[187] bzw. die Richtlinie über den „Solvabilitätskoeffizienten"[188] festgelegt wurden, erfolgte eine Regelung zur Beaufsichtigung der Solvenzrisiken bei Wertpapierfirmen erst durch die Kapitaladäquanzrichtlinie[189]. Mit dieser Richtlinie, die nach Wahl der Kreditinstitute auch für deren Wertpapiergeschäft gilt, wurde dem Prinzip Rechnung getragen, daß gleiches Geschäft auch gleiches Risiko und damit gleiche Aufsichtsregeln bedeutet.[190] Die hieraus resultierenden Eigenkapitalanforderungen für Kredit- und allgemeines Marktrisiko („Preisrisiko") sowie darüber hinaus das Fremdwährungs- Abwicklungs- und Adressausfallrisiko[191] sind bei der Neufassung des Grundsatzes I zu § 10 KWG[192] im Jahre 1998 berücksichtigt worden.

---

184 Grundsätze über die Eigenmittel und die Liquidität der Kreditinstitute; zuletzt geändert durch Bekanntmachung vom 20. 07. 2000 (BAnz. Nr. 160).

185 *Schulte-Mattler*, WM 1994, 1412; *Kümpel*, Bank- und KapitalmarktR, 19.104.

186 *Kümpel*, Bank- und KapitalmarktR, 19.98 f; *Beck*, KWG, Bd. 1, § 10, Rn. 19.

187 Richtlinie 89/299/ EWG vom 17. 04. 1989, ABl. der EG Nr. L 124/16.

188 Richtlinie 89/647/EWG vom 18. 12. 1989, ABl. der EG Nr. L 386/14.

189 Richtlinie 93/6/EWG vom 15. 03. 1993, ABl. der EG Nr. L 141/1.

190 *Mielk*, WM 1997, 2200, 2201; *Kümpel*, Bank- und KapitalmarktR, 19.77.

191 Vgl. dazu im einzelnen: *Schulte-Mattler*, WM 1994, 1412, 1413 ff.

192 Bekanntmachung des BAKred über die Änderung und Ergänzung der Grundsätze über das Eigenkapital und der Liquidität der Kreditinstitute vom 29. 10. 1997 (BAnz. Nr. 210) m.W.v. 01. 10. 1998; ausführlich zum KWG-Grundsatz I: *Schulte-Mattler*, WM 1998, 1953 ff. Da es sich bei den Grundsätzen des BAKred um bloße Verwaltungsvorschriften handelt, denen lediglich die Funktion der Begrenzung des Ermessens der Bankenaufsicht, jedoch mangels uneingeschränkter Außenwirkung nicht der Status eines Gesetzes im materiellen Sinne zukommt, darf bezweifelt werden, ob die bezeichneten europarechtlichen Vorgaben durch Auslagerung der Be-

Entsprechend Art. 2 Nr. 2, Spiegelstrich 3 der Kapitaladäquanzrichtlinie gelten diese Regelungen gemäß § 2 VIII KWG bzw. § 1 II des Grundsatzes I indes nur für solche Finanzdienstleistungsinstitute, die Eigenhandel betreiben (Nr.1) oder Anlagevermittler, Abschlußvermittler und Portfolioverwalter, die auf eigene Rechnung mit Finanzinstrumenten handeln, bzw. solche mit der Befugnis, sich Eigentum oder Besitz an Geldern oder Wertpapieren der Kunden zu verschaffen (Nr.2). Grund für diese Differenzierung innerhalb der Finanzdienstleistungsunternehmen ist, daß Firmen, die weder auf eigene Rechnung handeln noch mangels Befugnis jemals Eigentum oder Besitz an den Geldern oder Wertpapieren erlangen, nie selbst zu Schuldnern ihrer Kunden hinsichtlich der aus den Geschäften vermittelten Hauptleistungen werden können.[193] Weil für § 34 a I WpHG jedoch nur diejenigen Wertpapierdienstleistungsunternehmen in Frage kommen, welche über eine derartige Befugnis verfügen, unterliegen sie dem Anwendungsbereich des Grundsatzes I ebenso wie Kreditinstitute. Aus diesen Vorschriften, welche ursprünglich der Begrenzung der unternehmerischen Freiheit der Einlagenkreditinstitute hinsichtlich der Verwendung des durch die Einlagen gebildeten Kapitals zu dienen bestimmt waren[194], läßt sich somit nach Einbeziehung der bezeichneten Finanzdienstleistungsunternehmen in Grundsatz I zu § 10 KWG kein höheres Schutzniveau für Kundengelder, die bei Einlagenbanken lagern, mehr ableiten.

Nur der Vollständigkeit halber sei daher erwähnt, daß darüber hinaus für Wertpapierhandelsunternehmen[195] die (zusätzliche) Mindestanforderung gemäß § 10 IX KWG gilt, nach der die zur Verfügung stehenden Eigenmittel mindestens ein Viertel der Kosten betragen müssen, die in der letzten Gewinn- und Verlustrechnung unter den allgemeinen Verwaltungsaufwendungen, den Ab-

---

rechnungsfaktoren aus dem KWG ordnungsgemäß umgesetzt wurden. Dies umso mehr als zu diesem Problemkomplex bereits eine Entscheidung des EuGH betreffend die „TA Luft" vorliegt, die deutlich zum Ausdruck bringt, daß der ordnungsgemäßen Umsetzung einer Richtlinie nur materielle Rechtsnormen genügen, deren zwingender und allgemeiner Charakter keinem Zweifel unterliegt: EuGH, Rs. 361/88, Komission/ Bundesrepublik Deutschland und Rs. C-59/89, Kommission/ Bundesrepublik Deutschland, NVwZ 1991, 866 ff bzw. 888 ff.; vgl. dazu die Besprechung von *Steiling*, NVwZ 1992, 134 ff. Das Vierte Finanzmarktförderungsgesetz sieht denn auch vor, daß diese Grundsätze künftig per Rechtsverordnung zu regeln sind, vgl. den neuen § 10 I Satz 2 KWG, BGBl. I 2002, 2010, 2048.

193 Vgl. Art. 2 Nr. 2, Spiegelstrich 3 Kapitaladäquanzrichtlinie sowie *Weber-Rey/ Baltzer*, WM 1997, 2288, 2290 und 2291.

194 BVerwG WM 1984, 1364, 1369.

195 Wie o.g. (A.I.) handelt es sich bei den dem Anwendungsbereich des § 34 a I WpHG unterfallenden Unternehmen zwingend um „Wertpapierhandelsunternehmen".

schreibungen und Wertberichtigungen auf immaterielle Anlagewerte und Sachanlagen ausgewiesen sind.[196]

(b) § 11 KWG Liquidität

Im selben Umfang wie bei den Regelungen über die Solvenz (Zahlungsfähigkeit) der Unternehmen, wurden die Finanzdienstleistungsinstitute auch entsprechend § 2 VIII der Kapitaladäquanzrichtlinie in die Vorschriften über die ausreichende Liquidität (Zahlungsbereitschaft) miteinbezogen (§ 11 KWG i.V.m. dem neugefaßten Grundsatz II des BAKred[197]). Die hierin festgelegte Verpflichtung, jederzeit eine ausreichende Zahlungsbereitschaft zu gewährleisten, drückt das für den Bankbetrieb als selbstverständlich geltende Prinzip aus, daß ein Betrieb zu jedem Zeitpunkt in der Lage sein muß, die an ihn gerichteten Auszahlungsbegehren zu erfüllen.[198] § 1 I des Grundsatzes II, welcher die alten Grundsätze II und III ersetzt, erstreckt den Anwendungsbereich grundsätzlich auf alle Institute. Die auch hier gemäß § 1 II Nr. 2 vorgesehene Ausnahme für solche Finanzdienstleister, die nicht befugt sind, sich Eigentum oder Besitz an den Vermögenswerten der Kunden zu verschaffen und nicht auf eigene Rechnung handeln, greift für die potentiellen Adressaten des § 34 a I WpHG nicht ein, so daß sich hieraus keine bevorzugte Behandlung der Einlagenkreditinstitute mehr rechtfertigen läßt.

Einzig in der Vorschrift des § 12 KWG über die Begrenzung qualifizierter Beteiligungen an Unternehmen außerhalb des Finanzsektors wurde von einer Gleichbehandlung der bankunabhängigen Finanzdienstleister abgesehen. Diese Vorschrift basiert dem Grunde nach bereits auf Art. 12 der Zweiten Bankenrechtskoordinierungsrichtlinie und bezweckt die Verhinderung der Bindung von

---

196 Sinn und Zweck dieser ebenfalls auf die Kapitaladäquanzrichtlinie zurückgehenden Vorschrift ist es, eine ordnungsgemäße Abwicklung derjenigen Unternehmen zu gewährleisten, die in die Verlustzone geraten sind, vgl. *Boos* in: Boos/ Fischer/ Schulte-Mattler, KWG, § 10, Rn. 157. Auch diese Anforderung gilt jedoch nicht für Anlage- und Abschlußvermittler, die weder befugt sind, sich bei der Erbringung von Finanzdienstleistungen Eigentum oder Besitz einräumen zu lassen, noch auf eigene Rechnung handeln. Denn § 2 VIII KWG erklärt insoweit den gesamten § 10 KWG für unanwendbar.

197 Neben der Einbeziehung der Finanzdienstleistungsinstitute dient die Neufassung vor allem einer Anpassung an internationale Standards, indem nun befristete Forderungen und Verbindlichkeiten nach ihrer jeweiligen Restlaufzeit und nicht wie bisher nach der Ursprungslaufzeit erfaßt werden; vgl. zum Grundsatz II: *Kümpel*, Bank- und KapitalmarktR, 19.116 f sowie aus mehr bankwirtschaftlicher Sicht: *Rixen*, Die Bank 1999, 248 ff.

198 *Boos* in: Boos/ Fischer/ Schulte-Mattler, KWG, § 11, Rn. 1.

Kapital in schwer verwertbaren Anlagen.[199] Sie ist somit ebenfalls den Liquiditätsvorschriften zuzuordnen. Wohl zuvorderst wegen mangelnder europarechtlicher Veranlassung zur Einbeziehung von sonstigen Instituten ist diese Vorschrift auch weiterhin ausschließlich an Einlagenkreditinstitute gerichtet. Das hieraus resultierende höhere aufsichtsrechtliche Kontrollniveau dürfte aber faktisch kaum ins Gewicht fallen, schon weil der Grundsatz II des BAKred Risiken aus entsprechenden Beteiligungen auch bei Finanzdienstleistungsinstituten berücksichtigt.[200]

(c) §§ 13 ff KWG Groß-, Millionen- und Organkredite; Differenzierung zwischen Handelsbuch- und Nichthandelsbuchinstituten

Ebenso verhält es sich, was die Überwachung von Großkrediten gemäß den §§ 13 ff KWG betrifft. Diese Reglementierungen basieren für Einlagenkreditinstitute dem Grunde nach bereits auf einer Richtlinie vom 21. 12. 1992[201], welche die Solvabilitätsrichtlinie um Regeln zur Risikostreuung ergänzte[202], indem Anzeigepflichten bei Überschreitung bestimmter Grenzwerte durch einen Kreditnehmer normiert wurden. Die Regelungen mußten jedoch aufgrund der Vorgaben der Kapitaladäquanzrichtlinie überarbeitet und um die Einbeziehung von den Wertpapierhandel betreibenden Nichtbanken gemäß der jetzt gültigen Fassung des KWG erweitert werden.[203] Da danach die Ausnahme des § 2 VIII KWG für die Adressaten des § 34 a I WpHG schon wegen deren Befugnis zur Besitzverschaffung nicht eingreift, gelten für sie auch die Vorschriften der §§ 13, 13a, 14 KWG über Anzeigepflichten im Hinblick auf Groß- bzw. Millionenkredite sowie die Regelung der Organkredite gemäß § 15 KWG im gleichen Maße wie für Einlagenkreditinstitute.

Auch aus der Tatsache, daß die 6. KWG-Novelle hinsichtlich der Behandlung von Großkrediten eine Differenzierung zwischen Handelsbuch- und Nichthandelsbuchinstituten einführt, läßt sich keine allgemeine Besser- oder Schlechterstellung der Einlagenkreditinstitute ablesen. Diese Differenzierung entscheidet darüber, ob ein Institut bestimmte besonders komplexe Vorschriften, die am Be-

---

199 *Boos* in: Boos/ Fischer/ Schulte-Mattler, KWG, § 12, Rn. 2 sowie zur strengeren, alten Fassung der mit der 6. KWG-Novelle geänderten Vorschrift: Beck, KWG, Bd.1, § 12, Rn. 9.

200 Diese Risiken werden dadurch erfaßt, daß Beteiligungen an Unternehmen gemäß § 3 III Nr. 2 des Grundsatzes II nicht als liquide Mittel eines Institutes Berücksichtigung finden.

201 Richtlinie 92/121/EWG vom 21.12. 1992, ABl. der EG Nr. L 29/1.

202 *Troberg* in: Bunte/ Schimansky/Lwowski, BankRhdb., Bd. 3, § 135, Rn. 48.

203 Dazu im einzelnen *Mielk*, WM 1997, 2237, 2238 ff.

griff des Handelsbuches gemäß § 1 XII KWG anknüpfen, zu beachten hat.[204] Maßstab für die Zuordnung zu einer der beiden Gruppen ist dabei gemäß den Legaldefinitionen der §§ 13 I Satz 1 KWG (Nichthandelsbuchinstitut) und 13 a I Satz 1 KWG (Handelsbuchinstitut) die Bagatellgrenze des § 2 XI KWG.[205] Hiernach braucht ein Institut die Vorschriften des KWG über das Handelsbuch nicht anzuwenden, wenn die dem Handelsbuch zuzurechnenden Positionen bestimmte Prozentzahlen der Gesamtsumme aller Geschäfte oder bestimmte absolute Beträge nicht überschreiten. Da entscheidendes Kriterium für die Zuordnung zum Handelsbuch nach § 1 XII KWG der auf die Erzielung eines Handelserfolgs ausgerichtete Geschäftszweck ist und somit vornehmlich der Handel mit Finanzinstrumenten betroffen ist,[206] soll das „Trading book" - generell gesprochen - der Erfassung des Wertpapiergeschäftes der Institute dienen. Die Bagatellregelungen knüpfen daher unabhängig von der Gesamtgröße eines Unternehmens nur an den Umfang des Wertpapierhandels an, so daß große Einlagenkreditinstitute mit verhältnismäßig geringem Wertpapiergeschäft (vgl. § 2 XI Nr. 1-3 KWG) grundsätzlich ebenso betroffen sein können wie kleine Spezialfirmen (vgl. § 2 XI Nr. 2 KWG). Aus der gesetzgeberischen Konzipierung des § 2 XI KWG läßt sich folglich keine Besser- oder Schlechterstellung bestimmter Institutsgruppen herleiten.

(d) Sonstige aufsichtsrechtliche Vorschriften nach dem KWG

- Weil § 34 a I WpHG eine Befugnis zur Besitzverschaffung logisch voraussetzt[207], sind die für diese Vorschrift in Betracht kommenden Finanzdienstleistungsinstitute auch in § 33 I Nr. 5 KWG den Kreditinstituten gleichgestellt. Hiernach ist die Erlaubnis zu versagen, wenn das Institut nicht von mindestens zwei Geschäftsleitern geführt wird (sog. Vieraugenprinzip[208]), die nicht lediglich ehrenamtlich tätig sind und die zudem die erforderliche Zuverlässigkeit und fachliche Eignung i.S.d. § 33 I Nr. 3 bzw. 4 KWG vorzuweisen haben.

---

204 *Mielk*, WM 1997, 2200, 2203. Namentlich handelt es sich dabei um § 13 a KWG, die Kreditbestimmungsverordnung nach § 22 KWG sowie darüber hinaus die in Grundsatz I des BAK, §§ 18 ff geregelten Eigenkapitalunterlegungsvorschriften für Zins- und Aktienkursrisiken.

205 Basierend auf Art. 4 VI der Kapitaladäquanzrichtlinie. Vgl. zu den Hintergründen dieser Bestimmung *Mielk*, WM 1997, 2200, 2206 f.

206 *Beck*, KWG, Bd. 1, § 1, Rn. 398; ausführlich zu den einzelnen Positionen des Handelsbuches *Mielk*, WM 1997, 2200, 2203 ff.

207 Siehe soeben unter (a).

208 *Beck*, KWG, Bd. 2, § 33, Rn. 42.

- Ebenso gelten die Hinweis- und Anzeigepflichten der §§ 23 a - 24 a KWG sowohl für Einlagenkreditinstitute als auch für Wertpapierhandelsunternehmen. Zudem beziehen sich die Pflichten zur Einreichung von Monatsausweisen und Jahresabschlüssen nach § 25 KWG bzw. § 26 KWG sowie die besonderen organisatorischen Pflichten nach § 25 a KWG ausnahmslos auf alle Institute. Auch ist bei allen Institutstypen gleichermaßen die Möglichkeit gegeben, gegen Mißstände bei der Werbung einzuschreiten, sei es gemäß § 23 KWG oder gemäß § 36 b WpHG[209], der vor der Implementierung einer einheitlichen Aufsichtsbehörde für Finanzdienstleistungen zum 01. 05. 2002 eine vorrangige Zuständigkeit des BAWe bei der Werbung für Wertpapierdienstleistungen und Wertpapiernebendienstleistungen begründete.

- Keine Unterschiede ergeben sich ferner hinsichtlich der Anwendbarkeit der Vorschriften über die konsolidierte Bankenaufsicht.[210] Aufgrund der Umsetzung der Kapitaladäquanzrichtlinie werden Finanzdienstleistungsinstitute zukünftig wie Kreditinstitute als nachgeordnete oder übergeordnete Unternehmen in die Eigenmittelkonsolidierung nach § 10 a KWG sowie die Großkreditkonsolidierung nach § 13 b KWG einbezogen.[211] Insofern kommt es auch auf die Art und Weise des Umgangs mit den Vermögenswerten des Kunden nicht an, weil § 2 VIII KWG hinsichtlich der Anwendung dieser Normen keine Ausnahme für bestimmte Finanzdienstleister statuiert.

(e) Verhaltensregeln nach dem WpHG

Auch trifft das WpHG - mit Ausnahme des § 34 a WpHG - keine Unterscheidung zwischen dem Wertpapiergeschäft der (Einlagen-) Kreditinstitute und dem der Finanzdienstleistungsinstitute. Der Begriff des Wertpapierdienstleistungsunternehmens i.S.d. § 2 IV WpHG schließt Einlagenkreditinstitute nicht aus, womit von den Verhaltenspflichten der §§ 31 ff WpHG auch diese Banken erfaßt werden, soweit sie Wertpapierdienstleistungen gemäß § 2 III WpHG erbringen.

Eine Differenz kann sich allerdings hinsichtlich der Überwachung der Wertpapiernebendienstleistungen ergeben, welche in § 2 IIIa WpHG definiert werden. Nach § 2 IV WpHG gilt als Wertpapierdienstleistungsunternehmen nur, wer zumindest auch Wertpapierdienstleistungen (§ 2 III WpHG) und nicht lediglich

---

209 Eingehend zum neuen Werberecht der Wertpapierfirmen: *Möllers*, ZBB 1999, 134 ff.

210 Für Kreditinstitute wurde die Beaufsichtigung auf konsolidierter Basis bereits durch die 5. KWG-Novelle eingeführt, welche insoweit die Konsolidierungsrichtlinie 92/30/EWG vom 06. 04. 1992, ABl. der EG Nr. L 110/52 umsetzte.

211 Zur Neuordnung der Konsolidierungsvorschriften in § 10 a KWG vgl. *Mielk*, WM 1997, 2237 f.

Wertpapiernebendienstleistungen (§ 2 IIIa WpHG) erbringt. Die §§ 31 ff WpHG stellen jedoch durchweg auf den Begriff des Wertpapierdienstleistungsunternehmens ab. Es ist daher der Fall denkbar, daß ein Kreditinstitut im begrenzten Rahmen des § 2 IIIa WpHG Wertpapiergeschäfte betreibt, ohne insoweit den Verhaltenspflichten des WpHG zu unterfallen. Demnach besteht die Möglichkeit, daß ein und dieselbe Tätigkeit einmal der Aufsicht des BAWe (seit dem 01. 05. 2002: der BAFin) untersteht, im anderen Fall aber die Einhaltung der Verhaltensstandards nach §§ 31 ff WpHG nicht überwacht wird, je nachdem, ob die Wertpapiernebendienstleistung von einem Finanzdienstleistungsinstitut oder von einem Kreditinstitut, das keine Leistungen i.S.d. 2 III WpHG anbietet, erbracht wird.[212] Insofern ergibt sich hier also ausnahmsweise eine Situation, in der die aufsichtsrechtliche Kontrolldichte bei Nichtbanken ein höheres Niveau erreichen kann. Der Gesetzgeber war folglich der Auffassung, daß die bloßen Annextätigkeiten nach § 2 IIIa WpHG bei den Kreditinstituten noch keine besondere zusätzliche Beaufsichtigung durch das BAWe erfordern, sondern durch das bereits aus dem KWG resultierende Gesamtregelwerk mitabgedeckt werden. Es handelt sich somit an dieser Stelle um eine Durchbrechung der Gleichbehandlung von Banken und Nichtbanken hinsichtlich des Wertpapiergeschäftes, wie sie auch im hier zu untersuchenden Fall des § 34 a I WpHG vorliegt, und deren Rechtfertigung außerhalb des spezifisch kapitalmarktrechtlichen Bereichs zu suchen ist.

(f) Einlagensicherung und Anlegerentschädigung nach dem EAG sowie dem Einlagensicherungsfonds

Maßgebliche Bedeutung im Rahmen des Schutzes der Einleger kommt indes der Etablierung eines Systems zur Einlagensicherung zu, aus dessen historischer und gesetzlicher Entwicklung sich eine weitere Erklärung für die bevorzugte Behandlung der Einlagenkreditinstitute im Rahmen des § 34 a I WpHG und deren Verwahrmonopol im Hinblick auf Gelder des Publikums ergibt. Eine solche Einlagensicherung stellt, unter dem Aspekt, Bankkunden im Falle einer nicht mehr abwendbaren Insolvenz des Kreditinstitutes weitestmöglich vor Schaden

212 Der Fall, daß ein Finanzdienstleistungsinstitut nur Wertpapiernebendienstleistungen erbringt, ist zwar theoretisch nicht auszuschließen, weil die Finanzdienstleistungen nach § 1 Ia Satz 2 Nr. 5-7 KWG systemwidrigerweise nicht auch zugleich Wertpapierdienstleistungen sind. Dies folgt daraus, daß insoweit kein europarechtlicher Hintergrund vorliegt. Die WpDIRL sieht eine Verpflichtung zur Erfassung dieser Tätigkeiten nicht vor, so daß eine Aufnahme in § 2 III WpHG unterbleiben konnte. Es handelt sich daher jedoch auch nicht um typisches Wertpapiergeschäft i.S.d. WpDIRL und des WpHG, womit diese Geschäftsarten für die Untersuchung der Wertpapierdienstleister nach § 34 a WpHG außer Betracht bleiben können.

zu bewahren, die konsequente marktwirtschaftliche Ergänzung einer auf den Einlegerschutz hin ausgerichteten Bankenaufsicht dar.[213] Durch sie wird erreicht, daß der Kunde angespartes Vermögen selbst dann nicht verliert, wenn seine Bank trotz aller aufsichtsrechtlicher Vorschriften zur Kontrolle der Kapitalströme endgültig zahlungsunfähig wird.

Das Vorhandensein von Einlagensicherungseinrichtungen hat sich in der Vergangenheit als die effektivste Vorkehrung zum Schutze eingelegter Gelder erwiesen. Unter dem Eindruck des Zusammenbruchs des Bankhauses Herstatt sowie der Pfalz-Kredit-Bank im Jahre 1974 und der daraufhin spürbar gewordenen Verunsicherung der Einlegerschaft wurden zunächst sog. „Feuerwehrfonds" eingerichtet, aus deren Ausbau zum 01. 01. 1976 der Einlagensicherungsfonds - die Sicherungseinrichtung der privaten Banken[214]- entstand.[215] Durch diese Gründung auf freiwilliger privatrechtlicher Basis kamen die privaten Banken zu diesem Zeitpunkt einer gesetzlichen Regelung noch zuvor und es konnte der Trend zu einer Verlagerung der Sparguthaben hin zu den institutsgesicherten Sparkassen, Landes- sowie Volks- und Raiffeisenbanken gestoppt werden.[216] Zwar gewährte der Fonds aus vornehmlich versicherungs- und steuerrechtlichen Gründen weder den notleidenden Banken noch den Einlagengläubigern formale Rechtsansprüche;[217] er hat jedoch bis heute niemals seine Hilfe verweigert und sich seit seinem Bestehen bei Hilfsmaßnahmen in 26 Fällen, deren spektakulärstes Beispiel die Schließung der Fischerbank 1995 mit ca. 80.000 Konten und einem geschätzten Einlagenvolumen von 1,6 Milliarden DM war, als wirksame Einlagensicherung erwiesen.[218]

Nicht mehr abzuwenden war eine gesetzliche Regelung dann allerdings, nachdem den Mitgliedstaaten durch die EU-Einlagensicherungsrichtlinie[219] die

---

213 *Kümpel*, Bank- und KapitalmarktR, 19.131.

214 Rechtlich handelt es sich dabei um ein unselbständiges Sondervermögen des Bundesverbandes deutscher Banken e.V.: *Weber* in: BuB, 1/614.

215 Vgl. *Horn*, ZGR 1976, 435, 437; *Steuer*, WM 1998, 2449.

216 *Steuer*, WM 1998, 2449.

217 *Weber* in: BuB, 1/657; *Steuer*, WM 1998, 2449; *Kümpel*, Bank- und KapitalmarktR, 19.143. Die rechtliche Unbedenklichkeit des fehlenden Rechtsanspruchs der Mitglieder hatte das OLG Köln in einem Urteil vom 19. 10. 1992 (ZIP 1992, 1617) für den Parallelfall der genossenschaftlichen Sicherungseinrichtungen festgestellt.

218 *Steuer*, WM 1998, 2449. Auch *Fischer* in: Bunte/ Schimansky/ Lwowski, BankRhdb., Bd. 3, § 133, Rn. 80 geht davon aus, daß seit 1975 kein Einlagengläubiger eines Kreditinstituts Ausfälle aus einer Bankenkrise erlitten haben dürfte. Der Monatsbericht der Deutschen Bundesbank Juli 1992, S. 32 bestätigt diese Bilanz und bescheinigt den Einlagensicherungssystemen als Selbsthilfeeinrichtungen der angeschlossenen Kreditinstitute volle Funktionsfähigkeit.

219 Richtlinie 94/19/EG vom 30. 05. 1994, ABl. der EG Nr. L 135/5.

Errichtung eines oder mehrerer Einlagensicherungssysteme mit obligatorischer Zugehörigkeit eines jeden Kreditinstitutes bis zum 01. 07. 1995 verbindlich vorgeschrieben wurde.[220] Die damit unvermeidlich gewordene Umsetzung ins deutsche Recht erfolgte schließlich durch das Einlagensicherungs- und Anlegerentschädigungsgesetz vom 16. 07. 1998.[221] Mit diesem Rechtsakt wurde zugleich den Vorgaben der EG-Anlegerentschädigungsrichtlinie[222] entsprochen, die in weitestgehender Anlehnung an die für (Einlagen-) Kreditinstitute geltende EG-Einlagensicherungsrichtlinie vorschreibt, daß auch die Wertpapiergeschäfte von Wertpapierfirmen und Kreditinstituten nur bei Zugehörigkeit zu einer Entschädigungseinrichtung durchgeführt werden dürfen.

Seit dem Inkrafttreten dieses Gesetzes zum 01. 08. 1998 ist die Einlagensicherung öffentliche Aufgabe.[223] § 6 EAG bestimmt, daß Entschädigungseinrichtungen bei der Kreditanstalt für Wiederaufbau als nicht rechtsfähige Sondervermögen des Bundes errichtet werden, wobei § 7 EAG das Bundesfinanzministerium ermächtigt, durch Rechtsverordnung[224] eine juristische Person des Privatrechts als Beliehene mit dieser Aufgabe zu betrauen. Die Zugehörigkeit zu einer Entschädigungseinrichtung ist für die in § 1 EAG genannten Institute nach § 2 EAG zwingend und begründet ein öffentlich-rechtliches Rechtsverhältnis zwischen Institut und Entschädigungseinrichtung.[225] Ein Ausschluß aus der Entschädigungseinrichtung, welchen § 11 I EAG insbesondere für den Fall des Verstoßes gegen Beitragspflichten vorsieht, zieht nach § 35 I Satz 2 KWG zugleich das Erlöschen der Erlaubnis gemäß § 32 KWG nach sich. Eine weitere maßgebliche Änderung der bestehenden Rechtslage folgt aus § 3 EAG, der jetzt im Entschädigungsfall einen verbindlichen gesetzlichen Anspruch gewährt. Dieser Anspruch umfaßt gemäß § 4 EAG Einlagen (Abs. 2 Nr. 1) sowie Verbindlichkeiten aus Wertpapiergeschäften (Abs. 2 Nr.2). Beide Ansprüche bestehen kumulativ,

---

220 Zuvor hatte die Europäische Kommission bereits im Jahre 1986 den Mitgliedstaaten gegenüber eine allerdings gemäß Art. 249 V EGV unverbindliche Empfehlung ausgesprochen, die dann auch in einigen Ländern keine Beachtung fand. Auch in Deutschland wurde diesen Vorgaben nur bedingt entsprochen, da gemäß der damaligen Rechtslage (vgl. § 23 a KWG a.F.) eine Bankerlaubnis erteilt werden konnte, ohne daß das Institut einer Sicherungseinrichtung angehörte.

221 Gesetz zur Umsetzung der EG-Einlagensicherungsrichtlinie und der EG-Anlegerentschädigungsrichtlinie, BGBl. I 1998, 1842.

222 Richtlinie 97/7/EG vom 03. 03. 1997, ABl. der EG Nr. L 84/22.

223 *Weber*, Die Bank 1998, 470, 472.

224 Mit Verordnung vom 24. 08. 1998 wurden der „Entschädigungseinrichtung deutscher Banken GmbH" mit Sitz in Köln die Aufgaben und Befugnisse einer Entschädigungseinrichtung für den Bereich der privaten Einlagenkreditinstitute (vgl. § 6 I Satz 2 Nr. 1 EAG) zugewiesen; BGBl. 1998, 2391.

225 Vgl. *Steuer*, WM 1998, 2449, 2452.

sind jedoch jeweils auf einen Betrag von 20.000 Euro begrenzt und um einen Selbstbehalt von 10 % zu kürzen.

Da neben der Einlagensicherungsrichtlinie zugleich auch die hinsichtlich des Entschädigungsumfangs identischen Regelungen der Anlegerentschädigungsrichtlinie ins nationale Recht transferiert wurden, gelten die Vorschriften des EAG gleichermaßen für beide hier zu untersuchenden Institutstypen: Gemäß § 1 I Nr. 1 bzw. Nr. 3 EAG sind die Einlagenkreditinstitute ebenso Adressat des Einlagensicherungs- und Anlegerschutzes wie die Wertpapierhandelsunternehmen i.S.d. § 34 a I WpHG, für die zuvor weder auf gesetzlicher Grundlage noch auf freiwilliger privatrechtlicher Basis ein Einlagensicherungssystem bestand. Hervorzuheben ist dabei, daß sich der Gesetzgeber in Umsetzung von Art. 1 I Nr. 1 der Einlagensicherungsrichtlinie für den Bereich des EAG zu einer Neudefinition des Einlagenbegriffes gemäß § 1 II EAG gezwungen sah, die von der des § 1 I Satz 2 Nr. 1 KWG differiert: Zum einen werden nicht nur Gelder des Publikums erfaßt, zum anderen umfaßt die Richtlinie auch Zwischenguthaben im Rahmen von „normalen Bankgeschäften", so daß das Kontoguthaben nicht notwendigerweise aus der Annahme fremder Gelder im Rahmen des Einlagengeschäftes nach dem KWG resultieren muß.[226] Schließlich werden in § 4 II Satz 2 EAG Verbindlichkeiten aus Wertpapiergeschäften (§ 1 IV EAG) den Einlagen gleichgestellt, sofern sich die Verbindlichkeiten auf die Verpflichtung eines Instituts beziehen, den Kunden Besitz oder Eigentum an Geldern zu verschaffen. Der Schutz des EAG umfaßt somit alle Ansprüche hinsichtlich unbedingt rückzahlbarer Gelder.[227] Unerheblich ist, ob es sich um klassische Einlagen bei einem Kreditinstitut, sonstige Guthaben bei Banken oder um bei Wertpapierhandelsunternehmen angelegte Gelder handelt. Der einzige rechtliche Unterschied nach dem EAG liegt mithin darin, daß beide Institutsgruppen verschiedenen Sicherungseinrichtungen (vgl. § 6 I Satz 2 Nr. 1 bzw. Nr. 3) angehören. Das jeweilige finanzielle Volumen der Entschädigungseinrichtung deutscher Banken GmbH[228] und der Entschädigungseinrichtung der Wertpapierhandelsunternehmen[229] wird jedoch über die Höhe der jeweiligen Beitragszahlungen[230] der zu-

---

226 Begr. Gesetzesentwurf der Fraktionen CDU/CSU und FDP, BT-Drucks. 13/10188, S. 16.

227 Vgl. Begr. Gesetzesentwurf der Fraktionen CDU/CSU und FDP, BT-Drucks. 13/10188, S. 16.

228 Der GmbH als juristischer Person des Privatrechts mit Sitz in Köln wurden per Verordnung vom 24. 08. 1998 (BGBl. 1998, 2391) gemäß § 7 I EAG die Aufgaben und Befugnisse einer Entschädigungseinrichtung i.S.d. § 6 I Satz 2 Nr. 1 EAG zugewiesen. Sie nimmt damit eine öffentlich-rechtliche Funktion als Beliehene wahr.

229 Mit Sitz in Berlin. Hierbei handelt es sich um eine als nicht rechtsfähiges Sondervermögen des Bundes bei der Kreditanstalt für Wiederaufbau errichtete Entschädigungseinrichtung, wie sie § 6 EAG prinzipiell vorsieht.

gehörigen Institute entsprechend dem Gegenwert der zu sichernden Ansprüche reguliert, so daß dieser Umstand noch nicht den Schluß auf ein höheres Schutzniveau bei den privaten Einlagenkreditinstituten legitimiert.

Die obligatorische Zugehörigkeit zu einer Einlagensicherungseinrichtung gilt somit entsprechend der europäischen Richtlinienvorgaben auch für die Wertpapierhandelsunternehmen, wie sie bereits durch die WpDlRL (dort: „Wertpapierfirmen")[231] definiert wurden. Obwohl dementsprechend auch das EAG keine Unterschiede zwischen Einleger- und Anlegersicherung bei den Einlagenbanken und derjenigen bei den Wertpapierhandelsunternehmen macht, verbleiben in Deutschland gleichwohl gravierende Unterschiede. Denn wegen des bisherigen Funktionierens des bestehenden freiwilligen Sicherungssystems befand die Bundesrepublik Deutschland, wie die gegen die Einlagensicherungsrichtlinie gerichtete Nichtigkeitsklage zum EuGH[232] unterstreicht, ein gesetzgeberisches Einschreiten nicht für erforderlich. Der deutsche Gesetzgeber hielt sich daher bei der Umsetzung - wie in den Gesetzesmaterialien auch ausdrücklich betont wird[233] - streng an die Mindestvorgaben der Einlagensicherungs- bzw. Anlegerentschädigungsrichtlinie. Er machte von allen Ausnahmetatbeständen Gebrauch, die die Richtlinien zulassen, um so wenig wie möglich an den bereits existenten Strukturen verändern zu müssen. Demzufolge besteht im Bereich der privaten

230 Die jeweiligen Mittel resultieren grundsätzlich aus einer Anschubfinanzierung durch Einmalzahlungen gemäß § 19 I EAG sowie den Beiträgen nach den jeweiligen Beitragsverordnungen, vgl. § 8 III EAG, die sich nach dem Umfang der Geschäftstätigkeit eines Instituts richten. Siehe im einzelnen BeitragsVO der Entschädigungseinrichtung deutscher Banken GmbH, abrufbar in der aktuellen Fassung unter der Internet-Adresse „http://www.e-d-w.de"; die BeitragsVO der Entschädigungseinrichtung deutscher Banken GmbH findet sich nur in BGBl., 1999 I, S. 1540 f. Seitens der Entschädigungseinrichtung deutscher Banken GmbH werden absolute Zahlen zum finanziellen Volumen nicht veröffentlicht. Es beträgt aber nach Angaben der Einrichtung ein Vielfaches desjenigen, was der Entschädigungseinrichtung der Wertpapierhandelsunternehmen zur Verfügung steht. Bei letzterer Instititution hatte sich nach Angaben deren Sprechers Klaus Becker bis Anfang März 2001 eine Summe von 4,5 Millionen Euro angesammelt, Handelsblatt vom 09/10. 03. 2001, S. i 11.

231 Art. 1 Nr. 1 und 2 i.V.m. Anhang, Abschnitt A; vgl. zu den mannigfaltigen begrifflichen Überschneidungen, die aus der Umsetzung der WpDlRL und der Kapitaladäquanzrichtlinie ins deutsche Recht resultieren, oben I.

232 Die Klage richtete sich außer gegen die Zwangsmitgliedschaft gemäß Art. 3 I der Richtlinie auch gegen das nach Auffassung der Bundesrepublik wettbewerbswidrige „Exportverbot" sowie das „Topping Up" gemäß deren Art. 4 I bzw. II und wurde mit Urteil des EuGH vom 13. 05. 1997 (EuGH WM 1997, 1838 = ZIP 1997, 1016) abgewiesen; vgl. dazu näher *Steuer*, WM 1998, 2449, 2450.

233 Begr. Gesetzesentwurf der Fraktionen CDU/CSU und FDP, BT-Drucks. 13/10188, S.2 und speziell zur Begrenzung des Umfangs der Ansprüche in § 4 EAG: S.17.

Banken auch die bisherige private Einlagensicherung auf freiwilliger Basis neben dem verbindlichen Entschädigungssystem nach dem EAG fort. Die Entschädigungseinrichtung übernimmt nun de facto die Funktion einer Basisdeckung, während der Einlagensicherungsfonds - ohne die Restriktionen des EAG und ohne staatliche Beaufsichtigung - als Anschlußdeckung fungiert und die Einlagen weiterhin bis zur Sicherungsgrenze von 30 % des Eigenkapitals des betreffenden Kreditinstitutes schützt[234], wenn und soweit die Entschädigungseinrichtung i.S.d. EAG keine Zahlungen leistet.[235] Dabei kann, wie dies die Vergangenheit gezeigt hat, von einem absoluten Schutz des Sparers auch hinsichtlich der Anschlußdeckung ausgegangen werden. Dieser Schutz der Einleger beruht auch ohne Bestehen eines formalen Rechtsanspruches darauf, daß die Nichtrückzahlung eines geschützten Kontoguthabens zu einem nicht wiedergutzumachenden Vertrauensverlust selbst gegenüber den Großbanken führen würde.[236] Für die Kunden der privaten Banken, die schon bislang dem Einlagensicherungsfonds angehörten, ändert sich, was den Schutzumfang ihrer Einlagen betrifft, also faktisch nichts.[237]

Ebenso verbleibt es bei den Einlagenkreditinstituten im Sparkassen- und Genossenschaftssektor beim (mittelbaren) Einlegerschutz durch institutssichernde Einrichtungen, welche die Aufrechterhaltung der Zahlungsfähigkeit der angeschlossenen Institute garantieren.[238] Angesichts des hierdurch gewährleisteten umfassenden Insolvenzschutzes statuiert § 12 EAG für diejenigen Institute, die den Sicherungseinrichtungen der regionalen Sparkassen- und Giroverbände oder der Sicherungseinrichtung des Bundesverbandes der deutschen Volksbanken und

---

234 § 6 des Statuts des Einlagensicherungsfonds, abgedruckt in: BuB, 1/616; erfaßt werden alle Rückzahlungsverbindlichkeiten in Bilanzposition 2: „Verbindlichkeiten gegenüber Kunden".

235 *Weber*, Die Bank 1998, 470, 475.

236 Staub/*Canaris*, HGB, BankvertragsR II, Rn. 2725, *Kümpel*, Bank- und KapitalmarktR, 19.144.

237 *Weber*, Die Bank 1998, 470, 475; *Steuer*, WM 1998, 2449, 2455; Da bei der Beitragslösung darauf geachtet wurde, daß der an beide Einrichtungen zu zahlende Betrag nicht über jenem liegt, der bisher schon an den Einlagensicherungsfonds zu entrichten war, kommt es de facto auch für die Kreditinstitute kaum zu Neuerungen, siehe Begr. Gesetzesentwurf der Fraktionen CDU/CSU und FDP, BT-Drucks. 13/10188, S. 21.

238 Diese Institutssicherung muß freilich nicht immer die identitätswahrende Fortführung des Geschäftsbetriebes als selbständiges Kreditinstitut bedeuten, vgl. dazu *Kümpel*, Bank- und KapitalmarktR, 19.132.

Raiffeisenbanken angehören, in Übereinstimmung mit den Richtlinienvorgaben sogar eine Ausnahme von der Anwendbarkeit des EAG.[239]

Für die Kunden der Wertpapierhandelsunternehmen besteht nun hingegen erstmalig ein System zur Einlagensicherung bzw. Anlegerentschädigung. Der Schutz, den die Entschädigungseinrichtung bietet, orientiert sich jedoch wie o.g. strikt an dem Mindestniveau der Richtlinien und dieser Standard ist so gering, daß er für die Institute insbesondere vor dem Hintergrund der Wettbewerbssituation am deutschen Markt als nicht ausreichend beurteilt wird.[240] Es ist mithin zu konstatieren, daß trotz der normativen Gleichbehandlung der beiden Institutsgruppen auf europäischer Ebene in Deutschland weiterhin eine wesentliche Differenz zwischen Einlagenkreditinstituten und Wertpapierhandelsunternehmen fortbesteht. Während der Kunde im einen Fall umfassend abgesichert ist, sind Verluste im zweiten Fall lediglich bis zu einer Höhe von 20.000 Euro bei einem 10%-igen Selbstbehalt abgedeckt. Zudem dürfte sich die hinsichtlich der Basisdeckung gemäß § 4 I Satz 2 EAG bestehende zusätzliche Beschränkung des Entschädigungsanspruchs auf Gelder, die in EU-Währungen angelegt sind, in stärkerem Maße bei der Geldanlage bei - etwa auf Termingeschäfte - spezialisierten Investmentfirmen als bei klassischen Bankeinlagen auswirken, wie erste Entschädigungsfälle dokumentieren.[241] Im Ergebnis liefert somit das stark divergierende Schutzniveau hinsichtlich ein- bzw. angelegter Gelder im Falle einer Insolvenz ein schwerwiegendes Argument für die Ungleichbehandlung der beiden Institutsgruppen in § 34 a I WpHG.[242]

---

239 Zu den Voraussetzungen einer institutssichernden Einrichtung vgl. die Legaldefinition in § 12 EAG.

240 So *Weber*, Die Bank 1998, 470, 475; bei *Steuer*, WM 1998, 2449, 2455 ist die Rede von einem „bescheidenen Umfang".

241 So ging ein Anleger der Currency & Commodity Broker leer aus, weil zum Zeitpunkt der Feststellung des Entschädigungsfalls Gutschriften bei einem US-Broker in Dollar vorlagen. Siehe hierzu und zu weiteren in der Praxis auftauchenden Auslegungsproblemen bei Entschädigungsfällen im Zuständigkeitsbereich der Entschädigungseinrichtung der Wertpapierhandelsunternehmen, insbesondere dem sog. „churning" (Aufzehrung des Kundenguthabens durch überhöhte Gebühren oder solche aus unsinnigen Transaktionen): Handelsblatt vom 09./10. 03. 2001, S. i 11: „Der Anleger blickt in die Röhre".

242 Es ist daher nicht mehr erforderlich, zur Erklärung der Privilegierung von Einlagenkreditinstituten auf die zeitlich-situativen Umstände bei Entwurf von § 34 a WpHG zurückzugreifen. Zu diesem Zeitpunkt war nämlich aufgrund der noch als schwebendem Verfahren anhängigen Klage der BRD gegen die Einlagensicherungsrichtlinie noch nicht mit eindeutiger Sicherheit abzusehen, ob und in welcher Form die BRD zur gesetzlichen Etablierung einer Entschädigungseinrichtung verpflichtet würde.

(2) Ergebnisse der Gegenüberstellung: Das Einlagengeschäft und § 34 a I WpHG im Kontext der aufsichtsrechtlichen Verwirklichung eines Insolvenzschutzes

Nach der Eingliederung der Finanzdienstleistungsinstitute in das aufsichtsrechtliche Regelwerk, finden nun alle Regelungen, mit denen bisher das Geschäft der Kreditinstitute kontrolliert und abgesichert wurde, grundsätzlich auch auf die bankunabhängigen Institute i.S.d. § 1 Ia KWG Anwendung. Für die möglichen Adressaten des § 34 a I WpHG, bei denen eine Befugnis zur Verschaffung des Besitzes an den Vermögenswerten des Kunden zwingend vorauszusetzen ist, bestehen in bezug auf die Erfassung dem Grunde nach insoweit auch keine Ausnahmen. Dabei gilt die Mehrzahl der aufsichtsrechtlichen Anforderungen für diese Wertpapierhandelsunternehmen sogar in gleicher Schärfe wie für die Einlagenkreditinstitute. Dies gilt namentlich für diejenigen Vorschriften, die aus der europarechtlichen Normierung des Wertpapierhandels resultieren. Insofern ist insgesamt festzustellen, daß der europäische Gesetzgeber die Finanzdienstleister[243] von der ersten aufsichtsrechtlichen Erfassung in der WpDIRL an im Hinblick auf das Wertpapiergeschäft weitestgehend gleich wie die Kreditinstitute behandelt hat.[244] Schon aus Gründen des fairen Wettbewerbs wurde dem Grundsatz Rechnung getragen, daß gleiches Geschäft auch gleiches Aufsichtsrecht bedeuten muß. Die Ursachen für die demnach ausnahmsweise Ungleichbehandlung in § 34 a I WpHG sind somit außerhalb des spezifisch kapitalmarktrechtlichen Regelwerks zu suchen.

So resultieren denn auch die Regelungen, bei denen nach wie vor relevante Abweichungen zwischen Einlagenkreditinstituten und Wertpapierhandelsunter-

243 Europarechtlich sind alle Finanzdienstleister auch Wertpapierhandelsunternehmen, d.h. Wertpapierfirmen. Im deutschen Recht ergibt sich ein Unterschied nur für die ohne europarechtliche Veranlassung geschaffenen Finanzdienstleistungen nach § 1 Ia Satz 2 Nr. 5-7 KWG, die sich daher auch nicht in § 2 III WpHG als Wertpapierdienstleistungen wiederfinden. Vgl. hierzu und zu den Hintergründen bereits § 2 A.I.

244 Eine explizite Ausnahme stellt soweit ersichtlich nur der hier im Mittelpunkt der Betrachtung stehende Art. 10 I Satz 2, Spiegelstrich 3 WpDIRL dar, welchen § 34 a I WpHG umsetzt. Ansonsten gelten die Wertpapierdienstleistungs-, die Kapitaladäquanz- und die Anlegerentschädigungsrichtlinie grundsätzlich gleichermaßen für das Wertpapiergeschäft der Kreditinstitute wie auch der unabhängigen Finanzdienstleister. Aufgrund fehlender Erfassungswürdigkeit sind jedoch wie gezeigt solche bloßen Anlage- und Abschlußvermittler, die zu keiner Zeit Schuldner ihrer Kunden werden können, von den Regelungen der Kapitaladäquanzrichtlinie ausgenommen, Art. 2 Nr. 2, Spiegelstrich 3 Kapitaladäquanzrichtlinie. Vgl. zur Umsetzung dieser Regelung ins deutsche Recht bereits oben unter (1a).

nehmen festzustellen waren, zum einen aus der Eigenmittelrichtlinie, die lediglich das allgemeine Geschäft der Kreditinstitute („commercial banking") betrifft, zum anderen aus nicht europarechtlich bedingten, außergesetzlichen Entwicklungen in Deutschland: Wesentliche Unterschiede ergaben sich nämlich vor allem bei der Höhe des erforderlichen Anfangskapitals sowie der Höhe des durch eine Entschädigungseinrichtung abgesicherten Betrages. In beiden Punkten handelt es sich um essentielle Vorkehrungen zum Schutze des Ein- oder -Anlegers vor dem Verlust seiner Mittel durch Insolvenz des Unternehmens, das mit der Vermögensverwahrung oder -verwaltung[245] betraut wurde. Exakt einen solchen Schutz des Kunden hat auch § 34 a I WpHG im Visier.[246] Soweit man also zu dem Ergebnis käme, daß sich aus dem unterschiedlich bemessenen Anfangskapital und der höheren Absicherung der Kundengelder durch zusätzliche nicht staatliche Einlagensicherungen bereits ein effektiver Insolvenzschutz ergibt, wäre die Privilegierung der Einlagenkreditinstitute im Rahmen des § 34 a I WpHG aus dem aufsichtlichen Gesamtregelwerk heraus gerechtfertigt.

(a) § 34 a I WpHG im Kontext der aufsichtsrechtlichen Verwirklichung eines Insolvenzschutzes

Durch die Höhe des geforderten Anfangskapitals i.S.d. § 33 I Nr. 1 KWG wird, wie sich aus § 35 II Nr. 3 KWG folgern läßt, zugleich die notwendige Mindestreserve an Eigenkapital absolut bestimmt. Ein ausreichend vorhandenes Eigenkapital ist dabei über die Überbrückung der „start-up"-Phase[247] hinaus erforderlich, um bei einer Vielzahl von Sparern oder Anlegern stets ausreichende Solvenz zu gewährleisten. Andernfalls wäre schon bei Ausfall einiger Großschuldner und gleichzeitiger Auszahlungsbegehren in größerem Umfange mit Zahlungsunfähigkeit zu rechnen; erst recht besteht die Gefahr, daß infolge fehlender Abrufbarkeit bestimmter Kredite ein Fall mangelnder Zahlungsbereitschaft (Liquidität) eintritt. Je höher der Umsatz eines Unternehmens ist, desto höher muß

---

245 Zur Doppelfunktion des Einlagengeschäftes, das neben der sicheren Verwahrung der Kundengelder auch der Vermögensbildung und Gewinnerzielung dient, vgl. erneut Staub/ *Canaris*, HGB, BankvertragsR II, Rn. 1163.

246 Vgl. Begr. RegE § 34 a WpHG, BT-Drucks. 13/7142, S. 110, wo sich der Hinweis darauf findet, daß es bei der Auslandsverwahrung insbesondere auf einen gleichwertigen Schutz im Insolvenzfall ankommt; den Insolvenzschutz erwähnen an erster Stelle auch *Schäfer/ Müller*, Haftung für fehlerhafte WpDl, Rn. 36; *Schäfer*, WpHG, vor § 31, Rn. 12 und § 39, Rn. 8 sowie *Grundmann*, Europ. SchuldvertragsR, 4.20, Rn. 14 in bezug auf Art. 10 I Satz 2, Spiegelstrich 2 und 3 WpDIRL; eingehend zu ratio legis und Schutzrichtung des § 34 a WpHG auch bereits oben Gliederungspunkt § 1 A.II.

247 Dazu bereits oben (1a).

daher auch der durch das verfügbare Eigenkapital zu schaffende „Puffer" zwischen Aktiva und Passiva der Bank sein. Es liegt also auf der Hand, daß sich der aus dem Eigenkapital gemäß den Regelungen des § 10 KWG i.V.m. Grundsatz I des BAKred zu bildende Rückhaltebetrag der absoluten Zahl nach am Geschäftsvolumen zu orientieren hat. Die Eigenmittel können insoweit als Gradmesser dafür dienen, in welchem Umfang Verluste getragen werden können, ohne sich unmittelbar auf angelegte Kundengelder auszuwirken.[248] Diese Funktion wird ihnen denn auch tatsächlich in der Praxis beigemessen, wenn Rating-Agenturen die Solidität der Kreditinstitute beurteilen.[249] Hinsichtlich der insofern in der Praxis angemessenen Beträge kann von den auf Erfahrungswerten basierenden Mindestbeträgen aus §§ 33 I Nr. 1 KWG ausgegangen werden[250], die in den hier in Frage stehenden Fällen den tatsächlich den Summen entsprechen, die das BAKred verlangte.[251] Es ist daher zu konstatieren, daß, wer als Einlagenbank Gelder einer Vielzahl von Sparern entgegennehmen und aus diesen sein laufendes Aktivgeschäft finanzieren will[252], deutlich höherer Eigenkapitalreserven bedarf, als dies § 33 I Nr. 1 KWG i.V.m. § 35 II Nr. 3 KWG für die Wertpapierdienstleister i.S.d. § 34 a I WpHG vorsieht. Bemessen am durchschnittlichen Geschäftsvolumen eines Einlagenkreditinstituts, ließe sich ein Insolvenzschutz mit einem Anfangs- und Mindesteigenkapital von 125.000 Euro (bankunabhängige Vermögensverwalter i.S.d. § 34 a WpHG) bzw. 730.000 Euro (Wertpapierhandelsbanken)[253] nicht erzielen. Mit der für Einlagenkreditinstitute mindestens zu fordernden Summe würden andererseits die meisten unabhängigen Vermögensverwalter überfordert und es wäre eine abschreckende Wirkung für Neugründungen in erheblichem Ausmaße zu befürchten. Mit gutem Grund wird daher die längerfristige Verwahrung von Geldern des Publikums den Einlagenban-

---

248 Vgl. *Beck*, KWG, Bd. 2, § 10, Rn. 19.

249 *Boos* in: Boos/ Fischer/ Schulte-Mattler, KWG, § 10, Rn. 2.

250 Siehe *Beck*, KWG, Bd. 2, § 33, Rn. 14, der die vom BAKred aufgestellten Mindestsätze als adäquat und mit dem Übermaßverbot in Einklang stehend bezeichnet.

251 Soweit es sich um Universalbanken und somit auch Einlagenkreditinstitute handelt, beläßt es das BAKred in ständiger Praxis beim Mindestanfangskapital von 5 Mio Euro aus § 33 I Nr. 1.d). Abweichende standardisierte Anforderungen werden hingegen an Hypothekenbanken/ Schiffsbanken (25 Mio Euro) sowie Bausparkassen (15 Mio Euro) gestellt.

252 Die als Einlagen hereingenommenen Gelder sind eine wesentliche Säule des Aktivgeschäfts der Kreditinstitute. Insbesondere das Kreditgeschäft wird in wesentlichem Umfang durch Kundeneinlagen finanziert. Aus der sich hieraus ergebenden Zinsdifferenz („Zinsspanne") erwirtschaften die Banken traditionell weitestmöglich die Erträgnisse, welche für die Abdeckung der Personal- und Sachkosten benötigt werden. Siehe dazu *Kümpel*, Bank- und KapitalmarktR, 3.3. sowie die funktionale Betrachtung des Einlagengeschäfts unten B.I.2.a)bb),(2d).

253 Vgl. § 33 I Nr. 1.b) und c); dazu bereits oben unter (a).

ken vorbehalten. Die Wertpapierdienstleister hingegen können - ohne Überlastung durch überzogene Kapitalanforderungen - ihrem Kerngeschäft nachgehen, wobei die Kundengelder, falls sie zur Verwendung im eigenen Namen entgegengenommen werden, für den Fall der Insolvenz durch die vorgeschriebene getrennte Verwahrung bei Einlagenbanken geschützt werden.[254]

Den Kunden vor dem Verlust seiner Mittel durch Insolvenz eines Institutes zu schützen, indem durch aufsichtliche Vorschriften deren Geschäfte so reglementiert werden, daß der Eintritt von Zahlungsunfähigkeit weitestmöglichst im Vorfeld vermieden wird, ist eine Möglichkeit. Die zweite Möglichkeit besteht darin, die Folgen der Insolvenz für die Kunden des Institutes dadurch abzufangen, daß externe Sicherungssysteme für die notleidenden Forderungen eintreten.[255] Hierin besteht die Aufgabe des oben beschriebenen Entschädigungssystems nach dem EAG sowie dem Einlagensicherungsfonds, der im Bereich der privaten Bankinstitute als Anschlußdeckung fungiert. Wie bereits erwähnt, ist die für die nicht zu den Einlagenkreditinstituten zählenden Unternehmen allein vorhandene Basisdeckung auf den Betrag von 20.000 Euro pro Anleger begrenzt und damit vor dem Hintergrund der Wettbewerbssituation am deutschen Markt nicht als ausreichend zu werten. Gerade die bankunabhängigen Vermögensverwalter bieten häufig eine individuelle, auf die persönliche Situation des Anlegers zugeschnittene Verwaltung an, die erst ab einem bestimmten Mindestanlagebetrag wirtschaftlich rentabel durchgeführt werden kann. Die gängigen Vermögensverwaltungsverträge sehen insoweit Mindestanlagebeträge vor, die bei individueller Verwaltung auf Aktien- oder Derivatebasis auch heute noch bei meist nicht weniger als 200.000 bis 500.000 Euro liegen.[256] Mit einer Absicherung von

254 Vgl. auch den Verweis in BVerwG WM 2002, 1919, 1925 auf die Sicherheit der Verwahrung bei Einlagenkreditinstituten wegen der notwendigen Kapitalausstattung solcher Institute. Der Frage, welche Anforderungen an die getrennte Verwahrung im einzelnen zu stellen sind, widmet sich § 3.

255 Eine Alternative zu dieser Form des additiven Einlegerschutzes durch unmittelbare Entschädigungszahlungen stellt der mittelbare Schutz der Kunden durch Aufrechterhaltung der Zahlungsfähigkeit der Institute, also der Sicherung des Bestandes der Institute dar. Es ist daher insoweit auch von „Unternehmenssicherung" im Gegensatz zur „Einlagensicherung" die Rede (vgl. beispielsweise *Fischer* in: Schimansky/ Bunte/ Lwowski, BankRhdb., Bd. 3, § 133, Rn. 66). Von diesem mittelbaren Sicherungskonzept wird durch die bereits angesprochenen „institutssichernden Einrichtungen" im Sparkassen- und Genossenschaftssektor Gebrauch gemacht.

256 Es zeichnete sich allerdings im Jahr 2001 ein Trend hin zu einer Senkung der Eingangsschwelle ab, um so neben den „High Net Worth Individuals" auch die Gruppe der sog. „Affluents" weitergehend zu erfassen, vgl. Capital vom 21. 02. 2002, S. 149 f. Mindestanlagebeträge von 100 000 oder gar nur 50 000 Euro sind schon heute keine seltene Ausnahme mehr. Bei reiner Fonds-Vermögensverwaltung stellen solche Beträge bereits die Regel dar. Siehe im einzelnen Capital Compact, Bei-

höchstens 20.000 Euro für Einlagen, die sich eventuell um weitere 20.000 Euro für Verbindlichkeiten aus Wertpapiergeschäften erhöht (vgl. § 4 II EAG), ist dem Anleger daher im Krisenfall häufig nur wenig gedient. Sie steht in keinem Verhältnis zu den in der Regel zwingend anzulegenden Mindestsummen. Ganz anders stellt sich dagegen die Situation bei den Einlagenkreditinstituten dar, wo der Einlagensicherungsfonds jedem einzelnen Sparer bis zu einer Summe von 30 % des Eigenkapitals des betroffenen Institutes zusätzliche Deckung gewährt.[257] Die externe Absicherung der Kundengelder stellt sich daher im einen Fall als äußerst umfassend, im anderen Fall als im Zweifel nicht effektiv dar.

Nachdem oben bereits festgestellt wurde, daß durch die geringeren Eigenmittel der Wertpapierhandelsunternehmen und -banken im Krisenfall mit einer höheren Insolvenzanfälligkeit zu rechnen ist, kann hier konstatiert werden, daß dieses Schutzdefizit auch nicht durch die gesetzlichen Neuerungen zur Einlagensicherung und Anlegerentschädigung behoben wird.

Für die Gelder, die bei Wertpapierdienstleistern ohne Universalbankstatus angelegt werden, ist somit eine Schutzzweckverwirklichung auf anderem Wege von Nöten. Hierfür steht eine weitere Alternative des Kundenschutzes im Insolvenzfall zur Verfügung. Diese besteht darin, durch Abgrenzung der Rechte des Kunden an den ihm zuzuordnenden Geldern von den Rechten des beauftragten Unternehmens dafür zu sorgen, daß die Gelder im Insolvenzfall nicht in die Insolvenzmasse fallen, vgl. § 35 InsO. Es muß also erreicht werden, daß dem Kunden zu jedem möglichen Zeitpunkt im Falle eines Insolvenzverfahren ein Aussonderungsrecht gemäß § 47 InsO zustünde. Eben eine solche Rechtstrennung gibt Art. 10 I Satz 2, Spiegelstrich 3 der WpDIRL vor[258], so daß dessen Umsetzung in § 34 a I WpHG im Kontext der hier beschriebenen Ansatzpunkte zur Verwirklichung des Kundenschutzes als dritte Möglichkeit, nämlich als Insolvenzschutz durch Rechtstrennung einzuordnen ist. Mit der Einfügung von § 34 a I WpHG wird mithin das von *Möllers*[259] bemängelte Defizit im Recht des Anlegerschutzes behoben, wo es bislang an einer Regelung zur spezifischen Sicherung der Anleger gegen Insolvenzen der anlegenden Firmen fehlte. Der deut-

---

lage zu Capital vom 21. 02, 2002, die eine Übersicht über die Mindestanlage bei einhundert der wichtigsten Anbieter individueller Vermögensverwaltung in Deutschland gibt.

257 Vgl. soeben (1f).

258 Dies folgt letztlich schon aus dem Wortlaut der Norm. Zudem ist in den Erwägungsgründen in der Art. 10 I Satz 2, Spiegelstrich 3 WpDIRL betreffenden Passage explizit von einem Schutz der Rechte des Anlegers „an den der Firma anvertrauten Geldern durch Abgrenzung von den Rechten der Firma" die Rede (ABl. der EG vom 11. 06. 1993, Nr. L 141/27, 29).

259 *Möllers*, ZGR 1997, 335, 359, Fn. 188; vgl. zu weiteren Lücken des Anlegerschutzes im Aktien- und Kapitalmarktrecht *ders.*, a.a.O., 339 ff.

sche Gesetzgeber kommt damit - zumindest pro forma[260] - seiner sich aus der WpDIRL ergebenden Pflicht nach.

Unterhalb dieses durch den Anwendungsbereich von § 34 a I WpHG bestimmten Niveaus und somit nahezu komplett außerhalb des aufsichtlichen Regelwerks, welches den Schutz der dem Unternehmen anvertrauten Kundengelder im Insolvenzfall bezweckt, finden sich damit lediglich diejenigen Institute, die hinsichtlich der Kundenwerte weder auf eigene Rechnung handeln noch über eine Befugnis zur Besitz- oder Eigentumsverschaffung verfügen (vgl. § 2 VIII KWG sowie die Eingrenzung des Anwendungsbereichs der Grundsätze des BAK zu §§ 10 und 11 KWG). Da diese Unternehmen nicht selbst zu Schuldnern ihrer Kunden werden können,[261] besteht insoweit auch kein Bedürfnis, Vorkehrungen für den Schutz von Verbindlichkeiten gegenüber Kunden bei Zahlungsunfähigkeit des Institutes zu treffen.

Systematisch sind damit im neuen Aufsichtsrecht betreffend den Schutz angelegter Kundengelder drei unterschiedliche Anforderungsniveaus auszumachen: Auf der ersten Ebene steht das Einlagengeschäft gemäß § 1 I Satz 2 Nr. 1 KWG, mit dem nach wie vor die größte Sicherheit für die zur Vermögensbildung übertragenen Gelder verknüpft ist. Die zweite Ebene bilden sonstige Banken sowie diejenigen Finanzdienstleister, welche auf eigene Rechnung mit Finanzinstrumenten handeln und/ oder über eine Befugnis zur Verschaffung von Besitz oder Eigentum hinsichtlich der Vermögenswerte des Kunden verfügen; nach diesen Kriterien ist gemäß § 2 VIII KWG die Trennlinie zu den übrigen Finanzdienstleistungsunternehmen zu ziehen, an deren Geschäfte aufsichtsrechtlich die geringsten Anforderungen gestellt werden.

(b) Bedeutung des Einlagenbegriffs im Kontext des Insolvenzschutzes

Vor diesem Hintergrund wird nun auch die Bedeutung des Begriffes des Einlagengeschäftes manifest, der mithin nach dem bisher Gesagten darüber entscheidet, ob für die Annahme fremder Gelder ein ausreichender Insolvenzschutz durch solvenzsichernde Vorschriften sowie kumulativ durch externe Sicherungssysteme besteht oder nicht. Nur im ersten Fall kann die Entgegennahme der Gelder zur freien Verfügung und ohne rechtliche Abgrenzung gestattet werden, da auch die faktische Durchsetzbarkeit rein schuldrechtlicher Ansprüche gegenüber Einlagenkreditinstituten durch das aufsichtsrechtliche Regelwerk weitestgehend

---

260 Mit der derzeitigen Fassung des § 34 a I WpHG wird jedoch faktisch wenig bewirkt, da sie - wie im folgenden deutlich werden wird - an der Praxis der Vermögensverwaltung in Deutschland vorbeigeht.

261 Vgl. Art. 2 Nr. 2, Spiegelstrich 3 Kapitaladäquanzrichtlinie sowie *Weber-Rey/ Baltzer*, WM 1997, 2288, 2290 und 2291; dazu bereits oben unter (1a).

garantiert ist. Im zweiten Fall muß eine Reglementierung der Art und Weise der Entgegennnahme und Verwendung der Gelder erfolgen, damit dem Kunden im Insolvenzfall ein Recht zur Aussonderung zukommt, weil unterhalb des Einlagenniveaus die bezeichneten anderweitigen Vorkehrungen keinen optimierten Schutz bieten.

Eine exakte begriffliche Klärung des „Einlagengeschäfts“ nach der Neuordnung des Aufsichtswesens, die einen Schutz der Kundengelder nun nicht mehr per se von der Qualifizierung der Annahme fremder Gelder als Einlage abhängig macht, wird bei der Untersuchung der einzelnen rechtlichen Gestaltungen der Entgegennnahme von Geldern, welche für die Vermögensverwalter nach § 34 a I WpHG in Frage kommen, virulent werden.[262] Denn auch wenn die Anwendbarkeit von § 34 a I WpHG nach sachlichen Gesichtspunkten grundsätzlich zu bejahen wäre, so steht diese doch unter der weiteren, negativen Bedingung, daß nicht bereits ein Einlagengeschäft getätigt wird. Das betreffende Unternehmen hätte andernfalls als Einlagenkreditinstitut zu gelten und wäre somit wiederum aus dem persönlichen Anwendungsbereich von § 34a I WpHG auszusortieren.

dd) Privilegierung der Einlagenkreditinstitute im Hinblick auf sekundäre Schutzzweckgesichtspunkte des 34 a I WpHG

Durch den Vergleich der bankenordnungsrechtlichen Regeln nach dem KWG sowie der zusätzlichen Absicherung angelegter Gelder durch externe Entschädigungssysteme wurde offengelegt, daß für die den Unternehmen anvertrauten Gelder bei Einlagenkreditinstituten bereits durch diese Mechanismen ein effektiver Schutz gewährleistet ist. Eine Verwirklichung des Insolvenzschutzes durch Abgrenzung der Rechte, wie sie § 34 a I WpHG vorsieht, ist daher bei den Universalbanken nicht mehr erforderlich. Unter dem Gesichtspunkt des Schutzes der Kunden vor dem Verlust ihrer Gelder bei Insolvenz eines Institutes hat sich somit die Privilegierung der Einlagenkreditinstitute in § 34 a I WpHG als gerechtfertigt erwiesen.

Neben diesem ganz im Vordergrund stehenden Primärschutzzweck, dient die Verpflichtung zur getrennten Vermögensverwaltung nach § 34 a I WpHG noch der Verwirklichung eines zweiten Schutzzweckgesichtspunktes, der in erster Linie den Insolvenzschutz flankiert: Indem den Wertpapierdienstleistungsunternehmen, die nach der Maßgabe des § 34 a I WpHG Besitz an den Geldern erlangen, die unverzügliche Verwahrung auf gesonderten Treuhandkonten bei Einlagenkreditinstituten vorgeschrieben wird, soll die Möglichkeit der Verwendung

262 Unter B.I.2.a)bb),(2).

der Kundengelder für eigene Rechnung so weit wie möglich eingeschränkt werden.[263]

Indes ist die Ausnehmung der Einlagenkreditinstitute auch insoweit rechtlich begründet, als § 34 a I WpHG durch die Verpflichtung der Wertpapierdienstleistungsunternehmen, Gelder eines Kunden getrennt von den Geldern des Unternehmens und anderen Kundengeldern zu verwahren, auf einen Schutz vor abredewidrigen und damit mißbräuchlichen Verfügungen des Unternehmens für eigene Zwecke[264] abzielt. Denn durch die Verhinderung mißbräuchlicher Verfügungen soll vermieden werden, daß ein Dritter Eigentum an den Geldern erwirbt, wenn das Institut sich bei Transaktionen in Widerspruch zum Innenverhältnis mit dem Kunden setzt oder gar vollkommen losgelöst hiervon über die Gelder verfügt. Dieser Punkt dient damit vornehmlich dem Zweck, die rechtliche Abgrenzung der Gelder zugunsten des Kunden aufrechtzuerhalten. Es soll erreicht werden, daß der Kunde im Hinblick auf den Ernstfall der Insolvenz des Unternehmens nicht auf schuldrechtliche (Ersatz-) Ansprüche beschränkt bleibt. Sind nämlich die dem Kunden gehörigen Gelder im Insolvenzfall infolge des Fortbestandes einer rechtlichen Abgrenzung weiterhin auch rechtlich ihm zuzuordnen, so kann er geltend machen, daß sie nicht zur Insolvenzmasse gehören, vgl. § 47 InsO.[265] Da, wie dargelegt wurde, der Kunde eines Wertpapierhandelsunternehmen ohne Universalbankstatus durch die Anforderungen an die Kapitalreserven sowie das EAG nicht ausreichend vor dem Verlust seiner Gelder durch Zahlungsunfähigkeit des mit der Verwaltung betrauten Unternehmens geschützt wird, ist er hier im Zweifel auf das Bestehen eines solchen Aussonderungsrechtes angewiesen. Als Rechte, die zur Aussonderung gemäß § 47 InsO berechtigen, kommen dabei im Rahmen der Vermögensverwaltung unter Geltung des § 34 a I WpHG das Eigentum sowie treuhandrechtliche Konstruktionen in Frage.[266] Die-

263 Dieser Gesichtspunkt folgt schon aus dem eindeutigen Wortlaut des Art. 10 I Satz 2, Spiegelstrich 3 WpDIRL, der rechtliche Vorkehrungen fordert, die verhindern, daß die Wertpapierfirma die Kundengelder für eigene Rechnung verwendet und wird auch in der Begr. RegE § 34 a WpHG, BT-Drucks. 13/7142, S. 110 ausdrücklich aufgegriffen.

264 So zutreffend die Interpretation der Schutzzweckvorgabe aus Art. 10 I Satz 2, Spiegelstrich 3 WpDIRL von *Koller* in Assmann/ Schneider, WpHG, § 34 a, Rn. 3.

265 Vgl. auch *Andres* in: Nerlich/ Römermann, InsO, § 47, Rn. 37, der darlegt, daß das Aussonderungsrecht des Treugebers bei Verfügungen des Treuhänders zugunsten Dritter selbst dann erlischt, wenn der Treuhänder im Innenverhältnis pflichtwidrig gehandelt hat.

266 Begründung und Voraussetzungen eines solchen Aussonderungsrechtes werden im speziellen unter B.I.2.a)bb),(2c) erörtert werden. Zur Gewährung von Aussonderungsrechten an Geldern, die auf Treuhandkonten verwahrt werden, siehe § 3 C.I.

se Rechte zu jedem Zeitpunkt aufrechtzuerhalten, ist die Hauptaufgabe der „Getrennten Vermögensverwaltung“ nach § 34 a I WpHG.[267]

Mit der Erörterung des Sinn und Zwecks eines Schutzes vor mißbräuchlichen Verfügungen und der hierfür vorgeschriebenen getrennten Verwahrung ist auch bereits vorweggenommen, daß es einer solchen Vorkehrung bei Einlagenkreditinstituten nicht bedarf. Denn es handelt sich in der Hauptsache nur um einen Unterpunkt des Insolvenzschutzes durch rechtliche Abgrenzung. Wie deutlich wurde, ist jedoch der Kunde eines Bankinstitutes i.S.d. § 1 IIId Satz 1 KWG nicht auf einen solchen Schutz seiner Gelder angewiesen, da auch lediglich schuldrechtliche Ansprüche im Insolvenzfall voll abgesichert werden. Damit kann es den Einlagenkreditinstituten auch unter diesem Aspekt gestattet werden, ohne Verpflichtung zu einer getrennten Verwahrung wirtschaftlich frei über die Gelder der Kunden zu verfügen.

Indem er die Verwendung der Gelder für eigene Rechnung des Unternehmens erschwert, dürfte der Gesetzgeber im speziellen auch die Gefahr einer Unterschlagung (§ 246 StGB) oder Veruntreuung (§ 266 StGB) durch den Vermögensverwalter im Auge gehabt haben.[268] Neben dem soeben erörterten Umstand, daß der Kunde bei einer solchermaßen strafrechtlich relevanten Verwendung der Gelder auf eigene Rechnung des Unternehmens im Insolvenzfall auf Ansprüche gegen die Insolvenzmasse i.S.d. § 35 InsO beschränkt bliebe, erscheint die Gefahr, daß der Kunde bereits hierdurch einen endgültigen Vermögensverlust erleidet, indes eher nebensächlich. Jedenfalls, was die Einlagenkreditinstitute betrifft, kann dieses Risiko praktisch vernachlässigt werden, so daß es bei den großen Universalbanken auch unter diesem Aspekt keiner gesonderten Vorkehrungen bedarf. Da der Kunde, solange das verwaltende Institut zahlungsfähig ist, nämlich Regreßansprüche gegen das Unternehmen geltend machen kann, kommt ein vom Insolvenzfall unabhängiger Vermögensverlust des Kunden nur dann in Betracht, wenn die faktische Durchsetzung von Ersatzansprüchen bereits zuvor an anderen Ursachen endgültig scheitert. Insoweit mag bei kleinen Vermögensverwaltungsfirmen, die mehr oder weniger aus den beiden Geschäftsleitern beste-

267 Wie diese Zielsetzung im Rahmen von § 34 a I WpHG rechtstechnisch bestmöglich umzusetzen ist, wird unter § 3 erörtert werden.

268 Dieser Aspekt findet zwar weder in der deutschen noch der europäischen Gesetzesbegründung expressis verbis Erwähnung; jedoch weist die Diskussion des Gesetzesentwurfs zur 6. KWG-Novelle im Bundestag in diese Richtung, wo mehrfach davon die Rede ist, daß der graue Kapitalmarkt, dessen Regulierung ja das Umsetzungsgesetz dient, sich als Hauptbereich des „Anlagebetrugs“ in Deutschland darstellt; Plenarprotokoll 13/178, S. 16088 ff, insbesondere S. 16089 und 16095.

hen[269], potentiell die Gefahr gegeben sein, daß den Gläubigern die Haftungsmasse bereits per se durch Veruntreuung oder Unterschlagung definitiv entzogen wird; hier ist zumindest die Möglichkeit nicht auszuschließen, daß sich die verantwortlichen Mitarbeiter mit den Geldern absetzen und der Kunde hinsichtlich seiner Forderungen das Nachsehen hat. Hingegen sind, was die großen Banken betrifft, keine Fälle bekannt, in denen Einleger auf diese Weise um ihre Gelder gebracht worden wären.[270] Es ist auch kaum vorstellbar, daß ein ganzes Bankinstitut mit einer Vielzahl von leitenden Mitarbeitern und mehreren organisatorischen Abteilungen sich als solches der haftungsrechtlichen Verantwortung entzieht. Sofern aber tatsächlich einmal ein Geschäftsleiter oder führender Angestellter derart große Summen entwendet, daß die verbleibende Haftungsmasse nicht mehr ausreicht, alle gegen die Bank gerichteten Forderungen zu erfüllen, bleiben die Kunden der Einlagenkreditinstitute dennoch über die hier bestehende umfassende Einlagensicherung ausreichend geschützt.

ee) Fazit zur tatbestandlichen Privilegierung der Einlagenkreditinstitute

Die Privilegierung der Einlagenkreditinstitute läßt sich somit bereits rechtlich schlüssig aus dem Regelungszusammenhang des aktuell bestehenden Aufsichtsrechtes erklären. Eines Rückgriffs auf außerjuristische Erklärungsansätze bedarf es daher nicht. Insbesondere entbehrten mithin Unterstellungen, der Gesetzgeber habe sich womöglich nicht zuletzt auch von der traditionell mit den Universalbanken assoziierten „Bewährtheit“ leiten lassen, der auf seiten der Wertpapierfirmen ja ein gänzlicher Mangel an gesetzlichen Erfahrungswerten[271] gegenübersteht, von vorneherein jeglicher Grundlage.

2. Zweigniederlassungen von Unternehmen i.S.d. § 53 b I Satz 1 KWG

34 a WpHG greift nicht ein bei Zweigniederlassungen von Einlagenkreditinstituten oder Wertpapierhandelsunternehmen mit Sitz in einem anderen Staat des

269 Weniger als zwei Geschäftsleiter kommen wie o.g. (cc),(1d)) für die Vermögensverwalter i.S.d. § 34 a I WpHG nicht in Betracht.

270 Vgl. insoweit *Weber*, Die Bank 1998, 470, 471, der dies für die „Wertpapierseite“ der Wertpapiergeschäfte aussagt. Auch seitens des BAKred konnte auf Anfrage keine praktische Relevanz hinsichtlich der Schädigung von Einlegern durch Unterschlagung oder Veruntreuung bestätigt werden.

271 Eine Ausnahme gilt insoweit für Großbritannien, das durch Erlaß und Implementierung des Financial Services Act im Jahre 1986 eine Vorreiterrolle in Europa übernahm, vgl. *Köndgen*, ZBB 1996, 361, 362.

Europäischen Wirtschaftsraums[272], welche von den zuständigen Stellen des Herkunftsstaates zugelassen worden sind und beaufsichtigt werden, §§ 37 III WpHG, 53 b I Satz 1 KWG.

Die Ausnehmung der genannten Unternehmen ist die zwangsläufige Folgerung aus den Prinzipien der einheitlichen Erlaubnis und der gegenseitigen Anerkennung, die die Dienstleistungsfreiheit für den Bereich des Banken- und Kapitalmarktrechts verwirklichen (sog. Europäischer Paß).[273] Für Banken folgt dies aus Art. 18 der Zweiten Bankenrechtskoordinierungsrichtlinie, für Wertpapierhandelsunternehmen aus Art. 14 der WpDIRL.[274] Damit fällt nun die Kontrolle des Wirtschaftsteilnehmers in die Zuständigkeit der Aufsichtsbehörde des Herkunftstaates, während die Überwachung des ordnungsgemäßen Funktionierens der Wertpapiermärkte der lokal zuständigen Behörde (also aus Sicht ausländischer Unternehmen, der des Annahmestaates) obliegt.[275] Noch wichtiger erscheint jedoch folgende Differenzierung: Nach der WpDIRL ist nun für die Überwachung der Organisationsregeln („prudential rules") die Aufsichtsbehörde des Herkunftsmitgliedstaates zuständig (vgl. deren generelle Zuständigkeit gemäß Art. 8 III), wohingegen die Durchführung und Überwachung der Einhaltung der Wohlverhaltensregeln („rules of conduct") gemäß der Sondervorschrift des Art. 11 II weiterhin der Zuständigkeit des Annahmestaates unterfällt.[276] Es bedarf somit nurmehr einer einzigen Zulassung für die gesamte Gemeinschaft, die durch den Herkunftsmitgliedstaat erteilt wird (sog. Herkunftslandprinzip).[277]

---

272 Die Harmonisierung des Bankenrechts ist durch den Vertrag über den europäischen Wirtschaftsraum vom 02. 05. 1992 auf den ganzen europäischen Wirtschaftsraum ausgedehnt worden, womit das Prinzip des Europasses auch die Länder des EWR mit umfaßt, vgl. *Horn*, ZBB 1999, 1, 8.

273 Vgl. *Jung*, BB 1998, 649; *Horn*, ZBB 1999, 1, 6 sowie ausführlich zur Einführung des „Europasses" für Kreditinstitute und Wertpapierfirmen: *Horn*, ZBB 1994, 130, 133 bzw. 136 f.

274 Vgl. die Umsetzung dieser Richtlinienvorgaben in den §§ 53 ff KWG sowie § 37 III WpHG, der auf § 53 b I KWG verweist.

275 Stellungnahme des Wirtschafts- und Sozialausschusses Nr. 89/C 298/03; ABl. der EG vom 27. 11 1989, Nr C 298/6, 15.

276 Zu Zweifeln, ob diese Regelung hinsichtlich der Überwachung der Anforderungen aus § 34 a WpHG als geglückt erscheint, bereits oben § 1 A.II.

277 ABl. der EG vom 10. 05. 1993, Nr. L 141/27 sowie vom 22. 02. 1989, Nr. C 43/7; ferner *Grundmann*, Europ. SchuldvertragsR, 4.20, Rn. 2; *Horn*, ZBB 1999, 1, 6.

B. Sachlicher Anwendungsbereich

§ 34 a I WpHG findet in sachlicher Hinsicht Anwendung auf Kundengelder, die das Wertpapierdienstleistungsunternehmen im Zusammenhang mit einer Wertpapierdienstleistung oder einer Wertpapiernebendienstleistung entgegennimmt und im eigenen Namen und auf Rechnung der Kunden verwendet.

I. Verwendung im eigenen Namen auf fremde Rechnung/ Begriffsklärung

Erfaßt werden dem Wortlaut von § 34 a I WpHG nach nur solche Gelder, die das Wertpapierdienstleistungsunternehmen im eigenen Namen aber auf Rechnung des Kunden verwendet.

Ein Handeln im eigenen Namen auf fremde Rechnung liegt vor in den Fällen der mittelbaren Stellvertretung. Sie ist im BGB nicht geregelt, lediglich werden im HGB die Sonderformen der Kommission, §§ 383 ff, und der Spedition, §§ 407 ff, behandelt.[278] Soweit Wertpapierdienstleistungsunternehmen betroffen sind, kommt also namentlich ein Tätigwerden für den Kunden auf Kommissionsbasis in Betracht.[279]

Daß der Gesetzgeber auch im Falle des § 34 a I WpHG mit der gewählten Formulierung gerade das kommissionsweise Vorgehen erfassen wollte, erhellt sich aus der Gesetzesbegründung zu § 1 Ia Satz 2 Nr.4 KWG [280], der das Handeln im eigenen Namen auf eigene Rechnung, also den Eigenhandel (wenn auch freilich nur mit Finanzinstrumenten und nicht den übergebenen Geldern selbst) betrifft.[281] Danach ist mit Handeln im eigenen Namen auf fremde Rechnung der Fall des Vorgehens im Wege der mittelbaren Stellvertretung gemeint, also modellhaft derjenige der Kommission, wo nur im Innenverhältnis Ansprüche zwischen Kunden (Kommittent) und Verwalter (Kommissionär) bestehen, abzugrenzen vom Handeln im eigenen Namen auf eigene Rechnung (Eigenhandel[282]) und dem im fremden Namen auf fremde Rechnung (offene Stellvertretung).[283]

---

278 Vgl. bereits den Wortlaut von § 383 HGB sowie ferner Palandt/ *Heinrichs*, BGB, Einf. vor § 164 BGB, Rn. 6; Staudinger/ *Schilken*, BGB, Vorbem. § 164, Rn. 42.

279 Vgl. *Assmann* in: Assmann/ Schneider, WpHG, § 2, Rn. 45; *Koller* in Assmann/ Schneider, WpHG, § 34 a, Rn. 6.

280 BT-Drucks. 13/7142, S. 66.

281 Vgl. ferner *Assmann* in: Assmann/Schneider, WpHG, § 2, Rn. 45.

282 Sofern das Handeln sich als Dienstleistung für andere und nicht als Finanzierung des eigenen Aktivgeschäftes darstellt. Vgl. insoweit unten 2.a)bb),(2d).

283 Vgl. Begr. RegE § 1 Ia Satz 2 Nr. 4 KWG, BT-Drucks. 13/7142, S. 66, wonach jedenfalls der Handel in Wertpapieren und anderen Finanzinstrumenten immer einer

Als Wertpapierdienstleistung, bei der das Unternehmen im eigenen Namen Gelder des Kunden entgegennimmt und auf dessen Rechnung verwendet, kommt somit zunächst die Finanzkommission nach § 2 III Nr.1 WpHG in Betracht.

1. Anwendung des § 34 a I WpHG auf Wertpapierdienstleistungen nach § 2 III Nr. 1 WpHG „Finanzkommission"

a) Positive Abgrenzung: Handeln im eigenen Namen auf fremde Rechnung

Soweit Wertpapierfirmen im Auftrag des Kunden Wertpapiere auf Kommissionsbasis gemäß §§ 383 ff HGB, also im Rahmen einer sog. Effektenkommission[284] anschaffen oder veräußern, geschieht dies im eigenen Namen auf fremde Rechnung, wie schon der Definition der Finanzkommission in § 2 III Nr. 1 WpHG zu entnehmen ist. Damit werden also Gelder, die das Unternehmen in diesem Zusammenhang vom Kunden erhält, von § 34 a I WpHG erfaßt. Irrelevant ist es aufgrund der Formulierung „Anschaffung und Veräußerung", ob es sich um eine Einkaufskommission handelt oder, ob die Gelder als Surrogat aus einer Verkaufskommission stammen.[285] Auch sind die zitierten Begriffe sachenrechtlich zu verstehen und daher nicht auf die zivilrechtliche Eigentumsverschaffung aufgrund eines Kaufvertrages beschränkt, sondern umfassen vielmehr auch diejenige aufgrund von Tausch oder Wertpapierleihe.[286]

b) Vorliegen eines Bankgeschäftes nach § 1 I Satz 2 Nr. 4 KWG

Die Finanzkommission stellt jedoch gemäß § 1 I Satz 2 Nr. 4 KWG ein Bankgeschäft dar, so daß Finanzkommissionäre einer Erlaubnis zum Betreiben von Bankgeschäften nach § 32 I Satz 1, 1.Alt. KWG bedürfen. Damit ist eine Anwendung des § 34 a I WpHG auf diese Form der Wertpapierdienstleistung nur dann denkbar, wenn der Finanzkommissionär lediglich über eine beschränkte Bankerlaubnis nach § 32 II Satz 2 KWG verfügt; da Einlagenkreditinstitute nicht Adressat des § 34 a I WpHG sind, darf die Erlaubnis nicht auch das Betreiben

---

dieser drei Kategorien zuzuordnen ist. Dies muß in paralleler Wertung auch für die „Geldseite" der Wertpapiergeschäfte gelten.

284 Der Begriff der Wertpapiere ist zwar grundsätzlich umfassender als derjenige der Effekten. Wegen der eigenständigen Wertpapierdefinition des § 2 I WpHG stimmen die Begriffe jedoch im Bereich des WpHG praktisch überein und können daher weitestgehend synonym verwendet werden. Siehe dazu genauer unter § 4 B.II.

285 *Schäfer*, WpHG, § 2, Rn. 26.

286 *Assmann* in: Assmann/ Schneider, WpHG, § 12, Rn. 15; *Schäfer*, WpHG, § 2, Rn. 27.

von Einlagengeschäften gemäß § 1 I Satz 2 Nr. 1 KWG mit einschließen. Erfüllt ein Unternehmen dieses Kriterium, so kommt ihm gemäß den neu eingeführten Institutsbegriffen des § 1 IIId Satz 2 KWG die Qualität eines Wertpapierhandelsunternehmens und, da es sich um ein Kreditinstitut handeln würde, einer Wertpapierhandelsbank zu, was indes für die Anwendung des WpHG über § 2 IV WpHG und des § 34 a WpHG nichts zur Sache tut.[287]

2. *Anwendung des § 34 a I WpHG auf Wertpapierdienstleistungen nach § 2 III Nr. 6 WpHG „Finanzportfolioverwaltung"*

§ 34 a WpHG ist primär im Zusammenhang mit der ebenfalls durch die 6. KWG-Novelle eingefügten Vorschrift des § 2 III Nr. 6 WpHG zu verstehen, welche erstmals die Verwaltung fremder Vermögen als Wertpapierdienstleistung normiert und so erst den Weg ebnet für die Aufstellung aufsichtsrechtlicher Anforderungen an Organisation und Verwaltung der erhaltenen Gelder. Es sollte mit § 34 a I WpHG also ganz offensichtlich in die bestehende Praxis der Vermögensverwaltungsunternehmen aus Gründen des Anlegerschutzes[288] und der Erhellung des „grauen Kapitalmarktes"[289] eingegriffen werden, was sich im übrigen schon aus der Pflicht zur Umsetzung von Art. 10 I Satz 2, Spiegelstrich 3 der WpDlRL verbunden mit den aus den Erwägungsgründen hervorgehenden Motivationen der Richtlinie ergibt.[290] Mit dem europarechtlich intendierten umfassenden Anlegerschutz ließe sich eine Beschränkung des Schutzes der Kundengelder auf das Geschäft der Finanzkommissionäre keinesfalls vereinbaren.[291]

Im folgenden gilt es mithin zu untersuchen, welche der in Deutschland praktizierten Formen der Vermögensverwaltung mit der vom Gesetzgeber in § 34 a I WpHG gewählten Formulierung de facto erfaßt werden:

---

287 Vgl. zu den verschiedenen Institutsformen des KWG, welche als Wertpapierdienstleistungsunternehmen im Rahmen von § 34 a I WpHG in Betracht kommen, bereits oben A.I.

288 ABl. der EG vom 11. 06. 93, Nr. L 141/27, 29.

289 Vgl. nur *Mielk*, WM 1997, 2200, 2201; *Beck*, KWG, Bd. 1, § 1, Rn. 53; *Meixner*, NJW 1998, 862, 863; *Schäfer*, WpHG, § 1, Rn. 2 m.w.N.

290 Vgl. ABl. der EG vom 11. 06. 1993, Nr. L 141/27 ff, insbesondere 29.

291 Dies wird unter cc),(2) genauer aufzuzeigen sein, wo sich die Frage nach einer ordnungsgemäßen Umsetzung der europäischen Vorgaben aus Art. 10 I Satz 2, Spiegelstrich 3 stellt.

a) *Untersuchung der Anwendbarkeit des § 34 a I WpHG auf die in Deutschland gängigen Vermögensverwaltungsmodelle*

aa) *Begriff der Vermögensverwaltung; Abgrenzung zur Anlageberatung*

Unter Vermögensverwaltung als eine Dritten zu erbringende Leistung ist die Verwaltung von Vermögen, welches dem Verwaltenden zumindest wirtschaftlich nicht als eigenes zusteht, zu verstehen.[292] § 2 III Nr. 6 WpHG übernimmt dieses allgemeine Verständnis, gilt jedoch seiner Zielsetzung und Verortung im WpHG entsprechend nur für „die Verwaltung einzelner in Wertpapieren, Geldmarktinstrumenten oder Derivaten angelegter Vermögen für andere mit Entscheidungsspielraum."

Im Gegensatz zum bloßen Anlageberater berät der Vermögensverwalter den Vermögensinhaber nicht nur bei der Vermögensverwaltung, sondern er trifft eigene Entscheidungen über Vermögensumschichtungen - regelmäßig im Rahmen von zuvor vereinbarten Anlagerichtlinien - ohne gesonderte vorherige Rücksprache mit dem Vermögensinhaber.[293] Kennzeichnend für die Vermögensverwaltung ist somit der in § 2 III Nr. 6 WpHG bezeichnete Entscheidungsspielraum. Ein solcher ist gegeben, wenn die konkrete Anlageentscheidung letztlich auf dem eigenen Ermessen des Verwalters beruht, während diese bei der Anlageberatung aus einer aus dem Beratungsergebnis resultierenden Weisung des Anlegers folgt.[294] Der Vermögensverwalter wird hierbei im fremden und nicht im eigenen Interesse tätig, wofür ihm der Kunde treuhänderisch Vermögensrechte überträgt bzw. Rechtsmacht einräumt, so daß es sich im Verhältnis Kunde/ Vermögensverwalter um eine rechtsgeschäftliche, fremdnützige Verwaltungstreuhand handelt.[295]

---

292 *Schwintowski/ Schäfer*, BankR, § 12, Rn. 1; *Schäfer* in: Assmann/ Schütze, Hdb. des KapitalanlageR, § 28, Rn. 1; *ders.* in: BuB, 11/1; *Schäfer/ Müller*, Haftung für fehlerhafte WpDl, Rn. 198; vgl. ferner *Kienle* in: Schimansky/ Bunte/ Lwowski, BankRhdb., Bd. 3, § 111, Rn.1.

293 *Schwintowski/ Schäfer*, BankR, § 12,, Rn. 13; *Schäfer* in: Assmann/ Schütze, Hdb. des KapitalanlageR, § 28, Rn. 7; *ders.* in: BuB, 11/9; *Assmann* in: Assmann/ Schneider, WpHG, § 2, Rn. 65 f; *Kienle* in: Schimansky/ Bunte/ Lwowski, BankRhdb., Bd. 3, § 111, Rn.1; *Jung*, BB 1998, 649, 651.

294 Begr. RegE § 2 III Nr. 6, BT-Drucks. 13/7142, S. 101.

295 Vgl. Palandt/ *Bassenge*, BGB, § 903 BGB, Rn. 33, 35. Die fremdnützige (auch: uneigennützige) Verwaltungstreuhand steht im Gegensatz zur eigennützigen Sicherungstreuhand, welche durch Sicherungsübereignung oder -abtretung begründet wird. Für die vorliegende Untersuchung ist die Sicherungstreuhand jedoch ohne Bedeutung. Siehe dazu und zu weiteren hier irrelevanten Möglichkeiten der Typisierung von Treuhandverhältnissen: *Gernhuber*, JuS 1988, 355 ff.

Dabei wird in der deutschen Rechtspraxis zwischen zwei Grundausprägungen der Vermögensverwaltung unterschieden:

bb) Das „Treuhandmodell", Variante der Vollrechtstreuhand

Beim sog. „Treuhandmodell“ überträgt der Vermögensinhaber, also, in den Begrifflichkeiten des WpHG gesprochen, der Kunde des Wertpapierdienstleistungsunternehmens das Eigentum an dem anzulegenden Vermögen auf den Verwalter, welches dieser lediglich treuhänderisch zum Zwecke der Vermögensverwaltung erwerben soll.[296] Ein Anspruch auf Rückgewähr steht dem Vermögensinhaber hier nur schuldrechtlich in Form eines solchen auf Rückübereignung des dem Verwalter übertragenen Vermögens zu. Dieser ist auf den Umfang des Vermögens gerichtet, wie er sich im Zeitpunkt des Herausgabeverlangens darstellt, wobei für die Zwecke der vorliegenden Erörterung dahingestellt bleiben kann, ob man einen solchen Vertrag als modifizierte unregelmäßige Verwahrung gemäß § 700 I BGB, als „echten“ Treuhandvertrag sui generis[297] oder als Geschäftsbesorgungsvertrag i.S.v. § 675 BGB mit Dienstleistungscharakter[298] zu qualifizieren hat.

Es handelt sich hierbei hinsichtlich der Kategorisierung der Treuhandformen nach der Rechtsstellung des Treuhänders um die Figur der Vollrechtstreuhand (auch fiduziarische oder echte Treuhand), bei der der Treuhänder das Eigentum zu vollem Recht erwirbt. Davon zu unterscheiden sind zum einen die Ermächtigungstreuhand, bei der der Treugeber Vollrechtsinhaber bleibt und den Treuhänder lediglich nach § 185 I BGB zur Verfügung über das Eigentum im eigenen Namen ermächtigt; zum anderen die Vollmachttreuhand (auch unechte oder Quasi-Treuhand), bei der ebenfalls der Treugeber Rechtsinhaber bleibt, die Legitimation des Treuhänders sich jedoch aus einer Bevollmächtigung nach den §§ 164 ff BGB zu rechtsgeschäftlichem Handeln als offener Stellvertreter im Namen des Treugebers ergibt.[299]

---

296 *Schwintowski/ Schäfer*, BankR, § 12, Rn. 14; *Schäfer* in: Assmann/ Schütze, Hdb. des KapitalanlageR, § 28, Rn. 7; *ders.* in BuB, 11/10; *Kienle* in: Schimansky/ Bunte/ Lwowski, BankRhdb., Bd. III, § 111, Rn. 10.

297 Vgl. dazu im einzelnen: *Schwintowski/ Schäfer*, BankR, § 12, Rn. 21; *Schäfer* in: Assmann/ Schütze, Hdb. des KapitalanlageR, § 28, Rn. 9; *ders.* in: BuB, 11/10 f; *Kienle* in: Schimansky/ Bunte/ Lwowski, BankRhdb., Bd. III, § 111, Rn. 10.

298 So *Heidner*, DStR 1989, 276, 277; *Horn* in: Horn/ Schimansky, Bankrecht 1998, S. 265, 270; *Balzer*, Vermögensverwaltung durch Kreditinstitute, S. 49 sowie im Anschluß daran nun auch *Schäfer*, ZBB 2000, 150, 151, Fn. 1.

299 Vgl. Palandt/ *Bassenge*, BGB, § 903 BGB, Rn. 34 sowie zur Abgrenzung der Vollrechts- von der Ermächtigungstreuhand: Staub/ *Canaris*, HGB, BankvertragsR I, Rn. 267 und insgesamt zur Unterscheidung der verschiedenen Treuhandformen:

(1) Positive Abgrenzung: Handeln im eigenen Namen auf fremde Rechnung

In Ausführung des mit der Übergabe des Vermögens verbundenen Verwaltungsauftrages tritt der Vermögensinhaber Dritten gegenüber bei der Vornahme von Verwaltungsgeschäften durch den Verwalter beim Treuhandmodell - ähnlich dem Ausführungsgeschäft bei der Kommission (§§ 383 ff HGB) - nicht in Erscheinung[300] und es ergeben sich Ansprüche nur aus dem Innenverhältnis. Bei dieser dogmatisch als Vollrechtstreuhand zu qualifizierenden Variante wird mithin im Wege der mittelbaren Stellvertretung gehandelt. Unter dem Aspekt des „Handelns im eigenen Namen auf fremde Rechnung" kann damit eine Subsumtion unter § 34 a I WpHG erfolgen.

Entscheidend für die Frage der Anwendbarkeit des § 34 a I WpHG kommt es jedoch weiter darauf an, ob wegen der bei diesem Modell der Vermögensverwaltung stattfindenden Eigentumsübertragung nicht schon ein Einlagengeschäft i.S.d. § 1 I Satz 2 Nr. 1 KWG vorliegt. Es würde sich dann um ein Einlagenkreditinstitut i.S.d. § 1 IIId KWG handeln, welches gerade nicht Adressat der Pflichten des § 34 a I WpHG ist, sondern vielmehr einer Bankerlaubnis gemäß § 32 I Satz 1, 1.Alt. KWG bedarf.

(2) Negative Abgrenzung: Vorliegen eines Einlagengeschäfts nach § 1 I Satz 2 Nr. 1 KWG

(a) Begriffliche Ausgangssituation

Das Einlagengeschäft ist in § 1 I Satz 2 Nr. 1 KWG legaldefiniert als die Annahme fremder Gelder als Einlagen oder anderer rückzahlbarer Gelder des Publikums, sofern der Rückzahlungsanspruch nicht in Inhaber- oder Orderschuldverschreibungen verbrieft wird, ohne Rücksicht darauf, ob Zinsen vergütet werden.[301]

Es wird in der durch die 6. KWG-Novelle erweiterten Fassung somit nicht mehr allein auf den klassischen Einlagenbegriff abgestellt, sondern in Einklang mit der Ersten und Zweiten Bankrechtskoordinierungsrichtlinie[302] auch die An-

---

Coing, Die Treuhand kraft privaten Rechtsgeschäfts, S. 94 ff; *Walter*, Unmittelbarkeitsprinzip, S. 13 ff.

300 *Miebach*, DB 1991, 2069, der deshalb bei dieser Variante vom „Kommissionsmodell" spricht.

301 Zur gesetzlichen Entwicklung des Einlagengeschäftes seit seiner ersten bankaufsichtsrechtlichen Erfassung durch das Reichsgesetz über das Kreditwesen von 1934 (RGBl. I 1934, 1203) siehe *Demgensky/ Erm*, WM 2001, 1445.

302 Vgl. bereits Fn. 137.

nahme anderer rückzahlbarer Gelder des Publikumsverkehrs als Auffangtatbestand miteinbezogen.[303] Damit sind nun unter diese Norm nicht mehr nur fremde Gelder zu subsumieren, die jemand von mehreren Geldgebern, die keine Kreditinstitute i.S.d. § 1 I KWG sind, zur unregelmäßigen Verwahrung, als Darlehen oder in ähnlicher Weise ohne Bestellung banküblicher Sicherheiten und ohne schriftliche Vereinbarung im Einzelfall laufend zur Finanzierung des auf Gewinnerzielung gerichteten Aktivgeschäfts entgegennimmt (klassischer Einlagenbegriff)[304], sondern es werden über den neuen Auffangtatbestand auch alle die angenommenen Gelder des Publikums erfaßt, hinsichtlich derer ein nicht verbriefter, unbedingter Rückzahlungsanspruch besteht, ohne Rücksicht auf jedwede subjektive Zwecksetzung.[305]

Bei der Vermögensverwaltung nach dem Treuhandmodell werden Gelder von Privatpersonen in Form der unregelmäßigen Verwahrung bzw. nach anderer Ansicht zumindest in ähnlicher Form ohne bankübliche Sicherheit oder schriftlichen Kreditvertrag entgegengenommen. Da zudem auch grundsätzlich ein rechtlich unbedingter Rückzahlungsanspruch besteht, nämlich der oben beschriebene Anspruch auf Herausgabe des im Zeitpunkt des Herausgabeverlangens bestehenden Vermögens, tätigt der Verwalter bei dieser Variante „per definitionem"[306] an sich ein Einlagengeschäft.

---

303 Begr. RegE § 1 I Satz 2 Nr. 1 KWG, BT-Drucks. 13/7142, S. 62.

304 *Beck*, KWG, Bd. 1, § 1, Rn. 67; *Reischauer/ Kleinhans*, KWG, Bd. 1, § 1, Rn. 13; *Gößmann* in: Schimansky/ Bunte/ Lwowski, BankRhdb., Bd. 2, § 69, Rn. 4; alle in Anlehnung an BVerwG WM 1984, 1364 ff, VG Berlin WM 1986, 879 ff die sich im Anschluß an *Canaris*, BB 1978, 227 ff gegen die enger gefaßte „Faustformel" des BAKred (zitiert bei *Beck*, a.a.O., Rn. 62) wenden, weil diese dem Merkmal der Annahme gerade „als Einlage" keine Bedeutung zumißt. Wegen der Erweiterung des § 1 I Satz 2 Nr. 1 KWG um die Annahme „anderer rückzahlbarer Gelder des Publikums" kommt dem Merkmal der Einlage aber künftig nicht mehr die Bedeutung des allein ausschlaggebenden Charakteristikums zu. Auch unter diesem Aspekt bedarf es, wie sich zeigen wird, eines neuen Ansatzes, um zu einer handhabbaren begrifflichen Fassung des Einlagengeschäftes im geänderten KWG zu gelangen.

305 Begr. RegE § 1 I Satz 2 Nr. 1 KWG, BT-Drucks. 13/7142, S.62; *Beck*, KWG, Bd. 1, § 1, Rn. 71 ff.

306 Wie stets betont wird, handelt es sich bei der oben zitierten Begriffsbestimmung nur um Indizien, die im Einzelfall widerlegbar sind. Weil es sich bei der „Einlage" nicht um einen juristisch geprägten, sondern wirtschaftlichen Begriff handele, entziehe sich dieser einer generellen und abschließenden Definition; vielmehr könne er nur unter maßgeblicher Berücksichtigung der bankwirtschaftlichen Verkehrsanschauung bestimmt werden; vgl. statt aller die grundlegende Darstellung bei *Canaris*, BB 1978, 227 f.

Dies war jedenfalls vor der vollständigen Umsetzung der Wertpapierdienstleistungsrichtlinie allgemeine Auffassung [307] Eine Einschränkung nahm allein der BGH BB 1995, 994, 995 f hinsichtlich extrem spekulativer Geschäfte mit Rücksicht auf den Schutzzweck des § 1 I Satz 2 Nr. 1 KWG vor, der das Vertrauen des breiten Publikums in die sichere Verwahrung seiner Gelder gewährleisten soll.[308]

(b) Begriff der Einlage vor dem Hintergrund der Einfügung des § 34 a I WpHG; Analyse der gesetzgeberischen Begründung

Es stellt sich jedoch die Frage, ob diese Auffassung nach der Einfügung des § 34 a WpHG uneingeschränkt aufrechterhalten werden kann. Denn die Existenz von § 34 a I WpHG zeigt gerade, daß der Gesetzgeber ganz offensichtlich davon ausging, daß das Handeln im eigenen Namen aber für fremde Rechnung kein Einlagengeschäft darstellen soll, weil sich andernfalls der Zirkelschluß ergäbe, daß nur die persönlich vom Anwendungsbereich ausgenommenen Einlagenkreditinstitute sachlich dieser Vorschrift unterfielen.

Auf die Vermögensverwaltung nach dem „Treuhandmodell", also die Vollrechtstreuhand, fände § 34 a I WpHG jedenfalls keine Anwendung.

Auch legt die Regierungsbegründung zu § 34 a WpHG eine differenzierende Betrachtung nahe. Hiernach soll ein Einlagengeschäft dann vorliegen, wenn die Entgegennahme und Weiterleitung der Kundengelder im eigenen Namen und auf eigene Rechnung erfolgt.[309] E contrario könnte hieraus geschlossen werden, daß die verbleibenden denkbaren Handlungsweisen des Vermögensverwalters keine Einlagengeschäfte darstellen sollen, also dann keine Banklizenz erforderlich ist, wenn die Kundengelder durch den Vermögensverwalter nicht im eigenen Namen und auf eigene Rechnung angelegt werden.[310] Wie oben gezeigt ist die Qualifikation als Handeln im eigenen Namen auf fremde Rechnung auf den Fall der mittelbaren Stellvertretung, modellhaft der Kommission gemünzt. Diese zunächst nur die spezifische Form des Vertreterhandelns betreffende Einordnung

---

307 *Miebach*, DB 1991, 2069, 2071; *Schwintowski/ Schäfer*, BankR, § 12, Rn. 23; *Schäfer* in: Assmann/ Schütze, Hdb. des KapitalanlageR, § 28, Rn. 11; *ders.* in: BuB, 11/14; *Balzer*, Vermögensverwaltung durch Kreditinstitute, S. 61 und ihm zustimmend *Schäfer*, ZBB 2000, 150, 151, der sich an dieser Stelle dafür ausspricht, das Treuhandmodell auch nach der 6. KWG-Novelle noch als Einlagengeschäft zu beurteilen, vgl. aber sogleich Fn. 310.

308 Kritisch hierzu *Wallat*, NJW 1995, 3236 f.

309 BT-Drucks., 13/7142, S.110.

310 So im Ergebnis: *Weber-Rey/ Baltzer*, WM 1997, 2088, 2090; *Schäfer/ Müller*, Haftung für fehlerhafte WpDl, Rn. 219, Fn. 42; *Schäfer* in: BuB 11/14.

könnte somit nach der Vorstellung des Gesetzgebers auch dafür entscheidend sein, ob von einer Annahme der Gelder als Einlage auszugehen ist oder nicht.

In der Literatur wird, wenn zu diesem Problem überhaupt einmal Stellung genommen wird, nach Einführung des § 34 a I WpHG für Nichtbanken schlicht die treuhänderische Entgegennahme von Geldern empfohlen bzw. als denkbar bezeichnet, ohne daß die Art der Treuhand spezifiziert würde.[311]

Die Auswertung der Gesetzesbegründung selbst führt zu keinem eindeutigen Ergebnis. Unklar bleibt, ob hier nicht vielmehr davon ausgegangen wurde, daß die sachenrechtliche Ausgestaltung der Vermögensverwaltung den Ausschlag für die Einordnung als Einlagengeschäft geben sollte, insoweit, als die Entgegennahme und Verwendung von Kundengeldern im eigenen Namen auf fremde Rechnung „rechtlich als eine Form der Ermächtigungstreuhand in der Ausgestaltung der Verwaltungstreuhand" bezeichnet wird.[312]

Es kann aber, wie im folgenden darzulegen ist, das Handeln im eigenen Namen auf fremde Rechnung nach seinem rechtlichen Gehalt nicht mit der Figur der Ermächtigungstreuhand gleichgesetzt werden, wenn auch bei der Ermächtigungstreuhand in aller Regel tatsächlich in mittelbarer Stellvertretung gehandelt werden wird.[313] Der Begriff „Ermächtigungstreuhand" trifft vielmehr zunächst nur eine Aussage über die sachenrechtliche Ausgestaltung des Treuhandverhältnisses und besagt, daß im Gegensatz zur Vollrechtstreuhand hier nicht Eigentum übertragen, sondern lediglich zur Verfügung über dasselbe gemäß § 185 I BGB ermächtigt wird.[314] Hingegen bezeichnet ein Handeln im eigenen Namen auf fremde Rechnung das der allgemeinen Rechtsgeschäftslehre zuzuordnende Handeln in mittelbarer Stellvertretung in Abgrenzung zur offenen Stellvertretung einerseits, zum Eigenhandel andererseits. Schon die Tatsache, daß auch bei der Vollrechtstreuhand ein Handeln im eigenen Namen für fremde Rechnung vor-

---

311 *Weber-Rey/ Baltzer*, WM 1997, 2288, 2290; *Schäfer/ Müller*, Haftung für fehlerhafte WpDl, Rn. 219, Fn. 42; beide in Bezugnahme der Begr. RegE § 34 a WpHG und § 1 I Satz 2 Nr. 1 KWG, BT-Drucks. 13/7142, S.110 und 62 f.

312 BT-Drucks. 13/7142, S. 110.

313 Vgl. für den „Modellfall" der Kommission: Staub/ *Koller*, HGB, § 383, Rn. 86; *K. Schmidt*, HandelsR, § 31 V 2a, sowie für die Treuhand selbst: Palandt/ *Heinrichs*, BGB, vor § 164 BGB, Rn. 8, wobei sich aus Palandt/ *Bassenge*, BGB, § 903 BGB, Rn. 34 erhellt, daß hiermit nur die Vollrechts- und Ermächtigungstreuhand gemeint sein können; *Siebert*, Treuhandverhältnis, S. 299 f mit dem zusätzlichen Hinweis darauf, daß bei der Ermächtigungstreuhand, weil Rechtszuständigkeit und Begründung zu trennen sind, auch ein Handeln im fremden Namen denkbar ist; *Coing*, Die Treuhand kraft privaten Rechtsgeschäfts, S. 125.

314 Staub/ *Canaris*, HGB, BankvertragsR I, Rn. 267; Palandt/ *Bassenge*, BGB, § 903, Rn. 34 sowie grundlegend zum Treuhandverhältnis auf der Basis der Ermächtigung: *Siebert*, Treuhandverhältnis, S. 294 ff.

liegt, zeigt, daß die beiden Begriffe, selbst auf den Bereich der Vermögensverwaltung beschränkt, nicht kongruent sind.

Auch entscheidet bei der Kommission, die als Modellfall der mittelbaren Stellvertretung (so, wie o.g.[315], auch die Vorstellung des WpHG-Gesetzgebers) auch für das Treuhandmodell den Weg weist, nicht die eigentumsrechtliche Situation am übergebenen Vermögen darüber, ob ein Kommissionsgeschäft vorgenommen, ob also im eigenen Namen auf fremde oder auf eigene Rechnung gehandelt wird; zu beurteilen ist dies vielmehr nach dem objektivierend zu bestimmenden Willen des Kommissionärs (auf das Treuhandmodell übertragen: des Vermögensverwalters) im Zeitpunkt der Vornahme des Ausführungsgeschäftes.[316]

Zuzugestehen ist allerdings, daß bei dem in den Gesetzesunterlagen zur 6. KWG-Novelle mit der hier in Frage stehenden Handlungsform der mittelbaren Stellvertretung primär anvisierten Fall der Kommission als deren Paradefall[317] hinsichtlich des zum Kauf zur Verfügung gestellten Geldes (im Fall der Einkaufskommission) bzw. hinsichtlich der zu verkaufenden Gegenstände (Fall der Verkaufskommission), also insgesamt bezüglich des übergebenen Vermögens in der Tat regelmäßig nur eine Ermächtigung zur Verfügung über das Eigentum nach § 185 I BGB erteilt wird. Auch in dieser als Vergleichsfall hier Pate stehenden Konstellation ist dies aber keinesfalls zwingend.[318]

Die vom Gesetzgeber wohl als identisch behandelten Begriffe der „Ermächtigungstreuhand" und des „Handelns im eigenen Namen auf fremde Rechnung" können damit nicht gleichgesetzt werden. Vielmehr stellt die Ermächtigungstreuhand nur eine Fallkonstellation des Handelns auf fremde Rechnung dar.

Die Gesetzesbegründung macht somit zwar deutlich, daß die Vermögensverwaltung nach der Ermächtigungstreuhand als Fall des Handelns im eigenen Namen auf fremde Rechnung in keinem Fall ein Einlagengeschäft darstellt. Zum anderen wird eindeutig gesagt, daß jedenfalls bei einem Handeln im eigenen Namen und auf eigene Rechnung ein Einlagengeschäft gemäß § 1 I Satz 2 Nr. 1 KWG vorliegt, das einer entsprechenden Bankerlaubnis bedarf. Die Aussagekraft der Begründung leidet jedoch daran, daß ein nicht definierter Zwischenraum verbleibt, der das Handeln im eigenen Namen auf fremde Rechnung bei Eigentumserwerb des Verwalters hinsichtlich der Kundengelder betrifft, also exakt die Rechtsfigur der Vollrechtstreuhand.

---

315 Unter B.I.

316 *Baumbach/ Hopt*, HGB, § 383, Rn. 12.

317 Vgl. bereits B.I.

318 Vgl. nur Staub/ *Koller*, HGB, § 383, Rn. 86; *K. Schmidt*, HandelsR, § 31 V 2a; *Baumbach/ Hopt*, HGB, § 383, Rn. 16 f.

Aus der Tatsache, daß die Ermächtigungstreuhand sprachlich mit dem Handeln im eigenen Namen auf fremde Rechnung gleichgesetzt wird, ohne daß die Vollrechtstreuhand Erwähnung findet, könnte somit einerseits geschlossen werden, daß nach dem Willen des Gesetzgebers eine Differenzierung nach der sachenrechtlichen Ausgestaltung des Verwaltungsverhältnisses stattfinden soll, weil nur die Ermächtigungstreuhand als Handeln im eigenen Namen auf fremde Rechnung i.S.d. § 34 a I WpHG begriffen wird. Andererseits könnte aber auch mit der Aussage, daß es sich bei der „Entgegennahme und Weiterleitung von Kundengeldern im eigenen Namen für eigene Rechnung“ um „das Einlagengeschäft gemäß § 1 I Satz 2 Nr. 1 KWG“ handelt, eine klarstellende Definition des Einlagengeschäftes intendiert gewesen sein.

Weil jedoch sowohl die Aussage zum Handeln im eigenen Namen als auch diejenige zum Einlagengeschäft abschließend formuliert sind, scheitert folglich auch ein Umkehrschluß in die eine oder andere Richtung, namentlich der oben als möglich angedeutete, daß alle Varianten der Entgegennahme und Verwendung fremder Gelder außerhalb des Handelns im eigenen Namen auf eigene Rechnung kein Einlagengeschäft darstellen sollen. Hinzu kommt, daß der Gesetzgeber zur Einordnung der Vollrechtstreuhand keine Stellung nimmt, obgleich es sich um den genau zwischen den beiden explizit bestimmten Varianten liegenden Fall handelt. Für diesen Fall wäre indes schon deshalb eine Klärung wünschenswert gewesen, weil ein Widerspruch zwischen seiner vorigen Einordnung als Einlagengeschäft und der Erfassung durch den sachlichen Anwendungsbereich des § 34 a I WpHG besteht. Es kann mithin den gesetzgeberischen Definitionsansätzen nicht die für die Anwendung des argumentum e contrario vorauszusetzende Intention entnommen werden, daß der Sachverhalt lückenlos normiert werden sollte, so daß man das Schweigen zu allen nicht bezeichneten Tatbeständen als beredtes Schweigen interpretieren dürfte.[319]

Im Lichte der Gesetzesbegründung bleibt es somit fraglich, ob die Grenzziehung zum Einlagengeschäft nach dem Kriterium des Eigentumsübergangs auf den Verwalter oder nach der Verwendung der Gelder auf eigene Rechnung zu erfolgen hat.

Immerhin kann hier aber doch so viel konstatiert werden, daß bei dem Modell der Ermächtigungstreuhand, von dem der Gesetzgeber gedanklich ausging, mangels Eigentumsübertragung tatsächlich kein Einlagengeschäft anzunehmen ist. Dies ergibt sich bereits daraus, daß die gängigerweise als Einlagengeschäfte bezeichneten Vertragstypen der unregelmäßigen Verwahrung sowie des Darlehens einen solchen voraussetzen, von einer Annahme der Gelder i.S.d. § 1 I

---

319 Vgl. *Schneider*, Logik für Juristen, S. 143; *Canaris*, Die Feststellung von Lücken im Gesetz, S. 44 f, 48.

Satz 2 Nr.1 KWG also nur gesprochen werden kann, wenn Eigentum übergeht.[320] Den Eigentumsübergang der Gelder bedingt zudem die bankwirtschaftliche Funktion des Einlagengeschäftes. Diese besteht in der Ansammlung und Bereithaltung flüssigen Kapitals zur laufenden Finanzierung des eigenen Aktivgeschäfts.[321] Die Funktion der Finanzierung einer eigenständigen unternehmerischen Tätigkeit können die angenommenen Beträge jedoch nur übernehmen, wenn sie zur freien wirtschaftlichen Verwendung übertragen werden, ohne daß eine rechtliche Einwirkungsmöglichkeit des Kunden auf die spezifischen Gelder fortbesteht.[322].

Auch im Zusammenhang mit anderen im Rahmen der 6. KWG-Novelle verfolgten Motivationen bleibt indessen offen, ob es sich bei dem Kriterium des Eigentumserwerbs nur um eine Mindest- oder aber um eine hinreichende Voraussetzung handelt, um die Annahme von Kundengeldern zu Zwecken der Vermögensanlage als Einlagengeschäft zu qualifizieren. So spricht es eher für die letztere Alternative, daß ein Schutz des Vollrechtstreugebers wegen der bisherigen überwiegenden Einordnung der Vollrechtstreuhand als Einlagengeschäft bereits garantiert war, wohingegen das Modell der Ermächtigungstreuhand bislang keiner aufsichtlichen Überwachung unterstand.[323] Man würde ferner die Zielsetzung des Gesetzgebers, der sich - im selben Umsetzungsgesetz durch das auch § 34 a WpHG in Kraft gesetzt wurde - mit der Erweiterung der Definition des Einlagengeschäftes gerade gegen die bisherige restriktive Auslegung des Einlagenbegriffes durch die Rechtsprechung wendet[324], umkehren, subsumierte man bislang unter § 1 I Satz 2 Nr. 1 KWG fallende Sachverhalte nun nicht mehr unter diesen Tatbestand. Überdies verbietet sich nach der ebenfalls durch die 6. KWG-Novelle erfolgten Erweiterung des Einlagenbegriffes nach § 1 I Satz 2 Nr. 1 KWG jegliche Rücksichtnahme auf subjektive Zwecksetzungen.[325] Bei einer im

---

320 So im Ergebnis auch Staub/*Canaris*, HGB, BankvertragsR II, Rn. 1164; OLG Stuttgart NJW 1960, 2158, 2159.

321 BGH BB 1995, 994, 995; BVerwG WM 1984, 1364, 1367; VG Berlin WM 1986, 879, 883; vgl. auch *Kümpel*, Bank- und KapitalmarktR, 3.3.

322 Siehe genauer zur funktionalen Typik des Einlagengeschäftes im Gegensatz zur Vermögensverwaltung sogleich unter (d).

323 Dieses Argument wird zudem untermauert durch die faktischen Verhältnisse am Markt, wo eine Vermögensverwaltung auf der Basis der Vollrechtstreuhand wenn überhaupt nur von Banken in Besitz einer Vollizenz gemäß § 32 KWG praktiziert wurde, *Schäfer* in: BuB, 11/14; vgl. ferner *Schäfer*, Wp HG, vor § 31, Rn. 5.

324 Vgl. *Beck*, KWG, Bd.1, § 1, Rn. 53 sowie *Mielk*, WM 1997, 2200, 2202. Nach *Kümpel*, Bank- und KapitalmarktR, 3.15 wird damit der rechtlichen Interpretation des Einlagenbegriffes durch das BAKred Rechnung getragen.

325 Begr. RegE § 1 I Satz 2 Nr. 1 KWG, BT-Drucks., 13/7142, S.62.

Lichte der europarechtlichen Vorgaben[326] durchaus vorzunehmenden stringenten Anwendung dieser Voraussetzung dürfe es daher auch nicht darauf ankommen, mit welcher Intention der Verwendung - ob auf eigene oder auf fremde Rechnung - Gelder entgegengenommen werden. Klarer und diesem Aspekt Rechnung tragend wäre insofern eine Differenzierung nach sachenrechtlichen Gesichtspunkten.

Aus diesen gesetzgeberischen Erwägungen an anderer Stelle der Begründung zur 6. KWG-Novelle ergeben sich also weitere Unstimmigkeiten in bezug auf die Bezeichnung des Handelns im eigenen Namen auf eigene Rechnung als Einlagengeschäft, so daß dieser Aussage die Qualität einer klarstellenden Neufassung des Einlagenbegriffes im Rahmen der 6. KWG-Novelle nicht ohne weiteres beizumessen ist. Es läßt sich somit, obgleich eine Abstimmung von § 34 a I WpHG mit dem Einlagengeschäft offensichtlich intendiert war, nicht allein anhand einer subjektiv-teleologischen Auslegung klären, wie die Regelungen von einander abzugrenzen sind.

Die Frage der Grenzziehung zwischen der Entgegennahme von Geldern des Publikums im Rahmen von § 34 a I WpHG und derjenigen, die unmittelbar dem Einlagenschutz unterfällt, kann daher nur im Gesamtkontext des aufsichtsrechtlichen Regulariums, wie er sich nach der Neuordnung durch die 6. KWG-Novelle objektiv darstellt, beantwortet werden.

b) Begriff der Einlage im Bedeutungszusammenhang des neugefaßten aufsichtsrechtlichen Systems zum Schutze der Kundengelder

aa) Abgrenzung entsprechend der objektiven Teleologie des neuen Aufsichtsrechts

Nach der durch die Vorgaben der Kapitaladäquanzrichtlinie, sowie der Wertpapierdienstleistungs- und Anlegerentschädigungsrichtlinie notwendig gewordenen Erstreckung der staatlichen Aufsicht auf die bankunabhängigen Finanzdienstleister können nun - wie oben dargelegt[327]- für Gelder, die der Kunde einem Institut zu Zwecken der Vermögensbildung überträgt, drei aufsichtsrechtliche Ansatzpunkte der Verwirklichung eines Schutzes des Kunden vor Insolvenz des verwaltenden Institutes unterschieden werden: Ein Insolvenzschutz wird dabei zum einen durch die Verpflichtung der Institute erzielt, ausreichende Eigenka-

---

326 Vgl. Begr. RegE § 1 I Satz 2 Nr. 1 KWG, BT-Drucks., 13/7142, S.62.
327 Unter Gliederungspunkt A.II.1.b)cc),(2) „(...) Das Einlagengeschäft und § 34 a I WpHG im Kontext der aufsichtsrechtlichen Verwirklichung eines Insolvenzschutzes“.

pitalreserven vorzuhalten, wodurch bereits an der steten Aufrechterhaltung der Zahlungsfähigkeit eines jeden Instituts angesetzt wird.[328] Da durch die Vorschriften zur Kontrolle der Kapitalströme eine Insolvenz indes nicht mit letzter Sicherheit im Vorfeld vermieden werden kann, stehen zur Absicherung der Kundenvermögen im Insolvenzfalle zudem externe Entschädigungssysteme bereit.[329] Die dritte aufsichtsrechtlich vorgesehene Möglichkeit, angelegte Gelder bei Insolvenz des mit der Vermögenssorge betrauten Institutes für die Kunden zu bewahren, besteht schließlich in der fortwährenden rechtlichen Trennung der Gelder eines jeden Kunden von sonstigen Geldern des Unternehmens.[330]

Wie aufgezeigt wurde[331], ist bei den das Einlagengeschäft betreibenden Kreditinstituten i.S.d. § 1 IIId KWG bereits durch die beiden erstgenannten aufsichtsrechtlichen Vorkehrungen ein umfassender und effektiver Schutz der Kundengelder gewährleistet. § 34 a I WpHG, der den Insolvenzschutz durch rechtliche Abgrenzung der Gelder verwirklicht, richtet sich daher auch nur an sonstige Wertpapierdienstleistungsunternehmen unter Ausschluß der Einlagenkreditinstitute. Dem Einlagenbegriff kommt innerhalb dieses Systems mithin die Rolle zu, darüber zu entscheiden, ob bereits durch ein ausreichend zur Verfügung stehendes Eigenkapital sowie kumulativ durch das Bestehen eines effektiven Systems zur Einlagensicherung ein hinreichender Schutz garantiert wird oder ob dieser erst über eine rechtliche Abgrenzung der Gelder in Form der durch § 34 a I WpHG vorgeschriebenen getrennten Kontenführung zu erzielen ist. Da bei den Einlagenkreditinstituten durch die genannten Vorkehrungen auch rein schuldrechtliche Ansprüche im Insolvenzfalle voll abgesichert sind, kann ihnen gestattet werden, ohne rechtliche Einschränkung frei über die Kundengelder zu verfügen. Dagegen ist der Kunde eines sonstigen Vermögensverwalters ggf. auf den Fortbestand der rechtlichen Trennung seiner Gelder angewiesen, die es ihm erlauben würde, sie aus der Insolvenzmasse auszusondern, vgl. §§ 35, 47 InsO.[332]

Das neugefaßte aufsichtsrechtliche Instrumentarium macht damit einen Schutz nicht mehr per se von der Subsumtion unter § 1 I Satz 2 Nr. 1 KWG abhängig, sondern führt ein abgestuftes System ein. Dieses System sichert Einlagen faktisch wie bisher, führt aber künftig auch für andere Gelder, die zur Verwendung im eigenen Namen anvertraut werden, einen Schutz herbei, indem die Aus-

---

328 Zu den einschlägigen Regelungen im einzelnen siehe oben A.II.1.b)cc),(1a).

329 Dazu oben unter A.II.1.b)cc),(1f).

330 Diesen Zweck verwirklicht die Vorschrift des § 34 a I WpHG, vgl. oben unter A.II.1.b)cc),(2a) und zur Rechtstechnik im einzelnen ausführlich unten § 3.

331 Unter A.II.1.b)cc),(2a).

332 Zur Herleitung dieser Ergebnisse aus dem Gesamtkontext des aufsichtlichen Schutzinstrumentariums siehe oben A.II.1.b)cc).

sonderungsmöglichkeit für den Insolvenzfall abgesichert wird. Maßgebliches Kriterium für die Differenzierung zwischen Einlagen und Nichteinlagen muß daher im neuen System sein, ob der Kunde im Falle der Insolvenz des betrauten Unternehmens über ein Aussonderungsrecht verfügen würde.[333] Soweit eine nach § 47 InsO bevorzugte Behandlung im Insolvenzfall durch die Form der Entgegennahme und Verwendung der Gelder sichergestellt ist, bedarf es unter Schutzzweckgesichtspunkten keiner Zuordnung zum Einlagengeschäft mehr. Würde man andererseits Nichteinlagenkreditinstituten die Entgegennahme von Geldern gestatten, ohne durch besondere Anforderungen an den Umgang mit den Kundengeldern ein Aussonderungsrecht zu garantieren, ergäbe sich eine Lücke im Schutzsystem.[334]

Der neue Regelungszusammenhang gibt mithin Anlaß, die Abgrenzung des Einlagengeschäftes „nach unten" neu zu überdenken. Denn vor der Ausdehnung der Bankenaufsicht auf Wertpapierfirmen und - damit einhergehend - zusätzliche Formen der Entgegennahme von Geldern außerhalb des Einlagengeschäftes i.S.d. § 1 I Satz 2 Nr. 1 KWG konnte sich der Kunde ohnehin nicht auf einen staatlich überwachten Schutz seiner Gelder verlassen, wenn er diese einem nichtlizensierten Vermögensverwalter anvertraute. Aus Sicht des Publikums war daher ersichtlich, daß eine gesetzlich abgesicherte Vermögensanlage nur bei Einlagenkreditinstituten gewährleistet war.[335] Dieser Umstand lieferte somit in der Vergangenheit einen Grund, bestimmte Gestaltungen der Annahme von Geldern im Zweifel unter den Einlagenbegriff zu fassen, um die private Kundschaft

333 Die - soweit ersichtlich - einzige Aussage in der Kommentarliteratur zu § 1 I Satz 2 Nr. 1 KWG, die für die Zuordnung der Annahme fremder Gelder zum Einlagengeschäft darauf abstellt, ob diese Gelder gegebenenfalls zur Insolvenzmasse gehören würden, findet sich bei *Szagunn/ Wohlschieß*, KWG, § 1, Rn. 20, wo die Einlagen von Wohnsitzberechtigten bei einem Bauträger nicht unter § 1 I Satz 2 Nr. 1 KWG subsumiert werden, weil sie gemäß § 12 b III des Zweiten Wohnbaugesetzes i.d.F. vom 30. 07. 1985 (BGBl. I 1284, 1661) nicht zur Konkursmasse des Bauträgers in seiner Eigenschaft als Treuhänder gehören. Dieser aus dem Jahr 1985 stammende Kommentierung konnte aber zum damaligen Zeitpunkt noch keine Allgemeingültigkeit zugesprochen werden, da es einer gesetzlichen Anerkennung der rechtlichen Abgrenzung als alternativer Form des Insolvenzschutzes noch ermangelte. Eine solche erfolgte erst durch § 34 a I WpHG, womit nun sichergestellt ist, daß bei der Entgegennahme von Geldern im eigenen Namen nur eine getrennte Verwahrung in Betracht kommt, sofern diese nicht durch ein Einlagenkreditinstitut erfolgt.

334 Weitgehend von den Reglementierungen nach dem KWG und 34 a I WpHG ausgenommen, sind daher auch nur die in § 2 VIII KWG bezeichneten Institute. Bei diesen Instituten ist ein Insolvenzschutz der Kundengelder nicht erforderlich, weil sie nicht selbst zu Schuldnern ihrer Kunden werden können, vgl. bereits oben A.II.1.b)cc),(2a).

335 Vgl. dazu *Horn*, ZGR 1976, 435, 441.

nicht schutzlos zu stellen. Unter einem solchen indirekten Zwang steht die Beurteilung der Annahme rückzahlbarer Gelder des Publikums heute nicht mehr.

Insoweit hatte sich aus der Gesetzesbegründung bereits ergeben, daß für die Abgrenzung zwischen § 34 a I WpHG und dem Einlagengeschäft nur entweder das Eigentum oder aber das Vorgehen auf eigene Rechnung als spezifisches Differenzierungsmerkmal in Betracht kommen.[336] Im Kontext der Systematik des neuen Aufsichtsrechts, welches einen Schutz von Geldern, die ein Unternehmen im Rahmen seiner Tätigkeit als Vermögensverwalter im eigenen Namen annimmt, entweder durch Zuordnung zum Einlagengeschäft oder durch § 34 a I WpHG erzielt, bedarf es somit einer Überprüfung, in welchen Fallgestaltungen einer Verwendung fremder Gelder schon über die von § 34 a I WpHG vorgesehene rechtliche Abgrenzung ein effektiver Insolvenzschutz gemäß § 47 InsO zu gewährleisten ist:

Dies ist zunächst jedenfalls bei der Ermächtigungstreuhand, die der Gesetzgeber zum expliziten Anwendungsfall des § 34 a I WpHG deklariert, zweifelsohne der Fall. Da hier kennzeichnend ist, daß der Kunde zu keinem Zeitpunkt das Eigentum an den übergebenen Geldern verliert[337], kann er sich im Insolvenzfall gemäß § 47 InsO ohne weiteres darauf berufen, daß sein Kapital nicht zur Insolvenzmasse i.S.d. § 35 InsO gehört. In diesem Grundfall der Aussonderung folgt der Aussonderungsanspruch dann bereits aus § 985 BGB.[338]

Im fraglichen Fall der Vollrechtstreuhand wird dem Vermögensverwalter hingegen das Eigentum an den Geldern übertragen, so daß sich ein Aussonderungsrecht des Kunden nicht mehr hierauf stützen läßt. Dennoch wird im deutschen Recht auch dem Vollrechtstreugeber ein Aussonderungsrecht bei Insolvenz des Treuhänders zugebilligt. Nach - wenngleich dogmatisch fragwürdiger[339] - Rechtsprechung des BGH ist entscheidend auf eine wirtschaftliche Betrachtungsweise abzustellen, nach der das Treugut dem Vermögen des Treugebers zuzuordnen ist.[340] Obwohl also der Treuhänder formell Eigentümer ist, wird vorrangig dem Umstand Rechnung getragen, daß dieser zwar im eigenen Namen, aber eben auf fremde Rechnung handelt. Ein Aussonderungsrecht folgt

---

336 Siehe soeben unter (b).

337 Wie dies in den einzelnen Fällen der Entgegennahme von Geldern durch den Vermögensverwalter rechtstechnisch zu erreichen ist, wird unter II.2. erörtert werden. Zur insolvenzrechtlichen Behandlung der Kundengelder ab Eingang auf einem Treuhandkonto bei einem Kreditinstitut, von wo an die Kontoinhaberschaft an die Stelle des Eigentums tritt, siehe unten § 3 C.

338 *Andres* in: Nerlich/ Römermann, InsO, § 47, Rn. 4; *Prütting* in: Kübler/ Prütting, InsO, § 47, Rn. 15.

339 Vgl. dazu ausführlich unter § 3 C.

340 BGHZ 11, 37, 41; BGHZ 61, 72 ff; BGH WM 1993, 1524; BGH WM 1996, 662.

demnach aus dem bloßen Treuhandcharakter. Nicht eindeutig geklärt ist lediglich, ob der vollstreckungsrechtliche Schutz des Treugebers auch heute noch Einschränkungen aus dem sog. Unmittelbarkeits- bzw. aus dem Offenkundigkeitsprinzip unterworfen ist, oder ob auch die Rechtsprechung einer überzeugenden und in der Literatur[341] inzwischen weit verbreiteten Auffassung künftig generell Folge leisten wird, wonach bloße Bestimmbarkeit des Treugutes zur Bejahung der Insolvenzfestigkeit ausreicht.[342]

Handelt das mir der Verwaltung beauftragte Institut hingegen im eigenen Namen und auf eigene Rechnung, so läßt sich bei dessen Insolvenz ein Aussonderungsrecht des Ein- bzw. Anlegers nicht mehr begründen. Formalrechtlich scheitert dies daran, daß die Verwendung der Gelder auf eigene Rechnung praktisch voraussetzt, daß das Institut Eigentümer dieser Gelder ist. Um ohne Rücksprache mit dem Kunden nach eigenem wirtschaftlichem Ermessen über die Investition der empfangenen Gelder zu eigenen Zwecken befinden können, muß dieses die alleinige Verfügungsbefugnis innehaben.[343] Auch unter Anlegung rein

---

341 Für einen Vollstreckungsschutz schon bei bloßer Bestimmbarkeit des Treugutes: *Assfalg*, Treugut im Konkurse, S. 170 ff; *Coing*, Die Treuhand kraft privaten Rechtsgeschäfts, S. 178 f; *Walter*, Unmittelbarkeitsprinzip, S. 150 ff; *Liebich/ Mathews*, Treuhand und Treuhänder, S. 24 f, 474; *Einsele*, JZ 1990, 1005, 1010 ff; *Henssler*, AcP 196 (1996), 37, 58 f; Soergel/ *Leptien*, BGB, vor § 164, Rn. 65; vgl. ferner *Grundmann*, Treuhandvertrag, S. 318 ff, der die Außenwirkungen der Treuhand über die Einordnung der schuldrechtlichen Treuhandabrede als Vertrag mit Lastwirkung für Dritte zu erklären sucht und anhand einer hiernach vorzunehmenden Interessenbewertung letztlich zum selben Ergebnis kommt.

342 Die zitierte Auffassung kann erste Tendenzen in der höchstrichterlichen Rechtsprechung für sich in Anspruch nehmen: So erwog der BGH (NJW 1971, 559, 560) in einem obiter dictum, daß es möglicherweise für die Vollstreckungsbeständigkeit nur auf die separierte Verwahrung treuhänderisch entgegengenommener Gelder auf einem Sonderkonto ankomme. Ähnliche, allerdings wiederum nicht entscheidungsrelevante Aussagen finden sich in BGH NJW 1959, 1223, 1225 sowie BGHZ 61, 72, 79 für den Parallelfall des Drittwiderspruchsrechts gemäß § 771 ZPO. Zudem wurde das Erfordernis der Publizität für die Anerkennung der Rechte aus §§ 43 KO (jetzt § 47 InsO) sowie 771 ZPO in BGH WM 1993, 83, 84 mittlerweile ausdrücklich aufgegeben. Bis heute läßt sich aber keine Entscheidung anführen, in der der BGH ein Aussonderungsrecht gewährt hätte, ohne daß entweder Unmittelbarkeit oder - als zwischenzeitlich anerkannte Ausnahme hiervon - Offenkundigkeit vorlag. Genauer zu diesen Prinzipien sowie zum historischen Verlauf der Rechtsprechung zur Vollstreckungsbeständigkeit von Treuhandkonten siehe § 3 C.

343 Vgl. dazu bereits soeben unter (b) und genauer zu den erforderlichen Dispositionsbefugnissen der Banken, die sich aus der funktionalen Einordnung des Einlagengeschäfts als Finanzierungsmittel des Aktivgeschäftes ergeben, sogleich unter (d).Überdies würde das Eigentum der Kunden an den Geldern, wenn es den Banken nicht schon bei der Einzahlung übertragen würde, aufgrund der Art und Weise der

wirtschaftlicher Maßstäbe ließe sich in diesem Fall kein anderes Resultat erzielen, schon weil die Gelder nicht mehr abgrenzbar von anderen Geldern und mithin nicht mehr bestimmbar vorliegen. Zuordenbar zum Vermögen des Kunden bleibt stattdessen nur noch die aus dem Kontoguthaben resultierende Forderung gegenüber dem verwaltenden Bankinstitut. Hierbei handelt es sich jedoch nur um einen schuldrechtlichen Verschaffungsanspruch, der kein Aussonderungsrecht gewährt, sondern lediglich gegen die Insolvenzmasse geltend gemacht werden kann.[344]

Der aufsichtsrechtlich intendierte Zweck, den Kunden vor einem Verlust Gelder durch Insolvenz des mit dem Vermögensaufbau betrauten Institutes zu schützen, läßt sich folglich, sobald die Gelder auf eigene Rechnung des Unternehmens verwendet werden, nur noch durch Unterstellung unter die für Einlagenkreditinstitute geltenden Regelungen erzielen. Hingegen bedarf es hinsichtlich der Vermögensverwaltung auf der Basis der Vollrechtstreuhand („Treuhandmodell"), wo der Verwalter im eigenen Namen auf fremde Rechnung handelt, einer Zuordnung zum Einlagengeschäft unter diesem Aspekt nicht mehr, geht man mit der ständigen Rechtsprechung[345] davon aus, daß der Kunde auch in diesem Fall ein Aussonderungsrecht geltend machen könnte. Jedenfalls für Treuhandkonten kann die Aufgabe des Unmittelbarkeitsprinzips als gesichert gelten, so daß es für die Insolvenzbeständigkeit eingelegter Beträge hier nur noch auf Publizität oder aber bloße Bestimmbarkeit ankommen kann.[346] Durch die Verpflichtung der Unternehmen nach § 34 a I WpHG, die Gelder der Kunden auf jeweils separaten Treuhandkonten zu verwahren, wäre jedoch in jedem Fall beiden Anforderungen Genüge getan, da Abs. I Satz 2 nur die Verwahrung der Kundengelder auf Treuhandkonten zuläßt, die als solche ausgezeichnet

---

Verwendung der Kundeneinlagen seitens der Kreditinstitute durch Vermengung gemäß § 948 I BGB i.V.m. § 947 II BGB untergehen.

344 Vgl. *Andres* in: Nerlich/ Römermann, InsO, § 47, Rn. 50 und speziell für das zwischen kontoführendem Bankinstitut und Kunden bestehende unregelmäßige Verwahrverhältnis nach § 700 BGB: *ders.*, a.a.O., Rn. 13; siehe ferner zur insolvenzrechtlichen Behandlung obligatorischer Verschaffungsansprüche *Prütting* in: Kübler/ Prütting, InsO, § 47, Rn. 49.

345 Vgl. soeben Fn. 340.

346 Daß für Konten, die explizit als Treuhandkonten geführt werden, eine Ausnahme vom Erfordernis der Unmittelbarkeit der Vermögensübergabe von Treugeber an Treuhänder zu machen ist, entspricht seit BGH NJW 1954, 190, 192 = JZ 1954, 438 (in BGHZ 11, 37 nicht mit abgedruckt) ständiger Rechtsprechung und dürfte heute ebenso als Gewohnheitsrecht gelten, wie die Anerkennung eines Aussonderungsrechtes des Treugebers im Grundsatz.

sind.[347] Unter Geltung von § 34 a I WpHG ist es folglich in teleologischer Hinsicht nicht mehr von Nöten, die Vermögensverwaltung nach dem Treuhandmodell unter § 1 I Satz 2 Nr. 1 KWG zu subsumieren.[348]

Wirkte die Qualifizierung der Entgegennahme von Kundengeldern zur Verwendung im eigenen Namen auf eigene Rechnung im Zusammenhang der Gesetzesbegründung wegen der Nichterwähnung der Vollrechtstreuhand noch unentschlossen und aufgrund von Ungereimtheiten in bezug auf die mit der Erweiterung des Einlagenbegriffes verfolgten Motivationen nicht ganz schlüssig, so ergibt dieser definitorische Ansatz im Bedeutungszusammenhang des neuen Aufsichtsrechts Sinn. Die Grenzziehung zwischen dem Einlagengeschäft und der Entgegennahme der Gelder i.S.d. § 34 a I WpHG nach dem Kriterium des Handelns auf eigene Rechnung fügt sich nahtlos in die Teleologie des aufsichtsrechtlichen Systems zur Verwirklichung eines Schutzes der Kundengelder nach der 6. KWG-Novelle ein.

bb) Das Handeln im eigenen Namen auf eigene Rechnung und das Eigentum als Klassifizierungsmerkmale im neuen, dreistufigen Aufsichtsrecht

Diese Abgrenzung ist aber nicht nur aus einer ergebnisorientierten Sicht sachgemäß, sondern korrespondiert auch mit der Unterteilung des neuen Aufsichtsrechts in drei Klassen von Instituten, die sich am Grad der Notwendigkeit eines Schutzes der Kundengelder orientiert.[349] Danach bestehen im KWG nun drei

---

347 Vgl. ausführlich zur Rechtsnatur des Treuhandkontos i.R.d. § 34 a I WpHG unten § 3 A. und zu dessen rechtlicher Behandlung § 3 C. Die Erörterung der Pflicht zur Verwahrung auf getrennnten Konten erfolgt eingehend unter § 3 B.2.

348 Der Umstand, daß die von § 34 a I WpHG geforderte Unverzüglichkeit einen zeitlichen Spielraum beläßt, in dem die Gelder noch nicht gesetzlich zwingend separiert verwahrt sein müssen, soll an dieser Stelle außer Betracht bleiben (vgl. aber hierzu II.2.). Auch bei den anderen Treuhandformen, bei denen das Eigentum beim Kunden verbleibt, besteht die Gefahr, daß durch Vermengung oder (gutgläubigen) Eigentumserwerb Dritter eine gemäß § 47 InsO bevorzugte Behandlung des Anlegers bei Insolvenz der Wertpapierfirma zunichte gemacht wird. Die Tatsache, daß § 34 a I WpHG seinem Wortlaut nach einen Zwischenzeitraum beläßt, in dem der Insolvenzschutz nicht durch eine explizite Regelung sichergestellt ist, rechtfertigt es nicht, die Vollrechtstreuhand auch weiterhin den für das Einlagengeschäft geltenden Regelungen zu unterstellen. Man würde ansonsten wegen einer geringfügigen Zeitspanne den neuen Regelungszusammenhang, wie er sich nach Einfügung von § 34 a I WpHG darstellt, ignorieren. In diese Richtung weist auch ein Schreiben des BAKred vom 15. 06. 1977, I 5 - 173 - 14/77, wo die Annahme fremder Gelder mit der Weisung des Geldgebers, sie an Dritte weiterzuleiten, als Einlagengeschäft beurteilt wird, wenn dies nicht unverzüglich geschieht.

349 Zu dieser Dreistufigkeit des Aufsichtsrechts siehe oben A.I.1.b)cc),(2a).

unterschiedliche aufsichtsrechtliche Anforderungsniveaus, wobei auf der höchsten Ebene die Einlagenkreditinstitute stehen. Die Trennlinie zwischen der zweiten und dritten Ebene wird durch § 2 VIII KWG gezogen, der für solche Finanzdienstleister, die weder auf eigene Rechnung mit Finanzinstrumenten handeln noch befugt sind, sich Eigentum oder Besitz an Geldern oder Wertpapieren von Kunden zu verschaffen, eine weitgehende Ausnahme von der Geltung der aufsichtsrechtlichen Vorschriften statuiert.

Unterhalb der Einlagenkreditinstitute richtet sich also das zweithöchste Anforderungsniveau an sonstige Banken sowie Finanzdienstleistungsinstitute, die Besitz oder Eigentum an den Kundengeldern begründen dürfen bzw. auf eigene Rechnung mit Finanzinstrumenten handeln. Es wird somit vorausgesetzt, daß auch Nichteinlagenkreditinstitute über die Berechtigung verfügen können, Eigentum an den Kundengeldern zu erwerben. Wenn auch diesem Fall praktisch kaum je Relevanz zukommen dürfte,[350] so existiert damit im neuen Aufsichtsrecht doch eine Vorschrift, aus der deutlich abzulesen ist, daß es sich beim Eigentumsübergang nicht um dasjenige Kriterium handelt, das die Entgegennahme fremder Gelder des Publikums zu Zwecken der Vermögensanlage zum Einlagengeschäft macht.

Hingegen ist im Hinblick auf den Handel der Finanzdienstleistungsinstitute für eigene Rechnung nur von Finanzinstrumenten die Rede. Hierbei handelt es sich gemäß § 1 XI KWG um Wertpapiere, Geldmarktinstrumente, Devisen oder

350 So auch *Weber-Rey/ Baltzer*, WM 1997, 2088, 2090; *Schäfer/ Müller*, Haftung für fehlerhafte WpDl, Rn. 219, Fn. 42). Eine Vermögensverwaltung auf der Basis der Vollrechtstreuhand wurde wegen deren bisheriger Qualifizierung als Einlagengeschäft wenn überhaupt nur von Kreditinstituten betrieben. Weil zudem im Rahmen der Finanzkommission regelmäßig nur eine Ermächtigung zur Verfügung gemäß § 185 I BGB vorliegt und auch - wie im Verlauf der Bearbeitung deutlich werden wird - § 34 a I WpHG auf die Rechtsfigur der Ermächtigungstreuhand konzipiert ist, läßt sich kaum ein Fall ersehen, in dem ein Wertpapierdienstleister sich Eigentum an den Kundengeldern übertragen läßt, ohne zugleich ein Einlagengeschäft zu tätigen. Das BAKred führte in seiner internen Statistik zum 23. 01. 2001 nur insgesamt 17 Finanzdienstleistungsinstitute auf, die über eine Befugnis zur Verschaffung von Besitz oder Eigentum an den Geldern oder den Wertpapieren verfügen („Gruppe II"). Insoweit ist zusätzlich zu beachten, daß die den Eigenhandel betreibenden Finanzdienstleister einer solchen Befugnis in bezug auf (verkörperte) Finanzinstrumente bedürfen. Damit findet sich gemessen an der Zahl von zu diesem Zeitpunkt insgesamt 1067 erfaßten Finanzdienstleistungsinstituten nicht nur ein verschwindend geringer Anteil von Instituten in der besagten Gruppe II (ca. 1, 6%), sondern es ist zudem davon auszugehen, daß es sich bei diesen Instituten überwiegend um Eigenhändler i.S.d. § 1 Ia Satz 2 Nr. 4 KWG handeln dürfte.

Rechnungseinheiten sowie Derivate.[351] Nicht erfaßt wird aber Geld als körperlicher Gegenstand, wie es hier in Rede steht. Denn unter „Geld" i.S.d. KWG ist Bargeld in Form der gesetzlichen Zahlungsmittel der jeweiligen Länder zu verstehen sowie Buchgeld,[352] welche gerade nicht zu den Finanzinstrumenten zählen.[353] Damit läßt auch diese Normierung Raum für die Annahme, daß die Entgegennahme fremder Gelder zur Verwendung auf eigene Rechnung als Einlagengeschäft zu beurteilen ist. Da die Kundengelder zwar hinsichtlich des Eigentums oder Besitzes Erwähnung finden, nicht aber beim Handel auf eigene Rechnung, liegt sogar der (Umkehr-) Schluß nahe, daß die Variante der Verwendung von Geldern auf eigene Rechnung für die Finanzdienstleistungsinstitute gerade nicht in Betracht kommt.

Gleiches ergibt sich aus § 33 KWG, nach dessen Nr. 1.b) sich das notwendige Anfangskapital einmal erhöht, wenn ein Finanzdienstleister die Befugnis innehat, sich Eigentum oder Besitz hinsichtlich der Vermögenswerte des Kunden zu verschaffen; eine zweite Steigerung sieht Nr. 1.c) für den Fall des Handelns auf eigene Rechnung mit Finanzinstrumenten sowie für Wertpapierhandelsbanken i.S.d. 1 IIId Satz 3 KWG vor und erst am Ende folgt in Nr. 1.d) der ein weiteres Mal erhöhte Mindestbetrag für Einlagenkreditinstitute. Auch aus § 33 Nr. 1.a-d) KWG folgt somit eine „Anforderungspyramide", in die sich das Kriterium des Handelns auf eigene Rechnung mit den Kundengeldern als ausschlaggebendes Kriterium für die Zuordnung zur höchsten Stufe, dem Einlagengeschäft einreihen läßt.

Auch aus den neuen Klassifizierungen des KWG, das an verschieden Formen des Umgangs mit den Vermögenswerten des Kunden unterschiedlich hohe Anforderungen knüpft, läßt sich somit folgern, daß die Grenze zum Einlagengeschäft durch das Merkmal der Verwendung der Kundengelder auf eigene Rechnung des Institutes gezogen wird. § 34 a I WpHG ist damit nicht die einzige Vorschrift, die schon dem Wortlaut nach impliziert, daß die Schwelle zum Einlagengeschäft überschritten wird, wenn ein Institut die Gelder nicht nur im eigenen Namen, sondern überdies auch auf eigene Rechnung verwendet. Das aus der 6. KWG-Novelle resultierende neue Aufsichtsrecht ist vielmehr insgesamt auf eine Abgrenzung des „normalen" Wertpapiergeschäfts zum Einlagengeschäft

---

351 Vgl. dazu, was hierunter im einzelnen zu verstehen ist *Beck*, KWG, Bd. 1, § 1, Rn. 366 ff.

352 *Fülbier* in: Boos/ Fischer/ Schulte-Mattler, KWG, § 1, Rn. 34 für die Annahme von „Geld" im Rahmen des Einlagengeschäfts.

353 Siehe die Aufzählung bei *Beck*, KWG, Bd. 1, § 1 zu § 1 XI KWG, insbesondere Rn. 390, aus der sich erhellt, daß Devisen und Rechnungseinheiten jedenfalls dann nicht erfaßt werden, wenn sie gesetzliche Zahlungsmittel sind; ebenso *Jung*, BB 1998, 649, 650; *Fülbier* in: Boos/ Fischer/ Schulte-Mattler, KWG, § 1, Rn. 198 f.

durch das Kriterium des Handels auf eigene Rechnung mit den Kundengeldern zugeschnitten.

c) Kontrolle des gefundenen Ergebnisses anhand einer funktionalen Betrachtung des Einlagengeschäftes sowie der Vermögensverwaltung im engeren Sinne

aa) Grundsätzliche Unterscheidung der Geschäftstätigkeit

Wie dargelegt wurde, dient die Reglementierung des Einlagengeschäftes dem Schutz des breiten Publikums vor dem Verlust seiner Mittel, namentlich durch Insolvenz des Kreditinstitutes. Vor dem Hintergrund dieses Schutzzweckes hatte sich herauskristallisiert, daß die Abgrenzung zwischen der Annahme fremder Gelder als Einlagen gemäß § 1 I Satz 2 Nr. 1 KWG und der Entgegennahme von Kundengeldern im Rahmen des § 34 a I WpHG danach zu erfolgen hat, ob das betreffende Institut die Gelder auf eigene Rechnung verwendet.

Das Einlagengeschäft übernimmt jedoch auch als Geschäftszweig der Kreditinstitute eine wesentliche Funktion. Aus bankwirtschaftlicher Sicht dienen die als Einlagen hereingenommenen Gelder dazu, liquides Kapital zur laufenden Finanzierung des Aktivgeschäfts kontinuierlich anzusammeln und bereitzuhalten.[354] Sie bilden somit eine tragende Säule des Aktivgeschäfts.[355] Insbesondere das Kreditgeschäft wird in wesentlichem Umfang durch Kundeneinlagen refinanziert.[356] Die Differenz zwischen den Zinserträgnissen der Bank und den an die Kunden zu zahlenden Einlagenzinsen bildet dann die „Zinsspanne“[357], mit der die Banken traditionell den überwiegenden Teil der Personal- und Sachkosten bestreiten.[358]

Zur Finanzierung des eigenen Aktivgeschäftes sind die Gelder jedoch nur geeignet, wenn das Kreditinstitut nach freiem Ermessen über sie verfügen kann. Eine bei einem Handeln auf Rechnung der jeweiligen Kunden vorzunehmende Trennung in Höhe des jeweils eingelegten Betrages oder gar Surrogates wäre organisatorisch nicht zu bewältigen. Die Kapitalströme ohne eine solche Trennung daraufhin zu kontrollieren, auf wessen Rechnung (und eventuell zu welchem Anteil) ein bestimmtes Geschäft getätigt wird, ist aber schon wegen Vermen-

---

354 BVerwG WM 1984, 1364, 1367 und erneut VG Berlin WM 1986, 879, 882 in Anlehnung an die grundlegende Darstellung von *Canaris*, BB 1978, 227 ff, im besonderen 231 und 234.

355 *Fülbier* in: Boos/ Fischer/ Schulte-Mattler, KWG, § 1, Rn. 32.

356 *Kümpel*, Bank- und KapitalmarktR, 3.3.

357 BVerwG WM 1984, 1364, 1368; VG Berlin WM 1986, 879, 882.

358 *Kümpel*, Bank- und KapitalmarktR, 3.3.

gung der Gelder vollkommen illusorisch. Weil also die Gewährleistung der Zuordenbarkeit der Gelder einer Vielzahl von Sparern deren Funktion als Finanzierungsmittel zuwiderliefe, kommt insoweit nur ein Handeln auf eigene Rechnung des Bankinstitutes in Betracht. Kennzeichnend für Einlagen ist daher, daß sie mit der Absicht entgegengenommen werden, das Kapital zur eigenen Verfügung zu haben, so daß hiermit gewinnbringend gearbeitet werden kann.[359]

Demgegenüber haben die von den Vermögensverwaltern i.S.d. § 34 a I WpHG entgegengenommenen Gelder keine solche Funktion zu erfüllen. Diese dienen hier nicht der Finanzierung funktional trennbarer eigener Geschäfte. Vielmehr besteht die unternehmerische Tätigkeit gerade in der möglichst ertragreichen Anlage des Ausgangsbetrages für den einzelnen Kunden. Zur Erzielung eines Gewinns bedient sich dabei der Verwalter also eben der Gelder, die der Kunde zur Verfügung stellt. Da er somit bei der individuellen Vermögensverwaltung[360] stets aus ein und derselben Quelle schöpft, bedarf es funktional betrachtet auch keiner Entbindung von der treuhänderischen Verpflichtung, hinsichtlich des wirtschaftlich fremden Vermögens, auch auf Rechnung des jeweiligen Kunden zu handeln. Ein Vermögensverwalter ist damit zur Ausführung seiner Tätigkeit nicht darauf angewiesen, für eigene Rechnung handeln zu können.

Während somit beim Einlagengeschäft die Überlassung von Kapital zum Betreiben eigener Geschäfte prägend ist, für die als Entgelt Zinsen entrichtet werden, geht es bei der Vermögensverwaltung um die Mehrung zumindest wirtschaftlich fremden Vermögens gegen Beteiligung an der Gewinnquote.[361] Nur im ersten Fall ist es dabei erforderlich, dem verwaltenden Institut zu gestatten, auf eigene Rechnung vorzugehen.

bb) Niederschlag der funktionalen Typik des Einlagengeschäftes im Merkmal des unbedingten Rückzahlungsanspruchs

Aus dem Umstand, daß es sich im Rahmen des Einlagengeschäfts um die entgeltliche Überlassung von Geldbeträgen zur Erwirtschaftung eines Gewinns aus einer eigenständigen unternehmerischen Tätigkeit handelt, folgt zudem, daß der Kunde an den hieraus erzielten Erträgnissen nicht beteiligt ist. Die Gegen-

---

359 BGH BB 1995, 994, 995; *Fülbier* in: Boos/ Fischer/ Schulte-Mattler, KWG, § 1, Rn. 32; vgl. ferner *Beck*, KWG, Bd. 1, § 1, Rn. 83.

360 Zu einer Unterscheidung der individuellen von der kollektiven Vermögensverwaltung vgl. unten (4b) bei der Frage, ob die Verwaltung nach dem Treuhandmodell als Investmentgeschäft i.S.d. § 1 I Satz 2 Nr. 6 KWG zu qualifizieren ist.

361 Vgl. BGH BB 1995, 994, 996 sowie VG Berlin WM 1986, 879, 883.

leistung ist mithin typischerweise gewinnunabhängig.[362] Sie wird in Form von im voraus vereinbarten festen Zinssätzen an den Kunden entrichtet. Hieraus ergibt sich eine zusätzliche Erklärung dafür, daß es sich bei den herkömmlichen Formen des „Kontensparens" um eine verhältnismäßig sehr sichere Geldanlage handelt. Diese nach der Verkehrsanschauung vorrangig mit dem Einlagengeschäft verbundene Sicherheit[363], hat auch in der definitorischen Annäherung[364] an den Begriff der Einlage im Merkmal des Bestehens eines „unbedingten Rückzahlungsanspruches" Niederschlag gefunden.

Im Gegensatz dazu ist die Anlage von Geldern im Rahmen der Vermögensverwaltung auf Wertpapierbasis gerade dadurch gekennzeichnet, daß sich der eingebrachte Ausgangsbetrag des Kunden nur vermehrt, wenn die Gelder gewinnbringend angelegt werden. Da das Unternehmen hier seine Gegenleistung hauptsächlich in Form einer Beteiligung an den für den Kunden erzielten Gewinnen erhält[365], gehen der Erfolg des Kunden und des Unternehmens Hand in Hand. Dies bedeutet aber zugleich, daß der Kunde auch selbst an einem Totalverlust seiner Gelder grundsätzlich ebenfalls partizipiert. Die Vereinbarung einer Mindestrendite oder die Gewährleistung eines Kapitalerhalts ist in den Vertragsformularen der Vermögensverwaltungsgesellschaften in aller Regel nicht vorgesehen, da der finanzielle Erfolg von zahlreichen Unwägbarkeiten wie namentlich der Börsenentwicklung abhängt[366]. Es wird vielmehr zumeist darauf hingewiesen, daß für unterbliebene Gewinnerwartungen keine Gewähr oder Haftung übernommen wird.[367] Auch wenn also die oben beschriebene Rückzahlungsfor-

---

362 *Canaris*, BB 1978, 227, 231 sowie unter ausdrücklicher Bezugnahme auf *Canaris*: BVerwG WM 1984, 1364, 1368; VG Berlin WM 1986, 879, 883.

363 *Horn*, ZGR 1976, 435, 441.

364 Wie stets betont wird, handelt es sich bei der oben (unter (a)) referierten Begriffsbestimmung nur um Indizien, die im Einzelfall widerlegbar seien. Weil es sich bei der „Einlage" nicht um einen juristisch geprägten, sondern wirtschaftlichen Begriff handele, entziehe sich dieser einer generellen und abschließenden Definition; vielmehr könne er nur unter maßgeblicher Berücksichtigung der bankwirtschaftlichen Verkehrsanschauung bestimmt werden; vgl. statt aller die grundlegende Darstellung bei *Canaris*, BB 1978, 227 f.

365 Rechtlich handelt es sich also um Provisionen oder, wie in den Vertragsformularen der Vermögensverwalter mitunter formuliert wird, um eine „Gewinnbeteiligung bei Überschreitung bestimmter Wertentwicklungszahlen". Daneben wird jedoch in aller Regel auch eine laufende Verwaltungsvergütung vereinbart sowie zumeist eine Gebühr für die Ausgangsberatung des Kunden zu Vertragsbeginn.

366 *Kienle* in: Bunte/ Schimansky/ Lwowski, BkRhdb., § 111, Rn. 22.

367 Aus der Qualifizierung des Vermögensverwaltungsvertrages als modifizierte unregelmäßige Verwahrung, Treuhandvertrag sui generis oder als Geschäftsbesorgung mit Dienstleistungscharakter folgt, daß sich eine Verpflichtung des Verwalters, für den wirtschaftlichen Erfolg seiner Tätigkeit einzustehen, auch nicht bereits aus dem

derung des Kunden rechtlich unbedingt vereinbart wird, verbleibt dennoch das Risiko, daß der Anspruch auf Null reduziert ist, da er sich eben auf Auszahlung des bestehenden Vermögens zum Zeitpunkt des Herausgabeverlangens richtet. Die rechtlich garantierte Forderung besteht dann nur noch als „leere Hülse". Aus Sicht des Kunden macht es indes keinen Unterschied, ob er dem Grunde nach einen Anspruch hat, der sich aber auf Zahlung eines mit Null zu beziffernden Betrages beläuft, oder ob ein solcher Anspruch schon aus rechtlichen Gründen scheitert.

Wenngleich es sich beim Totalverlust der Gelder eines Kunden um einen seltenen Ausnahmefall handeln dürfte, weil die Vermögensverwalter in der Regel verpflichtet sind, eine breite Risikodiversifikation vorzunehmen[368], so ist er doch theoretisch nicht auszuschließen. Mit der Argumentation, daß ein faktisch ausgehöhlter Rechtsanspruch ebensowenig wert ist, wie ein solcher, der schon aus rechtlichen Gründen nicht besteht, ließe sich daher die Vermögensverwaltung auf der Basis der Vollrechtstreuhand („Treuhandmodell") schon vor dem Hintergrund der nach einhelliger Auffassung mindestens zu fordernden Definitionsmerkmale[369] aus dem Kreis der Einlagengeschäfte ausscheiden. Diese der bisherigen überwiegenden Meinung widersprechende Zuordnung erscheint jedenfalls bei strikter Anwendung der Voraussetzung des Bestehens eines unbedingten Rückzahlungsanspruches geboten. Sie wird zudem der jeweils unterschiedlichen funktionalen Typik gerecht, wie sie Einlagengeschäfte auf der einen und das Geschäft der Vermögensverwaltung auf der anderen Seite kennzeichnet.

Gesetz ergibt, vgl. *Schäfer* in: Assmann/ Schütze, Hdb. des KapitalanlageR, § 28, Rn. 10. Siehe auch das Muster für einen Vermögensverwaltungsvertrag bei *Schäfer* in: BuB, 11/52, das, obgleich demnach vertraglicher Regelungsbedarf bestünde, keinen Passus über die Garantie eines bestimmten Mindestrückzahlbetrages beinhaltet.

368 Vgl. zum Gebot der Risikostreuung sowie dem grundsätzlichen Verbot der Spekulation: *Balzer*, Vermögensverwaltung durch Kreditinstitute, S. 107 f. Der Vermögensverwalter kann jedoch durch die Anlagerichtlinien auch zu einer einseitigen und risikobehafteten Anlage und damit zu spekulativen Geschäften ermächtigt werden. Eine gewisse zusätzliche Sicherheit vor einem Totalverlust ergibt sich für den Kunden aus der Pflicht des Vermögensverwalters zur unaufgeforderten Benachrichtigung, die der BGH an den Eintritt erheblicher Verluste knüpft, siehe ausführlich *Balzer*, a.a.O., S. 123 ff.

369 Vgl. zu den Begriffsbestimmungen erneut oben unter (a). Das Kriterium des unbedingten Rückzahlungsanspruches gilt im übrigen auch für den neu aufgenommenen Alternativtatbestand der Annahme anderer rückzahlbarer Gelder des Publikums im neuen § 1 I Satz 2 Nr. 1 KWG.

d) Europarechtliche Vorgaben zur Abgrenzung des Einlagenbegriffes

Der europarechtliche Begriff des Kreditinstitutes resultiert aus Art. 1 der Ersten Bankenrechtskoordinierungsrichtlinie und wurde gemäß Art. 1 der Zweiten Bankenrechtskoordinierungsrichtlinie unverändert beibehalten.[370] Diese Definition gab überhaupt erst den Anstoß für die Schaffung der neuen Institutsform des Einlagenkreditinstitutes im deutschen Recht; zuvor ging das KWG entsprechend dem klassischen Universalbankverständnis von einem weiteren Bankbegriff aus, vgl. § 1 I Satz 1 Nr. 1-12 KWG.[371] Die beiden Begriffe sind folglich sachlich identisch. Indessen klingt anders als in der Formulierung des § 1 IIId Satz 1 KWG, der die Definition des Einlagenkreditinstitutes enthält, in der europäische Vorgabe bereits an, daß gerade der Tatsache des Handelns auf eigene Rechnung Bedeutung zukommt. Während in § 1 IIId Satz 1 KWG neben der Entgegennahme von Einlagen und anderer rückzahlbarer Gelder des Publikums das „Betreiben des Kreditgeschäftes" gefordert wird, verlangt die begriffliche Fassung des Kreditinstitutes in den Bankenrechtsrichtlinien als kumulative Voraussetzung die Gewährung von Krediten für eigene Rechnung. Da sich allerdings in den europäischen Gesetzesbegründungen sowie Stellungnahmen für die Auslegung des Begriffes Einlage keine näheren Anhaltspunkte finden lassen, konnte eine eindeutige Klärung noch nicht anhand einer alleinigen Orientierung an den bei Auslegungszweifeln maßgeblichen europäischen Vorgaben erfolgen.

Eine europarechtliche Bestätigung für die These, daß die Abgrenzung zwischen der Entgegennahme von Kundengeldern im Rahmen von Wertpapiergeschäften und der Annahme der Gelder als Bankgeschäft gemäß § 1 I Satz 2 Nr. 1 KWG fortan danach vorzunehmen ist, ob dem verwaltenden Institut die Befugnis eingeräumt ist, die übergebenen Beträge für eigene Rechnung zu verwenden, läßt sich jedoch aus Art. 10 I Satz 2, Spiegelstrich 3 WpDlRL selbst ablesen:

Wurde oben untersucht, ob die Ausnehmung der Einlagenkreditinstitute hinsichtlich solcher Aufsichtsregeln gerechtfertigt ist, die auf eine Verhinderung der Verwendung von Kundengeldern „für eigene Rechnung" abzielen und diese Frage vor dem Hintergrund der geltenden aufsichtsrechtlichen Vorkehrungen bejaht, so schließt sich hier der Kreis. Diese vom europäischen Gesetzgeber in Art. 10 I Satz 2, Spiegelstrich 3 WpDlRL vorgenommene Differenzierung zwischen (Einlagen-) Kreditinstituten und sonstigen Wertpapierfirmen erweist sich im Gesamtkontext des neuen aufsichtsrechtlichen Regelwerks als sachgerechte Abgrenzung, die künftig über den Anwendungsbereich dieses Artikels hinaus für

370 Vgl. bereits A.I. sowie zur Definition gemäß den Bankenrechtsrichtlinien Fn. 137.

371 Zum Universalbankensystem im Gegensatz zum Trennbankensystem bereits oben § 1 B.III.1.

die Frage, wann bei der Entgegennahme von Geldern des Publikums ein gemäß § 1 I Satz 2 Nr. 1 KWG i.V.m. § 32 KWG lizenzpflichtiges Einlagengeschäft vorliegt, als maßgeblich gelten kann.

Auch wurde vor dem Hintergrund der Teleologie des Einlagengeschäftes sowie des § 34 a I WpHG bzw. Art. 10 I Satz 2, Spiegelstrich 3 WpDIRL deutlich, was unter einer rechtlichen Abgrenzung i.S.d. Erwägungsgründe des Rates zu Art. 10 WpDIRL[372] zu verstehen ist. Es hat sich gezeigt, daß es nicht zwingend einer dinglichen Trennung der Kundengelder bedarf, sondern daß es für eine Abgrenzung, welche die im Vordergrund stehende ratio legis des Insolvenzschutzes wirkungsvoll umsetzt, entscheidend darauf ankommt, ob der Kunde seine Gelder im Insolvenzfall gemäß § 47 InsO aus der Insolvenzmasse aussondern könnte.

e) Ergebnis zur Abgrenzung des § 34 a I WpHG vom Einlagengeschäft

aa) Zusammenfassung

Wie sich beim Versuch der Abgrenzung der Vermögensverwaltung zum Einlagengeschäft gezeigt hat, entspringt aus der Neuordnung des Aufsichtsrechts das Bedürfnis, den Einlagenbegriff mit schärferen Konturen zu versehen. Dies folgt zum einen aus der Einbeziehung der Wertpapierfirmen im allgemeinen, zum anderen aus der Einfügung des § 34 a I WpHG als Auffangtatbestand zum Einlagengeschäft im besonderen. Der bankenrechtlichen Aufsicht unterliegen nun vom Handeln im fremden Namen auf fremde Rechnung (offene Stellvertretung) über das Handeln im eigenen Namen auf fremde Rechnung (mittelbare Stellvertretung) bis hin zum Handeln im eigenen Namen auf eigene Rechnung (Eigenhandel) alle Spielarten des Wertpapierhandels[373], die es mithin in das aufsichtliche Regelwerk einzupassen gilt.

Zwar konnte der Gesetzesbegründung zur 6. KWG-Novelle wegen Auslassungen und fehlender Abstimmung zu der im selben Gesetz erfolgten Erweiterung des Einlagenbegriffes noch nicht per se die Qualität einer abschließenden Neudefinition des Einlagengeschäftes entnommen werden. Jedoch zeugen die gesetzgeberischen Definitionsansätze von dem Bewußtsein der Notwendigkeit einer praktisch handhabbaren Abgrenzung zu § 34 a I WpHG, wie sie mit den herkömmlichen Umschreibungen des Einlagengeschäftes nicht zu erreichen ist.

Die in den Gesetzesunterlagen verwandte Bezeichnung des Handelns im eigenen Namen auf eigene Rechnung als Einlagengeschäft erwies sich jedoch im

372 ABl. der EG vom 11. 06. 1993, Nr. L 141/27, 29.
373 Vgl. Begr. RegE § 1 I Satz 2 Nr. 4 KWG, BT-Drucks. 13/7142, S. 66.

Kontext der Systematik des neugefaßten aufsichtsrechtlichen Instrumentariums zum Schutze der Kunden vor einem insolvenzbedingten Verlust ihrer Gelder als sachgerechtes Abgrenzungskriterium. Vor dem Hintergrund einer teleologischen Betrachtung hat sich gezeigt, daß es einer Zuordnung zu § 1 I Satz 2 Nr. 1 KWG nurmehr dort bedarf, wo nicht durch Anforderungen an den Umgang des Unternehmens mit den Kundengeldern sichergestellt ist, daß der Kunde ggf. ein Aussonderungsrecht nach § 47 InsO geltend machen könnte. Weil der Insolvenzschutz durch rechtliche Abgrenzung in § 34 a I WpHG eine gesetzliche Anerkennung erfahren hat, durch die die für § 47 InsO entscheidende Zuordnung zum Vermögen des einzelnen Kunden sichergestellt wird[374], ist die Annahme eines Bankgeschäftes nach § 1 I Satz 2 Nr. 1 KWG also nur noch erforderlich, wenn der Kunde aufgrund des Handels des Institutes für eigene Rechnung im Ernstfall auf Ansprüche gegen die Insolvenzmasse beschränkt bliebe.

Zudem fügt sich die Qualifizierung des Handelns mit den Kundengeldern im eigenen Namen auf eigene Rechnung als Einlagengeschäft in die Abstufungen ein, die der Gesetzgeber in §§ 2 VIII KWG und 33 I Nr. 1 KWG nach zunehmenden Schutzbedürfnis des Kunden vornimmt. Nach diesen „Anforderungspyramiden" ist die letzte Stufe vor dem Einlagengeschäft ein Handeln der Finanzdienstleistungsinstitute mit Finanzinstrumenten auf eigene Rechnung, wohingegen in bezug auf die Kundengelder insgesamt nur von der Berechtigung der Eigentums- oder Besitzverschaffung die Rede ist. Weil also zwischen diesen Klassifizierungen und dem Einlagengeschäft keine weiteren Kategorien Erwähnung finden, liegt der Schluß nahe, daß die Grenze zu § 1 I Satz 2 Nr. 1 KWG dann überschritten wird, wenn ein Institut Gelder zur Verwendung auf eigene Rechnung entgegennimmt.

Dieses Ergebnis ließ sich im Rahmen einer funktionalen Gegenüberstellung des Einlagengeschäfts und der Vermögensverwaltung im engeren Sinne bestätigen. Die vorgenommene Grenzziehung klingt ferner bereits in den europäischen Vorgaben in Art. 10 I Satz 2, Spiegelstrich 3 WpDlRL sowie den diesbezüglichen Erwägungsgründe an, deren Begrifflichkeiten im Gesamtkontext in einem klareren Licht erscheinen.

bb) Legitimation einer Präzisierung des Einlagenbegriffes

Im erweiterten Bankenaufsichtsrecht hat damit die Abgrenzung des Einlagengeschäfts nach § 1 I Satz 2 Nr. 1 KWG zu anderen Formen der Übergabe von Geldern zu Zwecken der Vermögensbildung danach zu erfolgen, ob die Gelder seitens des Unternehmens auf eigene Rechnung verwendet werden.

---

374 Die Rechtstechnik im einzelnen wird unter § 3 dargestellt werden.

Einer solchen Spezifizierung des Einlagenbegriffes nach rechtlichen Kategorien kann nun, nachdem die bankenordnungsrechtlichen Bestimmungen auch bankunabhängige Wertpapierfirmen und damit einhergehend zusätzliche Formen der Annahme fremder Gelder des Publikums erfassen, auch nicht mehr schlicht entgegengehalten werden, daß es sich um einen wirtschaftlichen Begriff handele, der einer juristischen Definition unzugänglich sei[375] und der daher nur aufgrund einer Wertung aller Umstände des Einzelfalles unter Berücksichtigung der bankenwirtschaftlichen Verkehrsauffassung bestimmt werden könne.[376] Denn Sinn und Zweck der Schaffung eines derart interpretierungsbedürftigen unbestimmten Rechtsbegriffes[377] ist es, den anwendenden Behörden die Möglichkeit zu eröffnen, auf Veränderungen im Bankenwesen angemessen reagieren zu können.[378] Wenn durch die Anknüpfung des Gesetzgebers an die Vorstellungen des bankwirtschaftlichen Verkehrs dem Einlagenbegriff einerseits ein gewisses Maß an Festigkeit und Klarheit verliehen werden soll, so soll andererseits auch die erforderliche Wandlungsfähigkeit und Flexibilität des Begriffs gewährleistet werden.[379] Ihm wohnt somit der Sache nach notwendigerweise ein veränderliches Element inne, dem die verwaltungsbehördliche Auslegung durch die zuständige Aufsichtsbehörde sowie deren gerichtliche Überprüfung Rechnung tragen müssen.[380] Durch die aus den europäischen Richtlinienvorgaben resultierende grundlegende Veränderung des Banken- und Kapitalmarktrechts ist nun eine Situation eingetreten, die es im Hinblick auf die rationes leges des Einlagengeschäfts und § 34 a I WpHG rechtfertigt, von einem „Wandel im Gesamtgefüge des Aufsichtsrechts" zu sprechen, der zwar nicht zu einer Korrektur des Gesetzes, wohl aber einer Neuinterpretation im veränderten Bedeutungszusammen-

---

375 So bislang etwa *Canaris*, BB 1978, 227, 228; *Bähre/ Schneider*, KWG, § 1, Anm. 7; *Reischauer/ Kleinhans*, KWG, Bd. 1, § 1, Rn. 13; VG Berlin WM 1986, 879, 882.

376 So die ganz h.M.: *Horn* , ZGR 1976, 435, 440; *Canaris*, BB 1978, 227, 228; *Beck*, KWG, Bd. 1, § 1, Rn. 60; *Bähre/ Schneider*, KWG, § 1, Anm. 7; *Reischauer/ Kleinhans*, KWG, Bd. 1, § 1, Rn. 13; *Fülbier* in: Boos/ Fischer/ Schulte-Mattler, KWG, § 1, Rn. 36 sowie aus der Rechtsprechung BVerwG WM 1984, 1364, 1367; VG Berlin WM 1986, 879, 882; BGH BB 1995, 994, 995; ähnlich bereits OVG Berlin in einem unveröffentlichten Urteil vom 17. 04. 1974 - I B 70/ 72, S. 8, zitiert bei *Canaris*, a.a.O. und *Reischauer/ Kleinhans*, a.a.O.

377 *Kümpel*, Bank- und KapitalmarktR, 3.4.

378 Vgl. allgemein zum unbestimmten Rechtsbegriff statt aller *Degenhart*, Staatsrecht I, Rn. 246.

379 *Canaris*, BB 1978, 227, 228.

380 OVG Berlin, Urteil vom 17. 04. 1974 - I B 70/72, S.8 (unveröffentlicht), zitiert bei *Canaris*, BB 1978, 227, 228 und *Reischauer/ Kleinhans*, KWG, Bd. 1, § 1, Rn. 13.

hang berechtigt.[381] Im vorliegenden Fall folgt hieraus wie gesehen die Notwendigkeit einer Präzisierung des Einlagenbegriffes, der der unerläßlichen Wechselwirkung zwischen Begriffsbildung und Rechtsfolgenentwicklung im Hinblick auf den Schutz der Kundengelder Rechnung trägt.[382] In concreto resultiert das Bedürfnis, das Einlagengeschäft mit schärferen Konturen zu versehen, aus der gesetzlichen Erfassung weiterer Tatbestände der Entgegennahme von Geldern „unterhalb des Einlagengeschäfts“, für die nun ein Insolvenzschutz durch rechtliche Abgrenzung etabliert wird; zugleich wurde § 1 I Satz 2 Nr. 1 KWG um den Auffangtatbestand der Annahme anderer Gelder des Publikums erweitert, womit bisherige Versuche einer Abgrenzung über das Merkmal der Entgegennahme gerade „als Einlagen“ für die Zukunft hinfällig werden.

Letztlich handelt es sich hierbei um die gesetzliche Dokumentierung eines Strukturwandels auf dem Markt der Vermögensanlage, wo in den letzten Jahrzehnten nicht mehr nur Universalbanken, sondern vermehrt spezialisierte Wertpapierfirmen seitens der privaten Haushalte für den Vermögensaufbau in Anspruch genommen werden.[383] Derart veränderten Umständen darf man sich aber bei der Auslegung vor allem dann nicht entziehen, wenn sie bereits in einer gesetzlichen Regelung Ausdruck gefunden haben.[384]

Die gefundene Grenzziehung wird zudem auch funktional-bankenwirtschaftlichen Kriterien gerecht und hält sich damit im Rahmen einer an der Praxis des Bankgeschäfts orientierten Auslegung. Folglich kann gegen eine solche schärfere Abgrenzung des Einlagenbegriffes nach rechtlichen Kategorien auch nicht mehr das Argument ins Felde geführt werden, daß eine Veränderung des Einlagenbegriffes der Legislative zu überlassen sei, weil der Gesetzgeber sich durch die Wahl des Enumerationsprinzips in § 1 I Satz 2 KWG für einen numerusclausus der Bankgeschäfte entschieden habe.[385] Dieser Einwand ginge aber vorliegend auch insoweit ins Leere, als hier sogar eine gesetzgeberische Willensäußerung vorliegt, die zwar im Kontext der Gesetzesbegründung zur 6. KWG-Novelle zunächst noch ambivalent bleibt, nichtsdestoweniger aber keinen Zwei-

---

381 Ein solcher „Wandel im Gesamtgefüge der Rechtsordnung“ ist dem von *Canaris*, BB 1978, 227, 233 beschriebenen „Wandel der Normsituation“ gleichzustellen. Vgl. *Larenz*, Methodenlehre, S. 301 und 340 sowie insgesamt zum Wandel der Normsituation S. 338 ff.

382 Vgl. *Henssler*, AcP 196 (1996), 37, 41, der vor diesem Hintergrund zutreffend darauf hinweist, daß eine juristische Umschreibung (der Treuhand) nur dann als geglückt gelten kann, wenn sich an die von ihr gekennzeichneten Sachverhalte gemeinsame Rechtsfolgen (- namentlich für den Zugriff Dritter auf das Treugut -) knüpfen.

383 Siehe oben § 1 A.I.

384 *Larenz*, Methodenlehre, S. 301.

385 Vgl. insbesondere *Canaris*, BB 1978, 227, 228.

fel daran läßt, daß die Notwendigkeit einer präziseren Abgrenzung im neuen Aufsichtsrecht erkannt wurde und gewollt war. Zudem zeichnet sich ebendiese Abgrenzung zum Einlagengeschäft auch im neuen KWG ab, so daß sie auch in den gesetzlichen Regelungen selbst einen - wenn auch nur impliziten - Ausdruck gefunden hat.[386] Dabei ist es unschädlich, daß es im einen Fall an einer unmißverständlichen, im zweiten Fall an einer ausdrücklichen Äußerung fehlt. Insoweit gilt, wie *Larenz*[387] formuliert, daß „in das Gesetz als die Objektiviation des auf die Schaffung einer rechtlichen Regelung gerichteten Willens seines Urhebers" ebenso dessen subjektive Vorstellungen und Willensziele eingehen, wie gewisse objektive rechtliche Zwecke und Sachzwänge, deren sich der Gesetzgeber selbst nicht oder nicht in vollem Umfang bewußt zu sein braucht.

Es liegt damit auch keine Rechtsfortbildung vor, die wohl schon im Hinblick auf das starke Rechtssicherheitsbedürfnis in der staatlichen Eingriffsverwaltung[388], in jedem Fall aber wegen Art. 103 II GG unzulässig wäre, weil das Betreiben eines Bankgeschäftes ohne Lizenz nach § 54 I Nr. 2 KWG sogar einen Straftatbestand darstellt.[389] Vielmehr handelt es sich lediglich um eine präzisierende Neuinterpretation infolge eines Wandels im Gesamtgefüge des Bankenordnungsrechts, durch die insofern gerade den Anforderungen aus Art. 20 III GG Rechnung getragen wird, als sie erforderlich ist, um einer ansonsten eintretenden Konturlosigkeit des Einlagenbegriffes vorzubeugen.

Die oben angeführten Kriterien zur Bestimmung des Einlagengeschäftes[390] sind mithin durch das Merkmal des Handels auf eigene Rechnung zu ergänzen, so daß im neugefaßten Bankenordnungsrecht ein Bankgeschäft nach § 1 I Satz 2 Nr. 1 KWG dann vorliegt, wenn jemand:

- Gelder von mehreren Geldgebern, die keine Kreditinstitute i.S.d. § 1 I KWG sind,
- aufgrund einer vertraglichen Gestaltung entgegennimmt, die den Eigentumserwerb des Geldnehmers zur Folge hat, sowie dem Geldgeber einen unbedingten Rückzahlungsanspruch gewährt, der nicht in Inhaber- oder Orderschuldverschreibungen verbrieft wird,
- und diese Gelder zur freien Verwendung auf eigene Rechnung überlassen werden.

---

386 Vgl. erneut *Larenz*, Methodenlehre, S. 301.
387 *Larenz*, Methodenlehre, S. 304.
388 *Canaris*, BB 1978, 227, 228.
389 Vgl. *Szagunn/ Wohlschieß*, KWG, § 1, Rn. 18.
390 Unter (a).

(1) Ergebnis zum Treuhandmodell; Variante der Vollrechtstreuhand

Einer Zuordnung der Vermögensverwaltung nach dem Treuhandmodell zum Einlagengeschäft bedarf es demnach nicht mehr. § 34 a I WpHG findet daher auf das Treuhandmodell Anwendung.

(2) Vorliegen sonstiger Bankgeschäfte

Darüber hinaus ist bei der Vermögensverwaltung nach dem Treuhandmodell das Vorliegen folgender weiterer Bankgeschäfte zu erwägen mit der Konsequenz, daß das vermögensverwaltende Unternehmen im Falle der Bejahung auch nur eines derselben zumindest im Besitz einer beschränkten Banklizenz sein muß.[391] Nach § 1 IIId Satz 3 KWG gilt das Institut dann als Wertpapierhandelsbank.[392]

(a) gemäß § 1 I Satz 2 Nr. 4 KWG

Da hier der Vermögensverwalter im eigenen Namen und für fremde Rechnung tätig wird, erfüllt er auch den Tatbestand eines Finanzkommissionsgeschäftes nach § 1 I Satz 2 Nr. 4 KWG.[393]

Dieses Ergebnis wird durch die Überlegung gestützt, daß sich die Vermögensverwaltung auf der Grundlage eines Treuhandverhältnisses von der Effektenkommission in erster Linie dadurch unterscheidet, daß zum einen der Vermögensverwalter beim Einkauf von Wertpapieren innerhalb der Anlagerichtlinien über einen Ermessensspielraum verfügt, wie er einem Kommissionär beim Einkauf typischerweise nicht zusteht; zum anderen dadurch, daß sich das Vertragsverhältnis bei der Vermögensverwaltung nicht auf eine oder mehrere von Beginn an bestimmte Transaktionen beschränkt, sondern der Verwalter die Vermögenssorge über eine gewisse Dauer wahrnimmt und dabei berechtigt ist, je nach Einschätzung der Marktsituation fortlaufend Vermögensumschichtungen vorzu-

391 Siehe zur Finanzkommission als Anwendungsfall von § 34 a I WpHG bereits oben unter 1.

392 Hauptkonsequenz dieser Einstufung ist, daß das Unternehmen erhöhten Anforderungen hinsichtlich des notwendigen Anfangskapitals unterfällt. Gemäß § 33 I Nr. 1.c) KWG benötigen Wertpapierhandelsbanken mindestens einen Betrag im Gegenwert von 750 000 ECU (Euro).

393 So auch *Kienle* in: Schimansky/ Bunte/ Lwowski, BankRhdb., Bd. 3, § 111, Rn. 6 und *Balzer*, Vermögensverwaltung durch Kreditinstitute, S. 62. Bei *Miebach*, DB 1991, 2069, 2070 f fehlen Ausführungen zur Frage, ob das Treuhandmodell als Finanzkommissionsgeschäft zu beurteilen ist, wohl nur deshalb, weil es sich für ihn, der insoweit vom „Kommissionsmodell" spricht, um eine bloße Selbstverständlichkeit handeln dürfte.

nehmen.[394] In der Vermögensverwaltung auf der Basis eines Treuhandverhältnisses kann daher auch eine Aneinanderreihung von Kommissionsgeschäften gesehen werden, die in einem Dauerschuldverhältnis zusammengefaßt sind und die der Verwalter ohne Rücksprache im Einzelfall nach eigenem Gutdünken vornimmt. Insofern stellt also die Vermögensverwaltung, wenn sie im eigenen Namen des verwaltenden Unternehmens betrieben wird, ein „Mehr" zur Vornahme eines einmaligen Einkaufsgeschäftes im Wege der Kommission dar. Die Subsumtion des Treuhandmodelles unter § 1 I Satz 2 Nr. 4 KWG rechtfertigt sich daher auch aus einem Erstrecht-Schluß.

(b) gemäß § 1 I Satz 2 Nr. 6 KWG

Erwogen wird für die Vermögensverwaltung nach dem Treuhandmodell zudem, ob die Voraussetzungen des Investmentgeschäftes nach § 1 I Satz 2 Nr. 6 KWG i.V.m. § 1 KAGG erfüllt sind. Dies würde nach § 1 I KAGG zunächst voraussetzen, daß der Vermögensverwalter bei ihm eingelegtes Geld im eigenen Namen für gemeinschaftliche Rechnung der Einleger (Anteilsinhaber) und gesondert vom eigenen Vermögen anzulegen hat.

Nach einer Auffassung soll dies der Fall sein, weil der Vermögensverwalter durch Zusammenfassung der so anzulegenden Kundengelder zu einem „Topf" ein Sondervermögen bilde.[395] Dem wird entgegengehalten, daß die Annahme, eingebrachte Mittel mehrerer Anleger würden vom Vermögensverwalter zu einem Gesamtbetrag zusammengefaßt und zur Bildung eines Sondervermögens verwendet, schon im Ausgangspunkt fehlgehe.[396] Kennzeichnend für die individuelle Vermögensverwaltung sei vielmehr, daß es dem Kunden freigestellt ist, spezifische Anlagerichtlinien zu vereinbaren, die allein die Verwaltung seines Vermögens betreffen, so daß auch bei einer Vielzahl von Anlegern - im Gegensatz zum Sondervermögen einer Kapitalgemeinschaft - nicht notwendig eine Verwendung nach einheitlichen Anlagegrundsätzen erfolge.[397]

Die letztgenannte Ansicht überzeugt, soweit tatsächlich eine Verwaltung nach individuell vereinbarten Grundsätzen in Frage steht, denn die von § 1 KAGG geforderte Anlage der Gelder für gemeinschaftliche Rechnung nach dem Grundsatz der Risikomischung geht von einheitlicher Investition der zusammengefaßten Vermögenswerte aus. Damit ist aber zugleich die Grenze der Gültigkeit des Ergebnisses dieser Auffassung festgelegt, welche durch die Unterscheidung

394 *Assmann* in: Assmann/ Schneider, WpHG, § 2, Rn. 67.
395 *Miebach*, DB 1991, 2069, 2071.
396 *Balzer*, Vermögensverwaltung durch Kreditinstitute, S. 63.
397 *Balzer*, Vermögensverwaltung durch Kreditinstitute, S. 63.

der individuellen von der kollektiven Vermögensverwaltung gezogen wird.[398] Während der individuellen Vermögensverwaltung die Möglichkeit der spezifischen Einflußnahme durch den Kunden auf den Anlageprozeß immanent ist, zeichnet sich die kollektive Vermögensverwaltung durch den Ausschluß derselben aus, indem hier die von verschiedenen Vermögensinhabern übertragenen Werte zu einem einheitlich, typischerweise in Investmentfonds zu investierenden Gesamtbetrag zusammenfaßt werden.[399] Insofern erscheint es auch weder im Hinblick auf die rechtlichen Ausprägungen, die die Vermögensverwaltung begrifflich erfahren hat, noch mit Rücksicht auf das allgemeine Verständnis zulässig, unter Vermögensverwaltung einengend nur die individuelle zu verstehen. Zieht man die bisher einzige gesetzliche Normierung der Vermögensverwaltung im Sinne einer Begriffsannäherung in § 2 III Nr. 6 WpHG heran, der von der „Verwaltung einzelner Vermögen (...) für andere mit Entscheidungsspielraum" spricht, so kann hieraus keine Beschränkung auf die Anlage nach individualisierten Maßstäben entnommen werden.[400] Mit der sprachlichen Hervorhebung des Umstandes, daß es sich um einzelne Vermögen handeln muß, sollte ausweislich der Gesetzesbegründung zum insoweit wortgleichen § 1 I a Satz 2 Nr. 3 KWG kein Ausschluß im Hinblick auf deren Anlage in zusammengefaßten Portfolios getroffen werden.[401] Richtigerweise ist also wie folgt zu differenzieren: Liegt kollektive Vermögensverwaltung vor, so ist der Bereich der Investmentgeschäfte berührt, mit der Folge, daß dann der Vermögensverwalter den Vorschriften des § 1 KAGG unterliegt, denen er nur genügt, wenn er das Geschäft in Form einer AG oder GmbH betreibt, vgl. Abs. 1 i.V.m. Abs. 3, sowie Anteilsscheine über die Rechte der Kunden ausstellt. Abgesehen davon, daß letztere Anforderungen für die Mehrzahl der individuell vorgehenden Vermögensverwalter, soweit es sich nicht ohnehin schon um Banken handelt, einen kaum realisierbaren Verwaltungsaufwand darstellen würden,[402] kann die individuelle Vermögensverwaltung wegen des Fehlens eines einheitlich anzulegenden zusam-

398 Auch *Balzer* räumt an anderer Stelle ein, daß es, insbesondere bei der sog. standardisierten Vermögensverwaltung, durchaus zu Überschneidungen zwischen Vermögensverwaltung und Investmentgeschäft kommt und stellt klar, daß sich seine Ausführungen im folgenden allein auf die den persönlichen Bedürfnissen des Kunden angepaßte individuelle Vermögensverwaltung beziehen: a.a.O., S. 21.

399 Vgl. zu dieser strukturellen Unterscheidung: *Schäfer* in: Assmann/ Schütze, Hdb. des Kapitalanlagerechts, § 28, Rn. 4; *Schäfer/ Müller*, Haftung für fehlerhafte WpDl, Rn. 199 und 201.

400 So auch *Schäfer*, WpHG, § 2, Rn. 35, der von § 2 III Nr. 6 WpHG auch die kollektive Vermögensverwaltung erfaßt sieht.

401 In: BT-Drucks. 13/7142, S.66.

402 *Miebach*, DB 1991, 2069, 2071.

mengefaßten Sondervermögens nicht als Investmentgeschäft qualifiziert werden. Prinzipiell entscheidet somit jeweils eine Subsumtion im Einzelfall.

Da jedoch nach Einführung des § 34 a I WpHG die Grundsätze der getrennten Vermögensverwaltung auch die Vollrechtstreuhand erfassen, ist die Vorstellung von der Bildung eines Sondervermögens, das für gemeinschaftliche Rechnung der Investoren angelegt wird und entweder in deren Miteigentum oder im Eigentum der Kapitalanlagegesellschaft steht (vgl. § 6 I Satz 2 KAGG), für die Vermögensverwaltung im Treuhandmodell obsolet. Die nun zwingend vorgeschriebene separate Kontenführung steht im Widerspruch zu der einheitlichen Verwaltung einer Vermögensmasse. Es ist dem Vermögensverwalter zwar weiterhin freigestellt, die Gelder seiner Kunden einer einheitlichen Anlagestrategie zu unterwerfen; gleichwohl erfolgt auch in diesem Fall die Anlage nicht für gemeinschaftliche Rechnung aller Kunden, sondern jeweils anteilig für Rechnung eines jeden einzelnen Kunden. Die Erlöse können dementsprechend auch nicht zu einem „Topf" zusammengefaßt werden, der als Sondervermögen zur weiteren uniformen Verwaltung zur Verfügung stünde. Sie sind vielmehr für jeden Kunden gesondert abzurechnen und seinem separat zu führenden Konto[403] zuzuschreiben. Darüber hinaus kann auch hier das Argument Geltung beanspruchen, daß es jeder Anleger in der Hand hat, mit dem Verwalter Richtlinien zu vereinbaren, die sich allein auf die Anlage seines Vermögens beziehen.

Es zeigt sich somit, daß § 34 a I WpHG auf eine Vermögensverwaltung nach individuellen Grundsätzen ausgerichtet ist. Soweit sein Anwendungsbereich reicht, kommt eine kollektive Vermögensverwaltung nicht mehr in Betracht. Für die Zulässigkeit der Anlage treuhänderisch gebundener Gelder verschiedener Kunden in einem Pool- oder Sammelkonto wird es daher künftig darauf ankommen, ob die weiteren, spezifischen Voraussetzungen des § 1 KAGG erfüllt sind.[404] Ist dies der Fall, liegt ein Investmentgeschäft vor, für welches dann das KAGG als Sondergesetz die Regeln bestimmt, nach denen die Kapitalanlage stattzufinden hat.[405]

---

403 Eine jeweils getrennte Verbuchung der Gelder der einzelnen Kunden ist alleine nicht ausreichend; siehe zu den Anforderungen an eine getrennte Kontenführung i.S.d. § 34 a I WpHG unten: § 3 B.II.

404 So nun auch BVerwG WM 2002, 1918, 1923 f, wo ausführlich dargelegt wird, daß die zusammengefaßte Anlage fremder Gelder durch einen Treuhänder nur unter Beachtung der hierfür vom KAGG vorgesehenen Sicherungsmaßnahmen als zulässig zu erachten ist.

405 Die nach der bisherigen Rechtslage bestehende Streitfrage, ob umgekehrt die Regelungen des WpHG generell auch auf Kapitalanlagegesellschaften anzuwenden sind, ist durch § 2 I Satz 2 WpHG nun entschieden worden. Dieser stellt klar, daß auch Anteilsscheine von Kapitalanlagegesellschaften Wertpapiere i.S.d. WpHG sind, vgl. *Schäfer*, WpHG, § 2, Rn. 15.

cc) Das "Vertretermodell", Variante der Vollmachttreuhand

Die andere in der Literatur beschriebene Variante der Vermögensverwaltung wird als „Vertretermodell" bezeichnet. Für sie ist kennzeichnend, daß der Vermögensinhaber und Auftraggeber Eigentümer des zu verwaltenden Vermögens bleibt. Der Vermögensverwalter wird von ihm lediglich - wenngleich mit unter Umständen weitreichender Vollmacht im Rahmen eines auf die Verwaltung gerichteten Geschäftsbesorgungsvertrages, §§ 662, 675 BGB - bevollmächtigt, das Vermögen als Vertreter des Vermögensinhabers zu verwalten und Dritten Anweisungen über Vermögensumschichtungen zu geben.[406]

Wesentliches Unterscheidungskriterium der beiden Grundformen der Vermögensverwaltung ist somit die eigentumsrechtliche Stellung des Vermögensverwalters, der einmal im Wege mittelbarer Stellvertretung als - fremdnütziger - Treuhänder im eigenen Namen über rechtlich eigenes aber wirtschaftlich fremdes Vermögen verfügt („Treuhandmodell"), im anderen Fall als offener Stellvertreter gemäß §§ 164 ff BGB im fremden Namen über fremdes Eigentum Verfügungen trifft („Vertretermodell")[407], was dogmatisch der Differenzierung zwischen Vollrechtstreuhand und Vollmachttreuhand entspricht.

(1) Kein Handeln im eigenen Namen auf fremde Rechnung

Da der Vermögensverwalter bei dem Vertretermodell demnach schon nicht im eigenen Namen tätig wird, sondern im fremden Namen auf fremde Rechnung nach den §§ 164 ff BGB, kann ausweislich des eindeutigen Wortlautes des § 34 a I Satz 1 WpHG eine Subsumtion dieser Variante unter § 34 a I WpHG nicht erfolgen.

---

406 *Miebach*, DB 1991, 2069; *Schwintowski/ Schäfer*, BankR, § 12, Rn. 15; *Schäfer* in : Assmann/ Schütze, Hdb. des KapitalanlageR, § 28, Rn. 8; *ders.* in: BuB, 11/12; *Kienle* in: Schimansky/ Bunte/ Lwowski, BankRhdb., Bd. 3, § 111, Rn. 9.

407 *Schwintowswki/ Schäfer*, BankR, § 12, Rn. 18; *Schäfer* in: BuB, 11/12. Gemäß einem Schreiben des BAKred vom 28. 04. 1998, VII 4 - 71.51 - 142/98, soll hierunter auch die Tätigkeit des Geschäftsführers eines als BGB-Gesellschaft betriebenen Investmentclubs zu subsumieren sein, der das Gesamthandsvermögen in Gestalt eines Portfolios im Namen der Gesellschaft verwaltet. Nach der Entscheidung des BGH NJW 2001, 1056, die der Gesellschaft bürgerlichen Rechts weitgehend eine eigenständige Rechtspersönlichkeit zuweist, erscheint die Ansicht, der Geschäftsführer verfüge auch hier über fremdes Vermögen, indes fragwürdig.

(2) Europarechtskonformität

Es stellt sich jedoch im Hinblick auf den europarechtlichen Hintergrund der Vorschrift, die als Umsetzung der WpDIRL auf deren Art. 10 I Satz 2, Spiegelstrich 3 basiert, die Frage, ob dieses Ergebnis nicht einer Korrektur bedarf. Nach Artikel Art. 10 I Satz 2, Spiegelstrich 3 WpDIRL hat der Herkunftsmitgliedstaat Aufsichtsregeln zu erlassen, die vorschreiben, daß die Wertpapierfirma „geeignete Vorkehrungen für die den Anlegern gehörenden Gelder trifft, um deren Rechte zu schützen und zu verhindern, daß die Gelder der Anleger von der Wertpapierfirma - außer, wenn es sich um ein Kreditinstitut handelt - für eigene Rechnung verwendet werden." Es werden somit alle Gelder der Kunden erfaßt, ohne daß eine Differenzierung nach der Art der Verwendung oder der Person des Eigentümers[408] stattfindet. Dennoch findet § 34 a I WpHG, wie gezeigt, trotz Besitzes des Wertpapierdienstleistungsunternehmens keine Anwendung auf Gelder, die im Eigentum des Kunden verblieben sind und im Namen des Kunden verwendet oder weitergegeben werden sollen[409] („Vertretermodell"; Variante der Vollmachttreuhand); § 34 a II WpHG, der keine Begrenzung auf die Verwendung im eigenen Namen vorsieht, schließt diese Lücke allein für die Verwaltung von Wertpapieren.[410] Es fragt sich mithin, ob die Umsetzung des deutschen Gesetzgebers durch § 34 a I WpHG der betreffenden Richtlinienbestimmung im erforderlichen Maße Rechnung trägt.[411]

Maßgebliches Kriterium einer ordnungsgemäßen Umsetzung ist, wie sich aus Art. 249 III EGV ergibt, wonach das Regelungsinstrument der Richtlinie nur hinsichtlich des zu erreichenden Zieles Verbindlichkeit entfaltet, ob die ratio legis der Richtlinienbestimmung im nationalen Recht effektiv verwirklicht wurde. Auszugehen ist zunächst vom Wortlaut des Art. 10 I Satz 2, Spiegelstrich 3 WpDIRL, der als Unterpunkt zum Schutz der Rechte des Kunden explizit fordert, die Verwendung der Kundengelder für eigene Rechnung der Wertpapierfirma zu verhindern. Es gilt folglich zu prüfen, ob nicht auch bei Handeln des Verwalters in offener Stellvertretung die Gefahr besteht, daß die Kundengelder

---

408 Anders als Art. 10 I Satz 2, Spiegelstrich 2 WpDIRL, der hinsichtlich der Wertpapiere einen Schutz der Eigentumsrechte des Kunden fordert, läßt sich Art. 10 I Satz 2, Spiegelstrich 3 WpDIRL, der nur allgemein von „Rechten" spricht, nichts über die eigentumsrechtliche Situation bezüglich der Kundengelder entnehmen.

409 *Koller* in: Assmann/ Schneider, WpHG, § 34 a, Rn. 1.

410 *Koller* in: Assmann/ Schneider, WpHG, § 34 a, Rn. 1. Ausführlich zum Anwendungsbereich von § 34 a II WpHG siehe § 4.

411 Zweifelnd insofern auch *Koller* in: Assmann/ Schneider, WpHG, § 34 a, Rn. 1.

auf eigene Rechnung, also zu eigenen Zwecken[412] des Wertpapierdienstleistungsunternehmens verwendet werden. In diesem Fall wären „aus Gründen des Anlegerschutzes (...)“ auch die Rechte des Kunden eines nach dem Vertretermodell handelnden Wertpapierdienstleisters „an den der Firma anvertrauten Geldern durch Abgrenzung von den Rechten der Firma „[413] gegen Untreue desselben zu schützen.

(a) Bedürfnis eines Schutzes entsprechend Art. 10 I Satz 2, Spiegelstrich 3 WpDlRL auch beim Vertretermodell

Zweifel an der Richtlinienkonformität von § 34 a I WpHG ergeben sich insoweit vor allem daraus, daß, auch wenn das Wertpapierdienstleistungsunternehmen nicht Eigentümer der übertragenen Gelder wird („Treuhandmodell“, also Vollrechtstreuhand) oder zur Verfügung gemäß § 185 I BGB vom Kunden ermächtigt wird (Variante der Ermächtigungstreuhand), die Möglichkeit besteht, daß Dritte bei - wenn auch absprachewidrigen - Verfügungen über die Gelder Eigentum erwerben, so daß das Unternehmen wirksam für eigene Rechnung über die Gelder verfügen könnte. Es soll daher im folgenden anhand einer Gegenüberstellung der verschiedenen Gestaltungsmöglichkeiten eines Treuhandverhältnisses überprüft werden, ob die Besserstellung der offenen Stellvertretung durch den deutschen Gesetzgeber, der in diesem Fall nicht die Gefahr der Verwendung für eigene Rechnung des Wertpapierdienstleistungsunternehmens sieht[414], normzwecktechnisch zu rechtfertigen ist:

Unproblematisch abzuhandeln ist insoweit zunächst der Fall der Vollrechtstreuhand, bei der sich bereits aus der Eigentümerstellung der Wertpapierfirma ergibt, daß im Außenverhältnis jegliche Verfügung wirksam vorgenommen wird; ein Verstoß gegen interne Absprachen kann hier wegen § 137 Satz 1 BGB allenfalls bei positiver Kenntnis des Dritten vom Mißbrauch der Treuhandposi-

412 Zu dem Umstand, daß das Handeln zu eigenen Zwecken funktional ein Handelndürfen auf eigene Rechnung voraussetzt, siehe die funktionale Gegenüberstellung des Einlagengeschäfts und der Vermögensverwaltung im engeren Sinne (oben unter bb),(2d)).

413 Erwägungsgrund des Rates der EG in: ABl. der EG vom 11. 06. 1993, Nr. L 141/27, 29.

414 Begr. RegE § 34 a WpHG, BT-Drucks. 13/7142, S. 110, wo es wörtlich heißt, daß „die offene Stellvertretung sowie die reine Botentätigkeit“ nicht erfaßt werden, „da in diesen Fällen die Weiterleitung im Namen und auf Rechnung des Kunden erfolgt, so daß hier die Gefahr der Verwendung der Gelder für eigene Rechnung des Wertpapierdienstleistungsunternehmens nicht besteht.“

tion Beachtlichkeit erlangen.[415] Im Fall der Ermächtigungstreuhand, wo die Begrenzung der Verfügungsmacht nach § 185 I BGB im Innenverhältnis dingliche Wirkung auch nach außen hat, kommt bei mißbräuchlichen Verfügungen ein Erwerb des gutgläubigen Dritten gemäß § 366 I HGB bei Fehlen oder Überschreitung der Ermächtigung in Betracht[416] bzw. besteht wegen der weitgehenden Wesensgleichheit der Ermächtigung im Verhältnis zur Vollmacht gemäß § 164 BGB[417] die Möglichkeit eines Schutzes nach den Rechtsscheinsregeln der §§ 170 ff BGB analog.[418]

Beim „Vertretermodell", also der Variante der Vollmachttreuhand tritt nun das Unternehmen zwar im Hinblick auf die dingliche Einigung bei Verfügungen über Gelder des Kunden grundsätzlich nicht als dinglich Berechtigter auf; im Unterschied zu den beiden vorigen Fällen handelt es sich dann eindeutig nicht nur um wirtschaftlich, sondern auch rechtlich fremdes Vermögen. Jedoch besteht parallel zum Ermächtigungstreuhänder, der die Grenzen der Ermächtigung überschreitet und für eigene Rechnung verfügt, auch für den Verwalter, der seine Rechtsmacht aus einer Bevollmächtigung herleitet, die Möglichkeit hinsichtlich der in seinem Besitz befindlichen Gelder für eigene Rechnung zu verfügen, indem er mißbräuchlich im eigenen Namen handelt. In diesem Fall kann ein Dritter auch bei dieser Variante zumindest nach §§ 932 ff i.V.m. 366 I HGB gutgläubig erwerben;[419] denn schon aufgrund der Existenz verschiedener Vermö-

415 *Coing*, Die Treuhand kraft privaten Rechtsgeschäfts, S. 166 ff; *Koller* in Assmann/ Schneider, WpHG, § 34 a, Rn. 3; im Ergebnis ebenso: Staub/ *Canaris*, BankvertragsR I, Rn. 274; *Hadding/ Häuser* in: Bunte/ Schimansky/ Lwowski, BankRhdb., § 37, Rn. 37 und Palandt/ *Bassenge*, BGB, § 903, Rn. 40, die aber die Unwirksamkeit solcher Verfügungen wegen Fehlens rechtsgeschäftlichen Kontaktes zwischen Bank und Treugeber nicht etwa aus einer Analogie zu den Regeln über den Vollmachtsmißbrauch herleiten, sondern aus der in solchen Fällen regelmäßig vorliegenden Nichtigkeit gemäß § 134 BGB i.V.m. §§ 266, 27 StGB und/ oder gemäß § 138 BGB.

416 *Coing*, Die Treuhand kraft privaten Rechtsgeschäfts, S.183; vgl. für den parallel gelagerten Fall der Kommission unter Ermächtigung des Kommissionärs: *K. Schmidt*, HandelsR, § 31 V 2c sowie Staub/ *Koller*, HGB, § 383, Rn. 86.

417 Vgl. dazu *Schucht*, Verfügungsmacht im Bankverkehr, S. 38 f, wonach sich der Unterschied von Ermächtigung und Vollmacht in ihren praktischen Auswirkungen darin erschöpft, daß bei der Ermächtigung nur der Ermächtigte berechtigt und verpflichtet wird, während bei der Vollmacht allein den Vollmachtgeber die Rechtswirkungen aus den für ihn abgeschlossenen Rechtsgeschäften treffen.

418 Staub/ *Canaris*, BankvertragsR I, Rn. 274; *Canaris*, NJW 1973, 825, 830 und zur Herleitung der Analogie, die auch die nicht gesetzlich geregelten Rechtsscheinstatbestände der Anscheins- und Duldungsvollmacht erfasst: *ders.*, Die Vertrauenshaftung im deutschen Privatrecht, S. 70 ff, 120, 139.

419 So im Ergebnis auch *Koller* in: Assmann/ Schneider, WpHG, § 34 a, Rn. 6.

gensverwaltungsmodelle kann nicht stets Bösgläubigkeit des Vertragspartners hinsichtlich der Verfügungsbefugnis des Vermögensverwalters unterstellt werden. Zur Verwendung der entgegengenommenen Kundengelder für eigene Rechnung wäre somit beim Vertretermodell kein nennenswerter Mehraufwand im Verhältnis zur Ermächtigungstreuhand oder eine weitergehende Überschreitung der im Innenverhältnis getroffenen Absprachen erforderlich.

Zudem ergibt sich, auch wenn der Verwalter wahrheitsgemäß als Stellvertreter seines Kunden auftritt, die Möglichkeit eines Erwerbes Dritter trotz Handelns des Wertpapierdienstleisters außerhalb der durch (Fort-)Bestand der Vollmacht gezogenen Grenzen über die §§ 170 ff BGB in direkter Anwendung. Dies kann namentlich im Hinblick auf einen Eigentumserwerb des Kreditinstitutes bei Einzahlung der Gelder relevant werden, wenn dieses zuvor vom Kunden über eine Bevollmächtigung des Unternehmens in Kenntnis gesetzt wurde (vgl. § 171 BGB: Fall der kundgemachten Innenvollmacht) oder sogar die Bevollmächtigung selbst der Bank gegenüber erfolgte (vgl. § 170 BGB: Fall der Außenvollmacht). Die §§ 170 ff BGB gelten dabei auch dann, wenn eine Vollmacht in Wahrheit nicht oder nicht wirksam erteilt wurde.[420] Darüber hinaus sind die nicht gesetzlich geregelten Rechtsscheinstatbestände der Duldungsvollmacht und der Anscheinsvollmacht zu beachten.

Es zeigt sich also, daß bei einer Vermögensverwaltung auf der Basis der „Vollmachttreuhand" die Gelder des Kunden hinsichtlich eines gutgläubigen Erwerbes durch Dritte faktisch denselben Gefahren ausgesetzt sind, wie dies bei der nach der Gesetzesbegründung explizit in den Anwendungsbereich des § 34 a I WpHG einbezogenen Verwaltung nach der Ermächtigungstreuhand der Fall ist. Die Parallelität der Ergebnisse resultiert dabei vornehmlich aus dem Umstand, daß auch die Verfügungsbefugnis des Ermächtigten mit dinglicher Wirkung beschränkt werden kann. Auf eine vertiefte Erörterung der umstrittenen Frage, ob darüber hinaus § 366 HGB auf den Fall des guten Glaubens an die Vertretungsmacht analog angewendet werden kann, kommt es für die Zwecke der vorliegenden Fragestellung mithin nicht mehr an.[421] Unter dem Gesichtspunkt des Schutzes vor mißbräuchlichen Verwendungen des Unternehmens auf eigene

---

420 Palandt/ *Heinrichs*, BGB, § 173, Rn. 1; Soergel/ *Leptien*, BGB, § 173, Rn. 2.

421 Gegen die analoge Anwendung des § 366 HGB auf den Fall der Vertretungsmacht spricht, daß die klare Unterscheidung zwischen Handeln im eigenen Namen und demjenigen im fremden Namen verwischt würde; die hiermit einhergehende Trennung zwischen Verfügungsbefugnis und Vertretungsmacht verlöre an Kontur. Überdies führte eine bei Annahme der analogen Anwendung zu diskutierende Rückabwicklung nach Bereicherungsrecht zu systematischen Brüchigkeiten, vgl. dazu Staub/ *Canaris*, HGB, § 366, Rn. 27; *Tiedtke*, Gutgläubiger Erwerb, S. 230. Zur Bejahung der Analogie siehe *K. Schmidt*, JuS 1987, 936, 937 f.

Rechnung ist folglich in bezug auf die Kundengelder nach Abs. 1 eine Differenzierung zwischen Ermächtigungstreuhand und Vollmachttreuhand nicht angezeigt.

Dabei muß insgesamt die Tragweite der Verhinderung von Verfügungen des Wertpapierdienstleistungsunternehmens auf eigene Rechnung im Auge behalten werden. Denn diese steht mit der rechtlichen Abgrenzung in einem wechselbezüglichen Verhältnis. Je geringer die Gefahr von wirksamen Verfügungen über das fremde Vermögen ist, desto solider stellt sich auch die rechtliche Abgrenzung der Kundengelder dar. Dieser Schutzzweckgesichtspunkt ist somit zugleich das wesentliche Mittel, um die rechtliche Abgrenzung der Gelder eines jeden Kunden im Hinblick auf eine Insolvenz des Wertpapierdienstleisters aufrechtzuerhalten. Verliert der Kunde infolge einer unautorisiert vorgenommenen Verfügung des Unternehmens sein Eigentum aufgrund der Gutgläubigkeit des Erwerbers, so wäre er im Insolvenzfall vollends schutzlos gestellt: Weder stünde ihm mangels Eigentumsrechten an den zur Insolvenzmasse gehörenden Geldern ein Aussonderungsrecht gemäß § 47 InsO zu, noch vermag er im Regelfall bei Insolvenz des Unternehmens mit Regreßansprüchen faktisch durchzudringen.

Dies führt zu der noch gravierenderen Feststellung, daß obgleich, wie sich im bisherigen gezeigt hat, die Hauptbedeutung der Vorschrift in einem Schutz des Kunden für den Insolvenzfall besteht[422], dieses Ziel im Fall des Vertretermodells gesetzlich in keiner Weise forciert wird. Zwar sehen die Vertragsformulare der Vermögensverwalter entsprechend der grundlegenden treuhandrechtlichen Pflicht zur Vermögenstrennung[423] eine separate Verwaltung der Kundengelder auf operativen Treuhandkonten regelmäßig vor[424]. Es existiert jedoch keine explizite, mit den Mitteln des Aufsichtsrechts durchsetzbare Verpflichtung, die Kundengelder in dieser Weise bei Einlagenkreditinstituten zu verwahren und so die Aussonderungsmöglichkeit des Kunden im Insolvenzfall sicherzustellen.[425] Der Schutz des Kunden eines unlizensierten Vermögensverwalters ist, wenn dieser als Bevollmächtigter des Kunden vorgeht, damit weitgehend in das Ermessen

422 Siehe auch *Grundmann*, Europ. SchuldvertragsR, 4.20, Rn. 14; *Schäfer/ Müller*, Haftung für fehlerhafte WpDl, Rn. 36; *Schäfer*, WpHG, vor § 31, Rn. 12 und § 39, Rn. 8.

423 Siehe BGHZ 17, 140, 146; *Coing* in: Festschrift für Cohn, 1975, 23, 24 f; *Gößmann* in: BuB, 2/243; *Liebich/ Mathews*, Treuhand im Recht der Wirtschaft, S. 167 ff.

424 So auch das Muster für einen Vermögensverwaltungsvertrag bei *Schäfer*, BuB, 11/52 noch vor Ziffer 1. der Vertragsbestimmungen; siehe jedoch *Grundmann*, Treuhandvertrag, S. 346, der das Fehlen einer durchgängigen Praxis der Vermögenstrennung - allerdings bezogen auf das Treuhandwesen im allgemeinen - bemängelt.

425 Zudem läßt sich, wenn die Kundengelder auf getrennten Treuhandkonten verwahrt werden, wiederum leichter ein Schutz des Kunden gegen mißbräuchliche Verwendungen erzielen; siehe dazu § 3 A.II.

des Verwalters gestellt. Im Hinblick auf die Intensität des Regelungsbedarfs ist aber nun, was den Insolvenzschutz betrifft, rechtlich keinerlei Unterschied zum Modell der Ermächtigungstreuhand mehr zu erkennen:

In beiden Fällen wird dem Verwalter nicht das Eigentum an den Geldern übertragen, so daß der Kunde seine Gelder ggf. gemäß § 47 InsO aussondern könnte; in beiden Fällen wird aber auch eine ungetrennte Verwahrung schon für sich genommen regelmäßig einen Rechtsverlust nach sich ziehen: Werden die Geldbeträge beim Vermögensverwalter gelagert, würde dieser zumeist kraft Gesetzes Eigentum an den dort eingehenden Geldern erwerben, weil nach verbreiteter Meinung die sich bereits im Kassenbestand befindliche größere Geldmenge als Hauptsache i.S.d. §§ 948 I, 947 II BGB anzusehen wäre.[426]. Der Kunde könnte dann seine Gelder im Insolvenzfall mangels Eigentum nicht mehr gemäß § 47 InsO aussondern.[427] Desgleichen gilt, wenn die Kundengelder nicht auf separat geführten Treuhandkonten, sondern auf Eigenkonten des verwaltenden Unternehmens gelagert werden, weil hier ein Treuhandverhältnis nicht offenkundig ist[428] und überdies die Gelder nicht mehr einzelnen Kunden zuordenbar wären.

Spätestens an dieser Stelle sticht somit ins Auge, daß wegen der weitestgehend gleichen Gefahrenlage bei Ermächtigungstreuhand und Vertretermodell im Lichte von Art 10 I Satz 2, Spiegelstrich 3 WpDIRL für eine Ungleichbehandlung dieser beiden Verwaltungsmodelle keine sachliche Rechtfertigung ersichtlich ist.[429] Aus europarechtlicher Sicht ist mithin auch dann ein Schutz des Kunden veranlaßt, wenn die Vermögensverwaltung nach dem „Vertretermodell" ausgestaltet ist.

Eine Nichteinbeziehung in den Anwendungsbereich des § 34 a I WpHG wäre somit unter teleologischen Gesichtspunkten nur für solche Unternehmen zu rechtfertigen, die keinen Besitz an den Kundengeldern erlangen und deshalb auch außerstande sind, einem gutgläubigen Dritten unter Aufhebung der rechtlichen Abgrenzung der Gelder das Eigentum zu vermitteln. Bei diesen Finanzdienstleistern, die nicht zu Schuldnern ihrer Kunden werden können und die der

---

426 Palandt/ *Bassenge*, BGB, § 948, Rn. 4; MüKo/ *Quack*, BGB, § 948, 4; a.A. *Baur/ Stürner*, SachenR, § 53, Rn. 11.

427 Wollte man für diesen Fall hilfsweise auf den Treuhandcharakter des Verwaltungsverhältnisses abstellen, um zu einer Aussonderungsmöglichkeit zu gelangen, so würde diese jedenfalls schon an der fehlenden Bestimmbarkeit der Gelder eines einzelnen Kunden scheitern.

428 Vgl. bereits oben bb),(2c).

429 Da eine Pflicht, wesentlich Gleiches entsprechend gleich zu behandeln, sich auch aus Art. 3 I GG ergibt, wäre die Ungleichbehandlung von Vertretermodell und Ermächtigungstreuhand in § 34 a I WpHG auch vor dem Hintergrund des nationalen Verfassungsrechts zu beanstanden.

Gesetzgeber daher auch in § 2 VIII KWG aufsichtsrechtlich privilegiert hat, ist der Schutz des Anlegers für den Insolvenzfall nicht gefährdet.[430]

(b) Mangelnde faktische Auswirkung von § 34 a I WpHG im Bereich der Vermögensverwaltung

Weiter gilt es zu beachten, daß durch die Einschränkung der Reichweite der Norm auf das Handeln im eigenen Namen der ganz überwiegende Teil der Wertpapierfirmen nicht betroffen wird, da bankunabhängige Vermögensverwalter in Deutschland - bislang und soweit ersichtlich - die Finanzportfolioverwaltung praktisch ausschließlich nach dem „Vertretermodell" betreiben.[431] Die Gründe hierfür dürften zum einen darin liegen, daß das „Treuhandmodell" bisher als Einlagengeschäft angesehen wurde sowie zum anderen in dem Umstand, daß die Ermächtigungstreuhand als Modell der Vermögensverwaltung von der Praxis weitgehend ignoriert wird[432].

Zwar handelt es sich hierbei um eine zunächst praktische Erwägung; jedoch kann diese durchaus im Rahmen des „effet utile"-Argumentes ins Felde geführt werden. Denn „faktische Wirksamkeit" einer Richtlinienbestimmung muß auch bedeuten, daß deren Umsetzung überhaupt eine Wirkung im anvisierten Regelungsbereich, hier also der Vermögensverwaltung durch Nichtbanken zeitigt, was durch die erfolgte Umsetzung in § 34 a I WpHG nur am Rande der Fall ist. Der Anwendungsbereich der Norm würde sich nach den faktischen Gegebenheiten am Markt überwiegend auf das Geschäft der Finanzkommissionäre beschränken, was sich mit den Formulierungen in Art. 10 I Satz 2, Spiegelstrich 3 WpDIRL sowie den Erwägungsgründen der Richtlinie[433], wo jeweils uneingeschränkt vom Schutz der „Anleger" die Rede ist, keinesfalls vereinbaren ließe. Die europarechtliche Intention eines umfassenden Anlegerschutzes erfordert auch und gerade eine Einbeziehung der Vermögensverwaltung in den Schutz der Kundengelder, weil hier Vermögenswerte längerfristig zur Anlage nach dem freien Ermessen des Verwalters anvertraut werden.[434] Mit dieser umfassenden

---

430 Vgl. dazu bereits § 1 A.II.1.b)cc),(1a).

431 *Schäfer* in: BuB, 11/14; *ders.* in: Assmann/ Schütze § 28, Rn. 11.

432 Vgl. insgesamt die zur Vermögensverwaltung zitierte Literatur, wo die Ermächtigungstreuhand mit keinem Wort erwähnt wird, vielmehr nur von „Treuhand-" und „Vertretermodell" die Rede ist. Auch das BAWe konnte zum 29. 07. 1999 und erneut zum 03. 04. 2000 und 01. 06. 2001 keine praktische Relevanz der Ermächtigungstreuhand im Geschäft der Vermögensverwaltung bestätigen.

433 ABl. der EG vom 11. 06. 1993, Nr. L 141/27 ff, im speziellen 29.

434 Eine Einschränkung des Ermessensspielraumes kann allerdings durch die Vereinbarung von Anlagerichtlinien im voraus herbeigeführt werden.

Übertragung der Vermögenssorge begibt sich der Anleger in eine weitreichende Abhängigkeit zur anlegenden Firma, so daß die vertragliche Beziehung auf einer besonderen Vertrauensgrundlage basiert. Im Vergleich zu anderen Wertpapierdienstleistungen wie z.B. der bloßen Anlagevermittlung, aber auch der Kommission, die auf die Ausführung eines einzelnen Auftrages beschränkt ist, besteht daher ein erhöhtes Schutzbedürfnis.[435]

Die Tatsache, daß die Bestimmung des Art. 10 I Satz 2, Spiegelstrich 3 WpDIRL insbesondere für die Finanzportfolioverwaltung gemäß § 2 III Nr. 6 WpHG bedeutend ist, scheint auch der Gesetzgeber zunächst erkannt zu haben, wie er in der ursprünglichen Überschrift des § 34 a WpHG „Getrennte Vermögensverwaltung" zum Ausdruck brachte. Die nun vorgenommene Änderung des Titels in „Getrennte Vermögensverwahrung" soll nach den gesetzgeberischen Erwägungen nur deutlich machen, daß es sich um eine allgemeine Vorschrift handelt, deren Anwendung auch auf andere Wertpapierdienstleistungen in Betracht kommt.[436] Die fehlende Auswirkung im eigentlich anvisierten Regelungsbereich wird dadurch aber, wenn nicht gar kaschiert, so jedenfalls nicht korrigiert.

Im Lichte der europarechtlichen Vorgabe des Art. 10 I Satz 2, Spiegelstrich 3 WpDIRL ist jedenfalls ein Schutz des Kunden des Wertpapierdienstleistungsunternehmens auch bei Vorgehen des Verwalters nach dem „Vertretermodell" veranlaßt. Die Umsetzung dieser Vorschrift durch den deutschen Gesetzgeber, wie sie in § 34 a I WpHG erfolgt ist, wird daher der europäischen Maßgabe nicht gerecht und stellt sich mithin als nicht europarechtskonform dar.

(c) Unmittelbare Anwendbarkeit des Art. 10 I Satz 2, Spiegelstrich 3 WpDIRL

Möglicherweise kommt jedoch eine Korrektur der nach oben Gesagtem europarechtswidrigen Umsetzung über eine unmittelbare Anwendung der Richtlinie in Betracht. Im Falle der unmittelbaren Anwendbarkeit des Art. 10 I Satz 2, Spiegelstrich 3 WpDIRL ergäbe sich nämlich aus dem aus Art. 10 EGV resultierenden „effet utile", wonach die praktische Wirksamkeit des Europarechts nicht durch eine unzulängliche Umsetzung durch die Mitgliedstaaten beeinträchtigt werden darf, ein letztlich aus der Kompetenzübertragung auf die EG[437] folgender Anwendungsvorrang[438] dieses Artikels.

---

435 Zum erhöhten Schutzbedürfnis des Kunden bei der Vermögensverwaltung auch *Gassner/ Escher*, WM 1997, 93, 95.

436 Begr. RegE § 34 a WpHG, BT-Drucks., 14/8017, S. 92.

437 Die Kompetenzübertragung auf die EG erfolgte vor Einfügung des neuen Art. 23 GG mit Gesetz vom 21. 12. 1992 gemäß Art. 24 GG.

438 Dazu schon EuGH, Rs. 6/64, Costa/ ENEL, 1964, 1251, 1269 ff.

Eine solche unmittelbare Anwendbarkeit setzt jedoch neben dem Ablauf der Umsetzungsfrist[439] voraus, daß die betreffende Richtlinienbestimmung inhaltlich unbedingt und hinreichend genau ist; ferner muß sie dem einzelnen gegenüber dem Mitgliedstaat Rechte verleihen.[440]

- Inhaltlich unbedingt ist die Bestimmung einer Richtlinie, wenn der Eintritt der Rechtswirkungen, abgesehen von der Umsetzung, an keine weiteren Voraussetzungen oder gestalterische Maßnahmen des Mitgliedstaates geknüpft, das „Ob" der Umsetzung also bedingungslos ist[441], was bei dem an keine weiteren Bedingungen gebundenen Art. 10 I Satz 2, Spiegelstrich 3 WpDIRL der Fall ist.

- Die hinreichende Genauigkeit einer Richtlinienbestimmung setzt voraus, daß die Anwendung der Richtlinienbestimmung ohne weitere Konkretisierung möglich ist. Aus ihr müssen der begünstigte Personenkreis, die Rechte, die im einzelnen gewährt werden sollen, sowie der daraus Verpflichtete hinreichend bestimmbar entnommen werden können, so daß sie auch als nationales Gesetz fungieren könnte.[442] Ob dies der Fall ist, ist durch Auslegung zu ermitteln. Die unmittelbare Anwendbarkeit scheidet jedoch regelmäßig aus, wenn den Mitgliedstaaten durch die Richtlinie ein Ermessens- oder Beurteilungs-, nicht lediglich Durchführungsspielraum eingeräumt wird.[443]

Vorliegend ist aus Art. 10 I Satz 2, Spiegelstrich 3 der WpDIRL zwar klar zu entnehmen, wer Schuldner und wer Begünstigter dieser Regelung sein sollen, nämlich Wertpapierfirma und deren Kunde. Auch wird deutlich, inwiefern der Kunde zu schützen ist. Jedoch ist Art. 10 I Satz 2, Spiegelstrich 3 der WpDIRL nicht so präzise gefaßt, daß er unverändert ins nationale Recht übernommen werden könnte, weil nicht klar zu schlußfolgern ist, welches Verhalten den Wertpapierfirmen abgefordert wird. Die nähere Ausgestaltung des Kundenschutzes wird damit den Mitgliedstaaten überlassen. Schon dieser Punkt ist aber geeignet, einen Ermessensspielraum der Mitgliedstaaten zu begründen, der dazu führt, daß eine für die hinreichende Genauigkeit ausreichende Unzweideutigkeit nicht mehr angenommen werden kann. Es sind nämlich für die Verwirklichung des in der Richtlinienbestimmung bindend vorgegebenen Schutzes (vgl. Art. 249 III EGV), nicht nur theoretisch, sondern auch praktisch verschiedene Wege

---

439 Die Umsetzungsfrist bzgl. der WpDIRL lief gemäß deren Art. 31 bereits am 1. Juli 1995 ab.

440 Vgl. zum ganzen: EuGH, Rs. C-6/90 und C-9/90, Frankovich, Slg. 1991, I-5357, 5407 ff; *Scherzberg*, Jura 1993, 225, 226.

441 Vgl. *Scherzberg*, Jura 1993, 225, 226; *Jarras*, NJW, 1990, 2420, 2423.

442 *Scherzberg*, Jura 1993, 225, 226.

443 Zu diesen Anforderungen an die hinreichende Genauigkeit: EuGH, Rs. 41/74, van Duyn, Slg. 1974, 1337,1342 f, 1349; EuGH, Rs. C-6/90 und C-9/90, Frankovich, Slg. 1991, I-5357, 5408.

denk- und gangbar. Gefordert wird, die Rechte des Anlegers zu schützen, und zu verhindern, daß die Wertpapierfirma die Gelder der Anleger für eigene Rechnung verwendet. Möglich und zudem der als Instrument hierfür intendierten Abgrenzung der Rechte von Kunden und Wertpapierfirma[444] gerecht werdend wäre neben der Verwahrung der Kundengelder auf Treuhandkonten z.B. eben auch die Eröffnung eines Kontos für den Kunden als dessen Vertreter gemäß den § 164 ff BGB.

- Weiter wäre Voraussetzung für eine unmittelbare Anwendbarkeit einer Richtlinienbestimmung, daß diese nach Wortlaut und Systematik geeignet ist, unmittelbare Rechtsbeziehungen zwischen dem einzelnen und dem Mitgliedstaat zu begründen, sog. vertikale Drittwirkung.

Vieles spricht dafür, daß Art. 10 I Satz 2, Spiegelstrich 3 WpDRL auch dem einzelnen Anleger Rechte vermitteln soll; diese Frage kann jedoch an dieser Stelle noch zurückgestellt werden,[445] da jedenfalls nicht die Verschaffung von Rechten gegenüber einem Mitgliedstaat gewollt ist, sondern gegenüber der betreffenden Wertpapierfirma.

Damit könnte eine unmittelbare Anwendung des Art. 10 I Satz 2, Spiegelstrich 3 WpDRL, die § 34 a I WpHG aufgrund des Anwendungsvorranges europarechtlicher Vorschriften überlagern würde, nur aus einer „horizontalen Drittwirkung" resultieren. Die Frage, ob sich eine unmittelbare Anwendbarkeit von Richtlinien auch im Verhältnis von Privaten untereinander ergeben kann, ist jedoch umstritten. Der EuGH hat eine unmittelbare Anwendbarkeit des Europarechts zu Lasten von Privaten nur für den hier nicht vorliegenden Ausnahmefall bejaht, in welchem dem europarechtlich begünstigten Privaten Berufs-, Sport- oder Wirtschaftsverbände - kraft ihrer rechtlichen Autonomie wie der Staat regulierend - gegenübertreten,[446] weil es ansonsten der Staat in der Hand hätte, durch private Organisationsstrukturen die Wirkungen des Europarechts zu umgehen.[447] Zu prüfen ist damit, ob darüber hinaus ganz allgemein eine horizontale Direktwirkung von Richtlinienbestimmungen angenommen werden kann:

---

444 Dies wird aus den Art. 10 I Satz 2, Spiegelstrich 3 WpDRL betreffenden Erwägungsgründen deutlich, die oben unter § 1 B.I. wörtlich wiedergegeben sind.

445 Sie wird jedoch bei der Prüfung, ob die Voraussetzungen einer Staatshaftung der Bundesrepublik Deutschland vorliegen, zu entscheiden sein, siehe dazu unten (5).

446 EuGH, Rs. 36/74, Walrave/ Koch, Slg. 1974, 1405, 1419 f; EuGH, Rs. C-415/93, Bosman, Slg. 1995, 4921, 4926.

447 Vgl. hierzu und zu anderen Ansätzen unter methodologischer Erörterung des gesamten Streitstandes: *Möllers*, EUR 1998, 20, 34 ff.

Für eine solche ist insbesondere der bei der Anwendung europarechtlicher Vorschriften stets zu beachtende „effet utile" anzuführen.[448] Ferner kann argumentiert werden, daß nur auf diese Weise dem europarechtlichen Diskriminierungsverbot (Art. 12 EGV) widersprechende Ungleichbehandlungen vermieden werden im Verhältnis zu denjenigen, die sich auf eine Richtlinienbestimmung berufen können, weil Anspruchsgegner der Staat ist oder weil sie in einem Mitgliedstaat leben, der richtlinienkonform umgesetzt hat.[449]

Die gewichtigeren Argumente sprechen indessen gegen die Annahme einer horizontalen Direktwirkung: Zunächst ist zu berücksichtigen, daß der durch die Bestimmung verpflichtete Private erst dann mit Belastungen zu rechnen braucht, wenn die Richtlinie in innerstaatliches Recht umgesetzt wurde; bis zu diesem Zeitpunkt bewegt er sich rechtmäßig im Rahmen der innerstaatlichen Rechtsordnung. Dies folgt aus Art. 249 III EGV, wonach durch eine Richtlinie unmittelbar nur Mitgliedstaaten, nicht aber einzelne verpflichtet werden.[450] Die gegenteilige Auffassung würde somit den in Art. 249 EGV klar festgelegten Unterschied zwischen Verordnungen und Richtlinien verwischen und der Gemeinschaft die Befugnis zuerkennen, mit unmittelbarer Wirkung dem einzelnen Verpflichtungen aufzuerlegen, obgleich sie dies nur darf, wo ihr die Befugnis zum Erlaß von Verordnungen zugewiesen ist.[451] Die durch Beibehaltung des Instrumentes der EG-Richtlinie weiterhin verfolgte Zielvorstellung, einen Restbestand an Souveränität des nationalen Gesetzgebers zu respektieren, wäre hiermit nicht in Einklang zu bringen.[452] Schließlich war tragendes Argument für die Annahme einer unmittelbaren Anwendbarkeit von Richtlinien gegenüber Staaten, diese für ihr vertragsbrüchiges Verhalten zu sanktionieren und ihnen zu untersagen, dem Bürger die Nichterfüllung ihrer gemeinschaftsrechtlichen Verpflichtungen entgegenzuhalten („estoppel-Prinzip").[453] Weder der Sanktionsgedanke noch das Verbot widersprüchlichen Verhaltens können aber auf den Fall der Belastung eines Privaten wegen der Nicht- oder Schlechtumsetzung übertragen werden.

Damit kann der einzelne als Kunde eines nach dem Vertretermodell vorgehenden Wertpapierdienstleistungsunternehmens nicht durch eine unmittelbare Anwendung des Art. 10 I Satz 2, Spiegelstrich 3 WpDlRL geschützt werden.

---

448 *Emmert*, Europarecht, § 15, Rn. 24 ff, 29; Schlußanträge des GA Otto Lenz in Rs. C-91/92, Faccini Dori, zitiert bei *Hummer/ Simma/ Vedder/ Emmert*, Europarecht in Fällen, S. 61 ff.

449 *Emmert*, Europarecht, § 15, Rn. 24 ff, 29; Schlußanträge des GA Lenz, a.a.O.

450 Vgl. EuGH, Rs. 152/84, Marshall, Slg. 1986, 723, 749.

451 EuGH, Rs. C-91/92, Faccini Dori, Slg. 1994, 3325, 3356; *Jarras*, NJW 1991, 2665, 2666.

452 *Grundmann*, Europ. SchuldvertragsR, 1. Teil, Rn. 151.

453 *Scherzberg*, Jura 1993, 225 f.

(3) Europarechtskonforme Auslegung

Zu prüfen bleibt, ob § 34 a I WpHG nicht im Lichte des Art. 10 I Satz 2, Spiegelstrich 3 WpDlRL europarechtskonform auszulegen ist. Dabei drängt sich angesichts des eindeutigen Wortlautes des § 34 a I WpHG die Frage auf, ob dieser einer Auslegung überhaupt zugänglich ist. Es ist daher zu untersuchen, nach welchen Kriterien eine Auslegung einer auf einer europäischen Richtlinie basierenden Vorschrift zu erfolgen hat und welcher Stellenwert der Richtlinienkonformität im Rahmen der Auslegung einer nationalen Norm einzuräumen ist.

(a) Darstellung des Meinungsstandes unter maßgeblicher Berücksichtigung der Rechtsprechung des EuGH

Diese Problematik gehört spätestens seit der Entscheidung des Europäischen Gerichtshofes in der Rechtssache von Colson und Kamann[454] zu § 611 a II BGB a.F. zu den meistdiskutierten Grundfragestellungen im Kontext des Rangverhältnisses von Europarecht zum innerstaatlichen Recht der Mitgliedstaaten, werden doch hier sowohl Fragen der Methodenlehre sowie nach Sinn und Zweck und in letzter Konsequenz der Existenzberechtigung des Instituts der EG-Richtlinie aufgeworfen.

Dabei haben sich für den Bereich der „horizontalen" Rechtsverhältnisse (d.h. solchen zwischen Privatrechtssubjekten) vor allem zwei Hauptansichten herausgebildet.[455]

Auf der einen Seite stehen diejenigen Autoren, die dem Institut der EG-Richtlinie auch in den Fällen absoluten Vorrang vor nationalen Auslegungsmethoden einräumen, in denen die Richtlinie keine unmittelbare Wirkung zeitigt. Demnach wäre die Richtlinienkonformität stets oberstes Auslegungsziel, hinter der alle anderen Auslegungsmethoden mit den durch sie gezeitigten Ergebnissen zurückzustehen haben (sog. Vorrangthese).[456] Diesen in verschiedenen Varianten vertretenen Theorien liegt jedoch zumeist ein bundesstaatliches Verständnis

---

454 EuGH, Rs. 14/83, von Colson und Kamann, Slg. 1984, 1891 ff.

455 Nur hier stellt sich die „Vorrangproblematik" in voller Schärfe, da sich ein Vorrang der Richtlinienregelung als Auslegungsleitlinie im Bereich des Verwaltungsprivatrechts, d.h. gegenüber staatlichen Stellen im Falle des Fehlens der hinreichenden Genauigkeit einer Regelung logisch zwingend aus den für die („vertikale") unmittelbare Anwendung angeführten Gesichtspunkten, namentlich dem estoppel-Argument ergibt. Vgl. etwa *Grundmann*, Europ. SchuldvertragsR, 1. Teil, Rn. 154 f.

456 So etwa *Ipsen*, *Zuleeg*, *Bleckmann*, *Grabitz*, *Lutter* sowie *Klein* und *Salzwedel*; vgl. die Übersicht bei *Brechmann*, Richtlinienkonforme Auslegung, S.131-168.

der EG zugrunde, für das sich im Unions-Vertrag keine Stütze findet, weil dieser dem Prinzip der beschränkten Einzelermächtigung folgt und es somit - wie durch das Maastricht-Urteil des Bundesverfassungsgerichts[457] klargestellt - an einer Kompetenz-Kompetenz der EG fehlt.[458] Ein solcher Begründungsansatz wird daher dem gegenwärtigen rechtlichen Stand des europäischen Integrationsprozesses nicht gerecht.

Diesem Ansatz konträr gegenüber stehen Autoren, die wohl die noch h.M. in der Literatur bilden, die die Maßgabe, nationales Recht richtlinienkonform auszulegen nur derart verstehen, daß unter den im nationalen Recht eröffneten Auslegungsvarianten diejenige auszuwählen sei, welche zu einem richtlinienkonformen Ergebnis führt, falls denn eine solche überhaupt existiert. Grenzen sind demnach durch die Auslegungsfähigkeit des nationalen Rechts gesetzt, eine richtlinienkonforme Auslegung also nur möglich, soweit dem Richter hiernach ein Beurteilungsspielraum verbleibt.[459] Eine Auslegung wider den eindeutigen Wortlaut kann nach dieser Auffassung nicht erfolgen.[460] Jede weitergehende Durchsetzung des durch die Richtlinienvorgabe intendierten Ergebnisses würde den Unterschied zwischen richtlinienkonformer Auslegung und unmittelbarer Anwendbarkeit einer Richtlinienbestimmung verkennen.[461] Auch könne mit Rücksicht auf den Gewaltenteilungsgrundsatz der Richter nur im Rahmen eines vom Gesetzgeber belassenen Auslegungsspielraumes agieren.[462] Die Grundsätze von Rechtsklarheit und Rechtssicherheit würden zudem mit einer Auslegung gegen den klaren Wortlaut ad absurdum geführt.[463]

Wegen der Eindeutigkeit des Wortlautes des § 34 a I WpHG „im eigenen Namen auf fremde Rechnung" scheitert nach dieser Meinung die Durchsetzung des europarechtlich intendierten Schutzes schon auf der Ebene der grammatikalischen Auslegung an der Wortlautgrenze. Darüber hinaus steht einer solchen

---

457 BVerfG NJW 1993, 3047, 3057.

458 *Grundmann*, Europ. SchuldvertragsR, 1. Teil, Rn. 156; *ders.* in ZEuP, 1996, 399 ff unter Verweis auf die ausführliche Darstellung bei *Brechmann*, Richtlinienkonforme Auslegung, S. 205-208.

459 So etwa *Di Fabio*, NJW 1990, 947, 953; *Scherzberg*, Jura 1993, 225, 232; *Jarras*, Grundfragen der innerstaatlichen Bedeutung des EG-Rechts, S.93 ff; *Heß*, JZ 1995, 150, 151; *Klein* in: Festschrift für Everling, 1995, Bd. 1, S. 641, 646; *Ehricke*, RabelsZ 59 (1995), S. 598, 643, vgl. zu einer Auseinandersetzung mit dieser Ansicht *Möllers*, EuR, 1998, 20, 43 m.w.N. Zu Nachweisen dieser Auffassung für das österreichische und für das englische Recht vgl. *Möllers*, Die Rolle des Rechts im Rahmen der europäischen Integration, S. 71, Fn. 132.

460 *Heß*, JZ 1995, 150, 151.

461 *Scherzberg*, Jura 1993, 225, 232; *Heß* JZ 1995, 150, 151.

462 *Scherzberg*, Jura 1993, 225, 232.

463 *Nettesheim*, AöR 119, 261, 284.

auch der klar geäußerte Wille des historischen Gesetzgebers entgegen. Laut der Begründung zum Regierungsentwurf besteht nämlich für die hier in Frage stehenden Gelder, die im Namen des Kunden nach § 164 I BGB verwendet werden, nicht die Gefahr, daß diese für eigene Rechnung des Wertpapierdienstleistungsunternehmens eingesetzt werden.[464] Der von dieser Ansicht geforderte Beurteilungsspielraum im Rahmen des nationalen Auslegungskanons ist damit nicht eröffnet.

Keine der beiden Ansichten wird jedoch in ihrer Absolutheit der Rechtsprechung des EuGH gerecht. Dieser legt zwar einerseits dem nationalen Gericht nur eine Pflicht zur „Ausschöpfung des Beurteilungsspielraums" auf, „den ihm das nationale Recht einräumt".[465] Andererseits hat der EuGH - wie *Grundmann* darlegt[466] - Entscheidungen der nationalen Gerichte, daß das nationale Recht keine Auslegungsspielräume eröffne, nicht mehr per se hingenommen. Vergegenwärtigt man sich, daß der EuGH die Entscheidung des nationalen Gerichts über die Auslegungsunfähigkeit des nationalen Rechts als für sich bindend akzeptiert, weil er selbst keine Kompetenz zur Auslegung nationaler Vorschriften besitzt[467], so kann die Tatsache, daß er unter bestimmten Umständen dennoch die Erzielung von Richtlinienkonformität bei der Rechtsanwendung anordnet[468], nur dahingehend verstanden werden, daß die nationalen Auslegungsmethoden mit den aus ihnen resultierenden Ergebnissen zumindest partiell verdrängt werden.[469]

464 BT-Drucks. 13/7142, S.110; mit dem Argument des Entgegenstehens des klar geäußerten Gesetzgeberwillens lehnt auch *Koller* in: Assmann/Schneider, WpHG, § 34 a, Rn. 6, eine analoge Anwendung des § 34 a I WpHG auf den Fall der Vermögensverwaltung nach dem Vertretermodell ab.

465 EuGH, Rs. 14/83, von Colson und Kamann, Slg. 1984, 1891, 1909; EuGH, Rs. 79/83, Harz, Slg. 1984, 1921, 1942.

466 *Grundmann*, Europ. SchuldvertrR, 1. Teil, Rn. 158 f.

467 Dies hat der EuGH selbst stets betont, vgl. nur die Leitentscheidung für die richtlinienkonforme Auslegung: EuGH, Rs. 14/83, von Colson und Kamann, Slg. 1984, 1891, 1908.

468 EuGH, Rs. C-106/ 89, Marleasing, Slg. 1990, I-4135, 4159; vgl. *Möllers*, Die Rolle des Rechts im Rahmen der europäischen Integration, S. 71.

469 *Grundmann*, Europ. SchuldvertragsR, 1. Teil, Rn. 159; *ders.* in ZEuP, 1996, 399, 413; eine Übersicht zu den Formulierungen des EuGH im einzelnen findet sich bei *Grundmann* ZEuP 1996, 399, 413 f. Unabhängig hiervon fordert der EuGH betreffend das bei der Herstellung von Richtlinienkonformität aufzuwendende Maß dem nationalen Richter stets „letzte Anstrengungen" ab. Dies ist indes eine von der Auslegungsfähigkeit des nationalen Rechts zu trennende Frage, für die die Rechtsprechung des EuGH maßgeblich ist. Denn hier geht es um den aus Art. 249 III EGV (entspricht Art. 189 III EGV a.F.) resultierenden und von den nationalen Gerichten nicht zu hinterfragenden Anwendungsbefehl, während die Auslegungsfähigkeit der innerstaatlichen Gerichtsbarkeit unterliegt, da es sich hier um eine Frage der Anwendungserlaubnis, resultierend aus Art. 24 GG bzw. heute aus Art. 23 GG,

Der EuGH bewegt sich somit in seiner Rechtsprechung zwischen den oben dargestellten Hauptansichten. Es gilt daher im folgenden unter Beachtung der EuGH-Rechtsprechung einen methodologisch gangbaren und zugleich praktikablen Mittelweg zu finden, um mit diesem die Frage zu untersuchen, ob § 34 a I WpHG entgegen seinem Wortlaut sowie der Gesetzesbegründung richtlinienkonform ausgelegt werden kann.

Auszugehen ist dabei von der Leitentscheidung des EuGH zur Richtlinienkonformität in der Rechtssache von Colson und Kamann, der die expliziteste Aussage entnommen werden kann. Hier hat nämlich der EuGH es letztlich für entscheidend erachtet, daß der Mitgliedstaat einen Gesetzgeberwillen dahingehend behauptete, er habe die Richtlinie korrekt umsetzen wollen und ordnete, unabhängig davon, ob alle anderen Auslegungsmethoden diesem Ergebnis widersprachen, an, daß das nationale Recht richtlinienkonform auszulegen sei.[470] Wenn also zumindest im historischen Gesetzgeberwillen hierfür irgendein Anhaltspunkt zu finden ist, so gilt dem EuGH offenbar die Richtlinienkonformität doch als im Verhältnis zum nationalen Auslegungskanon vorrangig zu beachtendes Auslegungsziel. Es kommt somit einer subjektiv-teleologischen Auslegungsmethode entscheidendes Gewicht zu.[471]

Dieser Mittelweg, auf den sich der EuGH, wie nach der gleichgearteten Entscheidung in der Rechtssache Harz[472] anzunehmen ist, wohl festgelegt hat, und der den Rahmen der rein nationalen Auslegungsmethodik sprengt, läßt sich ohne Rückgriff auf die Erwägungen, warum ein bestimmter Sachverhalt durch das Instrument der EU-Richtlinie und nicht durch die per se unmittelbar geltende EG-Verordnung geregelt wird, nicht hinreichend erklären oder analysieren.

Aus der Schaffung dieses Regelungsinstrumentes und seiner Beibehaltung über die bis dato vielfach erfolgten Vertragsänderungen in großem Umfange hinweg, ergibt sich nämlich, daß es auch weiterhin Bereiche geben sollte, in denen dem nationalen Gesetzgeber ein Spielraum verbleibt. Grund hierfür ist, daß ein Restbestand an Souveränität des nationalen Gesetzgebers gewahrt sowie die Einpassung in das nationale Recht gewährleistet bzw. erleichtert werden soll. Da

---

handelt. Vgl. zu dieser Diktion: *Grundmann*, ZEuP 1996, 399, 407, 411 in Anlehnung an *Brechmann*, Richtlinienkonforme Auslegung, 6. Kapitel.

470 EuGH, Rs. 14/ 83, von Colson und Kamann, Slg. 1984, 1891, 1909 f; vgl. hierzu *Grundmann*, Europ. SchuldvertragsR, 1.Teil, Rn. 160. Eine richtlinienkonforme Auslegung wider den vom nationalen Gericht festgestellten klaren Wortlaut verlangte der EuGH auch in Rs. C-106/ 89, Marleasing, Slg. 1990, I-4135, 4159.

471 *Grundmann*, Europ. SchuldvertragsR, 1. Teil, Rn. 163. Eine verstärkte Beachtung von Sinn und historischem Willen fordert *Möllers*, Die Rolle des Rechts im Rahmen der europäischen Integration, S. 66 f auch für die nationale deutsche juristische Dogmatik ein.

472 EuGH, Rs. 79/83, Harz, Slg. 1984, 1921, 1942.

die letztere der beiden Zielvorgaben regelmäßig keine Probleme bereitet, wird bei der richtlinienkonformen Auslegung in der Regel nur der Souveränitätsschutz relevant. Ausgehend hiervon kommt aber für *Grundmann*[473] eine Gefahr der Verletzung des Souveränitätsinteresses dann nicht in Betracht, wenn das richtlinienkonforme Ergebnis nur in den Fällen gegen jegliche sonstige nationale Auslegungsmethode durchgesetzt werde, in denen der nationale Gesetzgeber eine richtlinienkonforme Umsetzung anstrebte. Von einem Eingreifen des Richters in die Kompetenz und Souveränität der gesetzgebenden Organe könne dann keine Rede mehr sein. Ein Wille zur ordnungsgemäßen Umsetzung sei aber nicht nur anzunehmen, wenn der Gesetzgeber durch Erlaß eines Umsetzungsgesetzes seiner Pflicht nachkommen wollte, sondern auch dann, wenn dieser von der bereits bestehenden Richtlinienkonformität seines Rechtes ausging und deswegen von einer Umsetzung absah.[474] Für *Grundmann* soll erst der nachgewiesene Wille des Gesetzgebers, eine Lösung zu wählen, von der er wußte, daß sie rechtswidrig ist, einer richtlinienkonformen Auslegung wider aller nationaler Auslegungsmethoden entgegenstehen.

Weitergehend hält *Möllers*[475], der treffenderweise in diesem Kontext von richtlinienkonformer Rechtsfortbildung[476] spricht, den Gesetzeswillen allein noch nicht ausreichend zur Rechtfertigung zulässiger Rechtsfortbildung. Für noch wichtiger hält er unter Entwicklung einer Dogmatik der richterlichen Rechtsfortbildung des EuGH[477], daß die Rechtsfortbildung den Wertungen des Gesetzes entspricht. Hierfür sei erforderlich, daß die Rechtsordnung „Wertentscheidungen, sei es auch nur in unvollkommener Form für eine bestimmte Lösung in einem bestimmten Sinne ergibt." Man müsse sich bewußt machen, daß der Richter zwar eine nationale Vorschrift auslege, aber wegen der Loyalitätspflicht des Art. 10 EGV (ex-Art. 5 EGV) zur Durchsetzung des Gemeinschaftsrechtes verpflichtet und insoweit europäischer Richter sei. Er habe die Norm daher immer auch im Gesamtzusammenhang der Richtlinie zu lesen, deren Zielvorstellungen und Umsetzungsbefehl, selbst wenn sie nicht unmittelbar zwischen

---

473 *Grundmann*, Europ. SchuldvertragsR, 1. Teil, Rn. 162 f; *ders.* in ZEuP, 1996, 399, 420 ff.

474 Ausgehend von der Entscheidung des EuGH in der Rechtssache Marleasing entspricht es inzwischen ständiger Rechtsprechung, daß auch älteres nationales Recht ggf. richtlinienkonform auszulegen ist, vgl. die Nachweise bei *Grundmann*, Europ. SchuldvertragsR, 1. Teil, Rn. 162, Fn. 467.

475 *Möllers*, EuR 1998, 20, 44 ff; *ders.*, Die Rolle des Rechts im Rahmen der europäischen Integration, S. 72 ff.

476 Daß der EuGH nach französischem Vorbild unter Auslegung auch Rechtsfortbildung versteht, wird als Argument für die „Sprengung" des nationalen Auslegungskanons gesehen, vgl. *Möllers*, EuR 1998, 20, 44 m.w.N.

477 *Möllers*, EuR 1998, 20, 25 ff.

Privaten wirkt, sich in unvollkommener Form als Wertentscheidungen in der umgesetzten Norm wiederfänden. Im Ergebnis blockiere damit der Wortlaut der umgesetzten Norm nicht eine richtlinienkonforme Rechtsfortbildung, die mit dieser Argumentation auch nicht mehr eine solche contra legem sei.

(b) Stellungnahme: Konkret geäußerter, entgegenstehender Wille des nationalen Gesetzgebers als Grenze des Vorrangs einer richtlinienkonformen Auslegung

Unabhängig von der im Schrifttum mannigfaltig geübten Kritik, muß für die Praxis aufgrund der mittlerweile als gefestigt zu beurteilenden Rechtsprechung des EuGH und deren inzwischen durch das Schrifttum erfahrenen dogmatischen Erdung im Grundsatz von der Aufweichung des nationalen Auslegungskanons ausgegangen werden. Innerhalb dieses Auslegungskanons kann dem EuGH zufolge lediglich noch eine subjektiv-teleologische Auslegung die Herstellung der Richtlinienkonformität als wider allen anderen Auslegungsmethoden - gegebenenfalls auch über den äußersten Wortsinn hinaus - vorrangig zu beachtendem Auslegungsziel verhindern.

Da es nicht Hauptanliegen dieser Arbeit ist, den Ansatz des EuGH im Kern zu kritisieren[478], sondern es um die theoretische wie praktische Frage eines Anwendungsbereiches des § 34 a I WpHG geht, wird dieser Grundansatz mithin zugrundegelegt. Nicht eindeutig geklärt und für die hier zu untersuchende Frage entscheidend, ist aber wie weit eine Unterstellung des Gesetzgeberwillens dahingehend, der Mitgliedstaat habe jedenfalls richtlinienkonform umsetzen wollen, gehen kann und darf, um mit diesem Argument der Richtlinienkonformität alleinigen Vorrang zukommen zu lassen. Denn der deutsche Gesetzgeber hat im Falle des § 34 a I WpHG ganz unzweideutig erklärt, daß es eines Erfaßtwerdens der Vermögensverwaltung nach dem Vertretermodell („offene Stellvertretung") mangels Schutzbedürfnisses nicht bedarf, „da in diesen Fällen die Entgegennahme und Weiterleitung im Namen und auf Rechnung des Kunden erfolgt, so daß hier die Gefahr der Verwendung der Gelder für eigene Rechnung des Wertpapierdienstleistungsunternehmens nicht besteht."[479]

Es stellt sich somit die Frage, ob man entweder davon ausgeht, der deutsche Gesetzgeber habe in erster Linie korrekt umsetzen wollen, sich jedoch nur geirrt oder aber die von ihm gewählte Lösung als solche Ernst nimmt und sie als die gewollte, richtlinienkonform oder nicht, akzeptiert. Ersteres würde bedeuten, daß man der Lösung *Grundmanns* folgt und nur der klar geäußerte Wille, der aus

478 Dies soll den oben zitierten Autoren überlassen werden: Fn. 456 und 459.

479 Begr. RegE § 34 a WpHG, BT-Drucks. 13/7142, S.110.

Art. 249 EGV folgenden Pflicht nicht nachkommen zu wollen, eine richtlinienkonforme Auslegung hindert. Im Vordergrund des gesetzgeberischen Wirkens stände dann ein stets zu unterstellender „Konformitätswille".

Abgesehen davon, daß ein solch alle anderen Erwägungen in den Schatten stellender vorherrschender Gedanke bei der Schaffung von auf Richtlinien basierenden Gesetzen realitätsfremd erscheint, spricht er auch dem nationalen Gesetzgeber jegliche Mündigkeit bei der Gesetzestransformation ab. Einzig und allein eine zum Ausdruck gebrachte Weigerung, pflichtgemäß umsetzen zu wollen und damit ein offener (EG-)Vertragsbruch würde noch eine ernstgenommene Äußerung darstellen.[480] Eine solche Minimierung des gesetzgeberischen Spielraumes ist aber mit der die Existenz der EG-Richtlinie als Regelungsform rechtfertigenden Intention, den Mitgliedstaaten einen Restbestand an Souveränität zu belassen, nicht in Einklang zu bringen. Man ist geneigt zu sagen, die nationalen Gesetzgeber könnten ihre Arbeit einstellen, soweit sie die Umsetzung von Richtlinien betrifft, da diese, wie gezeigt, in Fällen von Konformitätszweifeln entweder ohnehin müßig oder als vertragsbrüchiges Verhalten zu werten wäre. Auch wäre ein Unterschied zwischen unmittelbarer Geltung einer Richtlinienbestimmung, die ja für den Bereich der horizontalen Rechtsverhältnisse abzulehnen ist,[481] und einer „lediglich" richtlinienkonformen Auslegung de facto nicht mehr zu erkennen. In letzter Konsequenz hieße dies, daß eine Richtlinie bei hinreichender Klarheit private Rechtssubjekte untereinander in demselben Maße bände wie eine Verordnung, selbst wenn sie nicht oder falsch umgesetzt würde. Wegen der klaren Unterscheidung der Bindungswirkungen von Richtlinie und Verordnung in Art. 249 EGV sowie der Tatsache, daß dies im Hinblick auf den nicht europarechtsgewappneten „Normalbürger" einem Abschied von den Prinzipien der Rechtsklarheit und -sicherheit gleichkäme, ist dies nicht hinzunehmen.[482] *Grundmann* und damit der regelmäßigen Unterstellung eines Konformitätswillens kann daher nicht gefolgt werden.

Jedenfalls für die Fälle, in denen der Gesetzgeber nicht offensichtlich einen bestimmten Aspekt übersehen hat oder eine Richtlinienregelung schlicht über-

---

480 Ein solcher Verstoß würde bei hinreichend bestimmter Verleihung von Rechtspositionen an einzelne indessen zu einer Staatshaftung des betreffenden Mitgliedstaates für Schäden führen, die der einzelne infolge der unzulänglichen Umsetzung erleidet. Zur Staatshaftung siehe sogleich (5).

481 Vgl. hierzu die Darstellung oben (cc).

482 Zu defaitistisch erscheint dagegen insoweit der Hinweis *Grundmanns* (ZEuP 1996, 399, 423), der Laie vertraue doch wohl nicht tatsächlich (...) ohne Beiziehung von Rechtsrat auf einen Wortlaut, weil dieser eindeutig erscheine. Die Bedenken hinsichtlich der Rechtssicherheit werden für das breite Publikum auch nicht durch den Verweis auf die Veröffentlichungspflichtigkeit von EG-Richtlinien seit dem 01. 11. 1993 ausgeräumt.

nehmen wollte[483] und somit - wie *Brechmann*[484] formuliert - eine „eigene Zweck- und Zielvorstellung für eine nationale Umsetzungsnorm festgelegt hat", lassen sich Richtlinie und nationale Norm innerhalb einer subjektiv-teleologischen Auslegung in zwei Auslegungsebenen trennen. Zumindest also, wenn der historische nationale Gesetzgeber sich explizit gegen eine Regelung ausgesprochen hat, die nach der Richtlinie zu verlangen wäre, wird seine eigenständige konkrete Zwecksetzung deutlich erkennbar, welche die Grenze für die Unterstellung des Konformitätswillens zu bilden hat.[485] Es darf dann die Autonomie der mitgliedstaatlichen Legislative nicht ausgehebelt werden. Dies weder, soweit sie einerseits im Verhältnis zur nationalen Judikative besteht, noch andererseits gegenüber der EG im Rahmen des beschriebenen Rest-Souveränitätsspielraumes, an dem festzuhalten bleibt, weil sich der EG-Gesetzgeber für den Fortbestand dieser Regelungsform, die andernfalls wertlos würde, entschieden hat. Der Richter als Rechtsanwender darf in diesem Fall nicht unter unmittelbarem Zugriff auf die nicht umgesetzte Richtlinie die nationale Norm unangewendet lassen.[486] Eine solche inzidente Normverwerfung käme nur bei Annahme einer unmittelbaren Wirkung der Richtlinie in Frage, wie sie im Verhältnis zwischen Privaten gerade nicht anzuerkennen ist.[487] Zu Recht ließ daher auch das BAG[488] in seinen beiden Entscheidungen zu § 611 a II BGB a.F. den Umstand unberücksichtigt, daß der Gesetzgeber richtlinienkonform umsetzen wollte, weil er sich eigene Vorstellungen vom Inhalt der Norm gemacht habe und der richtlinienkonformen Auslegung dort Grenzen gesetzt seien, wo sie mit dem klar erkennbaren Willen des Gesetzgebers in Widerspruch treten würde. Dies obgleich im betreffenden Fall im Gegensatz zu § 34 a I WpHG der Regierungsbegründung Passagen zu entnehmen waren, die als Bekräftigung, den Richtlinienbestimmungen gerecht werden zu wollen, verstanden werden können.[489] Im Ergebnis gebührt somit der konkreten Regelungsabsicht des Gesetzgebers „Vorrang vor systemtheoretischer Forderung nach Einheit und Folgerichtigkeit."[490]

483 Für diese Fälle gilt - wie *Möllers*, Die Rolle des Rechts im Rahmen der europäischen Integration, S. 72 feststellt - in der Tat, daß eine Auslegung gegen den Wortlaut der nationalen Norm gerade dem Willen des Gesetzgebers entspricht und somit ein Souveränitätsverstoß nicht vorliegt.

484 *Brechmann*, Richtlinienkonforme Auslegung, S. 261.

485 So im Ergebnis auch *Brechmann*, Richtlinienkonforme Auslegung, S. 273.

486 *Brechmann*, Richtlinienkonforme Auslegung, S. 273.

487 Vgl. *Scherzberg*, Jura 1993, 225, 232, der aus dieser Argumentation allerdings noch deutlich weitergehende Grenzen für die Herstellung von Richtlinienkonformität durch richtlinienkonforme Auslegung herleitet.

488 BAGE 61, 209, 214 und BAGE 61, 21, 223.

489 Vgl. dazu *Grundmann*, ZEuP 1996, 399, 417, Fn. 50.

490 So für das nationale Recht: *Neuner*, Die Rechtsfindung contra legem, S. 123.

(c) *Keine Überschreitung dieser Grenze in neueren Entscheidungen deutscher Obergerichte bzw. des EuGH*[491]

Diese letzte Grenze eines konkret geäußerten andersgearteten Willens des nationalen Gesetzgebers wurde auch in neueren Entscheidungen zur richtlinienkonformen Auslegung bis dato nicht überschritten:

So scheint zwar das BVerwG in seiner Entscheidung zu § 4 I Satz 2 Umweltinformationsgesetz (UIG)[492] auf den ersten Blick zunächst jedenfalls den grammatikalischen Auslegungsspielraum der Vorschrift zu überdehnen, indem es dem Verlangen des Antragstellers auf Erfüllung seines Informationsanspruchs durch ein ganz bestimmtes Informationsmittel im Ergebnis stattgibt, obgleich der Wortlaut der Norm hinsichtlich des „Wie" des Informationszugangs ein Ermessen der Behörde begründet. Bei näherer Betrachtung wird aber deutlich, daß es sich hierbei lediglich um die Interpretation des Ermessensspielraumes in Einklang mit den Zielen sowohl der Umweltinformationsrichtlinie[493] als auch deren Umsetzung im UIG handelt.[494] Die Feststellung, daß aufgrund der Zielsetzung der Richtlinie, für jeden Antragsteller rechtlich möglichst uneingeschränkt und faktisch möglichst ungehinderten Informationszugang zu gewährleisten, ein Auswahlermessen der Behörde nur zwischen solchen Informationsmitteln besteht, die im wesentlichen die gleiche Informationseignung besitzen und daher faktisch zumeist von einem Wahlrecht des Antragstellers auszugehen sein wird,[495] beinhaltet somit lediglich eine ermessensreduzierende Ausfüllung des eröffneten Interpretationsspielraumes. Damit wird aber sogar die Wortlautgrenze gewahrt.

---

491 Zum Stand der englischen und französischen Rechtsprechung zur richtlinienkonformen Auslegung siehe *Möllers*, Die Rolle des Rechts im Rahmen der europäischen Integration, S. 71 f sowie eingehend zum englischen Recht, wo aufgrund einer Entscheidung des House of Lords selbst die Wahrung dieser letzten Grenze für die Zukunft fraglich ist: *Vogenauer*, ZEuP 1997, 158, 164 ff.

492 BVerwGE 102, 282 = NJW 1997, 753 = JZ 1998, 243 mit Anmerkung von *Hendler*.

493 Richtlinie 90/313/EWG des Rates vom 07. 06. 1970, ABl. der EG Nr. L 158/56.

494 Vgl. dazu, daß die Ermessensausübung durch die Verwaltung sich stets am Sinn des Gesetzes, d.h. der im einzelnen Gesetz und in der Rechtsordnung insgesamt, also insbesondere auch in den einschlägigen EU-Richtlinien zum Ausdruck kommenden Zwecksetzungen zu orientieren hat, *Kopp/ Ramsauer*, VwVfG, § 40, Rn. 23 ff; *Kopp/ Schenke*, VwGO, § 114, Rn. 8 f; *Maurer*, VerwR, § 7, Rn. 14. Dies folgt dem Grunde nach bereits aus § 40 VwVfG, nach dem die Behörde „ihr Ermessen entsprechend dem Zweck der Ermächtigung auszuüben und die gesetzlichen Grenzen einzuhalten" hat.

495 Vgl. BVerwGE 102, 282, 286 ff.

Darüber hinaus ergibt sich auch mit hinreichender Deutlichkeit aus den Gesetzesunterlagen, daß der deutsche Gesetzgeber den expliziten Vorgaben wie auch den Zielvorstellungen der Richtlinie Rechnung tragen wollte.[496] Insofern gilt es zudem zu beachten, daß der deutsche Gesetzgeber sich auch ohne Vorsehung eines Wahlrechtes des Antragstellers im Rahmen der Richtlinie hält, da auch die Umweltinformationsrichtlinie selbst kein solches normiert[497], sondern in ihrem Art. 3 I Satz 2 den Mitgliedstaaten die praktische Festlegung der Regeln überläßt, nach denen Informationen tatsächlich zugänglich zu machen sind.

Eine über die Grenzen möglicher Auslegung, wie Wortsinn oder Wille des Gesetzgebers hinausgehende „Rechtsfortbildung contra legem"[498] liegt somit hier nicht vor.

Die Grenzen des nationalen Auslegungskanons waren auch tangiert in den Entscheidungen des XI. Senates des BGH[499] sowie des EuGH[500] zu der Problematik, ob Bürgschaften vom sachlichen Anwendungsbereich des Haustürwiderrufsgesetzes (HausTürWG) erfaßt werden. Aus dem Blickwinkel der grammatikalischen Auslegung stand hier die Frage im Vordergrund, ob die Bürgschaft für die Hauptverbindlichkeit als ein auf eine „entgeltliche Leistung" gerichteter Vertrag i.S.d. § 1 HausTürWG qualifiziert werden kann. Dies wurde in den oben zitierten Entscheidungen unter Zustimmung der heute wohl h.M. in der Literatur

---

496 BT-Drucks., 12/7138, S. 8 f sowie speziell zu § 4 UIG: S.12. Aufgrund der dezidierten Überlegungen des Gesetzgebers zur korrekten Einpassung des Umweltinformationsanspruches ins deutsche Recht, der entgegen den bisher geltenden Bestimmungen erstmals einen Anspruch auch ohne mög-liche Verletzung in eigenen Rechten gewährt, kann kein Zweifel an seinem Bestreben bestehen, richtlinienkonform umsetzen zu wollen; vgl. insoweit vor allem die Erwägungen zur Notwendigkeit einer besonderen gesetzlichen Regelung auf S. 8, 2. Spalte oben. Von einem solchen Willen der deutschen Legislative geht auch der GA N. Fenelly in seinem Schlußvortrag zu einer die ordnungsgemäße Umsetzung anderer Bestimmungen der Umweltinformationsrichtlinie betreffenden Entscheidung des EuGH aus: Rs. C-217/97, Kommission/ Bundesrepublik Deutschland, Slg. 1999, I-5087, 5090.

497 Von der Aufnahme eines Wahlrechts wurde trotz eines diesbezüglichen Richtlinienvorschlages der Kommission vom 31. 10. 1988 (ABl. der EG Nr. C 335/5) bzw. von Anträgen der Gruppe Bündnis 90/ Die Grünen sowie der SPD-Fraktion für das UIG (Gesetzesentwurf der Grünen in: BT-Drucks. 12/5696, S. 4, 10; Änderungsantrag der SPD in: BT-Drucks. 12/7583, S. 2 f, abgelehnt in der Beratung des Ausschusses für Umwelt, Natur und Reaktorsicherheit in: BT-Drucks. 12/7582, S. 10) in der Richtlinie ebenso abgesehen wie im deutschen Gesetzestext.

498 Vgl. zum Begriff der Rechtsfortbildung contra legem sowie eingehend zu Kompetenz, Dogmatik und Fallgruppen der richterlichen Rechtsfortbildung in der Rechtsprechung des EuGH: *Möllers*, EuR 1998, 20 ff.

499 BGH NJW 1993, 1594.

500 EuGH NJW 1998, 1295 = EuZW 1998, 252 auf Vorlage des IX. Senates des BGH gemäß Art. 234 EGV (Art. 177 EGV a.F.), siehe EuZW 1996, 220.

bejaht, obgleich eine synallagmatische Gegenleistung nur an den Hauptschuldner erbracht wird.[501] Selbst wenn man hier mit dem IX. Senat des BGH davon ausgeht, daß die Wortlautgrenze überschritten ist[502] und mithin durch die Einbeziehung der Bürgschaft in den Anwendungsbereich des HausTürWG die Auslegungsmöglickeiten auf dem Boden des rein nationalen Rechts überstrapaziert werden, so fehlt es jedenfalls an einer konkreten Äußerung des nationalen Gesetzgebers, die Bürgschaft gerade nicht miteinbeziehen zu wollen. Vielmehr sind der Gesetzesbegründung Passagen zu entnehmen, in denen die Absicht deutlich wird, sich im Rahmen der „Haustürgeschäftewiderrufsrichtlinie"[503] zu bewegen,[504] zu welcher die Gesetzesarbeiten zeitlich parallel liefen. Von einer gegenüber der Richtlinie eigenständigen Ziel- und Zwecksetzung und somit beachtlichen gegenläufigen Willensbekundung des deutschen Gesetzgebers kann folg-

---

501 Der XI. Senat des BGH stützte sich dabei zuvorderst auf das Kriterium einer gemeinschaftsrechtskonformen Auslegung sowie eine „erweiternde" Auslegung des Begriffs „Vertrag über eine entgeltliche Leistung" aus teleologischen Gründen. Ausgehend von der ratio legis des HausTürWG ist Hauptargument für die Einbeziehung der Bürgschaft, daß bei Verträgen, die nur eine einseitige Leistungsverpflichtung des Kunden, jedoch kein von der anderen Partei zu zahlendes Entgelt vorsehen, das Bedürfnis des Kunden nach Schutz vor Überrumpelung sogar noch größer als in den Fällen erscheint, in denen er für seine Leistung eine Gegenleistung erhält (argumentum a maiore ad minus); so bereits zuvor *Medicus*, EWiR 1991, 693, 694; *Bydlinski*, ZBB 1991, 263, 265; MüKo/ *Ulmer*, § 1 HausTürWG, Rn. 8a. Wenig überzeugend erscheint hingegen die Argumentation des EuGH, der die Einbeziehung der Bürgschaft in den sachlichen Anwendungsbereich der zugrundeliegenden Haustürgeschäftewiderrufsrichtlinie wegen deren Akzessorietät von der Qualifikation der Hauptschuld als Haustürgeschäft i.S.d. Art. 1 der Richtlinie abhängig macht. Denn über die Schutzwürdigkeit des Bürgen trifft der Charakter der Hauptschuld zunächst keine Aussage, vgl. dazu drastisch *Lorenz*, NJW 1998, 2937, 2938. Umfassend zu möglichen Argumentationsmustern: *Pfeiffer*, NJW 1996, 3297 ff.

502 BGH EuZW 1996, 220 f: Weil die Bürgschaft eine von der Verbindlichkeit des Schuldners verschiedene, eigene und einseitig übernommene Verbindlichkeit des Bürgen begründet, könne hierin kein auf eine entgeltliche Leistung gerichteter Vertrag i.S.d. § 1 I HausTürWG gesehen werden. Zustimmend etwa *Wolff*, WuB I F 1a.-15.91; *Gottwald*, BB 1992, 1296; *Wenzel*, NJW 1993, 2780.

503 Richtlinie 85/577/EWG vom 20. 12. 1985 betreffend den Verbraucherschutz im Falle außerhalb von Geschäftsräumen geschlossener Verträgen, ABl. der EG Nr. L 372/31.

504 Begr. Gesetzesentwurf der SPD-Fraktion, BT-Drucks. 10/584, S. 4: „Die geplante Richtlinie (...) ist vollauf berücksichtigt."; Zusammenstellung des Entwurfs (BT-Drucks. 10/2876) mit den Beschlüssen des Rechtsausschusses, BT-Drucks. 10/4210, S. 9: „Der Rechtsausschuß hat auch geprüft und sich davon überzeugt, daß sich die Neuregelung im Rahmen des Entwurfs der erwähnten europäischen Richtlinie hält"

lich keine Rede sein. Vielmehr wurde die Frage der Einbeziehung von Sicherheiten in den Regelungsbereich der Haustürgeschäfte weder auf europäischer noch auf nationalstaatlicher Ebene bedacht. Der Tatsache, daß der EuGH sowie der XI. Senat des BGH von der Richtlinie und damit in gemeinschaftsrechtskonformer Auslegung auch von § 1 HausTürWG den Bürgen der Hauptverbindlichkeit i.S.d. HausTürWG unter bestimmten Voraussetzungen erfaßt sehen,[505] kann somit für die Dogmatik der richtlinienkonformen Auslegung nichts Neues entnommen werden.

Damit kann auch für die Rechtswirklichkeit weiterhin davon ausgegangen werden, daß der richtlinienkonformen Auslegung zwar generell der Vorrang vor allen nationalen Auslegungsmethoden gebührt, ein konkret geäußerter Wille des nationalen Gesetzgebers, der dem europarechtlich vorgezeichneten Ergebnis zuwiderläuft, jedoch auch künftig noch beachtlich bleibt.

(d) Anwendung dieser Grundsätze auf § 34 a I WpHG

Für § 34 a I WpHG bedeutet dies, daß eine richtlinienkonforme Erstreckung der Vorschrift auf den Fall des Vertretermodells nicht in Betracht kommt. Es liegt hier sogar der Fall vor, daß in der Regierungsbegründung explizit jener Fall nicht einbezogen werden sollte, um den die Norm bei richtlinienkonformer Auslegung zu erweitern wäre. Eine Unterstellung dahingehend, er habe gerade diesen Fall doch erfassen wollen, ist mit dem - wie oben erläutert notwendigen - Mindestmaß an Ernstnahme des nationalen Gesetzgebers nicht zu vereinbaren. Eine solche wäre hier, eindeutiger als im Falle des § 611 a II BGB a.F., dem Bereich der bloßen, ja sogar widerlegten Fiktion zuzuweisen, stehen sich doch hier Regierungsbegründung und richtlinienkonforme Erweiterung des § 34 a I WpHG um den Fall der Vermögensverwaltung nach dem Vertretermodell diametral gegenüber. Der klar geäußerte Wille steht der Annahme eines mutmaßlichen, dominierenden Konformitätsbestrebens im Wege.

Ein Schutz des Kunden eines nach dem Vertretermodell verwaltenden Unternehmens ist somit auch nicht durch eine europarechtskonforme Auslegung des

---

505 EuGH NJW 1998, 1295, 1296; BGH NJW 1993, 1594, 1595. Maßgeblich dafür, daß die Richtlinie einen Ausschluß der Bürgschaft aus dem sachlichen Anwendungsbereich nicht rechtfertigt, spricht vor allem, daß diese eine Beschränkung auf entgeltliche Verträge nicht enthält. Ferner bezieht die Präambel auch ausdrücklich einseitige Verpflichtungserklärungen in den Regelungsbereich der Richtlinie ein, woraus sich zumindest schließen läßt, daß es auf das Vorliegen eines gegenseitigen entgeltlichen Vertrages nicht ankommen kann. Zu einer eingehenden Abwägung der Argumente siehe *Pfeiffer*, NJW 1996, 3297 ff.

§ 34 a I WpHG zu erreichen. Zu prüfen bleibt allerdings, ob nicht für den Schadensfall Regreßansprüche des Anlegers gegen die Bundesrepublik Deutschland wegen nicht ordnungsgemäßer Umsetzung bestehen.

(4) Staatshaftung der Bundesrepublik Deutschland

Sofern eine europarechtskonforme Lösung im nationalen Recht weder über eine unmittelbare Anwendung der Richtlinienbestimmung noch über eine richtlinienkonforme Auslegung erzielt werden kann, ist als letztes Mittel zur Durchsetzung der Wirksamkeit des Gemeinschaftsrechts eine Staatshaftung des unzulänglich umsetzenden Mitgliedstaates in Betracht zu ziehen.

(a) Grundvoraussetzungen einer Staatshaftung seit „Frankovich"

Auszugehen ist dabei von der Leitentscheidung des EuGH in der Rechtssache Frankovich[506]. Erstmals entschied hier der EuGH, daß das Gemeinschaftsrecht den Grundsatz beinhalte, daß die Mitgliedstaaten zum Ersatz von Schäden verpflichtet sind, die dem einzelnen durch Verstöße gegen das Gemeinschaftsrecht entstehen, die diesen Staaten zuzurechnen sind.[507] Er begründete dies mit dem „effet utile" sowie der Gemeinschaftstreuepflicht gemäß Art. 5 EGV, aus der die Verpflichtung resultiere, die rechtswidrigen Folgen eines Verstoßes gegen das Gemeinschaftsrecht zu beheben.[508]

- Unabdingbare Voraussetzung für einen Staatshaftungsanspruch ist danach zunächst, daß die betreffende Richtlinienbestimmung auf die Verleihung von Rechten an einzelne ausgerichtet ist.

Dabei ist ein solcher Zweck, namentlich bei Richtlinienbestimmungen, nicht bereits deshalb in Abrede zu stellen, weil diese ihrem Wortlaut nach an die Mitgliedstaaten adressiert sind. Ein europäischer Rechtsakt kann vielmehr auch dann noch die Vermittelung von Rechtspositionen an einzelne bezwecken, wenn er primär auf die Förderung allgemeiner Belange abzielt.[509] Nicht erforderlich ist also eine Qualifizierung als Schutznorm im strengen Sinne des § 823 II BGB;[510] europarechtlich kann es somit für die Begründung von Haftungsansprüchen ge-

---

506 EuGH, Rs. C-6/90 und C-9/90, Slg. 1991, I-5357.

507 EuGH, Rs. C-6/90 und C-9/90, Frankovich, Slg. 1991, I-5357, 5415.

508 EuGH, Rs. C-6/90 und C-9/90, Frankovich, Slg. 1991, I-5357, 5413 ff.

509 So generell *von Bogdandy* in: Grabitz/ Hilf, EUV/ EGV, Bd. 2, Art. 288, Rn. 131.

510 Die Untersuchung dieser Frage bleibt mithin der Prüfung vorbehalten, inwieweit Verstöße gegen die Bestimmungen des § 34 a WpHG zu einer zivilrechtlichen Haftung des Wertpapierdienstleistungsunternehmens führen können, siehe § 6 B.

gen die Gemeinschaft oder Mitgliedstaaten ausreichen, wenn der Kläger als Mitglied einer bestimmten Gruppe geschützt wird.[511] Im Bereich der Aufsichtspflichten wird man daher den individualrechtsverleihenden Charakter einer Norm regelmäßig nur dann abzulehnen haben, wenn sie derart allgemein gehalten ist, daß über die wirtschaftspolitische Motivation hinaus, der Zweck einer Rechtsverleihung an einzelne weder aus dem Wortlaut noch aus den Erwägungsgründen erkennbar wird.[512] Anders wird hingegen regelmäßig zu entscheiden sein, wenn die aufsichtsrechtliche Norm unter Bezugnahme auf den privaten Rechtsträger spezifisch ausgestaltet ist.[513]

Auch wenn die Regelung aus Art. 10 I Satz 2, Spiegelstrich 3 WpDIRL im Kontext der Aufsichts- oder Organisationsregeln zuvorderst als Mittel zur Stärkung der Funktionsfähigkeit der Kapitalmärkte erlassen worden ist[514], so wurde doch im bisherigen Verlauf der Bearbeitung bereits erkennbar, daß dieses Endziel im konkreten Fall über den regulatorischen Zwischenschritt eines verbesserten Schutzes des einzelnen Anlegers erzielt werden soll. Daß der Individualschutz nach der hier vertretenen Anschauung - jedenfalls nach der Ausgestaltung, die die WpDIRL im deutschen Recht erfahren hat - zuvorderst nur Mittel zum Zweck ist, ist hier auch insoweit unerheblich, als er auf europäischer Ebene im Rahmen der doppelten Zielsetzung der WpDIRL gesondert erwähnt wird und damit, was ausreicht, einer der angestrebten Zwecke ist.[515] Im speziellen Fall des Art. 10 I Satz 2, Spiegelstrich 3 WpDIRL folgt überdies schon aus dem mit dieser Bestimmung anvisierten Schutz der Rechte des Anlegers sowie eines Schutzes gegen mißbräuchliche Verfügungen der Wertpapierfirma für eigene Rechnung, daß der einzelne Anleger hier konkret in den Schutzbereich der Bestim-

---

511 *Von Bogdandy* in: Grabitz/ Hilf, EUV/ EGV, Bd. 2, Art. 288, Rn. 69 für die parallel zu beurteilende Haftung der EU für ihre Organe und Bediensteten gemäß Art. 288 EGV; hierauf wird bei der Erörterung der Voraussetzungen einer Haftung der Mitgliedstaaten Bezug genommen, *ders.*, a.a.O., Rn. 131.

512 In diese Richtung weist auch ein aktuelles Urteil des LG Bonn NJW 2000, 815, 816 f zur Einlagensicherungsrichtlinie, daß obgleich diese allein auf Art. 57 II EGV a. F. gestützt ist, deren Ausrichtung auf eine Rechtsverleihung an einzelne bejaht, namentlich weil in den Begründungserwägungen auch der Verbraucherschutz erwähnt wird.

513 Vgl. *von Bogdandy* in: Grabitz/ Hilf, EUV/ EGV, Bd. 2, Art. 288, Rn. 133, der davon ausgeht, daß Aufsichtspflichten zum Insolvenz- oder Verbraucherschutz, soweit sie spezifisch ausgestaltet sind, regelmäßig auch die Verleihung privater Rechtspositionen bezwecken. Hiermit eng verbunden ist die Frage der Einklagbarkeit dieser Rechtsposition vor den nationalen Gerichten, vgl. dazu § 6 B.VII.2.

514 Siehe oben Gliederungspunkt § 1 A.II.

515 In diesem Sinne auch *Grundmann*, Europ. SchuldvertragsR, 1. Teil, Rn. 170 zur Insiderhandelsrichtlinie.

mung miteinbezogen sein soll. Von einer den Individualschutz ganz verdrängenden wirtschaftspolitischen Motivation kann daher keine Rede sein kann.

- Ferner muß der Inhalt der Rechte, die dem einzelnen gewährt werden sollen, auf der Grundlage der Richtlinie zu bestimmen sein.

Insoweit ist davon auszugehen, daß ein weniger strenger Maßstab gilt, als er bei der inhaltlichen Genauigkeit für eine unmittelbare Anwendung der Richtlinie anzulegen wäre.[516] Nach EuGH genügt es bereits, wenn sich ein „Mindestrecht" feststellen läßt.[517] Dies ist bei privatrechtsgestaltenden Richtlinien bereits dann der Fall, wenn nur das vom Staat geforderte Handeln, also die Rechtssetzungsverpflichtung so bestimmt ist, daß ein Mindestgehalt der Rechtsposition, die dem einzelnen letztlich erwachsen soll, festgestellt werden kann.[518] So steht der Umstand, daß ein Mitgliedstaat nach der Richtlinie nicht näher bezeichnete Vorkehrungen treffen kann, einer hinreichenden Bestimmtheit nicht im Wege.[519] Vor diesem Hintergrund muß es als ausreichend beurteilt werden, wenn Art. 10 I Satz 2, Spiegelstrich 3 WpDlRL zu entnehmen ist, wovor der Kunde zu schützen ist, auch wenn hierfür im nationalen Recht mehrere Lösungen zur Verfügung stehen. Nach dem klaren Wortlaut der Vorschrift ist dies zunächst der Schutz der Gelder des Kunden vor Verfügungen der Wertpapierfirma auf eigene Rechnung. Unter Zuhilfenahme der entsprechenden Erläuterungen in den Erwägungsgründen und in Zusammenschau mit Art. 10 I Satz 2, Spiegelstrich 2 WpDlRL wird überdies bereits so viel deutlich, daß Regelungen zu erlassen sind, die den Wertpapierfirmen einen Umgang mit den Geldern ihrer Kunden vorschreiben, bei dem die Rechte des Kunden durch Abgrenzung von denjenigen des Unternehmens und anderen Kunden - insbesondere auch im Hinblick auf den Fall der Insolvenz der Firma - bestehen bleiben.[520] Ein Mindestinhalt der dem Kunden zugedachten Rechtsposition ist also klar umrissen. Die Frage der genauen Wahl der Mittel stellt dann eine solche der ordnungsgemäßen Umsetzung dar.

---

516 Vgl. EuGH, Rs. C-6/90 und C-9/90, Frankovich, Slg. 1991, I-5357, 5412 f, woraus hervorgeht, daß auch eine Richtlinie dieses Merkmal erfüllen kann, die nicht unmittelbar anwendbar ist, weil es ihr an der hinreichenden Genauigkeit fehlt; so bereits *Grundmann*, Europ. SchuldvertragsR, 1. Teil, Rn. 170.

517 So ausdrücklich in EuGH, Rs. C-91/92, Faccini Dori, Slg. 1994, I-3325, 3354 EuGH, verb. Rs. C-283/94, C-291/74, C-292/94, Denkavit, Slg. 1996, I-5063, 5099 im Anschluß an EuGH, Rs. C-6/90 und C-9/90, Frankovich, Slg. 1991, I-5357, 5409 f.

518 EuGH, Rs. C-6/90 und C-9/90, Frankovich, Slg. 1991, I-5357, 5409 f sowie EuGH, verb. Rs. C-178/94, C-179/ 94, C-188/94, C- 190/94, Dillenkofer, Slg. 1996, 4845, 4883 f.

519 EuGH, Rs. 8/81, Becker, Slg. 1982, 53, 72 f; EuGH, verb. Rs. C-178/94, C-179/ 94, C-188/94, C- 190/94, Dillenkofer, Slg. 1996, 4845, 4883 f.

520 Siehe dazu bereits oben (2a).

(b) Erfordernis eines hinreichend qualifizierten Verstoßes nach „Brasserie du pêcheur/ Factortame III"

Die in der Rechtssache „Frankovich" entwickelten Voraussetzungen der Staatshaftung für legislatives Unrecht hat der EuGH inzwischen in seiner Entscheidung in der Rechtssache „Brasserie du pêcheur/ Factortame III"[521] präzisiert und weiterentwickelt. Hieraus geht hervor, daß es anders als im Falle einer gänzlich fehlenden Richtlinienumsetzung, bei erfolgter, aber fehlerhafter Transformation einer Richtlinienbestimmung ins nationale Recht einer gesonderten Prüfung bedarf, ob es sich um einen hinreichend qualifizierten Verstoß handelt.[522] Dies ist anzunehmen, wenn der Mitgliedstaat die Grenzen seines Ermessens bei der Umsetzung offenkundig und erheblich überschritten hat[523], was jedenfalls dann zu bejahen ist, wenn sich der nationale Gesetzgeber in Widerspruch zu einer einschlägigen Rechtsprechung des EuGH setzt.[524]

Außerhalb dieser Fälle eines evident qualifizierten Verstoßes hat man nun eine umfassenden Abwägung im Einzelfall vorzunehmen.[525] Zu den hierbei zu berücksichtigenden Umständen führt der EuGH aus, daß ins Gewicht fällt, wie klar und genau die verletzte Bestimmung gefaßt ist und in welchem Umfang sie einen Ermessensspielraum gewährt. Ferner kommt dem Grad des Verschuldens Bedeutung zu, sowie der Entschuldbarkeit oder Nichtentschuldbarkeit der fehlerhaften Richtlinienumsetzung durch den Mitgliedstaat, wobei auch ein eventuelles Mitverschulden von Gemeinschaftsorganen mit zu beachten ist.[526]

---

521 EuGH, verb. Rs. C-46/93 und C-48/93, Slg. 1996, I-1029.

522 EuGH, Rs. C-46/93 und C-48/93, Brasserie du pêcheur/ Factortame III, Slg. 1996, I-1029, 1150. Überwiegend wird hierin ein allgemeines Tatbestandsmerkmal gesehen, welches aber bei Nichtumsetzung einer Richtlinienbestimmung jedenfalls erfüllt ist, siehe etwa *von Bogdandy* in: Grabitz/ Hilf, EUV/ EGV, Bd. 2, Art. 288, Rn. 139; *Geiger*, EUV/ EGV, Art. 10, Rn. 48.

523 EuGH, Rs. C-46/93 und C-48/93, Brasserie du pêcheur/ Factortame III, Slg. 1996, I-1029, 1150.

524 EuGH, Rs. C-46/93 und C-48/93, Brasserie du pêcheur/ Factortame III, Slg. 1996, I-1029, 1150.

525 *Von Bogdandy* in: Grabitz/ Hilf, EUV/ EGV, Bd. 2, Art. 288, Rn. 141 „Gesamtbetrachtung"; ähnlich *Geiger*, EUV/ EGV, Art. 10, Rn. 50 „Kriterien (...) im einzelnen zu prüfen".

526 EuGH, Rs. C-46/93 und C-48/93, Brasserie du pêcheur/ Factortame III, Slg. 1996, I-1029, 1150.

(c) Kriterienabwägung im Fall der fehlerhaften Umsetzung von Art. 10 I Satz 2, Spiegelstrich 3 WpDIRL

Wendet man diese Grundsätze auf die unzulängliche Umsetzung von Art. 10 I Satz 2, Spiegelstrich 3 WpDIRL ins deutsche Recht an, so scheint es sich auf den ersten Blick um eine recht allgemein gehaltene Vorschrift zu handeln, die ihrem Wortlaut nach nur einen Schutz der Rechte des Kunden im Hinblick auf die ihm gehörenden Gelder fordert; gesondert erwähnt wird dabei lediglich der Fall des Schutzes vor einer Verwendung für eigene Rechnung der Wertpapierfirma. Aus dem Zusammenhang mit der korrespondierenden Regelung des Art. 10 I Satz 2, Spiegelstrich 2 WpDIRL, läßt sich jedoch bereits ersehen, daß wesentlich auf einen Insolvenzschutz des Kunden abgezielt wird.[527] Zieht man nun die Erwägungsgründe zum Erlaß der WpDIRL hinzu, so wird außerdem deutlich, daß als rechtstechnisches Umsetzungsmodell die Abgrenzung der Rechte des jeweiligen Kunden intendiert ist.[528] Damit ist aber der Ermessensspielraum der Mitgliedstaaten bei der Umsetzung bereits erheblich eingeschränkt; denn diese europäischen Vorgaben führen ohne wesentliche Zwischenschritte zu der Überlegung, welche Rechtspositionen den Kunden im Insolvenzfall Schutz gewähren und wie diese Rechtspositionen abgesichert werden können, namentlich indem Verfügungen des Unternehmens auf eigene Rechnung weitgehend vorgebeugt wird.

Es schließt sich die Frage an, inwieweit es vor diesem Hintergrund noch als entschuldbar zu qualifizieren ist, daß der deutsche Gesetzgeber die Gefahrsituation bei einem Handeln des Wertpapierdienstleistungsunternehmen als Vertreter des Kunden falsch eingeschätzt hat. Zunächst vom Wortlaut des Art. 10 I Satz 2, Spiegelstrich 3 WpDIRL ausgehend konkretisiert sich somit die Beurteilung der Entschuldbarkeit, in der Fragestellung, ob der deutsche Gesetzgeber ohne haftungsrechtliche Konsequenzen übersehen durfte, daß auch hier eine wirksame Verfügung für eigene Rechnung des Unternehmens aufgrund gutgläubigen Erwerbes nach den §§ 932 ff BGB bzw.§ 366 HGB i.V.m. §§ 932 ff BGB möglich ist. Explizit begründet der deutsche Gesetzgeber die Ausnehmung des Handelns im fremden Namen auf fremde Rechnung damit, daß hier bei der Entgegennahme und Weiterleitung die Gefahr der Verwendung der Gelder für eigene Rechnung des Unternehmens nicht bestehe. Er verkennt somit zunächst, daß mithin das Unternehmen die Gelder jederzeit in seinem unmittelbaren Besitz halten darf, so daß es ihm aufgrund des Rechtsscheins des unmittelbaren Besitzes - ebenso wie wenn es die Gelder zur Verwendung im eigenen Namen besitzt -

527 In Art. 10 I Satz 2, Spiegelstrich 2 WpDIRL wurde dies im Gegensatz zu Art. 10 I Satz 2, Spiegelstrich 3 ausformuliert. Vgl. dazu bereits oben (2a).

528 Siehe dazu ausführlich oben § 2 A.II.1.b)cc).

möglich ist, sie gegenüber einem gutgläubigen Dritten kraft wirksamer Verfügung für eigene Rechnung zu verwenden.[529] Mit diesem Eigentumsverlust wird im Insolvenzfall in der Regel ein Vermögensverlust für den Kunden einhergehen, weil dann nicht nur keine Möglichkeit zur Aussonderung nach § 47 InsO besteht, sondern regelmäßig auch die faktische Durchsetzung von Regreßansprüchen illusorisch ist.

Noch gravierender erscheint aber, daß infolge völligen Fehlens einer Regelung für die Vermögensverwaltung nach dem Vertretermodell bei dieser Variante noch nicht einmal eine Trennung der Kundengelder vom eigenen Bestand gesetzlich vorgeschrieben ist, obschon in den europäischen Erwägungsgründen bereits von einer Abgrenzung der Gelder die Rede ist. Denn eine ungetrennte Verwahrung der Kundengelder zieht regelmäßig schon für sich genommen einen Rechtsverlust des Kunden durch Vermengung der Gelder gemäß §§ 948, 947 II BGB nach sich.[530]

Erschwerend fließt in die Gesamtwertung ein, daß die Richtlinienvorgabe keinerlei Anlaß zu einer Einschränkung des sachlichen Anwendungsbereiches gibt. Weicht aber der nationale Gesetzgeber von einer allgemeiner gehaltenen Richtlinienbestimmung ab und faßt er deren Anwendungsbereich enger, so ist ihm eine erhöhte Prüfungspflicht im Hinblick auf die Europarechtskonformität der Umsetzungsnorm aufzuerlegen. Überdies hätte die hieraus resultierende Asymmetrie der Vorschrift des § 34 a WpHG ins Auge stechen müssen, welche somit nur in ihrem Abs. 1 auf das Handeln im eigenen Namen beschränkt ist. Dies umso mehr als durch diese Eingrenzung der ganz überwiegende Teil der bankunabhängigen Vermögensverwalter nicht erfaßt wird, da die Vermögensverwaltung gerade soweit es sich um nichtlizensierte Wertpapierdienstleister handelt, nahezu ausnahmslos nach dem Vertretermodell ausgestaltet ist.[531] Zusätzlich ist somit dem deutschen Gesetzgeber eine Verkennung der Marktsituation zum Vorwurf zu machen.

Vieles spricht daher aus dem Blickwinkel der Entschuldbarkeit der fehlerhaften Umsetzung von Art. 10 I Satz 2, Spiegelstrich 3 WpDlRL dafür, von einem qualifizierten Verstoß des deutschen Gesetzebers auszugehen, der der Bundesrepublik Deutschland zuzurechnen wäre.

Demgegenüber ist zu berücksichtigen, daß die Normierung von Compliance-Regeln im deutschen Recht eine Neuerung darstellt, so daß auf praktische Erfah-

---

529 Siehe oben (2a).

530 Siehe oben (2a).

531 *Schäfer* in: BuB, 11/14; *ders.* in: Assmann/ Schütze § 28, Rn. 11; siehe auch *Schönle*, Bank- und BörsenR, § 20 IV. 2.c); *Assmann* in: Assmann/ Schneider, WpHG, § 2, Rn. 67, die generell darauf hinweisen, daß die Vermögensverwaltung praktisch durchweg im Vertretermodell betrieben wird.

rungswerte nicht zurückgegriffen werden konnte. Unter diesem Aspekt erscheinen zumindest rechtstatsächliche Mißverständnisse wiederum eher verständlich.

Zudem sind keine Anhaltspunkte für ein vorsätzliches Verhalten ersichtlich, das wohl schon per se geeignet wäre, einen qualifizierten Verstoß zu begründen[532]. Auch ist in die Gesamtabwägung miteinzustellen, daß der europäische Gesetzgeber zu Auslegungsschwierigkeiten beiträgt, wenn er es in Art. 10 I Satz 2, Spiegelstrich 3 WpDIRl unterläßt, auszuformulieren, daß die Vorschrift den Schutz der Rechte des Anlegers gerade im Falle der Insolvenz der Wertpapierfirma bezweckt. Denn, betrachtet man die Vorschrift von ihrem teleologischen Gehalt her, so liegt wie gesehen, auch was den Schutz der Kundengelder betrifft, ebenso wie bei der Parallelnorm des Art. 10 I Satz 2, Spiegelstrich 2 WpDIRL, der dies im Hinblick auf die Wertpapiere des Kunden explizit zu verstehen gibt, der Schwerpunkt auf dem Insolvenzschutz.[533]

(d) Vergleich mit dem Beurteilungsmaßstab des EuGH in den Folgeentscheidungen zu „Brasserie du pêcheur/ Factortame III“; Versuch einer Prognose

Vergleicht man nun die Sach- und Rechtslage bei der fehlerhaften Umsetzung von § 34 a I WpHG mit anderen Fällen, in denen der EuGH in der Folge von „Brasserie du pêcheur“ über das Vorliegen eines hinreichend qualifizierten Verstoßes zu entscheiden hatte, so ist insgesamt festzustellen, daß der EuGH in Fällen nicht vorsätzlicher Verstöße umso großzügiger war, je weniger offensichtlich die Divergenz zwischen mitgliedstaatlicher Umsetzung und einer europarechtskonformen Lösung entweder aus dem klaren Wortlaut der Richtlinie[534], einer Entscheidung des EuGH[535] oder einer sonstigen Stellungnahme von offizieller europäischer Seite[536] ersichtlich war. So wurde es etwa in „British Telecom“ für maßgeblich befunden, daß die Auslegung der Richtlinienbestimmung durch den Mitgliedstaat nicht in offenkundigem Widerspruch zu Wortlaut und Zielsetzung der Richtlinie stand.[537] Je weniger eindeutig oder eindeutig geklärt die Rechtsla-

---

532 So auch die Einschätzung von *von Bogdandy* in: Grabitz/ Hilf, EUV/ EGV, Bd. 2, Art. 288, Rn. 141.

533 Siehe insbesondere die Einordnung von § 34 a I WpHG ins aufsichtsrechtliche Gesamtgefüge unter § 2 A.II.1.b)cc) sowie soeben (2a) im Kontext der Europarechtskonformität von § 34 a I WpHG.

534 Vgl. EuGH, Rs. C-140/97, Rechberger, Slg. 1999, I-3499, 3540.

535 EuGH, verb. Rs. C-46/93 und C-48/93, Brasserie du pêcheur/ Factortame III, Slg. 1996, I-1029, 1151; EuGH, verb. Rs. C-283/94, C-291/74, C-292/94, Denkavit, Slg. 1996, I-5063, 5102.

536 Vgl. für einen Hinweis durch die Kommission: EuGH, verb. Rs. C-46/93 und C-48/93, Brasserie du pêcheur/ Factortame III, Slg. 1996, I-1029, 1152.

537 EuGH, Rs. C-392/93, British Telecommunications, Slg. 1996, I-1631, 1669.

ge ist, desto weniger ist also ein Verstoß als hinreichend qualifiziert einzustufen.[538]

Insoweit spricht hier neben dem vergleichsweise ausfüllungsbedürftig formulierten Regelungsauftrag insbesondere gegen eine Haftung der BRD, daß keine Entscheidung des EuGH zum betreffenden Regelungskomplex vorliegt und auch seitens der Kommission bislang kein Hinweis erfolgt ist. Darüber hinaus fehlte es auch im Kontext des deutschen Rechts an Erfahrungswerten hinsichtlich einer gesetzlichen Erfassung der Vermögensverwaltung und waren immerhin einige rechtliche Überlegungen anzustellen, um die gewählte Lösung als nicht richtlinienkonform qualifizieren zu können.

Andererseits ist jedoch nicht zu übersehen, daß der deutsche Gesetzgeber mit der Einschränkung des Anwendungsbereiches wenn auch nicht von einem eindeutigen Wortlaut, so doch von der Wortlautvorgabe der Richtlinienbestimmung abweicht, die auch in Verbindung mit den Entscheidungsgründen für eine Beschränkung auf das Handeln im eigenen Namen keine Anhaltspunkte enthält. Faßt aber ein Mitgliedstaat den Anwendungsbereich einer Richtlinienbestimmung eigenmächtig enger, so bedeutet dies eine eigenverantwortliche Erhöhung des Fehlerrisikos, das zu einem verschärften Einstehenmüssen für hieraus resultierende Konformitätsmängel führen muß. Unter diesem Gesichtspunkt würde es daher für eine Exkulpation des deutschen Gesetzgebers vorliegend wohl nicht mehr ausreichen, käme das entscheidende Gericht auch hier im übrigen zu dem Ergebnis, daß die gewählte Umsetzung von Art. 10 I Satz 2, Spiegelstrich 3 WpDIRL in gutem Glauben und aufgrund von Erwägungen erfolgt ist, die nicht völlig von der Hand zu weisen sind.[539] Es dürfte viel eher ein weniger strenger Maßstab zur Annahme der Staatshaftung anzulegen sein als sonst an Vorschriften mit Ermessensspielraum und nicht eindeutiger bzw. eindeutig geklärter Rechtslage. Den Beurteilungsmaßstab des Generalanwalt Thesauro, der in diesen Fällen nur bei einer „offensichtlich" falschen Umsetzung von einem qualifizierten Verstoß ausgeht, wird man daher vorliegend auf ein geringeres Maß an Erkennbarkeit der Fehlerhaftigkeit unter dann nur noch rein nationalrechtlichen

538 Siehe auch GA Tesauro, Schlußanträge in verb. Rs. C-46/93 und C-48/93, Brasserie du pêcheur/ Factortame III, Slg. 1996, I-1029, 1111, der Verstöße der Mitgliedstaaten durch legislative Akte nach deren Offensichtlichkeit in drei Klassen unterteilt. Insoweit drängt sich hier die Parallele zum Vorabentscheidungsverfahren nach Art. 234 EGV auf, wo in den Fällen eines „acte clair" oder „acte éclairé" die Vorlagepflicht der nationalen Gerichte entfällt (siehe dazu etwa zusammenfassend *Bleckmann*, Europarecht, Rn. 926). Jedenfalls bei einer solch eindeutigen Rechtslage wird stets ein qualifizierter Verstoß anzunehmen sein, wenn ein Mitgliedstaat dennoch nicht ordnungsgemäß umsetzt.

539 Dies hielt der EuGH in Rs. C-392/93, British Telecommunications, Slg. 1996, I-1631, 1669 für ausschlaggebend.

Aspekten abzuschwächen haben.[540] Zieht man dies zugrundelegend in Betracht, daß die vom deutschen Gesetzgeber gewählte Fassung von § 34 a I WpHG nicht nur auf einer unzutreffenden rechtlichen Prämisse basiert, sondern diese Fassung aufgrund der aktuellen Marktsituation und der Asymmetrie der Vorschrift des § 34 a WpHG weiter hätte hinterfragt werden müssen, so ist die Annahme eines qualifizierten Verstoßes durch den EuGH schon vor diesem Hintergrund als wahrscheinlich zu beurteilen.

Dessen ungeachtet wird sich der Verstoß jedenfalls in dem Maße als offenkundiger und damit qualifizierter darstellen, wie sich die kritischen Stimmen mehren.[541] Der Gesetzgeber wird sich sodann immer weniger auf ein fehlendes Erkennen berufen können. Wird auf diese Weise die Nonkonformität der Regelung derart augenscheinlich, daß die Kenntnis des Gesetzgebers unterstellt werden muß, so kann in der Nichtänderung trotz Augenscheinlichkeit sogar ein vorsätzliches Verhalten zu erblicken sein. Einer Haftung für Schäden, die Anlegern aus einer fehlenden Vermögenstrennung bei der Vermögensverwaltung nach dem Vertretermodell resultieren, wird sich die Bundesrepublik Deutschland aber spätestens von dem Zeitpunkt an nicht mehr entziehen können, in dem von offizieller europäischer Seite Kritik an einer mangelhaften Umsetzung der Bundesrepublik Deutschland laut wird.

(e) Vorliegen der sonstigen Haftungsvoraussetzungen und Umfang der Ersatzpflicht

Soweit das national zur Entscheidung berufene Gericht unter diesen Voraussetzungen einen hinreichend qualifizierten Verstoß des deutschen Gesetzgebers bejaht, ist dieser der Bundesrepublik Deutschland zuzurechnen. Ein Haftungsausschluß für legislatives Unrecht wäre mit dem europarechtlich dominierenden Effektivitätsprinzip nicht zu vereinbaren. Über die vorgenannten Voraussetzungen hinaus, sind aus diesem Grund auf haftungsbegründender Seite keine zusätzlichen Erfordernisse zu prüfen.[542] Dies folgt inzwischen auch bereits daraus,

---

540 Schlußanträge des GA Tesauro in verb. Rs. C-46/93 und C-48/93, Brasserie du pêcheur/ Factortame III, Slg. 1996, I-1029, 1111. Von einer offensichtlich falschen Auslegung der Richtlinienvorgabe ging der EuGH wohl in der Entscheidung in der Rechtssache Rechberger aus, wo er ohne nähere Erörterung einen hinreichend qualifizierten Verstoß bejahte. Im Unterschied zu der hier vorliegenden Konstellation hatte dort jedoch der betreffende Mitgliedstaat die Wirksamkeit der geforderten Regelung durch zeitliche Begrenzung der Anwendung gänzlich suspendiert, siehe EuGH, Rs. C-140/97, Rechberger, Slg. 1999, I-3499, 3501 sowie 3540.

541 Kritisch bereits jetzt: *Koller* in: Assmann/ Schneider, WpHG, § 34 a, Rn. 1 und 6.

542 EuGH, verb. Rs. C-46/93 und C-48/93, Brasserie du pêcheur/ Factortame III, Slg. 1996, I-1029, 1153.

daß die Verankerung dieses Anspruches im Europarecht klargestellt ist und es sich folglich nicht lediglich um gemeinschaftsrechtliche Vorgaben für einen ggf. nationalrechtlich zu schaffenden Anspruch handelt.[543]

Als Rechtsfolge ist dann der Schaden zu ersetzen, der dem betroffenen einzelnen kausal aus der mangelhaften Richtlinienumsetzung entsteht.[544] Dies wären im vorliegenden Fall, diejenigen Investitionen, die einem Anleger dadurch verloren gehen, daß er als Kunde eines nach dem Vertretermodell vorgehenden Vermögensverwalters nicht den ihm europarechtlich gebührenden Schutz durch Verpflichtung des Verwalters zu einer getrennten Verwahrung seiner Gelder genießt. Insbesondere in dem von § 34 a WpHG anvisierten Hauptfall eines nicht wirtschaftlich begründeten Vermögensverlustes des Wertpapierkunden, der Insolvenz des Wertpapierdienstleistungsunternehmens, wird die Ursache für das Scheitern eines Aussonderungsrechtes des Kunden gemäß § 47 InsO regelmäßig darin begründet sein, daß seine Gelder nicht auf einem separaten Treuhandkonto gehalten wurden.

Zu beachten ist schließlich, daß entsprechend der Grundsätze über die Vorteilsausgleichung[545] von einem Schaden jedoch nur insoweit die Rede sein kann, wie der Verlust des Kunden nicht durch die Gewährung einer Anlegerentschädigung nach dem EAG kompensiert wird. Da die Bundesrepublik für die gesetzliche Etablierung einer Anlegerentschädigung ebenso verantwortlich zeichnet wie für die fehlerhafte Umsetzung von Art. 10 I Satz 2, Spiegelstrich 3 WpDlRL, wird der Schädiger durch diese Anrechnung hier nicht unbillig entlastet. Eine Haftung der Bundesrepublik für den Verlust von Kundengeldern eines einzelnen Anlegers im hier diskutierten Kontext des § 34 a WpHG kann daher lediglich bei einem Schaden virulent werden, der 20.000 Euro und 90 % der Verlustsumme übersteigt, vgl. § 4 II Satz 1 EAG.

---

543 Siehe etwa *von Bogdandy* in: Grabitz/ Hilf, EUV/ EGV, Bd. 2, Art. 288, Rn. 168, 126 f; *Geiger*, EGV/ EUV, Art. 10, Rn. 51.

544 Da der EuGH sich hinsichtlich des Haftungsumfanges mit Vorgaben zurückhält und lediglich eine angemessene Entschädigung fordert (siehe etwa Brasserie du pêcheur/ Factortame III, Slg. 1996, I-1029, 1156 f) sind die Schadensfolgen grundsätzlich nach dem nationalen Recht zu beheben; *Geiger*, EGV/ EUV, Art. 10, Rn. 51; *Lageard* in: Lenz, EGV, Art. 288, Rn. 55.

545 Darüber hinaus ist das schädigende Ereignis auch condicio sine qua non für die als Vorteil anzurechnende Gewährung des Entschädigungsanspruchs, da ein solcher Anspruch gemäß §§ 3 I, 5 I EAG voraussetzt, daß ein Institut nicht mehr in der Lage ist, Einlagen zurückzuzahlen oder seine Verbindlichkeiten zu erfüllen. Zu den Voraussetzungen der Vorteilsausgleichung im einzelnen siehe Palandt/ *Heinrichs*, BGB, vor § 249, Rn. 119 ff; *Medicus*, BR, Rn. 854 ff sowie zu deren Beachtlichkeit im Rahmen des europarechtlichen Staatshaftungsanspruchs *von Bogdandy* in: Grabitz/ Hilf, EUV/ EGV, Bd. 2, Art. 288, Rn. 167.

dd) Das vom Gesetzgeber anvisierte Modell, Variante der Ermächtigungstreuhand

Da der nach dem Modell der Ermächtigungstreuhand vorgehende Vermögensverwalter im eigenen Namen und auf fremde Rechnung handelt und nach oben Gesagtem[546] auch kein Einlagengeschäft vorliegt, findet § 34 a I WpHG auf diese vom Gesetzgeber auch anvisierte Variante Anwendung.

Im übrigen liegt auch bei der Vermögensverwaltung nach der Ermächtigungstreuhand wegen des Handelns für Rechnung des Kunden, jedoch im eigenen Namen ein Finanzkommissionsgeschäft nach § 1 I Satz 2, Nr. 4 KWG vor, mit der Konsequenz, daß eine beschränkte Bankerlaubnis notwendig wäre.[547] Der Vermögensverwalter unterfiele somit auch in diesem Fall denjenigen aufsichtsrechtlichen Vorschriften, die an den Begriff der Wertpapierhandelsbank anknüpfen.[548] Von der Finanzkommission unterscheidet sich die nach diesem Modell ausgestaltete Vermögensverwaltung praktisch nur dadurch, daß die Anlage des Kundenvermögens fortlaufend wahrgenommen wird und nicht auf eine einzelne Transaktion im Wege der Kommission beschränkt ist.[549]

f) Fazit der Anwendbarkeit von § 34 a I WpHG auf die Vermögensverwaltung

Betreffend die Vermögensverwaltung ist mit der Anwendung auf die Ausgestaltung nach dem Modell der Ermächtigungstreuhand sowie der Vollrechtstreuhand ein theoretischer Anwendungsbereich des § 34 a I WpHG gegeben.

Bei der Ermächtigungstreuhand ist dieses Ergebnis ganz eindeutig. Die Vermögensverwaltung auf der Basis dieser Rechtsfigur ist auch genau dasjenige Verwaltungsmodell, welches der Gesetzgeber bei der Fassung der Vorschrift zugrundegelegt hat.[550] Die sich aus der bloßen Subsumtion ohne weiteres ergebende Anwendbarkeit von § 34 a I WpHG findet somit ihre Bestätigung in einer subjektiv-teleologischen Auslegung.

---

546 Unter bb),(2); für einen Überblick vgl. die Zusammenfassung unter (f).

547 Vgl. zur Möglichkeit der Erteilung einer beschränkten Bankerlaubnis oben A.I.

548 Insbesondere wird für Wertpapierhandelsbanken i.S.d. § 1 IIId Satz 2 KWG ein gemäß § 33 I Nr. 1.c) KWG erhöhtes Anfangskapital von mindestens 730.000 Euro gefordert. Vgl. hierzu auch bereits die Untersuchung der verschiedenen Institutstypen als mögliche Adressaten des § 34 a I WpHG.

549 Insoweit gelten die Darlegungen zum Treuhandmodell unter bb),(4a) auch hier. Dies umso mehr, als auch bei der Kommission in der Regel auf der Basis einer Ermächtigung nach § 185 I BGB gehandelt wird.

550 Begr. RegE § 34 a WpHG, BT-Drucks. 13/7142, S. 66. Zu einer eingehenden Analyse der Gesetzesbegründung siehe oben bb),(2b).

Für die in der Literatur als „Treuhandmodell" bezeichnete Variante, bei der es sich dogmatisch um die Vermögensverwaltung auf der Basis einer Vollrechtstreuhand handelt, bedarf es zwar nach der Ausweitung des Aufsichtsrechts auf alle denkbaren Handlungsformen des Wertpapierhandels einer Zuordnung zum Einlagengeschäft nun nicht mehr. Denn auch für diese Variante folgt nun der insolvenzrechtliche Schutz des Anlegers bereits aus dem mit § 34 a I WpHG im Aufsichtsrecht verankerten Prinzip der rechtlichen Abgrenzung. Weil zudem der Verwalter auch hier auf fremde Rechnung und im eigenen Namen tätig wird, unterfällt damit auch die Verwaltung fremden Vermögens auf der Basis der Vollrechtstreuhand dem Anwendungsbereich von § 34 a I WpHG.

Dies bedeutet indes nur so viel, daß den bankunabhängigen Vermögensverwalter auch dann die Weiterleitungspflicht gemäß § 34 a I WpHG trifft, sollte das Verwaltungsverhältnis nach dem Modell der Vollrechtstreuhand ausgestaltet sein. Da jedoch, um zu diesem Ergebnis zu gelangen, ein erheblicher Begründungsaufwand erforderlich war, ist den Wertpapierdienstleistungsunternehmen schon unter dem Aspekt der Rechtssicherheit anzuraten, unter Geltung von § 34 a I WpHG nach dem Modell der Ermächtigungstreuhand vorzugehen. Aufgrund der bisherigen Einordnung der Vollrechtstreuhand als Einlagengeschäft und der in Gesetz und Begründung zu verspürenden Unsicherheiten hinsichtlich ihrer Behandlung[551], die einen Grund auch in der in einigen Konstellationen noch immer nicht eindeutigen Rechtslage bei Insolvenz des Treuhänders haben dürften,[552] kann nämlich keineswegs mit Sicherheit prognostiziert werden, ob die Gerichte die Annahme fremder Gelder im Rahmen der Vollrechtstreuhand nicht doch als Einlagengeschäft beurteilen würden.

Die aus der nicht hinreichend gesicherten Rechtslage resultierenden Bedenken auf nationalrechtlicher Ebene werden durch die europarechtliche Herkunft der Regelung des § 34 a I WpHG verschärft. Denn der Umstand, daß die Umsetzung des durch Art. 10 I Satz 2, Spiegelstrich 3 WpDlRL intendierten Insolvenzschutzes des Kunden im Falle der Treuhandmodells sich nur aus einer - wenn auch inzwischen weitgehend gewohnheitsrechtlich verfestigten - Rechtsprechung ergibt, wirft europarechtlich die Problematik der fehlenden Klarheit und Erkennbarkeit der Rechtslage für den durch die Norm Begünstigten, hier also den Vermögensverwaltungskunden auf.

---

551 Die sich in der Regierungsbegründung wie o.g. (unter a)bb),(2b)) in einem völligen Außerachtlassen dieser exakt zwischen den beiden diskutierten Varianten stehenden Rechtsfigur äußern.

552 Auf diesbzgl. Unsicherheiten weist auch *Schönle*, Bank- und BörsenR, § 20 IV. 2.c) hin. Siehe zur uneindeutigen Rechtsprechung in bezug auf Treugut außerhalb von Treuhandkonten sogleich II.2.a).

Gemessen an den Maßstäben, wie sie der EuGH jüngst in seiner Entscheidung zum Umweltinformationsgesetz[553] zusammenfassend formuliert hat, wird man im Sinne der Erkennbarkeit für Wirtschaftsteilnehmer aus dem europäischen Ausland letztlich allein eine klar aus dem Gesetz ablesbare Regelung für ausreichend halten können. Zwar erkennt der EuGH grundsätzlich an, daß die ordnungsgemäße Umsetzung einer Richtlinie nicht notwendig die förmliche und wörtliche Übernahme ihrer Bestimmungen in eine ausdrückliche und besondere Rechtsvorschrift bedarf; ihr könne auch durch einen allgemeinen rechtlichen Kontext Genüge getan werden, wenn dieser unter Beachtung der Rechtsprechung und Verwaltungspraxis die vollständige Anwendung der Richtlinie hinreichend klar und bestimmt gewährleistet.[554] Indessen hat er in der zitierten Entscheidung selbst die in den deutschen Rechtstexten gängige Formulierung für eine graduelle Regulierung von Rechtspositionen „soweit" für nicht genügend klar und bestimmt erachtet, einen auszugsweisen Informationsanspruch umzusetzen.[555] In Anbetracht dieser Entscheidung sowie der Tatsache, daß die Bundesrepublik bereits in anderen Fällen mit dem Argument einer gefestigten Rechtsprechung oder ständiger Behördenpraxis erfolglos blieb[556], kann eine rechtliche Abgrenzung, die allein auf einer BGH-Rechtsprechung basiert, den europarechtlichen Maßstäben an Klarheit und Erkennbarkeit für die Begünstigten nicht genügen. Dies gilt im konkreten Fall umso mehr, als die Ergebnisse der Treuhandrechtsprechung die formal-rechtliche Situation auf den Kopf stellen und ihre Voraussetzungen für bestimmte Fallkonstellationen nicht eindeutig geklärt sind. Für die vertragliche Praxis wird das deutsche (Vollrechts-) Treuhandrecht im

553 EuGH, Rs. C-217/97, Kommission/ Bundesrepublik Deutschland, Slg. 1999, I-5105.

554 EuGH, Rs. C-217/97, Kommission/ Bundesrepublik Deutschland, Slg. 1999, I-5105, 5115. Der EuGH hält sich insoweit an die Schlußanträge des GA N. Fennelly, Slg. 1999, I-5087, 5095, der diese Anforderungen aus den Entscheidungen des EuGH, Rs. C-382/92, Kommission/ Vereinigtes Königreich, Slg. 1994, I-2461, 2471 sowie Rs. 247/85, Kommission/ Belgien, Slg. 1987, 3057, 3060 zusammenaddiert. Vgl. auch bereits die Entscheidung des EuGH zur TA Luft, Rs. C-361/88, Kommission/ Bundesrepublik Deutschland, NVwZ 1991, 866.

555 EuGH, Rs. C-217/97, Kommission/ Bundesrepublik Deutschland, Slg. 1999, I-5105, 5115 ff. Zu einer Kritik dieser Entscheidung siehe *Becker*, NVwZ 1999, 1187, 1188, der zutreffenderweise darauf hinweist, daß demnach „Klarheit und Bestimmtheit" mit „für jeden absolut verständlich" gleichzusetzen ist und veranschaulicht, daß diesen Maßstäben letztlich nur noch die wortgetreue Übernahme einer Richtlinienbestimmung gerecht wird. Die Richtlinie als Normtyp verliert aber damit ihre Existenzberechtigung.

556 Vgl. dazu die Anmerkung zum Urteil des EuGH in der zitierten Rs. C-217/97 von *Pitschas/ Lessner*, DVBl. 2000, 332, 333.

Hinblick auf den Insolvenzschutz des Treugebers, wie oben gesehen[557], nur bei vertiefter Kenntnis höchstinstanzlicher Entscheidungen deutscher Gerichte anwendbar. Hinzu tritt die generelle dogmatische Erwägung, daß die Anerkennung der Schaffung einer ausreichend klaren und bestimmten Rechtslage durch Gerichtsentscheidungen schon deswegen auf Bedenken stößt, weil diese nur inter partes und im Rahmen des Streitgegenstandes verbindlich sind, so daß sie mangels Gesetzeskraft durch neue Entscheidungen geändert werden können.[558]

Der europarechtliche Blickwinkel liefert somit - neben der im einzelnen noch näher aufzuzeigenden dogmatischen Schwächen der Treuhandrechtsprechung sowie verbleibenden Schutzlücken - ein zusätzliches Argument dagegen, im Rahmen des§ 34 a I WpHG die Verwaltung auf der Basis einer Vollrechtstreuhand für zulässig zu erachten. Auch wenn also nach oben Gesagtem eine Unterstellung des Treuhandmodells unter die für Einlagengeschäfte geltenden Regelungen nach Einführung des § 34 a I WpHG nicht mehr angezeigt ist und also, soweit diese Variante tatsächlich einmal von nicht vollizensierten Instituten praktiziert wird, den Anforderungen an eine getrennte Vermögensverwaltung gemäß § 34 a I WpHG unterfällt, so sollte das BAWe (seit 01. 05. 2002: die BAFin) schon aus Gründen der europarechtlich geforderten Durchschaubarkeit im Rahmen des § 34 a I WpHG die Variante Ermächtigungstreuhand zugrundelegen. Bei dieser Rechtsfigur bestehen aus europarechtlicher Sicht keine Bedenken, weil es hier der formalen Rechtslage entspricht[559], wenn die angelegten Vermögenswerte im Insolvenzfall dem Kunden zugeordnet werden. Die Abgrenzung der Kundengelder ist hier folglich eine dinglich-rechtliche und damit klar erkennbar.

Darüber hinaus wird sich im Verlauf der Bearbeitung an den einzelnen Regelungselementen der Vorschrift erweisen, daß die Ermächtigungstreuhand die Schutzzwecke aus Art. 10 I Satz 2, Spiegelstrich 3 WpHG nicht nur dogmatisch schlüssiger, sondern auch effektiver verwirklicht. Sie stellt mithin im Rahmen von § 34 a I WpHG die geeignetere Variante einer Verwaltung fremden Vermögens dar.[560]

Die in den Gesetzesunterlagen erfolgte Konzipierung des § 34 a I WpHG auf die Rechtsfigur der Ermächtigungstreuhand hat der Gesetzgeber daher mit gutem

557 Unter a)bb),(2c).

558 *Möllers*, Die Rolle des Rechts im Rahmen der europäischen Integration, S. 22.

559 Vgl. dazu und zu einer Kritik der herkömmlichen deutschen Treuhanddogmatik § 3 C.

560 Vgl. zu den primären und sekundären Schutzzwecken des § 34 a I WpHG bereits ausführlich
oben unter Gliederungspunkt A.II.1.b). Der Regelungstechnik der Vorschrift im einzelnen wird sich das folgende Kapitel, § 3, widmen.

Grund vorgenommen.[561] An diese Einordnung sollte sich das für die Überwachung zuständige Bundesaufsichtsamt in der Praxis halten.

Die praktische Bedeutung der Vorschrift des § 34 a I WpHG ist jedoch sowohl in ihrer Anwendung auf die Vermögensverwaltung nach dem Treuhandmodell als auch in derjenigen auf die Ermächtigungstreuhand gering:

Soweit ersichtlich spielt nämlich die Vermögensverwaltung nach dem Modell der Ermächtigungstreuhand in Deutschland derzeit keine Rolle.[562] Selbst wenn aber ein vermögensverwaltendes Wertpapierdienstleistungsunternehmen bisher nach dieser Methode gehandelt hätte, so wäre es ihm ein Leichtes, fortan auf das „Vertretermodell" umzustellen und sich so der Pflicht nach § 34 a I WpHG zu entziehen. Dies hätte auch nicht zur Folge, daß es nicht mehr vom Europäischen Paß profitieren könnte, denn auch die Anschaffung und Veräußerung von Wertpapieren im fremden Namen unterfällt nach § 2 III Nr. 3 WpHG dem Anwendungsbereich dieses Gesetzes, nur eben nicht dem des § 34 a I WpHG. Hinzu kommt, daß wegen § 1 I Satz 2 Nr. 4 KWG noch eine (beschränkte) Bankerlaubnis zu beantragen wäre, würde sich ein Unternehmen tatsächlich für die Verwaltung auf der Basis der Ermächtigung entscheiden. Schon in Anbetracht dessen erscheint die gesetzgeberische Lösung wenig ausgeklügelt, obgleich die Erinnerung des Gesetzgebers an diese in der Praxis viel zu wenig beachtete Treuhandform prinzipiell zu begrüßen ist.

Ferner erübrigen sich für den praktischen Umgang mit der Bestimmung des § 34 a I WpHG auch weitestgehend die in bezug auf das Treuhandmodell geäußerten rechtlichen Zweifel. Ein nennenswerter Anwendungsbereich der Vorschrift ist zum Zeitpunkt ihres Inkrafttretens auch für die Vermögensverwaltung auf der Basis der Vollrechtstreuhand nicht auszumachen. Das Treuhandmodell wurde nämlich bis dato, gerade wegen der bislang praktisch unstreitigen Einordnung als Einlagengeschäft, wenn überhaupt, so nur von Banken in Besitz einer Vollizenz nach § 32 I Satz 1, 1.Alt. KWG praktiziert.[563] Hieraus erklärt sich

---

561 Und - wie nur gemutmaßt werden kann - wegen Unsicherheiten bei der Qualifizierung der Vollrechtstreuhand.

562 Vgl. insgesamt die zur Vermögensverwaltung zitierte Literatur, wo die Ermächtigungstreuhand mit keinem Wort erwähnt wird, vielmehr nur von „Treuhand-" und „Vertretermodell" die Rede ist. Auch das BAWe konnte zum 29. 07. 1999 und erneut zum 03. 04. 2000 und 01. 06. 2001 keine praktische Relevanz der Ermächtigungstreuhand im Geschäft der Vermögensverwaltung bestätigen.

563 *Schäfer* in BuB 11/14; nach *Schönle*, Bank- und BörsenR, § 20 IV. 2.c) spielt diese Form der Vermögensverwaltung insgesamt nur eine sehr geringe Rolle; *Assmann* in: Assmann/ Schneider, WpHG, § 2, Rn. 67 spricht davon, daß die Vermögensverwaltung nahezu durchweg nach dem Vertretermodell betrieben werde. Die präziseste Angabe findet sich in der wirtschaftswissenschaftlichen Untersuchung von *Brunner*, Vermögensverwaltung deutscher Kreditinstitute, S. 14, Fn. 8, der im

auch, daß nicht banklizensierte Vermögensverwalter in Deutschland seit jeher und soweit ersichtlich die Vermögensverwaltung praktisch ausschließlich in der Form des Vertretermodells betreiben.[564]

Die mangelnde faktische Relevanz der Vorschrift dokumentiert sich schließlich auch in dem Umstand, daß die - soweit aus der in der Fachliteratur veröffentlichten Rechtsprechung ersichtlich - erste diese Vorschrift betreffende Entscheidung[565] vom 23. 11. 2001 datiert, d.h. also nahezu vier Jahre nach Inkrafttreten der Regelung.

Der Gesetzgeber erzielt somit trotz Schaffung einer komplexen Vorschrift im Hinblick auf den überwiegenden Großteil der bankunabhängigen Vermögensverwalter keine Wirkung. Gerade dort, wo wegen des oft beschriebenen „grauen Kapitalmarktes“[566] Handlungsbedarf bestanden hätte, wurde - nach Wortlaut und Gesetzesbegründung eindeutig - keine Gefahr gesehen. Für die Vermögensverwaltung im Rahmen der derzeit in Deutschland bestehenden Marktsituation hat § 34 a I WpHG damit nur geringe praktische Bedeutung.

II. Kundengelder im Zusammenhang mit einer Wertpapierdienstleistung

1. Allgemeine Definition

Unter „Kundengelder (...) im Zusammenhang mit einer Wertpapierdienstleistung oder einer Wertpapiernebendienstleistung“ ist im Rahmen des § 34 a I WpHG nicht nur das real vom Wertpapierdienstleistungsunternehmen entgegengenommene Bargeld zu verstehen, sondern auch Schecks und auf Eigenkonten des Unternehmens überwiesene Beträge (Buchgeld), soweit sie auf Rechnung des Kunden und vom Wertpapierdienstleister im eigenen Namen verwendet werden sollen.[567] Denn die genannten Zahlungsformen stehen nach Marktgegebenheiten

---

Rahmen umfangreicher Markterhebungen zu dem Ergebnis kommt, daß sich Treuhandverwaltungen lediglich vereinzelt bei privaten Bankinstituten finden, wobei es sich hier fast ausschließlich um die Verwaltung von Vermögen ausländischer Kunden handele, das sich zudem überwiegend im Ausland befinde.

564 *Schäfer* in: BuB, 11/14; *ders.* in: Assmann/ Schütze § 28, Rn. 11.

565 Urteil des Verwaltungsgerichtes Frankfurt a.M. vom 23. 11. 2002 (unveröffentlicht), referiert in der Revisionsentscheidung des BVerwG vom 24. 04. 2002, WM 2002, 1918.

566 Vgl. nur *Mielk*, WM 1997, 2200 2201; *Beck*, KWG, Bd. 1, § 1, Rn. 53; *Meixner*, NJW 1998, 862, 863; *Schäfer*, WpHG, § 1, Rn. 2 m.w.N.

567 *Koller* in: Assmann/ Schneider,WpHG, § 34 a, Rn. 7.

und Verkehrsauffassung der Barzahlung praktisch gleich.[568] Soweit man in diesen Fällen im Vertragsrecht nicht bereits sogar von Erfüllung nach § 362 I BGB ausgeht[569], sondern hierin eine andere als die geschuldete Leistung in bar sieht, ergibt sich die weitgehende Gleichstellung aus einer Qualifikation als Annahme an Erfüllungs statt gemäß § 364 I BGB.[570] Dabei ist jedenfalls bei Angabe der Kontonummer auf Briefen oder Rechnungen - ähnlich wie bei der für die Fälle der Inzahlunggabe von Pkw geschaffenen sog. Ersetzungsbefugnis - von einem im voraus erklärten Einverständnis des Gläubigers zur Erfüllung durch Zahlung auf ein Konto auszugehen.[571] Bei einem Wertpapierdienstleistungsunternehmen, dessen Unternehmensgegenstand darin besteht, die Gelder des Kunden durch Vornahme von Wertpapiertransaktionen wertbringend anzulegen, wird man dabei ein solches Einverständnis mangels entgegenstehender Anhaltspunkte regelmäßig annehmen dürfen.

Gemäß der oben vorgenommenen Eingrenzung des Anwendungsbereiches des § 34 a I WpHG werden jedoch im Namen des Kunden zu verwendende Gelder nicht erfaßt. Damit sind entgegengenommene Beträge, hinsichtlich derer der Wertpapierdienstleister als offener Stellvertreter nach § 164 I BGB handelt („Vertretermodell"), ebensowenig gesichert wie jene, die in reiner Botentätigkeit weiterzuleiten sind.[572]

Notwendig ist dabei nur, daß die Entgegennahme der Kundengelder überhaupt einen Zusammenhang zu einer Wertpapierdienstleistung aufweist. Eine kausale oder finale Verknüpfung zu einer bestimmten Dienstleistung wird aufgrund der weiten Formulierung „im Zusammenhang" nicht gefordert.[573] Erfaßt

568 Vgl. im generellen nur Palandt/ *Heinrichs*, BGB, § 270, Rn. 9, der diese Formen der Zahlung ganz selbstverständlich als Zahlungen in „Geld" aufführt sowie explizit für die Zahlung auf Konto bei Treuhandverhältnissen: *Coing*, Die Treuhand kraft privaten Rechtsgeschäfts, S. 115. Siehe ferner *Fülbier* in: Boos/ Fischer/ Schulte-Mattler, KWG, § 1, Rn. 34, der „Geld" im Rahmen des Einlagengeschäfts als Bargeld in Form der gesetzlichen Zahlungsmittel sowie Buchgeld definiert.

569 So für die Banküberweisung etwa Palandt/ *Heinrichs*, BGB, § 362, Rn. 8; MüKo/ *Wenzel*, BGB, § 362, Rn. 22 jeweils m.w.N. Vgl. ferner die Nachweise zu dieser Ansicht bei *Liesecke*, WM 1975, 214, 216.

570 *Coing*, Die Treuhand kraft privaten Rechtsgeschäfts, S. 115; *Liesecke*, WM 1975, 214, 216; *ders.*, WM 1975, 286, 300 zur Zahlung auf Konto bzw. zur Überweisung sowie Palandt/ *Heinrichs*, BGB, § 364, Rn. 6 und MüKo/ *Heinrichs*, BGB, § 362, Rn. 20 zur Zahlung durch Scheck.

571 So bereits BGH WM 1955, 1473; vgl. zum ganzen die zusammenfassende Darstellung der Behandlung des Buchgeldes in Rechtsprechung und Literatur bei *Liesecke*, WM 1975, 214, 216 f.

572 Begr.RegE § 34 a WpHG, BT-Drucks. 13/7142, S. 110.

573 So auch *Wolf*, BKR 2002, 892, 897 in Abgrenzung zu der Formulierung „für eine Wertpapierdienstleistung".

wird somit etwa auch ein bloßer „Transport“ des Geldes.[574] Es ist daher praktisch nur schwer vorstellbar, daß ein „Wertpapierdienstleistungs“-Unternehmen Gelder seiner Kunden ohne einen solchen Zusammenhang annimmt.

2. *Von dritter Seite durch das Wertpapierdienstleistungsunternehmen entgegengenommene Beträge*

a) *Konzipierung von § 34 a I WpHG auf die Rechtsfigur der Ermächtigungstreuhand; Herstellung der „Ermächtigungstreuhandsituation“ auch für die von dritter Seite entgegengenommenen Gelder*

Zu den Kundengeldern nach § 34 a I WpHG sollen im Fall der Verkaufskommission indes auch solche Gelder zählen, die dem Unternehmen anläßlich des Ausführungsgeschäftes von Dritten übereignet werden.[575] Diese Aussage bedarf jedoch, gemessen am Stand der bisherigen Erörterung, einer weiteren Differenzierung. Eindeutig ist zunächst, daß Gelder, die das Wertpapierdienstleistungsunternehmen von dritter Seite erlangt, entsprechend der Eingrenzung des Anwendungsbereiches nur dann von § 34 a I WpHG erfaßt sind, wenn diese im eigenen Namen aber für Rechnung des Kunden verwendet werden sollen. Wie oben aufgezeigt kommen jedoch für ein Handeln des Verwalters im eigenen Namen auf fremde Rechnung zwei treuhandrechtliche Varianten in Betracht, nämlich sowohl das Modell der Vollrechtstreuhand als auch das Modell der Ermächtigungstreuhand. Im ersten Fall dürfte das Wertpapierdienstleistungsunternehmen sich Eigentum an den übergebenen Geldern einräumen lassen, während im zweiten Fall die Rechtsinhaberschaft auch nach Übergabe beim Kunden liegen müßte, und das Unternehmen nur aufgrund und im Rahmen einer dinglichen Ermächtigung gemäß § 185 I BGB über die Gelder verfügen dürfte.

Maßgebliche Erwägung für die Entscheidung, im Rahmen welcher Treuhandform die Gelder seitens des Verwalters entgegenzunehmen sind, muß auch hier der von § 34 a I WpHG intendierte Regelungszweck sein, der wie o.g. zuvorderst darin liegt, zu gewährleisten, daß der Kunde bei Insolvenz der Wertpapierfirma seine Gelder gemäß § 47 InsO aussondern könnte. Für die hier in Frage stehenden Gelder, welche dem Verwalter körperlich übergeben werden, gilt es insoweit zusätzlich zu beachten, daß in diesem Fall eine gewisse Zeitspanne verbleibt, in welcher der intendierte Schutzzweck noch nicht durch die getrennte Verwahrung der Gelder auf Treuhandkonten bei einem Kreditinstitut sicherge-

574 Also die Entgegennahme und Überweisung von Kundengeldern zum Zwecke einer späteren Verwendung, vgl. *Wolf*, BKR 2002, 892, 897 f.
575 *Koller* in: Assmann/ Schneider, WpHG, § 34 a, Rn. 6.

stellt ist.[576] Wenn nämlich § 34 a I WpHG verlangt, daß die Weiterleitung der Kundengelder „unverzüglich“ zu geschehen hat, so ist dies gemäß der Legaldefinition des § 121 I Satz 1 BGB auch hier im Sinne des Fehlens eines schuldhaften Zögerns zu interpretieren.[577] Die Unverzüglichkeit läßt somit einen Zwischenzeitraum zu, für den der Wortlaut des § 34 a I WpHG keine Lösung anbietet; erst unter Hinzuziehung der Gesetzesbegründung[578] wird deutlich, daß dem Verwaltungsverhältnis im Rahmen von § 34 a WpHG die Rechtsfigur der Ermächtigungstreuhand zugrundezulegen ist. Wenn auch die Aussagekraft der gesetzgeberischen Erwägungen insgesamt an der Nichtberücksichtigung der Vollrechtstreuhand leidet, so gibt der Gesetzgeber mit der expliziten Konzipierung des Handelns im eigenen Namen für fremde Rechnung auf die Ermächtigungstreuhand doch zu verstehen, daß er gerade dieses Modell der Vermögensverwaltung im Rahmen des § 34 a I WpHG für die geeignetste Variante hält.

Dieses subjektiv-teleologische Argument erhält seine Bestätigung in einer rechtsfolgenorientierten Betrachtung. Was den hier in Frage stehenden Zwischenzeitraum betrifft, in dem sich die Gelder noch in der unmittelbaren Sachherrschaft (§ 854 I BGB) des treuhänderischen Unternehmens befinden, ist nämlich für die Vollrechtstreuhand nach der Rechtsprechung noch nicht einmal eindeutig geklärt, ob der Kunde ggf. ein Aussonderungsrecht nach § 47 InsO geltend machen könnte. Dies selbst dann nicht, wenn die vom Verwalter für den Kunden entgegengenommenen Gelder bei diesem noch bestimmbar vorlägen, weil in der hier in Frage stehenden Konstellation der Treuhänder die Gelder nicht unmittelbar vom Treugeber, sondern über den Umweg des Vermögens eines Dritten erhält. Trotz einiger obiter dicta des BGH[579], in denen eine vorsichtige Annäherung an den Bestimmtheitsgrundsatz zum Ausdruck kommt, kann

---

576 Eingehend zur rechtlichen Behandlung der auf Treuhandkonten verwalteten Beträge unten § 3 C.

577 Da die Legaldefinition des § 121 I BGB neben dem gesamten Privatrecht auch für das öffentliche Recht Geltung hat (Palandt/ *Heinrichs*, BGB, § 121, Rn. 3), könnte insofern dahin stehen, ob es sich bei § 34 a WpHG als aufsichtsrechtlicher Regelung im überwiegend öffentlichen Interesse um eine rein öffentlich-rechtliche Regelung handelt oder ob ihr aufgrund zusätzlicher privatrechtsgestaltender Wirkung zumindest auch der Charakter einer zivilrechtlichen Norm zuzuweisen ist; vgl. dazu bereits § 1 A II.

578 BT-Drucks. 13/7142, S. 66; zu einer eingehenden Analyse der Gesetzesbegründung siehe oben I.2.a)bb),(2a).

579 BGH NJW 1971, 559, 560; BGH NJW 1959, 1223, 1225 sowie BGHZ 61, 72, 79; Siehe dazu, daß es sich hierbei bislang nur um Tendenzen handelt, bereits oben Fn. 342. Darüber hinaus bleibt anzumerken, daß die zitierten Entscheidungen allesamt auf Konten verwahrtes Treugut betrafen. Vgl. ferner insgesamt zu den von der Rechtsprechung bisher angewandten und wieder verworfenen Prinzipien zur Eingrenzung des Insolvenzschutzes des Treugebers unten § 3 C.I.

aber die Aufgabe des sog. Unmittelbarkeitsprinzips[580] außerhalb von Treuhandkonten, nicht eindeutig prognostiziert werden. Man mag insoweit zu bedenken geben, daß aufgrund der Weiterleitungspflicht nur ein sehr kurzer Zeitraum verbleibt, in dem die Kundengelder mangels Eigentum und getrennter Verwahrung keinen Insolvenzschutz genießen; zudem besteht ja auch bei der Ermächtigungstreuhand, wenn sich die Gelder außerhalb des Kontos befinden und sofern sie dort nicht getrennt gehalten werden, die Gefahr, daß die Eigentumsrechte eines Kunden durch untrennbare Vermengung[581] mit anderen Geldern gemäß § 948 i.V.m. § 947 II BGB untergehen.[582] Selbst wenn man aber mit dieser Argumentation die Vorteile des Ermächtigungstreuhandmodells in insolvenzrechtlicher Sicht nicht für ausschlaggebend halten will, so gilt es zu beachten, daß sich die aus der nicht gesicherten Aufgabe des Unmittelbarkeitsprinzips folgende Problematik in paralleler Weise stellt, wenn Pfandgläubiger des Treuhänders auf die Gelder Zugriff nehmen. Während somit bei der Vollrechtstreuhand die Rechtslage wiederum nicht gesichert ist, steht bei der Ermächtigungstreuhand fest, daß der Treugeber mit dem Eigentum über ein Drittwiderspruchsrecht i.S.d. § 771 ZPO verfügt. Zu der Forderung nach einer durchgängigen Ausgestaltung des Verwaltungsverhältnisses als Ermächtigungstreuhand drängt letztlich dann die sich hieran anschließende Erwägung, daß die Gelder des Kunden, sobald diese in das Eigentum des Wertpapierdienstleistungsunternehmens übergegangen sind, von gesetzlichen Pfandrechten oder Grundpfandrechten, die gegen das Unternehmen bestehen, erfaßt werden könnten.

---

580 Vgl. hierzu *Siebert,* Treuhandverhältnis, S. 346; *Coing*, Die Treuhand kraft privaten Rechtsgeschäfts, S. 115, der deshalb, wo Unmittelbarkeit nicht gegeben ist, noch von einer „uneigentlichen Treuhand“ spricht, sowie *Gernhuber*, JuS 1988, 355, 360 f. Daß indes die Forderung nach Unmittelbarkeit sich von Anfang an dem Vorwurf der Systemfremdheit ausgesetzt sieht, macht *Canaris* in: Festschrift für Flume, Bd. 1, 1978, S. 371, 410 ff deutlich. Zu einer zusammenfassenden Kritik an der Rechtsprechung sowie zum Meinungsstand siehe § 3 C.I.

581 Eine untrennbare Vermengung i.S.d. § 948 BGB ist bei Geld dann anzunehmen, wenn nicht mehr unterschieden werden kann, welchem der ursprünglichen Eigentümer die Geldstücke oder Scheine zustehen, vgl. Palandt/ *Bassenge*, BGB, § 948, Rn. 2; Erman/ *Hefermehl*, BGB, § 948, Rn. 1.

582 Wenn sich beim Unternehmen bereits eine solche Menge von Geldern angesammelt hätte, daß diese im Vergleich zu den in den Bestand eingehenden Kundengeldern als Hauptsache zu betrachten wären, erwürbe das Unternehmen nach einer verbreiteten Ansicht das Alleineigentum, siehe etwa Palandt/ *Bassenge*, BGB, § 948, Rn. 4; MüKo/ *Quack*, BGB, § 948, 4, Erman/ *Hefermehl*, BGB, § 948, Rn. 4. Selbst für diesen Fall ist aber die Annahme von Alleineigentum nicht unstreitig; a.A. z.B. *Baur*/ *Stürner*, SachenR, § 53, Rn. 11. Bei einem nicht evidenten Mengenunterschied verbleiben dem Kunden aber in jedem Fall Miteigentumsrechte gemäß §§ 948, 947 I BGB.

Darüber hinaus bietet die Ermächtigungstreuhand auch einen wesentlichen besseren Schutz vor mißbräuchlichen Verfügungen des Vermögensverwalters. Der ausschlaggebende Vorteil der Ermächtigungstreuhand besteht hierbei darin, daß die Erteilung der Ermächtigung inhaltlich mit dinglicher Wirkung auf Verfügungen in einem bestimmten Rahmen oder zu bestimmten Zwecken begrenzt werden kann.[583] Dies eröffnet die Möglichkeit, das schuldrechtliche Innenverhältnis zwischen treuhänderischem Verwalter und Kunden spiegelbildlich auf das Außenverhältnis zu übertragen.[584] Setzt sich der Treuhänder zu den hieraus resultierenden Beschränkungen in Widerspruch, so handelt er mithin auch sachenrechtlich als Nichtberechtigter; vorbehaltlich eines etwaigen gutgläubigen Erwerbs ist seine Verfügung dann nichtig.[585] Dagegen besteht keine Möglichkeit, die Verfügungsbefugnis des Vollrechtstreuhänders außerhalb eines Treuhandkontos zu begrenzen. Denn bei dieser Treuhandvariante wird dem Verwalter das Treugut zu vollem Recht übertragen, so daß es auf den guten Glauben des Erwerbers erst gar nicht ankommt.[586] Da hier die Verfügungsbefugnis aus dem Eigentum resultiert, verhindert zudem § 137 Satz 1 BGB, daß obligatorische Beschränkungen aus dem Innenverhältnis zwischen Treuhänder und Treugeber dingliche Wirkung im Außenverhältnis entfalten.[587]

Hinzu kommt, daß die Ermächtigungstreuhand wegen weitgehender struktureller Wesensgleichheit mit der Vollmacht eine analoge Anwendung der Regeln über den Vollmachtsmißbrauch zuläßt.[588] Damit ist der Treugeber, auch soweit von der Möglichkeit, die Rechtsmacht des Treuhänders konkret einzuschränken, kein Gebrauch gemacht wird, zumindest immer dann geschützt, wenn entweder der Treueverstoß durch den verfügenden Treugeber objektiv evident ist oder aber ein Fall der Kollusion vorliegt.[589] Demgegenüber kommt eine entsprechen-

---

583 *Siebert*, Treuhandverhältnis, S. 295; *Coing*, Die Treuhand kraft privaten Rechtsgeschäfts, S. 124 und 183; Staub/ *Canaris*, HGB, BankvertragsR I, Rn. 267.

584 Vgl. *Gößmann* in: BuB, 2/241; *Gernhuber*, JuS 1988, 355, 356; *Grundmann*, Treuhandvertrag, S. 83.

585 *Coing*, Die Treuhand kraft privaten Rechtsgeschäfts, S. 124 und 183; Staub/ *Canaris*, HGB, BankvertragsR I; Rn. 267. Zu den für einen gutgläubigen Dritten in Frage kommenden Erwerbsmöglichkeiten oben: B.I.2.a)cc),(2a).

586 *Henssler*, AcP 196 (1996), 37, 48.

587 Staub/ *Canaris*, HGB, BankvertragsR I, Rn. 267; *Gößmann* in: BuB, 2/240; *Henssler*, AcP 196 (1996), 37, 48.

588 So die nahezu einhellige Auffassung, siehe etwa Staub/ *Canaris*, HGB, BankvertragsR I, Rn. 274, 179 i.V.m. 170 ff, Soergel/ *Leptien*, BGB, § 185, Rn. 32 sowie vor § 182, Rn. 4; *Grundmann*, Treuhandvertrag, S. 86.

589 Beim Mißbrauch der Vertretungsmacht ergibt sich die Unwirksamkeit im Falle der Kollusion aus § 138 BGB, bei Evidenz des Mißbrauches aus § 242 BGB; nach anderer Ansicht sind im letzteren Falle die §§ 177 BGB analog anzuwenden. Anson-

de Heranziehung der Grundsätze über den Mißbrauch der Vertretungsmacht bei der fiduziarischen Treuhand nach zutreffender, überwiegender Auffassung schon wegen Fehlens eines systematischen Bezuges zur Stellvertretung nicht in Betracht.[590] Eine Unwirksamkeit mißbräuchlicher Verfügungen des Treugebers ließe sich daher bei dieser Treuhandvariante nur über die §§ 134 BGB i.V.m. 266, 27 StGB und/oder § 138 BGB erzielen.[591]

Schließlich ist bei der Ermächtigungstreuhand eine gewisse zusätzliche Sicherheit des Treugebers dadurch gewährleistet, daß er bei einem Vertrauensverlust gegenüber dem Treuhänder in analoger Anwendung von § 183 I BGB jederzeit imstande ist, die Ermächtigung für die Zukunft zu widerrufen[592] und so dem Treuhänder die Verfügungsbefugnis zu entziehen. Im Falle der Vollrechtstreuhand bedürfte es hierfür erst eines Rückübertragungsaktes, an dem der Treuhänder als Eigentümer des Treugutes mitzuwirken hätte.

Es gilt daher auch für den Fall der Zuwendung von Geldern durch Dritte an das Wertpapierdienstleistungsunternehmen, die dem Kunden zuzurechnen sind, eine Lösung zu finden, welche sich in das § 34 a I WpHG zugrundeliegende Modell der Ermächtigungstreuhand stringent einfügt. Mithin ist nach einer rechtlichen Konstruktion zu suchen, die dem praktischen Bedürfnis der Entgegennahme von Geldern von dritter Seite unter Beibehaltung der der Ermächtigungstreuhand immanenten dinglichen Zuordnung des Treugutes Rechnung trägt.

---

sten trägt der Vertretene das Risiko des Mißbrauchs, vgl. etwa Palandt/ *Heinrichs*, BGB, § 164, Rn. 13 ff; Soergel/ *Leptien*, BGB, § 177, Rn. 15 f.

590 BGH NJW 1968, 1471; *Siebert*, Treuhandverhältnis, S. 159; *Huber*, Festschrift Inst. für internationales Privatrecht der Universität Heidelberg, S. 399, 410 ff; *Canaris* in: Festschrift für Flume, Bd. 1, S. 371, 419 ff; *Henssler*, AcP 196 (1996), 37, 68; Soergel/ *Mühe*, BGB, Einl. SachenR, Rn. 45; MüKo/ *Schramm*, BGB, vor § 164, Rn. 34 f; anders jedoch *Coing*, Die Treuhand kraft privaten Rechtsgeschäfts, S. 166 f sowie *Schlosser*, NJW 1970, 681, 685 f.

591 So die h.M.: BGH NJW 1968, 1471; *Siebert*, Treuhandverhältnis, S. 159; *Huber*, Festschrift Inst. für internationales Privatrecht der Universität Heidelberg, S. 399, 412 ff; *Canaris* in: Festschrift für Flume, Bd. 1, S. 371, 421; Soergel/ *Mühl*, BGB, Einl. SachenR, Rn. 45. Die insbesondere von *Coing*, Die Treuhand kraft privaten Rechtsgeschäfts, S. 166 f vertretene Gegenmeinung vermengt den Unterschied zwischen § 138 und § 242 BGB. Sie übersieht, daß eine Anwendung von § 242 BGB nur bei Vorliegen eines rechtsgeschäftlichen Kontaktes zwischen den Parteien gerechtfertigt ist, was bei Treugeber und Erwerber nicht der Fall ist, vgl. *Henssler*, AcP 196 (1996), 37, 68.

592 Siehe *Coing*, Die Treuhand kraft privaten Rechtsgeschäfts, S. 124; *Doris*, Rechtsgeschäftliche Ermächtigung, S. 49, 79 und 174; Soergel/ *Leptien*, BGB, § 185, Rn. 34; Staudinger/ *Schilken*, BGB, Vorbem. zu § 164, Rn. 63, mit anderer Begründung auch bereits *Bachem*, Rechtsgeschäftliche Verwaltungstreuhand, S. 47.

b) Sachenrechtlich zur Verfügung stehende Möglichkeiten eines direkten und automatisierten Eigentumserwerbs des Kunden; Heranziehung der sachenrechtlichen Konstellationen bei der Kommission

Hierfür bietet sich erneut ein Rückgriff auf das hier für die Beziehung Vermögensverwalter/ Kunde Modell stehende Verhältnis zwischen Kommissionär und Kommittent, vgl. §§ 383 ff HGB, an. Auch dort ist nämlich in der Regel von einer zu Anfang bestehenden Eigentümerstellung des Kommittenten unter Ermächtigung des im eigenen Namen vorgehenden Kommissionärs auszugehen,[593] welche es auch nach Tätigung des Ausführungsgeschäftes hinsichtlich des an den Kommissionär Geleisteten aufrechtzuerhalten gilt. Vergleichbarkeit ist ferner insofern gegeben, als auch die Kommission als spezialgesetzlicher Fall eines Treuhandverhältnisses angesehen werden kann.[594] In beiden Verhältnissen unterliegt der ausführende mittelbare Stellvertreter einer Interessenwahrungspflicht stricto sensu als prägender Vertragspflicht[595]; lediglich in Dauer und Nachhaltigkeit der Tätigkeiten ist ein nennenswerter Unterschied zu konstatieren. Die Verwaltungstreuhand kann insoweit der Sache nach als Kette von Kommissionsgeschäften betrachtet werden, die in einem Dauerschuldverhältnis zusammengefaßt sind.[596]

Dabei sollen in einem ersten Schritt die der Rechtslage bei der Kommission entlehnten theoretisch denkbaren rechtlichen Varianten zur Herstellung der Eigentümerstellung des Kunden als Zwischenstadium zur Ermächtigungssituation i.S.d. § 185 I BGB dargestellt werden, welche in einem zweiten Schritt auf ihre Übertragbarkeit und praktische Brauchbarkeit für die Situation zu untersuchen sind, in der das Wertpapierdienstleistungsunternehmen Gelder von dritter Seite Gelder entgegennimmt, die dem Kunden zugedacht sind. Dem schließt sich als dritter Schritt ein Vorschlag zur rechtlichen Gestaltung unter Einbeziehung der Notwendigkeit einer alle Gelder erfassenden Ermächtigung an.

Sachenrechtlich analog zu betrachtende Konstellationen ergeben sich bei der Kommission bezüglich der im Rahmen des Ausführungsgeschäftes für Rechnung des Kommittenten entgegengenommenen Gelder (Verkaufskommission) sowie hinsichtlich der Gegenstände, die der Kommissionär (im Falle der Ein-

---

593 Staub/ *Koller*, HGB, § 383, Rn. 86; *K. Schmidt*, HandelsR, § 31 V 2a; *Baumbach/ Hopt*, HGB, § 383, Rn. 16 f.

594 So *Grundmann*, Treuhandvertrag, S. 410 f, 416; vgl. auch Staub/ *Koller*, HGB, § 383, Rn. 94.

595 Für die Kommission folgt diese Pflicht bereits aus § 384 I Hs. 2 HGB; zur Interessenwahrungspflicht stricto sensu als charakteristischer Hauptpflicht, vgl. ausführlich *Grundmann*, Treuhandvertrag, S. 193 ff.

596 Siehe oben I.2.a)bb),(4a).

kaufskommission) erhält.[597] Auch hier stellt sich jeweils die Frage, wie ein möglichst umwegloser Eigentumserwerb des Kommittenten erzielt werden kann, um diesen vor dem Zugriff dritter Gläubiger des Kommissionärs sowie vor Untreue desselben zu schützen. Zwar wurde auch bei der Kommission versucht, die Problematik der dinglichen Zuordnung des Kommissionsgutes direkt auf die Ebene des Vollstreckungsrechtes zu verlagern, indem von einigen Autoren im Hinblick auf die §§ 47 InsO und 771 ZPO eine analoge Anwendung des § 392 II HGB auf das zur Erfüllung an den Kommissionär Geleistete befürwortet wird; ähnlich wie bei der Verwaltung von Geldern auf der Basis einer Vollrechtstreuhandschaft, soweit diese sich außerhalb von Treuhandkonten vollzieht, kann mit dieser Lösung aber nicht rechtssicher hantiert werden, weil für ihre Adaption durch die Rechtsprechung bislang nichts ersichtlich ist.[598] Auch vor diesem Hintergrund stellt sich die Problematik der Herstellung der „Ermächtigungssituation" mithin parallel.

Es wird also, da der Kommissionär nach außen hin in aller Regel im eigenen Namen auftritt, im Rahmen des Ausführungsgeschäftes an ihn übereignet.[599] Die rechtlich einfachste Möglichkeit eines Eigentumserwerbs des Kommittenten ist dann sicherlich die Übereignung durch den Kommissionär gemäß § 929 BGB durch (nachträgliche) Einigung und Übergabe des Erlangten. Diese nachträgliche Übertragung leidet jedoch aus dem Blickwinkel des Kommittentenschutzes daran, daß sie von einem zusätzlichen Willensakt des Kommissionärs abhängig bleibt, zu dem dieser zwar aufgrund des Kommissionsvertrages verpflichtet ist, § 384 II HGB, der aber dennoch seiner Willkür unterliegt. Ferner kann zwischen Eigentumserwerb durch den Kommissionär und Weiterübertragung des Eigentums an den Kommittenten eine gehörige Zeitspanne liegen, während der zum

---

597 Diese Situationen sind gleichzubehandeln, auch wenn die Darstellung der Möglichkeiten des Eigentumserwerbs zumeist im Rahmen der Einkaufskommission erfolgt; sachenrechtlich unterliegt Geld jedoch grundsätzlich den selben Regeln wie jede andere Sache, vgl. Staub/ *Koller*, HGB, § 383, Rn. 86.

598 Siehe etwa BGH NJW 1969, 276; BGHZ 79, 89, 94. Auch in der Literatur ist die analoge Anwendung von § 392 II HGB auf Surrogate aus dem Ausführungsgeschäft umstritten: Eine analoge Anwendung von § 392 II HGB auf das in Erfüllung der Forderungen nach Abs. 2 an den Kommissionär Geleistete vertreten: Heymann/ *Herrmann*, HGB, § 392, Rn. 8; Staub/ *Koller*, HGB, § 392, Rn. 2 und *Canaris* in: Festschrift für Flume, Bd. 1, 1978, 371, 424 bei Offenkundigkeit des Handelns für fremde Rechnung; anders aber die wohl noch h.M. wie etwa *Baumbach/ Hopt*, HGB, § 392, Rn. 3 und 6; Schlegelberger/ *Hefermehl*, HGB, § 392, Rn. 2; *Hager*, AcP 180, 239, 255-257; *Siebert*, Treuhandverhältnis, S. 337, so daß sich die folgende Diskussion um die Eigentumslage auch für die Kommission unter dem Gesichtspunkt des Aussonderungsrechtes nicht erübrigt.

599 *K. Schmidt*, HandelsR, § 31 V 3a.

einen der Kommissionär uneingeschränkt im Stande ist, entgegen schuldrechtlicher Maßgaben wirksam zu verfügen, zum anderen Gläubiger des Kommissionärs Zugriff nehmen könnten und überdies die Sache durch gesetzliche Pfandrechte erfaßt werden könnte.

Es ist daher ein direkterer, d.h. zeitlich früher einsetzender, wie auch automatisierterer, will heißen vom Willen des Wertpapierdienstleisters unabhängigerer Weg zu finden, dem Kommittenten bzw. Vermögensverwaltungskunden das Eigentum zu vermitteln. Somit bleiben vier Varianten zu diskutieren, denen gemein ist, daß aufgrund vorweggenommener Vereinbarungen bzw. automatisch bei Eigentumsübertragung des dritten Vertragspartners das Eigentum direkt oder jedenfalls im unmittelbaren Anschluß an diesen Übertragungstatbestand an den mittelbar vertretenen Hintermann fällt.

aa) Automatischer Direkterwerb

(1) qua dinglicher Surrogation

Die denkbar einfachste Möglichkeit das Eigentum an durch den Kommissionär erlangten Geldern oder Gegenständen direkt an den Kommittenten zurückfallen zu lassen, würde es darstellen, wenn hierfür eine gesetzliche bzw. in Rechtsfortbildung entwickelte Regelung zur Verfügung stünde.[600] Die oben beschriebene, für den Kunden des Wertpapierdienstleistungsunternehmens ungünstige Situation könnte mithin am einfachsten vermieden werden, wenn das Rechtsinstitut der dinglichen Surrogation Platz greifen würde. In den Fällen der dinglichen Surrogation wird der ursprüngliche Rechtsinhaber in Durchbrechung des bei der Stellvertretung geltenden Offenkundigkeitsprinzips kraft Gesetzes automatisch Rechtsinhaber des Ersatzgegenstandes, ohne daß es auf den Willen der Beteilig-

600 Daß jedenfalls bis zum 15. Jahrhundert das „Retourgut" ohne weiteres als im Eigentum des Kommittenten befindlich galt, bezeugt *Schmidt-Rimpler*, Kommissionsgeschäft in Deutschland, Bd. 1, S. 291 f. Eine solche dingliche Surrogation existiert auch vermöge der Rechtsfigur des „constructive trust" im angloamerikanischen Recht, wo jeder mit Mitteln des Treugutes oder allgemein für das Treugut erworbene Gegenstand ohne weiteres selbst wieder Treugut wird, vgl. Siebert, Treuhandverhältnis, S. 75 f, *Coing*, AcP 167 (1967), 99, 116 sowie *Hay*, US-Amerikanisches Recht, Rn. 557. Zu diesbezüglichen internationalen Harmonisierungsbestrebungen im Haager Trust-Übereinkommen siehe *Wolter*, Treuhandrecht im Umbruch, S. 218 ff.

ten ankäme.[601] Ein Durchgangserwerb findet nicht statt.[602] Das Gesetz sieht die dingliche Surrogation indes nur für einzelne, explizit normierte Fallgruppen vor:

Eine Vorschrift, die einen derart automatisierten Eigentumserwerb des Kommittenten am per Einkaufskommission erworbenen Gut vorsah, enthielt der Preußische Entwurf zum ADHGB von 1857 in Art. 284, der sich, jedenfalls soweit es sich um nicht vertretbare Sachen handelte, auch „in dem Zeitpunkt, in welchem der Kommissionär dasselbe erworben haben würde (...)" vollziehen sollte.[603] Ferner findet sich in § 6 II KAGG eine die spezifische Vermögensanlage nach dem KAGG betreffende Spezialnormierung, die dem Sondervermögen einer Kapitalanlagegesellschaft auch alle auf Grund des Sondervermögens erlangten Surrogate zuweist.[604]

Da jedoch der Gesetzgeber de facto auf eine generellgültige Normierung des Surrogationsprinzips bis heute verzichtet hat, stellt sich die Frage, ob die dingliche Surrogation nicht über die gesetzlich bestimmten Fälle auf vergleichbare Sachverhalte analog angewandt werden kann. Eine entsprechende Anwendung wurde in der Literatur insbesondere für die Verwaltungstreuhand diskutiert, so daß hier direkt auf diese einzugehen ist. Ausgangspunkt der Überlegungen muß dabei sein, daß den Surrogationsvorschriften kein durchgängiges einheitliches Prinzip zugrundeliegt.[605] Wie *M. Wolf*[606] in seiner umfassenden Darstellung zum Anwendungsbereich der dinglichen Surrogation veranschaulicht, kann daher die Frage nach ihrer analogen Anwendbarkeit einzig vor dem Hintergrund der jeweiligen Grundprinzipien der verschiedenen gesetzlich geregelten Fallgruppen beantwortet werden. In Betracht zu ziehen ist dabei zunächst, ob nicht die für Sondervermögen normierten Surrogationsprinzipien auch für die Treuhand Geltung beanspruchen könnten. Anders als die gesetzlich anerkannten Sondervermögen stellt jedoch das Treuhandvermögen keine verselbständigte Haftungsmasse für eine bestimmte Gläubigergruppe dar, sondern steht allen Gläubigern gleichermaßen zur Verfügung.[607] Auch, soweit Sondervermögen sich durch den Umstand auszeichnen, daß sie eine verselbständigte Verwaltungseinheit bilden,

601 *M. Wolf*, JuS 1975, 643, 644; *Coester-Waltjen*, Jura 1996, 24, 25; Palandt/ *Bassenge*, BGB, Einl. vor § 854, Rn. 20
602 *M. Wolf*, JuS 1975, 643, 644; *Coester-Waltjen*, Jura 1996, 24, 25.
603 Vgl. den Nachweis bei *K. Schmidt*, HandelsR, § 31 V 3a.
604 Auch gerade aus der Tatsache, daß es einer expliziten Festschreibung dieses Grundsatzes für die Handhabung des nach dem KAGG zu bildenden Sondervermögens bedurfte, läßt sich schließen, daß von einer über die gesetzlichen Fälle hinausgehenden Geltung des Surrogationsprinzips auf dem Gebiet der Vermögensanlage nicht ausgegangen werden kann. Vgl. insoweit sogleich im Text.
605 RGZ 105, 84, 87.
606 Fortgesetzter Beitrag in JuS 1975, 643 ff, 710 ff sowie JuS 1976, 32 ff, 104 ff.
607 *M. Wolf*, JuS 1975, 710, 716.

kann die Verwaltungstreuhand nicht als ein solches anerkannt werden. Denn bei der Treuhand beruht die besondere Zweckwidmung lediglich auf einer schuldrechtlichen Vereinbarung, nicht dagegen auf einem gesetzlich privilegierten, mit einem bestimmten Vermögen verknüpften Zweck. Einer Anerkennung auch privatautonom geschaffener Vermögensmassen als Sondervermögen mit dinglicher Surrogation steht indessen der zum Schutz des Rechtsverkehrs bestehende „Typenzwang der Sondervermögen" entgegen.[608] Darüber hinaus fehlt es bei der hier zu erörternden Treuhand auf der Grundlage einer Ermächtigung bereits an der für Sondervermögen typischen dinglichen Abgrenzung des in Frage stehenden Kreises von Rechten für einen besonderen Zweck, da hier der Treugeber Eigentümer bleibt.[609]

Im übrigen ist zudem davon auszugehen, daß, soweit in der Literatur teilweise die Frage nach einer Surrogation im Hinblick auf treuhänderische Vermögensmassen positiv beantwortet wird, hiermit tatsächlich zumeist nur die Auslegung der obligatorischen Treuhandabrede gemeint ist.[610] Da sich die Ausführungen regelmäßig auf die Vollrechtstreuhand beziehen, liefe es auch dem Sinn und Zweck der Treuhandabrede zuwider, wenn statt des Treuhänders automatisch der Treugeber Eigentum erwürbe.[611]

Nicht außer acht zu lassen ist schließlich die generelle Erwägung, daß aufgrund des Ausnahmecharakters der surrogierenden Vorschriften wegen Umgehung des Offenkundigkeitsprinzips und damit Minderung des Verkehrsschutzes eine entsprechende Anwendung nur mit äußerster Behutsamkeit in Betracht zu ziehen ist[612] und von der Rechtsprechung außerhalb der normierten Surrogationstatbestände bislang abgelehnt wurde.[613] Es bleibt mithin, auch was den hier in Rede stehenden Fall der Verwaltungstreuhand betrifft, daran festzuhalten, daß es sich beim Surrogationserwerb de lege lata im streng buchstäblichen Sinne um

---

608 *M. Wolf*, JuS 1975, 710, 716.

609 *Bachem*, Rechtsgeschäftliche Verwaltungstreuhand, S. 57; vgl. ferner *Siebert*, Treuhandverhältnis, S. 185.

610 *Einsele*, JZ 1990, 1005, 1012 f; vgl. etwa *Siebert*, Treuhandverhältnis, S. 187 ff; *Walter*, Unmittelbarkeitsprinzip, S. 129. Eine tatsächliche Surrogation vertreten für die Verwaltungstreuhand - soweit ersichtlich - lediglich *Kötz*, Trust und Treuhand, S. 167 und ansatzweise wohl auch *Assfalg*, Treugut im Konkurse, S. 181.

611 *Einsele*, JZ 1990, 1005, 1012.

612 *Coester-Waltjen*, Jura 1996, 24, 28; ähnlich *Siebert*, Treuhandverhältnis, S. 185; anders dennoch *Gernhuber*, JuS 1988, 355, 361, der davon ausgeht, daß die Rechtsprechung jederzeit die Möglichkeit hätte, in Gesamtanalogie zu „alle(n) surrogierenden Normen (...), die der Erhaltung eines in dieser oder jener Richtung gesonderten Vermögens dienen", Treugut kraft dinglicher Surrogation anzuerkennen.

613 So für die Treuhand: RGZ, 94, 305, 307; 153, 366, 370.

einen solchen „kraft Gesetzes“, d.h. einen solchen kraft expliziter gesetzlicher Anordnung handelt.

(2) kraft Erwerbsermächtigung

Ferner kommt auch ein direkter Eigentumserwerb des mittelbar vertretenen Hintermannes qua Annahme einer „Erwerbsermächtigung“ nicht in Betracht.[614] Gegen die Zulassung einer solchen Rechtsfigur sprechen die gleichen durchgreifenden Bedenken, die zur Unzulässigkeit der häufiger diskutierten sog. Verpflichtungsermächtigung führen.[615] In beiden Fällen liegt ein klarer, nicht hinzunehmender Verstoß gegen das das deutsche Stellvertretungsrecht beherrschende Offenkundigkeitsprinzip vor.

bb) Insichgeschäft

Eine generelle und namentlich für das anläßlich des Ausführungsgeschäftes an den Kommissionär Geleistete zur Verfügung stehende Möglichkeit, eine Übereignung von einer späteren Willenseinigung der Parteien sowie der späteren Übergabe unabhängig zu machen, stellt die Vornahme eines Insichgeschäftes durch denjenigen dar, der zur weiteren Übereignung verpflichtet sein soll (i.d.R. also der mittelbare Stellvertreter). Dieser, hier der Kommissionär, vollzieht die Einigung über den Eigentumsübergang mit sich selbst. Er ist dabei zugleich Abgebender der Erklärung betreffend den Eigentumsübergang und Annehmender als Vertreter des Kommittenten, wobei er aufgrund der Kommission als hierzu bevollmächtigt anzusehen ist.[616] § 181 BGB steht dem nicht entgegen, da der Kommissionär in Erfüllung seiner Herausgabepflicht handelt, vgl. § 384 II HGB,[617] so daß es auf eine wohl ebenfalls zu bejahende Gestattung durch den Kommittenten nicht mehr ankommt.[618] Was die Übergabe anbelangt, so wird diese gemäß der Vereinbarung eines Besitzmittlungsverhältnisses i.S.d. § 930 BGB ersetzt, demzufolge der Kommissionär das vom Dritten in der Zukunft Erlangte für den Kommittenten besitzen soll.[619] Eine solche Vereinbarung ist ange-

---

614 Vgl. zur Erwerbsermächtigung als prinzipiell tauglichem Mittel zur Herstellung der Ermächtigungssituation: *Coing*, Die Treuhand kraft privaten Rechtsgeschäfts, S.124.

615 Vgl. zur Unzulässigkeit der Verpflichtungsermächtigung: *Medicus*, BR, Rn. 29 und Staudinger/ *Schilken*, BGB, Vorbem. § 164, Rn. 70 f m.w.N.

616 Schlegelberger/ *Hefermehl*, HGB, § 383, Rn. 64.

617 Staub/ *Koller*, HGB, § 383, Rn. 89.

618 Vgl. Schlegelberger/ *Hefermehl*, HGB, § 383, Rn. 64.

619 Vgl. Staub/ *Koller*, HGB, § 383, Rn. 88

sichts der Herausgabepflicht des Kommissionärs nach § 384 II HGB regelmäßig im Kommissionsvertrag enthalten.[620] Dieser stellt ein hinreichend bestimmtes Rechtsverhältnis i.S.d. §§ 868, 930 BGB dar.[621]

Das Selbstkontrahieren des Kommissionärs muß jedoch nach ganz überwiegender Meinung zur Wahrung des sachenrechtlichen Publizitätsgrundsatzes nach außen erkennbar gemacht werden[622], was meist durch gesonderte Aufbewahrung oder besondere Kennzeichnung geschehen wird.[623]

Damit ist weder dem oben als wünschenswert definierten Kriterium nach zeitlicher Direktheit noch dem nach Unabhängigkeit vom Willen des Kommissionärs Genüge getan, weil die Übereignung von der Vornahme der Ausführungshandlung abhängig bleibt. Der zu einer treuwidrigen Verfügung entschlossene Kommissionär braucht damit nur diese Handlung zu unterlassen, um als Berechtigter verfügen zu können, so daß hinsichtlich des Verfügungsschutzes des Kommittenten mit der Figur des Insichgeschäfts nicht viel gewonnen wird. Im übrigen hat diese Konstellation auch einen Durchgangserwerb des Kommissionärs zufolge, während dessen die Sache im Falle der Vollstreckung in das Vermögen des Kommissionärs dem Zugriff seiner Gläubiger offensteht sowie zudem von gesetzlichen Pfandrechten oder Grundpfandrechten erfaßt werden kann.[624]

cc) Antizipiertes Besitzkonstitut

Ferner kann der Kommittent vor Übergabe an ihn selbst mithilfe eines antizipierten Besitzkonstitutes Eigentum erwerben. Diesem liegt die schon im voraus getroffene und auf die Zukunft gerichtete Einigung zugrunde, daß der Kommittent in dem Moment Eigentümer werden soll, in dem der Kommissionär das Eigentum am Kommissionsgut erlangt.[625] Gekoppelt ist die Einigung mit der ebenfalls vorweggenommenen Vereinbarung eines Besitzkonstitutes, so daß der Kommissionär dem Kommittenten i.S.d. § 930 BGB den Besitz mitteln kann,

---

620 *K. Schmidt*, HandelsR, § 31 V 3a; Staub/ *Koller*, HGB, § 383, Rn. 89.
621 So schon: RGZ 118, 361, 364.
622 Staub/ *Koller*, HGB, § 383, Rn. 89; Schlegelberger/ *Hefermehl*, HGB, § 383, Rn. 64; *Baur/ Stürner*, SachenR, § 51, Rn. 30; Erman/ *Michalski*, BGB, § 868, Rn. 7; Soergel/ *Mühl*, BGB, § 930, Rn. 5; MüKo/ *Quack*, BGB, § 930, Rn. 17; Staudinger/ *Wiegand*, BGB, § 930, Rn. 34; Palandt/ *Bassenge*, BGB, § 868, Rn. 20; anders aber *Flume*, Rechtsgeschäft, § 48/1.
623 Schlegelberger/ *Hefermehl*, HGB, § 383, Rn. 64.
624 So für den Durchgangserwerb bei der Figur des antizipierten Besitzkonstitutes: Palandt/ *Bassenge*, BGB, § 930, Rn. 10; Soergel/ *Mühl*, BGB, § 930, Rn. 4; Staudinger/ *Wiegand*, BGB, § 930, Rn. 32.
625 Staub/ *Koller*, HGB, § 383, Rn. 88; *K. Schmidt*, HandelsR, § 31 V 3a.

sobald ihm die Sache durch den Dritten übergeben wird.[626] Das notwendige Besitzmittlungsverhältnis, § 868 BGB, ist wie o.g.[627], im zugrundeliegenden Kommissionsvertrag zu sehen. Dabei ist der herrschenden Ansicht folgend den Parteien des Kommissionsvertrages eine solche Vorverlagerung der Übereignung zu unterstellen, um den Kommittenten gegen einen Zugriff der Kommissionsgläubiger zu schützen.[628] Denn wenn die Weiterübertragung des Eigentums von dem mittelbaren Stellvertreter auf den Vertretenen dem Sinn der mittelbaren Stellvertretung entspricht, wäre es nicht sachgerecht, die Weiterübertragung nur gelten zu lassen, wenn sie besonders dokumentiert wird.[629] Auch wird in der Konstruktion des antizipierten Besitzkonstitutes die Wiedergutmachung eines gesetzgeberischen Unterlassens gesehen.[630]

Ist einmal von der Vereinbarung eines antizipierten Besitzkonstitutes auszugehen, so wird mangels entgegenstehender Anhaltspunkte das Fortbestehen von Einigung und Besitzmittlungsverhältnis im Zeitpunkt der Besitzerlangung durch den Kommissionär vermutet; anders als bei der Figur des Insichgeschäftes kommt es damit an sich nicht mehr auf äußerlich erkennbare Ausführungshandlungen durch den Kommissionär an, da es gerade Eigenart der Surrogatbestände der §§ 929 Satz 2 - 931 BGB ist, daß auf Publizität verzichtet wird.[631] Lediglich kann im Einzelfall der sachenrechtliche Bestimmtheitsgrundsatz eine kennzeichnende Individualisierung der Objekte erforderlich machen[632], wenn nicht schon im Zeitpunkt des Erwerbs feststeht, daß dieses Gut für den Kommittenten erworben werden soll.[633]

Vorteilhaft an dieser Konstruktion ist somit, daß generell automatisch aufgrund unterstellter Vereinbarung für den Kommittenten Eigentum erworben wird. Jedoch hat es auch hier der Kommissionär durch Offenbarmachung eines gegenläufigen Willens in der Hand, den Eigentumserwerb des Kommittenten zu

626 Staub/ *Koller*, HGB, § 383, Rn. 88; *K. Schmidt*, HandelsR, § 31 V 3a.

627 Vgl. soeben unter bb).

628 So *K. Schmidt*, HandelsR, § 31 V 3a; Staub/ *Koller*, HGB, § 383, Rn. 88.; vgl. ferner *Flume*, Rechtsgeschäft, § 48/1, der dies sogar für das Insichgeschäft vertritt.

629 *Flume*, Rechtsgeschäft, § 48/1 zum Insichkonstitut.

630 *K. Schmidt*, HandelsR, § 31 V 3a; vgl. den oben (unter aa)) beschriebenen Entwurf zum Preußischen AGHGB von 1857.

631 So inzwischen auch die Rspr.: BGH NJW 1979, 976, 977; BGH NJW-RR 1989, 1128; sowie die ganz h.M. im Schrifttum: MüKo/ *Quack*, BGB, § 930, Rn. 36; Erman/ *Michalski*, BGB, § 930, Rn. 7; Palandt/ *Bassenge*, BGB, § 930, Rn. 9; Staudinger/ *Wiegand*, § 930, Rn. 32; Soergel/ *Mühl*, BGB, § 930, Rn. 4; Staub/ *Koller*, HGB, § 383, Rn. 88; Schlegelberger/ *Hefermehl*, HGB, § 383, Rn. 64; *Baur/ Stürner*, SachenR, § 51, Rn. 31.

632 So die allgemeine Auffassung, vgl. soeben Fn. 631.

633 K. *Schmidt*, HandelsR, § 31 V 3a; ähnlich Staub/ *Koller*, HGB, § 383, Rn. 88.

verhindern. Zudem findet ebenfalls ein Durchgangserwerb des Kommissionärs für eine „logische Sekunde“ statt, was zur Folge haben kann, daß die Sache von gesetzlichen Pfandrechten oder Grundpfandrechten erfaßt wird.[634] Weil aber hier der mittelbare Stellvertreter nur aus konstruktiven Gründen für einen zeitlich nicht meßbaren Moment Eigentümer wird[635], ist dieser Variante schon eher eine Eignung zur Herstellung der gewünschten Ermächtigungssituation zuzusprechen, der ja im ersten Schritt ein möglichst automatisierter Eigentumserwerb des Kunden vorauszugehen hat.

dd) Geschäft für den, den es angeht

Das Geschäft für den, den es angeht, (auf sachenrechtlicher Ebene zumeist: „Übereignung an den, den es angeht“[636]) stellt eine Ausnahme zu dem die direkte Stellvertretung beherrschenden Offenkundigkeitsprinzip aus § 164 II BGB und somit an sich einen erweiterten Fall der offenen Stellvertretung dar;[637] darüber hinaus wird ein direkter Eigentumserwerb mitunter auch bei Handeln des mittelbaren Stellvertreters zugelassen.[638] Die Anerkennung dieser Rechtsfigur entspringt zum einem dem Bedürfnis, den im Hintergrund bleibenden „Vertretenen“ unmittelbar Eigentum erwerben zu lassen, und zum anderen der Tatsache, daß dem Dritten nach der objektiven Sachlage die Person des Erwerbers gleichgültig sein kann.[639] Wo kein Schutzbedürfnis vorhanden ist, weil im Einverständnis mit dem zu schützenden Vertragspartner offen gelassen wird, ob die Wirkungen des Geschäfts den Vertreter oder einen anderen treffen, verliert die Schutzvorschrift des § 164 II BGB ihren Sinn.[640] Die „Übereignung für den, den es angeht“ findet demgemäß grundsätzlich nur auf „Bargeschäfte des täglichen Lebens“ Anwendung, wo der mit dem „Stellvertreter“ Kontrahierende sofort,

---

634 Palandt/ *Bassenge*, BGB, § 930, Rn. 10; Soergel/ *Mühl*, BGB, § 930, Rn. 4; Staudinger/ *Wiegand*, BGB, § 930, Rn. 32.

635 Dies ist letztlich nur darauf zurückzuführen, daß eben die die vorweggenommene Übereignung kein vollendeter Verfügungstatbestand ist, Soergel/ *Mühl*, BGB, § 930, Rn. 4.

636 So bspw. *Baur/ Stürner*, SachenR, § 51, Rn. 43; Schlegelberger/ *Hefermehl*, HGB, § 383, Rn. 67; heute weitestgehend anerkannt ausgehend von: RGZ 100, 190 ff; 140, 223 ff.

637 So *Siebert*, Treuhandverhältnis, S. 120.

638 *Walter*, Unmittelbarkeitsprinzip, S. 108; vgl. auch OLG Celle NJW 1955, 671, 673, wo trotz Handelns im eigenen Namen auf schuldrechtlicher Ebene in sachenrechtlicher Hinsicht von einer Übereignung, an den, den es angeht, ausgegangen wurde.

639 Staub/ *Koller*, HGB, § 383, Rn. 90; *Baur/ Stürner*, SachenR, § 51, Rn. 43; Schlegelberger/ *Hefermehl*, HGB, § 383, Rn. 67.

640 *Siebert*, Treuhandverhältnis, S. 119; *Müller*, JZ 1982, 777, 779.

Zug-um-Zug, seine Gegenleistung (i.d.R. Geld) erhält.[641] Zusätzliche Voraussetzungen sind der innere Wille des unmittelbar Handelnden, für den Hintermann zu erwerben und diesem den Besitz zu mitteln, vgl. § 930 BGB,[642] sowie Vertretungsmacht, von deren konkludenter Einräumung aber bei Handeln in Erfüllung einer Pflicht aus dem Innenverhältnis auszugehen ist.[643] Über den Bereich der „Bar-Kaufgeschäfte" des Alltags hinaus, kann diese Rechtsfigur bei Vorliegen der übrigen Voraussetzungen ihrer ratio nach auch auf die Kommission Anwendung finden.[644] Der Wille des Kommissionärs für den Kommittenten zu erwerben, darf zwar nicht ohne weiteres unterstellt werden. Für ihn spricht jedoch eine widerlegliche Vermutung, wenn ein schützenswertes Interesse des Kommissionärs am Eigentumserwerb in eigener Person fehlt, was der Fall ist, wenn er mit Mitteln bezahlt, die er vom Kommittenten erhalten hat, d.h. ein Vorschuß in Höhe der Aufwendungs- und Provisionsansprüche geleistet ist.[645]

Eine äußerliche Kenntlichmachung ist nach Sinn und Zweck der Übereignung, an den, den es angeht, jedenfalls dann nicht zu verlangen, wenn die verdeckte Vertretung der Erfüllung einer Pflicht im Innenverhältnis dient; dennoch kann auch bei dieser Variante der Zwischenhändler durch Manifestation eines, wenn auch eventuell pflichtwidrigen, entgegenstehenden Willens den Erwerb des Hintermannes ausschließen, da es dann sowohl eines „Vertretungstatbestandes" bzgl. der Einigung als auch eines Besitzmittlungsverhältnisses hinsichtlich des Übergabesurrogates gemäß § 930 BGB ermangeln würde.[646] Die Möglichkeit, daß der mittelbare Stellvertreter entgegen seiner Verpflichtungen aus dem Innenverhältnis als dinglich Berechtigter verfügt, kann somit auch hier nicht gänzlich ausgeschlossen werden. Der entscheidende Vorteil dieser Rechtsfigur liegt jedoch im Fehlen eines Durchgangserwerbes und somit dem Schutz des Kommittenten vor dem Zugriff durch Gläubiger des Kommissionärs sowie insbesondere - im Gegensatz zu den vorigen Konstruktionen - auch dem Erfaßtwer-

641 Wie soeben: Fn. 639.

642 Wie soeben: Fn. 639. Hierin und im Erfordernis der Gleichgültigkeit des Vertragspartners liegt die wesentliche Abweichung zur dinglichen Surrogation, die die Willensrichtung der Beteiligten völlig unberücksichtigt läßt, vgl. *M. Wolf*, JuS 1976, 643, 645.

643 *Müller* JZ 1982, 777, 784.

644 Schlegelberger/ *Hefermehl*, HGB, § 383, Rn. 67; Staub/ *Koller*, HGB, § 383, Rn. 90, die dies namentlich für die Effektenkommission bejahen, wo mit alsbaldiger Gutschrift zu rechnen ist.

645 Staub/ *Koller*, HGB, § 383, Rn. 90; Schlegelberger/ *Hefermehl*, § 383, Rn. 67; Heymann/ *Herrmann*, HGB, § 383, Rn. 16.

646 Vgl. Palandt/ *Bassenge*, BGB, § 929, 25; Staub/ *Koller*, HGB, § 383, Rn. 90, der auf Kenntlichmachung nach außen speziell im Fall der Kommission verzichtet, sowie die Darstellung des Meinungsstandes bei *Müller* JZ 1982, 777, 778.

den durch gesetzliche und Grund-Pfandrechte.[647] Soweit man also diese Variante auf das Verhältnis Wertpapierdienstleister/ Kunde übertragen könnte, käme man dem Idealfall des zeitlich direkten und automatisierten Eigentumserwerbes nahe.

Fraglich ist aber insbesondere, ob für die in Frage stehende Situation, eine Gleichstellung mit Bargeschäften des täglichen Lebens legitim ist. Zwar wird man auf den ersten Blick den Wertpapierkauf wohl als einen geradezu klassischen Fall ansehen können, in dem es dem Vertragspartner gleichgültig ist, an wen er übereignet, da er ja die Wertpapiere als Gegenleistung direkt erhält.[648] Schwerer fällt es jedoch diesen Sachverhalt gedanklich ohne weiteres in den Kontext der Kaufhausgeschäfte als typischer Assoziation für den Begriff des „Geschäftes für den, den es angeht" einzureihen. Hiervon unabhängig soll nach neuerer Ansicht selbst die nach obigen Kriterien gerechtfertigte Annahme der Gleichgültigkeit des Vertragspartners für das Entfallen eines Durchgangserwerbes alleine noch nicht ausreichen, da auch der Schutz anderer Gläubiger und der institutionelle Schutz des Kreditverkehrs zu den eigentumsrechtlichen Schutzvorschriften zu rechnen seien.[649] Dem Schutz des Hintermannes könne auch durch die anderweitige Einräumung der Möglichkeit der Drittwiderspruchsklage sowie der Aussonderung ausreichend Rechnung getragen werden.[650]

ee) Stellungnahme und Vorschlag zur rechtlichen Konstruktion der Ermächtigungstreuhand i.R.d. § 34 a I WpHG

Da aber, wie dargelegt wurde, für die Gelder der Anleger, solange diese noch nicht auf Treuhandkonten eingegangen sind, mangels gefestigter Rechtsprechung kein hinreichend gesicherter Schutz durch Annahme eines nicht auf das Eigentum gestützten Aussonderungsrechts zu gewährleisten ist,[651] bleibt der Kunde für den hier in Frage stehenden Zwischenzeitraum letztlich doch auf die

---

647 Wie soeben Fn. 645.

648 Daß es sich hier um den umgekehrten Fall handelt, in dem der Vertragspartner nicht Geld, sondern die Gegenleistung erhält, darf für die Rechtsfigur der „Übereignung, an den, den es angeht" keinen Unterschied machen, da es ihm im Falle der sofortigen Befriedigung durch Wertpapiere ebenso gleichgültig sein kann, an wen er übereignet, wie wenn er Bargeld erhalten hätte; vgl. auch bereits Fn. 597.

649 *Canaris* in: Festschrift für Flume, Bd. 1, 1978, S. 371, 424; ähnlich *Flume*, Rechtsgeschäft, § 44 II 2.c) unter Verweis auf die Eindeutigkeit der Eigentumsverhältnisse im Interesse des Rechtsverkehrs.

650 *Canaris*, in: Festschrift für Flume, Bd. 1, 1978, S. 371, 424; Heymann/ *Herrmann*, HGB, § 383, Rn. 16.

651 Siehe oben a). Sobald sich dagegen die Gelder auf Treuhandkonten bei einem Kreditinstitut befinden, gewährt die Rechtsprechung grundsätzlich auch dem Vollrechtstreugeber ein Aussonderungsrecht, vgl. dazu ausführlich unten § 3 C.I.

Eigentümerstellung angewiesen. Zudem kann nur durch einen möglichst übergangslosen Eigentumserwerb des Kunden erreicht werden, daß überhaupt ein gewisser Schutz vor mißbräuchlichen Verfügungen besteht. Es gilt somit die spezifischen Eigentumsverhältnisse bei der Ermächtigungstreuhand, auf die, wie deutlich wurde, § 34 a I WpHG konzipiert ist, zu jedem Zeitpunkt aufrechtzuerhalten und somit einen wenn auch nur vorübergehenden, möglicherweise auf eine „logische Sekunde“ beschränkten Eigentumserwerb des Wertpapierdienstleistungsunternehmens tunlichst zu vermeiden.

(1) Anwendung der „Übereignung für den, den es angeht“

Wie oben angedeutet wäre die Übereignung, für den, den es angeht, in Ermangelung jeglichen Zwischenerwerbs „de lege lata“[652] die günstigste Möglichkeit, als Vorstufe zur „Ermächtigungssituation“ das Eigentum hinsichtlich der Surrogate bzw. sonstiger von dritter Seite zugewandter Geldbeträge an den Kunden des Wertpapierdienstleisters übergehen zu lassen. Allerdings müßte diese ohnehin in Rechtsfortbildung entwickelte Konstruktion noch in zweifacher Hinsicht erweitert bzw. erweiternd ausgelegt werden, um auf die hier in Frage stehende Konstellation angewendet werden zu können. Dies zum einen bzgl. einer Anwendung auch auf die mittelbare Stellvertretung; zum zweiten hätte man den Fall des Wertpapierkaufes durch einen Vermögensverwalter den Barkaufgeschäften des täglichen Lebens gleichzustellen.

Obgleich sich die auf die mittelbare Stellvertretung erweiterte Übereignung, für den, den es angeht, natürlich ebenso wie ihre Anwendung bei direkter Stellvertretung der Kritik der Umgehung des Offenkundigkeitsprinzips ausgesetzt sieht und angesichts der vom Gesetzgeber vorgenommenen klaren Trennung zwischen direkter und mittelbarer Stellvertretung (ergo zwischen Handeln im fremden im Gegensatz zu Handeln im eigenen Namen) noch in verstärktem Maße zu hinterfragen ist, so ist doch dasselbe typische Bedürfnis gegeben und trifft die ratio dieser Rechtsfigur auch hier zu. Ferner dürfen die vorgenannten dogmatischen Kritikpunkte nicht darüber hinwegtäuschen, daß ja in den Grundfällen des Geschäftes, für den, den, es angeht, ebensowenig „offen“ in fremdem Namen gehandelt wird, wie dies bei einem lediglich mittelbaren Stellvertreter der Fall ist. In beiden Fällen liegt zumindest hinsichtlich des sachenrechtlichen Geschäfts „verdeckte Stellvertretung“ vor. Für den Vertragspartner wird ein Unterschied gerade nicht erkennbar. Es spielt dies für ihn wegen seiner Gleichgültigkeit in

652 Vorausgesetzt man sieht das „Geschäft für den, den es angeht“ als noch mit den gesetzlichen Möglichkeiten für vereinbar an, vgl. zur gegenteiligen Auffassung soeben im Text.

bezug auf die Person des Erwerbers auch keinerlei Rolle. Hierin aber ist das kennzeichnende Merkmal des Geschäftes für den, den es angeht, als artbildendem Unterschied[653] zu sehen und die entscheidende Rechtfertigung für seine Entwicklung und Anwendung. Faßt man das Geschäft, für den, den es angeht, als ergänzende Vertragsauslegung auf, so ist alleine der nach den involvierten Interessen der Beteiligten zu bestimmende hypothetische Parteiwille der Vertragsparteien des Ausführungsgeschäftes konstituierend[654], der bei direkter Stellvertretung ebensogut wie bei mittelbarer Stellvertretung vorliegen kann. Nach dem maßgeblichen Spezifikum ist daher eine Ausgrenzung der Fälle indirekter Stellvertretung nicht veranlaßt. Wie eine Entscheidung des OLG Celle[655] zeigt, ist es zudem durchaus denkbar, daß der Mittelsmann zwar einerseits schuldrechtlich im eigenen Namen auftritt, andererseits aber der notwendige Wille des (unmittelbaren) Eigentumserwerbs für den Hintermann besteht, wie dies für den Nichteintritt eines Durchgangserwerbes zu fordern ist. Dies gilt umso mehr für die Fälle der Kommission oder des gemäß § 185 BGB treuhänderisch handelnden Vermögensverwalters, da hier ja im Innenverhältnis die Pflicht besteht, das Eigentum, das für Rechnung des Hintermannes erworben wird, diesem zu verschaffen. Für die Kommission ergibt sich dies aus § 384 II HGB, für den Vermögensverwalter aus seiner Stellung als lediglich „ermächtigtem“ Treuhänder, der nach der zugrundeliegenden schuldrechtlichen Treuhandabrede nie Vollrechtsinhaber sein darf und auch hinsichtlich des als Surrogats hinzukommenden Treugutes stets gemäß der mitunter zu einem bestimmtem Zweck erteilten Ermächtigung nach außen hin mit dinglicher Wirkung beschränkt sein soll.[656] Soweit man also nicht mit *Flume* und ihm folgend *Canaris* eine generelle Abschiednahme vom „Mythos“ des „Geschäftes für den, den es angeht,“ postu-

---

653 Vgl. zum artbildenden Unterschied (differentia specifica), der diejenige wesentliche Eigenschaft aussagt, „wegen derer eine Anzahl bestimmter Gegenstände einer bestimmten Art zugeordnet wird“ und dessen maßgeblicher Bedeutung für saubere juristische Begriffsbestimmungen: *Schneider*, Logik für Juristen, S. 30-32 und 39 ff.

654 So *Müller*, JZ, 1982, 777, 778 f.

655 OlG Celle NJW 1955, 671 ff.

656 Vgl. *Balzer*, Vermögensverwaltung durch Kreditinstitute, S. 47 f zur Treuhandabrede als schuldrechtlicher Festlegung des Innenverhältnisses und S. 38 f zur gängigen Formularpraxis der Erstreckung des Vermögensverwaltungsvertrages auf aus der Verwaltung resultierende Erträge; vgl. ferner genauer zur Ermächtigung sowie der vertraglichen Gestaltung im Falle der Vermögensverwaltung auf der Basis der Ermächtigungstreuhand sogleich unter (3).

liert[657], kann eine Anwendung auf Fälle der mittelbaren Stellvertretung erfolgen.[658]

Damit ist aber noch nicht geklärt, ob dies auch im speziellen Fall des Wertpapierverkaufs durch den Vermögensverwalter gilt. Es müßte sich eine Qualifizierung als Bargeschäft des täglichen Lebens erreichen lassen bzw. sich zumindest um eine Situation handeln, die nach heute geltender rechtlicher Anschauung sowie der Verkehrsauffassung diesem Fall gerechtfertigterweise gleichgestellt werden kann.

Daß die Anwendung der Übereignung für den, den es angeht, unter Umständen auch über den Bereich der Barkäufe und Geschäfte des täglichen Lebens hinaus in Frage kommt, ergibt sich schon aus dem oben herausgearbeiteten Spezifikum dieser Rechtsfigur und dokumentieren auch Entscheidungen der höherinstanzlichen Gerichte.[659] In bezug auf die maßgebliche Gleichgültigkeit des übereignenden Vertragspartners, welches mithin im folgenden als „Tatbestandsmerkmal" der Übereignung, für den, den es angeht, behandelt wird, stellen sich die Bargeschäfte des täglichen Lebens somit lediglich als ein unter diesen Oberpunkt zu subsumierender Anwendungsfall dar, wenngleich einzuräumen ist, daß aufgrund ihrer ausschlaggebenden Bedeutung für die Entwicklung und Ausprägung dieser Rechtsfigur von einer starken Rückprägung des Tatbestandsmerkmals durch seinen Hauptanwendungsfall auszugehen ist. Schon in KG WM 1956, 1217 f wird jedoch betont, daß auch bei der Effekteneinkaufskommission durchaus Fälle denkbar sind, in denen das Eigentum unmittelbar auf den Kommittenten übergeht, ohne daß der Kommissionär auch nur einen Augenblick Eigentümer wird, womit nur die Übereignung, an den, den es angeht, gemeint sein kann. Dabei darf es hinsichtlich der Übertragbarkeit dieses Falles auf die hier zu diskutierende Situation wiederum keine Rolle spielen, daß es sich um den umgekehrten Fall handelt, in dem Surrogat die Sache und nicht das Geld ist.[660] Vergegenwärtigt man sich, daß diese Entscheidung bereits aus dem Jahre 1956 datiert und zieht man die Entwicklung der Aktienmärkte seit diesem Zeitpunkt in Betracht, so kann angesichts der aktuellen Gegebenheiten namentlich der inzwischen bestehenden breiten Streuung von Wertpapieren innerhalb der Bevölke-

---

657 *Flume*, Rechtsgeschäft, § 44 II 2e); *Canaris* in: Festschrift für Flume, Bd. 1, 1978, S. 371, 425; vgl. zu den wichtigsten Argumenten bereits oben unter dd).

658 So ja auch die oben (dd)) speziell zur Kommission bzw. zur Treuhand zitierte Literatur und die Rechtsprechung wie sogleich: Fn. 659; vgl. ferner die Aussage von Staudinger/ *Schilken*, BGB, Vorbem. § 164 BGB, Rn. 45, wonach die Anwendung auf Fälle der mittelbaren Stellvertretung bei einer der unmittelbaren Stellvertretung vergleichbaren Situation in Betracht kommt.

659 BGH NJW 1989, 164 ff; KG WM 1956, 1217 ff; OLG Celle, NJW 1955, 671 ff.

660 Vgl. hierzu bereits oben Fn. 592 und 645.

rung und der Tatsache, daß Aktienkäufe und -verkäufe mittlerweile durch bloßen „Klick“ per Internet vorgenommen werden können, kein Zweifel bestehen, daß heute umso mehr eine Gleichstellung mit Bargeschäften des täglichen Lebens zu rechtfertigen ist.[661] Die spezifische Situation der Gleichgültigkeit hinsichtlich des Vertragspartners wird in der Regel zu bejahen sein: Zum einen ist es typisch für Aktiengeschäfte, daß die Leistungen Zug-um-Zug ausgetauscht werden, also Gutschrift auf dem Wertpapierdepot zeitgleich mit Abbuchung des Kaufbetrages erfolgt; zum anderen kommt es dem Käufer, der nur ein bestimmtes Papier zu einem möglicherweise ebenfalls fixen Preis zu erwerben sucht, nicht auf die Person seines Vertragspartners an. Wem letztlich das Eigentum an dem von ihm übereigneten Geld zustehen soll und von wem er die Aktien erwirbt, ist für ihn regelmäßig nicht von Bedeutung. Hinzu kommt, daß der mit einem vermögensverwaltenden Wertpapierdienstleister Kontrahierende sich häufig darüber im Klaren ist, daß dieser hinsichtlich der Wertpapiere nur Verwalter nicht aber Eigentümer bzw. wenigstens nicht wirtschaftlicher Eigentümer ist. Dennoch käme wohl im Normalfall kein Wertpapierkäufer auf die Idee, sich im Hinblick auf die Identität des Hintermannes zu erkundigen.

Sofern also nicht von einem besonders gelagerten Fall auszugehen ist, bei dem ausnahmsweise ein Interesse des Vertragspartners des Wertpapierdienstleisters an der Identität der sachenrechtlichen Gegenpartei besteht, erweist sich folglich die Übereignung für den, den es angeht, als geeignetes Institut zur Erreichung eines zeitlich direkten und automatisierten Eigentumserwerbs des Kunden an den dem Wertpapierdienstleistungsunternehmen von dritter Seite zufließenden Geldern. Die Einigung Wertpapierdienstleistungsunternehmen/ Dritter „schlägt durch“ auf den Kunden, der dem Unternehmen konkludent durch Abschluß des Vermögensverwaltungsvertrages die Rechtsmacht zur Vertretung einräumt. Dessen innerer Vertretungswille kann - wie bei dem ebenfalls im Innenverhältnis zur Übereignung verpflichteten Kommissionär - unterstellt werden, soweit nicht im Einzelfall Gegenteiliges nach außen manifestiert ist. Denn anders als bei der (Einkaufs-) Kommission sind die Wertpapiere als zu leistender Vertragsgegenstand bereits im (zumindest mittelbaren Mit-) Besitz[662] des Unternehmens, womit mit Mitteln des Kunden erfüllt wird. Ein schützenswertes Interesse der Wertpapierfirma am Eigentumserwerb ist dann nicht anzuerkennen. Im übrigen kann den Sicherungsinteressen des Wertpapierdienstleistungsunternehmens, wie noch zu zeigen sein wird[663], durch Einräumung eines Pfandrechtes

---

661 Zu den Gründen der zunehmenden Verbreitung von Wertpapieren unter Privatanlegern vgl. oben § 1 A.I.

662 Siehe dazu unten § 5 B.IV.

663 Unter § 3 B.V.

Rechnung getragen werden. Das Erfordernis der Übergabe an den Kunden wird durch vorweggenommene Vereinbarung eines Besitzmittlungsverhältnisses gemäß § 930 BGB ersetzt, wobei vom Fortbestehen des Besitzmittlungswillens mangels abweichender Anhaltspunkte wie bei der Kommission aufgrund der im Innenverhältnis bestehenden Pflicht zur Eigentumsverschaffung ebenfalls auszugehen ist. In diesem Zusammenhang erweist sich die ausdrückliche Verpflichtung des Wertpapierdienstleistungsunternehmens gemäß § 34 a I WpHG, erhaltene Gelder unverzüglich auf einem Treuhandkonto bei einem zu Einlagengeschäften befugten Kreditinstitut zu verwahren, als verhältnismäßig sicherer Schutz davor, daß die eigentumsrechtliche Zuordnung von Surrogaten zum Vermögen des Kunden durch Verlautbarung eines gegenläufigen Willens verhindert wird. Denn, wie noch genauer auszuführen ist, ist das Konto als Ermächtigungstreuhandkonto auszugestalten.[664] Mit der Weiterleitung der Gelder auf dieses Konto, dessen Inhaber der Kunde ist, wird aber in jedem Fall deutlich, daß ein Eigenerwerb des Unternehmens nicht in Betracht kommt. Die Zuordnung zum Vermögen des Kunden wird manifest und eine Äußerung des Wertpapierdienstleistungsunternehmens für sich selbst erwerben zu wollen, wäre, weil zu dieser Handlung in unauflösbarem Widerspruch stehend, als venire contra factum proprium[665] und damit als gemäß § 242 BGB unbeachtlich zu beurteilen. Da ein Verstoß gegen diese aufsichtsrechtliche Verpflichtung strafbewehrt ist und gemäß § 39 I Nr. 8 i.V.m. IV WpHG mit Geldbuße bis zu 100.000 Euro geahndet werden kann[666], wird der Wertpapierdienstleister von seiner Verpflichtung zur getrennten Verwahrung in der Regel auch nicht ohne Not abweichen.

Als konkret bestimmtes Rechtsverhältnis, durch das ein Nutzungsrecht oder eine Verwaltungspflicht des sein Recht von dem anderen ableitenden unmittelbaren Besitzers begründet wird[667], ist auch der Treuhandvertrag wie die Kommission als taugliches Besitzmittlungsverhältnis i.S.d. §§ 930, 868 BGB anzusehen.[668] Aus ihm resultieren etwa die Pflicht des Treuhänders, mit dem Treugut

---

664 Siehe dazu § 3 A.II.

665 Siehe zu den einzelnen Fallgruppen widersprüchlichen Verhaltens: Palandt/ *Heinrichs*, BGB, § 242, 55 ff.

666 Sanktioniert wird in § 39 WpHG zwar nur die mindestens leichtfertige Begehung. Es ist jedoch für den vorliegenden Fall nur schwer vorstellbar, wie die Nichtweiterleitung auf das Treuhandkonto bei einem Kreditinstitut sich lediglich als leichte Fahrlässigkeit darstellen sollte, wenn die ausdrückliche Erklärung seitens des Unternehmens hinzutritt, nicht für den Kunden erwerben zu wollen.

667 So die an das Besitzmittlungsverhältnis i.S.d. § 868 BGB als Grundlage einer Übertragung nach § 930 BGB zu stellenden Anforderungen; vgl. zur Definition: Palandt/ *Bassenge*, BGB, § 868, Rn. 6 ff.

668 Im Ergebnis ebenso: *Coing*, Die Treuhand kraft privaten Rechtsgeschäfts, S. 125; *Gernhuber*, JuS 1988, 355, 357.

sorgfältig und in einer bestimmten Weise zu verfahren, seine Rückübertragungspflicht nach Erledigung des Treuhandzwecks sowie die Pflicht des Treugebers, das vereinbarte Entgelt zu bezahlen.[669] Für die spezielle Treuhandabrede des Vermögensverwaltungsvertrages ergibt sich die Anerkennung als hinreichendes Besitzmittlungsverhältnis schon aus der Nähe zum Verwahrungsvertrag[670]; auch kann hier an der konkreten Bestimmtheit aufgrund der im Regelfall mehr oder weniger dezidiert vereinbarten Anlagerichtlinien kein Zweifel bestehen.[671]

Mit der Anwendung der Regeln über das Geschäft, für den, den es angeht, ist somit für eine Vielzahl von Fällen der erste Schritt auf dem Weg zur Herstellung der Ermächtigungssituation getan.

(2) Anwendung des antizipierten Besitzkonstituts

Ergibt sich im Einzelfall aufgrund des hypothetischen oder klar kundgemachten Parteiwillens des Vertragspartners des Unternehmens beim Ausführungsgeschäft, daß es diesem nicht gleichgültig ist, an wen er übereignet, so kann durch antizipiertes Besitzkonstitut mit dem Vermögensverwaltungsvertrag als Besitzmittlungsverhältnis ein sofortiger Erwerb des Kunden begründet werden. Aus den für die Kommission angeführten Erwägungen wird man wohl auch hier die betreffenden Vereinbarungen unterstellen und von deren Fortbestehen im Zweifel ausgehen dürfen.[672] Soweit bei einem für Rechnung des Kunden getätigten Wertpapierkauf im Zeitpunkt des Erwerbes noch nicht erkennbar ist, für welchen Kunden, erworben wird, kann in den vorbereitenden Maßnahmen zur Weiterleitung erhaltener Gelder auf das Konto des jeweiligen Kunden entsprechend der (strafbewehrten[673]) Pflicht nach § 34 a I WpHG die durch den Bestimmtheitsgrundsatz bedingte, spezifizierende Ausführungshandlung gesehen werden.[674] Nach oben Gesagtem darf ferner der für einen nur zu denkenden Moment beste-

---

669 *Gernhuber*, JuS 1988, 355, 357.

670 Vgl. hierzu die teilweise Qualifikation der Vermögensverwaltung nach dem „Treuhandmodell" als unregelmäßigem Verwahrungsvertrag, auf die bereits unter I.2.a)bb) eingegangen wurde.

671 Siehe dazu und zu den Einzelheiten der Gestaltung von Vermögensverwaltungsverträgen: *Balzer*, Vermögensverwaltung durch Kreditinstitute, S. 38 ff, insbesondere S. 39, sowie zur Festlegung spezifischer Anlagerichtlinien: *ders.*, a.a.O., S. 29 und *ders.* in: Herrmann/ Berger/ Wackerbarth, Bank- und Wirtschaftsrecht im Wandel, S. 21, 25 f.

672 Vgl. oben unter cc).

673 Vgl. dazu soeben (1).

674 Da das Konto auf den Namen des jeweiligen Kunden lautet, wird hierdurch eindeutige Bestimmtheit erzielt; siehe zum Treuhandkonto im Rahmen von § 34 a I WpHG § 3 A.II.

hende Durchgangserwerb nicht dazu führen, den Regeln des antizipierten Besitzkonstitutes die Tauglichkeit zur Herstellung der Ermächtigungssituation gänzlich abzusprechen. Mit Ausnahme derjenigen Fälle, in denen das Treugut von gesetzlichen Pfandrechten erfaßt wird, wird die formal für eine „juristische Sekunde" bestehende Eigentümerstellung des Vermögensverwalters den Schutz des Kunden nur in seltenen Grenzfällen beeinträchtigen. Sie muß aus konstruktiven Gründen in Kauf genommen werden, soweit nicht schon - wie wohl regelmäßig - ein Eigentumserwerb des Kunden über die Rechtsfigur der „Übereignung für den, den es angeht" stattfindet.

(3) Rechtsnatur der Ermächtigung; Modalitäten der („ausgedehnten") Erteilung

Um die „Ermächtigungstreuhand" hinsichtlich des Treugutes in jeder Situation aufrechtzuerhalten, und mithin den Treuhänder in den Stand zu versetzen, über das ihm anvertraute Vermögen gemäß den Zwecken der Treuhandabrede verfügen zu können, muß nun die Ermächtigung auch auf die Surrogate des ursprünglich übertragenen Vermögens erstreckt werden, welches sich nach dem Stand der bisherigen Erörterung bereits im Eigentum des Treugebers befindet. Es bietet sich somit an dieser Stelle die Möglichkeit, Rechtsnatur und Ausgestaltung einer den Anforderungen der Vermögensverwaltung nach der Ermächtigungstreuhand gerecht werdenden Ermächtigung zu formulieren:

Die Zulässigkeit einer Verfügungsermächtigung folgt gemäß § 185 I BGB bereits aus dem Gesetz. Durch die hier bezeichnete „Einwilligung" wird im Wege eines einseitigen empfangsbedürftigen Rechtsgeschäfts dem Nichtberechtigten die Rechtsmacht verschafft, über ein fremdes Recht im eigenen Namen zu verfügen.[675] Die Ermächtigung kann als Erteilung der Macht im eigenen Namen auf einen fremden Rechtskreis einzuwirken[676] oder kürzer als rechtliche Ausübungsmöglichkeit[677] bezeichnet werden, wobei es sich insoweit mehr um Umschreibungen als um Definitionen handelt.[678] Weil es sich bei der Ermächtigung ebenso wie bei der Vollmacht um eine sekundäre, d.h. lediglich abgeleitete Zuständigkeit des Ermächtigten handelt, lehnt die h.M. eine Einordnung als subjektives Recht ab.[679] Von der Vollmacht unterscheidet sich die Ermächtigung im

---

675 *Siebert*, Treuhandverhältnis, S. 270 und Palandt/ *Heinrichs*, BGB, § 185, Rn. 7.
676 *Ludewig*, Ermächtigung, S.2.
677 *Schucht*, Verfügungsmacht im Bankverkehr, S. 37.
678 *Doris*, Rechtsgeschäftliche Ermächtigung, S. 175.
679 Vgl. die ausführliche Darstellung zum Meinungsstand bei *Doris*, Rechtsgeschäftliche Ermächtigung, S. 173 ff mit zahlreichen Nachweisen zur h.M. (S. 175, Fn. 88), der allerdings selbst einer Qualifizierung als subjektivem Recht zuneigt; nicht ganz konsequent dann allerdings in den Auswirkungen der eigenen Einstufung auf

wesentlichen dadurch, daß erstere personenbezogen, während die Ermächtigung gegenstandsbezogen ist, sowie dem Umstand, daß einmal Rechtsmacht zum Handeln im fremden, im anderen Fall zum Handeln im eigenen Namen verliehen wird.[680] Insgesamt können jedoch für die Ermächtigung wegen weitgehender struktureller und funktioneller Wesensgleichheit die die Vollmacht betreffenden Vorschriften zur Entwicklung von Lösungen weitgehend analog herangezogen werden.[681]

Die Ermächtigung wird durch widerrufliche Erklärung erteilt und ist gemäß § 182 II BGB grundsätzlich auch dann an keine Form gebunden, wenn sie den Treuhänder seinerseits in die Lage versetzt, formgebundene Verfügungsgeschäfte vorzunehmen.[682] Die Erteilung kann dabei wie gesehen inhaltlich mit dinglicher Wirkung auf Verfügungen in einem bestimmten Rahmen oder zu bestimmten Zwecken beschränkt werden.[683] Überschreitet der Treuhänder diese Grenzen, so handelt er folglich als Nichtberechtigter.[684] Als Minus zur Übertragung des Vollrechtes, wie sie bei der Vollrechtstreuhand stattfindet, wird durch diese Art der Verschaffung der Verfügungsberechtigung im eigenen Namen somit eine Äquivalenz zwischen Dürfen des Treuhänders nach dem Innenverhältnis zum Treugeber und seinem Können im Außenverhältnis hergestellt.[685] Der Treuhänder erhält im Gegensatz zur Vollrechtstreuhand, welche durch eine überschießende Rechtsmacht des Treuhänders gekennzeichnet ist, nur so viel Rechtsmacht, wie die Durchführung des Treuhandzweckes es erfordert.[686] Dies ist im Rahmen der Vermögensverwaltung insofern von besonderer praktischer Relevanz, als es den Parteien des Vermögensverwaltungsvertrages erlaubt, durch

---

Übertragbarkeit und Pfändbarkeit der Ermächtigung sowie dem Schutz des der Verfügungsbefugnis des Ermächtigten i.R.d. § 823 I BGB.

680 *Flume*, Rechtsgeschäft, § 11, 5c); Staudinger/ *Schilken*, BGB, Vorbem. § 164, Rn. 64.

681 *Schucht*, Verfügungsmacht im Bankverkehr, S. 39; vgl. auch *Doris*, Rechtsgeschäftliche Ermächtigung, S. 181 ff zur Analogiefähigkeit der für die Vollmacht geltenden Vorschriften bei Erlöschen der Ermächtigung sowie S. 184 ff bei Handlungen eines Pseudoermächtigten. Eine zusätzliche Rechtfertigung für die entsprechende Anwendung ergab sich zudem oben (unter I.2.a)cc),(2a)) aus dem Umstand, daß die Gefahrenlage für den Verwaltungskunden bei Vertretermodell und dem Modell der Ermächtigungstreuhand praktisch dieselbe ist.

682 *Coing*, Die Treuhand kraft privaten Rechtsgeschäfts, S. 123 f.

683 *Coing*, Die Treuhand kraft privaten Rechtsgeschäfts, S.124 und 183; Staub/ *Canaris*, HGB, BankvertragsR I, Rn. 267; *Grundmann*, Treuhandvertrag, S. 83.

684 Zu den für einen gutgläubigen Erwerb in Frage kommenden Tatbeständen siehe bereits I.2.a)cc),(2a).

685 *Siebert*, Treuhandverhältnis, S. 295 und 306.

686 *Serick*, Eigentumsvorbehalt und Sicherungsübertragung, § 3 III 2; *Gößmann* in: BuB, 2/240.

die im Innenverhältnis vereinbarten Anlagerichtlinien[687] spiegelbildlich zugleich auch die Grenzen der Verfügungsmacht des Treuhänders festzulegen.

Für die hier in Frage stehende Problematik ist entscheidend, daß die Verfügungsermächtigung selbstverständlich auch auf bestimmte Gegenstände oder Vermögensmassen begrenzt werden kann[688], vorliegend also auf das Treugut, welches schuldrechtlich durch die Treuhandabrede umrissen wird. Dabei entspricht es bei der der Vermögensverwaltung zugrundeliegenden Treuhandabrede (Vermögensverwaltungsvertrag) gängiger Formularpraxis, daß der Umfang der Vermögensverwaltung auch auf künftig entgegenzunehmende bzw. auf dem Konto bzw. Depot verbuchte Vermögenswerte erstreckt und zugleich vereinbart wird, daß die in Zukunft aus der Verwaltung resultierenden Erträge wiederum im Rahmen des Verwaltungsvertrages angelegt werden.[689] Auch ohne eine solche ausdrückliche Bestimmung dürfte sich aber bei einer Treuhand an Wertpapierbeständen schon aus dem Zweck der Treuhand ergeben, daß neue Gegenstände an Stelle der ursprünglichen zum Treugut werden.[690] Da sich dieses bei der Grundsituation der Ermächtigungstreuhand im Eigentum des Treugebers befindet[691], ist die Pflicht des Treuhänders zur Übereignung auf dem beschriebenen Wege in den Vertrag aufzunehmen. Wie bei der Sicherungsübereignung von Warenlagern kann nun auch die Ermächtigung hinsichtlich des treuhänderisch übergebenen Vermögens bereits im voraus auf bestimmte, später hinzukommende Gegenstände, namentlich Surrogate, die der Treuhänder mittels des ursprünglichen Treugutes erwirbt, ausgedehnt werden.[692] Hierfür ist, da die Ermächtigung andernfalls mit Veräußerung des Gegenstandes enden würde,[693] eine vertragliche Festlegung erforderlich. Für die sinnvolle und erfolgsversprechende Vermögensverwaltung ist diese Erstreckung sogar unerläßlich, da der Wertpapierdienstleister ansonsten nicht befähigt wäre, auf ständig wechselnde Marktsituationen und Kursschwankungen durch Veränderungen der Portefeuilles weiterhin zu reagieren. Das aus Aktienverkäufen erworbene Geld wäre als „totes Kapital" einer Verwendung im Rahmen der Vermögensverwaltung nicht mehr zugänglich, was Sinn und Zweck einer auf längere Dauer konzipierten Anlagestrategie zuwider-

687 Siehe zu den gängigen Varianten standardisierter Anlagerichtlinien *Balzer* in: Hermann/ Berger/ Wackerbarth, S. 21, 25 ff.

688 *Coing*, Die Treuhand kraft privaten Rechtsgeschäfts, S.125.

689 *Balzer*, Vermögensverwaltung durch Kreditinstitute, S. 38 f.

690 *Siebert*, Treuhandverhältnis, S. 188; *Coing*, Die Treuhand kraft privaten Rechtsgeschäfts, S. 117, *Walter*, Unmittelbarkeitsprinzip, S. 129; *Liebich/ Mathews*, Treuhand im Recht der Wirtschaft, S. 188.

691 Vgl. zur Situation ab Einreichung der Kundengelder auf das Ermächtigungstreuhandkonto § 3 A.II.

692 Vgl. *Coing*, Die Treuhand kraft privaten Rechtsgeschäfts, S. 125.

693 *Gößmann* in BuB, 2/ 240.

liefe. Für die vertragliche Gestaltung der „ausgedehnten" Ermächtigung kann als Vorbild die Formularpraxis bei der genannten Sicherungsübereignung von Warenlagern mit wechselndem Bestand dienen. Wie bei der Vermögensverwaltung muß hier ebenfalls der Rahmen der als ordnungsgemäß zu geltenden Geschäftsführung durch den Sicherungsgeber (hier: Treuhänder) abgesteckt sowie die Pflicht des Sicherungsgebers (hier: Treugeber) festgeschrieben werden, neu erworbene Ware in den Sicherheitsnexus eintreten zu lassen (hier also Treugutbestand) hinzuzufügen.[694] Auch was die Bestimmtheit hinsichtlich der Zugehörigkeit einzelner neu hinzukommender Gegenstände zum Treugut betrifft, kann sich hieran orientiert werden.

3. *Von dritter Seite auf das Treuhandkonto überwiesene Beträge*

a) *Kundengelder i.S.d. § 34 a I WpHG*

Zu den Kundengeldern im Rahmen des § 34 a I WpHG zählen ferner solche Beträge, die von Dritten auf das Treuhandkonto eingereicht werden,[695] sei es daß es sich um Gelder handelt, die dem Konto anläßlich eines Ausführungsgeschäftes gutgeschrieben werden oder sei es, daß ein Dritter zu Zwecken der Vermögensverwaltung für den Kunden Gelder überweist. Hinsichtlich solchermaßen auf dem Konto eingehender Beträge erübrigt sich die Klarstellung, daß diese für Rechnung des Kunden zu verwenden sind. Vielmehr ist deren zukünftige Verwendung schon durch Eingang auf dem eigens zu Zwecken der Vermögensverwaltung eingerichteten Treuhandkonto vorherbestimmt. Der Sinn von Treuhandkonten liegt gerade darin, den vom sonstigen Besitz des Treuhänders gesonderten Verwendungszweck des dort verwahrten Vermögens zu manifestieren. Diesem Umstand hat auch die Rechtsprechung schon früh Rechnung getragen, indem sie für Gelder die auf Treuhandkonten eingehen eine Ausnahme vom Unmittelbarkeitsgrundsatz zuließ, der bis dahin für die Zugehörigkeit zum Treugut maßgeblich war.[696]

b) *Funktion des Ermächtigungstreuhandkontos im Rahmen der Vermögensverwaltung; Erzielung der gewünschten Ergebnisse per se*

Für Beträge, die direkt auf dem (unter § 3) noch ausführlich zu beschreibenden (Ermächtigungs-) Treuhandkonto eingehen, erübrigen sich rechtliche Konstruk-

---

694 Vgl. *Coing*, Die Treuhand kraft privaten Rechtsgeschäfts, S. 125.
695 *Koller* in: Assmann/ Schneider, WpHG, § 34 a, Rn. 6.
696 Vgl. zur Treuhandrechtsprechung des BGH mit Blick auf Treuhandkonten § 3 C.

tionen, die aus den dargelegten Gründen vermeiden sollen, daß der Treuhänder das Eigentum erlangt. Denn an Stelle des Eigentums als rechtszuordnendem Faktor, spielt sich die dingliche Berechtigung an Konten auf Forderungsebene ab, weil mit der Einzahlung der Gelder die kontoführende Bank Eigentum erlangt.[697] Soweit also Beträge zur Verwaltung für den Kunden oder im Rahmen von Wertpapiertransaktionen unmittelbar auf das Konto überwiesen werden, kann das Wertpapierdienstleistungsunternehmen hieran kein Eigentum erwerben. Der Kunde wird auf Kontoebene gegen einen Verlust seiner Gelder bei Insolvenz des Finanzportfolioverwalters somit bereits durch die rechtliche Ausgestaltung des Treuhandkontos gesichert.[698]

Auch die soeben[699] beschriebenen, zur fortgesetzten Vermögensverwaltung auf der Basis der Ermächtigungstreuhand erforderlichen Gegebenheiten werden für den überwiegenden Zeitraum schon durch die Pflicht zur unverzüglichen Weiterleitung auf das Treuhandkonto hergestellt. Der Verwaltung in der Form der Ermächtigungstreuhand entsprechend ist, wie noch näher darzulegen ist[700], dieses Konto als Ermächtigungstreuhandkonto zu eröffnen. Da für jeden Kunden ein separates Konto einzurichten ist,[701] wird durch Einreichung der Gelder auf das jeweilige Konto, das auf den Namen des Kunden als Inhaber lautet, eindeutige Bestimmtheit erzielt. Die bzgl. dieses Kontos generell bestehende Ermächtigung versetzt zudem das Wertpapierdienstleistungsunternehmen als Treuhänder in die Lage, über alle eingehenden Gelder im Rahmen einer längerfristigen Vermögensverwaltung zu verfügen.[702] Das Ermächtigungstreuhandkonto ersetzt somit in idealer Weise die Konstruktion eines Geschäftes für den, den es angeht, in Kombination mit einer vorweggenommenen, generellen Ermächtigung und hilft damit auf Kontoebene allen oben genannten Bedürfnissen ab. Schon aufgrund der bloßen Rechtsnatur des Kontos ist hinsichtlich aller hierauf eingehender Gelder klargestellt, daß es sich insoweit um Geschäfte handelt, die den Treugeber angehen. Das Ermächtigungstreuhandkonto kann damit quasi als „Institutionalisierung des Geschäftes für den, den es angeht", gelten und definiert zugleich den Umfang des Treugutes, hinsichtlich dessen der Treuhänder ermächtigt

697 Vgl. unten § 3 B V.

698 Siehe im einzelnen zur rechtlichen Ausgestaltung des Treuhandkontos auch im Sinne einer Minimierung der Gefahr des Eigentumsverlustes durch gutgläubigen Erwerb Dritter sogleich unter § 3 A. sowie zur Behandlung von Treuhandkonten bei Insolvenz des Treuhänders unten § 3 C.I.

699 Unter ee),(3).

700 Sogleich unter § 3 A.II.

701 Siehe dazu im einzelnen § 3 B.II.

702 Generell zur Verfügungsbefugnis an Ermächtigungstreuhandkonten vgl. § 3 A.II. sowie zu Vorschlägen, wie die Verfügungsbefugnis im Rahmen von § 34 a I WpHG angemessenerweise zu modifizieren ist, § 3 A.V.

ist. Daß dem nicht zufällig so ist, läßt sich aus der grundlegenden Darstellung *Sieberts* zur Ermächtigungstreuhand[703] ersehen, der die durch diese Kontoform per se garantierten Ergebnisse im Jahre 1933 noch über die Grundsätze des Geschäftes für den, den es angeht, herleitet.[704] Mit Etablierung der Ermächtigungstreuhand als Kontoform wird die Anwendung der Regeln des Geschäftes für den, den es angeht auf den Erwerb der Kontoforderung obsolet.[705]

Dennoch verlieren die obigen Ausführungen betreffend die Entgegennahme von Geldern in bar nicht ihren Sinn. Denn die Pflicht des Wertpapierdienstleistungsunternehmens, die Gelder „unverzüglich" auf ein Treuhandkonto weiterzuleiten, bedeutet wie o.g. auch im Rahmen des § 34 a I WpHG dieser Verpflichtung „ohne schuldhaftes Zögern" nachzukommen.[706] Es verbleibt somit bei immerhin denkbarer gegenständlicher Übergabe des Vermögens ein bestimmter Zeitraum, in dem die Grundsituation der Ermächtigungstreuhand relevant wird - und aus Gründen des Kundenschutzes vertraglich zu fixieren ist. Das Treuhandverhältis wäre nur unvollständig geregelt, wenn nicht die rechtliche Situation hinsichtlich des Kundenvermögens auf und außerhalb des Kontos parallel festgelegt wäre. Insoweit gilt es zudem zu beachten, daß das verwaltende Unternehmen aufgrund der Ermächtigung in der Regel zu Abhebungen ermächtigt sein wird, was sich aus § 362 II BGB ergibt.[707] Will man dem nicht folgen, so ist zumindest davon auszugehen, daß das Kreditinstitut mit befreiender Wirkung an den Treuhänder auszahlen darf. Dies läßt sich daraus folgern, daß der Ermächtigende, der einem anderen eine derartige Legitimationsstellung einräumt, auch die ihm ungünstigen Folgen einer solchen Legitimation dem Schuldner gegenüber auf sich nehmen muß, § 242 BGB (venire contra factum proprium). Die Bank darf damit, soweit nicht ein anderes mit ihr vereinbart ist, den Ermächtigten auch als ihren Gläubiger betrachten, was sich wegen der vergleichbaren Situation im Falle der Abtretung zudem mit den Wertungen der §§ 407 ff BGB

---

703 *Siebert*, Treuhandverhältnis, S. 232 ff.

704 *Siebert*, Treuhandverhältnis, S. 341 ff, spezifisch zu einem „Treuhandkonto auf der Grundlage eines fiduziarischen Rechtsverhältnisses und einer Ermächtigung": S. 362 ff.

705 Zur Begründung der Anwendbarkeit des Geschäftes auf den, den es angeht auf die Rechtszuständigkeit bzgl. der Kontoforderung: *Siebert*, Treuhandverhältnis, S. 348 f.

706 Vgl. die Legaldefinition in § 121 I BGB und *Koller* in: Assmann/ Schneider, WpHG, § 34 a, Rn. 8.

707 Vgl. *Siebert*, Treuhandverhältnis, S. 349. Die Empfangszuständigkeit richtet sich somit nach den gleichen Grundsätzen wie die Verfügungsmacht, Staudinger/ *Kaduk*, § 362, Rn. 80; dennoch anders wohl *Hadding/ Häuser* in: Schimansky/ Bunte/ Lwowski, BankRhdb., Bd. 1, § 37, Rn. 19 in bezug auf ein Vollrechtstreuhandkonto, allerdings entgegen der Entscheidung des BGH WM 1987, 1418.

sowie ferner der §§ 793, 808 BGB begründen läßt.[708] Auch in diesem Fall würde sich dann die Ermächtigungssituation nach den unter 2.b) dargelegten Regeln ergeben.

c) *Fazit des Anwendungsbereichs des § 34 a I WpHG: Faktische Relevanz der Norm*

Da § 34 a I WpHG hinsichtlich der Vermögensverwaltung, wie sie in Deutschland überwiegend praktiziert wird, de facto kaum Bedeutung zukommt, erschöpft sich der Anwendungsbereich der Vorschrift weitgehend in der Anwendung auf die Finanzkommissionäre nach § 2 III Nr. 1 WpHG. Auch seitens des BAWe konnte hinsichtlich der Anwendung von § 34 a I WpHG auf die Vermögensverwaltung gemäß § 2 III Nr. 6 WpHG eine Relevanz in der Praxis nicht positiv bestätigt werden.[709] Die geringe statistische Bedeutung der „Getrennten Vermögensverwaltung" wird überdies dadurch belegt, daß das BAKred in seiner internen Statistik zum 23. 01. 2001 im ganzen nur 17 Finanzdienstleistungsinstitute aufführte, die über eine Befugnis zur Verschaffung von Besitz oder Eigentum an den Kundengeldern oder Wertpapieren verfügen („Gruppe II"), wie sie § 34 a I WpHG im Hinblick auf die Gelder der Kunden voraussetzt.[710]. Nach Auskunft des BAWe wurden bereits 1999 im Rahmen der Ersterfassung der durch die 6. KWG-Novelle neugeschaffenen Institutstypen im Hinblick auf § 34 a WpHG lediglich neunundzwanzig Unternehmen angeschrieben.[711]

Angesichts der geringen faktischen Bedeutung von § 34 a WpHG für den ursprünglich primär anvisierten Regelungsbereich der Vermögensverwaltung vermag es nicht zu überzeugen, wenn der Gesetzgeber nun durch Änderung des Titels der Vorschrift in „Getrennte Vermögensverwahrung" klarstellen will, daß der Anwendungsbereich der Vorschrift nicht auf die Vermögensverwaltung nach § 2 III Nr. 6 WpHG begrenzt sei.[712] An dem Umstand, daß § 34 a WpHG in seiner jetzigen Fassung den überwiegenden Teil der bankunabhängigen Vermögensverwalter nicht erfaßt, ändert dies nichts. Die Verfehlung des im ursprünglichen Titel der Vorschrift zum Ausdruck kommenden Zieles, das Geschäft der Vermögensverwalter zu regulieren, wird somit allenfalls überspielt. Um den rechtstatsächlichen Gegebenheiten auf dem Markt der Vermögensverwaltung

---

708 *Siebert*, Treuhandverhältnis, S. 349.

709 Auskunft des BAWe zum 29. 07. 1999 und erneut zum 03. 04. 2000 und 01. 06. 2001.

710 Siehe oben § 2 A.II.1.b)cc),(1a).

711 Auskunft des BAWe zum 29. 07. 1999. Es handelte sich insoweit um eine einmalige Maßnahme zur Ersterfassung der Wertpapierdienstleister.

712 Begr. RegE § 34 a WpHG, BT-Drucks., 14/8017, S. 92.

und damit nicht zuletzt auch den Zielvorgaben des europäischen Gesetzgebers zu entsprechen, hätte es indessen einer substantiellen Änderung der Vorschrift bedurft.

Dessen ungeachtet ist auch hinsichtlich der Anwendung von § 34 a I WpHG auf die Finanzkommission gemäß § 2 III Nr. 1 WpHG in Betracht zu ziehen, daß eine zumindest nicht unbeträchtliche Anzahl von Unternehmen, die diese Wertpapierdienstleistung anbieten, die Lizenz zum Betreiben von Einlagengeschäften haben wird. Da die Finanzkommission gemäß § 1 I Satz 2 Nr. 4 KWG ein Bankgeschäft darstellt, ist nämlich für die Erbringung dieser Wertpapierdienstleistung jedenfalls eine beschränkte Bankerlaubnis nach § 32 II Satz 2 KWG erforderlich.

§ 34 a I WpHG spielt damit den faktischen Gegebenheiten nach überwiegend nur für solche Institute eine Rolle, die als „Wertpapierhandelsbanken" i.S.d. § 1 IIId Satz 3 KWG das Kommissionsgeschäft betreiben.

§ 3 Regelungsgehalt Abs. 1: Unverzügliche Verwahrung auf Treuhandkonten bei einem Einlagenkreditinstitut

Die dem Anwendungsbereich des § 34 a I WpHG unterfallenden Gelder hat das Wertpapierdienstleistungsunternehmen auf einem Treuhandkonto bei einem Kreditinstitut mit der Lizenz zum Betreiben des Einlagengeschäftes zu verwahren. Die Kundengelder sind dabei „unverzüglich“, also entsprechend der Legaldefinition des § 121 I Satz 1 BGB ohne schuldhaftes Zögern weiterzuleiten.[713]

A. Rechtsnatur des Treuhandkontos

I. Offenes Treuhandkonto

Die unverzügliche Weiterleitung der Kundengelder hat auf ein Treuhandkonto zu erfolgen. Dem ausdrücklichen Wortlaut des § 34 a I WpHG ist dabei nur zu entnehmen, daß es sich um offene Treuhandkonten handeln muß, insofern, als das Wertpapierdienstleistungsunternehmen dem Kreditinstitut gemäß Satz 2 der Vorschrift „vor der Verwahrung offenzulegen“ hat, „daß die Gelder für fremde Rechnung eingelegt werden.“ Die Errichtung eines offenen Treuhandkontos ist mit dem Kreditinstitut immer dann vereinbart, wenn das Unternehmen deutlich macht, daß das Konto zur Aufnahme von fremden Geldern bestimmt, mithin der Treuhandcharakter bei Errichtung des Kontos offenkundig ist.[714] Der BGH verlangt insoweit sogar einen ausdrücklichen Hinweis[715] und stellt in erster Linie darauf ab, ob das Konto auch formell als Treuhandkonto bezeichnet worden ist.[716] Dies erklärt sich daraus, daß eine Verpflichtung des Kreditinstituts, Nachforschungen über den Treuhandcharakter des Kontos anzustellen, nicht be-

---

713 Zur Anwendbarkeit der Legaldefinition des § 121 BGB und zur Umsetzung der Schutzzwecke des § 34 a I WpHG für den sich hieraus ergebenden Zwischenzeitraum bereits oben § 2 B.II.2.

714 *Hadding/ Häuser* in: Schimansky/ Bunte/ Lwowski, BankRhdb., Bd. 1, § 37, Rn. 39; *Gößmann* in: BuB, 2/244; *Schwintowski/ Schäfer*, BankR, § 3, Rn. 28.

715 BGHZ 61, 75, 80; BGH WM 1987, 922; BGH WM 1990, 1954; BGH WM 1993, 1524; a.A. Staub/ *Canaris*, HGB, BankvertragsR I, Rn. 263, der nach allgemeinen Auslegungsgrundsätzen Erkennbarkeit zur Entstehung eines offenen Treuhandkontos für ausreichend hält und bei fehlender Kenntnis der Bank vom Treuhandcharakter vom Vorliegen eines Inhaltsirrtums nach § 119 I BGB ausgeht.

716 BGHZ 61, 75, 77.

steht.[717] Die Darlegungs- und Beweislast für die tatsächlichen Voraussetzungen eines Treuhandkontos liegt dann auch bei dem Treuhänder als Kontoinhaber, der hierdurch Gegenrechte der Bank abzuwehren sucht.[718] Es muß demnach die ausschließliche Funktion des Wertpapierdienstleisters als Treuhänder hinsichtlich der Gelder zu erkennen gegeben werden. Durch diese Forderung nach Offenlegung wird für die Gläubiger des Kontoinhabers und auch die Bank sichergestellt, daß es sich tatsächlich um ein Treuhandkonto handelt, dem insbesondere bei Vollstreckungsmaßnahmen gegen den Treuhänder sowie im Hinblick auf Zugriffsrechte der Bank eine privilegierte Sonderstellung zukommt.[719]

II. Art der Treuhand

Nicht näher spezifiziert wird indessen die genaue Rechtsnatur des Treuhandkontos, so daß bei schlichter Orientierung am bloßen Wortlaut auch die Einrichtung eines Vollrechtstreuhandkontos möglich erscheint. Ein solches liegt vor, wenn der Treuhänder alleiniger Kontoinhaber ist.[720] Tatsächlich geht auch das BAWe davon aus, daß mit Wahl dieser Kontenform den Anforderungen des § 34 a I WpHG Genüge getan sei.[721] Weder nach den bisher zur Klassifizierung des Treuhandverhältnisses gemachten Ausführungen noch nach der Gesetzesbe-

---

717 BGHZ 61, 75, 78.

718 BGH WM 1985, 688, 689; BGHZ 61, 75, 77, 79 m.w.N. Die zitierten Entscheidungen beziehen sich auf Konten in der Variante der Vollrechtstreuhand; bei der Ermächtigungstreuhand erübrigen sich Beweisprobleme schon deshalb, weil das Konto auf den Treugeber lautet. Im einzelnen zur Handhabung von Gegenrechten des Kreditinstituts bei Treuhandkonten siehe unten C.III.

719 *Gößmann* in: BuB, 2/245; *Schwintowski/ Schäfer*, BankR, § 3, Rn. 28. Für die privilegierte Behandlung des Treuhandkontos aus Sicht des Treugebers bei Vollstrekkung gegen den Treuhänder ist zwar Publizität nach der Rechtsprechung - jedenfalls soweit Unmittelbarkeit gegeben ist - nicht mehr zwingende Voraussetzung, jedoch erübrigen sich durch Einrichtung eines offenen Treuhandkontos zumindest Beweisprobleme. Publizität ist aber in jedem Fall erforderlich für eine besondere Handhabung des Treuhandkontos im Hinblick auf Gegenrechte des Kreditinstituts, siehe dazu unten C.I. bzw. III.

720 Dies stellt hinsichtlich der Kontenform die konsequente Entsprechung dazu dar, daß der Vollrechtstreuhänder Eigentümer des Treugutes ist; vgl. zur Definition des Treuhandkontos in Gestalt der Vollrechtstreuhand: *Gößmann* in: BuB, 2/240; *Hadding/ Häuser* in: Schimansky/ Bunte/ Lwowski, BankRhdb., Bd. 1, § 37, Rn. 32.

721 Auskunft des BAWe zum 03. 04. 2000 und erneut zum 01. 06. 2001. Daß diese Auffassung auch weiter Bestand hat, nachdem das BAWe in der BAFin aufgegangen ist, läßt sich dem Aufsatz von *Wolf*, BKR 2002, 892, 894, einem Referenten der BAFin entnehmen, in welchem die entsprechende Ansicht vertreten wird.

gründung kann dem jedoch gefolgt werden. Die logische Entsprechung zur Verwaltung einer Vermögensmasse nach der Ermächtigungstreuhand bildet im Hinblick auf die zu wählende Kontenform die Eröffnung eines Ermächtigungstreuhandkontos. Ist das Modell der Ermächtigungstreuhand vereinbart und darf der Treuhänder lediglich nach § 185 I BGB im eigenen Namen über das ihm anvertraute Vermögen verfügen ohne zugleich Rechtsinhaber zu sein, so ist es ihm auch nicht zu gestatten, die alleinige Kontoinhaberschaft zu beanspruchen. Der Gedanke der Ermächtigungstreuhand, daß der Treuhänder seine Verfügungsbefugnis nur aus einer Ermächtigung herleitet, nicht aber aus der Übertragung des Vermögens zu vollem Recht, setzt sich auch hier durch. Übertragen auf die Kontoform heißt dies, daß Inhaber des Kontos der Treugeber zu sein hat und das Wertpapierdienstleistungsunternehmen, aus dessen Blickwinkel dann ein sog. Fremdkonto vorliegt, nur im Rahmen der erteilten Ermächtigung befugt ist, über das Konto im eigenen Namen zu verfügen, was einer Definition des Ermächtigungstreuhandkontos gleichkommt.[722]

Dieses sich aus der bisherigen Darstellung ohne weiteres schon rein logisch ergebende Resultat wird durch weitere maßgebliche Erwägungen gestützt:

Zum einen spricht sich der Gesetzgeber eindeutig für die Form der Verwaltung nach der Ermächtigungstreuhand aus.[723] Zwar bezieht sich die einschlägige Aussage nicht direkt auf die Rechtsnatur des Treuhandkontos. Wenn aber ausgeführt wird, die Befugnis des Wertpapierdienstleistungsunternehmens, die Gelder im eigenen Namen und auf Rechnung des Kunden zu verwenden, falle in die Kategorie der Ermächtigungstreuhand, so muß diese Form der Berechtigung auch die Ausgestaltung des Treuhandkontos prägen.[724]

Zum zweiten wird auch dem Zweck des § 34 a I WpHG, einen möglichst lückenlosen Anlegerschutz[725] zu erreichen, insbesondere unter Beachtung des für die Auslegung zu berücksichtigenden Art. 10 Satz 2, Spiegelstrich 3 WpDIRL durch die Einrichtung eines Ermächtigungstreuhandkontos besser Rechnung getragen. Denn bei einem Konto auf der Basis der Vollrechtstreuhand steht dem Treuhänder im Außenverhältnis als alleinigem Kontoinhaber und somit Anspruchsberechtigtem hinsichtlich der Auszahlung des Guthabens grund-

722 Vgl. insoweit die Definitionen bei *Gößmann* in: BuB, 2/241; *Hadding/ Häuser* in: Schimansky/ Bunte/ Lwowski, BankRhdb., Bd. 1, § 37, Rn. 33.

723 Begr.RegE § 34 a WpHG, BT-Drucks. 13/ 7142, S. 11; vgl. bereits ausführlich oben § 2 B.I.2.a)bb),(2b).

724 *Koller* in: Assmann/ Schneider, WpHG, § 34 a, Rn. 3.

725 So wörtlich das Rundschreiben des BAWe an die Verbände vom 21. Oktober 1998 betreffend die Verwahrung der Kundengelder nach § 34 a I S.1 WpHG, abgedruckt bei *Kümpel/ Hammen/ Ekkenga*, Kapitalmarktrecht, Bd. 1, Nr. 634 a/1 sowie *Schäfer/ Müller*, Haftung für fehlerhafte Wertpapierdienstleistungen, Anhang XII.

sätzlich die Möglichkeit zur Vornahme jeglicher Verfügungen offen. Insoweit wird zwar die These von der Unbegrenzbarkeit der Verfügungsmacht des (Vollrechts-) Treuhänders[726] auf Kontoebene relativiert, als sich hier die Rechtszuständigkeit aus der Inhaberschaft der Kontoforderung ergibt und § 399, 2. Alt. BGB für Forderungen eine Ausnahme zu § 137 BGB konstituiert.[727] Durch explizite vertragliche Abreden kann somit die Verfügungsbefugnis am Treuhandkonto auch dinglich beschränkt werden.[728] Ohne einverständliche Vereinbarungen ist eine Ausnahme der Wirksamkeit von Verfügungen indes nur für den praktisch kaum nachvollziehbaren Fall denkbar, in dem das Kreditinstitut den Mißbrauch der Treuhandposition positiv erkannt hat.[729] Zwar erscheint es schon wegen Fehlens eines rechtsgeschäftlichen Kontaktes zwischen Bank und Treugeber nicht zulässig, insofern die Regeln über den Vollmachtsmißbrauch analog heranzuziehen;[730] zudem würde durch eine solch generelle Analogie der Sinn und Zweck von § 137 BGB ausgehebelt, indem die intendierte Verhinderung der vertraglichen Veränderung eines Rechtes allein durch Kenntnis von einer schuldrechtlichen Drittbindung aufgehoben würde.[731] Jedoch wird in solchen Fällen die Verfügung häufig gemäß § 134 BGB i.V.m. §§ 266, 27 StGB und/ oder § 138 BGB nichtig sein.[732] Dem Treugeber bleiben damit bei mißbräuchli-

---

726 Vgl. insoweit nur Staub/ *Canaris*, HGB, BankvertragsR I, Rn. 267; *Gößmann* in BuB, 2/240 sowie aus der Kommentarliteratur zu § 137 BGB: MüKo/ *Mayer-Maly/ Armbrüster*, BGB, § 137, Rn. 18; Soergel/ *Hefermehl*, BGB, Rn. 137, Rn. 9.

727 Insofern ist zwar strittig, ob es sich tatsächlich um eine Ausnahme zu § 137 BGB (so in der Tendenz wohl MüKo/ *Mayer-Maly/ Armbrüster*, BGB, § 137, Rn. 20) oder um eine gesetzlich zugelassene Inhaltsbestimmung des Rechts handelt, das gar nicht erst als veräußerliches zur Entstehung kommt (so *Flume*, Rechtsgeschäft, § 17/7; Soergel/ *Hefermehl*, BGB, § 137, Rn. 6). Praktische Bedeutung kommt dieser Streitfrage aber nicht zu.

728 Vgl. speziell für Verfügungen über die Kontoforderung: *Canaris*, NJW 1973, 825, 829.

729 *Koller* in: Assmann/ Schneider, WpHG, § 34 a, Rn. 3. Vgl. generell zur Anwendung der Grundsätze über den Mißbrauch der Vertretungsmacht auf Treuhandschaften bereits oben § 2 B.II.2.a).

730 So aber *Coing*, Die Treuhand kraft privaten Rechtsgeschäfts, S. 166 f.

731 *Henssler*, AcP 196 (1996), 37, 68.

732 Staub/ *Canaris*, HGB, BankvertragsR I, Rn. 274; *ders.* in: Festschrift für *Flume*, 1978, S. 420 f; Palandt/ *Bassenge*, BGB, § 903, Rn. 40; *Hadding/ Häuser* in: Schimansky/ Bunte/ Lwowski, BankRhdb., Bd. 1, § 37, Rn. 37; *Huber*, Festschrift Inst. für internationales Privatrecht der Universität Heidelberg, S. 399, 410 ff; vgl. BGH NJW 1968, 1471. Hierfür ist aber über die bloße Kenntnis der entgegenstehenden Treuhandabrede hinaus das Hinzutreten weiterer Umstände erforderlich, *Henssler*, AcP 196 (1996), 37, 68 und wohl auch *Grundmann*, Treuhandvertrag, S. 328 f unter Hinweis auf einen andernfalls entstehenden Widerspruch zu der sonst gängigen

chen Verfügungen in der Regel also lediglich Ersatzansprüche gegen den Treuhänder.[733] Rechte gegen das kontoführende Kreditinstitut stehen ihm grundsätzlich nur im Falle einer Verfügungsermächtigung, Bevollmächtigung, Abtretung oder Verpfändung durch den Treuhänder zu, weil er an dem bankgeschäftlichen Rechtsverhältnis nicht beteiligt ist.[734] Da die Bank selbst dann keine Nachforschungspflichten treffen, wenn sie den Verdacht auf Untreue des Treuhänders grob fahrlässig beiseiteschiebt, haftet diese allenfalls bei einem bewußten und kollusiven Zusammenwirken mit dem Treuhänder zum Nachteil des Treugebers aus § 826 BGB bzw. einem Verstoß gegen eine Norm des StGB in Verbindung mit den Regeln über Mittäterschaft und Beihilfe gemäß § 823 II BGB.[735]

Der Optimierung des durch Art. 10 I Satz 2, Spiegelstrich 3 WpDIRL vorgegebenen und in § 34 a I WpHG fortzusetzenden Zweckes eines Schutzes des Kunden vor mißbräuchlichen Verfügungen des Unternehmens für eigene Rechnung durch klare Abgrenzung der Rechte, die letztlich den Insolvenzschutz des Kundens garantiert,[736] wird daher ein Treuhandkonto auf der Basis der Ermächtigungstreuhand besser gerecht.[737] Denn hier ist Kontoinhaber der Kunde und sind Verfügungen des Wertpapierdienstleistungsunternehmens, wie bereits deutlich wurde[738], nur im Rahmen der erteilten Ermächtigung wirksam. Im Gegensatz zur Vollrechtstreuhand wird somit der Erwerb eines Dritten nicht nur allenfalls bei dessen positiver Kenntnis von der Mißbräuchlichkeit der Verfügung ausgeschlossen, sondern ist bei einem Ermächtigungstreuhandkonto gerade umgekehrt zum Erwerb dessen guter Glaube an das Fortbestehen einer wirksamen Ermächtigung notwendig. Da die kontoführende Bank mit Einzahlung der Gelder auf ein Konto Eigentümer wird, tritt an Stelle des Eigentums auf Kontoebene die Kontoinhaberschaft und somit Forderungsinhaberschaft als rechtszuordnendem Moment, so daß eine Anwendung der Gutglaubensvorschrift des § 366

Auslegung des Begriffes der Sittenwidrigkeit einerseits sowie den Wertungen des § 137 BGB andererseits.

733 *Gößmann* in: BuB, 2/240.

734 *Hadding/ Häuser* in: Schimansky/ Bunte/ Lwowski, BankRhdb., Bd. 1, § 37, Rn. 18 und 37.

735 Staub/ *Canaris*, HGB, BankvertragsR I, Rn. 276; Gößmann in: BuB, 2/247; vgl. auch *Coing* in: Festschrift für Cohn, 1975, 23, 26, der dieses Ergebnis aus einer Analyse der allgemeinen Geschäftsbedingungen für Anderkonten herleitet, die für die Fortentwicklung der Regeln über Treuhandkonten von entscheidender Bedeutung waren.

736 Siehe zu diesem Zusammenhang der beiden Schutzzwecke § 2 A.II.1.b)dd) sowie § 2 B.I.2.a)cc),(2a).

737 Vgl. auch *Koller* in: Assmann/ Schneider, WpHG, § 34 a, Rn. 3, der zu ebendiesem Ergebnis kommt.

738 Siehe oben § 2 B.II.2.a) und 2.b)ee),(3).

HGB diesbzgl. nicht mehr in Betracht kommt. Mangels Existenz eines gutgläubigen Erwerbes von Forderungen kann hier ein gutgläubiger Dritter damit nurmehr über die analoge Anwendung der für die Vollmacht geltenden Vorschriften der §§ 170 ff BGB Eigentümer werden.[739] Damit sind aber zugleich die Grenzen zulässigen Handelns des Kreditinstitutes festgelegt. Denn die analoge Anwendung der Regelungen über die Vollmacht auf die Ermächtigung erfaßt, da hier eine vertragliche Beziehung zwischen dem Ermächtigungstreugeber als Kontoinhaber und der Bank besteht, auch diejenigen über den Vollmachtsmißbrauch.[740] Erkennt also die Bank den Mißbrauch der Ermächtigung , so darf sie Aufträge nicht ausführen.[741] Dennoch vollzogene Weisungen vermögen den Kunden nicht zu binden[742], so daß dessen Schutz auch insofern sicherer gewährleistet ist als bei einem Vollrechtstreuhandkonto, wo es zur Annahme der Unwirksamkeit von Verfügungen der Bank, des Vorliegens einer Straftat bzw. von Sittenwidrigkeit bedarf.

Die Tatsache, daß der Kunde bei einem Ermächtigungstreuhandkonto selbst Inhaber des Kontos ist, verschafft ihm schließlich einen weiteren Vorteil im Zusammenhang der Einlagensicherung. Zwar wurde im EAG entsprechend Art. 8 III sowohl der Einlagensicherungs- als auch der Anlegerentschädigungsrichtlinie berücksichtigt, daß die Entschädigung dem wirtschaftlich Berechtigten zukommen soll.[743] Dies spiegelt sich in § 3 II Satz 2 EAG wieder, wo für die Frage, ob die Voraussetzungen eines Entschädigungsanspruches gemäß § 3 EAG vorliegen, im Falle von offenen (Vollrechts-) Treuhandkonten auf den Treugeber abgestellt wird, obschon Inhaber der Kontoforderung das treuhänderisch handelnde

---

739 Vgl. Staub/ *Canaris*, HGB, BankvertragsR I, Rn. 267 sowie *Canaris*, NJW 1973, 825, 830; *Hopt/ Mülbert*, Kreditrecht, Vorbem. zu § 607 ff BGB, Rn. 193; *Hadding/ Häuser* in: Schimansky/ Bunte/ Lwowski, BankRhdb., Bd. 1, § 37, Rn. 36 und zur Herleitung der Analogie, die auch die nicht gesetzlich geregelten Rechtsscheinstatbestände der Anscheins- und Duldungsvollmacht erfasst: *Canaris*, Die Vertrauenshaftung im deutschen Privatrecht, S. 70 ff, 120, 139.

740 So die nahezu einhellige Auffassung, siehe etwa Staub/ *Canaris*, HGB, BankvertragsR I, Rn. 274, 179 i.V.m. 170 ff, Soergel/ *Leptien*, BGB, § 185, Rn. 32 sowie vor § 182, Rn. 4; *Grundmann*, Treuhandvertrag, S. 86.

741 *Koller* in: Assmann/ Schneider, WpHG, § 34 a, Rn. 9, Staub/ *Canaris*, HGB, BankvertragsR I, Rn. 274, 179 i.V.m. 170 ff.

742 Beim Mißbrauch der Vertretungsmacht ergibt sich die Unwirksamkeit im Falle der Kollusion aus § 138 BGB, bei Evidenz des Mißbrauches aus § 242 BGB; nach anderer Ansicht sind im letzteren Fall die §§ 177 BGB analog anzuwenden. Von diesen Ausnahmefällen abgesehen trägt der Vertretene das Risiko des Mißbrauchs, vgl. nur Palandt/ *Heinrichs*, BGB, § 164, Rn. 13 ff; Soergel/ *Leptien*, BGB, § 177, Rn. 15 f.

743 Begr. Gesetzesentwurf der Fraktionen CDU/CSU und FDP, BT-Drucks. 13/10188, S. 16 f.

Unternehmen ist. Diese Regelung erklärt sich vor dem Hintergrund, daß nach § 3 II Nr. 1-10 EAG bestimmte Gläubiger von der Entschädigung ausgeschlossen sind. Die hier aufgeführten Gläubiger werden in den Richtlinien als weniger schutzwürdig eingestuft, weil es sich entweder um institutionelle bzw. zumindest professionelle Kunden einer Bank oder aber Personenkreise handelt, die die finanzielle Misere des Bankinstituts in irgendeiner Form mitzuverantworten haben.[744]

Ohne die Bestimmung des § 3 II Satz 2 EAG könnte somit die Situation eintreten, daß weder das Unternehmen noch der Kunde einen Entschädigungsanspruch geltend machen könnten, weil im einen Fall ein Ausschlußtatbestand nach § 3 II Satz 1 EAG eingreift, während es im anderen Fall an der Aktivlegitimation des Kunden fehlt. Selbst wenn hierdurch vermieden wird, daß der Anspruch gänzlich entfällt, so steht indessen dieser Anspruch dem Unternehmen als Gläubiger zu. Denn § 3 II Satz 2 EAG erklärt nur im Hinblick auf die Feststellung der Berechtigung des Unternehmens nach Abs. II Satz 1 die Person des Treugebers für maßgeblich, überträgt jedoch nicht den Anspruch auf diesen. Zwar dürfte der Ausschlußtatbestand des § 3 II EAG für die Adressaten des § 34 a I WpHG nur ausnahmsweise von Belang sein, weil Finanzinstitute nur bei Handeln im eigenen Namen auf eigene Rechnung unter Abs. 2 Nr. 1 fallen und somit nur ein möglicher Anwendungsbereich über die in Nr. 9 aufgeführten Kapitalgesellschaften nach § 267 II oder III HGB[745] verbleibt. Dessen ungeachtet geht aus der beschriebenen Normierung doch ganz generell hervor, daß bei einem Vollrechtstreuhandkonto das verwaltende Unternehmen als Gläubiger des Kreditinstituts in jedem Fall Anspruchsberechtigter hinsichtlich der Entschädigungsforderung ist. Der Kunde, dessen Name dem insolventen Kreditinstitut bei einem offenen (Vollrechts-) Treuhandkonto auch gar nicht bekannt sein muß, wird sonach auf die Geltendmachung der letztlich ihm zugedachten Entschädigungssumme gegenüber dem Treuhänder im schuldrechtlichen Innenverhältnis

---

744 Begr. Gesetzesentwurf der Fraktionen CDU/CSU und FDP, BT-Drucks. 13/10188, S. 16.

745 § 267 HGB macht die Unterteilung in kleine, mittelgroße und große Kapitalgesellschaften von der Überschreitung einer bestimmten Bilanzsumme, bestimmter Umsatzerlöse sowie einer durchschnittlichen Arbeitnehmerzahl abhängig. Werden zwei der genannten Mindestzahlen erreicht, so rückt die Gesellschaft in die nächsthöhere Gruppe auf. Um als mittelgroße Kapitalgesellschaft zu gelten, müßte z.B. eine Bilanzsumme von 13.75 Mio Euro sowie ein Jahresumsatz von 27,5 Mio Euro überschritten werden.

verwiesen - und trägt mithin in einem ohnehin wirtschaftlich angespannten Umfeld dessen Insolvenzrisiko.[746]

Wiederum manifestiert sich hier, daß es sich bei der sachenrechtlichen Zuordnung des Kundenvermögens entgegen der wirtschaftlichen Berechtigung, die, um interessengerechte Resultate zu erzielen, immer wieder ein Argumentieren gegen die formale Rechtslage notwendig macht, gleichsam um einen Systemfehler dieser den Inbegriff der Treuhand im deutschen Recht bildenden Variante handelt.

Bei einem Konto auf der Basis der Ermächtigungstreuhand spiegelt sich die interne Berechtigung des Kunden hingegen in dessen formal-dinglicher Rechtsinhaberschaft wieder. Als Gläubiger der Kontoforderung steht ihm mithin im Entschädigungsfall ohne weiteres ein direkter Anspruch gegen die Entschädigungseinrichtung zu. Wie noch zu zeigen sein wird[747], verbleibt jedoch der - allerdings einzige – Wermutstropfen, daß die Identität des Kunden bei dieser Treuhandform in jedem Fall gegenüber dem kontoführenden Kreditinstitut offengelegt werden muß.

Festgehalten werden kann an dieser Stelle jedenfalls, daß soweit mit § 34 a WpHG in Ergänzung zum EAG auch sichergestellt werden sollte, daß der Kunde Inhaber des Entschädigungsanspruchs ist[748], dieses Ziel allein durch Einrichtung eines Ermächtigungstreuhandkontos erreicht wird.

Aus § 34 a I Satz 1 a.E. WpHG folgt, daß auch die Verwahrung der Kundengelder auf Konten bei Kreditinstituten mit Sitz im Ausland zulässig ist. In diesem Fall ist mit dem ausländischen Bankinstitut eine der deutschen Ermächtigungstreuhand vergleichbare Beschränkung der Befugnis des Wertpapierdienstleistungsunternehmens zu vereinbaren.[749] Stellt die ausländische Rechtsordnung keine Rechtsfigur zur Verfügung, die der Ermächtigungstreuhand unter dem Ge-

---

746 Welches aber, soweit sich die Gelder noch auf dem offenen Treuhandkonto befinden, über die durch § 34 a I WpHG vorgeschriebene getrennte Kontenführung abgefangen wird, vgl. nur oben § 2 B.I.2.a)bb),(3).

747 Unter B.IV.

748 Hierauf zielt jedenfalls die Änderungsanregung des Finanzausschusses zu § 34 a I WpHG ab, in: BT-Drucks. 13/7627, S. 167; ebenso ferner *Cristea*, Investmentbanking, Bd. II, S. 280, der allerdings wohl schon deshalb zu dieser Überzeugung gelangt, weil er § 34 a WpHG irrtümlicherweise als Bestandteil des Umsetzungsgesetzes zur Einlagensicherungs- und Anlegerentschädigungsrichtlinie (BGBl. I 1998, 1842) ansieht.

749 *Koller* in: Assmann/ Schneider, WpHG, § 34 a, Rn. 4. Insoweit wäre namentlich an den an „Trust-" Verhältnisse nach angloamerikanischem Vorbild zu denken, die durch Unterzeichnung der Haager Trust- Konvention auch in einigen europäischen Ländern Einzug hält, siehe *Wolter*, Treuhandrecht im Umbruch, S. 235.

sichtspunkt des Kundenschutzes ebenbürtig ist, so wird man notfalls die Geltung deutschen Rechtes für die Kontobeziehung zu vereinbaren haben.[750]

III. Zwischenergebnis

Nach dem insoweit eindeutigen Wortlaut von § 34 a I Satz 2 WpHG ist das Kundenkonto als offenes Treuhandkonto zu errichten. Die Offenlegung des Treuhandcharakters dient dabei der Sicherstellung der privilegierten rechtlichen Behandlung von treuhänderisch geführten Konten. Nach subjektiv- und objektiv-teleologischen Kriterien muß es sich dabei jedoch um ein Ermächtigungstreuhandkonto handeln. Die Ermächtigungstreuhand bietet auch auf Kontoebene insbesondere einen besseren Schutz vor treuwidrigen Verfügungen. Zudem wird durch die Kontoinhaberschaft des Kunden sichergestellt, daß ihm im Entschädigungsfall die Anspruchsberechtigung nach dem EAG zusteht. Schließlich werden konstruktive Brüchigkeiten vermieden, indem man dem Verhältnis zwischen Vermögensverwalter und Kunden insgesamt das Modell der Ermächtigungstreuhand zugrundelegt.[751]

B. Eröffnung des Treuhandkontos und Ausgestaltung der Kontobedingungen

I. Offenlegung hinsichtlich der Art der Treuhand; Klarstellung im Hinblick auf die Errichtung eines Ermächtigungstreuhandkontos

Entscheidend für die Frage, wer Kontoinhaber ist und somit Gläubiger oder Schuldner der betreffenden Forderung sein soll, ist der im Zeitpunkt der Kontoeröffnung als der vertraglichen Begründung des Rechtsverhältnisses zwischen Bank und Kunden erkennbar werdende Wille des Errichtenden, vgl. § 133, 157 BGB.[752] Maßgebliche Bedeutung zur Ermittlung desselben kommt dabei der

750 *Koller* in: Assmann/ Schneider, WpHG, § 34 a, Rn. 4.

751 Zur Überlegenheit der Ermächtigungstreuhand im Hinblick auf die Verwirklichung der Schutzzwecke des § 34 a I WpHG außerhalb von Konten bereits oben § 2 B.II.2.a).

752 *Liesecke*, WM 1975, 214, 222; Staub/ *Canaris*, HGB, BankvertragsR I, Rn. 151 und 163; *Canaris*, NJW 1973, 825 und 828; *Gößmann* in: BuB, 2/30; *ders.* in: Schimansky/ Bunte/ Lwowski, BankRhdb., Bd. 1, § 29, Rn. 10.

Kontobezeichnung zu, die als primäres Kriterium heranzuziehen ist.[753] Daß der Kontobezeichnung bei Eröffnung eines Girokontos - anders als bei einem bloßen Sparkonto, wo der Buchbesitz eine Rolle spielt - mehr als nur Indizwirkung zukommt, erklärt sich nicht allein aus ihrem objektiven Erklärungsgehalt, sondern auch aus dem Zusammenspiel mit der Pflicht der Banken zur Legitimationsprüfung gemäß § 154 II AO, die mit der Eigenschaft als Verfügungsberechtigter verknüpft ist; denn mit der Prüfung der ihr gegenüber auftretenden Person gibt die Bank zu erkennen, daß sie diese als Kontoinhaber ansieht.[754] Die Bedeutung der Bezeichnung des Kontos gründet sich schließlich darauf, daß der Kontoeröffnungsantrag als Urkunde über die Kontoerrichtung die Vermutung der Vollständigkeit und Richtigkeit für sich hat, vgl. § 416 ZPO.[755] Die Bank darf somit im Regelfall und ohne das Hinzutreten weiterer Umstände davon ausgehen, daß diejenige Person, die ihr gegenüber auftritt, ein Eigenkonto begründen will.[756] In diesem Zusammenhang sei daran erinnert, daß es auch bei der Differenzierung zwischen Vollrechtstreuhandkonto und Ermächtigungstreuhandkonto aus Sicht von Treuhänder und Bank als den an der Kontobegründung Beteiligten um die Unterscheidung zwischen Eigen- und Fremdkonto geht.

Ausgehend hiervon gebietet sich aufgrund der Rechtsprechung des BGH neben der zu fordernden ausdrücklichen Klarstellung durch den Treuhänder, daß das Konto der Verwahrung fremder Gelder dienen soll, die von ihm lediglich treuhänderisch verwaltet werden (offenes Treuhandkonto), weitergehend auch die Offenlegung der Art des Treuhandverhältnisses, sofern die Eröffnung eines Ermächtigungstreuhandkontos intendiert ist. Nach BGH ist nämlich mangels Erkennbarwerdens eines anderweitigen Willens im Zweifel von der Errichtung eines Treuhandkontos in Form der Vollrechtstreuhand mit der Folge der Kontoinhaberschaft des Treuhänders auszugehen.[757] Dies wird, da es einen gesetzlich definierten oder auch nur allgemein anerkannten Begriff der Treuhand nicht gibt[758], aus der im Regelfall bestehenden Interessenlage gefolgert. Dabei stehe im Vordergrund der zu beachtenden Interessen jenes der Bank an der Bestimmtheit ihres Vertragspartners. Für sie müsse klar sein, wer ihr als eventueller

753 Staub/ *Canaris*, HGB, BankvertragsR I, Rn. 154; *Canaris*, NJW 1973., 825, 826; *Kümpel*, Bank- und KapitalmarktR, 3.73.

754 *Gößmann* in: BuB, 2/30; *ders.* in: Schimansky/ Bunte/ Lwowski, Bd. 1, § 29, Rn. 10 f.

755 *Gößmann* in: Schimansky/ Bunte/ Lwowski, Bd. 1, § 29, Rn. 11.

756 *Gößmann* in: BuB 2/30; *ders.* in: Schimansky/ Bunte/ Lwowski, BankRhdb., Bd. 1, § 29, Rn. 12.

757 BGHZ 11, 37, 43; BGH WM 1964, 1038 für die Kontoerrichtung und BGH WM 1958, 1044, 1045 für die Kontoübertragung.

758 Vgl. *Coing* in: Festschrift für Cohn 1975, 23 und *Gernhuber*, JuS 1988, 355.

Schuldner gegenübersteht und nach wessen Weisungen sie sich - ohne Rücksicht auf etwaige Beschränkungen aus dem Innenverhältnis - zu richten hat. [759]

Dieser Auffassung kann jedenfalls, soweit es um die Begründung eines Treuhandkontos geht, welche durch Vertrag zwischen Bank und Treuhänder erfolgt, zugestimmt werden. Denn Erklärungsgegner bei Errichtung eines Kontos durch den Treuhänder sind nur jener und das Kreditinstitut, so daß zu fragen ist, wie die Bank als Erklärungsadressatin des Antrages auf Kontoeröffnung bei objektiver Auslegung (§§ 133, 157 BGB) die Begründung des Kontos verstehen durfte.[760] Keine Rolle spielen in dieser Fallgestaltung hingegen die involvierten Interessen des Treugebers, da er an dem Rechtsgeschäft nicht beteiligt ist. Ausschlaggebend sind damit die aus Sicht eines objektiven Beobachters in der Rolle der Bank zu beurteilenden Interessen.[761] Diese sprechen indes regelmäßig für die Annahme einer Vollrechtstreuhand. Zwar kann dies aus dem Gesichtspunkt der Klarheit über die Person des Verfügungs- und Weisungsberechtigten bzgl. des Kontos noch nicht zwingend geschlossen werden, da auch im Falle eines Ermächtigungstreuhandkontos die Zuständigkeiten durch zusätzliche Vereinbarungen klar abgesteckt werden können;[762] jedoch ergibt sich ein überwiegendes Interesse der Bank an der Vollrechtsinhaberschaft des mit ihr kontrahierenden Treuhänders daraus, daß sie wissen muß, an wen sie sich im Falle des Entstehens eines Passivsaldos halten kann.[763] Da sie aber keine Gewähr dafür hat, daß der Treuhänder auch die Rechtsmacht zur Verpflichtung des Treugebers besitzt und sie sich um Belange des Innenverhältnisses nicht kümmern muß, besteht folglich ein elementares Interesse ihrerseits daran, daß der verfügungsberechtigte Treuhänder als ihr bekannte Person auch Inhaber des Kontos und somit Schuldner eines etwaigen Debets ist.[764] Eine andere Ansicht scheint mangels ähnlich starken

---

759 BGH WM 1964, 1038, 1039.

760 Staub/ *Canaris*, HGB, BankvertragsR I, Rn. 268, der folgerichtig für die Übertragung von Treuhandkonten, bei der Vertragsparteien nur Treugeber und Treuhänder sind, im Zweifel vom Entstehen eines Ermächtigungstreuhandkontos ausgeht. Denn hier werden die Interessen des Treugebers beachtlich, der bei objektivierter Auslegung keinen Anlaß hat, dem Treuhänder mehr Rechtsmacht einzuräumen, als es für die Durchführung des Treuhandzweckes erforderlich ist; vgl. ferner *Canaris*, NJW 1973, 825, 830 f.

761 Staub/ *Canaris*, HGB, BankvertragsR I, Rn. 268.

762 Siehe dazu unten V.

763 Staub/ *Canaris*, HGB, BankvertragsR I, Rn. 269 und allgemein für die Frage der Kontoinhaberschaft: *Gößmann* in: Schimansky/ Bunte/ Lwowski, BankRhdb., Bd. 1, § 29 , Rn. 11.

764 *Gößmann* in: BuB, 2/242.

Interesses seitens der Bank allenfalls für solche Konten vertretbar, die nicht debitorisch werden können, wie z.B. reine Sparkonten.[765]

Derartige Konten bieten jedoch in der Rolle eines operativen Verwaltungskontos nur geringe Flexibilität. Die Vermögensverwaltungsverträge der Wertpapierdienstleistungsunternehmen sehen daher regelmäßig die Errichtung von Kontokorrentkonten vor, die zumindest temporär auch einen negativen Saldo aufweisen dürfen,[766] wie er aus Wertpapierkäufen oder auch der Abbuchung von Verwaltungsgebühren resultieren kann.

Dem Wertpapierdienstleistungsunternehmen obliegt somit die Pflicht anläßlich der Errichtung des Kontos auf seine Stellung als lediglich ermächtigtem Treuhänder ausdrücklich hinzuweisen, damit ein auf den Namen des Kunden lautendes Ermächtigungstreuhandkonto zur Entstehung gelangt. § 34 a I Satz 2 WpHG, der lediglich einfache Offenlegung des Handelns für fremde Rechnung fordert, ist damit entsprechend der Konzipierung der Vorschrift auf die Ermächtigungstreuhand in diesem Sinne auszulegen.

II. Errichtung getrennter Konten

Schon aus der Rechtsnatur eines Treuhandvertrages folgt, daß der Treuhänder fremdes Geld und fremde Güter getrennt von seinem eigenen Vermögen zu verwahren hat.[767] Gesetzliche Normierungen des Prinzips der Vermögenstrennung finden sich beispielsweise in § 551 III BGB (§ 550 b II BGB - alt -), § 27 IV WEG, 6 I KAGG und neuerdings in § 292 I Satz 2 InsO.

Folgerichtig sieht auch § 34 a I WpHG eine Verpflichtung des Wertpapierdienstleistungsunternehmens vor, die Kundengelder getrennt von den Geldern des Unternehmens auf einem Treuhandkonto zu verwalten. Weitergehend wird jedoch hier auch explizit verlangt, daß die Gelder eines Kunden gesondert von den Geldern der anderen Kunden zu verwahren sind.[768] Mit der letzten Forde-

765 Vgl. Staub/ *Canaris*, HGB, BankvertragsR I, Rn. 270, der in diesem Fall im Zweifel die Begründung eines Ermächtigungstreuhandkontos annimmt.

766 In diesem Sinne auch *Hadding/ Häuser* in: Schimansky/ Bunte/ Lwowski, BankRhdb., Bd. 1, § 37, Rn. 5, die bei Treuhandkonten, vor allem, wenn sie zugleich zu Zahlungszwecken eingesetzt werden, davon ausgehen, daß diese auch debitorisch werden können.

767 BGHZ 17, 140, 146; *Coing* in: Festschrift für Cohn, 1975, 23, 24 f; *Gößmann* in: BuB, 2/243; *Liebich/ Mathews*, Treuhand im Recht der Wirtschaft, S. 167 ff; *Grundmann*, Treuhandvertrag, S. 346, der allerdings das Fehlen einer durchgängigen Praxis der Vermögenstrennung bemängelt.

768 Einen Vorläufer findet § 34 a I WpHG insoweit wie o.g. (unter § 1 C.II) allein in § 6 I der Makler- und Bauträgerverordnung.

rung geht der deutsche Gesetzgeber sogar über den Wortlaut der Richtlinienvorgabe hinaus. Dies jedoch in europarechtlich unbedenklicher Form, da die Richtlinie es den einzelnen Mitgliedstaaten überläßt, wie diese die Zielsetzungen aus Art. 10 I Satz 2, Spiegelstrich 3 WpDIRL verwirklichen[769] und sich zudem in den Begründungserwägungen zur Richtlinie der Hinweis auf die Zulässigkeit strengerer aufsichtsrechtlicher Auflagen findet.[770] Ein effektiver Kundenschutz ist überdies im deutschen Recht, wie sogleich deutlich zu machen ist, nur durch strikte Trennung der Kundengelder auch untereinander zu erzielen. Da es sich somit bei der Anordnung der strikt separaten Verwahrung der Gelder eines jeden Kunden um eine zwingende Anordnung handelt, um den von der WpDIRL vorgegebenen Anlegerschutz wirkungsvoll umzusetzen, verstößt § 34 a I WpHG unter diesem Aspekt auch keinesfalls gegen europäisches Primärrecht, unabhängig davon, ob die Dienstleistungsfreiheit nach Art. 49 EGV oder der freie Kapitalverkehr nach Art. 56 EGV berührt sind.[771]

Die Trennung der Kundengelder ist somit im Rahmen von § 34 a I WpHG in einem strengen Sinne zu verstehen, die im Gegensatz zu jeglicher Verbindung oder Vermischung steht.[772] Für jeden Kunden ist daher ein separates, eigenes Konto zu führen.[773] Nicht ausreichend ist hingegen - anders als bei § 6 Makler- und Bauträgerverordnung[774] - ein für gemeinsame Rechnung der Kunden im Namen des Wertpapierdienstleistungsunternehmens geführtes Konto, bei dem auf dem Konto ein- oder ausgehende Geldströme mit einer dem einzelnen Kunden zugeordneten Referenznummer versehen werden.[775] Eine solche buchhalterische Trennung ermöglicht es zwar, die Gelder des jeweiligen Kunden zu identifizieren, wird aber dem Schutzzweck der Vorschrift nicht gerecht, weil es sich - im Gegensatz zu auf den Namen des Kunden lautenden Unterkonten - weiterhin um ein Konto des Unternehmens handelt, so daß dessen Gläubiger Zugriff nehmen könnten.[776]

In BVerwG WM 2002, 1919 hatte der in der Vorinstanz unterlegene Wertpapierdienstleister hiergegen geltend gemacht, wegen der Zusammenführung der ständig wechselnden, einzelnen Anleger in einem Finanzpool, sei die so entstan-

769 Vgl. neben Art. 249 III EGV auch die einleitende Passage von Art. 10 I Satz 2 WpDIRL „Sie (die zu erlassenden Aufsichtsregeln) schreiben vor, daß die Wertpapierfirma insbesondere (...); ebenso BVerwG WM 2002, 1919, 1925.

770 ABl. der EG vom 11. 06. 1993, Nr. L 141/27, 28.

771 So auch BVerwG WM 2002, 1919, 1925 f.

772 BVerwG 2002, 1919, 1923.

773 *Koller* in: Assmann/ Schneider, WpHG, § 34 a, Rn. 4.

774 Siehe BVerwG WM 2002, 1919, 1920.

775 BVerwG WM 2002, 1919, 1924.

776 BVerwG WM 2002, 1919, 1924; *Wolf*, BKR 2002, 892, 894.

dene organisatorische Geschäftseinheit als „Kunde" i.S.v. § 34 a I WpHG zu betrachten. Die Fadenscheinigkeit dieser Argumentation liegt auf der Hand, weil es ein Wertpapierdienstleistungsunternehmen auf diese Weise jederzeit in der Hand hätte, das Gebot einer getrennten Kontenführung durch eine Zusammenfassung von einzelnen Anlegern in organisatorischen Einheiten zu umgehen und so den Schutzzweck von § 34 a I WpHG allzuleicht konterkarieren könnte. Nichtsdestoweniger sah sich das BVerwG veranlaßt, anhand einer den gesamten juristischen Auslegungskanon ausschöpfenden Interpretation zu erläutern, daß es sich bei dem Kunden nach dem Verständnis von § 34 a I WpHG nur um den einzelnen Anleger als natürliche oder juristische Person (bzw. einen nach der Rechtsordnung sonst rechtsfähigen Organismus) handeln könne.[777]

Im Ergebnis festzuhalten bleibt, daß für eine wie auch immer geartete der Zusammenfassung der Gelder mehrerer Kunden auf sog. Omnibuskonten schon nach dem eindeutigen Wortlaut der Vorschrift kein Raum bleibt.[778] Daß das BAWe insoweit gleichwohl einen klarstellenden Hinweis durch Rundschreiben an die Verbände der Finanzdienstleister, der Kreditwirtschaft und der Verbraucherschützer für notwendig hielt, erscheint umso bemerkenswerter, als unter „Omnibuskonten" nur solche die Gelder mehrerer Kunden enthaltende Konten zu verstehen sind, die auf den Namen des Wertpapierdienstleistungsunternehmens lauten. Es kann sich demzufolge hierbei nicht um Ermächtigungstreuhandkonten handeln, welche ja wie gezeigt die Kontoinhaberschaft des treugeberischen Kunden voraussetzen.[779] Die Gefahr der Errichtung von Sammelkonten der beschriebenen Art wäre also bei konsequentem Festhalten am Modell der Ermächtigungstreuhand von vorneherein ausgeschlossen.

In der Verpflichtung zur Errichtung eines besonderen Kontos für jeden Kunden ist das Kernstück der Umsetzung des durch § 34 a I WpHG intendierten Schutzzwecks eines lückenlosen Anlegerschutzes zu sehen. Denn nur durch

777 Siehe im einzelnen BVerwG WM 2002, 1919, 1922 f.

778 Rundschreiben des BAWe an die Verbände vom 21. Oktober 1998 betreffend die Verwahrung der Kundengelder nach § 34 a I S.1 WpHG, abgedruckt bei *Kümpel/ Hammen/ Ekkenga*, Kapitalmarktrecht, Bd. 1, Nr. 634 a/1 sowie *Schäfer/ Müller*, Haftung für fehlerhafte Wertpapierdienstleistungen, Anhang XII. In diesem Sinne auch die zitierte Entscheidung des BVerwG WM 2002, 1919, 1924, wenn es weitergehend klarstellt, dass dem WpHG insgesamt die Vorstellung eines Gemeinschaftskontos fremd sei, was es aus der Existenz besonderer Sicherungsmechanismen für derartige Konten nach dem KAGG herleitet. Die gegenteilige Auffassung *Wolfs*, BKR 2002, 892, 899, der die Verwahrung von Kundengeldern auf Sammelkonten nicht für gänzlich ausgeschlossen hält, mag Praxisnähe bezeugen, ist jedoch hiermit unvereinbar.

779 Vgl. erneut Rundschreiben des BAWe vom Oktober 1998, a.a.O. und zur Praxis des BAWe, auch Vollrechtstreuhandkonten für zulässig zu halten schon oben A.II.

strikte Trennung der Kundengelder von denen des Unternehmens und von anderen Kundengeldern, kann der Kunde vor einem Verlust seiner Gelder, der nicht geschäftlich begründet ist, geschützt werden.[780] Namentlich geht es hier darum, der Gefahr zu begegnen, daß nicht gedeckte Verluste eines Kunden mit werthaltigen Positionen eines anderen Kunden verrechnet werden. Vor allem im Falle von Nachschußpflichten bei bereits abgeschlossenen Termingeschäften, wenn bestehende Sicherheiten nicht mehr ausreichen (sog. „margin call"[781]), bestünde bei Omnibuskonten die Gefahr, daß Handelsverluste eines Kunden mit den Guthaben anderer Kunden ausgeglichen werden.[782] Schließlich wird nur durch strikte Trennung der Kundengelder vermieden, daß diese bei Insolvenz eines Wertpapierdienstleistungsunternehmens mangels eindeutiger Zuordenbarkeit als Insolvenzmasse herangezogen werden.[783]

Sieht man von den generellen Bedenken gegen die Umsetzung einer europarechtlich geforderten klaren Abgrenzung von Rechten durch die Rechtsfigur der Vollrechtstreuhand einmal ab[784], so dürfte der deutsche Gesetzgeber mit der Forderung nach einer streng getrennten Kontenführung den europäischen Vorgaben unter diesem Aspekt selbst dann noch gerecht geworden sein, interpretiert man diese mit dem BAWe (seit dem 01. 05. 2002: der BAFin) als ein System separat geführter Vollrechtstreuhandkonten[785]. Denn anders als im Fall der Wertpapiere (vgl. Art. 10 I Satz 2, Spiegelstrich 2) wird für die dem Unternehmen anvertrauten Gelder (vgl. Art. 10 I Satz 2, Spiegelstrich 3) weder nach dem Wortlaut von Art. 10 WpDIRL noch nach den Erwägungsgründen zwingend eine eigentumsrechtliche Trennung verlangt.[786] Hierfür spricht auch die oben erörterte Teleologie der rechtlichen Abgrenzung, welche im Falle einer Insolvenz der Wertpapierfirma den Bestand eines Aussonderungsrechtes nach § 47 InsO ga-

780 Rundschreiben des BAWe vom Oktober 1998, a.a.O.

781 *Büschgen*, Börsenlexikon, S. 594; siehe zum margin trading: *Obst/ Hintner*, Geld-, Bank- und Börsenwesen, S. 1174, 1180 und 1277.

782 Vgl. Jahresbericht des BAWe 1998, S.12: „Rundschreiben des BAWe"; BVerwG WM 2002, 1919, 1923.

783 Vgl. Jahresbericht des BAWe 1998, S.12: „Rundschreiben des BAWe"; zur Behandlung von Treuhandkonten bei Insolvenz des Treuhänders vgl. unten C.I.

784 Siehe zu diesen Bedenken oben § 2 B.I.2.b).

785 Vgl. zur aufsichtsbehördlichen Auffassung bereits oben A.II.

786 Vgl. Erwägungsgrund des Rates der EG in: ABl. der EG vom 11. 06. 1993, Nr. L 141/27, 29, wo hinsichtlich der Abgrenzung der Rechte eben diese Differenzierung zwischen Wertpapieren und Kundengeldern getroffen wird, wie sie ihren Niederschlag im Wortlaut der Richtlinie gefunden hat; auch die englische und französische Originalfassung von Art. 10 I Satz 2, Spiegelstrich 2 bzw. 3 WpDIRL vollziehen diese Unterscheidung („ownership rights"/ „rights" bzw. „droits de propriété"/ „droits").

rantieren soll. Unter diesem Aspekt dient die Pflicht zur Verwahrung auf getrennten Konten bei der Vollrechtstreuhand der Gewährleistung der Bestimmbarkeit und mithin Zuordenbarkeit der Kundengelder, während bei der Ermächtigungstreuhand eine Vermengung nach § 948 BGB i.V.m. § 947 BGB verhindert wird, mit der für den Kunden zunächst der Verlust des Eigentums sowie wiederum die fehlende Zuordenbarkeit verbunden wäre.[787] Wie oben dargelegt[788], wird durch die Pflicht zur Vermögenstrennung in beiden Fällen erreicht, daß die Gelder gemäß §§ 35, 47 InsO nicht in die Insolvenzmasse fallen.

Dies vermag indessen nicht darüber hinwegzutäuschen, daß die Kontoform der Ermächtigungstreuhand dem Normzweck des Schutzes vor mißbräuchlichen Verfügungen, wie o.g.[789], deutlich besser entspricht. Der bloße Umkehrschluß dahingehend, bzgl. der Kundengelder sei gerade keine eigentumsrechtliche Abgrenzung erforderlich, besagt noch nicht, daß es sich bei der Verpflichtung der Wertpapierfirmen zur Verwahrung der Gelder auf Vollrechtstreuhandkonten auch bereits um die bestmögliche Umsetzung der Normzwecke des Art. 10 I Satz 2, Spiegelstrich 3 WpDlRL handelt. Die außerordentliche Betonung der getrennten Kontenführung hat man daher vor dem Hintergrund zu verstehen, daß sich das BAWe auf die Auffassung festgelegt hat, auch mit der Einrichtung von Konten auf der Basis der Vollrechtstreuhand würde den Pflichten nach § 34 a I WpHG Genüge getan. Geht man jedoch mit dem Verfasser und auch *Koller*[790] davon aus, daß insgesamt eine Vermögensverwaltung nach dem Modell der Ermächtigungstreuhand zu fordern ist, so kommt der Hervorhebung der Kontentrennung nurmehr deklaratorischer Charakter zu. Denn die dieser Treuhandvariante entsprechenden Konten lauten schon der Bezeichnung nach nur auf einen Kunden und lassen mithin die Errichtung von Sammelkonten nicht zu. Bei Ermächtigungstreuhandkonten ist damit die vom BAWe gewünschte Form der Durchsetzung des Kundenschutzes bereits der Natur dieser Kontenform nach integriert. Überdies gewährleistet aber die Ermächtigungstreuhand durch die Rechtsinhaberschaft des Kunden hinsichtlich der Kontoforderung, welche die zuvor bezüglich des Eigentums bestehende fortsetzt, eine noch klarere, weil dingliche Abgrenzung der Rechte. Damit einhergehend wird der Fortbestand der Abgrenzung im Hinblick auf den Insolvenzfall auf effizientere Weise garantiert, weil hier die Gefahr geringer ist, daß das Unternehmen mißbräuchlich, jedoch wirksam für eigene Rechnung verfügt. Auch soweit europarechtlich ein Schutz

---

787 Vgl. auch *Liebich/ Matthews*, Treuhand im Recht der Wirtschaft, S. 168 f; zur Problematik der Vermengung von Geldern eines Kunden mit anderen Geldern in Besitz des Unternehmens auch bereits oben § 2 B.II.2.a).

788 Siehe oben § 2 B.I.2.a)cc),(c).

789 Unter A.II.

790 In: Assmann/ Schneider, WpHG, § 34 a, Rn. 3.

des Anlegers gerade mittels einer Abgrenzung der Rechte des Anlegers von denen der anlegenden Firma gefordert wird, stellt sich damit die Einrichtung von Ermächtigungstreuhandkonten als die geeignetere Umsetzung gegenüber einem System von separat geführten Vollrechtstreuhandkonten dar.

III. Rechtstechnik der Eröffnung eines Ermächtigungstreuhandkontos

Wie erläutert wurde, besteht die Ermächtigungssituation in bezug auf ein Treuhandkonto in der Kontoinhaberschaft des Treugebers verbunden mit einer Verfügungsbefugnis des Treuhänders gemäß § 185 I BGB. Diese herzustellen, kommen rechtstechnisch zwei Möglichkeiten in Betracht: Die erste besteht augenscheinlich darin, daß der Treugeber (Kunde) dem Treuhänder (Wertpapierdienstleistungsunternehmen) die rechtsgeschäftliche Ermächtigung hinsichtlich des auf seinen Namen lautenden Kontos erteilt. Es handelt sich hierbei um die inhaltsgleiche Ermächtigung, die dem gesamten Treuhandverhältnis zugrundeliegt. Häufig wird es sich um ein für Zwecke der Vermögensverwaltung neu zu schaffendes Konto handeln, daß (wie in der sogleich zu beschreibenden zweiten Variante) vom Treuhänder durch Vertrag zugunsten Dritter (§ 328 BGB) eröffnet werden wird.

Auf einen zweiten Weg der Verschaffung der Verfügungsmacht an den im eigenen Namen handelnden Treuhänder, der nicht Kontoinhaber wird, weist *Canaris* hin. Es kann nämlich zur Herstellung der Ermächtigungssituation auf die Erteilung gemäß § 185 I BGB verzichtet werden, wenn der Treuhänder das Konto im Wege eines Vertrages zugunsten Dritter nach § 328 BGB für den Treugeber errichtet und sich zugleich die Verfügungsmacht hierüber vorbehält.[791] Anders als bei einer Stellvertretung im fremden Namen nach § 164 BGB kann durch Vertrag zugunsten Dritter gemäß § 328 BGB, der im eigenen Namen erfolgt, zwar nur eine Berechtigung des Treugebers herbeigeführt werden, nicht auch eine Verpflichtung.[792] Dabei darf aus der Tatsache, daß Verträge zu Lasten Dritter grundsätzlich unzulässig sind, indes nicht geschlossen werden, daß jede aus einem Vertrag resultierende Lastwirkung gegenüber Dritten von diesem Verdikt erfaßt wird.[793] Für den hier vorliegenden Fall der Zurückbehaltung der Verfügungsmacht durch den Treuhänder ist schon § 328 II BGB, der zeigt, daß ein Vertrag zugunsten Dritter nicht notwendig ein eigenes Forderungsrecht des

---

791 *Canaris*, NJW 1973, 825, 828; Staub/ *Canaris*, HGB, BankvertragsR I, Rn. 177.

792 Staub/ *Canaris*, BankvertragsR I, Rn. 148; dies folgt im übrigen für das Handeln im eigenen Namen generell daraus, daß die Figur einer Verpflichtungsermächtigung dem geltenden Recht fremd ist.

793 *Grundmann*, Treuhandvertrag, S.298.

Dritten beinhalten muß (sog. unechter Vertrag zugunsten Dritter) bzw. die Möglichkeit des Entstehens des Rechtes des Dritten nur unter bestimmten Voraussetzungen vorsieht, zu entnehmen, daß eine derartige Einschränkung der Rechtsstellung des Dritten mit dem Gesetz vereinbar ist.[794] Denn diese ändert nichts daran, daß er insgesamt Begünstigter bleibt.

Um die der Ermächtigungstreuhand immanente Äquivalenz zwischen Dürfen im Innenverhältnis und Können im Außenverhältnis, die für die erste Variante schon aus der dinglichen Wirkung der anläßlich der Erteilung festgelegten Grenzen der Ermächtigung folgt, auch bei dieser Konstellation zu gewährleisten, ist es jedoch erforderlich, daß der Treuhänder sich der Treuhandabrede entsprechend vertragskonform verhält. Weil sich andernfalls eine für die Ermächtigungstreuhand untypische überschießende Rechtsmacht des Treuhänders ergäbe, darf er sich also die Verfügungsmacht gegenüber dem Kreditinstitut nur in dem durch den Treuhandvertrag vorgezeichneten Rahmen einräumen lassen.[795] Gleichwertigkeit zum herkömmlichen Weg der Erteilung einer ggf. beschränkten Ermächtigung ist somit nur im Falle der detaillierten Vertragstreue des Treuhänders bei der Begründung des Kontos bzw. dann gegeben, wenn diese mit Beschränkungen ohnehin nicht versehen werden sollte. Der Hinweis auf die erforderliche Vertragstreue des Treuhänders erübrigt sich auch nicht durch das Argument, der Treugeber müsse sich ohnehin auf vertragskonformes Verhalten des Treuhänders verlassen, da dieser es auch stets in der Hand habe, durch Unterlassen der Klarstellung, hinsichtlich des Kontos nur als ermächtigter Treuhänder zu fungieren, ein Vollrechtstreuhandkonto zu begründen; denn im ersten Fall handelte es sich um einen Verstoß gegen vertraglich festgesetzte Pflichten, im zweiten Fall aber um einen Gesetzesverstoß, nämlich einen solchen gegen den richtig verstandenen § 34 a I WpHG.[796]

---

794 *Canaris*, NJW 1973, 825, 828; Staub/ *Canaris*, HGB, BankvertragsR I, Rn. 177. Als Entstehen des Rechtes unter einer bestimmten Voraussetzung kann der Fall angesehen werden, daß neben dem Treugeber auch der Treuhänder die Verfügungsmacht erhält, also der Grundfall der Ermächtigungstreuhand. Der Fall des unechten Vertrages zugunsten Dritter ist betroffen, wenn - wie dies hier im folgenden als vertragliche Modifizierung der Ermächtigungstreuhand vorgeschlagen werden wird (sogleich unter V.) - die Verfügungsmacht des Treugebers ausgeschlossen bzw. von der Zustimmung des Wertpapierdienstleistungsunternehmens abhängig gemacht wird.

795 Vgl. *Koller* in: Assmann/ Schneider, WpHG, § 34 a, Rn. 4.

796 Solange jedoch das BAWe die Auffassung vertritt, auch die Einrichtung eines Vollrechtstreuhandkontos werde der Vorschrift gerecht, haben die Wertpapierfirmen diesbzgl. nicht mit aufsichts- oder sanktionsrechtlichen Konsequenzen zu rechnen; siehe dazu § 6 „Rechtsfolgen eines Verstoßes gegen § 34 a WpHG“.

IV. Pflicht zur Mitteilung des vollen Kundennamens; Unzulässigkeit der Eröffnung des Kontos unter Vereinbarung eines Legitimationszeichens

Im bisherigen wurde bereits die Pflicht des Wertpapierdienstleistungsunternehmens erläutert, dem Kreditinstitut gemäß § 34 a I Satz 2 WpHG offenzulegen, daß die Einlage der Gelder für fremde Rechnung erfolgt. Aus dieser Tatsache allein kann indes noch kein Rückschluß dahingehend getroffen werden, daß auch der Name des Kunden angezeigt werden müsse.

Insoweit ist auf der einen Seite zu beachten, daß der unabhängige Vermögensverwalter ein erhebliches Interesse an der Nichtoffenlegung seiner Kundenkartei haben kann, weil ansonsten die Gefahr bestünde, daß die auf dem Markt der Vermögensverwaltung konkurrierenden Kreditinstitute Kunden abwerben könnten.[797] Auf der anderen Seite scheint es ein effektiver Schutz des Anlegers zu gebieten, daß das Treuhandkonto unter seinem ausführlichen Namen geführt wird. Der Kunde soll hierdurch im Zusammenspiel mit den Mitteilungspflichten des Unternehmens gegenüber dem Kunden nach § 34 a I Satz 3 WpHG in den Stand versetzt werden, seine Rechte gegenüber dem kontoführenden Kreditinstitut selbst zu wahren.[798] Des weiteren könne er nur so in effektiver Weise vor der Verwendung seiner Gelder auf eigene Rechnung des Wertpapierdienstleisters geschützt werden.[799]

Entsprechend dieser kontroversen Interessenlage wurde die Problematik denn auch im Gesetzgebungsverfahren behandelt. Die zuletzt angeführten Argumente des Kundenschutzes bewogen nämlich die Bundesregierung in ihrem ursprünglichen Entwurf zu § 34 a WpHG die ausdrückliche Verpflichtung des Wertpapierdienstleistungsunternehmens vorzusehen, dem verwahrenden Kreditinstitut bei Eröffnung des Kontos das Treuhandverhältnis unter Nennung des vollen Namens des Kundens offenzulegen.[800] Auf Beschlußempfehlung des Finanzausschusses wurde indes § 34 a I Satz 2 WpHG in die jetzige Fassung geändert, wonach nun nur noch die Pflicht besteht, auf den Umstand hinzuweisen, daß es sich um eine Einlage der Gelder für fremde Rechnung handelt.[801] Intention der

---

797 Vgl. *Koller* in Assmann/ Schneider, WpHG, vor § 31, Rn. 15a, der herausstellt, daß den §§ 31 ff WpHG auch die Intention zugrundeliegt, gleiche Rechte und Pflichten für alle um dieselben Kunden konkurrierenden Unternehmen zu schaffen. Ziel sei ein „level-playing"-field für alle Wettbewerber.

798 *Koller* in: Assmann/ Schneider, WpHG, § 34 a, Rn. 8; *Wolf*, BKR 2002, 892, 895; vgl. genauer zu § 34 a I Satz 3 unter E.

799 So noch die Bundesregierung im ursprünglichen Entwurf zu § 34 a WpHG: Begr. RegE § 34 a WpHG, BT-Drucks. 13/7142, S. 110.

800 Begr. RegE § 34 a WpHG, BT-Drucks. 13/7142, S. 110.

801 Annahme der Beschlußempfehlung des Finanzausschusses in BT-Drucks. 13/7627 als neue Fassung von § 34 a I WpHG durch Beschluß des Bundestages vom 05. 06.

Änderung war es, eine Benachteiligung der Wertpapierdienstleister im Wettbewerb um Anlagekunden mit Kreditinstituten zu vermeiden und deren Geschäftsmöglichkeiten nicht zu erschweren.[802]

Diese Änderung wäre prinzipiell im Interesse der Chancengleichheit von unlizensierten Wertpapierdienstleistungsunternehmen zu begrüßen, sofern der Schutz des Kunden ebensogut auf andere Weise sichergestellt werden könnte. Theoretisch möglich und sinnvoll zur Erreichung der eben beschriebenen Zielvorstellungen, ohne die Geschäftsmöglichkeiten dieser Unternehmen einzuschränken, wäre insoweit auch die Eröffnung des Kontos unter Vereinbarung eines Legitimationszeichens mit dem Kreditinstitut, wie *Koller*[803] dies vorschlägt. Rechtstechnisch könnten angesichts der Geltung der Grundsätze der Privatautonomie auch hier die Regeln über das Geschäft für den, den es angeht, in paralleler Wertung herangezogen werden.[804] Wenn also das Kreditinstitut damit einverstanden ist bzw. auf seiner Seite kein Interesse an der Identität des Kontoinhabers zu erkennen wäre, bräuchte der Name des Kunden nicht mitgeteilt zu werden. Es würde sich dann um ein sog. „offenes" Geschäft für den, den es angeht[805], handeln, bei dem der vertretene Vertragspartner einverständlich erst nachträglich offenzulegen ist. Die Interessen der Bank an der Kenntnis ihres Schuldners werden dabei dadurch gesichert, daß der Vertreter im Falle der Weigerung oder Unfähigkeit zur Offenlegung des Hintermannes entsprechend § 179 BGB wie ein Vertreter ohne Vertretungsmacht selbst haftet.[806]

Ein schlicht „namenloses" Konto, wie es auf diese Weise zunächst zur Entstehung gelangte, wird indes den Anforderungen, die sich aus den bezeichneten Gesichtspunkten des Kundenschutzes ergeben, in keinem Fall gerecht. Beließe man es bei der bloßen Nichtoffenlegung des Kundennamens, so könnte der Kunde sich nicht gegenüber dem Kreditinstitut legitimieren und folglich nicht - wie gesetzgeberisch intendiert - selbst seine Rechte gegenüber dem Kreditinstitut

---

1997, Plenarprotokoll 13/178, S. 16097D; vgl. zu dieser Pflicht, aus der sich die Begründung eines offenen Treuhandkontos ergibt, bereits oben unter A.I.

802 Beschlußempfehlung des Finanzausschusses, BT-Drucks. 13/7627, S. 166 f.

803 *Koller* in: Assmann/ Schneider, WpHG, § 34 a, Rn. 8.

804 *Koller* in: Assmann/ Schneider, WpHG, § 34 a, Rn. 4 unter Berufung auf BGH NJW 1989, 164, 166, wo es für zulässig erachtet wird, daß die Person des Vertretenen bei Vornahme des Vertretergeschäfts noch nicht bestimmt ist; ausreichend sei auch die Vereinbarung der nachträglichen Bestimmung durch den Vertreter. Für diese Konstellation hat sich in der Literatur die Bezeichnung als „offenes Geschäft für den, den es angeht" durchgesetzt; vgl. nur Palandt/ *Heinrichs*, BGB, § 164, Rn. 9; Staudinger/ *Schilken*, BGB, Vorbem. § 164, Rn. 51 m.w.N.

805 Vgl. soeben Fn. 804.

806 Palandt/ *Heinrichs*, BGB, § 164, Rn. 9; Staudinger/ *Schilken*, BGB, Vorbem. § 164, Rn. 51.

wahren. Es fehlte dann auch an der hinreichenden Nachvollziehbarkeit bzgl. der vom Wertpapierdienstleister getätigten Transaktionen, womit der Kunde quasi dazu verurteilt wäre, dem Unternehmen quasi blind zu vertrauen; ohne mögliche Kontrolle wäre jedoch auch das System der getrennten Kontenführung als Kernstück zur Gewährleistung des intendierten Kundenschutzes ad absurdum geführt. Durch die Vereinbarung eines das Konto identifizierenden Legitimationszeichens zwischen Bank und anlegender Firma, welches die Firma dem Kunden im Rahmen der Unterrichtungspflichten nach § 34 a I Satz 3 WpHG zusätzlich mitzuteilen hätte, könnte sich der Kunde jedoch jederzeit gegenüber dem Kreditinstitut ausweisen. Ausreichende Transparenz und Nachprüfbarkeit für den Kunden hinsichtlich der unter dem so bezeichneten Konto getätigten Transaktionen wären folglich zu bejahen. Ebenso wäre er in Verbindung mit den übrigen Informationen, die er gemäß § 34 a I Satz 3 WpHG erhält, in den Stand versetzt, seine Rechte gegenüber der kontoführenden Bank selbst zu wahren.

Die Kontoführung unter einem Legitimationszeichen würde demnach zwar zu einer beiderseits interessengerechten Lösung führen. Sie stößt jedoch in Anbetracht der im Hinblick auf die Bestimmtheit des Kontoinhabers bestehenden rechtlichen Vorgaben auf durchgreifende Bedenken. Es gilt sich an dieser Stelle erneut zu vergegenwärtigen, daß es sich bei dem hier in Frage stehenden Konto nach rechtlich einzig konsequenter Lösung um ein Ermächtigungstreuhandkonto handelt, dessen Inhaber allein der Kunde ist.[807] Ausschließlicher Identifizierungsfaktor in bezug auf den Kontoinhaber wäre dann das Legitimationszeichen. Da die Vereinbarung eines Legitimationszeichens oder Codewortes unter dem Gesichtspunkt der Verschlüsselung, d.h. des Grades der Bestimmbarkeit des Kontoinhabers nicht anders betrachtet werden kann als das Führen eines Kontos unter einer bloßen Ziffer, wird somit letztlich die Frage nach der Zulässigkeit von Nummernkonten im allgemeinen aufgeworfen. Diese ist jedoch für das deutsche Recht nach einhelliger Auffassung negativ zu beantworten:[808]

Öffentlich-rechtlich steht der Zulassung von anonymen Konten, ganz gleich, ob es sich dabei um Nummernkonten oder Konten unter einem sonstigen Legitimationszeichen handelt, das steuerrechtliche Gebot der Kontenwahrheit gemäß § 154 AO entgegen. Nach dessen Abs. 1 darf niemand ein Konto auf einen fal-

---

807 Vgl. zu den Gründen, die zur Befürwortung eines Ermächtigungstreuhandkontos drängen A.II.

808 *Baumbach/ Hopt*, HGB, (7) BankGesch, A 47; *Liesecke*, WM 1975, 214, 220; Schreiben des BAKred vom 03. 04. 1974 - I2- 73 -1/74, abgedruckt bei *Reischauer/ Kleinhans*, KWG, § 1, Rn. 16 bzw. Einführungserlaß zur AO, § 154 Nr. 5, BStBl. 1976 I, S. 576 ff; Staub/ *Canaris*, HGB, BankvertragsR I, Rn. 124; *Schwintowski/ Schäfer*, BankR, § 3, Rn. 36; *Gößmann* in: Schimansky/ Bunte/ Lwowski, BankRhdb., Bd. 1, § 31, Rn. 1, Fn. 2.

schen oder erdichteten Namen für sich oder einen Dritten errichten. Sinn und Zweck dieser Vorschrift ist es im Zusammenhang mit der Pflicht der Banken zur Legitimationsprüfung nach Abs. 2 durch Nachprüfbarkeit steuerlicher Verhältnisse die Durchsetzbarkeit des staatlichen Steueranspruchs zu gewährleisten.[809] Für den hier vorliegenden Fall bedeutet dies, daß, weil das Konto vom Wertpapierdienstleistungsunternehmen auf den Namen des Kunden errichtet wird, sich das Kreditinstitut gemäß § 154 II AO jedenfalls über dessen Person und Anschrift Gewißheit zu verschaffen hat. Bei einem Konto auf der Basis der Ermächtigungstreuhand ist der Kunde Kontoinhaber, womit das bloß durch ein Codewort gekennzeichnete Konto auf einen „erdichteten" Namen errichtet wäre. Denn unter einem erdichteten Namen i.S.d. § 154 I AO ist jeder frei erfundene, d.h. nicht existente Name zu verstehen.[810]

Auch soweit teilweise entgegen der Auffassung offizieller Stellen[811] die Zulässigkeit von Nummernkonten für den Fall erwogen wird, daß der Name des Kontoinhabers wenigstens der Bankleitung bekannt, mithin Entschlüsselbarkeit gegeben ist,[812] führt dies in der hier vorliegenden Konstellation nicht weiter. Denn der Zweck der Kontoverschlüsselung bestünde ja hier darin, die Gleichbehandlung der Wertpapierdienstleister im Wettbewerb herbeizuführen, indem sie ihre Kundschaft nicht der Konkurrenz namentlich preisgeben muß. Um dieses Ziel zu konterkarieren, genügt aber auch und gerade die Kenntnis der Bankleitung.[813]

Schon wegen der Unzulässigkeit codierter Konten in steuerverfahrensrechtlicher Hinsicht stellt es also keine praktikable Lösung dar, das vom Wertpapierdienstleistungsunternehmen für den Kunden als dem Kontoinhaber eröffnete Ermächtigungstreuhandkonto lediglich mit einem ihn legitimierenden Zeichen

---

809 *Schwintowski/ Schäfer*, BankR, § 3, Rn. 36.

810 *Kühn/ Hofmann*, AO, § 154, Rn. 1; „falsch" i.S.d. § 154 I AO ist hingegen ein Name, der zwar existiert, aber nicht den wirklichen Kontoinhaber bezeichnet.

811 Sowohl das BAKred als auch die Finanzverwaltung halten nach dem Wortlaut des § 154 II AO die Ausweisung des Namens des Verfügungsberechtigten „auf dem Konto" selbst für erforderlich: Schreiben des BAKred vom 03. 04. 1974 - I2- 73 - 1/74, abgedruckt bei *Reischauer/ Kleinhans*, KWG, § 1, Rn. 16 bzw. Einführungserlaß zur AO, § 154 Nr. 5, BStBl. 1976 I, S. 576 ff.

812 *Liesecke*, WM 1975, 214, 219 sowie für die korrespondierende spezifisch privatrechtliche Pflicht zur Identitätskontrolle: Staub/ *Canaris*, HGB, BankvertragsR I, Rn. 124.

813 Daß die Codierung jedenfalls seitens des Wertpapierdienstleistungsunternehmens zu entschlüsseln wäre, ist insoweit unerheblich, als § 154 AO nur Banken als kontoführende Institute bindet. Eine Verschleierung von Vermögenswerten ist durch Kenntnis des Wertpapierdienstleisters von der wahren Identität also nicht zu verhindern.

zu versehen. Eine Bank, die sich mit einem solchen Vorgehen einverstanden erklärte und damit sehenden Auges gegen § 154 I AO sowie der im Fall der Zuwiderhandlung hieraus resultierenden Pflicht der Kontensperre gemäß Abs. 3 verstieße, sähe sich nicht nur gemäß der Haftung nach § 72 AO ausgesetzt, sondern beginge auch eine Ordnungswidrigkeit nach § 379 II Nr. 2 AO. Darüber hinaus zeitigte ein solches Verhalten möglicherweise auch strafrechtliche Relevanz, weil der fehlende Vermerk von Name und Anschrift des Kunden auf dem Konto (vgl. § 154 II AO) als Steuergefährdung gemäß § 379 I Nr. 2 AO angesehen werden, im äußersten Fall sogar als Beihilfe zur Steuerhinterziehung nach § 370 AO i.V.m. § 27 StGB zu werten sein könnte.[814]

Da das Konto bei der Ermächtigungstreuhand auf den Treugeber lautet, läßt sich auch aus den Grundsätzen, die für Konten auf der Basis der Vollrechtstreuhand gelten, nichts anderes ableiten:

Bei Vollrechtstreuhandkonten ist der Treuhänder Kontoinhaber und besteht grundsätzlich keine Verfügungsbefugnis des im Hintergrund verbleibenden Treugebers. Aus der Tatsache, daß § 154 AO nach Wortlaut, Systematik und Entstehungsgeschichte nur die formale, nicht auch die materielle Kontenwahrheit gewährleisten soll, folgt, daß es unerheblich ist, ob das Konto für eigene oder für fremde Rechnung geführt wird.[815] Notwendig ist in beiden Fällen nur die Angabe von Name und Anschrift des gegenüber der Bank allein berechtigten Treuhänders als dem Kontoinhaber ohne Rücksicht auf die zugrundeliegenden wirtschaftlichen Verhältnisse.[816]Als Kernargument hierfür wird angeführt, daß eine Auslegung über den insoweit klaren Wortlaut des § 154 I AO hinaus gegen das strafrechtliche Analogieverbot aus Art. 103 II GG verstoßen würde, weil § 154 I AO zugleich die tatbestandlichen Voraussetzungen einer Ordnungswidrigkeit regelt, vgl. § 379 II Nr. 2 AO.[817] Werden Konten in Form der Vollrechtstreuhand geführt, bleibt somit der Treugeber von der Prüfungspflicht der Banken nach § 154 AO ausgenommen, obgleich ihm infolge materieller Berechtigung die Guthaben steuerlich zugerechnet werden, vgl. § 39 II Nr. 1 Satz 2 AO.[818] Diese Situation, welche die Ermittlung der materiellen Berechtigung in steuerlicher Hinsicht prinzipiell dem Fiskus überläßt (vgl. aber § 159 AO), hat der Gesetzgeber hingenommen, indem er es unterließ selbständige Mitteilungspflichten der Kreditinstitute bzw. des Treuhänders zu Lebzeiten einzuführen.[819]

---

814 Vgl. *Gößmann* in: BuB, 2/59; *Schwintowski/ Schäfer*, BankR, § 3, Rn. 38.
815 BGH ZIP 1994, 1926 ff mit eingehender Begründung.
816 *Gößmann* in: Schimansky/ Bunte/ Lwowski, BankRhdb., Bd. 1, § 31, Rn. 2.
817 BGH ZIP 1994,1926, 1929.
818 Vgl. BGH ZIP 1994, 1926, 1929.
819 BGH ZIP 1994, 1926, 1929; *Gößmann* in: Schimansky/ Bunte/ Lwowski, BankRhdb., Bd. 1, § 31, Rn. 4.

Wegen der grundsätzlich unterschiedlichen Ausgestaltung von Vollrechtstreuhand- und Ermächtigungstreuhandkonten hinsichtlich der Inhaberschaft und Verfügungsbefugnis verbietet es sich jedoch, die für die Vollrechtstreuhand geltenden Grundsätzen auf die Ermächtigungstreuhand zu übertragen. Denn allein maßgeblich ist im Rahmen von § 154 AO die formale Kontenwahrheit[820], so daß wegen der Inhaberschaft des treugeberischen Kunden im Falle des Ermächtigungstreuhandkontos der Verweis darauf, der Gesetzgeber verzichte doch auch bei Vollrechtstreuhandkonten trotz steuerlicher Verantwortlichkeit des Treugebers auf dessen Bezeichnung auf dem Konto, nicht trägt. Auch sachlich bestehen substantielle Unterschiede: So ist bei der Vollrechtstreuhand grundsätzlich nur der Treuhänder verfügungsbefugt, während bei der Ermächtigungstreuhand in ihrer reinen Form sowohl der Treugeber als Kontoinhaber wie auch der Treuhänder als gemäß § 185 I BGB Ermächtigter verfügungsbefugt sind (sog. konkurrierende Verfügungsbefugnis), so daß die Bank hier mit beiden Personen in geschäftlichen Kontakt tritt. Daraus folgt weiter, daß sich bei der Ermächtigungstreuhand die Pflicht zur Legitimationsprüfung nach § 154 II AO sowohl auf Treugeber als auch Treuhänder bezieht,[821] wohingegen diese bei einem Vollrechtstreuhandkonto auf den allein verfügungsbefugten Treuhänder beschränkt ist. Der Umstand, daß die Bank somit bzgl. der Person des Treuhänders Klarheit hat, vermag indes den Treugeber nicht zu entlasten; § 154 II AO kann insoweit nur als Ergänzung zum Gebot der eindeutigen Identifizierung des Kontoinhabers gesehen werden und erweitert die Pflicht auf zusätzliche Verfügungsbefugte, ohne daß die Verpflichtung nach Abs. 1 berührt würde. Selbst wenn, wie dies im folgenden als vertragliche Modifizierung der Ausgestaltung der Verfügungsbefugnis hinsichtlich des Ermächtigungstreuhandkontos im Rahmen des 34 a I WpHG vorgeschlagen werden wird[822], die Verfügungsmacht des Treugebers von der Zustimmung des Treuhänders abhängig gemacht wird, so kann nichts anderes gelten. Die Parteien hätten es andernfalls in der Hand, die Geltung von § 154 AO privatvertraglich abzubedingen. Es bleibt damit für das Ermächtigungstreu-

---

820 Vgl. erneut die Begründung in BGH ZIP, 1994, 1926, 1927 ff.

821 *Klein*, AO, § 154, Rn. 3; vgl. ferner *Kühn/ Hofmann*, AO, § 154, Rn. 2 sowie *Baum* in: Koch/ Scholz, AO, § 154, Rn. 11 wonach bei Errichtung eines Kontos auf den Namen eines Dritten sich auch der Dritte jedenfalls ab Eintritt der Verfügungsbefugnis zu legitimieren hat. Strittig ist nur, ob der Begriff des „Verfügungsberechtigten" in § 154 II AO so zu verstehen ist, daß auch der rechtsgeschäftliche Vertreter umfaßt wird, vgl. zum Meinungsstand ausführlich BGH ZIP 1994, 1926 ff und *Hamacher*, DB 1987, 1324 ff.

822 Sogleich unter V.

handkonto bei der Feststellung, daß ein im Hinblick auf den Kontoinhaber anonymes Konto wegen § 154 I AO nicht in Betracht kommt.[823]

Die Tatsache, daß der Gesetzgeber gleichwohl durch Änderung des § 34 a I WpHG auf die Offenlegung des Namens des Kunden durch das Wertpapierdienstleistungsunternehmen verzichtete, kann nun aber nicht so verstanden werden, daß von jetzt an anonyme Konten zulässig sein sollen. Eine solch fundamentale Änderung der Rechtslage hätte einer ausführlicheren Begründung bedurft und zudem einer Änderung des § 154 AO. Vielmehr zeichnet sich hier erneut ein gesetzgeberisches Mißverständnis ab. Der Beschlußempfehlung des Finanzausschusses, welche unverändert durch den Bundestag angenommen wurde, dürfte wohl - wie zu mutmaßen ist - die Auffassung zugrundegelegen haben, daß es sich bei dem vom Wertpapierdienstleister als Treuhänder zu eröffnenden Konto um ein Vollrechtstreuhandkonto handeln soll, wie es auch der im Bankensektor gängigen Praxis eher entspricht.[824] Bei einem solchen Konto wäre die Nennung des Namens des Kundens als dem Treugeber wie o.g. in der Tat entbehrlich. Es wurde indessen übersehen, daß dieses Verständnis der ursprünglichen Gesetzesbegründung diametral zuwiderläuft.[825] Eine Abstimmung ist offensichtlich nicht erfolgt, so daß auch hier gelten dürfte, was *Koller* anläßlich anderer Ungereimtheiten für das Gesetzgebungsverfahren zum WpHG feststellt, daß nämlich diese „auf eine erhebliche Hektik im Gesetzgebungsverfahren" hindeuten, „die den Aussagewert der Materialien und des Wortlautes der Vorschriften gravierend schwächt".[826] Dieser Verdacht erhärtet sich im konkreten Fall auch durch die mit der intendierten Änderung verbundene Bitte des Finanzausschusses an die Bundesregierung, den Kunden im Falle der Einlage von Geldern ohne Offenlegung des Kundennamens ebenso wie im Falle offener Treu-

---

823 Auch aus der danebenstehenden rein privatrechtlichen Pflicht zur Bestimmtheit des Vertragspartners, die letztlich aus § 241 BGB resultiert, dürfte sich hier mangels Entschlüsselbarkeit seitens des Kreditinstitutes die Unzulässigkeit der Kontoführung unter einem Codewort ergeben, vgl. dazu Staub/ *Canaris*, HGB, BankvertragsR I; Rn. 124; *Schwintowski/ Schäfer*, BankR, § 3, Rn. 35 ff.

824 So für die Bankenpraxis *Hadding/ Häuser* in: Schimansky/ Bunte/ Lwowski, BankRhdb., Bd.1, § 37, Rn. 8. Nach Auskunft des BAWe vom 03. 04. 2000 und 01. 06. 2001 handelt es sich um die faktisch ganz überwiegende Form eines Treuhandkontos.

825 Vgl. zu der Tatsache, daß die Ausgestaltung des Verwaltungsverhältnisses als Ermächtigungstreuhand, für die sich die Regierung in ihrer Begründung zu § 34 a WpHG, BT- Drucks. 13/ 7142, S. 110 ausspricht, sich auch auf die Kontenform auswirken muß, oben unter A.II.

826 *Koller* in: Assmann/ Schneider, WpHG, § 31, Rn. 2; ähnlich *Köndgen*, ZBB 1996, 361, 363.

handkonten zu schützen.[827] Einer solchen Anregung liegt nämlich das weitere Mißverständnis zugrunde, ein offenes Treuhandkonto gelange nur bei Offenbarung des vollen Kundennamens zur Entstehung.[828]

In Anbetracht dessen erscheint es auch als bei weitem zu interpretativ, in der Änderung der Vorschrift eine Wende im Gesetzgebungsverfahren dahingehend zu sehen, daß nun entgegen der anders zu verstehenden ursprünglichen Gesetzesbegründung doch die Einrichtung eines Vollrechtstreuhandkontos intendiert sei. Gegen eine solche Interpretation der Vorschrift spricht neben der insofern größeren Klarheit der Begründung zur ursprünglichen Fassung und damit deren höheren Aussagewert vor allem die oben getroffene Feststellung, daß die Ermächtigungstreuhand insgesamt das geeignetere Verwaltungsmodell zur Verwirklichung der Normzwecke des § 34 a I WpHG darstellt.[829]

In dem nachträglichen Verzicht auf die Preisgabe der Namen seiner Kunden, durch den eine Stärkung der Wettbewerbsposition der Wertpapierdienstleistungsunternehmen bewirkt werden sollte, kann daher nur eine weitere Ungenauigkeit im Gesetzgebungsverfahren gesehen werden. Sie ist als solche nicht geeignet an dem Ergebnis, daß den Kriterien von rechtlicher Logik, subjektiv-teleologischer Interpretation und Effektivität des Kundenschutzes im Lichte von Art. 10 WpDlRL, wie oben dargelegt[830], letztlich nur ein Ermächtigungstreuhandkonto standhält, etwas zu ändern.

V. Ausgestaltung der Kontobedingungen: jeweilige Verfügungsbefugnis; pfandrechtliche Sicherung des Wertpapierdienstleistungsunternehmens

Der Ermächtigungstreuhand liegt die sachenrechtliche Konstruktion zugrunde, daß der Treugeber den Treuhänder gemäß § 185 I BGB zu Verfügungen ermächtigt, ohne jedoch selbst seine dingliche Berechtigung als Eigentümer aufzugeben.[831] Im Ausgangspunkt besteht daher, weil es eine „verdrängende“ Er-

---

827 Beschlußempfehlung des Finanzausschusses, BT-Drucks. 13/7627, S. 167.

828 Siehe dazu, daß ein offenes Treuhandkonto bereits dann vorliegt, wenn deutlich gemacht wird, daß die Einlage der Gelder für fremde Rechnung erfolgt, oben A.I.

829 Vgl. oben § 2 B.II.2.a) für die Grundsituation der körperlichen Entgegnnahme und Verwaltung von Treugut sowie zur Gegenüberstellung der beiden Varianten eines Treuhandkontos oben A.II.

830 Vgl. zur Herleitung der Rechtsnatur des Kontos als einem Ermächtigungstreuhandkonto oben A.II.

831 Vgl. zur Rechtsnatur der Ermächtigung, deren Erteilung und Wirkungen bereits oben § 2 B.II.2.bb)ee),(3).

mächtigung nicht gibt, eine konkurrierende Verfügungsbefugnis von Treugeber und Treuhänder.[832]

Überträgt man diese Grundsätze auf die Berechtigung an einem Konto, so tritt an die Stelle des Eigentums als dem die Verfügungsbefugnis originär verleihenden Moment die Kontoinhaberschaft, weil das Eigentum an den zu verwahrenden Geldern mit deren Einzahlung an die Bank übertragen wird. Statt aus § 985 BGB resultiert der Herausgabeanspruch des Berechtigten nun aus §§ 700 I Satz 3, 695 BGB, da nach allgemeiner Auffassung auch nach Einführung des neu geschaffenen Girovertrages in § 676 f BGB bei Bestehen eines Guthabens weiterhin eine von diesem streng zu trennende unregelmäßige Verwahrung vorliegt.[833] Schon aus seiner Stellung als Kontoinhaber heraus ergibt sich also die Legitimation des Kunden im Hinblick auf die Verfügungsmacht, welche er zur Ausübung an den Wertpapierdienstleister weitergibt, ohne auf die eigene Befugnis zu verzichten.[834]

Soweit jedoch die Situation der doppelten Zuständigkeit nicht interessengerecht ist, besteht die Möglichkeit, sie durch vertragliche Absprachen zu modifizieren. Anders als bei der Grundsituation der Ermächtigungstreuhand, wo eine Beschränkung der aus dem Eigentum resultierenden Verfügungsbefugnis wegen § 137 BGB nur schuldrechtlich bindend vereinbart werden kann, kommt derartigen Absprachen in bezug auf Ermächtigungstreuhandkonten auch dingliche Wirkung zu. Da hier die Verfügungsbefugnis aus der Konto-, ergo der Forderungsinhaberschaft folgt, gelangt § 399, 2. Alt. BGB zur Anwendung, der für Forderungen das Verbot rechtsgeschäftlicher Veräußerungsbeschränkungen außer Kraft setzt.[835]

---

832 *Siebert*, Treuhandverhältnis, S. 306 f; *Coing*, Die Treuhand kraft privaten Rechtsgeschäfts, S. 124; *Flume*, Rechtsgeschäft, § 11, 5c); Staub/ *Canaris*, HGB, BankvertragsR I, Rn. 272; *Serick*, Eigentumsvorbehalt und Sicherungsübertragung, § 3 III 2.

833 Vgl. BGHZ 131, 60 = NJW 96, 160 = WM 95, 2094; BGH WM 93, 1585, 1586 sowie aus der Literatur: Palandt/ *Spreu*, BGB, § 676 f, Rn. 8 und § 700, Rn. 1; Soergel/ *Teichmann*, BGB, § 700, Rn. 6; *Schimansky* in: Schimansky/ Bunte/ Lwowski, BankRhdb., Bd. 1, § 47, Rn. 1.

834 Wie dies rechtstechnisch geschieht wurde oben unter III. erläutert.

835 Vgl. *Canaris*, NJW 1973, 825, 829; *ders.* in: Festschrift für Flume, Bd. 1, 1978, S. 371, 420. Die Streitfrage, ob es sich es sich bei § 399, 2. Alt. BGB tatsächlich um eine Ausnahme zu § 137 BGB handelt, oder ob eine gesetzlich zugelassene Inhaltsbestimmung vorliegt, die das Recht erst gar nicht als veräußerliches entstehen läßt, hat auf dieses Ergebnis keine Auswirkungen, vgl. zu diesen konträren Ansätzen MüKo/ *Mayer-Maly/ Armbrüster*, BGB, § 137, Rn. 20 bzw. Soergel/ *Hefermehl*, BGB, § 137, Rn. 6. Ohne Bedeutung ist im Rahmen des § 34 a I WpHG auch die zum 30. 07. 1994 in Kraft getretene Vorschrift des § 354 a HGB, welche eine Ausnahme von § 399, 2. Alt. BGB statuiert. Diese Vorschrift kommt nur bei einem

Ein solcher vertraglicher Regelungsbedarf ergibt sich im vorliegenden Fall aus den legitimen Sicherungsinteressen des Wertpapierdienstleistungsunternehmens hinsichtlich seiner gegenüber dem Kunden aus der Vertragsbeziehung resultierenden Gegenansprüche. Ohne Eigentum oder zumindest den Besitz an den Geldern bzw. der Kontoinhaberschaft sind Ansprüche auf eine den vertraglichen Bedingungen der Unternehmen regelmäßig zugrundeliegende Beratungsgebühr und laufende Verwaltungsvergütung sowie solche auf Gewinnbeteiligung bei Überschreitung bestimmter Wertentwicklungszahlen nicht mehr gemäß den §§ 273, 320, 1204 ff BGB oder 387 ff HGB zu sichern. Dem kann dadurch Abhilfe geschaffen werden, daß das Wertpapierdienstleistungsunternehmen bei Eröffnung des Kontos mit dem Kreditinstituten eine Vereinbarung trifft, derzufolge der Kunde nur mit dem Einverständnis des Unternehmens über das Konto verfügen darf.[836] Als Minus zum vollständigen Ausschluß der Verfügungsbefugnis ist auch eine solche Abrede von § 399, 2. Alt. BGB gedeckt.[837] Zuvor muß dies, damit Vertragskonformität hinsichtlich der Treuhandabrede gewährleistet ist, allerdings mit dem Kunden vertraglich so festgelegt worden sein. Zusätzlich ist auch dessen Zustimmung als Verzicht des Kontoinhabers auf die bis dato bestehende Verfügungsmacht gegenüber dem Kreditinstitut nötig, es sei denn, das Wertpapierdienstleistungsunternehmen geht bei der Kontoeröffnung, wie oben beschrieben[838], im Wege des Vertrages zugunsten Dritter unter Zurückbehaltung einer vertragskonformen Verfügungsmacht zu seinen Gunsten vor.[839] In diesem Fall handelt es sich dann um einen unechten Vertrag zugunsten Dritter, weil ein eigenes Forderungsrecht des Kunden als dem Dritten in der hier beschriebenen vertraglichen Konstellation nicht bestünde, vgl. § 328 II BGB. Denn unter einem

---

beiderseitigen Handelsgeschäft zur Anwendung. Auf Seiten des Kunden liegt jedoch private Vermögensverwaltung vor, die kein Gewerbe darstellt (vgl. nur *Baumbach/ Hopt*, HGB, § 1, Rn. 17), so daß es an diesem Erfordernis fehlt, vgl. § 343 HGB.

836 *Koller* in: Assmann/ Schneider, WpHG, § 34 a, Rn. 3.

837 Wenn der Fall, in dem die Verfügung über ein Recht an die Zustimmung des Schuldners oder eines Dritten gebunden ist, als Beschränkung i.S.d. § 137 BGB angesehen wird, so muß § 399, 2. Alt. BGB naturgemäß auch hierfür gelten. Vgl. insoweit MüKo/ *Mayer-Maly*, BGB, § 399, Rn. 25; Palandt/ *Heinrichs*, BGB, § 399, Rn. 8; Soergel/ *Hefermehl*, BGB, § 137, Rn. 7. Die vom BGH (WM 1964, 349, 350) vertretene Auffassung, eine derartige Vereinbarung falle weder unter § 137 BGB noch unter § 399 BGB, sei jedoch als besondere Art der Bestimmung des Verfügungsberechtigten zulässig, überzeugt daher nur im Ergebnis.

838 Unter III.

839 Siehe *Canaris*, NJW 1973, 825, 828; Staub/ *Canaris*, HGB, BankvertragsR I, Rn. 177 und 240, der sogar a maiore ad minus eine analoge Anwendung von § 399 Satz 2 BGB im Verhältnis zur Bank für möglich hält.

„eigenen" Forderungsrecht des Dritten kann nur ein solches verstanden werden, das unabhängig von der Zustimmung des Versprechenden besteht.

Darf der Kunde demnach nur mit Zustimmung des Wertpapierdienstleistungsunternehmens über das Konto verfügen, so kann die Bank seinen Weisungen mit einer Einrede begegnen und so das Unterbleiben der Verfügung erwirken.[840] Überdies wäre eine eigenmächtige Verfügung des Kunden nach oben Gesagtem wegen Verstoßes gegen § 399, 2. Alt. BGB unwirksam, so daß auch eine ohne das Mitwirken des Kreditinstituts mögliche Abtretung der Guthabenforderung nicht rechtsgültig erfolgen kann.[841] Aus Sicht des Unternehmens besteht dann also nicht die Gefahr, daß der Kunde ihm durch Abtretung, Abhebung oder Überweisung das Substrat zur Sicherung seiner Ansprüche entzieht.

Aus Sicht des Kontoinhabers, welcher hier der Kunde ist, kann mithin auch Herausgabe nur einverständlich mit dem Wertpapierdienstleistungsunternehmen erfolgen. Diese Situation rechtfertigt es, hinsichtlich der Kundengelder die Begründung eines vertraglichen Pfandrechtes durch das Unternehmen gemäß § 1206, 2. Hs. BGB analog zuzulassen. § 1206 BGB, der ein Übergabesurrogat bei der Bestellung von vertraglichen Pfandrechten an Sachen zur Sicherung von Forderungen statuiert, läßt es in Abweichung von § 1205 I BGB anstelle der Übergabe der Sache genügen, daß dem Gläubiger der Mitbesitz eingeräumt wird und in seinem 2. Halbsatz sogar den mittelbaren Mitbesitz des Gläubigers zur Bestellung eines Pfandrechtes ausreichen. Mittelbarer Mitbesitz genügt dann, wenn aufgrund schuldrechtlicher Vereinbarung die Sache seitens des alleinigen unmittelbaren Besitzers nur an den Gläubiger und den Eigentümer gemeinschaftlich herausgegeben werden darf (sog. Pfandhaltervertrag).[842] Dem gleichzustellen ist der Fall, daß Herausgabe an einen von beiden von der Zustimmung des jeweils anderen abhängig gemacht wird.[843] Dabei ist es unerheblich, ob der unmittelbare Alleinbesitz des Pfandhalters bereits besteht oder - wie hier derjenige der Bank - erst noch geschaffen werden muß.[844]

Zwar läßt sich der vorliegende Fall unter keine der beiden Alternativen des § 1206 BGB exakt subsumieren, da es für die erste Alternative am unmittelbaren Mitbesitz des Unternehmens fehlt, weil nach Eingang der Gelder auf dem Konto allein das Kreditinstitut die tatsächliche Sachherrschaft i.S.d. § 854 I BGB innehat und die zweite Alternative in Ermangelung eines schuldrechtlichen Vertrages dergestalt, daß die Sache nur an Pfandgläubiger und Kontoinhaber, also Unter-

---

840 *Canaris*, NJW 1973, 825, 829; Staub/ *Canaris*, HGB, BankvertragsR I, Rn. 272.

841 Vgl. *Canaris*, BankvertragsR I, Rn. 272.

842 MüKo/ *Damrau*, BGB, § 1206, Rn. 8; Staudinger/ *Wiegand*, BGB, § 1206, Rn. 6; Soergel/ *Mühl*, BGB, § 1206, Rn. 11.

843 Palandt/ *Bassenge*, BGB, § 1206, Rn. 3.

844 Soergel/ *Mühl*, BGB, § 1206, Rn. 11.

nehmen und Kunden, gemeinschaftlich bzw. an einen mit Zustimmung des anderen herausgegeben werden darf, nicht einschlägig ist. Vielmehr ist allein die Herausgabe an den Kunden an die Zustimmung des Wertpapierdienstleisters gebunden, nicht aber umgekehrt. Führt man sich jedoch vor Augen, daß durch den mittelbaren Mitbesitz eine die Übergabe ersetzende Legitimation des Pfandgläubigers auf tatsächlicher Ebene geschaffen werden soll, so muß der hier vorliegende Fall a maiore ad minus gleichgestellt werden. Es stellt nämlich ein „Mehr" im Vergleich zum beiderseitig gleichwertigen mittelbaren Besitz dar, wenn nur der Herausgabeanspruch des Kontoinhabers durch die Zustimmung des Pfandgläubigers bedingt ist, dessen eigene Verfügungsbefugnis unabhängig vom Kontoinhaber besteht.

Das dem mittelbaren Besitz zugrundeliegende notwendige Besitzmittlungsverhältnis ist dabei im unregelmäßigen Verwahrungsvertrag nach § 700 BGB zu sehen, vermöge dessen die Bank als unmittelbarer Besitzer die Gelder unter Bestehen eines Herausgabeanspruchs der am Konto Berechtigten für diese verwaltet.

Hinsichtlich der Einigung gemäß § 1205 BGB ist von einer Befreiung des Wertpapierdienstleistungsunternehmens vom Verbot des Insichgeschäfts nach § 181 BGB auszugehen. Aufgrund der oben beschriebenen legitimen Sicherungsinteressen des Unternehmens darf angenommen werden, daß es diesem bei der Eröffnung des Kontos gestattet sein soll, als Vertreter des Kunden mit sich selbst im eigenen Namen ein Pfandrecht an den Kundengeldern zu begründen.[845] Argumentativ kann für die Interessengerechtheit dieser Annahme zudem § 397 HGB herangezogen werden, der dem Kommissionär im spiegelbildlichen Fall ein gesetzliches Pfandrecht an dem in seinem Besitz befindlichen Wertpapieren zubilligt.[846] Das Gesetz erkennt mithin eine pfandrechtliche Sicherung des treuhänderisch für fremde Rechnung Handelnden an.

Die wegen der strengen Akzessorietät des Pfandrechts erforderliche Forderung kann auch eine künftige Forderung sein, § 1204 II BGB. Ausreichend ist dabei Bestimmbarkeit nach dem Entstehungsgrund, so daß die Bestellung eines Pfandrechtes für alle gegenwärtigen und zukünftigen Forderungen gegen einen

---

845 *Koller* in: Assmann/ Schneider, WpHG, § 34 a, Rn. 3.

846 Insoweit gilt es zu beachten, daß die Komission als gesetzlich geregelter Fall eines Handelns im eigenen Namen für fremde Rechnung als Leitbild für Problemlösungen und Ausgestaltung des Verhältnisses zwischen Treuhänder und Treugeber dienen kann, zumal bei der Portfolioverwaltung auf der Basis der Ermächtigungstreuhand auch die tatbestandlichen Voraussetzungen der Finanzkommission erfüllt sind; siehe oben § 2 B.I.2.a)dd.

bestimmten Schuldner möglich ist,[847] wie sich dies im vorliegenden Fall anbietet.[848] Wie erläutert wurde[849], erlangt der Kunde über die Grundsätze der Übereignung für den, den es angeht, bzw. die Figur des antizipierten Besitzkonstitutes Eigentum auch an denjenigen Geldern, welche das Unternehmen als Surrogat aus Verkäufen von Wertpapieren aus dem Kundendepot von dritter Seite erhält. Bevor diese auf das Treuhandkonto weitergeleitet werden, ist somit hinsichtlich dieser Gelder für einen bestimmten Zeitraum die Verfügungsberechtigung des Kunden gegeben. Während dieses Zeitraumes kann also das Unternehmen im Wege des gestatteten Insichgeschäftes, vgl. § 181 BGB, ein Pfandrecht auch für später im Rahmen der Vermögensverwaltung entgegengenommene Gelder begründen. Für die zu Beginn des Vertragsverhältnisses übergebenen Gelder besteht zum relevanten Zeitpunkt der Kontoeröffnung wegen bloßer Ermächtigung des Treuhänders nach § 185 I BGB ebenfalls noch die aus dem Eigentum resultierende Legitimation des Kunden, so daß auch insofern eine Sachpfändung möglich ist.[850] Dabei spielt es jeweils keine Rolle, daß das Eigentum in der Folge mit Einzahlung der Gelder auf das Konto an die Bank als (unregelmäßigem) Verwahrer i.S.d. § 700 I BGB übertragen wird.[851] Das einmal begründete Pfandrecht bleibt, wie § 936 BGB zeigt, vorbehaltlich eines etwaigen gutgläubigen lastenfreien Erwerbes bestehen und die Bank erwirbt die Kundengelder mit einem Pfandrecht belastet. Die Möglichkeit des gutgläubigen lastenfreien Erwerbes kann dabei der Bank gegenüber durch einfachen Hinweis auf das Pfandrecht ausgeschlossen werden. Auf dem Weg über § 1206, 2.Hs. BGB analog ist mithin eine ausreichende Sicherung des Wertpapierdienstleisters hinsichtlich seiner aus dem Vertragsverhältnis resultierenden Forderungen zu erzielen.

Die Notwendigkeit der komplizierten Begründung eines Pfandrechtes über § 1206, 2.Hs. BGB ist vor dem Hintergrund des § 1253 BGB zu sehen. Aus dieser Vorschrift ergibt sich, daß der rechtlich einfachere Weg der Pfandrechtsbestellung bereits bei Entgegennahme der Gelder durch das Wertpapierdienstlei-

---

847 Vgl. Palandt/ *Bassenge*, BGB, § 1204, Rn. 14; Staudinger/ *Wiegand*, BGB, § 1204, Rn. 24.

848 Im Hinblick auf den Rang des Pfandrechtes ist dabei von einem Entstehen bereits mit Bestellung auszugehen, so BGHZ 86, 340, 347 und die überwiegende Literatur, vgl. nur MüKO/ *Damrau*, BGB, § 1204, Rn. 4; Palandt/ *Bassenge*, BGB, § 1204, Rn. 14; Soergel/ *Mühl*, BGB, § 1204, Rn. 2.

849 Unter § 2 B.II.2.b)ee),(1).

850 Nach Einzahlung der Gelder auf das Konto ist der Kunde als Kontoinhaber nur noch Forderungsinhaber und käme somit nur noch eine Verpfändung des Kontos nach den Vorschriften über die Verpfändung von Forderungen gemäß §§ 1280 bis 1290 BGB in Betracht, vgl. § 1279 BGB und speziell zu Problemen der Kontopfändung: Staub/ *Canaris*, HGB, BankvertragsR I, Rn. 183 ff.

851 Vgl. Soergel/ *Teichmann*, BGB, § 700, Rn. 6; Palandt/ *Sprau*, BGB, § 700, Rn. 1.

stungsunternehmen, also per Übergabe i.S.d. § 1205 I BGB, in der vorliegenden Konstellation nicht als taugliche pfandrechtliche Sicherung der Ansprüche des Wertpapierdienstleisters gegen den Kunden dienen kann. Denn die Bestimmung des § 1253 BGB verhindert für die wichtigsten der denkbaren Fälle das Entstehen eines besitzlosen Pfandrechtes, indem sie das Erlöschen des Pfandrechtes vorsieht, wenn der Pfandgläubiger das Pfand zurückgibt und zusätzlich in ihrem Abs. 2 bei Besitz des Eigentümers eine dahingehende gesetzliche Vermutung aufstellt. Unter die Rückgabe an den Eigentümer fällt auch der Fall der Besitzüberlassung an einen Besitzmittler des Eigentümers, so daß für die Vermutung der Rückgabe ebenfalls mittelbarer Besitz des letzteren ausreicht.[852] Rückgabe i.S.d. § 1253 I BGB setzt dabei nur den natürlichen Willen zur Herausgabe an den Eigentümer oder Besitzmittler als solchen voraus, ohne daß es darauf ankäme, ob die Pfandrechtsaufhebung als solche bezweckt ist oder nicht.[853] In der Weiterleitung der Gelder an das Kreditinstitut wäre damit eine Rückgabe des Pfandes zu sehen, weil dieses aufgrund unregelmäßiger Verwahrung dem Kunden den Besitz an seinen Geldern mittelt. Diese Schlußfolgerung wird durch die Vermutung der Rückgabe nach § 1253 II BGB bei Besitz des Besitzmittlers noch bestärkt. § 1253 BGB macht somit den vergleichsweise umständlicheren Weg der Pfandrechtsbestellung über das Übergabesurrogat des § 1206, 2. Hs. BGB notwendig.

Hinzu tritt zudem der faktische Gesichtspunkt, daß es heute den Ausnahmefall darstellen wird, daß dem Vermögensverwalter bares Geld übergeben wird, wie dies für den Grundfall einer Pfandrechtsbestellung gemäß § 1205 I BGB erforderlich wäre; in der überwiegenden Anzahl der Fälle werden die Gelder direkt auf das Ermächtigungstreuhandkonto überwiesen werden. Auch dies spricht für den Weg über § 1206, 2. Hs. BGB.

Nach der hier für § 34 a I WpHG vorgeschlagenen vertraglichen Regelung besteht somit für die Dauer des vertraglichen Verhältnisses eine grundsätzliche Verfügungsbefugnis des Wertpapierdienstleistungsunternehmens in bezug auf das Ermächtigungstreuhandkonto, deren Grenzen durch die dinglich wirkenden Beschränkungen der Ermächtigung gezogen werden. Bei Errichtung des Kontos im Wege des Vertrages zugunsten Dritter unter Zurückbehaltung einer vertragskonformen Verfügungsmacht wird hierdurch der Rahmen der Verfügungsbefugnis bestimmt. In diesem Fall ist zur Wahrung der im Innenverhältnis zwischen Kunden und Unternehmen vereinbarten Beschränkungen vertragskonformes

852 MüKO/ *Damrau*, BGB, § 1253, Rn. 5; Soergel/ *Mühl*, BGB, § 1253, Rn. 4 und 7; Palandt/
Bassenge, BGB, § 1253, Rn. 3 und 5.

853 Palandt/ *Bassenge*, BGB, § 1253, Rn. 4; Soergel/ *Mühl*, BGB, § 1253, Rn. 1; MüKo/ *Damrau*, BGB, § 1253, Rn. 2.

Verhalten des letzteren bei der Kontoeröffnung vorauszusetzen. Die faktische Grenze der Verfügungsmacht ist bei Offenkundigkeit des Zuwiderlaufens von Verfügungen und Weisungen erreicht, die die Bank in Analogie zu den Regeln über den Mißbrauch der Vertretungsmacht nicht ausführen darf und wegen sonst denkbarer Regreßpflichtigkeit auch nicht ausführen wird.[854]

Der Kunde hingegen ist nach dieser Lösung nur im Einverständnis mit dem Wertpapierdienstleistungsunternehmen verfügungsbefugt. Neben der Tatsache, daß auf diese Weise eine angemessene pfandrechtliche Sicherung des Unternehmens zu erreichen ist, werden hierdurch auch widersprechende Verfügungen von Kunden und Wertpapierdienstleister vermieden. Dem Umstand, daß dem Unternehmen Vermögen zur Verwaltung überlassen wird, entspricht es, daß grundsätzlich auch nur dieses Vermögensverschiebungen veranlaßt. Dem Kunden als Kontoinhaber steht jedoch die Möglichkeit offen, sich jederzeit bei dem Kreditinstitut über die Transaktionen des Wertpapierdienstleistungsunternehmens zu informieren, womit ausreichende Transparenz und Kontrollierbarkeit als Mittel zur Sicherung des Schutzes vor mißbräuchlichen Verfügungen des mit der Vermögensverwaltung beauftragten Unternehmens gegeben sind.

VI. Zusammenfassung

Zusammenfassend sind bei der Einrichtung des Kundenkontos im Rahmen von § 34 a I WpHG die folgenden wesentlichen Punkte zu berücksichtigen:

1. Das Wertpapierdienstleistungsunternehmen hat deutlich zu machen, daß das Konto auf den Namen des Kunden errichtet werden soll, damit ein Treuhandkonto in der Variante Ermächtigungstreuhand zur Entstehung gelangt.
2. § 34 a I WpHG läßt nur die Führung eines separaten Kontos für jeden einzelnen Kunden zu. Die Führung von jeweils getrennten Kundenkonten folgt dabei, werden die Konten auf der Basis einer Ermächtigungstreuhand eingerichtet, bereits aus der Rechtsnatur des Ermächtigungstreuhandkontos, da hier jeweils der einzelne Anleger Kontoinhaber ist.
3. Die Verfügungsbefugnis des Wertpapierdienstleistungsunternehmens kann durch ein Vorgehen des Wertpapierdienstleistungsunternehmens im Wege des Vertrages zugunsten Dritter gemäß § 328 BGB hergestellt werden, wenn das Unternehmen die Eröffnung des Treuhandkontos für den Kunden übernimmt. In diesem Fall ist vorauszusetzen, daß sich das Unternehmen nur so viel an Verfügungsmacht zurückhält, wie ihm nach dem Innenverhältnis zum

854 Vgl. dazu oben: A.II.

Kunden zukommen soll. Hat der Kunde bereits selbst ein Konto zu Zwecken der Vermögensverwaltung auf Wertpapierbasis eingerichtet, so ist die dem gesamten Vertragsverhältnis zwischen Portfolioverwalter und Kunden zugrundeliegende Ermächtigung - mitsamt ihren Begrenzungen - auch auf dieses Konto zu erstrecken.

4. Eine aus Sicht der Gleichstellung der bankunabhängigen Wertpapierdienstleister im Wettbewerb mit den Kreditinstituten wünschenswerte Verschlüsselung der Kontobezeichnung kommt indessen nicht in Betracht. Die Eröffnung des Kundenkontos unter einem Legitimationszeichen scheitert bei einem Ermächtigungstreuhandkonto daran, daß ansonsten der Inhaber des Kontos für das kontoführende Institut nicht identifizierbar wäre. Es hätten daher die an Nummernkonten anzulegenden Maßstäbe zu gelten. Der Zulässigkeit derartiger Konten steht jedoch im deutschen Recht die Vorschrift des § 154 AO entgegen.
5. Um auch bei der Vermögensverwaltung auf der Basis der Ermächtigungstreuhand für eine angemessene Sicherung des Wertpapierdienstleistungsunternehmen hinsichtlich seiner vertraglichen Gegenansprüche zu sorgen, empfiehlt es sich schließlich, unter Einbeziehung des Kreditinstitutes zu vereinbaren, daß der Kunde Verfügungen über das Treuhandkonto nur im Einverständnis mit dem Unternehmen treffen darf. Hierdurch wird verhindert, daß dem Unternehmen ohne sein Wissen das Substrat zur Sicherung seiner Gegenansprüche entzogen wird. In einer solchen Reglementierung der Verfügungsbefugnis liegt zudem die Vereinbarung eines Pfandhaltervertrages, der die Begründung von vertraglichen Pfandrechten des Unternehmens nach § 1206 Satz 2 BGB ermöglicht. Schließlich wird auf diese Weise dem Umstand Rechnung getragen, daß Vermögensumschichtungen für die Dauer der vertraglichen Beziehung allein durch das mit der Vermögensverwaltung beauftragte Unternehmen vorgenommen werden sollen und somit die Gefahr widersprechender Verfügungen von Kunden und Unternehmen vermieden.

C. Behandlung des Treuhandkontos bei Insolvenz und Einzelzwangsvollstreckung sowie in bezug auf Gegenrechte des Kreditinstituts

I. Schutz des Kunden bei Insolvenz des Wertpapierdienstleistungsunternehmens sowie im Falle der gegen dieses gerichteten Einzelzwangsvollstreckung

Da es sich bei den auf einem Treuhandkonto eingelegten Geldern aus Sicht des Treuhänders um wirtschaftlich fremde handelt, herrscht zumindest für den Fall des hier in Frage stehenden offenen Treuhandkontos in Rechtsprechung und

Lehre Übereinstimmung, daß Gläubiger des Treuhänders auf diese Gelder keinen Zugriff nehmen dürfen.[855] Aufgrund des Treuhandcharakters wird es sowohl im Falle der Zwangsvollstreckung als auch bei Insolvenz des Treuhänders wie ein Fremdkonto behandelt.[856] Das Treugut wird mithin als zum Vermögen des Treugebers gehörend betrachtet, mit der Folge, daß diesem im Fall der Insolvenz des Treuhänders ein Aussonderungsrecht nach 47 InsO sowie bei der Einzelzwangsvollstreckung durch Privatgläubiger des Treuhänders die Drittwiderspruchsklage gemäß § 771 ZPO zusteht.[857]

Für den vorliegenden Fall des Ermächtigungstreuhandkontos folgt dies schon aus rein formalen Gründen, weil hier das Konto auf den Namen des Treugebers lautet, womit er nicht nur wirtschaftlich, sondern auch rechtlich Konto- und also Forderungsinhaber als dem die Rechte nach § 771 ZPO und 47 InsO auslösenden Faktor ist.[858] Vor Einzahlung der dem Treuhänder übertragenen Gelder auf das Konto resultieren Drittwiderspruchs- bzw. Aussonderungsrecht des Treugebers ohne weiteres aus dem wegen bloßer Ermächtigung des Treuhänders fortbestehenden Eigentum des Treugebers.

Schwieriger gestaltet sich die Begründung bei Vollrechtstreuhandkonten, weil hier die Zwangsvollstreckungsbeständigkeit aus Sicht des Treugebers bei Zugriffnahme durch Gläubiger des Treuhänders der formellen Rechtslage widerspricht. Gleichwohl gewährt der BGH dem Treugeber in ständiger Rechtsprechung[859] auch bei der Vollrechtstreuhand ganz allgemein die Rechte nach § 771 ZPO und § 47 InsO. Begründet wird dies damit, daß es sich aufgrund der - an

---

855 Daß im Rahmen von § 34 a I WpHG nur die Einrichtung eines offenen Treuhandkontos in Frage kommt, folgt bereits aus dem Wortlaut der Norm; siehe dazu oben A.I.

856 *Kümpel*, Bank- und KapitalmarktR, 3.79.

857 *Coing* in: Festschrift für Cohn, 1975, 23, 28; Staub/ *Canaris*, HGB, BankvertragsR I, Rn. 278 ff; *Gößmann* in: BuB, 2/ 252; *Schwintowski*/ *Schäfer*, BankR, § 3, Rn. 28; *Kümpel*, Bank- und KapitalmarktR, 3.79; *Hadding*/ *Häuser* in: Schimansky/ Bunte/ Lwowski, BankRhdb., Bd. 1, § 37, Rn. 61 ff für die Drittwiderspruchsklage und Rn. 70 ff für das Aussonderungsrecht sowie aus der jüngeren Rechtsprechung: BGH WM 1993, 1524 und BGH WM 1996, 662; vgl. ferner zum Treuhandverhältnis als einem „die Veräußerung hindernden Recht“ stellvertretend für die gesamte Kommentarliteratur zu § 771 ZPO: *Thomas*/ *Putzo*, ZPO, § 771, Rn. 19; *Zöller*/ *Herget*, ZPO, § 771, Rn. 14; *Hartmann* in: Baumbach/ Lauterbach/ Albers/ Hartmann, ZPO, § 771, Rn. 22, jeweils m.w.N. sowie zu § 47 InsO: *Andres* in: Nerlich/ Römermann, InsO, § 47, Rn. 36 ff; *Prütting* in: Kübler/ Prütting, InsO, § 47, Rn. 26.

858 Vgl. Staub/ *Canaris*, HGB, BankvertragsR I, Rn. 278 sowie *Hadding*/ *Häuser* in: Schimansky/ Bunte/ Lwowski, BankRhdb., Bd. 1, § 37, Rn. 61.

859 Vgl. statt aller die neueren Entscheidungen: BGHZ 61, 72 ff; BGH WM 1993, 1524 = NJW 1993, 2662; BGH WM 1996, 662; BGH ZIP 1998, 655, 656.

sich nur schuldrechtlich wirkenden - Beschränkungen im Innenverhältnis sachlich und wirtschaftlich um Vermögen des Treugebers handele. Einschränkungen nahm die Rechtsprechung früher über das Unmittelbarkeitsprinzip vor, wonach der vollstreckungsrechtliche Schutz des Treugebers nur für solche Gelder gelten soll, die unmittelbar aus dem Vermögen des Treugebers in das des Treuhänders übergegangen sind.[860] Jedenfalls aber für den hier in Frage stehenden Fall von Geldern, die sich auf einem offenen Treuhandkonto befinden, wird das Unmittelbarkeitsprinzip heute nicht mehr angewendet.[861] Später wurde in Rechtsprechung und Lehre versucht, ganz generell durch das Offenkundigkeitsprinzip eine Eingrenzung zu erreichen, womit je nach Spielart Publizität oder Erkennbarkeit des Vermögens als Treugut für Dritte erforderlich wäre.[862] Die Offenkundigkeit als zwingende Begrenzung des treugeberischen Vollstreckungsschutzes hat indes keinen Eingang in die Rechtsprechung des BGH gefunden, da die Rechtsordnung generell nicht verlange, daß die Vermögensverhältnisse des Schuldners für seine Gläubiger ohne weiteres durchschaubar sein müssen[863]. Die logische Schlußfolgerung aus einem Abrücken vom Unmittelbarkeitsprinzip sowie der Verwerfung des Offenkundigkeitsprinzips wäre es aus Sicht des BGH, künftig bloße Bestimmbarkeit ausreichen zu lassen, wie sie für die Anerkennung eines Aussonderungsrechtes auch sonst als prinzipiell hinreichende Voraussetzung angesehen wird.[864] Trotz gewichtiger Stimmen in der Literatur wurde aber diese Konsequenz bis heute nur in Ansätzen gezogen.[865]

---

860 Grundlegend RGZ 84, 214, 216; zur Fortsetzung dieser Rechtsprechung siehe die Fundstellen bei *Walter*, Unmittelbarkeitsprinzip, S. 96, Fn. 4 sowie *Grundmann*, Treuhandvertrag, S. 312, Fn. 73.

861 Ständige Rechtsprechung seit BGH NJW 1954, 190, 192; vgl. nur *Coing* in: Festschrift für Cohn, 1975, 23, 28; *Wolter*, Treuhandrecht im Umbruch, S. 9 f m.w.N.

862 Vgl. BVerfGE 64, 1, 22 = WM 1983, 722; BGH ZIP 1993, 213, 214; Staub/ *Canaris*, HGB, BankvertragsR I, Rn. 280; *Canaris* in: Festschrift für Flume, Bd. 1, 1978, S. 371, 411 und 426; vgl. dazu *Henssler*, AcP 196 (1996), 37, 55 ff sowie *Grundmann*, Treuhandvertrag, S. 314 f.

863 BGHZ 61, 72, 75, 79 und ausdrücklich BGH WM 1993, 1524 = NJW 1993, 2662, bestätigt in BGH WM 1996, 662.

864 Vgl. insoweit *Henssler*, AcP 196 (1996), 37, 58; *Grundmann*, Treuhandvertrag, S. 315 f.

865 Siehe zu einer Annäherung an den Bestimmtheitsgrundsatz die oben (Fn. 342) zitierten obiter dicta sowie zu Befürwortern dieses Prinzips in der Literatur Fn. 341. Vgl. insoweit namentlich *Grundmann*, Treuhandvertrag, S. 316, 346, der für entscheidend hält, daß hierdurch die Privatgläubiger des Treuhänders in der Tat nicht mehr erhielten, als diesem zukommt; ferner *Henssler*, AcP 196 (1996), 37, 58, der eine gesetzgeberische Bestätigung der Maßgeblichkeit des Bestimmtheitsgrundsatzes in der Vorschrift des neuen § 292 I InsO sieht, wo lediglich gefordert wird, daß der in die Restschuldbefreiung eingeschaltete Treuhänder zu Treuhandzwecken er-

Diese sich in der Rechtsprechung abzeichnende Prinzipienuntreue ist auf die dogmatische Angreifbarkeit und Unschärfe ihrer Auffassung zurückzuführen, nach der die Rechte gemäß §§ 771 ZPO und 47 InsO einzig und allein aufgrund der wirtschaftlichen Interessenverteilung gewährt werden. Denn zum einen wird im Rahmen der in Rede stehenden Vorschriften auch sonst nicht auf die wirtschaftliche Lage abgestellt; zum anderen hält die Rechtsprechung bei den übrigen Problemen des Treuhandverhältnisses auch nicht wirtschaftliche, sondern allein rechtliche Gesichtspunkte für ausschlaggebend und wendet sich sogar ausdrücklich gegen eine Übertragung der rein wirtschaftlichen Betrachtungsweise auf sonstige Fragen.[866] Wie insbesondere *Canaris* darlegt, geht es daher in Wahrheit um eine teilweise „Verdinglichung" oder auch „Quasiverdinglichung" der Rechtsstellung des Treugebers.[867] Wie jede Verdinglichung würde diese aber grundsätzlich die Wahrung des Offenkundigkeitsprinzips voraussetzen.[868] Ein umfassender Vollstreckungsschutz, der lediglich die Existenz eines Treuhandverhältnisses zur Voraussetzung hat, stößt daher auch bereits aus rein nationalrechtlicher Sicht auf erhebliche rechtliche Bedenken.[869] Es kann hierin ein Musterbeispiel für eine „Rechtsfortbildung mit Rücksicht auf die Bedürfnisse des Rechtsverkehrs"[870] gesehen werden.

Dem unstreitig bestehenden praktischen Bedürfnis nach Schutz des Treugebers bei Vollstreckung gegen den Treuhänder könnte aber auf einfachere und

---

langte Beträge getrennt von seinem Vermögen zu halten hat, ohne daß es auf eine ausdrückliche Kennzeichnung ankäme. Eingehend zum Meinungsstand: *Grundmann*, Treuhandvertrag, S. 312 ff.

866 Staub/ *Canaris*, HGB, BankvertragsR I, Rn. 279; vgl. BGH WM 1958, 1045; 1964, 1039. Siehe auch *Henssler*, AcP 196 (1996), 37, 52, der zudem darauf hinweist, daß im Insolvenz- und Vollstreckungsrecht eine wirtschaftliche Betrachtungsweise schon der begrifflichen Unschärfen wegen untragbar wäre.

867 Staub/ *Canaris*, HGB, BankvertragsR I, Rn. 279; *Canaris* in: Festschrift für Flume, Bd. 1, 1978, S. 371, 410. Von einem „quasidinglichen Recht" ist die Rede bei *Walter*, Unmittelbarkeitsprinzip, S. 76 sowie bereits bei *Siebert*, Treuhandverhältnis, S. 196 ff.

868 Staub/ *Canaris*, HGB, BankvertragsR I, Rn. 279.

869 Vgl. dazu ausführlich *Canaris* in: Festschrift für Flume, Bd. 1, 1978, S. 371, 410 ff, der letztlich zu dem Ergebnis kommt, daß Konkurs- und Vollstreckungsbeständigkeit nur zu rechtfertigen sind, wenn Publizität gewährleistet ist, so daß das Offenkundigkeitsprinzip an die Stelle des in der älteren Rechtsprechung verwandten, systemfremden Unmittelbarkeitsprinzips zu treten hätte, vgl. ferner zusammenfassend die wichtigsten Ergebnisse auf S. 426. Zur europarechtlichen Tragweite dieser der formalen Rechtslage widersprechenden Treuhandrechtsprechung siehe bereits oben § 2 B.I.2.b).

870 So *Canaris* in: Festschrift für Flume, Bd. 1, 1978, S. 371, 413 in terminologischer und sachlicher Anlehnung an *Larenz*, Methodenlehre, S. 414 ff.

rechtlich schlüssigere Weise Rechnung getragen werden, indem man statt dem bisher in der Praxis vorherrschenden Konto auf der Basis der Vollrechtstreuhand zur Einrichtung von Ermächtigungstreuhandkonten überginge. Die formale rechtliche Situation entspricht hier exakt dem Schutzbedürfnis des Treugebers, weil sich die wirtschaftliche Zuordnung der Gelder zum Vermögen des Treugebers in dessen Kontoinhaberschaft dokumentiert. Es dürfte insoweit auf der Hand liegen, daß es Aufgabe des Rechtes ist, wirtschaftliche Anforderungen formal abzubilden, diese für sich genommen hingegen noch nicht als Argument für rechtliche Prämissen gelten dürfen.[871] Eine solche rein wirtschaftliche Sicht mag wegen § 39 II AO im Steuerrecht gerechtfertigt sein, ist jedoch im Zivilrecht angesichts des numerus clausus der Sachenrechte als bloße Billigkeitsargumentation zweifelhaft.[872] Zudem käme eine Verdinglichung obligatorischer Rechte unter Rückgriff auf den Zweck des Eigentums letztlich einer de lege lata unzulässigen Aufgabe des abstrakten Eigentumsbegriffes gleich.[873] Der gesamte begründungstechnische Kraftakt hinsichtlich der Behandlung der Vollrechtstreuhand im Rahmen der §§ 47 InsO, 771 ZPO erübrigte sich jedoch durch eine breite Akzeptanz der Ermächtigungstreuhand als Regelform des Treuhandverhältnisses. Sie erscheint als die exakte rechtliche Abbildung des praktisch intendierten Ergebnisses und bietet sich mithin als Ausweg aus dem - nun schon jahrzehntelang andauernden[874] - dogmatischen Dilemma bei der Vollrechtstreuhand an. Es zeigt sich somit, daß die Ermächtigungstreuhand auch auf vollstreckungsrechtlicher Ebene die geeignetere Treuhandvariante darstellt. Das „Geradebiegen" der Vollrechtstreuhand hinsichtlich der Behandlung in Einzelzwangsvollstreckung und Insolvenz auf das Format der Ermächtigungstreuhand würde durch allgemeine Etablierung der letzteren überflüssig.

---

871 In diese Richtung auch *Henssler*, AcP 196 (1996), 37, 51 f, der namentlich darauf hinweist, daß sich ökonomische Bewertungen außerhalb der rechtspolitischen Diskussion zwar zur Ausfüllung gesetzlicher Wertungsspielräume eignen, nicht aber per se Lösungen contra legem rechtfertigen.

872 *Wolter*, Treuhandrecht im Umbruch, S. 10, der aber den naheliegenden Schluß der Auflösung dieser Fragwürdigkeit über die Rechtsfigur der Ermächtigungstreuhand nicht zieht, weil er seine Analyse auf die „fiducia", also die Vollrechtstreuhand beschränkt.

873 *Henssler*, AcP 196 (1996), 37, 85.

874 *Henssler*, AcP 196 (1996), 37, 85 spricht gar von 90 Jahren Theorienstreit.

II. Rechtslage bei Insolvenz des Kunden bzw. der gegen diesen gerichteten Einzelzwangsvollstreckung

Auch im umgekehrten Fall der Einzel- oder Gesamtvollstreckung gegen den Treugeber ergeben sich bei einem Ermächtigungstreuhandkonto wegen Identität von wirtschaftlicher und rechtlicher Inhaberschaft keine besonderen Schwierigkeiten. Da dem Treuhänder das Vermögen auch nicht formal zugeordnet ist, kann er bei Vollstreckung gegen den Treugeber keine Rechtsbehelfe nach §§ 771 ZPO oder 47 InsO geltend machen.[875] Zu denselben Ergebnissen gelangt man bei der Ermächtigungstreuhand außerhalb eines Kontos aufgrund des Eigentums des Treugebers.

Bei der Vollrechtstreuhand wird für den Fall der Vollstreckung gegen den Treugeber die rein wirtschaftliche Betrachtungsweise allerdings aufgegeben. Hier soll nun zu berücksichtigen sein, daß rechtlich der Treuhänder Konto- und mithin Forderungsinhaber ist und dessen Ansprüche dem Zugriff der Gläubiger des Treugebers nicht unterliegen.[876] Diesen verbleibt damit nurmehr die Möglichkeit, den zwischen Treugeber und Treuhänder im Innenverhältnis bestehenden Rückübertragungsanspruch zu pfänden.[877] Zwar ist richtig, daß in dieser Konstellation kein Anlaß besteht von einer streng gesetzesgebundenen Anschauung abzuweichen.[878] Dennoch kommt das erwünschte Ergebnis in der Zusammenschau auf dogmatisch fragwürdige Weise zustande, weil den Gläubigern zum Schutze des Treugebers einmal die wirtschaftliche entgegen der formalrechtlichen Betrachtungsweise, im anderen Fall dann doch wieder die letztere als maßgebliche entgegengehalten wird.

Es kann somit an dieser Stelle festgehalten werden, daß durch die Verwaltung auf der Basis der Ermächtigungstreuhand klare Verhältnisse im Hinblick auf die Zugriffsmöglichkeiten der jeweiligen Gläubiger geschaffen werden. Die bezeichnete Argumentation bei der Vollrechtstreuhand, welche - methodologisch kaum haltbar - das interessengerechte Resultat entgegen der formalen Rechtslage zu erzielen sucht, würde sich damit erübrigen.

---

875 Vgl. Staub/ *Canaris*, HGB, BankvertragsR I, Rn. 278; *Hadding*/ *Häuser* in: Schimansky/ Bunte/ Lwowski, BankRhdb., Bd. 1, § 37, Rn. 69.

876 Vgl. *Gößmann* in: BuB, 2/252 und zur so gearteten Rechtsprechung des BGH die Entscheidungen BGH WM 1993, 1106, 1107; BGHZ 11, 37.

877 Staub/ *Canaris*, HGB, BankvertragsR I, Rn. 282; *Gößmann* in: BuB, 2/252. Allerdings besteht für den Insolvenzverwalter die Möglichkeit, das fiduziarische Gut herauszuverlangen, mit der Folge, daß der Treuhandvertrag erlischt und das Treugut an die Insolvenzmasse zurückfällt, siehe *Henssler*, AcP 196 (1996), 37, 50.

878 Staub/ *Canaris*, HGB, BankvertragsR I, Rn. 282.

Für den Ausschluß von Zugriffsrechten der Bank wegen Forderungen gegen den Treuhänder persönlich ist anders als bei Zugriffnahme durch sonstige Gläubiger des Treuhänders nach Rechtsprechung und Literatur im Falle der Vollrechtstreuhand zwingend ein offenes Treuhandkonto zu fordern.[879] Dies ergibt sich daraus, daß es sich bei dem Verzicht des Kreditinstituts auf Zurückbehaltungsrechte, Aufrechnungsrechte und das AGB-Pfandrecht der Banken (Nr. 14 I AGB-Banken) um das Ergebnis einer Vertragsauslegung nach §§ 133, 157 BGB handelt.[880] Eine dahingehende Auslegung ist aber nur gerechtfertigt, wenn der Treuhänder bei der Kontoerrichtung als solcher auftritt und dadurch offenbart, daß ihm die betreffenden Gelder wirtschaftlich nicht zustehen, womit aus dieser Sicht die erforderliche Konnexität nicht gegeben ist. Durch widerspruchslose Eröffnung eines solchen Kontos läßt die Bank sich folglich auf eine Betrachtungsweise ein, die die Guthaben einem Dritten zuweist.[881]

Erneut geht also bei einem Vollrechtstreuhandkonto die wirtschaftliche der formellen Rechtslage vor, was sich hier jedoch auch in dem umgekehrten Fall auswirken soll, daß die Bank Gegenrechte aus einem Rechtsverhältnis zum Treugeber geltend machen will, da hier - anders als bei der Zwangsvollstreckung - auf diesem Weg ein interessengerechtes Ergebnis zu erzielen ist.[882] Die fehlende formelle Gegenseitigkeit wird mithin im Falle der Geltendmachung von Zurückbehaltungs- oder AGB-Pfandrecht sowie der Aufrechnung gegenüber dem Treugeber durch den wirtschaftlichen Tatbestand ersetzt.[883]

Für ein Ermächtigungstreuhandkonto folgt dasselbe Resultat wiederum ohne Begründungsaufwand aus der formellen Rechtslage, weil Inhaber dieses Kontos der Treugeber ist.

---

879 Vgl. BGH WM 1990, 1954, 1955; BGH WM 1987, 1457 = NJW 1988, 262, 265; BGH WM 1983, 873; BGHZ 61, 72, 77 sowie *Coing* in: Festschrift für Cohn, 1975, S. 23, 29; Staub/ *Canaris*, HGB, BankvertragsR I, Rn. 284; *Baumbach/ Hopt*, HGB, (8) AGB-Banken 14, Rn. 11; *Hadding/ Häuser* in: Schimansky/ Bunte/ Lwowski, BankRhdb., Bd. 1, § 37, Rn. 48 ff; *Gößmann* in: BuB, 2/249.

880 Vgl. nur BGHZ 61, 72, 77 sowie *Coing* in: Festschrift für Cohn, 1975, S. 23, 29; *Baumbach/ Hopt*, HGB, (8) AGB-Banken 14, Rn. 11; *Hadding/ Häuser* in: Schimansky/ Bunte/ Lwowski, BankRhdb., Bd. 1, § 37, Rn. 48.

881 *Gößmann* in: BuB, 2/249.

882 Vgl. hierzu: Staub/ *Canaris*, HGB, BankvertragsR I, Rn. 286; *Hadding/ Häuser* in: Schimansky/ Bunte/ Lwowski, BankRhdb., Bd. 1, § 37, Rn. 56.

883 *Hopt/ Mülbert*, KreditR, Vorbem. zu §§ 607 ff BGB, Rn. 198.

D. Anforderungen an das kontoführende Kreditinstitut

Das Wertpapierdienstleistungsunternehmen hat die Kundengelder an ein i.S.d. § 34 a I WpHG geeignetes Kreditinstitut weiterzuleiten. Für die Geeignetheit von Kreditinstituten im Inland trifft § 34 a I WpHG eine unmißverständliche Aussage: Das Treuhandkonto kann bei jedem Kreditinstitut mit der Lizenz zum Betreiben eines Einlagengeschäftes gemäß § 1 I Satz 2 Nr. 1 KWG errichtet werden.

Soweit die Gelder einem Kreditinstitut mit Sitz im Ausland anvertraut werden sollen, gibt § 34 a I WpHG vor, daß es sich um ein „geeignetes" handeln muß, „das zum Betreiben des Einlagengeschäftes befugt ist". Durch die explizite Forderung nach Geeignetheit neben dem Bestehen einer Erlaubnis zum Betreiben des Einlagengeschäftes nach der ausländischen Rechtsordnung ist klargestellt, daß letztere für sich genommen noch nicht ausreicht.[884] Nach der Gesetzesbegründung zu § 34 a I WpHG kommt es darauf an, ob das ausländische Kreditinstitut einen im Verhältnis zu deutschen Einlagenkreditinstituten gleichwertigen Kundenschutz bietet[885], wie dies für den Parallelfall der dem Wertpapierdienstleister anvertrauten Wertpapiere in Abs. 2 ausformuliert wurde. Insoweit ist von entscheidender Bedeutung, ob die Kundengelder im Fall der Insolvenz des Unternehmens oder des Kreditinstituts hinreichend geschützt sind und ob im Sitzland eine funktionsfähige Aufsicht besteht.[886] Der Begriff des Kreditinstituts ist dabei also in Parallele zu den Vorschriften der §§ 648 a, 651 k BGB im materiellen Sinne zu verstehen; es ist daher nicht ausschlaggebend, ob das jeweilige Unternehmen nach dem für seinen Status maßgeblichen Recht des Sitzlandes formal als Kreditinstitut gilt.[887]

Gemäß der Gesetzesbegründung ist es Aufgabe des Wertpapierdienstleistungsunternehmens, sich die entsprechenden Informationen zur Frage der Eignung des für die Verwahrung der Kundengelder in Betracht gezogenen Unternehmens mit Sitz im Ausland zu verschaffen und auszuwerten sowie diese dem Kunden in Zweifelsfällen vor Weiterleitung der Gelder vorzulegen.[888] Da aber, wie die Herkunft aus Art. 10 WpDIRL ergibt, der Kunde auf seinen Schutz nicht verzichten darf, weil es sich um eine zwingende Norm des öffentlichen Rechts

---

884 Die Aussage des BVerwG WM 2002, 1919, 1926, § 34 a I WpHG überlasse es dem ausländischen Recht, welche Anforderungen ein Einlagenkreditinstitut zu erfüllen hat, stellt sich somit vor diesem Hintergrund als leicht mißverständlich dar.

885 Begr. RegE § 34 a WpHG, BT-Drucks. 13/7142, S. 110.

886 Begr. RegE § 34 a WpHG, BT-Drucks. 13/7142, S. 110.

887 Begr. RegE § 34 a WpHG, BT-Drucks. 13/7142, S. 110.

888 Begr. RegE § 34 a WpHG, BT-Drucks. 13/7142, S. 110.

handelt[889], verbleibt die Beurteilung der Frage, ob die ausländische Bank den Anforderungen an ein „Kreditinstitut" im materiellen Sinne gerecht wird, letztlich doch bei dem Wertpapierdienstleistungsunternehmen. Aus der allgemeinen Verhaltenspflicht gemäß § 31 I Nr.1 WpHG, Wertpapierdienstleistungen mit der erforderlichen Sachkenntnis, Sorgfalt und Gewissenhaftigkeit zu erbringen, zu der § 34 a I WpHG eine konkretisierende Ausprägung darstellt, folgt, daß im Zweifel das sicherere Kreditinstitut zu wählen ist.[890] Die hier gewählten Formulierungen i.V.m. Art. 11 I Satz 1, Spiegelstrich 6 WpDIRL, der verlangt, daß die Wertpapierdienstleister „recht und billig" sowie „im bestmöglichen Interesse" des Kunden zu verfahren haben und welcher nach dem Grundsatz der richtlinienkonformen Auslegung in § 31 I Nr. 1 WpHG hineinzuinterpretieren ist, unterstreichen die Pflicht des Wertpapierdienstleistungsunternehmens, sich als Interessenwahrer des Kunden zu verstehen.[891]

Wegen der gemeinschaftsrechtlichen Harmonisierung von institutionellen Regelungen in bezug auf Kreditinstitute durch die Bankenrechtskoordinierungsrichtlinien sowie im vorliegenden Zusammenhang nicht zuletzt auch durch die Einlagensicherungsrichtlinie[892] muß jedenfalls bei den Banken der Mitgliedstaaten der Europäischen Union von deren Geeignetheit ausgegangen werden. Die Nichtanerkennung dieser Kreditinstitute stünde in einem unerträglichen Widerspruch zum Prinzip des Europasses, basierend auf dem Grundsatz der gegenseitigen Anerkennung.

---

889 BVerwG WM 2002, 1918, 1924; *Wolf*, BKR 2002, 892; vgl. ferner *Kümpel/ Hammen/ Ekkenga*, Kapitalmarktrecht, Bd.1, Nr. 065, S. 17; *Köndgen*, ZBB 1996, 361, 365; *Cahn*, ZHR 1998, 1, 34 allgemein für die Art. 10 WpDIRL entstammenden Regelungen.

890 *Koller* in: Assmann/ Schneider, WpHG, § 34 a, Rn. 5.

891 *Koller* in: Assmann/ Schneider, WpHG, § 31, Rn. 7; vgl. dazu auch die Richtlinie des BAWe gemäß § 35 VI des WpHG zur Konkretisierung der §§ 31 und 32 WpHG unter 4.3 „Ausführung im bestmöglichen Interesse des Kunden" in: BAnz., Nr. 98 vom 03. 06. 1997, S. 6586.

892 Richtlinie 94/19/EG vom 30. 05 1994, ABl. der EG vom 31. 05. 1994, Nr. L 135/5; zu den Vorgaben der Einlagensicherungsrichtlinie und deren weitgehend unveränderte Übernahme ins deutsche Recht durch das EAG bereits eingehend oben § 2 A.II.1.b)cc),(1f). Einen Überblick über die Gesamtheit der Harmonisierungsrichtlinien im Bankenaufsichtsrecht gibt *Troberg* in: Schimansky/ Bunte/ Lwowski, Bd. 3, § 135, Rn. 42 ff.

E. Unterrichtungspflichten nach Abs. 1 Satz 3

Der Abrundung und Absicherung des Kundenschutzes zu dienen bestimmt sind die Unterrichtungspflichten des Wertpapierdienstleistungsunternehmens nach Abs. 1 Satz 3. Indem dem Unternehmen Mitteilungspflichten hinsichtlich des Kontos und des Kreditinstitutes sowie dessen Zugehörigkeit zu einer Einrichtung zur Sicherung der Ansprüche von Einlegern und Anlegern auferlegt werden, wird nicht nur dem Informationsbedürfnis des Kunden Rechnung getragen, sondern auch die notwendige Transparenz und damit Kontrollierbarkeit der Tätigkeit des Wertpapierdienstleisters sichergestellt.[893] Darüber hinaus war offensichtlich intendiert, den Kunden in die Lage zu versetzen, seine Rechte gegenüber dem kontoführenden Kreditinstitut selbst zu wahren.[894] Dies ist, da es sich um ein auf den Namen des Kunden lautendes Ermächtigungstreuhandkonto zu handeln hat, dem Kunden auch grundsätzlich möglich. Allerdings kann nach der oben vorgeschlagenen vertraglichen Regelung der Verfügungsmacht hinsichtlich des Ermächtigungstreuhandkontos der Kunde nur mit Zustimmung des Wertpapierdienstleistungsunternehmens Verfügungen über das Konto treffen.[895] Die Unterrichtungspflichten haben daher ihre Hauptbedeutung in der Möglichkeit des Kunden, sich jederzeit über Transaktionen des Unternehmens sowie den daraus resultierenden Stand der Vermögensverwaltung informieren zu können.

Dem Umfang nach bezieht sich die Informationspflicht zum einen darauf, auf welchem Konto die Kundengelder verwahrt werden, was die Angabe von Namen und Anschrift des Kreditinstitutes sowie Kontonummer und -bezeichnung notwendig macht.[896] Zum anderen hat das Wertpapierdienstleistungsunternehmen über Existenz und Umfang einer Einlagensicherungseinrichtung für das Kreditinstitut Auskunft zu geben. Demzufolge wird die Mitteilungspflicht des Unternehmens auch durch ein nachträgliches Entfallen oder nachträgliche Verschlechterungen des Einlagenschutzes ausgelöst. Die Information des Kunden über das Bestehen eines Systems zur Einlagensicherung war nach der Gesetzes-

893 Siehe dazu bereits unter B.IV.; vgl. ferner *Horn*, ZBB, 1999, 1, 7, der darlegt, daß die Ausdehnung der Harmoniebestrebungen auf die am Markt durchgeführten Transaktionen, wie sie insbesondere durch die WpDlRL erfolgt ist, von den Leitgedanken der Verbesserung der Transparenz des Marktes und der Information des Anlegers getragen wurde.

894 *Koller* in: Assmann/ Schneider, § 34 a WpHG, Rn. 8; *Wolf*, BKR 2002, 892, 895; vgl. bereits oben B.IV.

895 Vgl. dazu oben B.V.

896 Begr. RegE § 34 a WpHG, BT-Drucks. 13/7142, S. 110. Aufgrund der Notwendigkeit der Errichtung eines Treuhandkontos auf der Basis der Ermächtigungstreuhand kann letztere Information nur der Kontrolle dienen, ob dies tatsächlich so vorgenommen wurde.

begründung als Ergänzung zu der Vorschrift des § 23 a I Satz 3 KWG gedacht,[897] wonach ein ausdrücklicher Hinweis des Kreditinstitutes in den AGB, im Preisaushang und an hervorgehobener Stelle in den Vertragsunterlagen vor Aufnahme der Geschäftsbeziehung erforderlich ist, falls eingelegte Gelder nicht gesichert sind. Hierdurch wird in Kombination mit den weiteren Unterrichtungspflichten des Kreditinstitutes zur Einlagensicherung gemäß § 23 a KWG sichergestellt, daß das Wertpapierdienstleistungsunternehmen stets zur hinreichenden Erfüllung seiner Mitteilungspflichten in der Lage ist. Daneben besteht im örtlichen Anwendungsbereich des KWG auch eine eigenständige Informationspflicht des Kreditinstitutes gegenüber dem Kunden als Kontoinhaber über die für die Sicherung geltenden Bestimmungen einschließlich deren Höhe und Umfang gemäß § 23 a I Satz 2 KWG.

Die Informationspflichten der in 23 a KWG aufgeführten Kredit- und Finanzdienstleistungsinstitute bzgl. der Zugehörigkeit zu einer Einlagensicherungseinrichtung sind zwar nach dem Inkrafttreten des EAG in bezug auf Kreditinstitute im räumlichen Geltungsbereich dieses Gesetzes an sich obsolet geworden,[898] da § 2 EAG eine obligatorische Zugehörigkeit eines jedes Einlagenkreditinstitutes und Wertpapierhandelsunternehmens einführt. Ein Ausschluß aus der Entschädigungseinrichtung nach § 11 EAG hätte gemäß § 35 I Satz 2 KWG zugleich das Erlöschen der für den Geschäftsbetrieb erforderlichen Erlaubnis zur Folge. Die Vorschrift des § 23 a KWG hat jedoch weiterhin ihre Bedeutung im Hinblick auf Bankinstitute mit Herkunft aus solchen Staaten, in denen das Bestehen einer Entschädigungseinrichtung mit obligatorischer Zugehörigkeit aller Institute nicht in der durch die Einlagensicherungs- und Anlegerentschädigungsrichtlinie harmonisierten Form festgeschrieben ist; denn auch auf solche Zweigstellen von Unternehmen mit Sitz im Ausland findet § 23 a KWG gemäß §§ 53 I, 53 b III KWG Anwendung.[899] Gleiches gilt für die fortwährende Relevanz von § 34 a I Satz 3 WpHG, schon weil § 34 a I WpHG die Verwahrung bei ausländischen Bankinstituten generell zuläßt. Darüber hinaus behalten § 23 a KWG und § 34 a I Satz 3 WpHG auch in bezug auf inländische Institute ihre Berechtigung

---

897 Begr. RegE § 34 a WpHG, BT-Drucks. 13/7142, S. 110.

898 Und für Kreditinstitute aus denjenigen EU-Staaten, die diese aus der Einlagensicherungs- und Anlegerentschädigungsrichtlinie stammende Pflichtzugehörigkeit zu einer Entschädigungseinrichtung ordnungsgemäß ins nationale Recht transferiert haben. Zur Rechtslage bei fehlender oder nicht hinreichender Umsetzung vgl. ausführlich oben § 2 B.I.2.a)cc),(3),(4) und (5).

899 Vgl. die aus der Harmonisierung resultierenden Sonderregelungen für Zweigniederlassungen mit Sitz in einem anderen Staat des Europäischen Wirtschaftsraums nach § 53 b KWG. Gemäß dessen Abs. 3 ist jedoch § 23 a KWG auch auf diese anzuwenden.

hinsichtlich Höhe und Umfang der Absicherung der Kundengelder, da hier aufgrund der freiwilligen Anschlußdeckung bei Banken des privaten Sektors durch den Einlagensicherungsfonds erhebliche Unterschiede fortbestehen.[900] Insoweit stellt die Gesetzesbegründung zur Änderung von § 23 a KWG anläßlich der Umsetzung der Einlagensicherungs- und Anlegerentschädigungsrichtlinie ausdrücklich heraus, daß sich der Anwendungsbereich von § 23 a KWG auf alle Einrichtungen zur Sicherung der Einleger und Anleger erstreckt und nicht auf diejenigen nach dem EAG beschränkt ist,[901] was dann in paralleler Wertung auch für § 34 a I Satz 3 WpHG zu gelten hat.

Wegen des Verweises in § 34 a II Satz 2 WpHG auf den hier erläuterten Satz 3 des Abs. 1 der Norm werden die Unterrichtungspflichten nicht nur hinsichtlich der Verwahrung der Kundengelder ausgelöst, sondern auch in bezug auf das Kreditinstitut, bei dem die Wertpapiere des Kunden in Verwahrung gegeben werden sowie das dort geführte Depotkonto.

---

900 Vgl. ausführlich zur Einlagensicherung und Anlegerentschädigung nach Inkrafttreten des EAG oben § 2 A.II.1.b),cc),(1f).

901 Begr. Gesetzesentwurf der Fraktionen CDU/CSU und FDP, BT-Drucks. 13/10188, S.25.

§ 4 Anwendungsbereich § 34 a II WpHG/ Verhältnis zum Depotgeschäft

Parallel zu Abs. 1 hat § 34 a II WpHG den Schutz der Wertpapiere der Kunden im Visier und legt die Pflichten des Wertpapierdienstleistungsunternehmens bei deren Verwaltung fest.

A. Persönlicher Anwendungsbereich

I. Positive Abgrenzung: Wertpapierdienstleistungsunternehmen

Ebenso wie § 34 a I WpHG ist auch Abs. 2 der Vorschrift an Wertpapierdienstleistungsunternehmen i.S.d. § 2 IV WpHG[902] adressiert. Der einzige Unterschied besteht darin, daß hier theoretisch auch Einlagenkreditinstitute i.S.d. § 1 IIId Satz 1 KWG erfaßt sein können, soweit sie nicht zugleich in Besitz einer Erlaubnis zum Betreiben des Depotgeschäftes nach § 1 I Satz 2 Nr. 5 KWG sind.[903] Dieser Fall dürfte aber praktisch die Ausnahme darstellen, weil sich zum einen die aufsichtsrechtlichen Anforderungen nicht verschärfen, wenn die Erteilung der Bankgenehmigung auf das Depotgeschäft nach § 1 I Satz 2 Nr. 5 erstreckt wird; zum zweiten betreiben die deutschen Banken traditionell sowohl das commercial als auch das investment banking.[904]

II. Negative Abgrenzung: Privilegierung von Kreditinstituten mit der Erlaubnis zum Betreiben des Depotgeschäftes

Voraussetzung für die Anwendbarkeit von § 34 a II WpHG ist also, daß das Wertpapierdienstleistungsunternehmen, das Wertpapiere seiner Kunden entgegennimmt, nicht bereits selbst über eine Erlaubnis zum Betreiben des Depotgeschäftes i.S.d. § 1 I Satz 2 Nr. 5 KWG verfügt.

902 Zu einer Einordnung des Institutstypus „Wertpapierdienstleistungsunternehmen" in die Institutsbegriffe des KWG siehe bereits Gliederungspunkt § 2 A.I.

903 Vgl. die Möglichkeit der Erteilung einer beschränkten Bankerlaubnis gemäß § 32 II Satz 2 KWG.

904 Zur traditionellen Rolle der deutschen Kreditinstitute als Universalbanken siehe bereits § 1 A.I. und § 1 B.III.1.

1. Begriff und Inhalt des Depotgeschäftes gemäß § 1 I Satz 2 Nr. 5 KWG und dem DepotG

Da es an einer expliziten gesetzlichen Definition einer „Depotbank" fehlt, wird in § 34 a II WpHG an den Begriff des Depotgeschäftes angeknüpft. Das Depotgeschäft ist in § 1 I Satz 2 Nr. 5 KWG als die Verwahrung und die Verwaltung von Wertpapieren für andere legaldefiniert. Es handelt sich somit bei dem Depotvertrag um einen gemischttypischen Vertrag des Zivilrechts, bei dem neben die verwahrungsrechtlichen Elemente aufgrund der zusätzlichen Verwaltungsfunktion auch die Merkmale eines Geschäftsbesorgungsvertrages treten.[905] Während das Gesetz im Hinblick auf die im Rahmen des Depotgeschäfts stattfindende Verwaltung keine konkretisierenden Normierungen enthält[906], wurden die näheren Anforderungen hinsichtlich der Aufbewahrung von Effekten auf das Gesetz über die Verwahrung und Anschaffung von Wertpapieren (DepotG) ausgelagert, das die Pflichten und Befugnisse der Verwahrer von Wertpapieren regelt. § 1 II DepotG bezeichnet als „Verwahrer" im Sinne des Gesetzes, wem im Betrieb seines Gewerbes Wertpapiere unverschlossen[907] zur Verwahrung anvertraut werden. Wegen der Diskrepanz in bezug auf Umfang und Nachhaltigkeit der Tätigkeit von § 1 KWG „gewerbsmäßig oder in einem Umfang (...), der ei-

---

905 Staub/ *Canaris*, HGB, BankvertragsR II, Rn. 2089; *Schönle*, Bank- und BörsenR, § 20 III 1.; *Kümpel* in: BuB 8/8a; *Gößmann* in: Bunte/ Schimansky/ Lwowski, BankRhdb., Bd. 2, § 72, Rn. 4.

906 Die in § 1 I Satz 2 Nr. 5 KWG bezeichnete Verwaltung darf, wie noch näher zu zeigen sein wird, keinesfalls mit der wesentlich weitergehenden Vermögensverwaltung verwechselt werden, sondern beschränkt sich darauf, die aus dem Wertpapier folgenden Rechte für den Hinterleger wahrzunehmen. In erster Linie sind hier der Einzug von Zinsen und Dividenden, die Auslosung festverzinslicher Wertpapiere sowie die Ausübung von Bezugsrechten und - praktisch besonders bedeutsam - die Wahrnehmung von Stimmrechten bei Aktien zu nennen. Siehe dazu Staub/ *Canaris*, HGB, BankvertragsR II, Rn. 2087 sowie zu den Verwaltungspflichten im einzelnen, wie sie in den im Kreditgewerbe einheitlich geltenden Sonderbedingungen für Wertpapiergeschäfte (zumeist abgekürzt als: SB-WP) AGB-mäßig festgelegt sind: *Gößmann* in: Bunte/ Schimansky/ Lwowski, BankRhdb., Bd. 2, § 72, Rn. 166 ff.

907 Im Unterschied zum Depotgeschäft gemäß § 1 I Satz 2 Nr. 5 KWG erfaßt damit das DepotG nicht das sog. verschlossene Depot, bei dem der Kunde ein versiegeltes Paket mit Wertpapieren in Verwahrung gibt, so Staub/ *Canaris*, HGB, BankvertragsR II, Rn. 2083; *Schönle*, Bank- und BörsenR, § 20 II 2.a); a.A. trotz des insoweit offenen Wortlautes von § 1 I Satz 2 Nr. 5 KWG die überwiegende Kommentarliteratur wie etwa *Beck*, KWG, Bd. 1, § 1, Rn. 180; *Reischauer/Kleinhans*, KWG, Bd. 1, § 1, Rn. 39; *Bähre/ Schneider*, KWG, § 1, Anm. 11; *Fülbier* in: Boos/ Fischer/ Schulte-Mattler, KWG, § 1, Rn. 67, die im verschlossenen Depot auch keinen Anwendungsfall von § 1 I Satz 2 Nr. 5 KWG sehen.

nen in kaufmännischer Weise eingerichteten Geschäftsbetrieb erfordert" zu § 1 II DepotG „im Betrieb seines Gewerbes" muß es sich bei dem Verwahrer im Sinne des DepotG nicht rechtlich zwingend um ein Kreditinstitut handeln.[908] Weil aber das Betreiben des Depotgeschäftes eine ständige und sachkundige Überwachung erfordert, die organisatorisch hohe Anforderungen stellt, zu deren Erfüllung die diversen Inhaber der Papiere und Händler meist nicht in der Lage sind, ist diese Aufgabe in aller Regel den Kreditinstituten übertragen.[909] Rechtstatsächlich kann daher die professionelle Verwahrung von Wertpapieren durch Nichtbanken weitgehend vernachlässigt werden. Für die hier zu untersuchende tatbestandliche Privilegierung im Rahmen des § 34 a II WpHG spielt diese zunächst auch rechtstheoretisch keine Rolle, da die tatbestandliche Privilegierung ausdrücklich nur auf solche Institute bezogen ist, die die Verwahrung von Wertpapieren auf der Basis einer Erlaubnis gemäß den §§ 1 I Satz 2 Nr. 5, 32 KWG betreiben.

2. Hintergrund und Rechtfertigung der Privilegierung von Depotbanken

Wie im Rahmen von Abs. 1 sollen im folgenden Hintergrund und Rechtfertigung der Privilegierung von Kreditinstituten mit der Lizenz zum Betreiben des Depotgeschäftes dargelegt werden, indem deren Verhältnis zu den unlizensierten Wertpapierdienstleistungsunternehmen geklärt wird, um hiervon ausgehend Regelungszweck und Bedeutung von § 34 a II WpHG im Gesamtsystem des Schutzes der Wertpapiere des Anlegers offenzulegen. Zu berücksichtigen ist dabei, daß anders als dies bei Abs. 1 der Fall ist, der Wortlaut der europäischen Vorgabe (hier: Art. 10 I Satz 2, Spiegelstrich 2 WpDIRL) die Besserstellung der entsprechenden Kreditinstitute (hier: mit der Lizenz zum Betreiben des Depotgeschäftes) noch nicht impliziert.

---

908 Siehe auch *Heinsius/ Horn/ Than*, DepotG, § 1, Rn. 61 für die alte Fassung des DepotG „im Betrieb seines Handelsgewerbes" vor Änderung des Kaufmannsbegriffs im HGB mit Gesetz vom 22. 06. 1998 (HRefG, BGBl. I 1998, 1474).

909 *Reischauer/Kleinhans*, KWG, § 1, Rn. 33; im Ergebnis auch *Heinsius/ Horn/ Than*, DepotG, § 1, Rn. 62.

a) Verhältnis von § 34 a II WpHG zu § 1 I Satz 2 Nr. 5 KWG sowie dem DepotG

aa) § 34 a II WpHG als Auffangtatbestand zu § 1 I Satz 2 Nr. 5 KWG bzw. dem DepotG

Das Depotgesetz dient seit 1937 dem Schutz desjenigen Sparers, der seine Ersparnisse in Wertpapieren anlegt.[910] Dahinter stand schon zu dieser Zeit die Erwägung, daß die gesunde Funktion eines Kapitalmarktes nicht nur der erforderlichen Voraussetzungen in der Organisation der Börsen und des börsenmäßigen Handels, sondern auch des Vertrauens der Anlegerschaft bedarf - in casu demjenigen in die sichere Verwahrung ihrer Wertpapiere.[911] Das Depotgeschäft ist mithin von dem selben Grundgedanken getragen wie die WpDIRL und deren Umsetzung ins deutsche Recht, wie sie namentlich durch die 6. KWG-Novelle erfolgt ist. Der deutsche Gesetzgeber konnte sich daher, als Art. 10 I Satz 2, Spiegelstrich 2 WpDIRL die Etablierung von Vorkehrungen zum Schutz der den Anlegern gehörenden Wertpapiere in bezug auf sämtliche Wertpapierdienstleister erforderlich machte, zur Transformation der bereits vorhandenen Mechanismen des DepotG bedienen.[912] In concreto wurde hierauf zurückgegriffen, indem denjenigen Instituten, bei denen der Anlegerschutz nicht schon aufgrund der Anwendbarkeit des DepotG verwirklicht war, in § 34 a II WpHG die unverzügliche Weiterleitung entgegengenommener Kundenpapiere an Kreditinstitute mit der Erlaubnis zum Betreiben des Depotgeschäftes i.S.d. § 1 I Satz 2 Nr. 5 KWG vorgeschrieben wird. Mit dieser Art und Weise der rechtstechnischen Umsetzung trifft der deutsche Gesetzgeber also nicht nur eine Wertentscheidung dahingehend, daß den Depotbanken auch weiterhin eine weitgehende Monopolstellung hinsichtlich der geschäftsmäßigen Verwahrung von Wertpapieren und der sich hieraus ergebenden Verwaltungsaufgaben gebühren soll; der Sache nach erweitert er, da die Anwendung des DepotG sich bislang praktisch auf gemäß

---

910 Als Vorläufer des DepotG existierte bereits seit 1896 das Reichsgesetz „betreffend die Pflichten der Kaufleute bei der Aufbewahrung fremder Wertpapiere", in dem der depotrechtliche Abschnitt des heutigen DepotG seine Grundlage findet; *Opitz*, DepotG, Grundgedanken und Aufbau, S. 16.

911 So die amtliche Begründung zum DepotG von 1937, referiert von *Opitz*, DepotG, Grundgedanken und Aufbau, S. 16 f.

912 Im einzelnen dazu, daß das DepotG den Anforderungen aus Art. 10 I Satz 2, Spiegelstrich 2 WpDIRL standhält, siehe sogleich unter 2.c).

§ 1 I Satz 2 Nr. 5 KWG lizensierte Kreditinstitute beschränkte[913], zugleich den Anwendungsbereich des depotrechtlichen Regelwerks.

§ 34 a II WpHG übernimmt damit eine ergänzende Funktion unterhalb des Depotgeschäftes, indem er den Schutz einer gesetzlich reglementierten Wertpapierverwahrung auch auf solche Tatbestände der Entgegennahme von Wertpapieren ausdehnt, die nicht ohnehin schon bislang den depotgeschäftlichen Vorschriften unterfielen. Er stellt mithin einen Auffangtatbestand zu § 1 I Satz 2 Nr. 5 KWG sowie dem DepotG dar.

bb) Subsidiarität des WpHG im Verhältnis zum DepotG aufgrund von § 2 IIIa Nr. 1 WpHG

Schon aus dieser Konzeption des § 34 a II WpHG folgt logisch der subsidiäre Charakter der Norm im Verhältnis zu den Vorschriften des DepotG. Die Subsidiarität ergibt sich indes - an prüfungstechnisch vorrangiger Stelle - auch bereits aus § 2 IIIa Nr. 1 WpHG, der die Verwahrung und die Verwaltung von Wertpapieren für andere nur insoweit zur Wertpapiernebendienstleistung erklärt, als das Depotgesetz keine Anwendung findet. I.V.m. § 1 WpHG ergibt sich hieraus, daß das WpHG im ganzen nur nachrangig zum DepotG anzuwenden ist, womit die von letzterem Gesetz geregelte Art und Weise der Inbesitznahme von Wertpapieren durch Depotbanken stets außerhalb des WpHG stattfindet. Da das DepotG hauptsächlich das Geschäft der Depotbanken reglementiert, kommt folglich der expliziten Ausnehmung der Kreditinstitute mit einer Erlaubnis zum Betreiben des Depotgeschäftes gemäß § 1 I Satz 2 Nr. 5 KWG vom Regelungsinhalt des § 34 a II WpHG neben dieser generellen Begrenzung des Anwendungsbereiches des Gesetzes an sich nurmehr deklaratorische Bedeutung zu. Dieses generelle Rangverhältnis der beiden Gesetze reflektiert auch die mit der Einschränkung des Anwendungsbereiches von § 2 IIIa Nr. 1 WpHG verfolgte gesetzgeberische Intention, die Aufgabenbereiche der beiden Aufsichtsämter klar zu trennen und so ein „Kompetenzgerangel“ zu vermeiden.[914] Die Depotprüfung sollte demzufolge weiterhin allein dem BAKred obliegen[915] (§ 1 I Satz 5 KWG i.V.m. § 29

913 Wie sogleich genauer darzulegen sein wird, ist zwar auch die direkte Anwendung des DepotG gemäß dessen § 1 II nicht auf Kreditinstitute begrenzt. Bei der Anwendung auf Unternehmen ohne Bankerlaubnis handelt es sich jedoch faktisch um Ausnahmen, denen insgesamt nur untergeordnete Bedeutung zukommt.

914 Die Begr. RegE § 2 IIIa WpHG, BT-Drucks. 13/7142, S. 101 stellt insoweit die Vermeidung einer Doppelaufsicht als tragendes Motiv der Vorschrift heraus.

915 Begr. RegE § 2 IIIa WpHG, BT-Drucks. 13/7142, S. 101.

KWG[916]) und nicht zusätzlich vom BAWe anläßlich der Einhaltung der Verhaltensregeln aus §§ 31 ff WpHG gemäß § 35 WpHG ein zweites Mal durchgeführt werden.[917]

Zu der Frage nach welchen Kriterien die Abgrenzung der beiden Gesetze im einzelnen vorzunehmen ist, schweigt der Gesetzgeber allerdings - man möchte fast anmerken mit gutem Grund, da zumindest praktisch nicht ersichtlich ist, für welche Arten einer Wertpapierverwahrung oder -verwaltung im eigentlichen Sinne das WpHG neben dem DepotG künftig Relevanz zeitigen soll.[918] Aufgrund der terminologischen und sachlichen Anlehnung von § 2 IIIa Nr. 1 WpHG an § 1 I Satz 2 Nr. 5 KWG , der dessen Formulierung wortlautgleich übernimmt, können jedenfalls die Begriffe der Verwahrung und der Verwaltung in beiden Vorschriften nur in einem einheitlichen Sinne interpretiert werden.[919] Damit verbleiben letztlich nur zwei theoretisch sinnvolle Ansatzpunkte, um in Abgrenzung zum DepotG einen subsidiären Anwendungsbereich des WpHG bzgl. der Verwahrung und Verwaltung von Wertpapieren und hiervon abhängig des § 34 a II WpHG ausfindig zu machen:

---

916 Mit Inkrafttreten der 6. KWG-Novelle wurde die Depotprüfung zum Bestandteil der besonderen Pflichten des Jahresabschlußprüfers gemäß § 29 KWG. Die gesonderte Depotprüfung nach § 30 KWG entfällt somit. Faktisch führte die gesetzliche Änderung indes nur insoweit zu Neuerungen, als die Depotprüfung sich nur noch auf die Verwahrung und Verwaltung bezieht, während die Anschaffung und Veräußerung von Wertpapieren für andere (Effektengeschäft) Gegenstand der jährlich durchzuführenden Prüfung des BAWe gemäß § 36 WpHG wurde, siehe *Winter* in: Boos/ Fischer/ Schulte-Mattler, KWG, § 29, Rn. 17 ff.

917 *Assmann* in: Assmann/ Schneider, WpHG, § 2, Rn. 71. Nachdem nun das BAKred und das BAWe in der BAFin zusammengefaßt wurden, besteht nurmehr eine interne organisatorische Trennung der Aufsicht über das Kreditwesen und derjenigen über den Wertpapierhandel.

918 Theoretisch verbleibt zwar ein möglicher Anwendungsbereich des WpHG im Hinblick auf die verschlossenen Depots, soweit man diese von § 1 I Satz 2 Nr. 5 KWG erfaßt sieht (vgl. dazu bereits Fn. 907). Dieser Fall weist indes keine Berührungspunkte zu dem vom WpHG geregelten Bereich des Wertpapierhandels und insbesondere nicht zu § 34 a II WpHG auf und kann folglich außer Betracht bleiben; vgl. zudem *Schönle*, Bank- und BörsenR, § 20 II 2.a), der den Fall des verschlossenen Depots schon für sich genommen als selten und ungebräuchlich einstuft.

919 Aus der jeweils identischen gesetzlichen Formulierung „die Verwahrung und die Verwaltung" muß auch geschlossen werden, daß § 2 IIIa Nr.1 WpHG und somit die Subsidiarität des WpHG schon dann eingreift, wenn - alternativ - einer der beiden Tatbestände erfüllt ist, wie dies in bezug auf § 1 I Satz 2 Nr. 5 der ganz h.M. entspricht; vgl. zur h.M. etwa *Schönle*, Bank- und BörsenR, § 20 I.; *Beck*, KWG, Bd. 1, § 1, Rn. 163; *Reischauer/ Kleinhans*, KWG, Bd. 1, § 1, Rn. 33; *Fülbier* in: Boos/ Fischer/ Schulte-Mattler, KWG, § 1, Rn. 62.

Zunächst wäre daran zu denken, für eine Differenzierung an der Person des Verwahrers anzuknüpfen. So wird in den einschlägigen Kommentierungen von *Assmann* wie auch von *Schäfer* in der Erfassung der Verwahrung und der Verwaltung von Wertpapieren außerhalb des DepotG als Wertpapiernebendienstleistung gemäß § 2 IIIa Nr. 1 WpHG eine praktische Bedeutung hinsichtlich solcher Wertpapierdienstleistungsunternehmen gesehen, die nicht gemäß § 1 I Satz 2 Nr. 5 KWG als Kreditinstitute den Vorschriften des KWG unterliegen.[920]

Diese Einschätzung bedarf jedoch insofern einer weiteren Präzisierung, als das DepotG wie eingangs gezeigt nicht lediglich auf solche Institute anwendbar ist, die aufgrund des gewerbsmäßigen oder eine kaufmännische Einrichtung erfordernden Betreibens des Depotgeschäftes als Kreditinstitute gelten (§ 1 I Satz 1 KWG); § 1 II DepotG erfaßt seinem Wortlaut nach vielmehr auch denjenigen als Verwahrer, welchem Wertpapiere lediglich anläßlich seiner nicht näher definierten gewerblichen Tätigkeit im Betrieb seines Gewerbes zu Verwahrzwecken anvertraut werden.[921] Wenngleich § 34 a II WpHG eine Privilegierung nur für Kreditinstitute mit einer Erlaubnis nach §§ 1 I Satz 2 Nr. 5, 32 KWG vorsieht, scheitert somit auch seine Anwendung auf Verwahrer ohne Banklizenz bereits am generellen Anwendungsbereich des Gesetzes, §§ 1, 2 IIIa Nr. 1 WpHG. Eine Anwendung der Verhaltensregeln des WpHG, die wie auch § 34 a II WpHG an das Erbringen einer Wertpapiernebendienstleistung anknüpfen, ist also in bezug auf § 2 IIIa Nr. 1 WpHG lediglich dort denkbar, wo das betreffende Unternehmen nicht die Voraussetzungen eines Verwahrers nach § 1 II DepotG erfüllt.

Da der Fall, daß Wertpapiere gänzlich außerhalb des Gewerbebetriebs entgegengenommen werden,[922] bei einem Wertpapierdienstleistungsunternehmen naturgemäß nicht in Betracht kommt, wäre hierfür erforderlich, daß seine Tätigkeit unter keinem Gesichtspunkt als gewerbsmäßig zu beurteilen ist. In zumindest partiellem Gegensatz dazu, richten sich jedoch diejenigen Vorschriften des WpHG, welche Verhaltensregeln für das Betreiben von Wertpapiernebendienstleistungen aufstellen, ausnahmslos an „Wertpapierdienstleistungsunternehmen"; sie beziehen sich daher nur auf solche Firmen, die Wertpapierdienstleistungen gewerbsmäßig oder jedenfalls in einem Umfang erbringen, der eine kaufmännische Ausstattung des Geschäftsbetriebs notwendig macht, § 2 IV WpHG.

Faßt man dies zusammen, so ist eine Relevanz der Wertpapiernebendienstleistung nach § 2 IIIa Nr. 1 WpHG nur für den Fall vorstellbar, in dem Wertpapiere von einem Unternehmen zur Verwahrung angenommen werden, das zwar Wert-

---

920 *Assmann* in: Assmann/ Schneider, WpHG, § 2, Rn. 71; *Schäfer*, WpHG, § 2, Rn. 38.

921 So bereits *Heinsius/ Horn/ Than*, DepotG, § 1, Rn. 61.

922 Vgl. zu dieser Fallkonstellation *Heinsius/ Horn/ Than*, DepotG, § 1, Rn. 61.

papierdienstleistungen nicht gewerbsmäßig, gleichwohl aber in einem gemäß § 2 IV WpHG relevanten Geschäftsumfang erbringt. Diese Konstellation erscheint indessen bereits in einem solchen Maße als theoretisch, daß sich ein praktischer Anwendungsfall wenn überhaupt, so nur mit Mühe finden wird.[923]

Als Konsequenz hieraus ist für eine sinnvolle Abgrenzung zum DepotG, wie sie § 2 IIIa Nr. 1 WpHG erforderlich macht, bereits an dem Begriff der „Verwahrung" anzusetzen. Nur sofern die Inbesitznahme von Wertpapieren nicht als Verwahrung im technischen Sinne der § 1 II DepotG, 1 I Satz 2 Nr. 5 KWG zu beurteilen ist[924], bleibt Raum für eine Anwendung von § 34 a II WpHG.

Diese Problematik steht indes in untrennbarem Zusammenhang mit der Art und Weise, wie das Wertpapierdienstleistungsunternehmen i.S.d. § 34 a II WpHG mit den Wertpapieren des Kunden zu verfahren hat. Wie sich bereits hier abzeichnet, wird diese auch und gerade in Abgrenzung zum Depotgesetz festzustellen sein. Denn ein persönlicher Anwendungsbereich der Vorschrift des § 34 a II WpHG besteht nur dort, wo der Umgang mit den Wertpapieren weder die Eigenschaft als Depotbank begründet[925] noch diejenige als einfacher Verwahrer gemäß § 1 II DepotG. Es wird daher bei der Untersuchung, welche Vorgehensweisen hinsichtlich der Kundenwerte im Rahmen von § 34 a II WpHG zulässig sind, maßgeblich zu beachten sein, daß der § 34 a II WpHG-Adressat die Grenze zu § 1 I Satz 2 Nr. 5 KWG bzw. § 1 II DepotG nicht überschreitet.

Es zeigt sich somit, daß man auch bei der Beschäftigung mit Abs. 2 der Vorschrift nicht umhin kommt, die sich vor Einführung von § 34 a II WpHG nicht in diesem Maße aufdrängende Frage zu klären, unter welchen Umständen bei der Entgegennahme von Wertpapieren das Vorliegen des vorrangigen bankgeschäftlichen Tatbestandes, hier der Verwahrung i.S.d. §§ 1 II DepotG, 1 I Satz 2 Nr. 5 KWG anzunehmen ist. Aus der Begrenzung der Vorschrift in personaler Hinsicht folgt mithin wiederum eine negative Bedingung für den sachlichen Anwendungsbereich der Norm. Dabei kommt der dort vorzunehmenden Abgrenzung zu dem übergeordneten Tatbestand ein noch höherer Erkenntniswert zu als in Abs. 1 der Vorschrift, da Abs. 2 keinerlei Vorgaben dazu enthält, welche im

---

923 Vgl. auch *Schäfer*, WpHG, § 2, Rn. 38, der vorsichtig formuliert, daß eine Verwahrung und Verwaltung von Wertpapieren außerhalb des Depotgesetzes „nur in seltenen Fällen" vorkommen dürfte. Seitens des BAWe konnte jedenfalls im September 2001 keine praktische Relevanz einer Verwahrung und Verwaltung von Wertpapieren als Wertpapiernebendienstleistung nach § 2 IIIa Nr. 1 WpHG dokumentiert werden.

924 Bzw. nicht gemäß § 29 DepotG der Entgegennahme zur Verwahrung gleichgestellt wird; siehe dazu die Untersuchung der Anwendbarkeit von § 34 a II WpHG auf das Geschäft der Finanzkommissionäre unter B.I.2.

925 Die Qualifizierung als Kreditinstitut ist, wie unter § 2 A.II.1.a) dargelegt wurde, unabhängig davon, ob die entsprechende Erlaubnis nach § 32 KWG erteilt wurde.

Wertpapierhandel gängigen Handlungsformen des Wertpapierdienstleisters[926] erfaßt werden sollen.

cc) Zwischenergebnis

Festzuhalten bleibt an dieser Stelle, daß § 34 a II WpHG als Auffangtatbestand zum Depotgeschäft konzipiert wurde und mithin in Ergänzung zum DepotG dem Schutz derjenigen Kundenpapiere dienen soll, die nicht bereits den an Depotbanken adressierten Schutzmechanismen, namentlich des DepotG, unterliegen.[927] Überdies hat sich gezeigt, daß hinsichtlich einer Verwahrung im technischen Sinne des § 1 II DepotG schon wegen der insoweit bestehenden Subsidiarität des gesamten WpHG für § 34 a WpHG nur ein personaler Anwendungsbereich von überwiegend theoretischer Bedeutung verbleibt, weil § 1 II DepotG auch weitgehend den nicht gewerbsmäßigen Verwahrer ohne eine Erlaubnis zum Betreiben des Depotgeschäftes gemäß § 1 I Satz 2 Nr. 5 KWG erfaßt.

b) Privilegierung der Depotbanken vor dem Hintergrund des DepotG, der erhöhten Eigenkapitalanforderungen an Kreditinstitute sowie der Einlagensicherung

aa) Höheres Schutzniveau bei den Depotbanken durch das DepotG sowie regelmäßig erhöhte Eigenkapitalanforderungen

Wie bereits deutlich wurde, unterscheiden sich die vom Anwendungsbereich des § 34 a II WpHG ausgenommenen Kreditinstitute mit einer Erlaubnis zum Betreiben des Depotgeschäftes nach § 1 I Satz 2 Nr. 5 KWG von den durch § 34 a II WpHG in die Pflicht genommenen Wertpapierdienstleistungsunternehmen in erster Linie dadurch, daß auf sie gemäß § 1 II DepotG die Vorschriften des DepotG anzuwenden sind. Grundgedanke des DepotG ist es, den Depotinhaber dadurch zu schützen, daß ihm stets Eigentums- oder Miteigentumsrechte an den zur Verwahrung übergebenen Wertpapieren verbleiben.[928] Soweit das DepotG auf den in Zusammenhang mit einer Wertpapierdienstleistung stehenden Besitz von Wertpapieren Anwendung findet, genießt daher der Kunde einen gewissen

926 Vgl. zu den möglichen Handlungsformen im Bereich des Wertpapierhandels erneut Begr. RegE § 1 Ia Satz 2 Nr. 4 KWG, BT-Drucks. 13/7142, S. 66.

927 Vgl. Begr. RegE § 34 a WpHG, BT-Drucks. 13/7142, S. 110.

928 *Opitz*, DepotG, Grundgedanken und Aufbau, S. 16; *Einsele* in: Ferrarini, European Securities Markets: The ISD and beyond, p. 95. Zur Verwirklichung des Kundenschutzes nach dem DepotG siehe auch sogleich c) sowie im einzelnen die Untersuchung der verschiedenen Verwahrformen unter § 5 A.

und ausreichenden Schutz vor mißbräuchlichen Verfügungen über sein Vermögen[929]; zugleich gewährt ihm der Eigentumsbehalt im Insolvenzfall die Möglichkeit, seine Wertpapiere gemäß § 47 InsO auszusondern.[930]

Rechtstechnisch läßt sich damit die Verwirklichung des Kundenschutzes nach dem DepotG als eine solche durch rechtliche Abgrenzung in die oben[931] herausgearbeiteten Kategorien einordnen. Im Gegensatz zu § 34 a I WpHG in bezug auf die Kundengelder fügt indes Abs. 2 den im Hinblick auf die Wertpapiere der Anleger existenten aufsichtsrechtlichen[932] Mechanismen zur Verwirklichung eines Insolvenzschutzes keinen neuen hinzu, sondern bedient sich des bereits durch das DepotG für die Wertpapierverwahrung ausgestalteten Prinzips der Rechtstrennung.

Die Privilegierung der Depotbanken rechtfertigt sich mithin einmal und zuvorderst durch die Anforderungen, denen sie nach dem DepotG unterliegen. Insoweit dokumentiert nicht nur die in § 34 a II WpHG gewählte Rechtstechnik, sondern auch der Umstand, daß das WpHG als ganzes nur subsidiär zum DepotG zur Anwendung gelangt (§§ 1, 2 IIIa Nr. 1 WpHG), daß der depotrechtliche Schutz von Kundeneffekten aus Sicht des nationalen Rechts einerseits als unerläßlich, andererseits aber auch als ausreichend zu bewerten ist.

Neben dem DepotG, dessen Regelungen in bezug auf die Sicherheit einer Vermögensanlage in Wertpapieren klar im Vordergrund stehen, bewirkt indes auch der Umstand, daß die Mehrzahl der Kreditinstitute, die zum Betreiben des Depotgeschäftes befugt sind, nicht nur über eine auf dieses Bankgeschäft beschränkte Erlaubnis verfügen, sondern eine Vollizenz gemäß § 32 KWG besitzen, regelmäßig einen verbesserten Schutz des Depotbankkunden. Dies ist auf

929 Einen vollständigen Schutz vor einem Verlust des Eigentums kann es nach der Konzeption des BGB ohnehin nicht geben. Einem solchen stehen die schützenswerten Interessen des Rechtsverkehrs im Wege, wie sie in § 932 ff BGB Berücksichtigung finden.

930 Welche Anforderungen an die Modalitäten der Verwahrung zu stellen sind, wenn ein Unternehmen Wertpapiere seiner Kunden gemäß § 34 a II WpHG zur Verwahrung weiterzuleiten hat, soll unter § 5 im einzelnen dargestellt werden.

931 Unter § 2 A.II.1.b.cc),(2).

932 Zwar handelt es sich beim DepotG um zwingendes Privatrecht, doch ist die aufsichtsrechtliche Komponente wegen der jährlich stattfindenden Depotprüfung nicht zu verkennen. Wie Staub/ *Canaris*, HGB, BankvertragsR II, Rn. 2086 formuliert, tritt in der Depotprüfung die aufsichtsrechtliche Ergänzung des Kundenschutzes in Erscheinung. Auf die Rechtsnatur der depotgesetzlichen Regelungen kommt es aber letztlich ohnehin nicht an: Die wesentliche Funktion, die das DepotG im Gesamtgefüge des aufsichtsrechtlich dominierten Kapitalmarktrechts übernimmt, wird nicht dadurch berührt, ob seine Regelungen dem öffentlichen oder dem privaten Recht zuzuordnen sind; zur Einordnung als Kapitalmarktrecht siehe *Kümpel* in: BuB 8/10a ff.

das herkömmliche deutsche Verständnis eines Kreditinstitutes als Universal- und nicht als Spezialbank zurückzuführen; dementsprechend wird von den Kreditinstituten klassischerweise die gesamte Bandbreite der banktypischen Geschäftszweige angeboten. Daraus folgt, daß auch eine Vielzahl der Depotbanken verschärften Eigenkapitalanforderungen gemäß § 33 I Nr. 1.d) KWG unterliegt.[933] Wie o.g. wird hiermit die notwendige Mindestkapitalreserve und mithin Widerstandsfähigkeit eines Institutes in Krisenzeiten festgelegt.[934] In dem Maße wie somit bereits im Vorfeld dem Eintritt der Zahlungsunfähigkeit vorgebeugt wird, sind auch die Primär- und Sekundäransprüche des Kunden im Hinblick auf die ihm gehörenden Depotwerte nicht gefährdet.

bb) Relevanz der Einlagensicherung neben dem DepotG und § 34 a I WpHG

Die für (Einlagen-) Kreditinstitute bestehende zusätzliche Absicherung der Kundenguthaben durch den privaten Einlagensicherungsfonds spielt - isoliert betrachtet - bzgl. der Wertpapiere des Kunden keine Rolle, da Depotwerte, die vom Kunden bei dem Kreditinstitut unterhalten werden, nicht vom Einlagensicherungsfonds geschützt werden[935]. Die hiernach für die Kundengelder bestehende Anschlußdeckung schlägt damit auf der „Wertpapierseite“ von Effektengeschäften nicht zugunsten der dem Fonds angehörenden Banken zu Buche. Anderes gilt, soweit Bankinstitute des nicht privaten Sektors einer „institutssichernden Einrichtung“ zugehören, da hier die Aufrechterhaltung der Solvenz insgesamt und somit die faktische Durchsetzbarkeit zumindest jedweder Sekundäransprüche garantiert ist.[936]

Keine Unterschiede zwischen Kreditinstituten und sonstigen Wertpapierfirmen bestehen - wie bereits im Rahmen des Abs. 1 dargelegt[937] - bei der Einleger- und Anlegerentschädigung nach dem EAG. Obgleich mit der durch das EAG umgesetzten Anlegerentschädigungsrichtlinie ein zusätzlicher Schutz gerade des Wertpapierkunden intendiert war[938], führt diese im deutschen Recht nur bedingt zu Verbesserungen im Gesamtsystem des spezifischen Schutzes von

---

933 Dieser schreibt vor, daß für Universalbanken, die dann ja auch als Einlagenkreditinstitute zu qualifizieren sind, das Mindestkapital mindestens fünf Millionen Euro betragen muß. Dem steht ein Mindestbetrag von höchstens 730.000 Euro für die Adressaten des § 34 a WpHG gegenüber, siehe näher oben unter § 2 A.II.1.b) cc),(1a).

934 Vgl. bereits ausführlich oben § 2 A.II.1.b)cc),(1a).

935 *Weber* in: BuB, 6/621.

936 Siehe dazu oben § 2 A.II.1.b)cc),(1f).

937 Unter § 2 A.II.1.b)cc),(1f).

938 Siehe Begr. Gesetzesentwurf der Fraktionen CDU/CSU und FDP, BT-Drucks. 13/10188, S. 13; *Steuer*, WM 1998, 2449, 2450.

Kundeneffekten. Neben dem DepotG und § 34 a II WpHG ergibt sich lediglich in einigen wenigen Grenzfällen ein über das Bisherige hinausgehender Schutz für die Wertpapiere des Anlegers:

Nach der Gesetzesbegründung soll das Anlegerentschädigungssystem eintreten, wenn eine Wertpapierfirma - insolvenzbedingt - nicht mehr in der Lage ist, die Gelder, die sie Anlegern im Zusammenhang mit Wertpapiergeschäften schuldet, zurückzuzahlen oder Wertpapiere zurückzugeben, die Anlegern gehören und welche die Firma für die Anleger verwahrt oder verwaltet.[939] Über Einlagen hinaus werden folgerichtig auch Verbindlichkeiten aus Wertpapiergeschäften dem Schutz des EAG unterstellt. Diese in § 1 IV EAG legaldefinierten Verbindlichkeiten lösen den Entschädigungsanspruch gemäß § 4 II Nr. 2 EAG grundsätzlich auch dann aus, wenn das Institut einen Anspruch auf Verschaffung von Eigentum oder Besitz an den Wertpapieren nicht erfüllen kann. In bezug auf Kreditinstitute kommt dieser Variante des Entschädigungsanspruchs allerdings kaum eigenständige praktische Bedeutung zu, weil im praktisch wichtigsten Fall der Wertpapierverwahrung durch Depotbanken, das DepotG dem Kunden durch Bewahrung seiner Eigentumsrechte eine insolvenzrechtliche Aussonderungsmöglichkeit gemäß § 47 InsO gewährt. Ein zusätzlicher Schutz ergäbe sich daher für die „Wertpapierseite" von Effektengeschäften bei Kreditinstituten nur in der praktisch bislang nicht bedeutsamen[940] Konstellation, in der die Kundenpapiere infolge einer Unterschlagung oder Veruntreuung nicht mehr vorhanden sind.[941]

Auch im Hinblick auf die Adressaten des § 34 a II WpHG dürfte der Entschädigungsanspruch gemäß § 4 II Nr. 2 EAG nur in seltenen Fällen relevant werden. Nach oben Gesagtem vermag § 4 II Nr. 2 EAG nur in denjenigen Fällen der Insolvenz des Wertpapierdienstleistungsunternehmens einen additiven Schutz der Wertpapiere des Kunden zu bewirken, in denen die Wertpapiere (noch) nicht auf das Depot eingereicht wurden und auch sonst nicht mehr aussonderungsfähig vorhanden sind. In Betracht können dabei von vorneherein nur solche Konstellationen kommen, in denen es zudem an einem Surrogat in Geld

939 Begr. Gesetzesentwurf der Fraktionen CDU/CSU und FDP, BT-Drucks. 13/10188, S. 13.

940 Deshalb und wegen der bereits bestehenden Einrichtungen zur Einlagensicherung auf der Geldseite hatte die Kreditwirtschaft für ihren Bereich auch die Notwendigkeit einer solchen Richtlinie in Abrede gestellt; *Weber*, Die Bank 1998, 470, 471.

941 Vgl. Begr. Gesetzesentwurf der Fraktionen CDU/CSU und FDP, BT-Drucks. 13/10188, S. 13, 17; *Weber*, Die Bank 1998, 470, 471; zumindest mißverständlich *Steuer*, WM 1998, 2449, 2453.

fehlt; andernfalls ist der Kundenschutz über die Geldseite der Wertpapiergeschäfte zu realisieren.[942]

War nach dem Wortlaut von § 1 IV EAG bislang nicht eindeutig zu entscheiden, inwieweit bei dieser Sachlage Ansprüche des Kunden in den Schutzbereich des EAG fallen, so stellt nun der Gesetzesentwurf zum Vierten Finanzmarktförderungsgesetz klar, daß nicht in allen Fällen eines nicht erfüllten Lieferanspruchs auf Verschaffung des Eigentums an den Wertpapieren ein Entschädigungsanspruch angemeldet werden kann; vielmehr wird der gesetzgeberische Wille nun dahingehend konkretisiert, daß das EAG in bezug auf Verbindlichkeiten aus Wertpapiergeschäften ausschließlich in den Fällen der Unterschlagung und Veruntreuung eingreift.[943]

c) Privilegierung der Depotbanken im Lichte der europäischen Vorgabe des Art. 10 I Satz 2, Spiegelstrich 2 WpDIRL

Im Gegensatz zu Art. 10 I Satz 2, Spiegelstrich 3 WpDIRL, der die in § 34 a I WpHG umgesetzte Besserstellung von Einlagenkreditinstituten bereits vorgibt, macht Art 10 I Satz 2, Spiegelstrich 2 WpDIRL als Vorlage für § 34 a II WpHG seinem Wortlaut nach[944] keine Ausnahme im Hinblick auf bestimmte Institutsgruppen. Er fordert vielmehr die Mitgliedstaaten uneingeschränkt dazu auf, hinsichtlich aller Wertpapierfirmen Vorkehrungen für die den Anlegern gehörenden Wertpapiere zu treffen, um deren Eigentumsrechte zu schützen.

Das Fehlen einer expliziten Ausnahme bewirkt indes nicht, daß notwendigerweise im gesamten Regelungsbereich der Richtlinienbestimmung neue Vorschriften zu erlassen wären. Vielmehr ist das Regelungsinstrument der Richtlinie gemäß § 249 III EGV nur hinsichtlich seines Zieles verbindlich. Einer Neuregelung bedarf es daher nur dort, wo der geforderte Regelungsgehalt in einem Mitgliedstaat nicht bereits durch das bestehende Gesetzeswerk verwirklicht wird.[945]

---

942 Siehe zu den aufsichtsrechtlichen Schutzmechanismen bzgl. der Kundengelder ausführlich § 2.A.II.1.b)cc).

943 Begr. RegE § 1 EAG, BT-Drucks. 14/8017, S. 140. Auch aus der geplanten Neufassung von § 1 IV EAG läßt sich dem Wortlaut nach ein solch eingeschränktes Verständnis indessen nicht ersehen.

944 Der Wortlaut von Art. 10 I Satz 2, Spiegelstrich 2 WpDIRL ist oben unter § 1 B.I. wiedergegeben.

945 Siehe EuGH, Rs. C-217/97, Kommission/ Bundesrepublik Deutschland, Slg. 1999, I-5105, 5115, wonach die ordnungsgemäße Umsetzung einer Richtlinie nicht notwendig die förmliche und wörtliche Übernahme ihrer Bestimmungen in eine ausdrückliche besondere Rechtsvorschrift bedarf, wenn ihr durch einen allgemeinen rechtlichen Kontext hinreichend klar und bestimmt Genüge getan wird. Der EuGH hält sich insoweit an die Schlußanträge des GA N. Fennelly, Slg. 1999, I-5087,

Im deutschen Recht gewährleistet indessen das DepotG einen Schutz der Wertpapiere des Anlegers und dies, wie in Art. 10 I Satz 2, Spiegelstrich 2 WpDIRL verlangt, auch auf eigentumsrechtlicher Basis. Indem sichergestellt wird, daß der Depotkunde grundsätzlich während der gesamten Verwahrdauer stets über Eigentumsrechte an den Wertpapieren verfügt[946], ist er bei Insolvenz des Verwahrers gemäß § 47 InsO vor einem Verlust seiner Papiere geschützt, wie es Art. 10 I Satz 2, Spiegelstrich 2 WpDIRL als ersten speziellen Schutzzweckgesichtspunkt fordert. Ausgehend von der durch das Zweite Finanzmarktförderungsgesetz[947] zur Regelverwahrform erkorenen (Giro-) Sammelverwahrung nach § 5 DepotG stehen dem Hinterleger - genauer dem bisherigen Eigentümer[948] - gemäß § 6 I DepotG nach Eingang der Wertpapiere zwar nur noch Miteigentumsrechte an dem zum Sammelbestand des Verwahrers gehörenden Wertpapieren derselben Art zu. Unter dem Aspekt des Insolvenzschutzes ergibt sich hieraus jedoch keine Schlechterstellung des Depotkunden gegenüber der streng getrennten Sonderverwahrung (auch: Streifbandverwahrung) gemäß § 3 DepotG, da § 47 InsO auch den Miteigentümer zur Aussonderung berechtigt.[949] Der insolvenzrechtliche Schutz des Kunden nach dem DepotG wird vervollständigt durch § 32 DepotG, der dem Anleger in den Fällen noch nicht abgeschlossener Erwerbstatbestände Insolvenzvorrechte gewährt.[950] Mit dem das DepotG beherrschendem Prinzip der Rechtstrennung wird zugleich die Möglichkeit einer abre-

---

5095, der diese Anforderungen aus den Entscheidungen des EuGH, Rs. C-382/92, Kommission/ Vereinigtes Königreich, Slg. 1994, I-2461, 2471 sowie Rs. 247/85, Kommission/ Belgien, Slg. 1987, 3057, 3060 zusammenaddiert; vgl. auch bereits die Entscheidung des EuGH zur TA Luft, Rs. C-361/88, Kommission/ Bundesrepublik Deutschland, NVwZ 1991, 866.

946 Die wichtigste Ausnahme hiervon gilt für die Auslandsaufbewahrung, wo die aus dem lex rei sitae-Grundsatz resultierende Nichtanwendbarkeit des deutschen Sachenrechts einen Rückgriff auf treuhandrechtliche Konstruktionen erforderlich macht. Wie aber im Rahmen der Erörterung von Abs. 1 deutlich wurde unterfallen auch diese weitgehend dem Schutz aus § 47 InsO; zur Sicherstellung der hierfür erforderlichen Voraussetzungen in der Praxis siehe § 5 A.II.5.

947 Zu den Gründen siehe § 5 A. II.2.

948 Die Konzipierung auf den Eigentümer war schon deshalb nötig, weil im Rahmen der Drittsammelverwahrung der Zwischenverwahrer als Hinterleger auftritt, vgl. § 3 DepotG sowie *Gößmann* in: Schimansky/ Bunte/ Lwowski, BankRhdb., Bd. 2, § 72, Rn. 12.

949 *Andres* in: Nerlich/ Römermann, InsO, § 47, Rn. 5; *Prütting* in: Kübler/ Prütting, InsO, § 47, Rn. 20 sowie speziell für den Depotkunden im Fall der Sammelverwahrung: *Gößmann* in: Schimansky/ Bunte/ Lwowski, BankRhdb., Bd. 2, § 72, Rn. 118; *Einsele* in: Ferrarini, European Securities Markets: The ISD and beyond, p. 95.

950 *Einsele* in: Ferrarini, European Securities Markets: The ISD and beyond, p. 95.

dewidrigen Verfügung des Verwahrers auf eigene Rechnung erschwert.[951] Dies gilt nicht nur bei alleinigem Eigentum des Depotkunden, sondern auch bei Miteigentum nach Bruchteilen, da vorbehaltlich eines gutgläubigen Erwerbs grundsätzlich nur der jeweilige Miteigentümer rechtswirksam über seinen Miteigentumsanteil verfügen kann.[952] Hinzu treten spezielle Bestimmungen wie insbesondere die Fremdvermutung des § 4 DepotG, die einem redlichen Erwerb Dritter - in concreto: des Drittverwahrers - vorbeugen sollen.[953] Damit wird auch dem zweiten Gesichtspunkt des Art. 10 I Satz 2, Spiegelstrich 2 WpDIRL entsprochen.[954] Denn eine Verwendung der Wertpapiere für eigene Rechnung ist dem Verwahrer mithin lediglich in mehr oder minder begrenztem Umfang bei der Tauschverwahrung nach § 10 DepotG, der Verwahrung mit Verpfändungsermächtigung nach § 12 DepotG, der Verwahrung mit Verfügungsermächtigung nach § 13 DepotG sowie im Fall der unregelmäßigen Verwahrung gemäß § 15 DepotG gestattet. In Übereinstimmung mit der europäischen Maßgabe sind diese „gefährlicheren" Verwahrformen aber nur unter der Voraussetzung einer für das einzelne Verwahrungsgeschäft ausdrücklich und schriftlich erteilten Ermächtigung durch den Anleger zulässig.[955]

Das DepotG entspricht damit seiner Grundkonzeption nach gleichsam mustergültig den Zielsetzungen aus Art. 10 I Satz 2, Spiegelstrich 2 WpDIRL, so daß, soweit sein Anwendungsbereich reicht, kein Regelungsbedarf bestand.[956]

---

951 *Einsele*, in: Ferrarini, European Securities Markets: The ISD and beyond, p. 95. Vgl. dazu bereits ausführlich die parallel gelagerte Problematik im Rahmen des Abs. 1 aus dem Blickwinkel einer europarechtskonformen Umsetzung der Verhinderung eines Handelns der Wertpapierfirma auf eigene Rechnung unter § 2 B.I.2.a) cc),(2a).

952 Palandt/ *Bassenge*, BGB, § 932, Rn. 1; siehe grundlegend zum gutgläubigen Erwerb von Miteigentumsanteilen: *Koller*, JZ 1972, 646 ff und speziell zum gutgläubigen Erwerb von Sammeldepotanteilen, wie sie dem Depotkunden im Rahmen der Girosammelverwahrung gemäß § 6 I Satz 1 DepotG zustehen, § 5 A. II.2.

953 Daß auch § 4 DepotG nach allgemeiner Auffassung einen gutgläubigen Erwerb gemäß § 366 HGB nicht ausschließt, spielt insoweit keine Rolle, als es einen hundertprozentigen Schutz vor einem redlichen Erwerb Dritter ohnehin nicht geben kann - und im Interesse des Rechtsverkehrs auch nicht geben darf; vgl. genauer zu den spezifischen Schutzmechanismen bei der Girosammelverwahrung § 5 A.II.2.

954 Zum Zusammenhang der beiden in Art. 10 I Satz 2, Spiegelstrich 2 WpDIRL jeweils ausformulierten Schutzzweckgesichtspunkte des Insolvenzschutzes und der Vermeidung einer mißbräuchlichen Verwendung für eigene Rechnung siehe bereits oben die Darlegungen zu § 34 a I WpHG unter § 2 A.II.1.b)dd).

955 Mit Erteilung einer solchen Ermächtigung verzichtet der Kunde gleichsam ganz oder teilweise auf den Schutz, den das DepotG grundsätzlich für ihn vorsieht, siehe dazu näher unten B.I.1.b)cc).

956 Im Ergebnis gleich: *Einsele* in: Ferrarini, European Securities Markets: The ISD and beyond, p. 95 f. Mit der Frage, wie die Verwahrung nach dem DepotG im

Der Erlaß neuer Gesetzesvorschriften war daher nur für diejenigen Wertpapierfirmen (im deutschen Recht also: Wertpapierdienstleistungsunternehmen[957]) notwendig, die vom DepotG nicht erfaßt werden. Im Ergebnis steht somit die tatbestandliche Privilegierung der Depotbanken im Einklang mit den europarechtlichen Vorgaben.

B. Sachlicher Anwendungsbereich

In sachlicher Hinsicht erfaßt § 34 a II WpHG Wertpapiere, welche das Wertpapierdienstleistungsunternehmen im Zusammenhang mit einer Wertpapierdienstleistung oder -nebendienstleistung entgegennimmt. Eine Abs. 1 entsprechende Eingrenzung hinsichtlich der intendierten Verwendung der Wertpapiere findet nach dem Wortlaut der Norm nicht statt.

I. Eingrenzung des Anwendungsbereichs nach der Rechtsstellung des Wertpapierdienstleistungsunternehmens im Rahmen von § 34 a II WpHG

Die Bestimmung des sachlichen Anwendungsbereiches muß sich, wie bereits oben konstatiert wurde, zuvorderst an einer Abgrenzung zum DepotG orientieren. Daneben ist aber unter praktischen Gesichtspunkten auch im Auge zu behalten, daß die Handhabung der Wertpapiere im Rahmen einer Vermögensverwaltung auf Wertpapierbasis das spiegelbildliche Gegenstück zum Umgang des Wertpapierdienstleistungsunternehmens mit den Geldern des Kunden darstellt. Zweckmäßigerweise sollte daher bei der Vermögensverwaltung, bei der sich Geld und Wertpapiere als Gegenstand von Verfügungen sowie als Surrogate einer Verfügung über das jeweils andere abwechseln, die Rechtsmacht des Unternehmens im Hinblick auf die Wertpapiere mit derjenigen in bezug auf die Kundengelder korrelieren.[958]

Dabei kommen, wie im Rahmen von Abs. 1 aufgezeigt wurde[959], als Grundlage eines als Dienstleistung für andere zu verstehenden Handels in Wertpapie-

Rahmen von § 34 a II WpHG adäquaterweise auszugestalten ist, beschäftigt sich § 5.

957 Siehe oben § 2 A.I.

958 Nach *Wolf*, BKR 2002, 892, 893 kommt es indes in der Praxis häufiger vor, daß die Geld- und die Wertpapierseite insoweit auseinander fallen.

959 Unter § 2 B.I.; vgl. zudem erneut Begr. RegE zu § 1 Ia Satz 2 Nr. 4 KWG, BT-Drucks. 13/7142, S. 66, wonach jedenfalls der Handel in Wertpapieren und anderen Finanzinstrumenten immer einer der folgenden drei Kategorien zuzuordnen ist.

ren, immer nur drei Hauptvarianten prinzipiell in Betracht. Es sind dies auch hier das Handeln im fremden Namen auf fremde Rechnung (offene Stellvertretung), das Handeln im eigenen Namen auf fremde Rechnung (mittelbare Stellvertretung) sowie das Handeln im eigenen Namen auf eigene Rechnung (sofern als Dienstleistung zu begreifen: Eigenhandel), wobei sich wie gesehen bei einem Tätigwerden des Wertpapierdienstleisters im eigenen Namen auf fremde Rechnung eine wichtige Unterdifferenzierung zwischen Vollrechts- und Ermächtigungstreuhand ergibt.

Nach dem Wortlaut der Vorschrift, der anders als Abs. 1 keine einschränkenden Vorgaben hinsichtlich der erfaßten Vorgehensweisen des Wertpapierdienstleistungsunternehmens enthält, unterfiele jedwede Form des Wertpapierhandels dem sachlichen Anwendungsbereich der Vorschrift. Im bisherigen Verlauf der Bearbeitung wurde dagegen bereits augenscheinlich, daß den persönlich erfaßten Wertpapierdienstleistern ohne Erlaubnis zum Betreiben des Depotgeschäftes nicht jede Form der Verwendung der Effekten gestattet werden kann. Es bedarf somit auch hier einer über den Wortlaut hinausgehenden Untersuchung, um festzustellen, welche Handlungsformen aus der Perspektive des begrenzten persönlichen Anwendungsbereiches für den nicht gemäß §§ 1 I Satz 2 Nr. 5, 32 KWG konzessionierten Wertpapierdienstleister in Betracht kommen, ohne daß er die Grenze zum Depotgeschäft überschreitet. Durch das insoweit zulässige Verhalten wird zugleich der für § 34 a II WpHG verbleibende Anwendungsbereich bestimmt. Dies ergibt sich, wenn nicht bereits aus der Nichtanwendbarkeit der Vorschrift auf Depotbanken i.S.d. § 1 I Satz 2 Nr. 5 KWG, so aus der noch weitergehenden Subsidiarität des WpHG für die durch das DepotG geregelten Tatbestände der Verwahrung und der Verwaltung, § 2 IIIa Nr. 1 WpHG i.V.m. § 1 WpHG.[960] Darüber hinaus sind schließlich bei der Bestimmung des Anwendungsbereiches die europarechtlichen Vorgaben aus Art. 10 I Satz 2, Spiegelstrich 2 WpDIRL maßgeblich zu berücksichtigen.

1. Anwendung von § 34 a II WpHG auf Wertpapierdienstleistungen i.S.d. § 2 III Nr. 6 „Finanzportfolioverwaltung“

a) Verbleibender Handlungsspielraum des unlizensierten Vermögensverwalters in Abgrenzung zu § 1 I Satz 2 Nr. 5 KWG und dem DepotG

In Anbetracht der Tatsache, daß der Gesetzeswortlaut von § 34 a II WpHG keine Aussage darüber trifft, in wessen Namen und auf wessen Rechnung das Wertpapierdienstleistungsunternehmen im Anwendungsbereich der Norm handeln soll,

960 Siehe dazu oben A.II.2.a)bb).

ist zur Auslegung der Vorschrift zunächst die Gesetzesbegründung heranzuziehen.

aa) Abgrenzung zur Zwischenverwahrung nach § 3 DepotG

(1) Analyse der Gesetzesbegründung

Nach der Regierungsbegründung ist Sinn und Zweck des § 34 a II WpHG der Schutz derjenigen Wertpapiere, auf die das DepotG bei der Weiterleitung mangels Zwischenverwahrertätigkeit des Wertpapierdienstleistungsunternehmens keine Anwendung findet.[961] Im Lichte dieser Intention soll ein Unternehmen, das i.S.d. des Abs. 2 tätig wird, lediglich die Stellung eines Boten haben, weil in der Praxis der Kunde bei der Ersteinlieferung entscheiden werde, auf welches Depot die Papiere einzuliefern sind.[962] Für den Fall, daß der Kunde noch keine Wertpapierdepots unterhält, wird unter anderem erwähnt, daß sich dann das Unternehmen zunächst Depoteröffnungs- und Vollmachtsformulare besorgen müsse.[963] Nach der Vorstellung des Gesetzgebers darf also der unlizensierte Wertpapierdienstleister i.S.d. § 34 a II WpHG bei der Weiterleitung zulässigerweise nur im fremden Namen, d.h. entweder als Bote des Kunden oder, um ein Depot zu eröffnen, als dessen Vertreter tätig werden. Dies impliziert, daß das Unternehmen solange nicht zum Zwischenverwahrer i.S.d. § 3 DepotG wird, wie das Depot auf den Namen des Kunden lautet und also nicht im eigenen Namen des Unternehmens geführt wird.[964]

Daß jedenfalls die Weiterleitung von Geldern im fremden Namen keine Zwischenverwahrertätigkeit begründet, läßt sich indes bereits hinreichend deutlich aus dem Gesetz entnehmen. Nach § 3 I DepotG i.V.m. der Legaldefinition des Zwischenverwahrers in § 3 II DepotG handelt es sich bei diesem um einen Verwahrer, der Wertpapiere unter seinem Namen von einem anderen Verwahrer verwahren läßt. Bereits hieraus ergibt sich also, daß als Zwischenverwahrer nur derjenige gilt, wer die Wertpapiere des Kunden im eigenen Namen auf einem Depotkonto hält.[965]

Die Gesetzesbegründung enthält damit zwar Hinweise, wie der Wertpapierdienstleister im Rahmen des § 34 a II WpHG tätig werden kann, um keinesfalls

---

961 Begr. RegE § 34 a WpHG, BT-Drucks. 13/7142, S. 110.
962 Begr. RegE § 34 a WpHG, BT-Drucks. 13/7142, S. 110 f.
963 Begr. RegE § 34 a WpHG, BT-Drucks. 13/7142, S. 111.
964 So zutreffend *Schäfer* in: BuB, 11/13.
965 Siehe insoweit auch *Kümpel* in: BuB, 8/12; ebenso ferner *Szagunn/ Wohlschieß*, KWG, § 1, Rn. 51; *Fülbier* in: Boos/ Fischer/ Schulte-Mattler, KWG, § 1, Rn. 62 in Anlehnung an das Schreiben des BAKred vom 06. 05. 1977, I 5 - 173 - 212/76.

in den Bereich des aus seiner Sicht nicht erlaubten und vom Anwendungsbereich des § 34 a II WpHG gerade ausgenommenen Depotgeschäftes nach § 1 I Satz 2 Nr. 5 KWG zu fallen. Eine klare Grenzziehung unterbleibt jedoch, so daß den Erläuterungen des Gesetzgebers kein höherer Erkenntniswert zukommt als schon der gesetzlichen Regelung des § 3 DepotG selbst. Dessen ungeachtet vertrüge sich aber die Annahme einer ausschließlichen Konzipierung von § 34 a II WpHG auf ein Handeln im fremden Namen auf fremde Rechnung nicht mit § 34 a I WpHG, der als spiegelbildliches Gegenstück die Geldseite der Wertpapiergeschäfte betrifft und auf ein Handeln im eigenen Namen auf fremde Rechnung ausgerichtet ist. Es erschiene in praktischer Hinsicht als wenig geglückte Lösung, wenn ein Finanzportfolioverwalter zwar im Rahmen von Abs. 1 als Ermächtigungstreuhänder im eigenen Namen über die Gelder des Kunden verfügen darf, in bezug auf dessen Wertpapiere dagegen Verwaltungshandlungen nur als Vertreter des Kunden vornehmen könnte. Gänzlich ungeeignet als durchgängige Grundlage für eine eigenverantwortliche Anlage fremden Vermögens ist schließlich eine bloße Botenstellung, wie sie in der Gesetzesbegründung anklingt; deren Bedeutung bleibt mithin auf den in Begründungserwägungen explizit angeführten Fall, der Weiterleitung von Papieren auf ein schon existentes Depot beschränkt.

(2) Zwischenfazit

Zu konstatieren ist somit, daß die Tätigkeit eines Wertpapierdienstleistungsunternehmens einer Abgrenzung zur Zwischenverwahrung bedarf. Diese wird bei der Einrichtung eines Depots für den Kunden relevant und ist anhand von § 3 DepotG vorzunehmen. Hieraus ergibt sich als negative Voraussetzung sowohl für das zulässige Handeln eines Wertpapierdienstleisters i.S.d. § 34 a II WpHG wie zugleich der Anwendbarkeit der Norm, daß das Unternehmen Wertpapiere nicht unter seinem eigenen Namen auf einem Depotkonto verwahren lassen darf.[966] Inhaber des Kontos muß folglich der Kunde sein.[967]

Damit ist dem Unternehmen indessen lediglich die Begründung eines Eigendepots untersagt, wohingegen sämtliche Gestaltungsformen eines Fremddepots

---

966 Siehe auch *Weber-Rey/ Baltzer*, WM 1997, 2288, 2289, die diese Aussage für Finanzportfolioverwalter treffen, ohne allerdings auf § 34 a II WpHG Bezug zu nehmen.

967 Ebenso, jedoch widersprüchlich *Koller* in: Assmann/ Schneider, WpHG, § 34 a, Rn. 12, wenn er es in der Folge für zulässig hält, daß das Wertpapierdienstleistungsunternehmen das Konto bei der Depotbank im eigenen Namen eröffnet. Allein auf das Eigentum des Kunden als maßgeblichem Kriterium abstellend, übersieht er die notwendige Abgrenzung zu § 3 DepotG.

möglich bleiben. Da für die Bestimmung des Kontoinhabers und die Verfügungsbefugnis an einem Depotkonto grundsätzlich die selben Regeln gelten wie bei einem Einlagenkonto,[968] kommt neben einem auf den Namen des Kunden lautenden Depot, hinsichtlich dessen der Vermögensverwalter als Vertreter des Anlegers Verfügungen trifft, auch die in den Gesetzesunterlagen nicht erwähnte Variante der Erteilung einer Verfügungsermächtigung gemäß § 185 I BGB durch den Kunden als Kontoinhaber in Betracht. Hierbei würde sich dann um die depotmäßige Entsprechung zum Ermächtigungstreuhandkonto handeln, wie es beim Einlagenkonto geläufig ist.[969]

Ausgeschlossen ist dagegen die Verwahrung der Wertpapiere auf einem Treuhanddepot in der Variante der Vollrechtstreuhand, weil hier das Wertpapierdienstleistungsunternehmen als Inhaber des Treuhandkontos fungieren würde. Es läge mithin eine Verwahrung der Wertpapiere im eigenen Namen des Unternehmens vor, die als Zwischenverwahrung i.S.d. § 3 DepotG beurteilt werden müßte und - soweit in einem gewerbsmäßigen oder kaufmännischen Umfang betrieben - den Banken mit einer Erlaubnis zum Betreiben des Depotgeschäftes nach § 1 I Satz 2 Nr. 5 KWG vorbehalten ist. Unabhängig von der Begründung der Depotbankeigenschaft folgt bereits aus § 2 IIIa Nr. 1 WpHG i.V.m. § 1 WpHG die Unanwendbarkeit von § 34 a II WpHG für den somit tangierten Anwendungsbereich des DepotG.

bb) Abgrenzung zum Verwahrtatbestand des § 1 II DepotG

Eine Verwahrung für andere i.S.d. §§ 1 I Satz 2 Nr. 5 KWG, 1 II DepotG liegt nun indessen nicht nur in dem Fall vor, in dem Wertpapiere im eigenen Namen bei einem Dritten verwahrt werden (Drittverwahrung, § 3 DepotG); wenn es vom Verwahrer spricht, so meint das DepotG vielmehr zunächst den unmittelba-

---

968 Staub/ *Canaris*, HGB, BankvertragsR II, Rn. 2090; *Gößmann* in: Schimansky/ Bunte/ Lwowski, BankRhdb., Bd. 2, § 72, Rn. 9; vgl. zudem KG WM 1964, 1038, 1039, wo Depot- und Einlagenkonto wie selbstverständlich gleich behandelt werden. Siehe daher neben den umfassenden Darlegungen bei Staub/ *Canaris*, HGB, BankvertragsR I, Rn. 141 ff auch bereits oben § 2 A.II. zur diesbzgl. Unterscheidung von Vollrechts- und Ermächtigungstreuhandkonto.

969 Ein solchermaßen ausgestaltetes Depot wird daher, entsprechend der Begrifflichkeiten beim Einlagenkonto, im folgenden auch als „Ermächtigungstreuhandkonto" bezeichnet werden. Die für treuhänderisch geführte Depotkonten verwandten Bezeichnungen „Separat-" oder „Sonderdepot" sind insoweit nicht treffend, da hiermit in Rechtsprechung und Literatur ein Treuhandkonto gemeint ist, welches nur als Zusatz die entsprechende Kennzeichnung und/ oder den Namen des Treugebers trägt. Über seine Qualität als Eigen- oder Fremdkonto aus Sicht des Treuhänders ist damit aber noch nichts ausgesagt; instruktiv KG WM 1964, 1038.

ren Verwahrer, d.h. denjenigen der die Verwahrtätigkeit selbst vornimmt[970] („Eigenverwahrung"), wie etwa im ursprünglichen Grundfall der Sonderverwahrung nach § 2 DepotG.[971] Obschon also ein Verwahrer seinen Pflichten auch dadurch nachkommen kann, daß er sie einem anderen Verwahrer zur Aufbewahrung überläßt und fortan nur noch als mittelbarer Besitzer (§ 868 BGB) hinsichtlich der ihm anvertrauten Kundenpapiere fungiert, so werden die Verwahrpflichten gemäß § 1 II DepotG nach dem Grundverständnis des DepotG doch originär dadurch ausgelöst, daß Wertpapiere des Kunden in gegenständlicher Form angenommen werden (§ 854 I BGB).[972]

Neben der soeben vorgenommenen Abgrenzung zum DepotG nach der Person des Kontoinhabers ergibt sich somit ein zweiter Abgrenzungsstrang aus dem Umstand, daß auch § 34 a II WpHG seiner Konzeption nach gerade die Fälle betrifft, in denen das Wertpapierdienstleistungsunternehmen Wertpapiere seiner Kunden effektiv entgegennimmt.[973] Da der von § 34 a II WpHG adressierte Wertpapierdienstleister indessen nicht über eine Erlaubnis zum Betreiben des Depotgeschäftes verfügt, ist es ihm verwehrt, Kundenpapiere selber in Verwahrung zu nehmen. Es wird somit die Frage virulent, unter welchen Voraussetzungen bei der Entgegennahme von Effekten eines Anlegers die Grenze zum Vorliegen eines Verwahrtatbestandes i.S.d. § 1 I Satz 2 Nr. 5 KWG sowie des § 1 II DepotG überschritten ist.

---

970 *Heinsius/ Horn/ Than*, DepotG, § 1, Rn. 48.

971 Die „Sammelverwahrung" i.S.d. § 5 DepotG als weitere mögliche Variante einer „Eigenverwahrung" bleibt allerdings ohne besondere Ermächtigung seitens des Hinterlegers den Wertpapiersammelbanken vorbehalten. Bei der Verwahrung durch die Wertpapiersammelbank handelt es sich dann um einen kombinierten Fall der Sammel- und Drittverwahrung (sog. Girosammelverwahrung). Siehe zur Unterteilung der Verwahrung in die beiden Grundfälle der „Eigen-" und der Drittverwahrung auch *Opitz*, DepotG, § 1, Anm. 9.

972 Siehe für den allgemeinen Verwahrvertrag MüKo/ *Hüffer*, BGB, § 688, Rn. 4, 10; Soergel/ *Teichmann*, BGB, § 688, Rn. 9, der zudem in Parallelwertung zur Übergabe i.S.d. § 929 Satz 1 BGB darauf hinweist, daß der Hinterleger zugleich seine eigene tatsächliche Sachherrschaft aufgeben muß.

973 Wie oben (unter § 2 A.II.1.b)cc),(1a)) im Rahmen der Untersuchung des Anwendungsbereichs von Abs. 1 für den parallel gelagerten Fall der Kundengelder dargelegt wurde, widerspräche jede andere Auslegung nicht nur dem allgemeinen sprachlichen Verständnis einer Entgegennahme und Weiterleitung, sondern ließe auch den Sinn und Zweck der Norm weitestgehend leer laufen.

(1) Objektive Annäherung an den Verwahrtatbestand; Ablehnung einer Abgrenzung nach der Ausgestaltung der Vermögensverwaltung sowie der Ansicht Miebachs

Zu denken wäre auch hier daran, wie beim Einlagengeschäft für eine Abgrenzung zum übergeordneten bankgeschäftlichen Tatbestand an der Unterscheidung der verschiedenen Erscheinungsformen des Handelns im fremden Namen anzusetzen. So wird teilweise nur in bezug auf die Vermögensverwaltung nach dem „Treuhandmodell" (Variante der Vollrechtstreuhand) davon ausgegangen, daß die Voraussetzungen des Depotgeschäftes nach § 1 I Satz 2 Nr. 5 KWG erfüllt sein können.[974]

Zuzugestehen ist, daß eine Differenzierung zwischen Treuhandmodell und Vertretermodell mit der soeben vorgenommenen Abgrenzung nach der diesen Verwaltungsvarianten jeweils entsprechenden Ausgestaltung des Kundenkontos übereinstimmt. Gleichwohl erscheint eine Differenzierung, die sich an den verschiedenen Gestaltungsformen der Vermögensverwaltung orientiert, im Ansatz fragwürdig. Denn den Ausgangspunkt einer grundlegenden Abgrenzung der Verwahrung von Wertpapieren nach § 1 II DepotG von anderen Formen der Entgegennahme von Kundeneffekten muß der Umstand bilden, daß die Übernahme der Verwahrung einer Sache für sich genommen noch nicht die Notwendigkeit mit sich bringt, in irgendeiner Form rechtsgeschäftlich tätig zu werden. Der Inhalt eines Verwahrvertrages beschränkt sich ausgehend von § 688 BGB vielmehr auf die bloße Gewährung von Raum sowie die Übernahme der Obhut für die hinterlegte Sache.[975] Ein Recht oder eine Pflicht die Sache in irgendeiner Form zu gebrauchen, geht damit grundsätzlich nicht einher.[976] Diese kennzeichnenden Charakteristika setzen sich auch in der speziellen Ausprägung der Verwahrung von Wertpapieren nach dem DepotG fort, das § 1 II DepotG für einschlägig erklärt, wenn „Wertpapiere unverschlossen zur Verwahrung anvertraut

974 *Kienle* in: Schimansky/ Bunte/ Lwowski, BankRhdb., Bd. 3, § 111, Rn. 6 ohne nähere Begründung. Auch *Miebach*, DB 1991, 2069, 2071 differenziert in seiner Darstellung zwischen dem Treuhand- und dem Vertretermodell, lehnt aber in beiden Fällen das Vorliegen eines Depotgeschäftes ab.

975 Palandt/ *Sprau*, BGB, § 688, Rn. 1; MüKo/ *Hüffer*, BGB, § 688, 10 f; Soergel/ *Teichmann*, BGB, § 688, Rn. 4 sowie speziell für die Verwahrung nach § 1 I Satz 2 Nr. 5 KWG: *Schönle*, Bank- und BörsenR, § 20 II. 1.; *Kümpel* in: BuB, 8/6; *Beck*, KWG, Bd. 1, § 1, Rn. 164.

976 Palandt/ *Sprau*, BGB, § 688, Rn. 2, 4. Eine Ausnahme gilt indes gerade für die bankmäßige Verwahrung von Wertpapieren, bei der neben die grundsätzlichen Pflichten eines Verwahrers auch Verwaltungspflichten treten. Diese folgen indes erst aus der AGB-mäßigen Einbeziehung der Sonderbedingungen für Wertpapiergeschäfte und ändern daher nichts an der gesetzlichen Grundkonzeption.

werden". Entsprechend der Rechtsnatur des allgemeinen Verwahrungsvertrages sind die Wertpapiere bereits dann i.S.d. DepotG anvertraut, wenn der Entgegennehmende für seinen Kunden den Besitz an den Wertpapieren erlangt.[977] Schon die bloße, tatsächliche Besitzübertragung löst somit die Rechte und Pflichten eines Verwahrers nach dem ersten Abschnitt des DepotG aus, ohne daß es dabei auf das rechtswirksame Zustandekommen eines Verwahrungsvertrages ankäme.[978] Auch macht die dem Verwahrungsvertrag immanente Obhutspflicht des Verwahrers für die hinterlegte Sache[979] ein wie auch immer geartetes rechtsgeschäftliches Handeln nicht erforderlich; soweit nicht ein anderes vereinbart ist, handelt es sich hierbei nur um die Verpflichtung, alles zu unterlassen, was zu deren Beschädigung führen könnte.[980] Insgesamt wird damit manifest, daß Verwahrpflichten sowohl in ihrer Entstehung als auch in ihrer Wahrnehmung von rechtsgeschäftlichen Erklärungen unabhängig sind. Dies liefert nun aber mehr als ein Indiz dafür, daß es auch nicht von Bedeutung sein kann, ob der Entgegennehmende die Wertpapiere im eigenen oder im fremden Namen zu verwenden gedenkt. Eine Abgrenzung des Depotgeschäftes von anderen Formen der Annahme fremder Wertpapiere, die an der Rechtsstellung des Entgegennehmenden entsprechend der verschiedenen Erscheinungsformen des Handelns für einen anderen ansetzt, vermag daher nicht zu überzeugen. Es zeigt sich vielmehr, daß die Übergabe von Sachen zu Zwecken der Verwahrung sich nach äußerlichen, rechtsgeschäftlichen Kriterien nicht von einer Entgegennahme zu anderen Zwecken unterscheiden läßt, so daß der Versuch einer Abgrenzung anhand von rein objektiven Kriterien scheitern muß.

Abzulehnen ist daher ferner die Argumentation *Miebachs*[981], dem im übrigen das Verdienst gebührt, die erste vertiefte und bis dato aufschlußreichste Untersu-

---

977 *Opitz*, DepotG, § 1 Anm. 7.; *Heinsius/ Horn/ Than*, DepotG, § 1, Rn. 58.

978 *Heinsius/ Horn/ Than*, DepotG, § 1, Rn. 58; siehe auch *Opitz*, DepotG, § 1 Anm. 7., wonach es gleichgültig ist, ob der Überbringer berechtigt oder verfügungsfähig war oder nicht.

979 Die Pflichten des Verwahrers von Wertpapieren nach dem ersten Abschnitt des DepotG können unter diesem Aspekt auch als spezielle Ausgestaltung der allgemeinen Obhutspflicht begriffen werden.

980 Palandt/ *Weidenkaff*, BGB, § 535, Rn. 85 für die Obhutspflicht des Mieters. Was hierfür im Einzelfall erforderlich ist, bemißt sich unter Beachtung der §§ 157, 242 BGB nach den Umständen des Einzelfalles, Staudinger/ *Reuter*, BGB, 688, Rn. 6. Mehr als die zur Erhaltung und Sicherung unerläßlichen Maßnahmen können dem Verwahrer aber regelmäßig nicht abverlangt werden, siehe MüKo/ *Hüffer*, BGB, § 688, Rn. 6. Etwas weiter gehen zwar teilweise die AGB-mäßig ausgestalteten Verwaltungspflichten der Banken bzgl. der verwahrten Wertpapiere; insoweit belegt indes die Tatsache, daß diese erst durch AGB festgelegt werden mußten, die grundsätzliche Gültigkeit der zuvor getroffenen Feststellungen.

981 In: DB 1991, 2069 ff.

chung zur Vermögensverwaltung im Kontext der Bankgeschäfte nach § 1 KWG unternommen zu haben. Seine These, ein Depotgeschäft liege bei der Vermögensverwaltung nicht vor, da die Verwahrung durch den Verwalter nicht für andere, sondern ausschließlich in dessen Eigeninteresse erfolge[982], geht jedoch fehl. Sie steht in unauflösbarem Widerspruch sowohl zu der mittlerweile gesetzlich dokumentierten Natur der Vermögensverwaltung, die zwingend eine Tätigkeit „für andere"[983] voraussetzt, als auch zu dem Umstand, daß eine Verwaltung fremden Vermögens nach dem „Treuhandmodell" den uneigennützigen Treuhandschaften zuzuordnen ist[984]. Überdies kann von einem ausschließlichen Eigeninteresse des Vermögensverwalters auch insoweit keine Rede sein, als die ordnungsgemäße Verwahrung fremder Wertpapiere auch und gerade deshalb im DepotG reglementiert wurde, um dem Interesse des Anlegers an der Erhaltung seiner Eigentumsrechte Rechnung zu tragen.[985] Wenn *Miebach* weiter zur Begründung hilfsweise ausführt, eine Verwahrung durch den Verwalter liege sicherlich dann nicht vor, wenn die Wertpapiere nicht in effektiven Stücken an den Verwalter ausgeliefert, sondern bei einem Kreditinstitut auf den Namen des Verwalters verwahrt würden,[986] so setzt er nicht nur hypothetisch voraus, daß die Vermögensverwalter die ihnen übertragenen Wertpapiere auch ohne Bestehen einer expliziten Verpflichtung bei einem Kreditinstitut verwahrten;[987] er übersieht dabei vor allem die Notwendigkeit einer Abgrenzung zur Zwischenverwahrung nach § 3 DepotG, wie sie oben (unter aa)) vorgenommen wurde.

Der Problematik, daß die Entgegennahme von fremden Wertpapieren im Rahmen des Depotgeschäftes nach objektiven Kriterien nicht von einer andersmotivierten Übergabe von Effekten zu unterscheiden ist, scheint allerdings der KWG-Gesetzgeber gewahr geworden zu sein, wenn er klarstellt, daß die Finanz-

---

982 *Miebach*, DB 1991, 2069, 2071 für das Treuhandmodell; *Balzer*, Vermögensverwaltung durch Kreditinstitute, S. 62 übernimmt diese Argumentation ohne nähere Erläuterung.

983 So gleichlautend die Definitionen der „Finanzportfolioverwaltung" in § 1 Ia Nr. 3 KWG und § 2 III Nr. 6 WpHG.

984 Siehe nur *Schönle*, Bank- und BörsenR, § 20 IV.2.c); *Gernhuber*, JuS 1988, 355, 357; *Henssler*, AcP 196 (1996), 37, 42; *Wolter*, Treuhandrecht im Umbruch, S. 5.

985 Siehe etwa *Opitz*, DepotG, Grundgedanken und Aufbau, S. 16; *Schönle*, Bank- und BörsenR, § 20 I.; *Einsele* in: Ferrarini, European Securities Markets: The ISD and beyond, p. 95.

986 *Miebach*, DB 1991, 2069, 2071 für das Treuhandmodell.

987 Vor Inkrafttreten von § 34 a WpHG zum 01. 01. 1998 war eine solche Verpflichtung nirgends festgeschrieben. *Miebach* unterstellt damit vermeintlich reale Gegebenheiten, von denen gerade erst noch zu untersuchen ist, ob und inwieweit sie sich als Folge einer rechtlichen Verpflichtung ergeben müßten.

portfolioverwaltung subsidiär gegenüber dem § 1 I Satz 2 Nr. 5 KWG ist.[988] Soweit es um Wertpapiere geht, ordnet er deshalb an, daß der Portfolioverwalter die Papiere des Kunden bei einem Unternehmen zu verwahren lassen hat, das zum Betreiben des Depotgeschäftes befugt ist; andernfalls benötige er der Erlaubnis zum Betreiben des Depotgeschäftes und wäre als Kreditinstitut zu qualifizieren.[989] Bemerkenswert an dieser Passage aus der Gesetzesbegründung zu § 1 Ia Satz 2 Nr. 3 KWG[990] ist, daß die Vorschrift des § 34 a II WpHG mit keinem Wort erwähnt wird. In Einklang mit der bisherigen objektiven Annäherung an den Verwahrtatbestand läßt sich hieraus schließen, daß sich eine Pflicht zur Verwahrung bei einer Depotbank auch schon vor Einfügung des § 34 a WpHG aus dem Umstand ergab, daß ansonsten unbefugtermaßen das Depotgeschäft betrieben würde.

(2) Maßgeblichkeit der Zweckvorstellungen bei der Besitzübertragung; Bedeutung einer zeitlichen Komponente

Eine Eingrenzung des Verwahrtatbestandes kann damit bei der Entgegennahme von Wertpapieren allein über den Zweck der Besitzübertragung als subjektiver Komponente der Definition des § 1 II DepotG erfolgen. Da dieser Zweck auf die Verwahrung der Wertpapiere gerichtet sein muß, kommt als Verwahrer an sich nicht in Betracht, wem die Wertpapiere lediglich zum Verkauf, Inkasso oder Umtausch übergeben werden.[991] Ist indessen mit einem alsbaldigen Verkauf der Wertpapiere nicht zu rechnen, so wird man im Zweifel davon auszugehen haben, daß sie zunächst zur Verwahrung anvertraut sind.[992] Verwahrpflichten können sich folglich auch als Nebenpflichten eines anderen Vertrages ergeben, wenn sich dessen Ausführung verzögert.[993] Generell wird man also den Verwahrtatbestand bejahen müssen, wenn mit der Übergabe keine ebenso sachlich wie auch zeitlich fixierte Zweckbestimmung verbunden ist. In diesem Fall erlangt die Aufbewahrungspflicht in Übereinstimmung mit den - eben noch vagen - Vorstellungen der Parteien eine größere Bedeutung als die einer unwesentlichen Ne-

988 Begr. RegE § 1 Ia Satz 2 Nr. 3 KWG, BT-Drucks. 13/7142, S. 66; ebenso Beck, KWG, Bd. 1, § 1, Rn. 269.

989 Begr. RegE § 1 Ia Satz 2 Nr. 3 KWG, BT-Drucks. 13/7142, S. 66.

990 Also der Normierung der Finanzportfolioverwaltung als Finanzdienstleistung.

991 *Heinsius/ Horn/ Than*, DepotG, § 1, Rn. 59; für den Verkauf ebenso *Opitz*, DepotG, § 1 Anm. 7 unter Verweis auf die Begründung des Gesetzes betreffend die Pflichten der Kaufleute bei der Aufbewahrung von Wertpapieren aus dem Jahr 1896, in dem das DepotG von 1937 seine Grundlage findet.

992 *Heinsius/ Horn/ Than*, DepotG, § 1, Rn. 59; bei *Opitz*, DepotG, § 1 Anm. 7 ist die Rede von einer „überlangen Dauer“ der Abwicklung.

993 *Opitz*, DepotG, § 1 Anm. 7.

benleistung, so daß die Übergabe hier konkludent zumindest auch zu dem Zweck der Verwahrung erfolgt.[994]

Ferner gebietet es sich vor diesem Hintergrund, auch in einer zweiten Fallgruppe, nämlich bei einer zeitlichen Verzögerung des ursprünglich vorgesehenen, andersgearteten Zwecks, zum Schutz des Anlegers die Regelungen des DepotG über die Verwahrung zur Anwendung kommen zu lassen. Da die Parteien diesen Fall häufig nicht bedacht haben werden, sind ihre Willensäußerungen bei Übergabe der Wertpapiere gemäß §§ 133, 157 BGB ergänzend so auszulegen, daß sie die Verwahrung der Wertpapiere gewollt haben würden, hätten sie mit einem längerwährenden Verbleib der Papiere beim Annehmenden gerechnet. Eine solche Auslegung ist geboten, da andernfalls der durch das DepotG bezweckte Schutz der Kundeneffekten allzu leicht unterlaufen werden könnte, indem der vertragliche Zweck entweder nicht präzise festgelegt oder aber seine Realisierung hinausgezögert wird.[995] Sie steht überdies mit den Wertungen des Gesetzes in Einklang, wie sie in § 29 DepotG zum Ausdruck kommen. § 29 DepotG bestimmt, daß auch den Einkaufskommissionär die Rechte und Pflichten eines Verwahrers treffen, solange er die in seinem Besitz befindlichen, aber bereits in das Eigentum des Kommittenten übergegangenen Wertpapiere nicht entsprechend seiner gemäß § 384 II, 2. Hs. HGB aus dem Kommissionsverhältnis resultierenden Pflicht an den Kommittenten ausliefert.[996] Es kommt somit die

---

994 *Kümpel*, Bank- und KapitalmarktR, 11.14 ff, wonach es an einem Verwahrvertrag und damit der Anwendbarkeit des DepotG insgesamt fehlt (11.16), falls die Aufbewahrungspflicht der Bank nur als Nebenleistung geschuldet ist, kann daher nicht zugestimmt werden. Wenn er dies zudem als einhellige Meinung ausgibt, so gibt er damit zunächst nicht zu erkennen, daß die in Bezug genommenen Textstellen (Fn. 10) sich nicht spezifisch auf die depotgesetzlichen Verwahrpflichten beziehen, deren Entstehen nur von einem Anvertrauen zu Verwahrzwecken abhängt; vor allem aber übersieht er dabei, daß sich jedenfalls bei Soergel/ *Mühl*, BGB, vor § 688, Rn. 2 sowie Staudinger/ *Reuter*, BGB, Vorbem. zu § 688, Rn. 38 ff, worauf in der zitierten Rn. 4 verwiesen wird, der Hinweis auf eine entsprechende Anwendung der Verwahrungspflichten findet.

995 Vgl. auch Staudinger/ *Reuter*, BGB, Vorbem. zu § 688, Rn. 38, der eine lückenfüllende Anwendung der § 688 ff BGB auf andere Rechtsverhältnisse bejaht, die die Obhut für eine fremde Sache mit sich bringen.

996 Auch diese gesetzliche Einpassung des Kommissionsverhältnisses in die Systematik des depotgesetzlichen Verwahrtatbestandes findet bei *Kümpel*, Bank- und KapitalmarktR, 11.14 ff, der die Effektenkommission schlichtweg außerhalb des depotrechtlichen Regelwerks sieht, keine Berücksichtigung. Daß das Gesetz keine explizite Regelung für den umgekehrten Fall der Verkaufskommission enthält, wo ein gleichgelagertes Schutzbedürfnis bestünde, dürfte seinen Grund nur darin haben, daß im 2. Abschnitt des DepotG lediglich die Effekten-Einkaufskommission einer gesetzlichen Reglementierung unterworfen wurde; zur Anwendung der Verwahrvorschriften auf die Verkaufskommission siehe jedoch sogleich unter 2.

Einschätzung des Gesetzgebers zum Ausdruck, daß einem zeitlichen Aufschub der weiteren Verwendung der Wertpapiere durch Anwendung der Verwahrvorschriften Rechnung zu tragen ist. Insoweit erscheint es insbesondere deshalb zulässig, die Regelungen zur Effektenkommission in paralleler Wertung heranzuziehen, weil die Vermögensverwaltung, namentlich soweit sie auf der Grundlage der Ermächtigungstreuhand betrieben wird, der Sache nach als Aneinanderreihung verschiedener Kommissionsverhältnisse angesehen werden kann, die in einem Dauerschuldverhältnis zusammengefaßt sind.[997] Die Situationstypik des Kommissionsgeschäftes läßt sich daher auf die Vermögensverwaltung übertragen, betrachtet man nur die Ausführung einer einzelnen Anlageentscheidung isoliert.[998]

Im Ergebnis erlangt damit in Fällen, in denen Wertpapiere nicht ohnehin schon explizit zu Zwecken der Verwahrung übergeben werden, das Moment der zeitlichen Ungewißheit ihrer weiteren Verwendung ausschlaggebende Bedeutung. Der Ungewißheit gleichzustellen ist ein nennenswerter Zeitaufschub, der das ursprüngliche Motiv in den Hintergrund treten läßt und aus Sicht des Kundenschutzes eine Anwendung des DepotG notwendig macht.

(3) Anwendung dieser Grundsätze auf die Vermögensverwaltung

Für die hier in Frage stehende Tätigkeit eines Vermögensverwalters i.S.d. § 34 a WpHG ist nun gerade kennzeichnend, daß das weitere Schicksal der übergebenen Vermögenswerte im Moment ihrer Übergabe noch nicht feststeht; denn ein Portfolioverwalter i.S.d. § 2 III Nr. 6 WpHG entscheidet grundsätzlich nach eigenem Ermessen, ob und wann er Vermögensumschichtungen im Portfolio des Kunden vornimmt.[999] Wenn nicht die zukünftige Verwendung der Kundeneffekten bereits bei deren Übergabe deutlich absehbar ist, so muß dies mithin so verstanden werden, daß sie bis auf weiteres zur vorübergehenden Verwahrung übergeben sind. Bei dieser Konstellation ist aufgrund der gänzlichen Ungewißheit, wie lange die Wertpapiere der tatsächlichen Sachherrschaft des Verwalters unterliegen werden, die Annahme eines Verwahrtatbestandes bereits von Beginn

---

997 Siehe oben § 2 B.I.2.a)bb),(4a).

998 Dazu, daß das Kommissionsverhältnis für rechtliche Lösungen im Rahmen der Vermögensverwaltung eine Vorbildfunktion übernehmen kann, auch bereits unter § 2 B.II.2.a).

999 Siehe genauer zum Begriff der Vermögensverwaltung, wie er nun auch in § 2 III Nr. 6 WpHG gesetzlich fixiert wurde, oben § 2 B.I.2.a)aa).

an geboten und nicht erst, wenn sich die Wertpapiere eines Kunden bereits über eine gewisse Dauer im Besitz des Vermögensverwalters befinden.[1000]

(4) Neubewertung der zeitlichen Komponente nach Einfügung von § 34 a II WpHG

War bisher nicht exakt zu bestimmen, ab wann in unklaren Fällen jedenfalls die Annahme eines Verwahrtatbestandes geboten ist, so kann überdies nun § 34 a II WpHG als Wertung des Gesetzgebers verstanden werden, die die bis dato bestehende Grauzone beseitigt. Indem § 34 a II WpHG verlangt, daß ein unlizensiertes Wertpapierdienstleistungsunternehmen empfangene Kundenpapiere unverzüglich weiterzuleiten hat, besteht nun eine klare Maßgabe, welches Verhalten sich für ein Institut allein noch gebührt, falls es nicht über eine Erlaubnis zum Betreiben des Depotgeschäftes verfügt. Man könnte in den dogmatischen Mustern der Verwahrung nach dem DepotG auch argumentieren, Unklarheiten hinsichtlich des Zieles der Entgegennahme werden für die Zukunft ausgeräumt, da in ungewissen Fällen der Gesetzgeber den Parteien nun die Wahl über den Verbleib der Wertpapiere abnimmt. An die Stelle einer von den Parteien versäumten auch zeitlich klaren Zwecksetzung tritt dann die Verpflichtung zur unverzüglichen Weiterleitung. Damit kann heute der Zeitraum als maßgeblich gelten, den die Unverzüglichkeit beläßt. Die Wertpapiere sind damit ohne schuldhaftes Zögern auf ein Depot bei einem gemäß § 1 I Satz 2 Nr. 5 KWG lizensierten Kreditinstitut einzureichen, vgl. § 121 I BGB. Dies wird durch die Überlegung unterstrichen, daß auch aus Sicht eines Wertpapierdienstleistungsunternehmens, das zur Verwahrung nicht selbst befugt ist, unter Geltung von § 34 a II WpHG kein Zweifel über den ordnungsgemäßen Umgang von Kundenpapieren mehr in Betracht kommt; leitet ein solches Unternehmen die Wertpapiere nicht unverzüglich an ein Kreditinstitut mit der Erlaubnis zum Betreiben des Depotgeschäftes weiter, so gibt es folglich zu erkennen, daß es sich eine Stellung anmaßt, die ihm nach dem klaren Wortlaut des § 34 a II WpHG nicht zukommt. Die nach diesen nun fixierten Maßstäben überlange Aufbewahrung von Wertpapieren in den eigenen Räumlichkeiten eines nicht gemäß § 1 I Satz 2 Nr. 5 KWG lizensierten Vermögensverwalters kann daher nurmehr so verstanden werden, daß er sich wissentlich als Depotbank geriert. Unter diesem Aspekt läßt sich so-

1000 So der Sache nach wie gesehen auch Begr. RegE § 1 Ia Satz 2 Nr. 3 KWG, BT-Drucks. 13/7142, S. 66, wenn dort für den Fall, daß die Wertpapiere nicht bei einer Depotbank verwahrt werden, davon ausgegangen wird, daß der Portfolioverwalter als Kreditinstitut zu gelten hätte; vgl. ferner *Baumbach/ Hopt*, (13) DepotG, § 1, Rn. 3, die auch die Tätigkeit einer Treuhandgesellschaft von § 1 II DepotG umfaßt sehen.

mit die Annahme einer erlaubnispflichtigen und, lizenzlos vorgenommen, gemäß § 54 I Nr. 2 KWG strafbewehrten Tätigkeit auch mit § 103 II GG vereinbaren.[1001]

(5) Zwischenfazit: Präzisierung des Verwahrtatbestandes im Lichte von § 34 a II WpHG

Was den hier zu untersuchenden verbleibenden Handlungsspielraum des bankunabhängigen Vermögensverwalters im Anwendungsbereich des § 34 a II WpHG anbelangt, so ergibt sich in Abgrenzung zur Eigenverwahrung im wesentlichen nur ein Unterschied temporärer Natur. Ein Abgrenzungsversuch, der sich an den verschiedenen Stufen eines Handelns im fremden Namen orientiert, muß scheitern, weil Anknüpfungspunkt für die Entstehung von Verwahrpflichten allein der nicht lediglich vorübergehende unmittelbare Besitz der Wertpapiere i.S.d. § 854 I BGB ist. Es ist daher entscheidend darauf abzustellen, ob die Wertpapiere nach der Vorstellung der Parteien nur übergeben werden, damit sie in Kürze zu einem konkreten Zweck verwendet werden, der nicht in der Aufbewahrung der Wertpapiere liegt. Dies steht bei der Verwaltung fremden Vermögens nach eigenen Maßstäben des Verwalters indessen regelmäßig nicht fest, so daß ein Verwahrtatbestand grundsätzlich erfüllt wäre. Ein Vermögensverwaltungsunternehmen entgeht daher selbst den Pflichten eines Verwahrers nur, wenn es die zur Verwaltungsmasse gehörigen Wertpapiere entsprechend § 34 a II WpHG weiterleitet.

Insoweit kann nun für Gelder, die ohne sachlich und zeitlich konkretisierte Maßgabe an ein Wertpapierdienstleistungsunternehmen übergeben werden, § 34 a II WpHG als Klarstellung des Gesetzgebers in zeitlicher Hinsicht begriffen werden. Fortan wird man daher für die Abgrenzung zum Verwahrtatbestand des § 1 II DepotG den Zeitraum als maßgeblich zu erachten haben, den die Pflicht zur unverzüglichen Weiterleitung zuläßt. Als Verwahrer i.S.d. § 1 II DepotG und bei entsprechendem Umfang der Geschäfte[1002] auch als Kreditinstitut i.S.d. § 1 I Satz 2 Nr. 5 KWG hat daher nach Einfügung des § 34 a II WpHG zu gelten, wer vom oder für den Kunden empfangene Effekten nicht ohne schuld-

1001 Zu den sanktionsrechtlichen Konsequenzen eines Verstoßes gegen § 34 a WpHG siehe § 6 A.

1002 Die Grenzwerte für die Annahme eines Bankgeschäftes sind vor dem Hintergrund, daß die Aufsicht über das Kreditwesen auch dem Publikumsschutz dienen soll, niedrig anzusetzen. Nach *Miebach*, DB 1991, 2069, 2071 sollen beim Depotgeschäft bereits 5 Depots oder mehr als 25 verschiedene Wertpapiertitel genügen, womit für eine Verwahrung von Wertpapieren außerhalb von § 1 I Satz 2 Nr. 5 KWG nur ein sehr geringer Spielraum verbleibt.

haftes Zögern an ein Bankinstitut weiterleitet, das zum Betreiben des Depotgeschäftes befugt ist. Im Ergebnis hat somit § 34 a II WpHG nach der hier vertretenen Auffassung zum Vorliegen eines Verwahrtatbestandes nur insofern mehr als deklaratorische Bedeutung, als er den zeitlichen Rahmen konkretisiert, der einem Wertpapierdienstleistungsunternehmen ohne eine Erlaubnis zum Betreiben des Depotgeschäftes bleibt, um für die angemessene Aufbewahrung der Kundenpapiere zu sorgen.

cc) Abgrenzung der Vermögensverwaltung zur „Verwaltung" im Rahmen des Depotgeschäftes gemäß § 1 I Satz 2 Nr. 5 KWG

Von der Vermögensverwaltung auf Wertpapierbasis zu trennen ist „die Verwaltung von Wertpapieren für andere" gemäß § 1 I Satz 2 Nr. 5 KWG. Da es für die Annahme eines Depotgeschäftes ausreicht, wenn einer seiner beiden Tatbestände, d.h. entweder die Verwahrung oder die Verwaltung von Wertpapieren zu bejahen ist,[1003] muß sich ein Wertpapierdienstleistungsunternehmen im Rahmen des § 34 a II WpHG auch in einer Art und Weise verhalten, die sich nicht als eine Verwaltungstätigkeit i.S.d. § 1 I Satz 2 Nr. 5 KWG darstellt. Auch hierdurch wird folglich der Handlungsspielraum eines bankunabhängigen Vermögensverwalters und damit einhergehend die Anwendbarkeit von § 34 a II WpHG begrenzt.

Obwohl das Gesetz sowohl in § 1 I Satz 2 Nr. 5 KWG wie auch in § 2 III Nr. 6 WpHG von einer Verwaltung von Wertpapieren spricht, kommt es dennoch nicht zu Überschneidungen der jeweiligen Anwendungsbereiche: Auch wenn im Rahmen des Depotgeschäftes stets die gleichwertige Position der Verwaltung neben der Verwahrung betont wird,[1004] so kann dies nicht darüber hinwegtäuschen, daß es sich trotz ihres zwischenzeitlich wesentlichen praktischen Stellenwerts dogmatisch betrachtet doch um nicht mehr als einen Annextatbestand zur

---

1003 Aus dem gesetzlichen Wortlaut „die Verwahrung und die Verwaltung" folgt, daß es zum Vorliegen eines Depotgeschäftes gemäß § 1 I Satz 2 Nr. 5 KWG ausreicht, wenn - alternativ - einer der beiden Tatbestände erfüllt ist; ganz h.M.: *Schönle*, Bank- und BörsenR, § 20 I.; *Beck*, KWG, Bd. 1, § 1, Rn. 163; *Reischauer/ Kleinhans*, KWG, Bd. 1, § 1, Rn. 33; *Fülbier* in: Boos/ Fischer/ Schulte-Mattler, KWG, § 1, Rn. 62. Gleiches muß im übrigen für den identisch formulierten § 2 IIIa Nr. 1 WpHG gelten, so daß die Subsidiarität des WpHG gegenüber dem DepotG schon dann eingreift, wenn nur eine der beiden Varianten einschlägig ist.

1004 Staub/ *Canaris*, HGB, BankvertragsR II, Rn. 2089; *Gößmann* in: Schimansky/ Bunte/ Lwowski, BankRhdb., Bd. 2, § 72, Rn. 4; *Kümpel* in BuB, 8/8a.

Verwahrung handelt.[1005] Denn die Verwaltung gemäß § 1 I Satz 2 Nr. 5 KWG betrifft nur solche Tätigkeiten, die die Verwahrung der Effekten notwendig mit sich bringt. Sie beschränkt sich darauf, die aus dem Wertpapier selbst folgenden Rechte für den Hinterleger wahrzunehmen.[1006] In erster Linie sind hier als banküblich der Einzug von Zinsen und Dividenden, die Auslosung festverzinslicher Wertpapiere sowie die Ausübung von Bezugsrechten und - praktisch besonders bedeutsam - die Wahrnehmung von Stimmrechten bei Aktien zu nennen.[1007]

Völlig andersgeartet ist hingegen das Mandat eines Vermögensverwalters, der innerhalb der vereinbarten Anlagerichtlinien nach eigenem wirtschaftlichen Ermessen über die Wertpapiere seiner Kunden verfügen, d.h. diese im Interesse einer Mehrung des fremden Vermögens verkaufen und durch andere ersetzen darf.[1008] Hier steht die Erzielung eines Transaktionsgewinns und nicht die sichere Aufbewahrung der übergebenen Vermögenswerte im Vordergrund. Bei der Vermögensverwaltung auf Wertpapierbasis ist somit das einzelne Papier als Objekt einer auf Rentabilität ausgerichteten Anlageentscheidung betroffen und mithin zuallererst seinem im Börsenkurs abzulesenden Marktwert nach von Interesse.

Demgegenüber beschränkt sich die Aufgabenstellung bei der depotmäßigen Wertpapierverwaltung auf die technische Abwicklung der in den Papieren selbst angelegten Inhalte und umfaßt nicht die Berechtigung, darüberhinausgehende wirtschaftliche Entscheidungen für das seiner Obhut anvertraute Vermögen des Kunden zu treffen.[1009] Da es somit im Rahmen des Depotgeschäftes an einer eigenständigen und von der Verwahrung unabhängigen Dispositionsbefugnis der Bank fehlt, ist auch der depotgeschäftliche Abschnitt der AGB-Wertpapiergeschäfte (Nr. 13-20) zur Verdeutlichung dieses wesentlich engeren Pflichten-

---

1005 In diesem Richtung weist auch die Bemerkung von Staub/ *Canaris*, HGB, BankvertragsR II, Rn. 2180, der die Pflicht zur Verwahrung und die damit verbundene Obhutspflicht dogmatisch im Vordergrund stehend sieht.

1006 So auch *Brunner*, Vermögensverwaltung deutscher Kreditinstitute, S. 6; *Balzer*, Vermögensverwaltung durch Kreditinstitute, S. 19.

1007 Siehe dazu Staub/ *Canaris*, HGB, BankvertragsR II, Rn. 2087 sowie zu den Verwaltungspflichten im einzelnen, wie sie in den im Kreditgewerbe einheitlich geltenden Sonderbedingungen für Wertpapiergeschäfte (zumeist abgekürzt als: SB-WP) AGB-mäßig festgelegt sind, ausführlich *Gößmann* in: Bunte/ Schimansky/ Lwowski, BankRhdb., Bd. 2, § 72, Rn. 166 ff.

1008 Siehe auch *Kümpel/ Hammen/ Ekkenga*, Bank- und KapitalmarktR, 220, S. 26 f sowie 700, S. 10.

1009 *Schwintowski/ Schäfer*, BankR, § 11, Rn. 107; *Kienle* in: Schimansky/ Bunte/ Lwowski, BankRhdb., Bd. 3, § 111, Rn. 6; *Balzer*, Vermögensverwaltung durch Kreditinstitute, S. 19.

kreises statt des insofern schillernden Begriffes der Verwaltung mit „Dienstleistungen im Rahmen der Verwahrung" überschrieben.[1010]

Weil es mithin an rechtlichen Berührungspunkten überhaupt mangelt, läßt sich über eine Abgrenzung zum Verwaltungstatbestand des Depotgeschäftes kein wesentlicher Fortschritt im Hinblick auf die Eingrenzung des zulässigen Verhaltens eines Vermögensverwalters im Anwendungsbereich von § 34 a II WpHG erzielen. Wie die Verwahrung der Wertpapiere hat ein Wertpapierdienstleistungsunternehmen ohne eine Erlaubnis gemäß den §§ 1 I Satz 2 Nr. 5, 32 KWG auch die daraus resultierende Wahrnehmung von Verwaltungsaufgaben einer Depotbank zu überlassen, ohne daß sich allerdings hieraus Einschränkungen für seine Tätigkeit als eigentlicher Vermögensverwalter ableiten ließen.

b) Überprüfung und Konkretisierung des gefundenen Ergebnisses anhand von teleologischen, europarechtlichen und systematischen Kriterien

Im bisherigen konnte festgestellt werden, daß ein Vermögensverwalter im Anwendungsbereich des § 34 a II WpHG in Abgrenzung zum Depotgeschäft die Wertpapiere seiner Kunden nicht im eigenen Namen auf einem Depot bei einem Kreditinstitut halten darf; er hätte ansonsten als Zwischenverwahrer gemäß § 3 DepotG zu gelten. Überdies muß er entgegengenommene Wertpapiere entsprechend der Verpflichtung aus § 34 a II WpHG unverzüglich an eine Depotbank zur Verwahrung weiterleiten, um nicht selbst unmittelbar den Verwahrtatbestand gemäß den §§ 1 II DepotG, 1 I Satz 2 Nr. 5 KWG zu verwirklichen. Als durchgängige Grundlage des Verwaltungsverhältnisses konnte somit allein die Vollrechtstreuhand für untauglich befunden werden, weil hier entsprechend den Grundsätzen zum Einlagenkonto das treuhänderische Wertpapierdienstleistungsunternehmen als Kontoinhaber fungieren würde. In Abgrenzung zum DepotG bleibt hingegen ein Vorgehen des Portfolioverwalters als Vertreter des Kunden gemäß §§ 164 ff BGB ebenso möglich wie die Verwaltung fremden Vermögens auf der Basis einer Ermächtigungstreuhand.

aa) Überprüfung anhand des (europarechtlich vorgegebenen) Sinn und Zwecks von § 34 a II WpHG

Unterzieht man nun die verschiedenen Varianten des Handelns für einen anderen einer Überprüfung anhand von teleologischen Kriterien, so zeigt sich, daß die bisher vorgenommene Eingrenzung des Anwendungsbereichs von § 34 a II WpHG auch dem Sinn und Zweck der Vorschrift gerecht wird. Auszugehen ist

1010 *Kümpel/ Hammen/ Ekkenga*, Bank- und KapitalmarktR, 220, S. 27.

von Art. 10 I Satz 2, Spiegelstrich 2 der WpDIRL, dem sich die im nationalen Recht zu verwirklichende ratio legis bereits unproblematisch aus dem Wortlaut entnehmen läßt.[1011] Der Schutzzweck der korrespondierenden Umsetzungsnorm des § 34 a II WpHG besteht danach im Schutz des Anlegers für den Fall der Insolvenz der Wertpapierfirma sowie darin, Verfügungen des Unternehmens für eigene Rechnung weitestmöglich zu vermeiden. Er entspricht damit demjenigen von § 34 a I WpHG und soll konstruktiv auch hier durch eine rechtliche Abgrenzung der Papiere des Kunden von Wertpapieren anderer Kunden und eigenen Wertpapieren der Firma erreicht werden.[1012] Es wird also letztlich darauf abgezielt, daß der Kunde im Insolvenzfall seine Wertpapiere gemäß § 47 InsO aus der Insolvenzmasse aussondern könnte.[1013]

Dies ist jedoch bei beiden rechtlichen Vorgehensweisen, die nach dem jetzigen Stand der Untersuchung weiterhin in Frage stehen, zweifelsfrei der Fall: Sowohl bei einem Handeln des Wertpapierdienstleistungsunternehmens als gemäß § 185 I BGB ermächtigter Treuhänder wie auch, wenn dieses als Stellvertreter des Vermögensinhabers gemäß § 164 BGB über die Wertpapiere Verfügungen trifft, verbleibt das Eigentum beim Kunden. Als Eigentümer kann er sich somit im Insolvenzfall gemäß § 47 InsO ohne weiteres darauf berufen, daß seine Papiere nicht zur Insolvenzmasse i.S.d. § 35 InsO gehören.[1014] Wie im Rahmen von Abs. 1 dargelegt wurde[1015], sind ferner die Unterschiede zwischen diesen beiden Verwaltungsmodellen hinsichtlich eines Schutzes vor mißbräuchlichen Verwendungen der Effekten für eigene Rechnung des Unternehmens in der Praxis unmaßgeblich, da in beiden Fällen die Gefahr eines gutgläubigen Erwerbes Dritter zumindest nach § 366 I HGB nicht auszuschließen ist. Entscheidend ist insoweit, daß die aus einer Verfügungsermächtigung gemäß § 185 I BGB resultierende Rechtsmacht des Vermögensverwalters im selben Umfang begrenzt werden kann wie die Vertretungsmacht eines offenen Stellvertreters

1011 Der Wortlaut der Bestimmung des Art. 10 I Satz 2, Spiegelstrich 2 WpDIRL ist unter § 1 B.I. zitiert.

1012 Vgl. die auf Art. 10 I Satz 2, Spiegelstriche 2 und 3 bezogene Passage in den Erwägungsgründen zur WpDIRL, wörtlich wiedergegeben unter § 1 B.I.

1013 Siehe zu dem Umstand, daß die Verhinderung einer Verwendung auf eigene Rechnung sich als Mittel zur Aufrechterhaltung der rechtlichen Abgrenzung im Hinblick auf den Insolvenzfall darstellt § 2 A.II.1.b)dd) sowie ferner § 2 B.2.a)cc),(2a). Siehe zu einer Einordnung des Insolvenzschutzes durch rechtliche Abgrenzung in das Gesamtgefüge des aufsichtsrechtlichen Kundenschutzes. Zu den Voraussetzungen eines Aussonderungsrechtes gemäß § 47 InsO vgl. bereits § 2 B.2.a)bb),(2c).

1014 Vgl. nur *Andres* in: Nerlich/ Römermann, InsO, § 47, Rn. 4; *Prütting* in: Kübler/ Prütting, InsO, § 47, Rn. 15.

1015 Unter § 2 B.2.a)cc),(2a).

i.S.d. § 164 ff BGB, weil inhaltliche Beschränkungen der Erteilung dingliche Wirkung im Außenverhältnis entfalten.

Keinen gleichwertigen Kundenschutz bietet lediglich die bereits ausgeschiedene Variante der Vollrechtstreuhand, da hier der Treuhänder Eigentümer der Verwaltungsmasse ist; als dinglich Berechtigter kann er somit auch absprachewidrige Verfügungen wirksam vornehmen, ohne daß es auf den guten Glauben des Erwerbers ankäme.[1016] Darüber hinaus ist in einigen Konstellationen die Anwendung von § 47 InsO bei Insolvenz des Vollrechtstreuhänders bis heute nicht gesichert.[1017]

bb) Erfordernis eines Schutzes der „Eigentumsrechte" des Anlegers gemäß Art. 10 I Satz 2, Spiegelstrich 2 WpDlRL

Der Frage, ob nicht faktisch auch die Position eines Vollrechtstreugebers einen ausreichenden Schutz erfährt, braucht indes im Hinblick auf den Schutz der dem Wertpapierkunden zuzuordnenden Effekten nach § 34 a II WpHG keine nähere Beachtung geschenkt zu werden. Denn die europarechtlichen Vorgaben aus Art. 10 I Satz 2, Spiegelstrich 2 WpDlRL sowie der ihn betreffenden Erwägungsgründe enthalten über den im nationalen Recht zu verwirklichenden Schutzzweck hinaus auch Angaben zu den Modalitäten der Verwirklichung. Im Unterschied zu den Kundengeldern nach Abs. 1 wird für die Wertpapiere des Anlegers eindeutig festgestellt, daß es insoweit um den Schutz gerade seiner „Eigentumsrechte" geht.[1018] Insolvenzschutz und Schutz vor mißbräuchlichen Verwendungen müssen folglich in einer Art und Weise ins nationale Recht transferiert werden, die dem Kunden das Eigentum an seinen Wertpapieren beläßt. Damit ist klargestellt, daß die in den Erwägungsgründen[1019] geforderte „Abgrenzung von den Rechten der Firma" hier nur eine solche auf streng dinglicher Basis sein kann.

1016 Siehe dazu bereits § 2 B.II.2.a).

1017 Siehe dazu bereits § 2 B.I.2.a),bb),(2c) sowie § 2 B.II.2.a). Zu darüberhinausgehenden europarechtlichen Bedenken gegen die Zugrundelegung der Vollrechtstreuhand im Rahmen von § 34 a WpHG vgl. § 2 B.I.2.b).

1018 Vgl. den oben (unter § 1 B.I.) zitierten Wortlaut von Art. 10 I Satz 2, Spiegelstrich 2 WpDlRL sowie die speziellen Erwägungsgründe zu dieser Bestimmung in: ABl. EG vom 11. 06. 1993, Nr. L 141/27, 29.

1019 ABl. der EG vom 11. 06. 1993, Nr. L 141/27, 29.

cc) Notwendigkeit der Erhaltung der Eigentumsrechte des Kunden a maiore ad minus zum DepotG

Diese Forderung des europäischen Gesetzgebers wird, wie bereits oben erwähnt[1020], für solche Wertpapierdienstleistungsunternehmen, die über eine das Depotgeschäft einschließende Bankerlaubnis verfügen, durch die Bestimmungen des DepotG erfüllt. Denn der Anlegerschutz nach dem DepotG basiert auf dem Grundgedanken, dem Anleger bzgl. seiner Wertpapiere stets Eigentumsrechte oder was dem im Hinblick auf die Umsetzung der Schutzzwecke des Art. 10 I Satz 2, Spiegelstrich 2 WpDIRL im deutschen Recht gleichkommt[1021] - jedenfalls Miteigentumsrechte zu bewahren und so eine rechtliche Trennung aufrechtzuerhalten.

Damit läßt sich aber die europarechtliche Forderung nach einem Fortbestand von Eigentumsrechten in bezug auf den Kunden eines Unternehmens ohne Erlaubnis zum Betreiben des Depotgeschäftes auch bereits a maiore ad minus aus dem bisherigen nationalen Regelwerk zum Schutz des Wertpapierkunden herleiten. Wenn es schon den Depotbanken grundsätzlich versagt ist, Eigentum an den in Verwahrung genommenen Wertpapieren zu begründen, so hat dies erst recht für den unlizensierten Wertpapierhändler zu gelten. Diese Schlußfolgerung wird noch bekräftigt durch den Umstand, daß die §§ 13 II, 15 I DepotG in den Fällen, in denen der Kunde die Depotbank zur ausnahmsweisen Aneignung der Papiere ermächtigt, die Regelungen des DepotG für unanwendbar erklären, sobald der Kunde sein Eigentum verliert.[1022] Dies zeigt auf, daß der Gesetzgeber eine entsprechende Ermächtigung als Verzicht des Kunden auf den Schutz des DepotG wertet. Ursache hierfür ist, daß das DepotG den Erhalt des Kundeneigentums zur gedanklichen Grundlage hat. Wo jedoch der Kunde dieses Prinzip konterkariert, indem er in den Verlust eben seines Eigentums einwilligt, vermag es folglich einen adäquaten Kundenschutz nicht mehr zu leisten. Dies soll ihm durch die besondere Formstrenge der §§ 13 I, 15 II DepotG unmißverständlich vor Augen geführt werden.[1023] Die Erfassung der Verwahrung mit Verfügungs- bzw. Aneignungsermächtigung nach § 13 DepotG sowie der unregelmäßigen Verwahrung nach § 15 DepotG dient denn auch weniger einer Einbeziehung in

1020 Unter § 4 A.II.2.

1021 Vgl. bereits oben A.II.2.c). Zur spezifischen Miteigentumslösung bei der Girosammelverwahrung nach § 5 I Satz 1 DepotG siehe ausführlich § 5 A.II.3.

1022 Auch im BGB erfährt die unregelmäßige Verwahrung eine Sonderbehandlung. Nach § 700 I Satz 1 BGB sind hier, wenn das Eigentum auf den Verwahrer übergeht, statt der Vorschriften über die Verwahrung nach § 688 ff BGB weitestgehend diejenigen über das Darlehen anzuwenden.

1023 *Heinsius/ Horn/ Than*, DepotG, § 15, Rn. 7.

das depotgesetzliche Regelwerk, als vielmehr der Klarstellung, daß der für die in §§ 2-17 DepotG geregelten Verwahrgeschäfte geltende Schutz hier nicht mehr Platz greifen kann.[1024] Da der Kunde eines nicht gemäß § 1 I Satz 2 Nr. 5 KWG lizensierten Unternehmens aber wegen der regelmäßig geringeren Solidität dieser Firmen im Vergleich zu den Kreditinstituten noch weitergehend auf einen Insolvenzschutz durch rechtliche Trennung angewiesen ist, kommt hier ein solcher Verzicht schon nach den Wertungen des nationalen Rechts nicht in Betracht. Wem mangels entsprechender Konzession eine Verwahrung nach dem DepotG nicht erlaubt ist, dem kann auch nicht die für den Kunden viel risikoreichere Aufbewahrung der Wertpapiere in Form der unregelmäßigen Verwahrung (§ 700 BGB) gestattet werden.

Ungeachtet dessen, daß das DepotG die unregelmäßige Verwahrung von seinem Anwendungsbereich ausnimmt, muß gleichwohl deren größere Gefährlichkeit konsequenterweise auch bei der Problematik den Ausschlag geben, ob die unregelmäßige Verwahrung von Wertpapieren einer Erlaubnis gemäß den §§ 1 I Satz 2 Nr. 5, 32 KWG bedarf. Die Frage nach deren Erlaubnispflichtigkeit ist daher nach teleologisch allein überzeugender Ansicht positiv zu beantworten.[1025] Es gilt somit auch hier die im Rahmen von § 34 a II WpHG bereits mehrfach in Erscheinung getretene Dualität: Die Grenze des zulässigen Handelns der von § 34 a II WpHG adressierten, nicht nach § 1 I Satz 2 Nr. 5 KWG lizensierten Wertpapierdienstleistungsunternehmen bildet abermals die Grenze des Anwendungsbereichs der Norm. § 34 a II WpHG kann sich damit nur auf solche Wertpapiere beziehen, deren Eigentümer der Anleger ist.[1026]

dd) Zwischenfazit

Es erscheint mithin schon im Regelungszusammenhang des deutschen Rechts zwingend, einen möglichst lückenlosen Anlegerschutz im Fall von § 34 a II WpHG in der Form zu gewährleisten, daß dem Kunden das Eigentum an seinen Wertpapieren erhalten bleibt; vollends alternativlos wird die Lösung eines Kun-

---

1024 *Opitz*, DepotG, § 15, Anm. 2; *Heinsius/ Horn/ Than*, DepotG, § 15, Rn. 1.

1025 So *Bähre/Schneider*, KWG, § 1, Anm. 11; *Fülbier* in: Boos/ Fischer/ Schulte-Mattler, KWG, § 1, Rn. 66; *Beck*, KWG, Bd. 1, § 1, Rn. 170 und 179, der gleichzeitig darauf hinweist, daß die unregelmäßige Verwahrung wegen der Eigentumsverschaffung an den Verwahrer nicht mehr dem Tatbestand des DepotG genügt; a.A. wohl *Schönle*, Bank- und BörsenR, § 20 II 2.b); *Schwintowski/ Schäfer*, BankR, § 11, Rn. 106, wenn sie die unregelmäßige Verwahrung nicht vom Tatbestand des Depotgeschäftes nach § 1 I Satz 2 Nr. 5 KWG erfaßt sehen.

1026 Insoweit wie hier *Koller* in: Assmann/ Schneider, WpHG, § 34 a WpHG, Rn. 11a; anders dann hingegen bei der Einordnung der Einkaufskommission, siehe dazu sogleich unter 2.

denschutzes auf der Basis einer eigentumsrechtlichen Abgrenzung, interpretiert man § 34 a II WpHG im Lichte des wohlverstandenen Art. 10 I Satz 2, Spiegelstrich 2 WpDIRL.

In Übereinstimmung mit den im Verlauf der bisherigen Untersuchung gewonnenen Erkenntnissen, scheidet somit in richtlinienkonformer Auslegung von § 34 a II WpHG für den bankunabhängigen Wertpapierdienstleister die Vollrechtstreuhand als Basis eines Verwaltungsverhältnisses („Treuhandmodell“) aus, da hier zur Verwaltung des Treugutes das Eigentum auf den Treugeber übertragen wird. Hatte sich aus der Abgrenzung zum Zwischenverwahrer des § 3 DepotG ergeben, daß ein Wertpapierdienstleistungsunternehmen i.S.d. § 34 a II WpHG kein Depotkonto im eigenen Namen eröffnen darf, wie dies auf Kontoebene der Stellung eines Vollrechtstreuhänders entsprechen würde, so wird hier manifest, daß diese Treuhandvariante sich auch nicht als Handlungsgrundlage für den Umgang mit solchen Wertpapieren eignet, an denen das Unternehmen für den Kunden den unmittelbaren Besitz (§ 854 I BGB) erlangt.

c) *Fazit zur Anwendbarkeit von § 34 a II WpHG auf die Vermögensverwaltung gemäß § 2 III Nr. 6 WpHG*

Aus der Zusammenschau der verschiedenen Auslegungsebenen folgt mithin, daß ein Wertpapierdienstleistungsunternehmen, welches gemäß § 2 III Nr. 6 WpHG die Verwaltung fremden Vermögens auf Wertpapierbasis betreibt, unter Geltung von § 34 a II WpHG zum einen die zur Verwaltungsmasse gehörenden Wertpapiere nicht im eigenen Namen auf einem Depotkonto halten darf. Zum anderen ist es dem unlizensierten Vermögensverwalter verwehrt, sich das Eigentum an den Wertpapieren seiner Kunden übertragen zu lassen, woraus sich namentlich eine Einschränkung seines Handlungsspielraumes für den Fall ergibt, in dem es Wertpapiere seiner Kunden unmittelbar entgegennimmt oder sich die Stücke im Anschluß an Transaktionen effektiv ausliefern läßt. Im ersten Fall hätte es ansonsten als Zwischenverwahrer i.S.d. § 3 DepotG zu gelten, während sich die zweite Beschränkung insbesondere aus den deutlichen Vorgaben des europäischen Gesetzgebers ergibt und zudem a maiore ad minus aus dem DepotG herzuleiten ist. Die Erwägungen der europäischen und der deutschen Legislative ergänzen sich somit und führen im Ergebnis zu einem vollständigen Ausschluß der Variante der Vollrechtstreuhand im Anwendungsbereich von § 34 a II WpHG. Die in Deutschland herkömmlicherweise als „Treuhandmodell“ bezeichnete Gestaltungsform kommt daher für die bankunabhängige Vermögensverwaltung auf Wertpapierbasis nicht in Betracht.

Die vorgenannten Anforderungen an eine Vermögensverwaltung im Anwendungsbereich von § 34 a I WpHG werden hingegen nicht nur in dem Fall gewahrt, in dem das Wertpapierdienstleistungsunternehmen im Namen des Kunden als dessen Stellvertreter gemäß § 164 I BGB vorgeht, sondern auch dann, wenn es sich gemäß § 185 I BGB zu Verfügungen im eigenen Namen auf fremde Rechnung ermächtigen läßt. Auch hier verbleibt das Eigentum beim Kunden[1027] und lautet das Depotkonto auf den Namen des jeweiligen Kunden. Die wesentliche Abweichung zur Stellvertretung besteht lediglich darin, daß der Verwalter im eigenen Namen über die ihm anvertrauten Werte verfügen darf. Es bestehen mithin keine Bedenken auch im Rahmen von § 34 a II WpHG neben dem in der Gesetzesbegründung anklingenden „Vertretermodell" die Variante einer Vermögensverwaltung auf der Basis der Ermächtigungstreuhand zuzulassen.[1028]

Überdies hat sich anläßlich der Abgrenzung von § 34 a II WpHG zum Depotgeschäft gezeigt, daß der Verwahrtatbestand i.S.d. §§ 1 I Satz 2 Nr. 5 KWG sowie 1 II DepotG nach Einfügung von § 34 a II WpHG begrifflich präziser zu fassen ist. War bisher der zeitliche Rahmen unbestimmt, ab dem die tatsächliche Sachherrschaft über Wertpapiere von Kunden die Anwendung des DepotG nach sich zieht, so schließt nun § 34 a II WpHG diese Regelungslücke. Im Ergebnis verändert damit § 34 a II WpHG die bis dato bestehende Rechtslage nur insoweit, als man nun ein Wertpapierdienstleistungsunternehmen dann als Verwahrer nach § 1 II DepotG zu betrachten haben wird, wenn es Wertpapiere seiner Kunden nicht ohne schuldhaftes Zögern an ein Kreditinstitut mit der Erlaubnis zum Betreiben des Depotgeschäftes weiterleitet.[1029]

2. *Anwendung von § 34 a II WpHG auf Wertpapierdienstleistungen i.S.d. § 2 III Nr. 1 WpHG „Finanzkommission"*

§ 34 a II WpHG kann weiterhin für das Wertpapiergeschäft der Finanzkommissionäre Bedeutung entfalten, da diese im Rahmen des Ausführungsgeschäfts im eigenen Namen auf fremde Rechnung vorgehen. Entsprechend der soeben vorgenommenen Eingrenzung des Anwendungsbereichs der Vorschrift gilt dies jedoch auch hier nur, soweit sich die Wertpapiere im Besitz des Kommissionärs, jedoch im Eigentum des Kunden befinden.

1027 Wie auch in den Fällen der unmittelbaren Besitzerlangung durch den Vermögensverwalter ein möglichst lückenloser Eigentumserhalt des Kunden erzielt werden kann, wurde unter § 2 B.II.2.) dargestellt.

1028 Im Ergebnis ebenso *Koller* in: Assmann/ Schneider, WpHG, § 34 a, Rn. 13, wonach auch die Erteilung fiduziarischer Verfügungsmacht erlaubt ist.

1029 Hiervon unabhängig liegt eine weitere Änderung der Rechtslage darin, daß eine Zuwiderhandlung gegen die Pflicht zur Weiterleitung nun bereits als solche gemäß § 39 I Nr. 8 WpHG als Ordnungswidrigkeit geahndet wird; siehe dazu § 6 A.III.1.

a) Verkaufskommission

Dies ist zunächst bei der Verkaufskommission der Fall, wenn dem Kommissionär zur Ausführung eines Verkaufsauftrages nicht das Eigentum an den Wertpapieren übertragen, sondern er vom Kommittenten - wie regelmäßig[1030] - gemäß § 185 I BGB zu Verfügungen im eigenen Namen ermächtigt wird. Führt sodann der Kommissionär den Verkaufsauftrag nicht in den zeitlichen Grenzen der Unverzüglichkeit aus, hat er die Wertpapiere zwischenzeitlich bei einem geeigneten Kreditinstitut zu verwahren, sofern er nicht selbst im Besitz einer Erlaubnis zum Betreiben des Depotgeschäftes gemäß § 1 I Satz 2 Nr. 5 KWG ist. Eine unangemessene Erschwerung des reibungslosen Wertpapierhandels auf Kommissionsbasis kann in dieser Verpflichtung nicht gesehen werden; gerade bei Börsengeschäften ist ohnehin eine zeitliche Begrenzung der Kommissionsvereinbarung typisch, die sich häufig auf Ausführung am selben Börsentag bezieht und damit den Kommissionär meist schon aus diesem Grund zu einem unverzüglichen Handeln zwingt.[1031]

b) Einkaufskommission

Die Verpflichtung nach § 34 a II WpHG könnte des weiteren auch im umgekehrten Fall der Einkaufskommission relevant werden, sobald der Kommissionär das Eigentum an den im eigenen Namen erworbenen Wertpapieren entsprechend § 384 II, 2. Hs. HGB auf den Kommittenten übertragen hat.[1032]

Gegen eine Anwendung von § 34 a II WpHG auf die Effekten-Einkaufskommission spricht indes, daß diese bereits eine umfassende Normierung im 2. Abschnitt des DepotG erfahren hat. Der für eine Anwendung der Grundsätze über die getrennte Vermögensverwaltung in Betracht kommende Fall, in dem

---

1030 Vgl. nur Staub/ *Koller*, HGB, § 383, Rn. 86; *K. Schmidt*, HandelsR, § 31 V 2a; *Baumbach/ Hopt*, HGB, § 383, Rn. 17.

1031 Mit ergebnislosem Ablauf der zur Ausführung gesetzten Zeit endet dann das Kommissionsverhältnis. Ab diesem Zeitpunkt erübrigt sich grundsätzlich die Verwahrpflicht, weil die unverkaufte Ware an den Kommittenten herauszugeben ist. Dies folgt für diesen kommissionsrechtlich nicht speziell geregelten Fall aus der ergänzenden Heranziehung der §§ 675 I, 667 BGB; siehe *Baumbach/ Hopt*, HGB, § 384, Rn. 9.

1032 Siehe dazu, wie sachenrechtlich ein möglichst umwegloser Eigentumserwerb des Kommittenten konstruiert werden kann, § 2 B.II.2.b). Über diese herkömmlichen Varianten hinaus kennt das DepotG weiterhin die Übertragung des Eigentums an den Kommittenten durch Absendung des Stückeverzeichnisses gemäß § 18 III DepotG sowie durch Eintragung des Übergangsvermerks im Verwahrungsbuch des Kommissionärs, § 24 II Satz 1 DepotG.

der Kommissionär die für Rechnung des Kunden erworbenen Wertpapiere zwar dinglich auf den Kommittenten übertragen, sie aber noch nicht gemäß der Pflicht aus § 384 II, 2. Hs. HGB an diesen ausgeliefert[1033] oder - bei hiervon abweichender Vereinbarung - an eine geeignete Stelle zur Verwahrung weitergereicht hat, ist dabei bereits in § 29 DepotG berücksichtigt. Hiernach treffen den Effektenkommissionär die Pflichten und Befugnisse eines Verwahrers bzgl. der in seinem Besitz befindlichen Wertpapiere, soweit diese bereits in das Eigentum oder Miteigentum des Kommittenten übergegangenen sind. § 29 DepotG betrifft somit explizit die Verwahrung von Wertpapieren. Es greift daher an dieser Stelle wiederum § 2 IIIa Nr. 1 WpHG ein, aus dem sich i.V.m. § 1 WpHG für die Reglementierung dieses Sachverhaltes ein Vorrangverhältnis zugunsten des DepotG ergibt.

Die Folgerichtigkeit der Unanwendbarkeit von § 34 a II WpHG verdeutlicht sich, faßt man die Effektenkommission unter dem Gesichtspunkt der Entstehung von Verwahrverhältnissen ins Auge: Vor diesem Hintergrund handelt es sich bei § 29 DepotG um eine Sonderregelung, die nötig war, weil anders als bei der Entgegennahme von Wertpapieren im Rahmen einer auf längere Dauer angelegten Vermögensverwaltung bei der Kommission in aller Regel feststeht, welchem konkreten Zweck die Wertpapiere zuzuführen sind. Bis zu einer vor Einfügung von § 34 a II WpHG kaum näher zu umreißenden Verzögerung deren Verkaufs (Verkaufskommission) oder der Aushändigung der Stücke an den Kunden bzw. der Weiterleitung zur Verwahrung bei geeigneter Stelle (Einkaufskommission), begründet damit die tatsächliche Sachherrschaft des Kommissionärs keinen Verwahrtatbestand. Um Schutzlücken im Hinblick auf unzulässige Verfügungen des Kommissionärs nach Ausführung des Auftrags zu vermeiden[1034], wie sie bei der Effektenkommission als Konsequenz der von einer tatsächlichen Übergabe vollends losgelösten zusätzlichen Erwerbstatbestände nach den §§ 18 III und 24 II Satz 2 DepotG vermehrt auftreten können, fingiert daher § 29 DepotG das Vorliegen eines Verwahrtatbestandes. Er stellt somit eben jenen Kundenschutz sicher, den auch § 34 a II WpHG anvisiert. Dessen Anwendung auf den Fall des kommissionsweisen Einkaufs von Effekten ist demzufolge weder in systematischer noch in teleologischer Hinsicht angezeigt. § 29 DepotG

1033 Die Pflicht des Kommissionärs gemäß § 384 II, 2.Hs., dasjenige herauszugeben, was er aus der Geschäftsführung erlangt hat, bedeutet auch die Pflicht, es so herauszugeben, wie er es hat. Sie erstreckt sich daher grundsätzlich auch auf den unmittelbaren Besitz; *Baumbach/ Hopt*, HGB, § 384, Rn. 10.

1034 *Heinsius/ Horn/ Than*, DepotG, § 29, Rn. 1 unter Verweis auf die amtliche Begründung zum DepotG von 1937.

stellt sich somit als lex specialis für die Effektenkommission dar, die § 34 a II WpHG vorgeht.[1035]

Die Qualifizierung von § 29 DepotG als im Verhältnis zu § 34 a WpHG spezielleren Gesetz birgt darüber hinaus auch die Lösung eines zweiten, sich hieran anschließenden Problemkreises in sich. Wenn *Koller*[1036] nämlich auch solche Wertpapiere von § 34 a II WpHG gesichert sehen will, auf die im Rahmen der Einkaufskommission § 392 II HGB entsprechend anzuwenden wäre, so kann dem schon deshalb nicht zugestimmt werden, weil § 29 DepotG bereits die Anwendung auf solche Wertpapiere verhindert, an denen der Kommittent zuvor das Eigentum erlangt hat.

Selbst wenn man diesen a maiore ad minus-Schluß nicht ziehen will, weil § 29 DepotG einen Schutz der Kundeneffekten erst von dem Zeitpunkt des Eigentumsübergangs an vorsieht, so ist dennoch die Anwendung von § 34 a II WpHG über § 392 II HGB analog abzulehnen. Denn auch für den Zeitraum, in dem der Kommissionär die Übertragung des Eigentums auf den Kunden noch nicht vollzogen hat, regelt das DepotG explizit, wie die Interessen des Kunden im Insolvenzfall zu berücksichtigen sind. Insoweit ergibt sich aus § 32 I Nr. 1 DepotG unzweideutig, daß dem Kommissionär, bevor er das Eigentum an den Effekten erlangt, nur ein Insolvenzvorrecht, nicht jedoch Aussonderungsrecht nach § 47 InsO zustehen kann.[1037] Es fehlt somit bereits an einer Regelungslücke als primärer Voraussetzung der Analogie.[1038] Die der Anwendung von § 34 a II WpHG zugrundeliegende Erwägung, den insolvenzrechtlichen Schutz des Kommittenten über eine analoge Anwendung von § 392 II HGB auf den Zeitraum vor Eigentumserwerb vorzuverlagern, widerspricht damit nicht nur der Rechtsprechung sowie der h.L. in der Literatur[1039], sondern im Bereich des De-

1035 A.A. wohl *Koller* in: Assmann/ Schneider, § 34 a, Rn. 11a, der in der Anwendung von § 34 a II WpHG auf die Einkaufskommission kein Problem zu erblicken scheint, ohne allerdings die Bestimmung des § 29 DepotG auch nur zu erwähnen.

1036 In: Assmann/ Schneider, § 34 a, Rn. 11a unter Verweis auf Staub/ *Koller*, HGB, § 392, Rn. 2.

1037 Und selbst dies nur dann, wenn er seinerseits die Verpflichtungen gegenüber dem Kommissionär vollständig erfüllt hat.

1038 Nach *Cristea*, Investmentbanking, Bd. 2, S. 279 könne die entsprechende Anwendung von § 392 II HGB im Anwendungsbereich des DepotG dahinstehen, da § 32 DepotG eine in der Praxis hinreichende Sicherung des Kunden gewährleiste. Ist dies aber der Fall, besteht schon keine planwidrige Regelungslücke.

1039 Siehe etwa BGH NJW 1969, 276; BGHZ 79, 89, 94; *Baumbach*/ *Hopt*, HGB, § 392, Rn. 3 und 6; Schlegelberger/ *Hefermehl*, HGB, § 392, Rn. 2; *Hager*, AcP 180, 239, 255-257; *Siebert*, Treuhandverhältnis, S. 337; a.A. Heymann/ *Herrmann*, HGB, § 392, Rn. 8; Staub/ *Koller*, HGB, § 392, Rn. 2 sowie ferner *Canaris* in: Festschrift für Flume, Bd. 1, 1978, 371, 424 bei Offenkundigkeit des Handelns für fremde Rechnung.

potG bereits der gesetzlichen Regelung des § 32 DepotG. Der Ansicht *Kollers* kann auch aus diesem Grund nicht gefolgt werden.[1040]

c) Fazit der Anwendbarkeit von § 34 a II WpHG auf die Finanzkommission gemäß § 2 III Nr. 1 WpHG

Hinsichtlich der Effektenkommission erschöpft sich die Anwendbarkeit von § 34 a II WpHG mithin in der Fallkonstellation, in der Wertpapiere effektiv zum Verkauf auf Kommissionsbasis übergeben werden, wie sie heute nur noch ganz vereinzelt auftreten dürfte. Überdies ist zu beachten, daß bereits die Effektenkommission als Unterfall der Finanzkommission nach § 1 I Satz 2 Nr. 4 KWG eine bankerlaubnispflichtige Tätigkeit darstellt und als solche erhöhte aufsichtsrechtliche Anforderungen nach sich zieht. Es wird sich daher für Institute, die das Geschäft der Finanzkommission offerieren, vielfach anbieten, die Erteilung einer Bankerlaubnis gemäß § 32 KWG auch im Hinblick auf das Betreiben des sachlich in engem Zusammenhang stehenden Depotgeschäftes zu beantragen, zumal in der Praxis Depotverhältnisse am häufigsten aus der Ausführung von Effektenkommissonen entstehen[1041]. Damit wird der Effektenkommissionär nicht selten selbst zur Verwahrung von Wertpapieren befugt sein, womit sich in einer Vielzahl der Fälle schon aus diesem Grunde die Weiterleitung erübrigt.

Wie schon häufig im Verlauf der Bearbeitung ist mithin auch in bezug auf diese Anwendungsvariante festzustellen, daß § 34 a WpHG vor dem Hintergrund eines umfassenden Kundenschutzes zwar rechtstheoretisch durchaus seine Berechtigung hat, die praktische Bedeutung allerdings als gering einzustufen ist. Es zeigt sich an dieser Stelle, daß dies seinen Grund auch darin hat, daß § 34 a WpHG als - europarechtlich veranlaßter - allgemeiner Auffangtatbestand konzipiert wurde, ohne daß das Verhältnis zu bereits bestehenden Spezialregelungen näher überdacht wurde.

1040 Ein umfassenderer Insolvenzschutz des Wertpapierkunden läßt sich in Anbetracht der vorgenannten Erwägungen somit nur dadurch erzielen, daß sich die Eigentumsübertragung aufgrund von antizipierten Einigungserklärungen zwischen Kommissionär und Kommittenten möglichst unvermittelt und automatisiert an den Erwerb des Kommissionärs anschließt; siehe dazu oben § 2 B.II.2.b).

1041 *Schwintowski/ Schäfer*, BankR, § 11, Rn. 102; *Balzer*, Vermögensverwaltung durch Kreditinstitute, S. 18.

3. *Anwendung von § 34 a II WpHG auf Wertpapierdienstleistungen i.S.d. § 2 III Nr. 3 WpHG „Abschlußvermittlung"*

§ 34 a II WpHG kann ferner auf sog. „Abschlußvermittler" i.S.d. § 2 III Nr. 3 WpHG anzuwenden sein. Im Einklang mit Abschnitt A, Nr. 1.a) und b) des Anhanges zur WpDlRL unterscheidet das WpHG zwischen solchen Vermittlern von Finanzanlagen, die sich lediglich auf den Nachweis oder die Vermittlung von Wertpapiergeschäften beschränken („Anlagevermittler" gemäß § 2 III Nr. 4 WpHG) und solchen, die auch unmittelbar am Zustandekommen eines Vertrages mit Dritten als offener Stellvertreter des Kunden beteiligt sind („Abschlußvermittler" gemäß § 2 III Nr. 3 WpHG). § 2 III Nr. 3 WpHG definiert dementsprechend die Abschlußvermittlung in inhaltlicher Übereinstimmung mit § 1 Ia Nr. 2 KWG als die Anschaffung und die Veräußerung von Wertpapieren, Geldmarktinstrumenten oder Derivaten im fremden Namen für fremde Rechnung. Da § 34 a II WpHG auch auf die offene Stellvertretung anwendbar ist, sind folglich auch die Abschlußvermittler verpflichtet, Wertpapiere, die sie im Rahmen der Dienstleistung entgegennehmen, unverzüglich zur Verwahrung an eine Depotbank weiterzuleiten.

Indessen wird es sich für Unternehmen, die ausschließlich fremde Geschäfte zum Abschluß bringen, regelmäßig nicht empfehlen, sich Wertpapiere seiner Kunden übergeben zu lassen. Dies würde die Befugnis voraussetzen, sich Eigentum oder Besitz an den Geldern oder den Wertpapieren der Kunden zu verschaffen, an die sich gemäß §§ 2 VIII, 33 I Nr. 1 KWG verschärfte aufsichtsrechtliche Anforderungen knüpfen.[1042] Auf die Tätigkeit der bloßen Vermittler von Vertragsabschlüssen wird daher § 34 a II WpHG in praxi nur ausnahmsweise anwendbar sein.

Zu Recht wird jedoch darauf hingewiesen, daß die einengende Bezeichnung der Ausführung von Kundenaufträgen im fremden Namen für fremde Rechnung als „Abschlußvermittlung" irreführend ist.[1043] Der Tatbestand des § 2 III Nr. 3 WpHG erfaßt ganz allgemein den Wertpapierhandel im in offener Stellvertretung nach §§ 164 ff BGB.[1044] Er wird daher auch von einem Finanzportfolioverwalter erfüllt, der die Vermögensverwaltung im Vertretermodell betreibt.[1045] Weil bei der Portfolioverwaltung die geschuldete Dienstleistung in einer umfas-

---

1042 So auch *Weber-Rey/ Baltzer*, WM 1997, 2288, 2290; Schäfer/ Müller, Haftung für fehlerhafte WpDl, Rn. 206, Fn. 11. Vgl. zu den Anforderungen im einzelnen oben § 2 A.II.1.b)cc).

1043 *Assmann* in: Assmann/ Schneider, WpHG, § 2, Rn. 52.

1044 *Assmann* in: Assmann/ Schneider, WpHG, § 2, Rn. 52.

1045 So auch *Assmann* in: Assmann/ Schneider, WpHG, § 2, Rn. 52; *Schäfer*, WpHG, § 2, Rn. 30.

senden Betreuung des Kundenvermögens besteht, kann es sich hier mitunter eher als sinnvoll erweisen, sich eine Befugnis zur Besitzverschaffung einräumen zu lassen. Wird von dieser Befugnis Gebrauch gemacht, entfaltet § 34 a WpHG auch für das Handeln im fremden Namen auf fremde Rechnung Bedeutung, wenn auch in seiner bisherigen Fassung nur für die „Wertpapierseite" der Effektengeschäfte.[1046]

4. Anwendung auf Wertpapiernebendienstleistungen gemäß § 2 IIIa Nr. 1 WpHG „Verwahrung und Verwaltung von Wertpapieren (...)"

§ 34 a II WpHG müßte nach den Buchstaben des Gesetzes ferner auf die Wertpapiernebendienstleistung gemäß § 2 IIIa Nr. 1 WpHG Anwendung finden, wenn also ein Wertpapierdienstleistungsunternehmen Wertpapiere des Kunden im Zusammenhang mit deren Verwahrung und Verwaltung entgegennimmt, ohne daß hierauf das DepotG anzuwenden wäre. War bereits die Rede davon, daß für die Verwahrung von Wertpapieren außerhalb des DepotG ohnehin praktisch nur wenig Raum verbleibt,[1047] so stellt deren Normierung als Wertpapiernebendienstleistung angesichts der Pflicht der nicht gemäß § 1 I Satz 2 Nr. 5 KWG lizensierten Wertpapierdienstleistungsunternehmen nach § 34 a II WpHG, die Papiere unverzüglich „zur Verwahrung" bei einer Depotbank weiterzuleiten, einen Widerspruch in sich dar. Eine Inbesitznahme von Kundeneffekten, die von vorneherein einer derart kurzen Befristung unterliegen muß, verdient es zunächst schon dem allgemeinen Sprachverständnis nach nicht, eigenständig als „Verwahrung" bezeichnet zu werden.[1048] Vor allem aber zeigt sich, daß die Reglementierung der Verwahrung und der Verwaltung von Wertpapieren in § 2 IIIa Nr. 1 WpHG neben § 34 a II WpHG überflüssig ist; denn hiernach kommt es nicht in Betracht, daß ein Wertpapierdienstleistungsunternehmen ohne eine Erlaubnis zum Betreiben des Depotgeschäftes nach § 1 I Satz 2 Nr. 5 KWG die Verwahrung von Kundenpapieren selbst vornimmt.

1046 Im September 2001 befanden sich nur ca. 30 Kommissionäre in Besitz einer solchen Befugnis, wobei das BAKred in nicht ganz klarer Trennung von der Vermögensverwaltung hierunter auch diejenigen Unternehmen faßt, denen bei der Auswahl des Anlageobjekts ein Entscheidungsspielraum zusteht.

1047 Siehe oben A.II.2.a)bb).

1048 Siehe zu einer Untersuchung der prägenden Merkmale einer „Verwahrung" nach dem DepotG bereits oben 1.a)bb). Hier wurde deutlich, daß in der Tat der Dauer, für welche ein Wertpapierdienstleister die Wertpapiere eines Kunden in Besitz nimmt, entscheidende Bedeutung für die Annahme eines Verwahrtatbestandes zukommt.

II. Wertpapiere im Zusammenhang mit einer Wertpapierdienstleistung

1. Wertpapierbegriff des § 34 a II WpHG

Der Begriff der Wertpapiere in § 34 a II WpHG ist zunächst i.S.d. § 2 I WpHG zu interpretieren.[1049] Die Definition des § 2 I WpHG entspricht der Definition der Wertpapiere in § 1 XI Satz 2 KWG[1050] und ist im wesentlichen identisch mit dem Wertpapierbegriff der WpDlRL.[1051] Wegen der unterschiedlichen Zielsetzung greift § 2 I WpHG nicht auf die Begriffsbestimmungen des Zivilrechts zurück, sondern definiert Wertpapiere eigenständig unter Berücksichtigung der speziellen, kapitalmarktrechtlichen Regelungszwecke des WpHG.[1052] Der klassische Wertpapierbegriff[1053] wird dabei insofern erweitert, als nach § 2 I Satz 1 WpHG Wertpapiere i.S.d. Gesetzes auch dann vorliegen, wenn über sie keine Urkunde ausgestellt ist. Auf eine Verbriefung und die daraus resultierende Möglichkeit des Besitzes zur Geltendmachung des verbrieften Rechts kommt es mithin nicht an.[1054] Erfaßt werden damit insbesondere auch die nicht verbrieften sog. Wertrechte[1055] sowie nur noch elektronisch verbuchte Wertpapiere im europäischen Ausland[1056].

Erforderlich ist aber gemäß § 2 I Satz 1, 2. Hs., daß die Papiere an einem - organisierten oder nichtorganisierten - Markt gehandelt werden können. Somit kommt es nach der Ausweitung des Marktbegriffes im Zuge der Restumsetzung der WpDlRL nunmehr allein darauf an, ob sich die entsprechenden Papiere überhaupt als Handlungsobjekt eines Marktes eignen.[1057] Voraussetzung ist demzufolge Fungibilität[1058], d.h. Vertretbarkeit (§ 91 BGB) und Zirkulationsfähigkeit der Papiere.[1059] Überdies müssen die Papiere sich einer der in § 2 I Nr. 1

1049 *Koller* in: Assmann/ Schneider, WpHG, § 34 a, Rn. 11a.

1050 *Schäfer*, WpHG, § 2, Rn. 7; *Fülbier* in: Boos/ Fischer/ Schulte-Mattler, KWG, § 1, Rn. 63.

1051 *Schäfer*, WpHG, § 2, Rn. 9.

1052 *Assmann* in: Assmann/ Schneider, WpHG, § 2, Rn. 3.

1053 Siehe zum herrschenden weiten Wertpapierbegriff *Hueck/ Canaris*, Recht der Wertpapiere, § 1 I; *Heinsius/ Horn/ Than*, DepotG, § 1, Rn. 3 sowie ausführlich zur h.L. und divergierenden Ansätzen *Zöllner*, WertpapierR, § 3 III, IV.

1054 *Schäfer*, WpHG, § 2, Rn. 8; im Ergebnis auch *Assmann* in: Assmann/ Schneider, WpHG, § 2, Rn. 6, 11; *Koller* in: Assmann/ Schneider, WpHG, § 34 a, Rn. 11a.

1055 *Assmann* in: Assmann/ Schneider, WpHG, § 2, Rn. 11.

1056 *Schäfer*, WpHG, § 2, Rn. 8.

1057 *Assmann* in: Assmann/ Schneider, WpHG, § 2, Rn. 9 f.

1058 Begr. RegE § 2 I WpHG, BT-Drucks. 13/7142, S. 100.

1059 *Assmann* in: Assmann/ Schneider, WpHG, § 2, Rn. 10; wohl nur in der Formulierung leicht abweichend: *Schäfer*, WpHG, § 2, Rn. 8 „fungible und zirkulationsfähige Wertpapiere“.

und 2 WpHG katalogartig aufgeführten Erscheinungsformen zuordnen lassen. Nach dieser Aufzählung, die keinen Anspruch auf Vollständigkeit erhebt, muß es sich entweder um Aktien, Aktien vertretende Zertifikate, Schuldverschreibungen, Genuß- oder Optionsscheine handeln, denen in Nr. 2 andere, mit Aktien oder Schuldverschreibungen vergleichbare Papiere gleichgestellt werden.[1060]

Für die Wertpapiere i.S.d. § 34 a II WpHG ergibt sich über diese allgemeinen Kriterien hinaus aus dem engen Zusammenhang der Regelung zum Depotgeschäft indes noch eine besondere Anforderung. Gegenstand der Verpflichtung zur Weiterleitung an eine Depotbank können nur solche Wertpapiere sein, die zugleich Depotfähigkeit gemäß § 1 DepotG besitzen.[1061] Weil § 34 a II WpHG die Schutzzwecke des WpHG mit denen des DepotG kombiniert, erfaßt er somit die Schnittmenge der Wertpapiere aus den Anwendungsbereichen der beiden Gesetze. Indes ist auch das DepotG auf den Schutz von Effekten ausgerichtet, d.h. Papiere des Kapitalmarkts, die Gegenstand gewerbsmäßiger Umsatzgeschäfte sein können.[1062]

Da somit beide Gesetze auf kapitalmarktfähige Papiere abzielen, kommt es nur in raren Fällen zu Diskrepanzen. Ein solches Auseinanderfallen der Anwendungsbereiche von WpHG und DepotG ist für sog. Rektapapiere, also insbesondere Namensschuldverschreibungen zu konstatieren, die zwar einer Verwahrung nach dem DepotG zugänglich[1063], jedoch mangels Zirkulationsfähigkeit in ihrer Umlauffähigkeit erheblich gehemmt sind und deshalb nicht vom WpHG umfaßt werden[1064]. Diese Papiere müssen daher auch nicht gemäß § 34 a II WpHG bei einer Depotbank verwahrt werden. Umgekehrt ist eine nennenswerte Einschränkung des WpHG-Wertpapierbegriffs durch das DepotG nicht ersichtlich, so daß

1060 Zu den Begriffsbestimmungen im einzelnen siehe die Kommentierungen bei *Assmann* in: Assmann/ Schneider, WpHG, § 2, Rn. 12 ff sowie *Schäfer*, WpHG, § 2, Rn. 10 ff.

1061 *Koller* in: Assmann/ Schneider, WpHG, § 34 a, Rn. 11a.

1062 *Gößmann* in: Schimansky/ Bunte/ Lwowski, BankRhdb., Bd. 2, § 72, Rn. 51; vgl. ferner *Baumbach/ Hopt*, (13) DepotG, § 1, Rn. 1; *Zöllner*, WertpapierR, § 3 I. Zur genauen Definition der depotrechtlich erfaßten Wertpapiere bedient sich § 1 I DepotG der Technik einer abschließenden Enumeration, ohne daß es darauf ankäme, ob die aufgeführten Urkunden sonst zu Wertpapieren gezählt werden oder nicht, siehe *Heinsius/ Horn/ Than*, DepotG, § 1, Rn. 4.

1063 Siehe*Opitz*, DepotG, § 1, Anm. 2 B.f); *Heinsius/ Horn/ Than*, DepotG, § 1, Rn. 20.

1064 Siehe *Assmann* in: Assmann/ Schneider, WpHG, § 2, Rn. 9, Fn. 1 sowie Rn. 14. Insoweit ist der Wertpapierbegriff des WpHG dann doch nicht völlig identisch mit dem Begriff der „Effekten“, da letzterer auch Rektapapiere umfaßt.

ein gesonderter Rückgriff auf § 1 DepotG regelmäßig nicht von Nöten ist, um die Anwendbarkeit von § 34 a II WpHG festzustellen.[1065]

Insbesondere erstreckt sich nämlich auch das DepotG entsprechend den heutigen praktischen Erfordernissen auf sog. Wertrechte und andere der Wertpapierverwahrung vergleichbare Tatbestände, bei denen es an der Verkörperung in einer Urkunde fehlt, obgleich somit nach dem Sprachgebrauch des BGB und HGB kein Wertpapier vorläge.[1066] Diese „Bucheffekten" können zwar nicht im eigentlichen Sinne des Wortes verwahrt, wohl aber verwaltet werden.[1067] Da sie auf den ursprünglichen Inhalt des Rechts die gleiche Wirkung haben[1068] und somit die gleiche wirtschaftliche Funktion wie Wertpapiere wahrnehmen[1069], genügt dies für eine Einbeziehung in § 1 I DepotG[1070] und somit im Ergebnis die Anwendung von § 34 a II WpHG. Das Wertpapierdienstleistungsunternehmen kann diese unverbrieften Rechte zwar auch nicht im buchstäblichen Sinne „zur Verwahrung weiterleiten", wie es § 34 a II WpHG verlangt; es muß aber die an die Stelle einer körperlichen Verwahrung tretende Registrierung in einem besonderen Register (depotmäßige Gutschrift)[1071] sowie die regelmäßig mit der Verwahrung verbundenen depotgeschäftlichen Verwaltungsaufgaben einem Kreditinstitut mit der entsprechenden Erlaubnis überlassen.

2. Zusammenhang mit der Wertpapierdienstleistung

Eine Verpflichtung des Wertpapierdienstleistungsunternehmens, Wertpapiere zur Verwahrung weiterzuleiten besteht nur insoweit, als deren Entgegennahme einen Zusammenhang mit einer Wertpapierdienstleistung aufweist. Mit Blick auf den Gegenstand eines solchen Unternehmens wird dies jedoch regelmäßig der Fall sein. Wie oben für den Parallelfall der Kundengelder nach Abs. 1 erläutert

---

1065 Vgl. auch *Fülbier* in: Boos/ Fischer/ Schulte-Mattler, KWG, § 1, Rn. 63, der diese Aussage in bezug auf § 1 I Satz 2 Nr. 5 KWG trifft.

1066 *Opitz*, DepotG, § 1, Anm. 2.C; Staub/ *Canaris*, HGB, BankvertragsR II, Rn. 2082; *Baumbach*/ *Hopt*, (13) DepotG, § 1, Rn. 2; *Kümpel* in: BuB, 8/6; *Gößmann* in: Schimansky/ Bunte/ Lwowski, BankRhdb., Bd. 2, § 72, Rn. 68.

1067 Staub/ *Canaris*, HGB, BankvertragsR II, Rn. 2082.

1068 *Opitz*, DepotG, § 1, Anm. 2.C.

1069 Staub/ *Canaris*, HGB, BankvertragsR II, Rn. 2082.

1070 Für die wichtigsten Fälle folgt dies bereits aus § 2 Erste SammeldepotVO, der Wertrechte als Teil des Sammelbestandes kraft Fiktion den zum Sammelbestand gehörenden Wertpapieren gleichstellt, siehe *Gößmann* in: Schimansky/ Bunte/ Lwowski, BankRhdb., Bd. 2, § 72, Rn. 68.

1071 *Gößmann* in: Schimansky/ Bunte/ Lwowski, BankRhdb., Bd. 2, § 72, Rn. 68; *Assmann* in: Assmann/ Schneider, WpHG, § 2, Rn. 11.

wurde[1072], wird der erforderliche Bezug nicht nur dann hergestellt, wenn der Kunde dem Unternehmen Wertpapiere in Kommission gibt oder zu Zwecken der Vermögensverwaltung überreicht; vielmehr genügt es auch hier, wenn es den Besitz an den Wertpapieren von einem Dritten, aber für Rechnung des Kunden erhält.[1073] Dem gegenständlichen Erhalt der Wertpapiere gleichzustellen ist wiederum der Fall, in dem die Papiere direkt auf das Kundendepot eingeliefert werden.[1074]

Nimmt es also Wertpapiere im Verhältnis Kunde/ anlegende Firma entgegen und gelangt somit § 34 a II WpHG zur Anwendung, so bedeutet dies für ein Wertpapierdienstleistungsunternehmen ohne Erlaubnis zum Betreiben des Depotgeschäftes zugleich, daß es sich die Kundenpapiere nicht zu Eigentum übertragen lassen darf.[1075] Dies ergab sich für den Anwendungsbereich von § 34 a II WpHG namentlich aus den Vorgaben des europäischen Gesetzgebers[1076] sowie aus dem Umstand, daß nach teleologisch allein schlüssiger Auffassung ansonsten gemäß §§ 1 I Satz 2 Nr. 5, 32 KWG die Banklizenzpflichtigkeit ausgelöst würde.[1077] Zusätzlich spricht auch im Rahmen von Abs. 2 das Kriterium der Erzielung eines möglichst lückenlosen Anlegerschutzes für einen durchgängigen Eigentumserhalt des Kunden.[1078]

In den Fällen, in denen das Unternehmen Wertpapieren von dritter Seite für Rechnung des Kunden körperlich entgegennimmt, gilt es folglich auch hier dem Kunden mithilfe der für die möglichst übergangslose Übereignung der Kundengelder im Rahmen von § 34 a I WpHG dargestellten[1079] rechtlichen Konstruktionsmöglichkeiten das Eigentum zu vermitteln, falls die Variante der Ermächtigungstreuhand gewählt wird. Erfolgt die Vermögensverwaltung dagegen auf der Basis des „Vertretermodells", kommt ein Eigentumserwerb des Wertpapierdienstleistungsunternehmens bei einem Kauf von Wertpapieren ohnehin nicht in

1072 Unter § 2 B. II.1.

1073 *Koller* in: Assmann/ Schneider, WpHG, § 34 a, Rn. 11a.

1074 *Koller* in: Assmann/ Schneider, WpHG, § 34 a, Rn. 11a.

1075 Nach *Koller* in: Assmann/ Schneider, WpHG, § 34 a, Rn. 11a soll hingegen der Eigentumsverlust des Anlegers lediglich dazu führen, daß § 34 a II WpHG unanwendbar ist. Da in diesem Fall gemäß § 15 I DepotG auch die Regelungen des DepotG keine Anwendung finden, wäre der Kunde mithin gänzlich schutzlos gestellt.

1076 Siehe oben I.1.b)bb).

1077 Siehe oben I.1.b)cc). Zu den aufsichtsrechtlichen und sanktionsrechtlichen Konsequenzen des solchermaßen unerlaubten Betreibens eines Bankgeschäftes siehe § 6. A.

1078 Siehe oben I.1.b)aa).

1079 Siehe oben § 2 B.II.2.b). Diese Darlegungen können parallel auch für die Wertpapierseite der vom Verwalter getätigten Ausführungsgeschäfte Geltung beanspruchen.

Betracht, weil beim Handeln in offener Stellvertretung Rechtswirkungen auch auf dinglicher Ebene nur beim vertretenen Hintermann eintreten, § 164 I BGB.

Werden Wertpapiere direkt auf das Kundendepot eingeliefert, so wird in beiden Varianten ein Eigentumserwerb des Wertpapierdienstleistungsunternehmens schon dadurch vermieden, daß dieses Depot auf den Namen des Kunden lautet.[1080]

1080 Siehe dazu bereits oben I.1.a)aa) und im einzelnen zu den Eigentumsverhältnissen an den deponierten Wertpapieren sogleich unter § 5 A.II.1. (für die Sonderverwahrung) und 2. (für die Girosammelverwahrung).

§ 5 Regelungsgehalt Abs. 2: Unverzügliche Weiterleitung zur Verwahrung bei einem Kreditinstitut mit der Erlaubnis zum Betreiben des Depotgeschäftes

Rechtsfolge der Entgegennahme von Wertpapieren im Anwendungsbereich von § 34 a II WpHG ist die unverzügliche Weiterleitung der Papiere zur Verwahrung bei einem Kreditinstitut mit entsprechender Erlaubnis.

A. Ausgestaltung des Verwahrverhältnisses

I. Rechtsnatur des Wertpapierdepots; Inhaber des Depotkontos

§ 34 a II WpHG legt somit nur die Pflicht des Unternehmens fest, die Wertpapiere des Kunden bei einer Depotbank verwahren zu lassen, sagt jedoch nichts darüber aus, welchen Anforderungen das dort zu führende Kundendepot genügen muß. Stellt Abs. 1 noch klar, daß die Kundengelder auf einem Treuhandkonto zu verwahren sind, so bleibt die Rechtsnatur des Depotkontos nach dem Wortlaut von Abs. 2 gänzlich offen, obwohl auch das Depotkonto parallel zum Einlagenkonto hinsichtlich Inhaberschaft und Verfügungsbefugnis verschiedenartig ausgestaltet werden kann.[1081]

Daß indes auch die Wahl der Depotform nicht im freien Belieben des im Rahmen von § 34 a II WpHG tätig werdenden Wertpapierdienstleistungsunternehmens steht, wurde bereits bei der Eingrenzung des sachlichen Anwendungsbereichs der Vorschrift augenfällig. Zwar wird man aus europarechtlicher Sicht auch die Einreichung der Papiere auf ein Eigendepot des Unternehmens für zulässig zu erachten haben, weil der Kunde aufgrund des das DepotG dominierenden Rechtserhaltungsprinzips auch hier sein Eigentum nicht verlöre.[1082] Jedoch folgt aus der Abgrenzung zur Zwischenverwahrung nach § 3 DepotG[1083], daß

1081 Die Darlegungen zum Depotkonto begnügen sich dabei mit dem Hinweis, daß insoweit die selben Regeln gelten wie für Einlagenkonten: Staub/ *Canaris*, HGB, BankvertragsR II, Rn. 2090; *Gößmann* in: Schimansky/ Bunte/ Lwowski, BankRhdb., Bd. 2, § 72, Rn. 9; vgl. zudem KG WM 1964, 1038, 1039, wo Depot- und Einlagenkonto wie selbstverständlich gleich behandelt werden.

1082 Vgl. auch *Koller*, der diesen Aspekt allein für maßgeblich hält, ohne allerdings § 3 DepotG auch nur zu erwähnen; genauer zur Ausgestaltung des Prinzips der Rechtserhaltung im Rahmen der einzelnen Verwahrformen DepotG siehe sogleich unter II.

1083 Siehe oben § 4 B.I.1.a)aa).

das Unternehmen die Wertpapiere des Kunden nicht im eigenen Namen auf dem Depotkonto halten darf. Das Wertpapierdepot muß folglich auf den Namen des Kunden errichtet werden. Dieser muß als Kontoinhaber fungieren, so daß die Kundenwerte aus Sicht des Unternehmens auf einem Fremddepot zu verwalten sind.

Die für die Verwaltung notwendige Rechtsmacht des Unternehmens hinsichtlich des Kundendepots kann dabei entweder aus einer Kontovollmacht (§ 164 BGB) resultieren oder aber aus der Ermächtigung, im eigenen Namen über das Konto zu verfügen (§ 185 BGB). Im ersten Fall läge gemäß der Klassifizierung von Konten nach Kontoinhaberschaft und Verfügungsbefugnis ein reines Eigenkonto des Kunden mit Vertretungsmacht des Unternehmens, im zweiten Fall ein Ermächtigungstreuhandkonto vor.

II. Art der Verwahrung

§ 34 a II WpHG trifft ferner auch keine Aussage darüber, in welcher Form die Wertpapiere des Kunden bei dem Kreditinstitut zu verwahren sind. Das DepotG kennt jedoch eine Reihe unterschiedlicher Ausgestaltungen des Verwahrverhältnisses, die hinsichtlich des Niveaus des Kundenschutzes teilweise erheblich differieren. Im folgenden sollen daher die einzelnen Verwahrformen näher beleuchtet und auf ihre Eignung für eine Verwahrung von Kundenpapieren unter Geltung von § 34 a II WpHG hin überprüft werden.

Den Maßstab für die Überprüfung der Tauglichkeit bildet dabei Art. 10 I Satz 2, Spiegelstrich 2 WpDlRL, der wie oben gesehen[1084] auf eine Bewahrung der Eigentumsrechte des Kunden abzielt. Im Sinne einer europarechtlich adäquaten Ausgestaltung des Verhältnisses zwischen Anleger und Wertpapierfirma kommen damit bei strenger Betrachtung nur solche Formen der Verwahrung in Betracht, bei denen das Eigentum des Kunden an den Wertpapieren über die gesamte Verwahrdauer ungeschmälert fortbesteht. Diese Voraussetzung ist, da das DepotG gerade auf dem Grundsatz beruht, daß Eigentum für den Depotkunden zu erhalten[1085], jedoch in den Regelfällen einer Verwahrung nach dem DepotG gewahrt:

1084 Unter I.1.b)bb).

1085 Siehe etwa *Opitz*, DepotG, Grundgedanken und Aufbau, S. 16; *Schönle*, Bank- und Börsenrecht, § 20 I.; *Einsele* in: Ferrarini, European Securities Markets: The ISD and beyond, p. 95.

1. Sonderverwahrung nach § 2 DepotG

Eindeutig ist dies zunächst im ursprünglichen Grundfall der Sonderverwahrung nach § 2 DepotG, wo die Wertpapiere des Hinterlegers strikt gesondert von den eigenen Beständen des Kreditinstitutes und denen anderer Hinterleger aufbewahrt werden. Zur Unterscheidung werden dabei die Wertpapiere eines Hinterlegers äußerlich erkennbar mit einem Streifband gekennzeichnet, auf dem Name und Anschrift des jeweiligen Hinterlegers sowie Art und Nennwert der Papiere vermerkt sind (daher auch „Streifbandverwahrung").[1086] Charakteristikum dieser Verwahrform ist, daß eine Änderung der Eigentumslage nicht eintritt; war der Hinterleger oder ein Dritter, für den der Hinterleger auftritt, Alleineigentümer, so bleibt er es auch weiterhin.[1087]

Leitet also das Wertpapierdienstleistungsunternehmen i.S.d. § 34 a II WpHG entgegengenommene Kundenpapiere zur gesonderten Verwahrung in einem Streifbanddepot weiter, werden folglich die Schutzzwecke des Art. 10 I Satz 2, Spiegelstrich 2 WpDlRL modellhaft verwirklicht, da hier der Kunde sein Alleineigentum zu keinem Zeitpunkt verliert.

2. Girosammelverwahrung nach § 5 I Satz 1 DepotG

Mit Inkrafttreten des Zweiten Finanzmarktförderungsgesetzes wurde indes die Sonderverwahrung als gesetzliche Regelverwahrform durch die Sammelverwahrung in der Gestalt der Girosammelverwahrung (§ 5 I Satz 1 DepotG) abgelöst, die de facto schon zuvor zum Normalfall einer depotmäßigen Verwahrung von Wertpapieren geworden war[1088]. Mit dieser Gesetzesänderung entfiel zugleich das nicht mehr zeitgerechte Erfordernis einer Girosammelermächtigung.[1089] Der Grund für die auch normative Etablierung als Regelfall lag einerseits darin, daß diese Variante, bei der die Papiere bei einer Wertpapiersammelbank in Sammelverwahrung gegeben werden, kostengünstiger und abwicklungstechnisch einfa-

1086 *Heinsius/ Horn/ Than*, DepotG, § 2, Rn. 4; Staub/ *Canaris*, HGB, BankvertragsR II, Rn. 2084; *Beck*, KWG, Bd. 1, § 1, Rn. 168; *Reischauer/ Kleinhans*, KWG, Bd. 1, § 1, Rn. 36; siehe genauer *Gößmann* in: Schimansky/ Bunte/ Lwowski, BankRhdb., Bd. 2, § 72, Rn. 121.

1087 Staub/ *Canaris*, HGB, BankvertragsR II, Rn. 2101; *Gößmann* in: Schimansky/ Bunte/ Lwowski, BankRhdb., Bd. 2, § 72, Rn. 120.

1088 *Gößmann* in: Schimansky/ Bunte/ Lwowski, BankRhdb., Bd. 2, § 72, Rn. 73.

1089 So Staub/ *Canaris*, HGB, BankvertragsR II, Rn. 2103 bereits vor Änderung der Vorschrift, der zudem im Ermächtigungserfordernis für die Girosammelverwahrung § 5 I Satz 2 DepotG a.F. einen Wertungswiderspruch zu § 24 I DepotG erblickte.

cher ist;[1090] sie macht eine körperliche Bewegung der Wertpapiere zur Eigentumsverschaffung überflüssig und stellt somit die Grundlage für den heutigen Börsenusancen entsprechenden Effektengiroverkehr dar, wo eine Rechtsübertragung nur noch über Depotbuchungen stattfindet.[1091] Andererseits trug der Gesetzgeber mit der Etablierung als Regelfall der Verwahrung dem Umstand Rechnung, daß auch die Girosammelverwahrung einen effektiven Kundenschutz garantiert, der dem bei der Sonderverwahrung nach praktischen Belangen kaum nachsteht.

Unter diesem Aspekt ist maßgeblich für die Akzeptanz dieser Form der Verwahrung im Rahmen eines von § 34 a II WpHG erfaßten Wertpapierhandels, daß dem Depotkunden gemäß § 6 I DepotG auch bei der Girosammelverwahrung durchgehend Eigentumsrechte verbleiben. § 6 I DepotG kann insoweit zugleich als Ausdruck und Normierung des das DepotG beherrschenden Prinzips der Rechtserhaltung begriffen werden.[1092] Zwar wandelt sich in dieser Verwahrvariante das Alleineigentum des bisherigen Eigentümers mit Einlieferung beim Sammelverwahrer kraft Gesetzes (§ 6 I Satz 1 DepotG) in Miteigentum nach Bruchteilen an den zum Sammelbestand gehörenden Wertpapieren derselben Art um. Im Ergebnis bedeutet jedoch auch dies, daß der Depotkunde seine Eigentumsrechte - wenn auch in veränderter Struktur - nicht verliert.

Eine strenge gegenständliche Trennung der Kundenvermögen wie sie in den bislang aufgezeigten Konstellationen als Grundlage einer Vermögensverwaltung i.S.d. § 34 a WpHG für erforderlich befunden wurde, findet bei der Girosammelverwahrung nicht statt. Im Gegensatz zu § 34 I WpHG verlangt aber auch Abs. 2 nicht ausdrücklich eine strikte Separierung der jeweiligen Papiere eines einzelnen Kunden von denjenigen anderer Kunden. Wie zu zeigen ist, wird eine solche bei der Sammelverwahrung nach § 5 I DepotG adäquat durch die dieser

---

1090 *Kümpel*, WM 1980, 422, 423; Staub/ *Canaris*, HGB, BankvertragsR II, Rn. 2088; *Gößmann* in: Schimansky/ Bunte/ Lwowski, BankRhdb., Bd. 2, § 72, Rn. 73.

1091 *Kümpel*, WM 1980, 422, 423; *Gößmann* in: Schimansky/ Bunte/ Lwowski, BankRhdb., Bd. 2, § 72, Rn. 73 f; Die nach § 929 Satz 1 BGB notwendige Übergabe vollzieht sich nach Rechtsprechung und h.L. dadurch, daß die Wertpapiersammelbank ihren Besitzwillen umstellt und fortan dem Erwerber den Besitz mittelt (§ 868 BGB), was durch die entsprechenden Eintragungen im Depotbuch nach außen hin dokumentiert wird, *Gößmann* in: Schimansky/ Bunte/ Lwowski, BankRhdb., Bd. 2, § 72, Rn. 110; siehe ferner detailliert Staub/ *Canaris*, HGB, BankvertragsR II, 2016 ff.

1092 Vgl. Staub/ *Canaris*, HGB, BankvertragsR II, Rn. 2138, wonach der in § 6 I DepotG enthaltene Rechtserhaltungsgrundsatz auch über seinen unmittelbaren Anwendungsbereich hinaus heranzuziehen ist. Zur dogmatischen Einordnung als Erwerbstatbestand sui generis vgl. Staub/ *Canaris*, HGB, BankvertragsR II, Rn. 2104; *Gößmann* in: Schimansky/ Bunte/ Lwowski, BankRhdb., Bd. 2, § 72, Rn. 83.

Verwahrform zugrundeliegende Miteigentumslösung ersetzt, weil das Miteigentum nach deutschem Sachenrecht ebenso einen dinglichen Schutz erfährt wie die Position des Alleineigentümers[1093]. Einer Separierung der effektiven Stücke bedarf es dann nicht mehr, weil der einzelne Kunde ab Eingang seiner Wertpapiere beim Verwahrer ohnehin nurmehr über ideelle Anteile am Sammelbestand verfügt, die durch eine gegenständliche Vermischung der einzelnen Wertpapiere gerade nicht berührt werden. Verbleibende Unterschiede zwischen der Position eines Alleineigentümers und der eines Miteigentümers, die aus der Anwendung der §§ 1008 ff, 741 ff BGB auf das Miteigentum nach Bruchteilen resultieren, werden zudem durch die Sonderregelungen der §§ 6-8 DepotG für die spezielle Bruchteilsgemeinschaft der Sammeldepotkunden nivelliert. Im Gegensatz zur Bruchteilsgemeinschaft des BGB ist nämlich die Sammelbestandsgemeinschaft nach §§ 6 ff DepotG auf das Verhältnis Miteigentümer/ Sammelverwahrer ausgerichtet.[1094] Die schuld- und sachenrechtlichen Vorschriften der §§ 741 ff BGB werden dabei so weitgehend abgeändert, daß die Rechtsbeziehungen der Sammelbestandseigentümer untereinander letztlich auf das bloße Bestehen einer dinglichen Eigentumsgemeinschaft beschränkt sind.[1095] Namentlich indem § 8 DepotG die Regelung über die Aufhebung einer Bruchteilsgemeinschaft gemäß § 749 BGB modifiziert, ist damit die Rechtsposition des einzelnen Miteigentümers derjenigen eines Alleineigentümer weitgehend angenähert.

Entscheidend aus Sicht des dem Kunden durch Art. 10 I Satz 2, Spiegelstrich 2 WpDIRL zugewiesenen Schutzes ist in concreto, daß auch das Miteigentum im Falle einer Insolvenz der verwahrenden Bank zur Aussonderung gemäß § 47 InsO berechtigen würde.[1096] Insoweit bewirkt zudem § 8 DepotG i.V.m. § 7 I DepotG, daß der Kunde seinen aus dem Miteigentum fließenden Aussonderungsanspruch ohne die sonst für den Miteigentümer geltenden Beschränkungen der §§ 1011, 432 BGB geltend machen könnte.[1097]

1093 Palandt/ *Bassenge*, BGB, § 1008, Rn. 1; Soergel/ *Stürner*, vor § 1008, Rn. 4; dies voraussetzend auch Staub/ *Canaris*, HGB, BankvertragsR II, Rn. 2125.

1094 *Heinsius/ Horn/ Than*, DepotG, § 6, Rn. 31; *Gößmann* in: Schimansky/ Bunte/ Lwowski, BankRhdb., Bd. 2, § 72, Rn. 85.

1095 Siehe *Heinsius/ Horn/ Than*, DepotG, § 6, Rn. 31; *Gößmann* in: Schimansky/ Bunte/ Lwowski, BankRhdb., Bd. 2, § 72, Rn. 85; vgl. im einzelnen *Kümpel*, WM 1980, 422, 432.

1096 *Andres* in: Nerlich/ Römermann, InsO, § 47, Rn. 5; *Prütting* in: Kübler/ Prütting, InsO, § 47, Rn. 20 sowie speziell für den Depotkunden im Fall der Sammelverwahrung: *Gößmann* in: Schimansky/ Bunte/ Lwowski, BankRhdb., Bd. 2, § 72, Rn. 118; *Einsele* in: Ferrarini, European Securities Markets: The ISD and beyond, p. 95.

1097 Vgl. *Opitz*, DepotG, §§ 6, ,7, 8, Anm. 19; *Heinsius/ Horn/ Than*, DepotG, § 6, Rn. 32; *Kümpel*, WM 1980, 422, 430; *ders.* in: BuB 8/51; *Schwintowski/ Schäfer*, BankR, § 11, Rn. 119.

Hinzu kommt, daß die Drittverwahrung im Fall der Girosammelverwahrung gemäß § 5 I Satz 1 DepotG von einer Wertpapiersammmelbank durchgeführt wird, bei welcher der Eintritt einer Insolvenz kaum als reale Gefahr angesehen werden kann. Dies entspricht der Einschätzung des Gesetzgebers, der sie als einzigen Fall einer Sammelverwahrung ohne besondere Ermächtigung des Hinterlegers zuläßt (vgl. § 5 I DepotG). Der Grund für das erhöhte Vertrauen in die Wertpapiersammelbanken liegt darin, daß diese gemäß § 1 III DepotG dem Erfordernis einer besonderen Anerkennung durch die zuständigen Länderbehörden unterliegen, welche sich, wie aus § 1 III Satz 2 DepotG folgt, am Anlegerschutz zu orientieren hat. Die Solidität des Girosammelverwahrers dürfte überdies nach der Fusion der einzelnen Wertpapiersammelbanken[1098] zur „Deutscher Kassenverein AG“ vom 01. 01. 1990, die nun zentral die inländische Verwahrung durchführt[1099], noch höher einzustufen sein.

Allerdings besteht auch im Rahmen der Girosammelverwahrung die Gefahr, daß der Depotkunde durch unautorisierte Verfügungen der Depotbank oder des Wertpapierdienstleistungsunternehmens einen Vermögensverlust erleidet.[1100] Da der jeweilige Bruchteil eines Miteigentümers am Gesamtbestand sich nach dem Wertpapiernennbetrag oder, falls es an einem solchen fehlt, nach der Stückzahl bemißt (§ 6 I Satz 2 DepotG), kann sich durch eine solche Verfügung die dem einzelnen Depotkunden gebührende Menge infolge eines Verlustes am Sammelbestand verringern, vgl. § 7 II Satz 1 DepotG. Dies ist nicht nur in den Fällen denkbar, in denen die Bank bewußt mißbräuchliche Verfügungen vornimmt, sondern etwa auch dann, wenn ein Depotkunde einen Leerverkauf tätigt, den die Bank irrtümlich dadurch ausführt, daß sie Bestände derselben Wertpapiergattung, die anderen Sammeldepotkunden gehören, umbucht.[1101]

Auch eine solche Reduzierung des Sammelbestandes setzt jedoch voraus, daß sich die fehlerhafte Verfügung durch gutgläubigen Erwerb des Erklärungsemp-

---

1098 Eine Aufzählung dieser Institute findet sich bei *Baumbach/ Hopt*, HGB, (13) DepotG, (29. Aufl.), § 1, Rn. 6.

1099 Siehe *Gößmann* in: Schimansky/ Bunte/ Lwowski, BankRhdb., Bd. 2, § 72, Rn. 26 und 106.

1100 In der Regel wird das Wertpapierdienstleistungsunternehmen im Rahmen des Effektengiroverkehrs die Verfügung nicht selbst ausführen, sondern die Depotbank, welche insoweit dann als Girobank tätig wird, anweisen, das Einigungsangebot abzugeben und sie gemäß § 185 I BGB hierzu ermächtigen, Staub/ *Canaris*, HGB, BankvertragsR II, Rn. 2017. In diesen Fällen „schlägt“ die mangelnde Verfügungsbefugnis des Wertpapierdienstleistungsunternehmens auf die seitens der Depotbank vorgenommene Verfügung „durch“. Das Unternehmen kann aber auch ohne Einschaltung der Depotbank insbesondere durch Abtretung des Herausgabeanspruchs gemäß §§ 929, 931 BGB über den Miteigentumsanteil des Kunden verfügen.

1101 *Gößmann* in: Schimansky/ Bunte/ Lwowski, BankRhdb., Bd. 2, § 72, Rn. 87.

fängers dinglich realisiert. Insoweit läßt sich zwar der gutgläubige Erwerb von Sammeldepotanteilen praxisgerecht nicht ohne Bruch mit traditionellen sachenrechtlichen Grundsätzen konstruieren;[1102] gleichwohl entspricht es einhelliger Meinung, daß gerade bei einem weitgehend anonymisierten und automatisierten Massenumsatz von Wertpapieren, wie er im Effektengiroverkehr stattfindet, die Bedürfnisse des Rechtsverkehrs einen Gutglaubensschutz unverzichtbar machen.[1103] Da indes der mehrfach gemittelte Mitbesitz des Depotkunden bei der Girosammelverwahrung keinen hinreichenden Anknüpfungspunkt für die Legitimation des Inhabers mehr darstellt,[1104] ist dabei nach ganz überwiegender Ansicht im Wege der Rechtsfortbildung auf die Eintragungen im Verwahrbuch der Wertpapiersammelbank abzustellen.[1105] Letztlich wird mit dieser Anerkennung des gutgläubigen Erwerbes nur das allein interessengerechte Resultat hergestellt, daß der Depotkunde bei der der Sammelverwahrung immanenten Miteigentumslösung nicht besser gestellt sein darf, als dies bei Alleineigentum an den Effekten der Fall wäre. Umgekehrt folgt hieraus für die Zwecke der vorliegenden Untersuchung aber auch zwanglos, daß für den Kunden mit einer Sammelverwahrung seiner Wertpapiere unter diesem Aspekt keine größere Gefahr im Vergleich zur streng getrennten Sonderverwahrung einhergeht.

Das spezifische Risiko der Girosammelverwahrung als Fall der Drittverwahrung liegt daher nur in der Möglichkeit, daß die Eigentumsrechte des Kunden durch gutgläubigen Erwerb der Wertpapiersammelbank bei der Entgegennahme der Papiere untergehen. Exakt dieser Gefahr begegnet jedoch § 4 I DepotG, wonach die als Zwischenverwahrer nach § 3 I DepotG agierende Depotbank unwiderleglich als Nichteigentümer hinsichtlich der dem Kunden gehörenden Effekten gilt. Da der Wortlaut des § 4 DepotG eine entsprechende Einschränkung

---

1102 Siehe insoweit grundlegend zum gutgläubigen Erwerb von Sammeldepotanteilen im Effektengiroverkehr: *Koller*, DB 1972, 1857 ff und 1905 ff; vgl. aus jüngerer Zeit ferner *Einsele* in: Ferrarini, European Securities Markets: The ISD and beyond, p. 95, 97. Allgemein zur ebenso komplizierten wie im einzelnen umstrittenen Konstruktion der dinglichen Übertragung von Miteigentumsanteilen, die bei einer Wertpapiersammelbank verwahrt werden, siehe insbesondere Staub/ *Canaris*, HGB, BankvertragsR II, 2016 ff unter eingehender Erörterung des Meinungsstandes.

1103 *Koller*, DB 1972, 1905, Fn. 73; *Heinsius/ Horn/ Than*, DepotG, § 6, Rn. 91; Staub/ *Canaris*, HGB, BankvertragsR II, Rn. 2026; *Schlegelberger/ Hefermehl*, HGB, Anh. zu § 406, Rn. 327; *Kümpel*, WM 1980, 422, 437.

1104 Vgl. Staub/ *Canaris*, HGB, BankvertragsR II, Rn. 2020 und 2027. Zu hinterfragen ist bereits, ob der Mitbesitz wegen seiner „Vieldeutigkeit" überhaupt eine taugliche Rechtsscheinsgrundlage darstellen kann; instruktiv hierzu *Koller*, JZ 1972, 646 ff.

1105 *Koller*, DB 1972, 1905 ff; *Heinsius/ Horn/ Than*, DepotG, § 6, Rn. 91; Staub/ *Canaris*, HGB, BankvertragsR II, Rn. 2026; *Schlegelberger/ Hefermehl*, HGB, Anh. zu § 406, Rn. 327; kritisch *Einsele* in: Ferrarini, European Securities Markets: The ISD and beyond, p. 95, 97.

nicht vornimmt, erlangt die Fremdvermutung nach überzeugender Auffassung nicht nur für den Fall Bedeutung, in dem die Wertpapiere einem Dritten zur Verwahrung anvertraut werden, sondern darüberhinausgehend auch dann, wenn sie zur Erfüllung eines Kaufvertrages weitergegeben werden.[1106] Dies führt im speziellen Fall sogar zu einer gegenüber der Sonderverwahrung zusätzlichen Beschränkung der Depotbank, irrtümliche oder mißbräuchliche Verfügungen wirksam vornehmen zu können.[1107]

Im Ergebnis liegt damit eine Schlechterstellung des Kunden auch hinsichtlich des Risikos eines unfreiwilligen Verlustes seines Eigentums nicht vor, wenn das Wertpapierdienstleistungsunternehmen i.S.d. § 34 a WpHG nicht gemäß § 5 I Satz 1, 2. Hs. DepotG auf einer gesonderten Verwahrung der Kundenpapiere beharrt. Auch die in § 5 I Satz 1 DepotG vorgesehene Sammelverwahrung bei einem Zentralverwahrer nach § 1 III DepotG stellt sich mithin als adäquate Lösung i.S.v. § Art. 10 I Satz 2, Spiegelstrich 2 WpDlRL dar.

3. Ergänzender Schutz des Depotkunden durch extensive Anwendung des Rechtserhaltungsgrundsatzes sowie durch § 32 DepotG

In beiden bislang diskutierten Verwahrungsvarianten, der Sonderverwahrung wie der Girosammelverwahrung bewirkt zudem die im Bereich des DepotG angezeigte extensive Anwendung des Rechtserhaltungsgrundsatzes, daß der Kunde selbst dann keinen Rechtsnachteil erleidet, wenn sich das Wertpapierdienstleistungsunternehmen von der Depotbank die effektiven Stücke ausliefern läßt.[1108] Die auf Bewahrung der Eigentumsrechte des Deponenten abzielende Konzeption des DepotG, die insbesondere in § 6 I Satz 1 DepotG zum Ausdruck kommt, rechtfertigt es, den Eigentumserwerb nach § 929 ff BGB direkt beim Kunden eintreten zu lassen, auch wenn das Unternehmen Auslieferung im eigenen Na-

---

1106 *Heinsius/ Horn/ Than*, DepotG, § 4, Rn. 5; Staub/ *Canaris*, HGB, BankvertragsR II, Rn. 2167; *Einsele* in: Ferrarini, European Securities Markets: The ISD and beyond, p. 95, 98.

1107 Nach h.M. soll indes die Möglichkeit eines redlichen Erwerb durch guten Glauben an die Verfügungsbefugnis gemäß § 366 I HGB (Inhaberpapiere) bzw. § 365 I HGB i.V.m. Art. 16 WechselG, § 68 AktG (Orderpapiere) von § 4 DepotG nicht berührt werden, siehe *Baumbach/ Hopt*, HGB, (13) DepotG, § 4, Rn. 2; Staub/ *Canaris*, HGB, BankvertragsR II, Rn. 2168; *Gößmann* in: Schimansky/ Bunte/ Lwowski, BankRhdb., Bd. 2, § 72, Rn. 15; *Einsele* in: Ferrarini, European Securities Markets: The ISD and beyond, p. 95, 98.

1108 Wozu es jedenfalls in der Ermächtigungsvariante mit dem Argument der Parallelität von Empfangszuständigkeit und Verfügungsbefugnis als im Zweifel berechtigt anzusehen ist, vgl. dazu bereits oben § 2 B.II.3.b).

men verlangt.[1109] Eines Rückgriffes auf die Grundsätze des Geschäfts, für den, den es angeht, bedarf es somit nicht mehr.

Der Schutz des Depotkunden wird schließlich durch die Regelungen des § 32 DepotG komplettiert. Dessen Abs. 1 Nr. 2 räumt dem Hinterleger in den für ihn besonders gefährlichen Konstellationen, in denen er das Eigentum oder Miteigentum an den Wertpapieren infolge einer rechtswidrigen Verfügung des Verwahrers verloren hat, immerhin noch ein Recht auf vorrangige Befriedigung bei Insolvenz des Verwahrers ein. Hinterleger im Sinne dieser Vorschrift kann dabei in der Konstellation des § 34 a II WpHG nur der Kunde sein: Da das Wertpapierdienstleistungsunternehmen die Papiere nicht im eigenen, sondern für und unter dem Namen des Kunden verwahren läßt, ist dieser Vertragspartei des depotrechtlichen Verwahrverhältnisses.[1110]

4. Sonstige Verwahrformen

Bei den weiterhin in §§ 12 ff DepotG vorgesehenen Sonderformen der Verwahrung ist die Aufrechterhaltung der Eigentumsrechte des Depotkunden hingegen nicht durchgehend gewährleistet. Sie sind daher auch nur auf der Basis einer schriftlichen und für das einzelne Verwahrgeschäft gesondert abzugebenden Ermächtigung zulässig.

Bei der Tauschverwahrung gemäß § 10 DepotG ist eine Aneignung der Papiere durch den Verwahrer indessen nur unter der Voraussetzung erlaubt, daß er als Ausgleich dafür sogleich andere Wertpapiere derselben Art übereignet, arg. e § 11 DepotG.[1111] Auch hier ergibt sich, falls Hinterleger und Eigentümer nicht identisch sind, aus der rechtsgedanklichen Heranziehung des in § 6 I DepotG verankerten Prinzips der Rechtsbewahrung, daß das Eigentum an den Ersatz-

---

1109 Staub/ *Canaris*, HGB, BankvertragsR II, Rn. 2123; *Baumbach/ Hopt*, HGB, (13) DepotG, § 6, Rn. 3.

1110 Siehe *Opitz*, DepotG, § 10, Anm. 8., der generell formuliert, daß Hinterleger auch derjenige ist, für den die Wertpapiere aufbewahrt werden oder, der sie durch einen Dritten aufbewahren läßt.

1111 *Opitz*, DepotG, § 10 f, Anm. 3; Schlegelberger/ *Hefermehl*, HGB, Anh. zu § 406, Rn. 340; Staub/ *Canaris*, HGB, BankvertragsR II, Rn. 2136. Es handelt sich hierbei um einen rechtsgeschäftlichen Eigentumsübergang nach § 929 Satz 2 BGB mit antizipierter Einigung, die seitens des Hinterlegers mit der Ermächtigung konkludent ausgesprochen wird. Die Rückübereignung erfolgt gemäß § 930 BGB, weil der Verwahrer mit der Einfügung der Ersatzstücke in das Kundendepot zugleich ein Besitzmittlungsverhältnis i.S.d. § 868 BGB zugunsten des Kunden begründet; siehe *Gößmann* in: Schimansky/ Bunte/ Lwowski, BankRhdb., Bd. 2, § 72, Rn. 127, allerdings jeweils unter fälschlicher Zitierung der Paragraphen.

stücken auf den bisherigen Eigentümer übergeht.[1112] Im Ergebnis wäre somit der Wertpapierkunde i.S.d. § 34 a II WpHG auch hier praktisch über die gesamte Verwahrdauer durch Eigentumsrechte an Effekten derselben Art dinglich gesichert, so daß im Rahmen von § 34 a II WpHG gegen die Einreichung der Kundenpapiere zur Tauschverwahrung nur geringe Bedenken bestünden. Gleichwohl sollte das Wertpapierdienstleistungsunternehmen von einer Einreichung der Wertpapiere des Kunden zur in der Praxis ohnehin kaum gebräuchlichen Tauschverwahrung absehen, da die neu erworbenen Papiere mit Rechten Dritter, insbesondere gesetzlichen Pfandrechten belastet sein könnten.

Eindeutiger stellt sich die Situation hingegen bei der sog. Verwahrung mit Verfügungsermächtigung gemäß § 13 DepotG dar, wo der Verwahrer sich die Wertpapiere des Kunden aneignen oder über diese verfügen kann, ohne zu einer gleichzeitigen Übereignung anderer Wertpapiere an den betreffenden Kunden verpflichtet zu sein. Dem Kunden verbliebe damit nur ein schuldrechtlicher Rückgewähranspruch (vgl. § 13 I Satz 2 DepotG), der den Belangen des § 34 a II WpHG nicht genügt. Gleiches gilt a fortiori für die unregelmäßige Verwahrung nach § 15 DepotG, wo schon mit Einreichung der Wertpapiere das Eigentum auf den Verwahrer übergeht.[1113] Diese Verwahrformen stellen somit einen Bruch mit dem das DepotG dominierenden Rechtserhaltungsgrundsatz dar. Der Kunde hätte hier im Falle einer Insolvenz weder die Möglichkeit zur Aussonderung, noch käme er in den Genuß eines Aussonderungsvorrechtes gemäß § 32 DepotG, da er infolge der Unanwendbarkeit des DepotG konsequenterweise auch nicht mehr als Hinterleger i.S.d. § 32 I Nr. 2 DepotG anzusehen wäre.[1114] Die Einlieferung der Kundenpapiere unter Erteilung einer Verfügungsermächtigung oder zur unregelmäßigen Verwahrung ist daher seitens des Wertpapierdienstleistungsunternehmens strikt zu vermeiden.[1115]

1112 Staub/ *Canaris*, HGB, BankvertragsR II, Rn. 2138.

1113 Siehe zur unregelmäßigen Verwahrung auch bereits oben § 4 B.I.1.b)cc).

1114 *Opitz*, DepotG, § 15, Anm. 11; Staub/ *Canaris*, HGB, BankvertragsR II, Rn. 2139.

1115 Zwar dürfte die Erteilung einer solchen Ermächtigung in der Regel nicht mehr vom Umfang der gewöhnlichen Kontovollmacht bzw. Ermächtigung gedeckt sein, die ja das Unternehmen nur zum An- und Verkauf von Wertpapieren im Rahmen der Vermögensverwaltung befähigen soll. Eindeutig ist dies jedoch nicht, solange die Erteilung ohne entsprechende Beschränkung und insbesondere, wenn sie als Außenvollmacht (§ 167 I, 2. Alt. BGB) gegenüber der Bank erfolgt, die über eventuelle Absprachen im Innenverhältnis nicht im Bilde ist. Zudem besteht, da es sich bei dem Erwerb des Verwahrers aufgrund einer besonderen Ermächtigung nach den §§ 10, 13, 15 DepotG um einen Erwerb kraft Rechtsgeschäfts aufgrund antizipierter Einigungserklärung handelt, selbst bei fehlender Legitimation des Unternehmens die Möglichkeit, daß der Verwahrer gemäß §§ 932 ff BGB i.V.m. 366 HGB gut-

5. Sonderfall: Auslandsverwahrung

Abstriche von der durchgängigen Aufrechterhaltung der Eigentumsrechte des Depotkunden sind dagegen hinzunehmen, soweit die Wertpapiere im Ausland aufbewahrt werden. Dies gründet sich darauf, daß hier nach internationalem Privatrecht der lex rei cartae-Grundsatz als Unterfall der lex rei sitae-Regel die Rechtsordnung bestimmt, die auf den Erwerb und Verlust des Eigentums an den Wertpapieren Anwendung findet. Maßgeblich ist danach das Recht desjenigen Staates, in dem sich das Papier befindet.[1116] Daraus folgt, daß es dem deutschen Gesetzgeber versagt ist, Regelungen über den Eigentumsübergang der im Ausland angeschafften Wertpapiere oder die Pflichten eines Auslandsverwahrers zu treffen.[1117] Da durch die Grundsätze des internationalen Sachenrechtes somit auch die Umsetzungspflicht des jeweiligen Staates naturgemäß beschränkt wird, können dem deutschen Gesetzgeber insoweit allerdings keine Vorwürfe hinsichtlich einer ordnungsgemäßen Umsetzung von Art. 10 I Satz 2, Spiegelstrich 2 WpDlRL gemacht werden.

Die Konsequenz aus dem lex rei cartae-Grundsatz hat im nationalen Recht ihren Niederschlag in § 22 DepotG gefunden. Dieser Regelung läßt sich über ihren eingeschränkten Anwendungsbereich hinaus als allgemeines Leitbild entnehmen, daß der Wertpapierkunde regelmäßig gerade kein Eigentum erwerben soll, wenn Effekten im Ausland angeschafft und verwahrt werden.[1118] Vor diesem Hintergrund wird deutlich, warum § 34 a II WpHG für den Fall, daß die Wertpapiere bei einem Kreditinstitut mit Sitz im Ausland verwahrt werden, nur einen dem DepotG gleichwertigen, nicht jedoch gleichen Schutz des Kunden fordert. Wie bei der Parallelvorschrift des § 5 IV DepotG muß es folglich auch hier genügen, wenn die Rechtsposition des Kunden in bezug auf den Zugriff dritter Gläubiger und treuwidrige Verfügungen über sein Vermögen wirtschaftlich betrachtet der eines Eigentümers im deutschen Recht entspricht.[1119] Die Gleichwertigkeit ist dabei auch mit Rücksicht auf die Möglichkeiten des ausländischen Rechts sowie ferner den Usancen am ausländischen Verwahrort zu be-

---

gläubig das Eigentum an den hinterlegten Stücken erwirbt, Staub/ *Canaris*, HGB, BankvertragsR II, Rn. 2138, 2141.

1116 Siehe für die Bestimmung des Wertpapiersachstatuts im deutschen Recht Art. 43 EGBGB.

1117 *Gößmann* in: Schimansky/ Bunte/ Lwowski, BankRhdb., Bd. 2, § 72, Rn. 136.

1118 *Gößmann* in: Schimansky/ Bunte/ Lwowski, BankRhdb., Bd. 2, § 72, Rn. 137; *Einsele* in: Ferrarini, European Securities Markets: The ISD and beyond, p. 95, 101; zur Herleitung der Tragweite von § 22 DepotG siehe *Heinsius/ Horn/ Than*, DepotG, § 22, Rn. 13.

1119 *Koller* in Assmann/ Schneider, WpHG, § 34 a WpHG, Rn. 15.

messen.[1120] In Anbetracht dessen, daß von § 13 des Österreichischen Depotgesetzes abgesehen, kaum eine Rechtsordnung die Eigentumsübertragung durch Absendung eines Stückeverzeichnisses i.S.d. § 22 I DepotG kennt[1121], wird mithin zumeist die Verschaffung eines schuldrechtlichen Anspruches auf der Grundlage eines Treuhandverhältnisses als ausreichend erachtet werden müssen.

In praxi verschafft sich dabei die inländische Depotbank das Eigentum oder Miteigentum an den im Ausland verwahrten Papieren und erteilt dem Kunden eine sog. Gutschrift in Wertpapierrechnung (auch Treuhand-WR-Gutschrift), die den fortbestehenden Lieferungsanspruch nach § 22 DepotG dokumentiert[1122] [1123]. Die von ihr erworbene Rechtsstellung hat die Bank dann treuhänderisch für den Kunden zu halten.[1124] Um den Anforderungen zu entsprechen, die die deutsche Rechtsprechung an die Insolvenzfestigkeit einer Treuhandposition stellt, läßt sich die inländische Depotbank vom ausländischen Drittverwahrer eine sog. „Drei-Punkte-Erklärung"[1125] ausstellen, worin der Auslandsverwahrer sich u.a. verpflichtet, die Konten als „Kundendepot" der inländischen Depotbank zu führen; zudem läßt sich die Depotbank seine Kenntnisnahme bestätigen, daß es sich um Wertpapiere handelt, die ihren Hinterlegern zustehen.[1126] Dies gewährleistet die Offenkundigkeit des Treuhandverhältnisses, wie sie bei Treuhandkonten nach der Rechtsprechung des BGH für die Gewährung der Rechte gemäß den §§ 47 InsO sowie 771 ZPO jedenfalls ausreicht.[1127] Neben dem Eigentum oder

---

1120 Siehe Coing WM 1977, 466, 468; *Kümpel* in: BuB, 8/ 124; *Gößmann* in: Schimansky/ Bunte/ Lwowski, BankRhdb., Bd. 2, § 72, Rn. 140 für die gleichlautende Nr. 12 Abs. 3 Satz 1, 1. Hs. der Sonderbedingungen für Wertpapiergeschäfte.

1121 *Heinsius/ Horn/ Than*, DepotG, § 22, Rn. 18.

1122 *Gößmann* in: Schimansky/ Bunte/ Lwowski, BankRhdb., Bd. 2, § 72, Rn. 146.

1123 Unabhängig vom Zeitpunkt des jeweiligen Eigentumserwerbs, erteilen die Banken aber auch schon vor der Erlangung einer eigentumsrechtlichen Position sog. vorgezogene WR-Gutschriften, die dem Kunden per se noch keine Insolvenz- und Vollstreckungssicherheit gewährleisten; sie erstarken jedoch zu echten Treuhand-WR-Gutschriften, sobald die inländische Depotbank nach den Regeln des ausländischen Rechts das Treuhandeigentum erlangt, *Kümpel*, BuB 8/135; *Gößmann* in: Schimansky/ Bunte/ Lwowski, BankRhdb., Bd. 2, § 72, Rn. 149.

1124 Eine dahingehende Pflicht enthalten die Sonderbedingungen der Banken für Wertpapiergeschäfte in Nr. 12 III.

1125 Als Muster abgedruckt bei *Kümpel* in: BuB, 8/183.

1126 *Kümpel* in: BuB, 8/131; *Gößmann* in: Schimansky/ Bunte/ Lwowski, BankRhdb., Bd. 2, § 72, Rn. 150.

1127 So für den speziellen Fall auch *Kümpel* in: BuB, 8/131; *Gößmann* in: Schimansky/ Bunte/ Lwowski, BankRhdb., Bd. 2, § 72, Rn. 150; mit Zweifeln wohl auch *Einsele* in: Ferrarini, European Securities Markets: The ISD and beyond, p. 95, 102 f. Vgl. zur Treuhandrechtsprechung des BGH bereits ausführlich oben § 3 C.

Miteigentum ist somit auch die dem Kunden erteilte Treuhand-WR-Gutschrift insolvenz- und vollstreckungsbeständig.

Was für die inländischen Depotbanken bei der Drittverwahrung im Ausland gilt, muß in Parallelwertung für den Fall gelten, in dem ein Wertpapierdienstleistungsunternehmen, das nicht selbst zur Verwahrung befugt ist, Effekten seiner Kunden ohne Einschaltung einer inländischen Depotbank direkt bei dem ausländischen Verwahrer einliefert. Sofern also mit dem Kunden eine Auslandsverwahrung vereinbart wird, hat sich der Kunde notfalls damit zufriedenzugeben, daß das Unternehmen ihm einen treuhänderischen Herausgabeanspruch vermittelt. Dies gilt namentlich in denjenigen Fällen, in denen die ausländische Rechtsordnung nicht wie das deutsche DepotG auf dem Grundprinzip des Eigentumserhaltes basiert.

Eine solche Verwahrung im Ausland wird man dabei in bestimmten Konstellationen auch ohne ausdrückliche Vereinbarung zulassen müssen: Sie ist zunächst unumgänglich, wenn das Unternehmen absprachegemäß bzw. im Rahmen der Anlagerichtlinien Papiere anschafft, die mangels Wertpapierqualität i.S.d. § 1 I DepotG einer Inlandsverwahrung nicht zugänglich sind.[1128] Ausgehend von der Intention des WpHG-Gesetzgebers muß darüber hinaus die Einschaltung einer ausländischen Depotbank gestattet werden, falls vereinbarungsgemäß Wertpapiere angeschafft werden, die in Deutschland nicht zum Börsenhandel zugelassen sind[1129] oder deren Anschaffung zumindest usancegemäß im Ausland erfolgt.[1130] In diesen Fallgruppen ist es angemessen, die Auslandsverwahrung auch ohne spezifische Abreden zuzulassen, da sie nur der flexiblen Berücksichtigung von Markterfordernissen und Kundenwünschen dient, wie sie der Gesetzgeber mit der Zulassung der Auslandsverwahrung bezweckt.[1131]

B. Eröffnung des Depotkontos und Ausgestaltung der Kontobedingungen

I. Rechtstechnik der Eröffnung

Sofern ein Kunde noch kein geeignetes Wertpapierdepot unterhält, gehört es zu den Aufgaben des Wertpapierdienstleistungsunternehmens, ein Depotkonto für

---

1128 Zur Inlandsverwahrung ausländischer Papiere siehe *Gößmann* in: Schimansky/ Bunte/ Lwowski, BankRhdb., Bd. 2, § 72, Rn. 70.

1129 Siehe *Ziganke*, WM 1961, 226, 229 f für die Effektenkommission.

1130 Dies sehen auch die Sonderbedingungen der Banken für Wertpapiere so vor, vgl. deren Nr. 12 I und II. Ebenso für den Effektenkommissionär *Gößmann* in: Schimansky/ Bunte/ Lwowski, BankRhdb., Bd. 2, § 72, Rn. 145.

1131 Begr. RegE § 34 a WpHG, BT-Drucks. 13/7142, S. 110 zu § 34 a I WpHG.

den Kunden zu eröffnen, um entgegengenommene Wertpapiere unverzüglich dort einliefern zu können.[1132] Insoweit wurde festgestellt, daß der Kunde als Kontoinhaber fungieren muß, also nur eine Errichtung des Depots auf seinen Namen in Betracht kommt. Aus Sicht des Wertpapierdienstleistungsunternehmens handelt es sich dann um ein Fremdkonto, wie es ohne weiteres zur Entstehung gelangt, wenn das Unternehmen die Depoteröffnungsformulare mit Namen und Adresse des Kunden versieht und gegenüber der Bank als dessen Stellvertreter gemäß § 164 I BGB im fremden Namen auftritt (Vertretermodell).

Bezieht das Wertpapierdienstleistungsunternehmen seine Rechtsmacht aus einer Verfügungsermächtigung gemäß § 185 I BGB (Variante der Ermächtigungstreuhand), so könnte es dem Kunden möglicherweise über den Abschluß eines Vertrages zugunsten Dritter gemäß § 328 BGB die Inhaberschaft an dem Depot vermitteln, wie dies oben[1133] als Möglichkeit des Ermächtigungstreuhänders beschrieben wurde, ein Einlagenkonto auf den Namen des Kunden zu errichten.

Obgleich das Depotkonto auch hinsichtlich der verschiedenen Gestaltungsmöglichkeiten grundsätzlich wie das Einlagenkonto zu behandeln ist,[1134] so ergeben sich doch Besonderheiten, wenn das Depot im Wege des Vertrages zugunsten Dritter gemäß § 328 BGB für den Kunden begründet werden soll. Diese sind darauf zurückzuführen, daß das Depot rechtlich gesehen nicht wie das Einlagenkonto lediglich eine schuldrechtliche Forderung darstellt; den gängigen Depotformen liegen vielmehr dingliche Rechte in Form von Eigentum oder Miteigentum zugrunde.[1135] Nach der Rechtsprechung können jedoch über Verträge zugunsten Dritter keine dinglichen Rechtsfolgen bewirkt werden,[1136] so daß ein Dritter auf diesem Weg nicht ohne weiteres Eigentum an den Effekten erlangen kann.[1137] Die mögliche Heranziehung komplizierter rechtlicher Konstruktionen, wie sie für die Zuwendung eines Depots auf den Todesfall durch Vertrag zugunsten Dritter nach den §§ 328, 331 BGB erwogen werden[1138], braucht hier indes

1132 Siehe Begr. RegE § 34 a WpHG, BT-Drucks. 13/7142, S. 111.

1133 Unter § 3 B.III.

1134 Staub/ *Canaris*, HGB, BankvertragsR II, Rn. 2095; *Gößmann* in: Schimansky/ Bunte/ Lwowski, BankRhdb., Bd. 2, § 72, Rn. 128.

1135 Staub/ *Canaris*, HGB, BankvertragsR II, Rn. 2091; siehe dazu auch bereits die Darstellung der verschiedenen Verwahrformen unter A.II.

1136 Siehe speziell für Depotkonten: RGZ 99, 279, 282; BGHZ 41, 95, 96.

1137 Staub/ *Canaris*, HGB, BankvertragsR II, Rn. 2092.

1138 Vgl. dazu Staub/ *Canaris*, HGB, BankvertragsR II, Rn. 2093 f; Kümpel in. BuB, 8/231; *Gößmann* in: Schimansky/ Bunte/ Lwowski, BankRhdb., Bd. 2, § 72, Rn. 131 f. Der umständliche Weg der Begründung eines schuldrechtlichen Vertrags zugunsten des Dritten mit einer daraus entspringenden Pflicht der Bank zur Übereignung des Depots erscheint darüber hinaus für ein Depot mit ständig wechselndem

nicht weiter diskutiert zu werden. Denn die Lösung der Depoterrichtung für den Kunden über einen Vertrag zugunsten Dritter versagt auch hinsichtlich des schuldrechtlichen Teiles der zu treffenden Vereinbarungen, d.h. des Abschlusses des Verwahr- und Verwaltungsvertrages. Da dieser für den Kunden eigenständige Pflichten mit sich bringt, wie namentlich die Zahlung der Depotgebühren,[1139] würde es sich insoweit um einen Vertrag zu Lasten Dritter handeln, wie er mit dem Grundsatz der Privatautonomie nicht zu vereinbaren und daher unzulässig ist[1140].

Im Ergebnis kann somit das Wertpapierdienstleistungsunternehmen das auf den Kundennamen lautende Fremddepot nur im fremden Namen nach § 164 I BGB zur Entstehung bringen, so daß es jedenfalls hierfür einer entsprechenden Vollmacht bedarf. Dies besagt nun indessen nicht, daß damit die Ermächtigungstreuhand als Grundlage eines Verwaltungsverhältnisses unpraktisch oder gar ungeeignet wäre, sondern nur, daß sich der Ermächtigungstreuhänder für die Kontoeröffnung eben eine Vollmacht des Kunden zu besorgen hat, die er zusammen mit dem Depoteröffnungsformular bei dem Kreditinstitut, das er für die Verwahrung der Kundenpapiere ausgewählt hat, einreicht.

II. Offenlegung des Ermächtigungstreuhand- bzw. Vertretungsverhältnisses

Damit ein auf den Namen des Kunden lautendes Depotkonto zur Entstehung gelangt, hat das Wertpapierdienstleistungsunternehmen bei der Eröffnung - aus den für das Einlagenkonto dargelegten Erwägungen[1141] - deutlich zu machen, daß die Wertpapiere nicht nur für fremde Rechnung hinterlegt werden, sondern daß tatsächlich der Kunde auch Depotinhaber und somit Hinterleger[1142] sein soll. Da das Wertpapierdienstleistungsunternehmen nur über die § 164 ff BGB imstande ist, ein Fremdkonto zur Entstehung zu bringen, ergibt sich dies hinsichtlich der Errichtung des Wertpapierdepots bereits aus § 164 II BGB. Von der Begründung eines Depots des Kunden ist dabei nach objektiven Maßstäben regel-

---

Bestand schon insoweit unpraktikabel, als zur Verschaffung des Eigentums an den Kunden stets ein gesonderter rechtsgeschäftlicher Übertragungsakt zwischen Bank und Kunden notwendig wäre.

1139 Staub/ *Canaris*, HGB, BankvertragsR II, Rn. 2091.

1140 Palandt/ *Heinrichs*, BGB, Einf. vor § 328, Rn. 10; MüKo/ *Gottwald*, BGB, § 328, Rn. 171.

1141 Unter § 3 B.I.

1142 Wie o.g. (A.II.3.) kann als Hinterleger kann nur derjenige betrachtet werden, auf dessen Namen die Wertpapiere verwahrt werden und der somit Partei des Depotvertrages ist.

mäßig bereits dann auszugehen, wenn dessen Name in der Kontobezeichnung an erster Stelle erscheint.[1143]

III. Mitteilung des Kundennamens gemäß § 154 AO

Weil § 154 AO schon nach dem klaren Wortlaut der Vorschrift auch auf die depotmäßige Verwahrung von Wertpapieren anwendbar ist, kann auch hier auf die Mitteilung des vollen Kundennamens nicht verzichtet werden. Da, wie gesehen, im Anwendungsbereich von § 34 a II WpHG der Kunde Inhaber des Depotkontos sein muß, kommt die Errichtung des Kundendepots unter einer Chiffre, die der Depotbank auch intern keine namentliche Identifizierung der Person des Kunden ermöglichte, nicht in Betracht; das Konto würde andernfalls auf einen erdichteten Namen i.S.v. § 154 I AO lauten.[1144] Auch hinsichtlich der für die Kunden zu führenden Wertpapierdepots kann folglich den Interessen der bankunabhängigen Portfolioverwalter an einer Nichtoffenlegung ihrer Kundenkartei gegenüber den im Wertpapiergeschäft konkurrierenden Depotbanken nicht Rechnung getragen werden. Dies wäre nur dann möglich, wenn das Wertpapierdienstleistungsunternehmen die Kundenkonten als eigene führen dürfte, wogegen jedoch im Rahmen von § 34 a II WpHG die unter § 4 B.I.1. dargelegten, maßgebenden Erwägungen sprechen.[1145]

IV. Ausgestaltung der Kontobedingungen: jeweilige Verfügungsbefugnis; pfandrechtliche Sicherung des Wertpapierdienstleistungsunternehmens

Unabhängig davon, ob das Wertpapierdienstleistungsunternehmen seine Rechtsmacht zur Vornahme von Verwaltungshandlungen aus einer Bevollmächtigung gemäß § 164 ff BGB oder einer Ermächtigung nach § 185 I BGB herleitet, gilt es auch hinsichtlich des Depotkontos, die jeweilige Rechtsmacht von Unternehmen und Kunden spezifisch zu regulieren, um den legitimen Interessen der Parteien eines Vermögensverwaltungsvertrages Rechnung zu tragen.

Dabei können die rechtliche Situation im Falle einer Kontovollmacht des verwaltenden Unternehmens und diejenige im Falle einer dinglichen Ermächtigung des Vermögensverwalters hinsichtlich des Kundenkontos weitgehend ana-

---

1143 Explizit für Wertpapierdepots: *Opitz*, Fünfzig depotrechtliche Abhandlungen, IX.: Anderkonten, S. 176; *Kümpel* in: BuB, 8/12.

1144 Vgl. dazu im einzelnen bereits oben § 3 B.IV.

1145 Allen voran diejenige, daß das Wertpapierdienstleistungsunternehmen in diesem Fall wegen § 3 DepotG als Zwischenverwahrer zu gelten hätte.

log behandelt werden.[1146] Den Ausgangspunkt der Überlegungen bildet in beiden Fällen der Umstand, daß die Situation einer konkurrierenden Verfügungsmacht von Unternehmen und Kunden nicht interessengerecht ist. Zunächst besteht wegen der umfassenden Übertragung der Verwaltung auf das Wertpapierdienstleistungsunternehmen schon kein Bedürfnis, daß auch der Kunde über die Depotwerte verfügt; vor allem aber ist bei einer uneingeschränkten doppelten Zuständigkeit eine angemessene Sicherung der Gegenansprüche des Unternehmens nicht zu gewährleisten, da der Kunde hier die Wertpapiere jederzeit an sich oder einen Dritten ausliefern lassen und so dem Unternehmen das Substrat zur Sicherung seiner Ansprüche entziehen kann.[1147] Ohne entsprechende vertragliche Vereinbarungen wären aber jeweils Kunde und Vermögensverwalter verfügungsberechtigt, da weder die Ermächtigung noch die Vollmacht die aus dem Eigentum resultierende Verfügungsbefugnis des Kunden verdrängen.[1148]

Der Interessenlage kann jedoch auch hier Genüge getan werden, indem vereinbart wird, daß die depotführende Bank die Wertpapiere nur im Einverständnis mit dem Wertpapierdienstleistungsunternehmen an den Kunden herausgibt.

Abweichungen zur rechtlichen Situation beim Einlagenkonto ergeben sich erstens daraus, daß eine solche vertragliche Beschränkung der Verfügungsbefugnis des Kunden in bezug auf ein Depotkonto nicht mit dinglicher Wirkung vereinbart werden kann. Denn anders als bei Einlagenkonten spielt sich die Berechtigung an Depotkonten nicht lediglich auf forderungsrechtlicher Ebene ab; vielmehr ist hier der Kunde des Wertpapierdienstleistungsunternehmens nicht nur Depotinhaber, dem ein schuldrechtlicher Herausgabeanspruch aus dem Verwahrverhältnis gebührt (§ 695 BGB bei der Sonderverwahrung bzw. § 7 II DepotG bei der Girosammelverwahrung), sondern zumindest auch Miteigentümer an den zum Sammelbestand gehörenden Wertpapieren, womit ein dinglicher Herausgabeanspruch (§ 985 BGB bzw. § 8 DepotG) korrespondiert. Für die aus dem Eigentum folgende Verfügungsmacht des Kunden bleibt es jedoch bei der zwingenden Grundregel des § 137 Satz 1 BGB, weil § 399 BGB seinem klaren Wortlaut nach nur für Forderungen eine Sonderregelung statuiert.[1149] Versteht man mit einer verbreiteten Ansicht § 399, 2. Alt. BGB als Ausnahmevorschrift

---

1146 Soweit Ausführungen nur für eine der beiden Varianten gelten, wird hierauf gesondert hingewiesen werden.

1147 Siehe dazu bereits oben § 3 B.V.

1148 *Siebert*, Treuhandverhältnis, S. 306 ff; *Coing*, Die Treuhand kraft privaten Rechtsgeschäfts, S. 124; *Flume*, Rechtsgeschäft, § 11, 5c); Staub/ *Canaris*, HGB, BankvertragsR I, Rn. 272; *Serick*, Eigentumsvorbehalt und Sicherungsübertragung, § 3 III 2.

1149 So spezifisch in bezug auf Depotkonten: Staub/ *Canaris*, HGB, BankvertragsR II, Rn. 2096.

zu § 137 Satz 1 BGB,[1150] so kommt die Erwägung die spezielle auf die generelle Regelung entsprechend anzuwenden, von vorneherein nicht in Betracht.[1151] Ließe man es zu, selbst die Veräußerlichkeit des Eigentums als dem stärksten Recht auszuschließen, so liefe die im Interesse der Rechtssicherheit und zum Schutz des numerus clausus der Sachenrechte statuierte[1152] Vorschrift des § 137 BGB vollends leer. Die Vereinbarung, derzufolge der Kunde Verfügungen hinsichtlich der im Depot befindlichen Werte nicht ohne Zustimmung des Wertpapierdienstleistungsunternehmens vornehmen darf, kann daher nur als obligatorische Verfügungsbeschränkung nach § 137 Satz 2 BGB getroffen werden.[1153]

Indessen läßt sich eine effektive praktische Durchsetzung dieser Reglementierung der Verfügungsbefugnis auch hier erzielen, indem der Kunde sich der Depotbank gegenüber verpflichtet, Depotverfügungen nur gemeinschaftlich mit dem Unternehmen vorzunehmen.[1154] Hierin liegt die nach § 137 Satz 2 BGB wirksame schuldrechtliche Verpflichtung, alleinige Verfügungen zu unterlassen, die die depotführende Bank dem Kunden dann sowohl gegenüber dem verwahrungsrechtlichen als auch gegenüber dem dinglichen Herausgabeanspruch einredeweise entgegenhalten kann. Das Leistungsverweigerungsrecht des Kreditinstitutes ergibt sich dabei aus einem pactum de non petendo (auch: „Stillhalteabkommen"), also der Absprache zwischen Gläubiger und Schuldner, den Anspruch einstweilen nicht geltend zu machen[1155], wodurch eine Einrede sui gene-

---

1150 So tendenziell wohl MüKo/ *Mayer-Maly/ Armbrüster*, BGB, § 137, Rn. 20 mit Nachweisen zum Meinungsstand. Der Ausnahmecharakter der Vorschrift dürfte aber auch dann nicht in Frage gestellt sein, geht man mit der Gegenansicht davon aus, daß das Recht bei einer Vereinbarung nach § 399, 2. Alt. BGB erst gar nicht als veräußerliches zur Entstehung gelangt; siehe zu dieser Auffassung *Flume*, Rechtsgeschäft, § 17/7; Soergel/ *Hefermehl*, BGB, § 137, Rn. 6.

1151 Dies gleichwohl erwägend *Kümpel* in: BuB, 8/209. Der Verweis auf Staub/ *Canaris*, HGB, BankvertragsR I, Rn. 240, der mit dem a maiore ad minus-Argument eine analoge Anwendung von § 399, 2. Alt. BGB auch im Verhältnis zur Bank befürwortet, trägt insoweit nicht, da dessen Aussage allein auf ein Einlagenkonto gemünzt ist. Anders als dort kann aber § 399, 2. Alt. BGB bei einem Depotkonto schon im Verhältnis Kunde/ Wertpapierdienstleistungsunternehmen keine Anwendung finden, weil der Berechtigung an einem Wertpapierdepot auch Eigentumsrechte zugrundeliegen.

1152 Palandt/ *Heinrichs*, BGB, § 137, Rn. 1; MüKo/ *Mayer-Maly/ Armbrüster*, BGB, § 137, Rn. 5, 7.

1153 Vgl. Staub/ *Canaris*, HGB, BankvertragsR II, Rn. 2096 f; *Gößmann* in: Schimansky/ Bunte/ Lwowski, BankRhdb., Bd. 2, § 72, Rn. 129.

1154 *Kümpel* in: BuB, 8/209.

1155 Palandt/ *Heinrichs*, BGB § 202, Rn. 8; MüKo/ *von Feldmann*, BGB, § 202, Rn. 8.

ris nach § 305 BGB begründet wird.[1156] Da mit diesem Vertrag offenkundig das Wertpapierdienstleistungsunternehmen begünstigt werden soll, kann diese vertragliche Selbstbindung des Kunden als echter Vertrag zugunsten Dritter (§ 328 I BGB) geschlossen werden, so daß das Unternehmen nicht notwendig Partei dieser Abrede zu sein braucht. Die Vereinbarung kann selbstverständlich aber auch unmittelbar zwischen dem Unternehmen und der Depotbank getroffen werden, wobei dann zusätzlich die Zustimmung des Kunden als Kontoinhaber notwendig ist. In beiden Fällen resultiert hieraus ein eigener Anspruch des Unternehmens gegen die Depotbank auf Beachtung der Verfügungsbeschränkung des Kunden.[1157] Wenngleich von der Bank dennoch ausgeführte Verfügungen des Kunden dinglich Wirksamkeit entfalten, könnte sie in diesem Fall seitens des Wertpapierdienstleistungsunternehmens haftungsrechtlich in Anspruch genommen werden[1158] und wird die Vereinbarung daher in der Praxis tunlichst beachten. Der Sache nach kommt dies der Einrichtung eines sog. Sperrdepot mit dem Wertpapierdienstleistungsunternehmen als Sperrbegünstigtem nahezu gleich. Charakteristisch für ein Sperrdepot ist, daß die Verfügungsbefugnis des Sperrbegünstigten nicht aus einer Mitinhaberschaft am Depot resultiert.[1159] Auch der Sperrbegünstigte erwirbt, wie dies als Voraussetzung eines Kundenkontos im Rahmen von § 34 a II WpHG formuliert wurde, keine dingliche Mitberechtigung an den in dem Depot befindlichen Wertpapieren.[1160] Auf die für das Sperrdepot geltenden Grundsätze kann daher zur Ausgestaltung der Kontobedingungen weitgehend zurückgegriffen werden. Ein Unterschied zum echten Sperrdepot besteht dann lediglich insoweit, als zu der durch die Zustimmung des Wertpapierdienstleistungsunternehmens bedingten Verfügungssperre des Kunden die unbedingte Bevollmächtigung oder Ermächtigung des Unternehmens hinzutritt.

Eine abweichende rechtliche Behandlung des Depotkontos gegenüber dem Einlagenkonto auf der „Geldseite“ der Wertpapiergeschäfte ergibt sich zweitens, was die Begründung von Pfandrechten zugunsten des Wertpapierdienstleistungsunternehmens betrifft. Bei den im Depot verwahrten Wertpapieren des Kunden folgt nämlich, sofern es sich um ein Finanzkommissionsgeschäft handelt, ein Pfandrecht des Unternehmens bereits aus dem Gesetz. Gemäß § 397 HGB gebührt nämlich dem Kommissionär wegen der aus dem Kommissionsver-

1156 *Kümpel* in: BuB, 8/209; entscheidend ist nur, daß der Wille der Parteien auch darauf gerichtet ist, ein Leistungsverweigerungsrecht zu begründen; Palandt/ *Heinrichs*, BGB, § 202, Rn. 8.

1157 *Kümpel* in: BuB, 8/210a sowie 220.

1158 Vgl. *Kümpel* in BuB, 8/ 209; *Gößmann* in: Schimansky/ Bunte/ Lwowski, BankRhdb., Bd. 2, § 72, Rn. 129.

1159 *Kümpel* in: BuB, 8/209.

1160 *Kümpel*, Bank- und KapitalmarktR, 11.41.

hältnis resultierenden Forderungen ein gesetzliches Pfandrecht am Kommissionsgut. „Kommissionsgut" bezeichnet dabei nur die im Fall der Verkaufskommission zum Verkauf übergebenen bzw. die im Rahmen der Einkaufskommission erworbenen Waren oder Wertpapiere.[1161] Die Entstehung des Pfandrechtes nach § 397 HGB setzt voraus, daß sich die zum Kommissionsgut gehörenden Sachen im Besitz des Kommissionärs befinden, wobei der mittelbare Besitz genügt.[1162] In Parallelwertung zum Pfandhaltervertrag nach § 1206 Satz 2 BGB muß dabei auch hier die soeben beschriebene Vereinbarung, durch die dem Wertpapierdienstleistungsunternehmen die Verfügungsmacht gegenüber der Depotbank eingeräumt wird, zur Begründung eines Besitzmittlungsverhältnisses i.S.d. § 868 BGB als ausreichend angesehen werden. Aufgrund dieser Vereinbarung mittelt die verwahrende Depotbank nicht nur dem Kunden als verfügungsbeschränktem Hinterleger und Kontoinhaber, sondern auch dem Wertpapierdienstleistungsunternehmen, welches allein Vermögensverschiebungen veranlaßt, gemäß § 868 BGB den Besitz. Unternehmen und Kunde sind folglich mittelbare Mitbesitzer hinsichtlich der deponierten Effekten.[1163] Damit folgt für die als Finanzkommissionäre zu qualifizierenden Wertpapierdienstleistungsunternehmen, zu denen ja auch diejenigen Unternehmen zu zählen sind, welche die Vermögensverwaltung auf der Basis einer Ermächtigungstreuhand betreiben[1164], eine pfandrechtliche Sicherung bereits aus § 387 HGB, so daß sich insoweit der Rückgriff auf § 1206 BGB erübrigt.

Der Begründung eines Pfandrechtes über § 1206 Satz 2 BGB bedarf es damit in bezug auf die Wertpapiere des Kunden nur, wo es sich um Vermögensverwalter handelt, die als Vertreter des Kunden gemäß § 164 BGB vorgehen. Insoweit kann hier grundsätzlich auf die parallel geltenden Darlegungen zum Einlagenkonto i.S.v. § 34 a I WpHG verwiesen werden.[1165] Zu ergänzen ist, daß der Kunde überdies das gemäß §§ 164 BGB handelnde Unternehmen vom Verbot

---

1161 Staub/ *Koller*, HGB, § 397, Rn. 3; *Schlegelberger*/ *Hefermehl*, HGB, § 397, Rn. 6. § 397 HGB bietet daher dem Kommissionär keine Möglichkeit, sich auch im Hinblick auf die vom Kommittenten übergebenen Gelder eine Sicherheit zu verschaffen; insoweit ist zur Begründung eines Pfandrechtes des Kommissionärs ebenfalls § 1206 Satz 2 BGB heranzuziehen, siehe oben § 3 B.V.

1162 Staub/ *Koller*, HGB, § 397, Rn. 5; *Schlegelberger*/ *Hefermehl*, HGB, § 397, Rn. 8.

1163 Mittelbarer Mitbesitz liegt immer dann vor, wenn der Herausgabeanspruch gegen den unmittelbaren Besitzer mehreren zusteht, siehe Palandt/ *Bassenge*, BGB, § 866, Rn. 3; MüKo/ *Joost*, BGB, § 866, Rn. 8. In der vorliegenden Konstellation ist der mittelbare Mitbesitz einseitig zugunsten des Wertpapierdienstleistungsunternehmens qualifiziert, vgl. zum qualifizierten mittelbaren Mitbesitz, MüKo/ *Joost*, a.a.O., Rn. 9.

1164 Siehe oben § 2 B.I.2.a)dd).

1165 Siehe oben § 3 B.V.

des Insichgeschäftes nach § 181 BGB zu befreien vermag; in diesem Fall könnte folglich das Unternehmen auch die Sperrerklärung gegenüber der Depotbank im Namen des Kunden nach § 164 I BGB wirksam abgeben. Einer Mitwirkung des Kunden an der „Sperrvereinbarung“ bedarf es dann nicht.

Unerheblich für die Pfandrechtsbestellung gemäß § 1206 Satz 2 BGB ist auch, daß die Verfügungsbefugnis des Kunden bzgl. des Werpapierdepots nicht mit dinglicher Wirkung beschränkt werden kann. Denn zu der hierfür erforderlichen Vereinbarung eines Pfandhaltervertrages reichen schuldrechtliche Erklärungen aus.[1166]

V. Zusammenfassung

Bei der Errichtung des Kundendepots im Rahmen von § 34 a II WpHG ist somit insbesondere auf die folgenden Punkte zu achten:

1. Auch das Wertpapierdepot muß auf den Namen des Kundens errichtet werden. Soll die Errichtung des Depotkontos durch das Wertpapierdienstleistungsunternehmen erfolgen, so kann dies nur durch Handeln im fremden Namen gemäß § 164 BGB geschehen, so daß das Unternehmen hierzu einer Bevollmächtigung durch den Kunden bedarf. Der Lösung der Errichtung im Wege des Vertrages zugunsten Dritter nach § 328 BGB steht hier vor allem der Umstand im Wege, daß den für § 34 a II WpHG in Betracht kommenden Depotformen auch dingliche Rechtsbeziehungen zugrundeliegen, wie sie durch Vertrag zugunsten Dritter nicht bewirkt werden können.
2. Bereits aus der Regelung des § 164 II BGB folgt somit, daß das Wertpapierdienstleistungsunternehmen bei der Eröffnung deutlich zu machen hat, daß es kein eigenes, sondern ein Depot für den jeweiligen Kunden zu errichten beabsichtigt.
3. Weil § 154 AO auch auf die Verwahrung von Wertpapieren Anwendung findet, ist dem depotführenden Kreditinstitut ebenfalls der volle Name des Kunden mitzuteilen.
4. Schließlich bedarf es auch hinsichtlich des Depotkontos gesonderter vertraglicher Vereinbarungen, um zu einer dem Verwaltungsverhältnis adäquaten Regelung der Verfügungsbefugnis wie auch angemessenen Sicherung der vertraglichen Gegenansprüche des Wertpapierdienstleistungsunternehmens zu gelangen. Da Absprachen über die Beschränkung der Verfügungsbefugnis hier keine dingliche Wirkung zeitigen, weil der Kunde über Eigentumsrechte

---

1166 Palandt/ *Bassenge*, BGB, § 1206, Rn. 3; MüKo/ *Damrau*, BGB, § 1206, Rn. 10.

an den deponierten Wertpapieren verfügt, ist es hier zwingend, wie bei einem Sperrdepot das Kreditinstitut in die Vereinbarung miteinzubeziehen, daß der Kunde nur im Einverständnis mit dem Unternehmen über die im Depot befindlichen Werte verfügen darf. Diese Vereinbarung ermöglicht auch hier die Begründung von Pfandrechten des Unternehmens nach § 1206 Satz 2 BGB, da für die Vereinbarung des einer solchen Pfandrechtsbestellung zugrundeliegenden Pfandhaltervertrages schuldrechtliche Erklärungen ausreichend sind. Auf § 1206 Satz 2 BGB kommt es indes in bezug auf Pfandrechte an den Kundenpapieren nur an, wenn das Unternehmen als dessen Vertreter vorgeht. Denn soweit sein Handeln den Regelungen über die Kommission unterfällt, sind die Wertpapiere Kommissionsgut, so daß ihm ein Pfandrecht bereits nach der gesetzlichen Regelung des § 397 HGB zusteht.

C. Anforderungen an das depotführende Kreditinstitut

Neben einem Kreditinstitut, das im Inland zum Betreiben des Depotgeschäftes gemäß §§ 1 I Satz 2 Nr. 5, 32 KWG befugt ist, kann das Wertpapierdienstleistungsunternehmen die Wertpapiere auch einem Kreditinstitut mit Sitz im Ausland anvertrauen.

Wird jedoch die Verwahrung bei einem ausländischen Unternehmen anvisiert, so ergibt sich dessen Eignung noch nicht allein aus der bloßen Erlaubnis zum Betreiben des Depotgeschäftes nach der ausländischen Rechtsordnung. Es muß überdies sichergestellt werden, daß dem Kunden dort eine Rechtsstellung eingeräumt wird, die derjenigen nach dem DepotG gleichwertig ist. Es obliegt folglich dem Wertpapierdienstleistungsunternehmen, die Eignung des ausländischen Verwahrers einer gesonderten Überprüfung zu unterziehen. Insoweit, als § 34 a II WpHG auch den Effektenkommissionär erfaßt, ergibt sich die Pflicht zur sorgfältigen Auswahl des Auslandsverwahrers regelmäßig bereits aus Nr. 19 II der Sonderbedingungen für Wertpapiergeschäfte. Die sorgfaltsgemäße Auswahl des Auslandsverwahrers findet nichtsdestoweniger in der Gesetzesbegründung zu § 34 a WpHG explizite Erwähnung. Ihr wird besonderer Wert beigemessen, indem für den Fall der Direkteinlieferung der Wertpapiere[1167] die schriftliche und prüfungstechnisch jederzeit nachvollziehbare Dokumentation der Prüfung der Eignung des speziellen Verwahrers verlangt wird.[1168]

1167 Vgl. zu den Fallkonstellationen, in denen das Wertpapierdienstleistungsunternehmen Wertpapiere ohne vorherige Abstimmung mit dem Kunden bei einer ausländischen Depotbank einliefern darf, oben A.II.5.

1168 Begr. RegE § 34 WpHG, BT-Drucks. 13/7142, S. 111.

Inhaltlich ist die Gleichwertigkeit danach zu bemessen, ob die maßgebliche ausländische Rechtsordnung einen dem DepotG wirtschaftlich vergleichbaren Kundenschutz bietet.[1169] In concreto kommt es mithin darauf an, daß der Deponent wie bei einer Verwahrung nach dem DepotG gegen den Zugriff dritter Gläubiger sowie gegen Verfügungen über fremdes Vermögen geschützt wird.[1170] Zudem muß dieser Schutz durch eine funktionsfähige Depotaufsicht im Sitzland gewährleistet werden.[1171] Nachdem Art. 10 I Satz 2, Spiegelstrich 2 WpDIRL die Verwirklichung eben eines solchen Schutzes des Anlegers europaweit zur Pflicht gemacht hat, wird jedenfalls den zur Depotführung befugten Kreditinstituten der EU-Mitgliedstaaten die Eignung i.S.v. § 34 a II WpHG mittlerweile zuzusprechen sein. Von einem adäquaten Schutz des Kunden darf ferner etwa bei den Girosammelverwahrinstituten der USA, Japans und der Schweiz ausgegangen werden.[1172]

1169 Vgl. dazu, daß unter Gleichwertigkeit nicht mehr als wirtschaftliche Vergleichbarkeit verstanden werden darf, bereits oben A.II.5.

1170 *Koller* in: Assmann/ Schneider, WpHG, § 34 a, Rn. 15.

1171 Was nach Begr. RegE § 34 WpHG, BT-Drucks. 13/7142, S. 110 für das Bestehen einer funktionsfähigen Aufsicht im Hinblick auf ausländische Einlagenkreditinstitute gilt, muß in Parallelwertung auch für Depotbanken mit Sitz im Ausland gelten; ebenso *Koller* in: Assmann/ Schneider, WpHG, § 34 a, Rn. 15.

1172 *Koller* in: Assmann/ Schneider, WpHG, § 34 a, Rn. 15; siehe zu den einzelnen nationalen Girosammelverwahrinstituten *Kümpel* in: BuB, 8/154 ff.

§ 6 Rechtsfolgen eines Verstoßes gegen § 34 a WpHG

A. Aufsichtsrechtliche Konsequenzen

I. Eingriffsbefugnisse nach dem WpHG

Die Überwachung der Einhaltung der Verhaltensregeln nach dem 5. Abschnitt des WpHG gehörte neben der Insiderüberwachung (3. Abschnitt) sowie den Mitteilungs- und Veröffentlichungspflichten bei Veränderungen des Stimmrechtsanteils an börsennotierten Gesellschaften (4. Abschnitt) zu den wesentlichen Aufgaben des BAWe. Seit dem 01. 05. 2002 wird diese Aufgabe nun von der BAFin wahrgenommen, wobei intern die Trennung in Wertpapieraufsicht und Aufsicht über das Kreditwesen weitgehend erhalten bleibt.[1173]

Die aufsichtliche Kontrolle ist dabei nicht auf die einmal jährlich stattfindende Prüfung der Verhaltenspflichten nach § 36 WpHG beschränkt. Die BAFin kann vielmehr auch ohne besonderen Anlaß gemäß § 35 WpHG Auskünfte sowie die Vorlage von Unterlagen verlangen und auch Prüfungen vornehmen, um die Einhaltung der §§ 31 ff WpHG zu überwachen. Überdies wird die BAFin auch immer dann nach pflichtgemäßem Ermessen tätig werden, wenn sie auf anderem Wege, wie nicht zuletzt durch unzufriedene Anleger von Verstößen gegen die Verhaltensregeln des WpHG Kenntnis erlangt.[1174]

Rechtsgrundlage für ein Einschreiten der BAFin im Einzelfall ist § 4 I WpHG, der in Satz 3 eine Generalbefugnis zur Beseitigung von Mißständen statuiert, welche entweder die ordnungsgemäße Durchführung des Wertpapierhandels oder von Wertpapierdienstleistungen beeinträchtigen oder erhebliche Nachteile für den Wertpapiermarkt insgesamt befürchten lassen.

Ein Mißstand i.S.d. § 4 I WpHG setzt mithin voraus, daß das Verhalten den genannten Aufsichtszielen zuwiderläuft, liegt aber jedenfalls immer dann vor,

---

1173 Vgl. dazu bereits Fn. 12.

1174 Eine Mitwirkung des privaten Anlegers bei der Aufdeckung von Mißständen läßt sich insbesondere deshalb erwarten, weil die Nichtbeachtung der §§ 31 ff WpHG auch für die Begründung privatrechtlicher Regreßansprüche des Anlegers gegen das Wertpapierdienstleistungsunternehmens Bedeutung hat; siehe dazu genauer sogleich unter B.

wenn zwingende gesetzliche Vorgaben nicht beachtet werden.[1175] Der unbestimmte Rechtsbegriff des Mißstandes wird damit für den Bereich des WpHG weitgehend durch die einzelnen im WpHG normierten Pflichten konkretisiert.[1176] Im Falle eines Verstoßes gegen § 34 a WpHG wäre folglich ein Mißstand gegeben, dem die BAFin nach § 4 I Satz 3 WpHG mit der Anordnung geeigneter und erforderlicher Maßnahmen begegnen kann. Es wird dann in aller Regel das betreffende Unternehmen zur Einhaltung einer getrennten Vermögensverwaltung und -verwahrung entsprechend § 34 a WpHG auffordern.[1177] Der Erlaß eines solchen, belastenden Verwaltungsaktes gemäß § 4 I Satz 3 WpHG richtet sich dabei ebenso nach den allgemeinen Regeln wie die Möglichkeit des adressierten Wertpapierdienstleisters, gegen ihn Widerspruch einzulegen oder nach dessen Zurückweisung Anfechtungsklage zu erheben.[1178]

Als milderes Mittel im Vergleich zum Erlaß eines Verwaltungsaktes[1179] kann die Aufsichtsbehörde ferner Maßnahmen schlichten Verwaltungshandelns auf § 4 I Satz 3 WpHG stützen. Als „Anordnungen" kommen daher auch informelle Hinweise und Aufforderungen[1180] sowie insbesondere allgemeine Bekanntmachungen[1181], Mitteilungen, Verlautbarungen und Schreiben an die Verbände[1182] respektive die von einer Regelung betroffenen Wertpapierdienstleistungsunternehmen in Betracht. Die zuletztgenannte Möglichkeit hat bereits das BAWe auch im Hinblick auf § 34 a WpHG durch das oben erläuterte Rundschreiben an die Verbände der Finanzdienstleistungsunternehmen, der Kreditwirtschaft und der Verbraucherschützer wahrgenommen, in dem es insbesondere auf die Unzulässigkeit von sog. Omnibuskonten hinweist.[1183] Regen Gebrauch haben die

1175 BVerwG WM 2002, 1919, 1921; *Schäfer*, WpHG, § 4, Rn. 14 in Anlehnung an § 81 II S. 2 VAG.

1176 *Schäfer*, WpHG, § 4, Rn. 14.

1177 So etwa in BVerwG WM 2002, 1919, 1920.

1178 Siehe *Dreyling* in: Assmann/ Schneider, WpHG, § 4, Rn. 20 ff.

1179 Sonderbestimmungen für die Durchsetzung von Verwaltungsakten mit Mitteln des Verwaltungszwangs finden sich künftig statt in § 10 WpHG in § 17 des Gesetzes über die Bundesanstalt für Finanzdienstleistungsaufsicht (Art. 1 des Gesetzes über die integrierte Finanzdienstleistungsaufsicht, BGBl. I 2002, 1310).

1180 *Schäfer*, WpHG, § 4, Rn. 19.

1181 Bei Bekanntmachungen ist jedoch neben der Qualifizierung als schlichthoheitlichem Handeln im Einzelfall auch die Ausgestaltung als Allgemeinverfügung i.S.d. § 35 Satz 2 VwVfG denkbar, *Fülbier* in: Herrmann/ Berger/ Wackerbarth, Bank- und Wirtschaftsrecht im Wandel, S. 50, 51; *Schäfer*, WpHG, § 4, Rn. 22 m.w.N.

1182 *Dreyling* in: Assmann/ Schneider, WpHG, § 4, Rn. 18.

1183 Rundschreiben des BAWe vom 21. Oktober 1998 betreffend die Verwahrung der Kundengelder nach § 34 a I S.1 WpHG, abgedruckt bei *Kümpel/ Hammen/ Ekkenga*, Kapitalmarktrecht, Bd. 1, Nr. 634 a/1 sowie *Schäfer/ Müller*, Haftung für fehlerhafte Wertpapierdienstleistungen, Anhang XII.

Aufsichtsämter in der Vergangenheit zudem von der Möglichkeit gemacht, im Einvernehmen mit der Deutschen Bundesbank sowie den Spitzenverbänden (Verwaltungs-) Richtlinien aufzustellen, nach denen sie im Regelfall beurteilen, ob die Anforderungen einer Bestimmung erfüllt sind.[1184] Die kontrovers diskutierte Bedeutung dieses Regelungsinstruments hinsichtlich der Indizierung eines Verstoßes gegen die zugrundeliegende Gesetzesnorm[1185] kann jedoch im vorliegenden Fall dahinstehen, da sich eine Ermächtigung der BAFin, präzisierende Verhaltensmaßstäbe durch Richtlinien zu setzen, in § 35 VI WpHG nur in bezug auf die § 31-33 WpHG findet, nicht aber § 34 a WpHG. Richtigerweise ist daher nach der systematischen Stellung von § 35 VI WpHG am Ende der einzelnen Verhaltensregeln des 5. Abschnitts das Regelungsinstrument der Richtlinie für § 34 a WpHG e contrario ausgeschlossen.[1186] Die BAFin ist indes hierauf auch gar nicht angewiesen, um eine für nötig befundene Konkretisierung von § 34 a WpHG zu bewirken. § 34 a III WpHG ermächtigt nämlich das Aufsichtsamt per Verordnung, also mit gesetzlicher Wirkung nähere Bestimmungen über den Schutz der dem Wertpapierdienstleistungsunternehmen anvertrauten Gelder und Wertpapiere zu erlassen.[1187]

Ebenso wie die Richtlinie hat aber die Verordnung im Hinblick auf bereits eingetretene Verstöße keine Bedeutung; vielmehr sollen hierdurch vornehmlich Verhaltensanforderungen im Vorfeld präzisiert und so Zuwiderhandlungen in Zweifelsfällen vermieden werden.

1184 Im Bereich der §§ 31 ff WpHG ist insbesondere die auf § 35 VI Satz 1 WpHG gestützte „Wohlverhaltensrichtlinie“ des BAWe, BAnz. Nr. 98, S. 6568 zu erwähnen; siehe insoweit die ausführliche Kommentierung von *Möllers/ Ganten*, ZGR 1998, 773 ff.

1185 Für einen ersten Überblick siehe *Koller* in: Assmann/ Schneider, WpHG, § 35, Rn. 6. Umstritten ist, ob der Verstoß gegen eine Richtlinie eine Beweisvermutung dahingehend begründet, das Unternehmen habe auch gegen die durch die Richtlinie näher interpretierte Gesetzesbestimmung verstoßen; dies bejahend etwa *Kümpel*, Bank- und KapitalmarktR, (1. Aufl.), 8.293; *Balzer*, ZBB 1997, 260, 268; *ders.*, Vermögensverwaltung durch Kreditinstitute, S. 181 und wohl auch *Köndgen*, NJW 1996, 361, 362; zu Recht weisen dagegen *Möllers/ Ganten*, ZGR 1998, 773, 807 darauf hin, daß Beweisvermutungen wegen des Gewaltenteilungsgrundsatzes nur vom Gesetzgeber oder von der Rechtsprechung aufgestellt werden können.

1186 Für die getrennte Vermögensverwaltung nach § 34 a WpHG wird die in Planung befindliche Vermögensverwaltungsrichtlinie des BAWe daher keine Bedeutung haben.

1187 Die Übertragung der Verordnungsermächtigung auf das BAWe durch das Bundesministerium der Finanzen erfolgte per Rechtverordnung vom 03. 03. 1998 (BGBl. I 1998, 406). Von dieser Befugnis haben bis dato weder das BAWe noch die BAFin Gebrauch gemacht.

Verstöße gegen die Verhaltensregeln der §§ 31 ff WpHG können sich ferner auf die Erlaubnis eines Institutes nach § 32 KWG auswirken, für deren Aufhebung (§ 35 KWG) als actus contrarius zur Erteilung (§ 32 KWG) bis zum 01. 05. 2002 wiederum das BAKred zuständig war. Seit diesem Datum nimmt nun die neu gegründete, zentrale „Allfinanzaufsichtsbehörde", die BAFin, diese Aufgaben wahr.

Insoweit gilt es daran zu erinnern, daß sämtliche vom WpHG in § 2 III definierten Wertpapierdienstleistungen zugleich auch als Finanzdienstleistungen i.S.d. § 1 Ia KWG oder als Bankgeschäfte i.S.d. § 1 I KWG erfaßt sind;[1188] eine Erlaubnis wird jedoch nur nach dem KWG und nur in bezug auf die Erbringung von Finanzdienstleistungen oder das Betreiben von Bankgeschäften erteilt. Wird also die entsprechende Lizenz nach § 32 KWG entzogen, folgt aus der Doppelnormierung, daß das Unternehmen auch die korrespondierende Wertpapierdienstleistung nicht mehr erbringen darf.

Umgekehrt muß sich folgerichtig die Nichtbeachtung der Verhaltenspflichten nach dem WpHG auch auf die gemäß § 32 KWG erteilte Konzession eines Institutes auswirken können.[1189] Diese notwendige Rückanknüpfung des KWG an das WpHG findet in § 35 II Nr. 6 KWG statt. Eine Erlaubnisentziehung ist danach auch bei einem nachhaltigen Verstoß gegen Bestimmungen des WpHG, also auch gegen § 34 a WpHG möglich. Als nachhaltig ist dabei im Rahmen von § 35 II Nr. 6 KWG ein wiederholter Verstoß trotz Abmahnung zu verstehen.[1190]

Unter den selben Umständen gestattet es § 36 I KWG der BAFin, die verantwortlichen Geschäftsleiter abzuberufen und diesen auch die Ausübung ihrer Tätigkeit bei Instituten in der Rechtsform einer juristischen Person zu untersagen. Wird von dieser Möglichkeit Gebrauch gemacht, so kann von der Aufhebung der Erlaubnis abgesehen werden.

Die Abberufung von Geschäftsleitern und ein Verbot des weiteren Tätigwerdens kann die BAFin ferner gemäß § 36 II Satz 1 KWG verlangen, wenn diese trotz zuvor erteilter Verwarnung gegen Bestimmungen des WpHG verstoßen.

1188 Siehe dazu bereits ausführlich oben § 2 A.I.
1189 Dies folgt europarechtlich aus Art. 3 VIIe WpDIRL.
1190 *Beck*, KWG, Bd. 1, § 35, Rn. 79.

III. Bußgeld- und strafrechtliche Relevanz von Verstößen gegen § 34 a WpHG

1. Sanktionierung als Ordnungswidrigkeit gemäß § 39 I Nr. 8 WpHG

Wie bereits oben erwähnt wurde, wird ein Verstoß gegen die Vorschriften des § 34 a I oder II WpHG über die getrennte Vermögensverwaltung gemäß § 39 I Nr. 8 WpHG auch selbständig als Ordnungswidrigkeit geahndet. Die mit dem Vierten Finanzmarktförderungsgesetz[1191] geänderte Fassung des § 39 I Nr. 8 WpHG stellt nun klar, daß ein solcher Verstoß bei Zuwiderhandlung gegen jede einzelne Normierung der jeweiligen Sätze von Abs. 1 und Abs. 2 des § 34 a WpHG vorliegt. Die Bußgeldandrohung beläuft sich dabei nach § 39 IV WpHG als lex specialis zu § 17 I OWiG nun auf bis zu 100.000 Euro. Allerdings sieht der Gesetzgeber einen Verstoß gegen die in § 39 I WpHG aufgezählten Vorschriften nur dann als ahndungswürdige Ordnungswidrigkeit an, wenn dieser vorsätzlich oder zumindest leichtfertig begangen wird.[1192] Leichtfertigkeit bezeichnet dabei einen erhöhten Grad von Fahrlässigkeit, der in etwa der groben Fahrlässigkeit des Zivilrechtes entspricht.[1193] Als Richtschnur kann gelten, daß ein Verhalten dann als leichtfertig einzustufen ist, wenn der Täter außer acht läßt, was jedem hätte einleuchten müssen.[1194]

Wer also vom Anleger entgegengenommene Vermögenswerte nicht einer den Anforderungen aus § 34 a WpHG entsprechenden getrennten Verwahrung zuführt, wird nur nach § 39 I Nr. 8 WpHG sanktioniert, wenn er dabei mindestens in grobem Maße fahrlässig handelt.

Besondere Aufmerksamkeit verdient insoweit die Frage, ob das Wertpapierdienstleistungsunternehmen auch dann einen gemäß § 39 I Nr. 8 WpHG sanktionsfähigen Verstoß begeht, wenn es die Gelder des Kunden entgegen der hier vorgenommenen Interpretation von § 34 a I WpHG nicht auf einem Ermächtigungstreuhandkonto, dessen Inhaber der Kunde ist, sondern auf einem Vollrechtstreuhandkonto verwahrt. Fraglich ist dabei vor allem, wie es sich auswirkt, daß das BAWe in der Praxis die Einrichtung von Treuhandkonten auf der Basis der Vollrechtstreuhand ausreichen läßt.[1195] Dies wirft die Problematik auf, in-

---

1191 BGBl. I 2002, 2010.

1192 Siehe dazu BT-Drucks. 12/6679, S. 58.

1193 *Cramer/ Sternberg-Lieben* in: Schönke/ Schröder, StGB, § 15, Rn. 205; *Tröndle/ Fischer*, StGB, § 15, Rn. 20.

1194 KK/ *Rengier*, OWiG, § 10, Rn. 49; *Tröndle/ Fischer*, StGB, § 15, Rn. 20; detailliert zum Begriff der Leichtfertigkeit *Cramer/ Sternberg-Lieben* in: Schönke/ Schröder, StGB, § 15, Rn. 205.

1195 Weil intern die Aufteilung in Wertpapier- und Kreditaufsicht personell erhalten bleibt, ist nicht davon auszugehen, dass sich diese Auffassung nach Zusammenfaswieweit ein Wirtschaftsunternehmen den Inhalt einer an es gerichteten gesetzlichen Regelung kennen muß und inwieweit es sich hinsichtlich der Gesetzmäßigkeit seines Handelns auf die Verwaltungspraxis einer Behörde verlassen darf.

Während zivilrechtlich die Frage der Überschreitung gesetzlicher Regelungen infolge deren fehlender Kenntnis aufgrund der Geltung der sog. Vorsatztheorie[1196] nurmehr eine solche der fahrlässigen Begehung ist, stellt sie sich im Straf- und Bußgeldrecht erst unter dem Aspekt der Vermeidbarkeit eines Verbotsirrtums. Dies folgt daraus, daß der Gesetzgeber sich im Sanktionsrecht für die Schuldtheorie entschieden hat, wonach das fehlende Bewußtsein, etwas Unerlaubtes zu tun, den Vorsatz unberührt läßt.[1197] Eine vorsätzliche Begehung liegt demnach bereits dann vor, wenn die Tatbestandsmerkmale einer Norm bewußt und gewollt verwirklicht werden.[1198] Verwahrt nun ein Wertpapierdienstleistungsunternehmen die Kundengelder auf einem Vollrechtstreuhandkonto, so wird dies in aller Regel mit dem Wissen und Wollen der verantwortlichen Personen geschehen.[1199] Es würde folglich den objektiven Tatbestand des § 39 I Nr. 8 WpHG vorsätzlich verwirklichen.

Nach § 11 II OWiG käme es sodann im Rahmen der Schuld darauf an, ob der Täter seinen Irrtum über das Bestehen oder den Inhalt einer Rechtsvorschrift vermeiden konnte.

Eindeutig ist zunächst, daß die Wertpapierdienstleister als vom WpHG adressierte Berufsgruppe über die hiernach bestehenden Anforderungen ständig im Bilde sein müssen[1200], so daß die Unkenntnis seiner Regelungen grundsätzlich immer vorwerfbar ist.[1201] Ebenso anerkannt ist aber andererseits auch, daß sich

---

sung der Aufsichtsbehörden in der BAFin geändert hat; vgl. auch die dies bestätigende Stellungnahme von *Wolf*, BKR 2002, 892, 894, eines Referenten der BAFin.

1196 Im Zivilrecht gehört danach zum Vorsatz nach ganz h.M. auch das Bewußtsein der Rechtswidrigkeit, siehe etwa Palandt/ *Heinrichs*, § 276, Rn. 11; ferner MüKo/ *Grundmann*, § 276, Rn. 158 mit zahlreichen Nachweisen zur h.M.

1197 KK/ *Rengier*, OWiG, § 11, Rn. 51; *Cramer/ Sternberg-Lieben* in: Schönke/ Schröder, StGB, § 17, Rn. 3.

1198 Allgemeine Meinung: KK/ *Rengier*, OWiG, § 10, Rn. 3; *Cramer/ Sternberg-Lieben* in: Schönke/ Schröder, StGB, § 15, Rn. 9; *Tröndle/ Fischer*, StGB, § 15, Rn. 2.

1199 Nur ganz ausnahmsweise kann die Annahme eines vorsatzausschließenden Tatbestandsirrtums gemäß § 11 I OWiG in Betracht kommen, nämlich dann, wenn das Unternehmen von der Errichtung eines Ermächtigungstreuhandkontos ausgeht, die Rechtsprechung jedoch wegen nicht ausreichender Deutlichmachung ein Vollrechtstreuhandkonto zur Entstehung gelangen läßt, vgl. oben § 3 B.I.; zu diskutieren wäre in diesem Fall, ob die fehlende Klarstellung hinsichtlich der Art des Treuhandkontos als fahrlässig zu beurteilen ist.

1200 Vgl. KK/ *Rengier*, OWiG, § 11, Rn. 65; *Cramer/ Sternberg-Lieben* in: Schönke/ Schröder, StGB, § 17, Rn. 17; *Tröndle/ Fischer*, StGB, § 17, Rn. 9.

1201 *Cramer* in: Assmann/ Schneider, WpHG, § 39, Rn. 6.

ein Wertpapierdienstleistungsunternehmen prinzipiell „auf der sicheren Seite“ wähnen darf, wenn es sich im Rahmen der Verwaltungspraxis des zuständigen Aufsichtsamtes bewegt.[1202]

Im vorliegenden Fall geben jedoch sowohl die auf die Ermächtigungstreuhand konzipierte Gesetzesbegründung zu § 34 a WpHG, deren Lektüre einem im Bereich des WpHG tätigen Unternehmen als einschlägigem Berufsrecht zuzumuten ist, wie auch die bislang einzige Kommentierung dieser Vorschrift in der Fachliteratur von *Koller* in Assmann/ Schneider[1203] Anlaß zu Zweifeln an der Richtigkeit der behördlichen Handhabung. Jeweils handelt es sich dabei um zuständige, sachkundige, unvoreingenommene Informationsquellen i.S.d. Rechtsprechung[1204], die die Gewähr für eine sorgfältige, pflichtgemäße und verantwortungsbewußte Auskunftserteilung bieten, so daß hier erstens widersprechende Auffassungen verschiedener kompetenter Stellen vorliegen. Zweitens handelt es sich um eine neue Rechtslage, zu derem klaren Verständnis die Gesetzesbegründung, die, was die Einordnung der Vollrechtstreuhand betrifft, lückenhaft ist, nur in bedingtem Maße beiträgt.[1205] Vielmehr bedurfte es der Klärung komplexer rechtlicher Fragestellungen, um zu dem Ergebnis zu kommen, daß die Vollrechtstreuhand die weniger geeignete Basis für die Einrichtung der Kundenkonten darstellt.[1206] Bei derart wenig offenkundiger Rechtslage ist daher die Vermeidbarkeit eines Verbotsirrtums zutreffenderweise nach Zumutbarkeitsaspekten unter Berücksichtigung des Stellenwertes der einander gegenüberstehenden Meinungen zu entscheiden.[1207]

In Ermangelung einer einschlägigen gerichtlichen Entscheidung liegt es somit für ein Wertpapierdienstleistungsunternehmen nahe, sich auf die Verwaltungspraxis des BAWe zu verlassen, also derjenigen Behörde, welche für die Überwachung der Einhaltung der Verhaltensregeln nach dem WpHG zuständig ist, wenngleich ihre Maßgaben keine Präjudizwirkung für Gerichtsentscheidungen entfalten.[1208] Ausschlaggebend wird man insoweit zu berücksichtigen haben, daß es letztlich das BAWe (seit 01. 05. 2002: die BAFin) ist, das nicht nur selbst

---

1202 Vgl. KK/ *Rengier*, OWiG, § 11, Rn. 68; ferner *Cramer/ Sternberg-Lieben* in: Schönke/ Schröder, StGB, § 17, Rn. 18; *Tröndle/ Fischer*, StGB, § 17, Rn. 9.

1203 Hier wird in Rn. 3 zu § 34 a WpHG explizit und durch Fettdruck hervorgehoben das Ermächtigungstreuhandkonto als adäquate Form eines Treuhandkontos im Rahmen von § 34 a I WpHG herausgestellt.

1204 Siehe etwa BGHSt 40, 257, 264 = NJW 1995, 204; BayObLG NJW 1989, 1774, 1775.

1205 Siehe zu einer Analyse der Gesetzesbegründung ausführlich oben § 2 B.I.2.a)bb), (2b).

1206 Siehe oben § 3 A.II.

1207 KK/ *Rengier*, OWiG, § 11, Rn. 54 und 87.

1208 Siehe dazu sogleich B.I.

für die Beseitigung von Mißständen im Bereich des WpHG zu sorgen hat (§ 4 I WpHG), sondern auch in der überwiegenden Mehrzahl der Fälle für die Aufspürung von bußgeldbewährten Zuwiderhandlungen sowie deren Anzeige verantwortlich zeichnen wird. Für die Unternehmen des Finanzsektors ist daher in der Praxis dessen Auslegung der WpHG-Vorschriften ganz maßgebend. Überdies ist zu beachten, daß die Rechtsauffassung des BAWe höher einzuschätzen ist als z.B. diejenige einer allgemeinen Verwaltungsbehörde, handelt es sich hier doch um eine spezialisierte Kontrollinstanz, von deren fachspezifischer Kompetenz in erhöhtem Maße ausgegangen werden darf.[1209]

Sollte also ein Gericht die Pflicht zur getrennten Vermögensverwaltung der Wertpapierdienstleistungsunternehmen im Anwendungsbereich des § 34 a I WpHG mit den besseren Gründen entgegen der Interpretation des BAWe beurteilen, was, wie Erfahrungen mit Verlautbarungen des BAKred zeigen[1210], durchaus im Bereich des Möglichen liegt, so muß die Ahndung als Ordnungswidrigkeit jedenfalls daran scheitern, daß sich das Unternehmen in einem nicht vorwerfbaren Rechtsirrtum befand. Die durch die Praxis des BAWe gestützte Auffassung, auch mit der Verwahrung der Kundengelder auf Treuhandkonten in der Ausgestaltung der Vollrechtstreuhand würde den Anforderungen aus § 34 a I WpHG hinreichend Rechnung getragen, müßte als unvermeidbarer Verbotsirrtum beurteilt werden, der gemäß § 11 II OWiG den Schuldvorwurf ausschließt. Die Einrichtung der Kundenkonten als Vollrechtstreuhandkonten ist damit den Wertpapierdienstleistern bis auf weiteres sanktionslos möglich.

Eine nach § 39 I Nr. 8 WpHG zu ahndende Zuwiderhandlung gegen die Pflichten zur getrennten Vermögensverwaltung i.S.d. § 34 a WpHG wird hingegen nach oben Gesagtem nahezu ausnahmslos vorliegen, wenn entgegengenommene Gelder oder Wertpapiere erst gar nicht zur Verwahrung an ein Kreditinstitut mit entsprechender Lizenz weitergeleitet werden.

2. Strafrechtliche Relevanz gemäß § 54 I Nr. 2 KWG

Verstößt ein Wertpapierdienstleistungsunternehmen in der Weise gegen die Verpflichtungen aus § 34 WpHG, daß es die Gelder oder Wertpapiere seiner Kunden nicht zur ordnungsgemäßen Verwahrung bei Einlagenkreditinstituten bzw. Depotbanken weiterreicht, so kann hierin sogar die Begehung einer Straftat nach § 54 I Nr. 2 KWG liegen. Denn, wenn die Menge der unmittelbar beim Unter-

---

1209 Siehe KK/ *Rengier*, OWiG, § 11, Rn. 68a, wonach der Information einer zuständigen Behörde in der Rechtsprechung allgemein hohe Vertrauenswürdigkeit zugesprochen wird.

1210 Siehe *Fülbier* in: Herrmann/ Berger/ Wackerbarth, Bank- und Wirtschaftsrecht im Wandel, S. 50, 54 ff, insbesondere 60.

nehmen lagernden Wertpapiere eine solche Anzahl erreicht hat, daß deren Verwahrung einen in kaufmännischer Weise eingerichteten Betrieb erfordert, erfüllt es den Tatbestand des Depotgeschäftes. Für die Annahme eines Einlagengeschäftes gilt Paralleles nur, sofern hinreichende Indizien vorhanden sind, die auf eine Verwendung der Gelder auf eigene Rechnung des Unternehmens hinweisen, wobei bereits ein längerfristiges Absehen von der gebotenen Weiterleitung der Gelder per se ein solches Indiz begründen kann. Nach der bisherigen Verwaltungspraxis wurde ein kaufmännischer Umfang der Geschäfte bereits dann angenommen, wenn es sich um 25 verschiedene Einlagen oder ein Gesamtvolumen von 25.000 DM handelt;[1211] für das Vorliegen eines Depotgeschäftes sollen bereits 5 Depots oder 25 verschiedene Wertpapiertitel genügen.[1212] Bei diesen Angaben ist jedoch zu berücksichtigen, daß sie aus noch aus der Zeit stammen, bevor die Vermögensverwaltung aufsichtsrechtlich erfaßt wurde, so daß, wie oben dargelegt[1213], der Kunde außerhalb der bankgeschäftlichen Tatbestände gänzlich schutzlos gestellt war. Mit Einfügung von § 2 III Nr. 6 WpHG wird allerdings das Betreiben der Vermögensverwaltung in kaufmännischem Umfang nun bereits als solches aufsichtsrechlich reglementiert; im speziellen übernimmt jetzt § 34 a WpHG die Funktion der Gewährleistung eines adäquaten Kundenschutzes, wie er zuvor einzig über die Qualifizierung als Bankgeschäft i.S.d. § 1 I Satz 2 Nr. 1 oder 5 KWG erzielt werden konnte. Die Grenzwerte dürften daher heute etwas höher anzusetzen, das Betreiben eines Bankgeschäftes zudem erst dann anzunehmen sein, wenn auch unter zeitlichen Aspekten klar ist, daß das betreffende Wertpapierdienstleistungsunternehmen ohne Bankerlaubnis seinen Pflichten zur unverzüglichen Weiterleitung der Kundenwerte nicht mehr nachkommen wird. Andernfalls erscheint die Sanktionierung als Ordnungswidrigkeit gemäß § 39 I Nr. 8 WpHG, dessen eigenständiger Anwendungsbereich ansonsten auch zu sehr eingeschränkt würde, als ausreichend.

Erfüllt das unlizensierte Wertpapierdienstleistungsunternehmen im Anwendungsbereich von § 34 a WpHG diese Kriterien vorsätzlich oder fahrlässig, würde es sich somit des unerlaubten Betreibens eines Bankgeschäftes nach § 54 I Nr. 2 WpHG schuldig machen. Die maximale Strafandrohung hierfür beträgt bei fahrlässigem Handeln ein Jahr, bei vorsätzlicher Begehung sogar drei Jahre Freiheitsstrafe (§ 54 II WpHG).

1211 *Miebach*, DB 1991, 2069, 2071; *Wallat*, NJW 1995, 3236 m.w.N.; *Szagunn/ Haug/ Ergenzinger*, KWG, § 1, Rn. 8.

1212 *Miebach*, DB 1991, 2069, 2071; *Szagunn/ Haug/ Ergenzinger*, KWG, § 1, Rn. 8.

1213 Siehe oben § 2 B.I.2.a)bb)(2c).

3. Normadressat

§ 39 WpHG bezeichnet als eigentlichen Adressaten der Norm das Wertpapierdienstleistungsunternehmen. Hierbei handelt es sich jedoch um eine juristische Person, die selbst nicht in sanktionsrechtlich relevanter Weise handeln oder unterlassen kann.[1214] Es bedarf daher einer Delegationsnorm, die bestimmt, wer bei Zuwiderhandlungen des Unternehmens für die begangene Ordnungswidrigkeit zur Verantwortung zu ziehen ist. Diese findet sich für Ordnungswidrigkeiten in § 9 OWiG, dem § 14 StGB für den Bereich des Strafrechtes entspricht. Danach kommt das Prinzip der Organ- oder Vertreterhaftung zur Anwendung, das eine Zurechnung an die verantwortlichen Geschäftsleiter erlaubt.[1215] Als Sanktionssubjekte kommen somit vor allem die Organe juristischer Personen (§ 9 I Nr. 1 OWiG bzw. § 14 I Nr. 1 StGB), die vertretungsberechtigten Gesellschafter einer Personenhandelsgesellschaft (§ 9 I Nr. 2 OWiG bzw. § 14 I Nr. 2 StGB) oder eine sonst mit der Geschäftsleitung betraute Person (§ 9 II OWiG bzw. § 14 II StGB) in Frage.[1216]

Darüber hinaus kann auch der Inhaber eines Betriebes bei Verstößen des Unternehmens gemäß § 130 OWiG mit Bußgeld belegt werden, wenn die Zuwiderhandlung auf der Verletzung von Aufsichtspflichten beruht, die den Inhaber als solchen treffen. Namentlich gehört zu diesen Pflichten die sorgfältige Auswahl und Überwachung von Aufsichtspersonen, auf die Pflichten des Geschäftsinhabers delegiert werden.

B. Zivilrechtliche Konsequenzen: Haftungsbegründende Wirkung eines Verstoßes gegen § 34 a WpHG

I. Einleitung: Bedürfnis eines individuellen Anlegerschutzes auf zivilrechtlicher Ebene

Entsprechend der Konzipierung der Verhaltensregeln nach den §§ 31 ff WpHG als Aufsichtsrecht, sieht das Gesetz bei Verstößen der Wertpapierdienstleistungsunternehmen die eingangs dieses Kapitels erläuterten öffentlich-rechtlichen Konsequenzen vor. Dem einzelnen Kunden, der sich mit einem Fehlverhalten des im Anwendungsbereich von § 34 a WpHG handelnden Unternehmens

1214 *Cramer* in: Assmann/ Schneider, WpHG, § 39, Rn. 6.

1215 KK/ *Rogall*, OWiG, § 9, Rn. 1. Zur umstrittenen normtheoretischen Struktur von § 9 OWiG bzw. § 14 StGB vgl. *ders.*, a.a.O., Rn. 7 ff.

1216 Siehe dazu im einzelnen *Cramer* in: Assmann/ Schneider, WpHG, vor § 38, Rn. 7 ff.

konfrontiert sieht, ist jedoch mit einem Einschreiten des Aufsichtsamtes im akuten Fall häufig nur wenig geholfen, namentlich wenn er aufgrund des Verstoßes bereits Schaden genommen hat. Denn der Zweck der Bank- und Kapitalmarktaufsicht beschränkt sich darauf, die Struktur- und Ordnungsvorschriften des KWG und WpHG durchzusetzen, und auf diesem Wege die Gläubiger der Finanzinstitute generell und mittelbar vor Verlusten zu schützen.[1217] Aus diesem Grund droht das Gesetz auch nur dem betreffenden Institut Konsequenzen für den Fall der Nichtbeachtung an, während es Rechtsfolgen für den Kunden ungeregelt läßt.[1218]

Ferner folgt aus dem Umstand, daß als positives Ergebnis einer funktionierenden Aufsicht nur der ordnungsgemäß funktionierende Wertpapiermarkt insgesamt intendiert, und der einzelne mithin nur als auswechselbares Glied der Allgemeinheit geschützt ist, daß im akuten Fall ein Anspruch des Kunden auf öffentlich-rechtliches Einschreiten nicht in Betracht kommt.[1219] Eine Verpflichtungsklage gegen das Bundesaufsichtsamt auf Tätigwerden gemäß § 42 I, 2. Alt. VwGO wäre gemäß des unmißverständlichen Wortlautes des § 4 II WpHG, nach dem die Aufsicht ausschließlich im öffentlichen Interesse erfolgt[1220], unzulässig; mangels drittschützenden Charakters würde es bereits an der Möglichkeit der Verletzung in subjektiv-öffentlichen Rechten i.S.d. § 42 II VwGO fehlen.

Zwar wird das BAWe Beschwerden eines Anlegers über das Verhalten eines Wertpapierdienstleistungsunternehmens, soweit sie nicht offensichtlich unbe-

---

1217 *Fülbier* in: Herrmann/ Berger/ Wackerbarth, Bank- und Wirtschaftsrecht im Wandel, S. 50, 54; *Dreyling* in: Assmann/ Schneider, WpHG, § 4, Rn. 25; *Kümpel* in: Assmann/ Schneider, WpHG, § 15, Rn. 98. Zu den Schutzgütern der Kapitalmarktaufsicht nach dem WpHG, wie sie insbesondere aus der Beschlußempfehlung des Finanzausschusses in: BT-Drucks. 12/7918, S. 97 ff deutlich werden, bereits oben unter § 1 A.II.

1218 *Fülbier* in: Herrmann/ Berger/ Wackerbarth, Bank- und Wirtschaftsrecht im Wandel, S. 56.

1219 *Dreyling* in: Assmann/ Schneider, WpHG, § 4, Rn. 25. Zu den Schutzgütern der Aufsicht nach dem WpHG vgl. erneut oben § 1 A II.

1220 Intention des Gesetzgebers war es zuvorderst, mit Einfügung dieser Passage auszuschließen, daß die Rechtsprechung im Bereich der Bankenaufsicht dritten Personen, die nicht der Aufsicht unterliegen, einen Staatshaftungsanspruch zubilligt, wie sie dies unter Geltung der alten Rechtslage in der Vergangenheit in den Entscheidungen Wetterstein (BGHZ 74, 144) und Herstatt (BGHZ 75, 120) getan hatte, siehe dazu eingehend Begr. RegE zum damaligen § 6 III KWG (jetzt § 6 IV KWG) in: BT-Drucks. 10/1441, S. 20 sowie knapper zu § 4 II WpHG: Beschlußempfehlung des Finanzausschusses in: BT-Drucks. 12/7918, S. 100. In der Literatur ist der generelle Ausschluß eines Drittschutzes vor dem Hintergrund des Verfassungsrechts sowie der Erwägungsgründe zur WpDIRL zum Teil scharf kritisiert worden, siehe dazu auch VII.1.

gründet sind, in aller Regel auch ohne rechtliche Verpflichtung gegenüber dem Anleger nachgehen, um im öffentlichen Interesse einem eventuellen Mißstand i.S.d. § 4 I WpHG entgegenzuwirken.[1221] Auch wenn die hieraus resultierende Beseitigung von gesetzeswidrigen Geschäftspraktiken damit letztlich allen Wertpapierkunden - insbesondere des betroffenen Institutes - zugute kommt, so ist sie dennoch nicht geeignet, dem Beschwerdeführer zur Durchsetzung seiner im Einzelfall bestehenden Rechte zu verhelfen.[1222] Namentlich kann der Kunde aus einer Anordnung des BAWe weder einen eigenen Anspruch auf Unterlassen gegenüber dem Wertpapierdienstleister herleiten, noch wäre mit einer Maßnahme des BAWe auch zugleich eine Entscheidung über die Ersatzpflichtigkeit des Unternehmens für Schäden getroffen, die seinen Kunden aus dem pflichtwidrigen Verhalten entstanden sind. Insofern gilt, daß Entscheidungen des BAWe keinerlei Bindungswirkung für einen Zivilprozeß zwischen Kunden und Wertpapierdienstleistungsunternehmen entfalten.[1223] Eine derartige Bindung der Gerichte an Maßnahmen der Verwaltungsbehörden, ließe sich mit dem verfassungsrechtlichen Grundsatz der Gewaltenteilung, wie er aus Art. 20 II Satz 2 GG folgt, nicht vereinbaren.[1224] Zudem wäre die Rechtsweggarantie gemäß Art. 19

1221 Siehe *Dreyling* in: Assmann/ Schneider, WpHG, § 4, Rn. 26.

1222 Ebenso *Dreyling* in: Assmann/ Schneider, WpHG, § 4, Rn. 26. Dennoch wird es sich für den Kunden auch im eigenen Interesse empfehlen, dem Aufsichtsamt einen Verstoß gegen eine Verhaltensregel erst einmal anzuzeigen. Wie *Köndgen*, ZBB 1996, 361 f aufzeigt, kann sich so der Anleger im nachfolgenden privaten Haftpflichtprozeß möglicherweise des überlegenen Nachforschungspotentials der Behörde zur Rekonstruktion des Sachverhaltes bedienen. Nach *Möllers/ Ganten*, ZGR 1998, 773, 806 sollte - ausgehend von Erfahrungswerten im Umweltbereich - die Bereitschaft einer Behörde, ihre Kenntnisse ohne eindeutige gesetzliche Grundlage weiterzugeben, indes nicht überschätzt werden.

1223 *Fülbier* in: Boos/ Fischer/ Schulte-Mattler, KWG, § 4, Rn. 17 und § 6, Rn. 33 für den gleichgelagerten Fall von Maßnahmen des BAKred. Die für das Regelungsinstrument der Richtlinie vertretene Auffassung, ein Verstoß gegen hierin aufgestellte Regel-Anforderungen begründe im Zivilprozeß die Vermutung, das Unternehmen habe auch die zugrundeliegende Verhaltensregel oder Organisationspflicht verletzt, stößt auf erhebliche dogmatische Bedenken, handelt es sich doch lediglich um eine normkonkretisierende Verwaltungsvorschrift; siehe dazu bereits Fn. 1185 mit Nachweisen zu den konträren Standpunkten.

1224 So für den Parallelfall von Entscheidungen des BAKred: *Beck*, KWG, Bd. 1, § 6, Rn. 28. Nach Art. 20 II Satz 2 GG wird die Staatsgewalt durch die jeweils „besondere(n) Organe der Gesetzgebung, der vollziehenden Gewalt und der Rechtsprechung ausgeübt." Es muß sich folglich um voneinander geschiedene und unabhängige Instanzen handeln. Dabei wird die Judikative nach Art. 92 GG noch stärker gegen Einwirkungen abgeschirmt als die anderen Gewalten, *Schmidt-Bleibtreu/ Klein*, GG, Art. 20, Rn. 43; vgl. zu konkretisierenden Ausprägungen der Gewalten-

IV GG in unzulässiger Weise tangiert, nach der ein lückenloser gerichtlicher Schutz des einzelnen gegen die Verletzung seiner Rechtssphäre durch Eingriffe der öffentlichen Gewalt gewährleistet sein muß.[1225] Denn ein solcher lückenloser Schutz setzt voraus, daß die Gerichte eine freie Kontrolle der exekutiven Entscheidung vornehmen können.

Der einzelne Kunde ist mithin darauf angewiesen ist, seine Ansprüche gegenüber dem Unternehmen selbst auf dem Zivilrechtsweg[1226] durchsetzen zu können. Von besonderem Interesse ist daher für die Anlegerschaft die Frage, inwieweit Verstöße gegen die zunächst aufsichtsrechtliche Pflicht zur getrennten Vermögensverwaltung geeignet sind, eine zivilrechtliche Haftung des Wertpapierdienstleisters zu begründen.

Zwar ist § 34 a WpHG wie oben gezeigt[1227] als Norm des öffentlichen Rechts einzustufen, die Rechtsnatur der §§ 31 ff WpHG ist wird jedoch keineswegs einheitlich beurteilt. Vielmehr ist für einige der Vorschriften im Ergebnis weitestgehend unbestritten, daß ihre rechtlichen Vorgaben, unabhängig davon, welchem Rechtsgebiet sie von den einzelnen Autoren letztlich zugeordnet werden, auch für das Zivilrecht Bedeutung entfalten können, was zumeist unter dem Schlagwort der bereits erwähnten und sogleich näher zu beleuchtenden „Ausstrahlungswirkung" diskutiert wird. Es gilt daher im folgenden zu prüfen, ob nicht auch zivilrechtliche Ansprüche des Kunden zur Entstehung gelangen, wenn ein Unternehmen den Verwahrpflichten des § 34 a WpHG zuwiderhandelt. Besondere Bedeutung kommt dabei neben der Untersuchung, inwiefern die Verpflichtungen des § 34 a WpHG Eingang in das zivilvertragliche Pflichtenprogramm finden, der Frage nach dem Bestehen deliktischer Schadensersatzansprüche zu, insbesondere weil hieraus i.V.m. § 1004 BGB auch ein Schutz gegen noch andauernde Zuwiderhandlungen erwachsen kann; in diesem Zusammenhang wird es vornehmlich darauf ankommen, ob sich § 34 a WpHG als Schutznorm i.S.d. § 823 II BGB qualifizieren läßt.

---

trennung für den Bereich der rechtsprechenden Gewalt: *Jarras/ Pieroth*, Art. 20, Rn. 25.

1225 *Beck*, KWG, Bd. 1, § 6, Rn. 28; *Reischauer/ Kleinhans*, KWG, Bd. 1, § 4, Rn. 6; *Szagunn/ Wohlschieß*; KWG, § 4, Rn. 11 und *Bähre/ Schneider*, KWG, § 4, Anm. 5 für Entscheidungen des BAKred.

1226 Zu den für eine solche Klage in Betracht kommenden Gerichtsständen: *Schäfer/Müller*, Haftung für fehlerhafte WpDl, Rn. 93 ff.

1227 Unter § 1 A.II.

II. *Haftungsgrundlagen bei Verstößen gegen § 34 a WpHG*

1. *Haftung aus positiver Vertragsverletzung (pVV)*

a) *Anwendbarkeit der Regeln der pVV auf den Vermögensverwaltungs- bzw. Kommissionsvertrag*

Gleichviel, ob man den Vermögensverwaltungsvertrag als modifizierte unregelmäßige Verwahrung gemäß § 700 I BGB, als „echten" Treuhandvertrag sui generis[1228] oder als Geschäftsbesorgungsvertrag i.S.v. § 675 BGB mit Dienstleistungscharakter[1229] qualifiziert, so stellt das Gesetz jedenfalls keine speziellen Gewährleistungsvorschriften bereit. Desgleichen gilt auch für die Finanzkommission nach § 2 III Nr. 1 WpHG als weiteren Anwendungsfall von § 34 a WpHG. Ein vertraglicher Regreßanspruch des Kunden kann sich somit nur über die Regeln der nun in § 280 BGB kodifizierten positiven Vertragsverletzung ergeben, die für diesen Fall als subsidiäre Haftungsgrundlage anwendbar sind.

b) *Zivilvertragliche Pflichtverletzung: Begründung und Voraussetzungen einer Ausstrahlungswirkung der Wohlverhaltensregeln gemäß §§ 31 ff WpHG auf das Privatrecht*

Voraussetzung für eine Haftung des Wertpapierdienstleistungsunternehmens aus pVV ist, daß ein Verstoß gegen die Pflichten aus § 34 a I und II WpHG auch zugleich als Verletzung einer vertraglichen Pflicht gewertet werden kann. Wenngleich es sich bei § 34 a I WpHG um eine aufsichtsrechtliche und damit öffentlich-rechtliche Vorschrift handelt, so ist doch damit noch nicht gesagt, daß sie nicht dennoch auf den zivilvertraglich geschuldeten Pflichtenkanon Einfluß nehmen könnte. Zumindest für die ebenfalls als Aufsichtsrecht zu qualifizierenden Verhaltenspflichten aus §§ 31 und 32 WpHG besteht weitgehende Einigkeit, daß diese eine Konkretisierung des im Einzelfall durch den Vertrag vorgezeichneten Pflichtenrahmens enthalten und per „Ausstrahlungswirkung" auf das zivil-

---

1228 Vgl. dazu im einzelnen: *Schwintowski/ Schäfer*, BankR, § 12, Rn. 21; *Schäfer* in: Assmann/ Schütze, Hdb. des KapitalanlageR, § 28, Rn. 9; *ders.* in: BuB, 11/10 f; *Kienle* in: Schimansky/ Bunte/ Lwowski, BankRhdb., Bd. III, § 111, Rn. 10.

1229 So *Heidner*, DStR 1989, 276, 277; *Horn* in: Horn/ Schimansky, Bankrecht 1998, S. 265, 270; *Balzer*, Vermögensverwaltung durch Kreditinstitute, S. 49 sowie im Anschluß daran nun auch *Schäfer*, ZBB 2000, 150, 151, Fn. 1.

vertragliche Verhältnis zwischen Wertpapierdienstleister und Kunden Einfluß nehmen.[1230]

Dies erklärt sich daraus, daß insbesondere die jetzt in den §§ 31 und 32 WpHG festgelegten Beratungs- und Aufklärungspflichten des Wertpapierdienstleisters im Bankenprivatrecht schon so weit durch die Rechtsprechung ausgeprägt waren, daß diese Normierungen inhaltlich kaum mehr neue Anforderungen stellen.[1231] Im selben Maße wie sich nun einerseits die Wohlverhaltensregeln nach dem WpHG die zivilvertraglichen Pflichten zum Vorbild nehmen und diese in einem öffentlich-rechtlichen Kontext präzisieren[1232], wird man andererseits auch spiegelbildlich eine Rückwirkung der aufsichtsrechtlichen Pflichten auf das Zivilrecht anzuerkennen haben.[1233] Es handelt sich insofern, da die §§ 31 ff WpHG also nicht nur als Transformation der WpDIRL, sondern auch als gesetzliche Fixierung und Weiterentwicklung der im kaufmännischen Verkehr entwickelten Grundsätze zu verstehen sind[1234], um einen einheitlichen, wechselseitig prägenden Entwicklungsstrang. Es ist daher *Koller* zuzustimmen, wenn er vor diesem Hintergrund darauf hinweist, daß es wenig verständlich wäre, wenn Aufsichtsrecht und Privatrecht auseinanderliefen.[1235] Ein Widerspruch

---

1230 Eine solche „Ausstrahlungswirkung“ auf das Zivilrecht bejahen im Ergebnis etwa: *Koller* in: Assmann/ Schneider, WpHG, vor § 31, Rn. 19; *Schwark* in: Hadding/ Hopt/ Schimansky, Das Zweite Finanzmarktförderungsgesetz in der praktischen Umsetzung, S. 109, 118 ff; *Köndgen*, ZBB 1996, 361; *Gassner/ Escher*, WM 1997, 93, 94; *Horn*, ZBB 1997, 139, 149 f, 152; *ders.* in: Horn/ Schimansky, Bankrecht 1998, S. 265, 282; *Balzer* in: Hermann/ Berger/ Wackerbarth, Bank- und Wirtschaftsrecht im Wandel, S. 21, 40 ff; *ders.*, ZBB 1997, 260, 261 ff; Für *Reich*, WM 1997, 1601, 1604, der diesen Vorschriften eine Doppelnatur als sowohl öffentlichrechtlichen wie auch zivilrechtlichen Normen beimißt, versteht sich die Auswirkung auf das Zivilrecht ebenso von selbst wie für diejenigen Autoren wie insbesondere *Kümpel/ Hammen/ Ekkenga*, KapitalmarktR, Bd. 1, 065, S. 105 sowie *Kümpel*, Bank- und KapitalmarktR, 8.242, die einer Zuordnung zum Privatrecht zuneigen. Siehe zur Untersuchung der Rechtsnatur der §§ 31 ff WpHG bereits § 1 A.II.

1231 Siehe dazu bereits oben § 1 C.I.

1232 So am deutlichsten *Gassner/ Escher*, WM 1997, 93, 104.

1233 So im Ergebnis ja auch die soeben (Fn. 1230) zitierten Autoren; siehe ferner *Köndgen* in: Ferrarini, European Securities Markets: The ISD and beyond, S. 115, 121, der die richterliche Anwendung der Verhaltensregeln aus Art. 11 WpDIRL auf Zivilverträge vorhersagt.

1234 *Möllers*, JZ 1996, 787, 788. Vgl. insoweit auch die Bezugnahme auf die Rechtsprechung des BGH in den Gesetzesunterlagen zum WpHG: Beschlußempfehlung des Finanzausschusses, BT-Drucks. 12/7198, S. 103 f.

1235 *Koller* in: Assmann/ Schneider, WpHG, vor § 31, Rn. 19 mit Nachweisen für das österreichische, amerikanische und britische Recht; ähnlich *Horn*, ZBB 1997, 139, 150, der von einem „Gleichlauf“ der §§ 31 f WpHG mit den privatrechtlichen

zwischen der Bedeutung der jeweiligen Rechtsgebiete ist im Bereich des Wertpapierhandels nicht auszumachen, da es hier wie dort letztlich einzig um Sorgfalt geht.[1236] In Tat und Wahrheit ist somit für den Finanzsektor vielmehr von einem aktiven Zusammenwirken von öffentlichem Recht und Privatrecht auszugehen, so daß sich - in gegenseitiger Wechselwirkung - eine positive Regel des einen Kreises aus einer des anderen Kreises heraus entwickeln kann.[1237] Ein solch kombinierendes Verständnis klingt auch bereits in der Stellungnahme des Wirtschafts- und Sozialausschusses zum Richtlinienvorschlag der Kommission[1238] an, wenn er formuliert, daß die Wohlverhaltensregeln wesenhaft mit den in den Mitgliedstaaten geltenden Bestimmungen des Privatrechts, die auf die Vertragsbeziehungen zwischen Kunden und Wertpapierfirma Anwendung finden, verbunden sind.[1239]

Im Ergebnis treten somit die §§ 31 ff WpHG an die Stelle der bisher durch die Rechtsprechung entwickelten Grundsätze und übernehmen deren Funktion als Maßstäbe zur Pflichtenkonkretisierung, insoweit sie präzisere Vorgaben für das Verhalten bei der Erbringung einer Wertpapierdienstleistung enthalten oder es bislang an entsprechenden inhaltlichen Vorgaben überhaupt mangelte.

Was die §§ 31 ff WpHG und im speziellen den hier in Frage stehenden § 34 a WpHG betrifft, so scheitert die Annahme einer Auswirkung auf zivilvertragliche Schadensersatzansprüche auch nicht an einem gesetzlichen Ausschluß, wie er in § 15 VI WpHG für einen Verstoß des Emittenten gegen die Veröffentlichungs- und Mitteilungspflichten aus § 15 I-III WpHG ausdrücklich normiert wurde.[1240] Vielmehr läßt sich aus dem Umstand, daß der Gesetzgeber sich über

---

Pflichten spricht, sowie *Gassner/ Escher*, WM 1997, 93, 94: „(...) können nicht isoliert voneinander betrachtet werden."

1236 Was *Hauri* in: Wiegand, Die Banken im Spannungsfeld zwischen öffentlichem Recht und Privatrecht, S. 1, 10 für das Schweizer Bankenrecht feststellt, kann auch und gerade für den besonders sorgfaltsintensiven Bereich des Wertpapierhandels Geltung beanspruchen.

1237 *Hauri* in: Wiegand, Die Banken im Spannungsfeld zwischen öffentlichem Recht und Privatrecht, S. 1, 5, 15; vgl. auch *Möllers*, Rechtsgüterschutz im Umwelt- und Haftungsrecht, S. 386, der eine solche Entwicklung in den thematisierten Rechtsgebieten nachweist.

1238 Vorschlag für eine Richtlinie des Rates über Wertpapierdienstleistungen Nr. 89/C 43/10; ABl. der EG vom 22. 02. 1989, Nr. C 43/7; siehe zur Entstehungsgeschichte der WpDIRL, namentlich in bezug auf Verhaltens- und Organisationsregeln, oben Gliederungspunkt § 1 B.II.

1239 Nr. 89/C 298/ 03; ABl. der EG vom 27. 11. 1989, Nr. C 298/8, Ziff. 1.8.2.2.

1240 Daß die Vorschrift durch das Vierte Finanzmarktförderungsgesetz (BGBl. I 2002, 2010) geändert wird und eine Haftung von jetzt an „nur unter den Voraussetzungen der §§ 37 b und 37 c" in Betracht kommt, vermag an der Gültigkeit der folgenden Argumentation im Nachhinein nichts mehr zu verändern.

einen solch expliziten Ausschluß Gedanken gemacht, im Falle des § 34 a I WpHG aber hiervon abgesehen hat, zumindest folgern, daß eine zivilrechtliche Haftung des Wertpapierdienstleisters bei Verstößen gegen § 34 a WpHG nicht schon kategorisch abzulehnen ist.[1241]

Die Annahme, daß ein Verstoß gegen eine aufsichtsrechtliche Wohlverhaltenspflicht auch als Verletzung des zwischen Wertpapierdienstleister und Kunden bestehenden Vertragsverhältnisses zu werten ist, setzt jedoch erstens voraus, daß sich diese überhaupt zur Konkretisierung des dem Unternehmen obliegenden Sorgfaltsmaßstabes eignet. Die Wohlverhaltensregeln können namentlich nur dort auf den Zivilvertrag „ausstrahlen", wo sie sich überhaupt auf die Rechtsbeziehung zwischen Wertpapierdienstleistungsunternehmen und Anleger beziehen.[1242] Soweit wie im Falle des § 32 II WpHG Personen in die Pflicht genommen werden, die außerhalb der Vertragsbeziehung stehen und deren Handeln auch nicht nach § 278 Satz 1 BGB zugerechnet werden kann, kommt eine Konkretisierung vertraglicher Pflichten von vorneherein nicht in Betracht.[1243]

Zweitens kann eine Norm nur dann zur Ausfüllung von Vertragspflichten dienen, wenn ihr Aussagen zu entnehmen sind, die gerade das Verhalten des Wertpapierdienstleisters gegenüber dem Vermögensinhaber spezifizieren. Dabei kann es an dieser Stelle noch dahinstehen, ob diesen Bestimmungen auch individualschützender Charakter im technischen Sinne des § 823 II BGB zuzusprechen ist, da vertragliche Sorgfaltsmaßstäbe grundsätzlich den Schutz des Vertragspartners bezwecken.[1244] Festzustellen ist indessen bereits hier, daß den aus Art. 10 WpDIRL resultierenden Aufsichtsregeln nach §§ 33 und 34 WpHG keine Aussagekraft im Hinblick auf die inhaltliche Konkretisierung von Handlungs-

---

1241 Zu weitgehend dagegen *Koller* in: Assmann/ Schneider, WpHG, der im Umkehrschluß annimmt, daß die §§ 31 f WpHG den Anlegern nicht individuelle Ansprüche aus § 823 II BGB abschneiden wollen. Die fehlende Statuierung eines zivilrechtlichen Haftungsausschlusses besagt indes noch nichts über den Schutznormcharakter einer Regelung.

1242 *Balzer* in: Herrmann/ Berger/ Wackerbarth, Bank- und Wirtschaftsrecht im Wandel, S. 21, 43; *ders.*, ZBB 1997, 260, 262; *ders.*, Vermögensverwaltung durch Kreditinstitute, S. 155.

1243 *Schwark* in: Hadding/ Hopt/ Schimansky, Das Zweite Finanzmarktförderungsgesetz in der praktischen Umsetzung, S. 109, 121; *Balzer*, in: Herrmann/ Berger/ Wackerbarth, Bank- und Wirtschaftsrecht im Wandel, S. 21, 43; *ders.*, ZBB 1997, 260, 262; *ders.*, Vermögensverwaltung durch Kreditinstitute, S. 155.

1244 Dieser Umstand, der den wesentlichen Unterschied zur Haftungsbegründung über § 823 II BGB bildet, tritt bei *Balzer*, aaO. nicht deutlich genug hervor. Entscheidend an dieser Stelle ist nur die Aussagekraft in bezug auf eine bestimmte vertragliche Verhaltensweise im Verhältnis zum Kunden.

pflichten im Verhältnis zum Anleger beigemessen werden kann.[1245] Im Gegensatz zu den Verhaltensregeln der §§ 31 f WpHG, die Art. 11 WpDIRL umsetzen und Anforderungen an den konkreten Umgang mit dem Kunden stellen[1246], steht bei den aus Art. 10 WpDIRL entstammenden Organisationsregeln der §§ 33 f WpHG die effiziente und transparente Regulierung interner Unternehmensabläufe im Vordergrund.[1247]

Mit dieser Unterteilung übernimmt der europäische Gesetzgeber das britische System einer doppelten Vermeidung von Interessenkonflikten. Danach ist zu differenzieren zwischen strukturellen Interessenkonflikten, deren Auftreten durch Anknüpfung an organisatorische Maßnahmen möglichst gering gehalten werden soll, und geschäftsbedingten Interessenkonflikten, die durch Wohlverhaltensregeln adressiert werden.[1248] Es sind somit naturgemäß nur die Verhaltenspflichten auf das rechtsgeschäftliche Tätigwerden der anlegenden Firma bezogen. Bei stringenter Anwendung dieses Unterscheidungsprinzips müßte die Einordnung einer Norm als Verhaltensregel folglich auch stets mit deren Eignung zur Präzisierung vertraglicher Verhaltensweisen zusammenfallen.

War es bis zur Einfügung von § 34 a I WpHG möglich, anhand dieses Prinzips eine weitgehend sichere Aussage über die auch zivilrechtliche Bedeutung einer Norm zu treffen, so wird dieses durch die europarechtlich vorgesehene Reglementierung des Umgangs mit den Vermögenswerten des Kunden durchbrochen. Der Verortung in Art. 10 WpDIRL entsprechend handelt es sich bei Abs. 1 Satz 2, Spiegelstrich 2 und 3, die die Wertpapierfirma zu einer getrennten Verwaltung von Kundengeldern und Wertpapieren verpflichten, um Aufsichts- bzw. Organisationsregeln. Diese Einordnung durch den europäischen Gesetzgeber erscheint jedoch keinesfalls zwingend. Zwar wird in § 34 a WpHG nicht wie bei den Aufklärungs- und Verhaltenspflichten direkt eine Verhaltensweise gegenüber der Person des Kunden festgelegt, sondern nur die Handhabung seines Vermögens geregelt. Es werden jedoch auch nicht lediglich interne Organisationsmuster vorgeschrieben, wie dies den Organisationsregeln eigentümlich ist. Im Gegensatz zu den §§ 33 und 34 WpHG kann die Vermeidung von Interes-

1245 Siehe dazu *Schwark* in: Hadding/ Hopt/ Schimansky, Das Zweite Finanzmarktförderungsgesetz in der praktischen Umsetzung, S. 109, 121; *Balzer*, ZBB 1997, 260, 262 f sowie identisch: *ders.* in: Herrmann/ Berger/ Wackerbarth, Bank- und Wirtschaftsrecht im Wandel, S. 21, 43 und *ders.*, Vermögensverwaltung durch Kreditinstitute, S. 155.

1246 *Köndgen* in: Ferrarini, European Securities Markets: The ISD and beyond, S. 115, 116.

1247 Vgl. zur Unterscheidung von Verhaltensregeln („rules of conduct“) und Organisationsregeln („prudential rules“) sowie zu deren Etablierung durch die WpDIRL *O'Neill* in: Cranston, Single Market, p. 189, 194 f und 204 ff.

1248 *Schäfer*, WpHG, vor § 31, Rn. 2.

senkonflikten im Falle des § 34 a I WpHG nicht allein durch bestimmte Anforderungen an die Ausstattung eines Unternehmens oder generelle Organisationsvorgaben sichergestellt werden, da seine Maßgaben in jedem Einzelfall von neuem beachtlich sind: Für jedes einzelne Vertragsverhältnis gilt es, ein gesondertes Konto zu führen und notfalls zu eröffnen sowie entgegengenommenen Beträge auf dieses einzureichen, ohne daß hierfür allein durch feststehende organisatorische Vorkehrungen oder interne Abläufe Vorsorge getroffen sein könnte. Eine Aussage über allgemeine innere Strukturen einer Firma wird damit also nur insofern getroffen, als sie über ein System separat geführter Konten verfügen muß. Dieses System stellt sich nach oben Gesagtem indes nur als Summe der einzelvertraglichen Verpflichtungen dar. Bezieht man nun die in Abs. 1 Satz 2 und 3 sowie Abs. 2 Satz 3 geregelten und zweifellos unmittelbar gegenüber dem Kunden bestehenden Informationspflichten in die Betrachtung mit ein, so ergibt sich ein Gesamtbild der Vorschrift, das diese eher in die Nähe der Verhaltenspflichten rückt.[1249]

Die Verpflichtung der Wertpapierfirmen, eine getrennte Verwaltung von Geldern und Wertpapieren des Kunden vorzusehen, worin der europäische Gesetzgeber ein innerorganisatorisches Prinzip gesehen hat, erneuert sich mithin in jedem Einzelvertrag und konkretisiert das zulässige vertragliche Verhalten des Wertpapierdienstleisters in erheblicher Form. Ferner bezieht sich § 34 a WpHG nicht lediglich auf das Verhältnis zwischen Unternehmen und Aufsichtsbehörden wie etwa § 34 WpHG[1250], sondern trifft eine Aussage über das im Verhältnis zum Anleger zu beachtende Verhalten. Für den letzteren Gesichtspunkt läßt sich zudem anführen, daß § 34 a WpHG auch eine Präzisierung von § 31 I Nr. 1 WpHG darstellt[1251] und damit eine konkretisierte Ausprägung des Sorgfaltsmaßstabes, wie er an entgeltliches fremdnütziges Handeln anzulegen ist und den § 31

1249 Es bleibt hier anzumerken, daß damit die Einordnung des § 34 a WpHG betreffenden Regelungsinhaltes als Aufsichtsregelung gemäß Art. 10 WpDIRL nicht nur sachlich fragwürdig erscheint; sie begegnet auch in funktionaler Hinsicht Zweifeln, da als europarechtlich wichtigste Auswirkung mit der Qualifikation einer Vorschrift als Aufsichts-/ bzw. Organisationsregel die Zuständigkeit des Herkunftsmitgliedstaates für die Aufsicht verbunden ist, Art. 8 III WpDIRL. Verstöße gegen § 34 a WpHG werden aber nach oben Gesagtem in den relevanten Fällen grenzüberschreitender Sachverhalte erst bei der Abwicklung der einzelnen Vertragsbeziehung im Ausland auftreten; siehe dazu bereits oben § 1 A.II.

1250 Hinsichtlich der Aufzeichnungs- und Aufbewahrungspflichten nach § 34 WpHG bringt der Finanzausschuß in seiner Beschlußempfehlung ganz unzweideutig zum Ausdruck, daß diese lediglich der Kontrolle durch die Aufsichtsbehörde dienen sollen, BT-Drucks., 12/7918, S. 105.

1251 *Koller* in: Assmann/ Schneider, WpHG, § 34 a , Rn. 1.

I Nr. 1 WpHG als Pendant zu den Interessenwahrungsgrundsätzen des Privatrechts[1252] spiegelbildlich für das öffentliche Recht festschreibt.

Ungeachtet seiner demnach zweifelhaften Qualifikation als Aufsichts-/ bzw. Organisationsregel ist somit § 34 a WpHG - anders als die ebenfalls Art. 10 der WpDIRL entstammenden §§ 33 oder 34 WpHG - im Sinne der obengenannten Voraussetzungen zu einer Präzisierung des privatvertraglichen Pflichtenprogrammes qua Ausstrahlungswirkung geeignet. Ein Verstoß gegen die aus § 34 a WpHG resultierende Verpflichtung zur Vermögenstrennung stellt folglich auch eine Pflichtverletzung im Rahmen des zwischen Wertpapierdienstleistungsunternehmen und Kunden bestehenden Zivilvertrages dar.

2. Haftung aus culpa in contrahendo (c.i.c)

Die oben beschriebene Ausstrahlungswirkung könnte zwar prinzipiell auch zur Präzisierung vorvertraglicher Pflichten herangezogen werden. Indessen werden die Maßgaben des § 34 a I und II WpHG erst dann relevant, wenn darüber Einigkeit erzielt wurde, daß das Wertpapierdienstleistungsunternehmen die Verwaltung des Vermögensbetrages, den der Kunde anzulegen gedenkt, übernimmt. Sie erlangen somit naturgemäß nicht vor Vertragsabschluß Bedeutung. Eine Haftung des Unternehmens aus c.i.c. kommt in bezug auf die Vorschrift des § 34 a WpHG mithin nicht in Betracht.

3. Haftung aus § 823 I BGB

Regelmäßig werden aus Verstößen gegen die Pflichten gemäß § 34 a WpHG lediglich bloße Vermögensschädigungen resultieren, die keinen Schutz gemäß § 823 I BGB genießen.

Im Regelungskontext des § 34 a WpHG könnte es jedoch insoweit zu einer nach § 823 I BGB relevanten Verletzung eines absoluten Rechts kommen, als die Vorschrift auch die Intention verfolgt, den Anleger vor mißbräuchlichen

---

1252 Eine ausdrückliche Normierung dieses Prinzips findet sich in § 384 I Hs. 2 HGB für den Kommissionär. Als Ausprägungen der Interessenwahrungspflicht des fremdnützig Handelnden sind zudem die für das Auftragsrecht und über § 675 BGB für die entgeltliche Geschäftsbesorgung geltenden §§ 662 ff BGB zu verstehen. Der Interessenwahrungsgrundsatz gilt jedoch noch in verstärktem Maße auch für das Treuhandrecht und das Recht der Vermögensverwaltung, wo der Verwalter nicht lediglich im Rahmen eines Einzelauftrages, sondern über längere Dauer nach eigenem Ermessen zu handeln berechtigt ist. Vgl. auch *Koller* in: Assmann/ Schneider, WpHG, § 31, Rn. 22; *Gassner/ Escher*, WM 1997, 93, 95 und ausführlich zur Interessenwahrungspflicht stricto sensu als charakteristischer Hauptpflicht des Treuhandvertrages *Grundmann*, Treuhandvertrag, S. 193 ff.

Verfügungen des Wertpapierdienstleistungsunternehmens für eigene Rechnung zu bewahren. Bleibt nämlich das Eigentum an den Vermögenswerten nach der Ausgestaltung der treuhänderischen Vertragsbeziehungen weiterhin dem Kunden zugewiesen, so kann eine nicht autorisierte Verfügung des betreuenden Wertpapierdienstleistungsunternehmens eine Verletzung des Eigentumsrechts des Kunden darstellen, wenn dieses durch gutgläubigen Erwerb eines Dritten untergeht.[1253] In den Kategorien der im Rahmen von § 823 I BGB anerkannten Verletzungshandlungen handelt es sich dann um eine Entziehung des Eigentums durch rechtliche Verfügung.[1254] Weil das mißbräuchlich verfügende Unternehmen aufgrund der Vertragsbeziehung grundsätzlich nach § 986 I BGB zum Besitz berechtigt ist, so daß es an einer Vindikationslage fehlt, wäre der Anspruch gemäß § 823 I BGB auch nicht aufgrund vorrangiger Anwendung der §§ 987 ff BGB ausgeschlossen.

Bei mißbräuchlichen Verfügungen eines Wertpapierdienstleistungsunternehmens, welches die Finanzportfolioverwaltung auf der Basis einer Ermächtigungstreuhand oder des Vertretermodells betreibt, kann somit in Fällen in denen eine Verfügung nicht zu den vertraglich festgelegten Zwecken erfolgt, zusätzlich ein Anspruch des Kunden aus § 823 I BGB wegen einer Verletzung des Eigentums gegeben sein. Voraussetzung ist jedoch stets, daß sich die betreffenden Gelder oder Wertpapiere zum Zeitpunkt der Verfügung im Eigentum des Kunden befinden, wie dies zwar bei den im Depot befindlichen Wertpapieren, nicht aber bei den auf Einlagenkonten verwahrten Kundengeldern der Fall ist

4. *Haftung aus § 823 II BGB: Qualifizierung von § 34 a WpHG als deliktisches Schutzgesetz*

Während der Anspruch aus § 823 I BGB die Verletzung eines absoluten Rechtes erfordert, lassen sich durch § 823 II BGB auch „bloße Vermögensschäden" liquidieren, erzielen, wenn eine als Schutznorm zu qualifizierende Vorschrift verletzt wird.

Ob der Kunde das Wertpapierdienstleistungsunternehmen über die Ersatzforderung aus pVV hinaus auch gemäß § 823 II BGB in Anspruch nehmen könnte, wenn dieses dem Kunden zuzuordnende Gelder oder Wertpapiere nicht in der vorgeschriebenen Form zur Verwahrung weiterleitet, hängt folglich davon ab, ob es sich bei den Bestimmungen des § 34 a I und II WpHG um Schutzgesetze i.S.d. Vorschrift handelt. Ein „Gesetz" im materiellen Sinne des Art. 2 EGBGB

1253 BGH NJW 1996, 1535, 1537.

1254 Vgl. etwa Palandt/ *Thomas*, BGB, § 823, Rn. 8; Staudinger/ *Hager*, BGB, § 823, Rn. B 65.

stellt § 34 a WpHG jedenfalls dar, wobei es keine Rolle spielt, welchem Rechtsgebiet man die Bestimmung letztlich zuordnet.[1255] Ferner ist Voraussetzung, daß dieses Gesetz ein bestimmtes Verbot oder Gebot ausspricht und nicht lediglich allgemeine Grundsätze aufstellt[1256], was bei § 34 a WpHG, der den Wertpapierdienstleister in beiden Absätzen zu einem konkreten Verhalten verpflichtet, ebenfalls der Fall ist.

Aus der Formulierung des § 823 II BGB, der einen Verstoß gegen ein den Schutz eines anderen bezweckenden Gesetzes verlangt, folgt darüber hinaus, daß es sich auch um eine Norm handeln müßte, welcher individualschützender Charakter beizumessen ist. Einigkeit besteht insoweit, als es ausreicht, wenn der Schutz des einzelnen oder einzelner Personenkreise zu einem anderen Normzweck hinzutritt. Eine Vorschrift kann somit selbst dann zumindest auch dem Individualschutz zu dienen bestimmt sein, wenn ganz im Vordergrund stehende ratio legis der Schutz der Allgemeinheit ist.[1257] Der Individualschutz darf sich jedoch nicht lediglich infolge der objektive Wirkung der Norm als deren Reflex ergeben;[1258] er muß vielmehr der Funktion der Vorschrift nach gewollt oder wenigstens „mitgewollt" sein.[1259] Letztlich soll dabei die entscheidende Frage ganz konkret dahin gehen, ob der einzelne nur durch Maßnahmen einer Behörde in seinem Interessenbereich geschützt sein soll, oder ob die fragliche Bestimmung in casu den Betroffenen in der Weise schützt, daß dieser mit Mitteln des Privatrechts seinen Schutz selbst in die Hand nehmen soll.[1260] Die Schaffung eines individuellen Schadensersatzanspruch muß im Zusammenhang des Gesetzes und im Lichte des haftungsrechtlichen Gesamtsystems sinnvoll oder jedenfalls tragbar erscheinen.[1261] Im Rahmen der hierbei vorzunehmenden umfassenden Würdigung kann es auch darauf ankommen, ob der einzelne Geschädigte ggf. auf ei-

---

1255 Vgl. Staudinger/ *Hager*, BGB, § 823, Rn. G 9.

1256 Staudinger/ *Hager*, BGB, § 823, Rn. G 9. Schon aus diesem Grund scheitert beispielsweise die Qualifizierung von § 33 WpHG als Schutzgesetz, vgl. *Hopt*, ZHR 159 (1995), 131, 160 f; *Schwark* in: Hadding/ Hopt/ Schimansky, Das Zweite Finanzmarktförderungsgesetz in der praktischen Umsetzung, S. 109, 123; *Balzer*, ZBB 1997, 260, 264; *ders.* in: Herrmann/ Berger/ Wackerbarth, Bank- und Wirtschaftsrecht im Wandel, S. 21, 45 f.

1257 Vgl. nur Palandt/ *Thomas*, BGB, § 823, Rn. 141; MüKo/ *Mertens*, BGB, § 823, Rn. 162; Soergel/ *Zeuner*, BGB, § 823, Rn. 289; Staudinger/ *Hager*, BGB, § 823, Rn. G 19.

1258 MüKo/ *Mertens*, BGB, § 823, Rn. 162.

1259 Staudinger/ *K. Schäfer*, BGB, (12. Aufl.), § 823, Rn. 580.

1260 MüKo/ *Mertens*, BGB, § 823, Rn. 163; Staudinger/ *Hager*, BGB, § 823, Rn. G 21.

1261 BGHZ 66, 388, 390; Palandt/ *Thomas*, BGB, § 823, Rn. 141.

ne deliktische Geltendmachung seiner Rechtspositionen gemäß § 823 II BGB angewiesen ist.[1262]

Untersucht man nun § 34 a WpHG auf seine Zielsetzung, so deutet bereits der Wortlaut der Vorschrift, wo mehrfach die Person des Kunden als einzelnes Subjekt Erwähnung findet[1263], darauf hin, daß die sichere Verwahrung seiner Gelder nicht lediglich im Interesse eines reibungslos funktionierenden Wertpapierhandels oder der Anlegerschaft in ihrer Gesamtheit statuiert wird.[1264] Namentlich kann der Normierung von Informationspflichten ein Indiz entnommen werden, daß der Adressat dieser Obligationen auch im eigenen Interesse und nicht nur reflexartig geschützt wird.[1265] Die Frage, ob damit aber auch tatsächlich ein Individualschutz des einzelnen Kunden „gewollt" ist, läßt sich indes abschließend nur nach der Intention des Gesetzgebers beantworten, womit den Gesetzesunterlagen maßgebliches Gewicht zur Ermittlung des Schutzzweckes zukommt.[1266] Insofern wird zwar der Finanzausschuß in seiner Beschlußempfehlung zum Zweiten Finanzmarktförderungsgesetz nicht müde zu betonen, daß ganz im Vordergrund stehender Zweck des WpHG im ganzen die Schaffung funktionsfähiger Wertpapiermärkte im öffentlichen Interesse sei.[1267] Sofern die Regelungen auch dem einzelnen Anleger zugute kommen, würde es sich also zunächst lediglich um eine institutionelle Verankerung des Anlegerschutzes handeln, die den einzelnen Anleger nicht als Schutzobjekt individualisiert.

Die Herausstellung des dominierenden öffentlichen Interesses im Vorfeld der Verabschiedung des WpHG ist vor dem Hintergrund zu verstehen, daß ein öffentlich-rechtlicher Drittschutz unter allen Umständen ausgeschlossen werden sollte, vornehmlich, um eine ausufernde Staatshaftung der BRD für Versäumnis-

---

1262 Vgl. MüKo/ *Mertens*, BGB, § 823, Rn. 171; Staudinger/ *K. Schäfer*, BGB, (12. Aufl.), § 823, Rn. 595. Nach *Schlosser*, JuS 1982, 657, 660 soll gar als zusätzliches negatives Kriterium zu prüfen sein, ob nicht die schützenswerten Interessen schon durch eine andere eigenständige Regelung hinreichend berücksichtigt sind. Eine eigentliche Subsidiarität der Anspruchsgrundlage des § 823 II BGB läßt sich jedoch weder der von ihm in Bezug genommenen Entscheidung BGH NJW 1980, 1792 noch der gesetzlichen Konzipierung des § 823 II BGB entnehmen.

1263 In Abs. 1 Satz 3 sowie Abs. 2 Satz 2.

1264 Vgl. zur Schutzzweckermittlung aus der Normstruktur: *Schmiedel*, Deliktsobligationen nach deutschem Kartellrecht, S. 159 ff, insbesondere S. 168: „ Es ist anzunehmen, daß eine Norm, die in ihrem Tatbestand ein bestimmtes Verletzungsobjekt nennt, auch dessen Schutz bezweckt (...)".

1265 So Staudinger/ *K. Schäfer*, BGB, (12. Aufl.), § 823, Rn. 588.

1266 Vgl. Palandt/ *Thomas*, BGB, § 823, Rn. 141; MüKo/ *Mertens*, BGB, § 823, Rn. 162; Staudinger/ *K. Schäfer*, BGB, (12. Aufl.), § 823, Rn. 588.

1267 BT-Drucks. 12/7198, S. 95 ff, insbesondere S. 97. ferner S. 100 zum neuen Abs. 2 des § 4 WpHG; vgl. insgesamt zu den Schutzgütern des WpHG und deren Verhältnis zueinander oben unter § 1 A.II.

se der Aufsichtsbehörden zu vermeiden.[1268] Soweit jedoch damit auch den Verhaltenspflichten der § 31 f WpHG jeglicher individualschützender Gehalt kurzerhand abgesprochen wird, sind die Aussagen des Finanzausschusses als stark tendenziös zu werten. Die beabsichtigte Wirkung haben diese aber jedenfalls nicht verfehlt, denn die geltende Fassung von § 4 II WpHG stellt ausdrücklich klar, daß das BAWe seine Aufgaben nur im öffentlichen Interesse wahrnimmt. Diese Technik eines generellen Auschlusses von Ansprüchen auf öffentlichrechtliches Einschreiten sowie von Staatshaftungsansprüchen wegen Maßnahmen des Bundesaufsichtsamtes führt nun aber nicht dazu, daß den einzelnen Normen des WpHG ein Drittbezug durchgängig abzusprechen wäre; sie schiebt lediglich dessen potentiellen Wirkungen für das öffentliche Recht einen Riegel vor, indem ein Drittinteresse bei Tätigwerden der Behörde kategorisch ausgeschlossen wird. Eine Aussage darüber, ob nicht einzelnen Vorschriften nach ihrem Sinn und Zweck dennoch ein drittschützender Charakter immanent wäre, wird folglich nicht getroffen.[1269] Soweit also eine Vorschrift ihrem objektivrechtlichen Inhalt nach auch unmittelbar dem Schutz des Kunden dienen soll, kann diese drittschützende Funktion immer noch - in ihrer zivilrechtlichen Entsprechung[1270] - als „Individualschutzcharakter" privatrechtlich zum Tragen kommen. Die Schutzgesetzqualität i.S.d. § 823 II BGB bleibt damit weiterhin für jede einzelne Norm gesondert zu prüfen.

Was nun speziell die ratio legis der Verpflichtung zu einer getrennten Vermögensverwaltung betrifft, so tritt diese in der Gesetzesbegründung der Bundesregierung zu § 34 a WpHG selbst deutlich zu Tage. Der Schutz der Werte des Kunden wird hier explizit als Zweck der Vorschrift bezeichnet.[1271] Wie darüber hinaus bei der Untersuchung von § 34 a WpHG im aufsichtsrechtlichen Rege-

1268 Vgl. oben Fn. 1220.

1269 Diese Interpretation steht auch im Einklang mit der Feststellung des BVerwG WM 2002, 1918, 1922, dass nämlich zwar das Bundesaufsichtsamt gemäß § 4 II WpHG die ihm zugewiesenen Aufgaben nur im öffentlichen Interesse wahrnehme, das Gesetz selbst jedoch auch den Schutz des Anlegers verfolge. Auf der hier herausgearbeiteten Prämisse aufbauend auch *Hopt*, ZHR 159 (1995), 134, 158 f, der in bezug auf den generellen Ausschluß eines individuellen Anlegerschutzes von einer „rechtsunwirksamen Verwahrung" spricht.

1270 BGHZ 74, 144, 148 = NJW 1979, 1354 („Herstatt-Entscheidung") sowie ferner Staudinger/ *Hager*, BGB, § 823, Rn. G 22, wo öffentlich-rechtlicher Drittschutz und zivilrechtlicher Individualschutz ebenfalls als inhaltlich identisch behandelt werden.

1271 Begr. RegE § 34 a WpHG, BT-Drucks. 13/7142, S. 110 im Rahmen der Erläuterung von Abs. 2. Dieser Aussage kann aber auch für Abs. 1 Bedeutung zugemessen werden, da beide Vorschriften - einmal im Hinblick auf den Schutz der Kundengelder und einmal in bezug auf denjenigen der Wertpapiere - jeweils den selben Zweck verfolgen.

lungszusammenhang[1272] offengelegt wurde, wird dieser Schutz rechtstechnisch auch unmittelbar im Verhältnis zum Kunden verwirklicht.[1273] Im Gegensatz zum Einlagengeschäft findet bei den durch § 34 a WpHG adressierten Vermögensverwaltern nicht lediglich eine reflexartig wirkende Anknüpfung an die Kapitalausstattung der Institute statt, sondern es wird für jedes einzelne Vertragsverhältnis ein Insolvenzschutz durch rechtlich getrennte Verwaltung der Gelder konkret sichergestellt. Damit ist aber der einzelne Kunde als Schutzobjekt der Vorschrift hinreichend individualisiert.

Die hieraus folgende Einordnung als Schutznorm i.S.d. § 823 II BGB wird bestätigt durch eine Parallelwertung zu § 551 III BGB (§ 550 BGB - alt -), der ebenfalls den Gedanken der Vermögenstrennung umsetzt, um so die Gelder des Treugebers bei Insolvenz des Treuhänders zu schützen.[1274] Dessen Qualifizierung als Schutzgesetz kann als anerkannt gelten.[1275] Die sich somit andeutende These, daß Insolvenzschutz, soweit er durch Bezugnahme auf das Vertragsverhältnis oder auf sonstige Weise in Relation zu individualisierbaren Gläubigern gesetzt wird, auch Individualschutz bedeutet, wird untermauert durch die gängige Einordnung von § 64 GmbHG als Schutznorm gemäß § 823 II BGB[1276], durch den verhindert werden soll, daß das Gesellschaftsvermögen dem Zweck der Befriedigung der GmbH-Gläubiger entzogen wird.

Die Einordnung von § 34 a I WpHG als Schutzgesetz gemäß § 823 II BGB ergibt schließlich auch im haftungsrechtlichen Gesamtzusammenhang Sinn. Insbesondere kann hier das Fehlen eines Anspruchs auf öffentlich-rechtliches Einschreiten gegen das Bundesaufsichtsamt ins Felde geführt werden, womit der Kunde im akuten Fall durchaus darauf angewiesen sein kann, seine Rechte selbst zu wahren. Man könnte insofern argumentieren, dem in § 4 II WpHG vorgenommenen Ausschluß öffentlich-rechtlicher Individual- und Staatshaftungsansprüche müsse gerade die Zubilligung eines Rechtsschutzes auf zivilrechtlicher Ebene entsprechen.[1277] Dabei zeitigt die Anspruchsgrundlage des § 823 II BGB vor allem in bezug auf aktuelle Störungen schon hinsichtlich der möglichen Rechtsfolgen eigenständige Relevanz, weil sich aus ihr gemäß §§ 823 II i.V.m.

1272 Siehe oben unter § 2 A.II.1.b)cc). Die hierfür in § 34 a I WpHG verwandte Rechtstechnik wurde unter § 3 im einzelnen dargestellt.

1273 So auch *Schäfer*, WpHG, vor § 31, Rn. 12.

1274 Ebenso *Schäfer*/ *Müller*, Haftung für fehlerhafte WpDl, Rn. 36; *ders.*, WpHG, vor § 31, Rn. 12.

1275 LG Hannover NJW-RR 1991, 593; Erman/ *Schiemann*, BGB, § 823, Rn. 161; Staudinger/ *Hager*, BGB, § 823, Rn. G 41.

1276 So etwa Staudinger/ *K. Schäfer*, BGB, (12. Aufl.), § 823, Rn. 597; Larenz/ *Canaris*, SchuldR II/2, § 77 I 1.c.

1277 Zur europarechtlichen Tragweite dieses Arguments siehe VII.2.

1004 BGB analog auch ein Anspruch des Kunden auf Unterlassung ergibt, wie er sich aus den Regeln über die pVV nicht herleiten läßt.[1278] Unter dem Aspekt der Notwendigkeit einer Einpassung der §§ 31 ff WpHG in die bewährten Kategorien des Haftungs- und Regreßrechts, besteht folglich auch ein „Bedarf"[1279], § 34 a WpHG als Schutznorm i.S.d. § 823 II WpHG zu qualifizieren.[1280]

5. *Haftung aus § 826 BGB*

Weil die Verhaltenspflichten der §§ 31, 32 WpHG nicht nur öffentlich-rechtliche Berufspflichten aufsichtsrechtlicher Natur statuieren, sondern auch im Privatrecht normative Wirkungen entfalten, ist ihnen neuerdings auch die Funktion von deliktischen Verkehrspflichten beigemessen worden, die im Rahmen des § 826 BGB beachtliche Verhaltensstandards begründen.[1281] Richtigerweise kann es indes auch hier nur um die inhaltliche Ausgestaltung bereits bestehender Verkehrspflichten gehen, weil die 31 ff WpHG gerade nicht originär zivilrechtliche Pflichten normieren und somit nur über die bezeichnete Ausstrahlungswirkung zur Ausfüllung des an den Wertpapierdienstleister zu stellenden Sorgfaltsmaßstabes herangezogen werden können. Aus dieser Einordnung folgt gleichzeitig, daß an die Eignung einer Vorschrift zur näheren Ausgestaltung von Verkehrspflichten die selben Kriterien zu stellen sind, wie sie oben für die Tauglichkeit zur Konkretisierung vertraglicher Pflichten formuliert wurden. Nur dort, wo eine Vorschrift konkrete Handlungsvorgaben für das Wertpapierdienstleistungsunternehmen enthält, kann sie Pflichten inhaltlich spezifizieren; ferner muß die Verhaltensregel auch hier im Verhältnis zum Kunden bestehen, weil andernfalls ein Anspruch des Anlegers gemäß § 826 BGB am Schutzzweck der Norm scheitern

---

1278 Vgl. zum Argument des individuellen Unterlassungsanspruchs Staudinger/ *K. Schäfer*, BGB, (12. Aufl.), § 823, Rn. 588.

1279 Vgl. *Horn*, ZBB 1997, 139, 152; Staudinger/ *K. Schäfer*, BGB, (12. Aufl.), § 823, Rn. 591.

1280 Im Ergebnis ebenso bislang nur: *Schäfer/Müller*, Haftung für fehlerhafte WpDl, Rn. 36; *ders.*, WpHG, vor § 31, Rn. 12. Bereits weitgehend als Schutzgesetze anerkannt sind hingegen die §§ 31 und 32 WpHG: Schwark in: Hadding/ Hopt/ Schimansky, Das Zweite Finanzmarktförderungsgesetz in der praktischen Umsetzung, S. 109, 122 f; *Köndgen*, NJW 1996, 558, 569; *Balzer*, ZBB 1997, 260, 264; *ders.* in: Herrmann/ Berger/ Wackerbarth, Bank- und Wirtschaftsrecht im Wandel, S. 21, 45 f; *ders.*, Vermögensverwaltung durch Kreditinstitute, S. 156 f; *Schäfer/ Müller*, Haftung für fehlerhafte WpDl, Rn. 33; *Koller* in: Assmann/ Schneider, WpHG, vor § 31, Rn. 17.

1281 So ausgehend von *Horn*, ZBB 1997, 139, 150 auch *Balzer*, ZBB 1997, 260, 264 f; *Schäfer/ Müller*, Haftung für fehlerhafte WpDl, Rn. 38.

würde.[1282] Da § 34 a WpHG diese Kriterien erfüllt, ist ihm mithin auch die Eignung zuzusprechen, das im Verkehr erforderliche Verhalten der Wertpapierdienstleistungsunternehmen beim Umgang mit den Vermögenswerten der Kunden zu präzisieren.

Als pflichtenbegründendes Element von Verkehrspflichten können die §§ 31 ff WpHG hingegen nicht herangezogen werden. Der eigentliche Zurechnungsgrund für die Annahme einer Verkehrspflicht liegt vielmehr darin, daß jemand eine Gefahrenquelle schafft oder unterhält.[1283] Er kann daher auch in der Übernahme einer Aufgabe gesehen werden, mit der sich der Ausführende also verantwortlich macht, hiervon ausgehende Gefahren nicht wirksam werden zu lassen.[1284] Als solche, die Übernahmehaftung begründende Gefahrenquelle wird man dabei auch die Erbringung einer Wertpapierdienstleistung qualifizieren können.[1285] Hierfür spricht, daß insbesondere bei der Vermögensverwaltung der die Verantwortlichkeit rechtfertigende Haftungsgrund zutrifft, daß mit der Erwartung, der Übernehmende werde seine Aufgabe ordentlich erfüllen, eine Inanspruchnahme von Vertrauen und, daraus folgend, eine Verringerung des Selbstschutzes verbunden ist.[1286] Verwirklicht sich eine der in dieser Tätigkeit liegenden Risiken, weil der Wertpapierdienstleister bei der Durchführung der Tätigkeit nicht die im Verkehr erforderliche Sorgfalt hat walten lassen, ist mithin auch eine deliktische Verkehrspflicht verletzt.[1287] Bei der Frage, welches Verhalten im

---

1282 In diesem Sinne wohl auch *Balzer*, ZBB 1997, 260, 265 und *ders.*, Vermögensverwaltung durch Kreditinstitute, S. 159, wenn er § 34 WpHG die Eignung zur Konkretisierung von Verkehrspflichten abspricht, weil § 34 WpHG nicht Gefahren abwehren solle, die sich aus der Übernahme einer Aufgabe durch das Wertpapierdienstleistungsunternehmen für den Anleger ergeben.

1283 Larenz/ *Canaris*, SchuldR II/2, § 76 III 3.a); *Medicus*, BR, Rn 654; Staudinger/ *Hager*, BGB, § 823, Rn. E 13 mit zahlreichen Nachweisen zur Rechtsprechung des BGH und RG.

1284 Siehe Larenz/ *Canaris*, SchuldR II/2, § 76 III 3.b.), der die Übernahme einer Aufgabe als zweiten Hauptgrund für die Annahme einer Gefahrvermeidungs- bzw. abwendungspflicht anführt; ferner Staudinger/ *Hager*, BGB, § 823, Rn. E 21 mit zahlreichen Nachweisen zur Rechtsprechung des BGH.

1285 *Balzer*, ZBB 1997, 260, 264; *ders.*, Vermögensverwaltung durch Kreditinstitute, S. 158, für die Durchführung einer Vermögensverwaltung.

1286 Zu diesem Haftungsgrund: Larenz/ *Canaris*, SchuldR II/2, § 76 II 3.b); Staudinger/ *Hager*, BGB, § 823, Rn. E 21; MüKo/ *Mertens*, BGB, § 823, Rn. 142.

1287 Dogmatisch handelt es sich also um eine Pflichtverletzung durch Unterlassen, siehe Larenz/ *Canaris*, SchuldR II/2, § 76 III 3.). Der Zusammenhang der Verkehrspflichten mit den Geboten der im Verkehr erforderlichen Sorgfalt i.S.d. § 276 BGB ist jedoch unverkennbar; denn die Verkehrspflichten stellen ihrer rechtsgeschichtlichen Entwicklung nach nichts anderes als Präzisierungen des Tatbestandes einer fahrlässigen widerrechtlichen Verletzung dar, vgl. Larenz/ *Canaris*, SchuldR II/2, § 76 III 1.).

einzelnen zur Gefahrenabwendung geboten ist, kann dabei § 34 a WpHG als Auslegungsleitlinie haftungsbegründende Wirkung zukommen.

Zwar erscheint es rechtsdogmatisch nicht unproblematisch, über die in § 823 I BGB genannten absoluten Rechte hinaus deliktische Verhaltenspflichten aufzustellen und so weitgehend auch bloße Vermögensschädigungen zu unerlaubten Handlungen zu deklarieren. Eine nahezu uferlose Haftung auch für nur fahrlässig verursachte Vermögensschäden, die mit der Absage des BGB-Gesetzgebers an eine deliktische Generalklausel nicht zu vereinbaren wäre, ist aber solange nicht zu befürchten, wie man die Verkehrspflichten in die Tatbestände der §§ 823 II, 824, 826, 831 BGB integriert.[1288] Denn soweit diese Tatbestände reichen, ist auch das Vermögen deliktsrechtlich geschützt. Im spezifischen Fall des § 826 BGB werden die Bedenken gegen eine zu weitreichende Einbeziehung von Vermögensschädigungen in die deliktische Haftung also dadurch entkräftet, daß § 826 BGB einen mindestens leichtfertigen Verstoß gegen die guten Sitten fordert und zudem der subjektive Tatbestand der Vorschrift nur erfüllt ist, wenn auch der Eintritt eines Schadens vom Vorsatz umfaßt war.

III. Verschuldensmaßstab bei Verstößen gegen § 34 a WpHG

Die Haftung des Wertpapierdienstleistungsunternehmens setzt weiterhin voraus, daß es die Pflichtverletzung gemäß § 276 I Satz 1 BGB zu vertreten hat. Dabei wird dem Unternehmen als primärem Haftungsadressaten im Rahmen der vertraglichen Haftung das Verschulden angestellter Mitarbeiter als dasjenige von Erfüllungsgehilfen gemäß § 278 BGB zugerechnet.[1289] Weil es sich bei den Vermögensverwaltungsfirmen und Finanzkommissionären regelmäßig um juristische Personen in Form einer GmbH oder AG handelt, kann der Gesellschaft ein Verschulden der Geschäftsführer respektive der Vorstandsmitglieder als Organverschulden über § 31 BGB wie eigenes Verschulden zugerechnet werden,

1288 Larenz, *Canaris*, SchuldR II/2, § 76 III 2.c), ausführlich zur Integration der Verkehrspflichten in die deliktischen Tatbestände siehe *v. Bar*, Verkehrspflichten, § 8.

1289 Bei der vermeintlich korrespondierenden Norm des § 831 BGB im Bereich der deliktischen Haftung handelt es sich nicht um eine haftungszuweisende Zurechnungsnorm, sondern um eine haftungsbegründende Anspruchsgrundlage. Für die Verwirklichung einer deliktischen Haftungsnorm gilt im Rahmen von § 831 BGB das zu den §§ 823 I und II, 826 BGB Gesagte. Deshalb und wegen der geringen praktischen Bedeutung infolge der Exkulpationsmöglichkeit des Geschäftherrn gemäß § 831 Satz 2 BGB, die durch die grundsätzliche Anerkennung eines dezentralisierten Entlastungsbeweises noch weiter abgeschwächt wird, soll indes auf § 831 BGB hier nicht näher eingegangen werden.

wobei die Zurechnungsnorm des § 31 BGB auch bei der außervertraglichen Haftung Anwendung findet.[1290]

Zur Feststellung eines Verschuldens des Unternehmens ist dabei grundsätzlich der handelsrechtliche Sorgfaltsmaßstab des § 347 HGB heranzuziehen, dem allerdings im Bereich der Wertpapierdienstleistungen kaum mehr eigenständige Bedeutung zukommt, weil die §§ 31 ff WpHG bereits detailliert die berufsspezifischen Verhaltensanforderungen statuieren. Dies gründet sich darauf, daß der Fahrlässigkeitsmaßstab des Zivilrechtes objektiv nach den jeweiligen Verkehrskreisen zu ermitteln[1291] und insbesondere auch einer Konkretisierung anhand von Regelwerken zugänglich ist.[1292] Verstößt das Wertpapierdienstleistungsunternehmen gegen die Anforderungen aus § 34 a WpHG, so bedeutet dies daher zugleich einen Verstoß gegen die im Verkehr erforderliche Sorgfalt nach § 276 II BGB. Überdies wird bei Vorliegen einer objektiven Zuwiderhandlung gegen explizite Verhaltensstandards des Wertpapierhandels auch die für die Begründung einer Fahrlässigkeit i.S.v. § 276 II BGB erforderliche Vorhersehbarkeit einer Gefahr bei der Anlage des Vermögens regelmäßig indiziert sein.[1293] Für Verstöße gegen § 34 a WpHG läßt sich dies schon damit begründen, daß die möglichen Folgen einer Zuwiderhandlung gegen die Pflicht, Vermögenswerte des Kunden gesondert zu verwahren, sich hinreichend deutlich aus Sinn und Zweck der Vorschrift ergeben, wie er nicht nur der Gesetzesbegründung[1294] zu entnehmen ist, sondern den Wertpapierdienstleistern auch aus dem Rundschreiben des BAWe[1295] bekannt sein müßte.

Eine Ausnahme hat indes für die in der Treuhandpraxis nach wie vor vorherrschende Einrichtung von Konten auf der Basis der Vollrechtstreuhand zu gelten, die bislang auch im Rahmen von § 34 a WpHG vom BAWe gebilligt wurde. Soweit man mit den oben dargelegten Argumenten[1296] den Anforderungen aus § 34 a I WpHG durch die Verwaltung der Kundengelder auf Vollrechtstreuhandkonten nicht ausreichend Rechnung getragen sieht, kann hierin aus denselben Erwägungen die im Sanktionsrecht zur Annahme eines Verbotsirr-

1290 Palandt/ *Heinrichs*, BGB, § 31, Rn. 2; MüKo/ *Reuter*, BGB, § 31, Rn. 18.

1291 Palandt/ *Heinrichs*, BGB, § 276, Rn. 15 f; MüKo/ *Grundmann*, § 276, Rn. 54.

1292 Palandt/ *Heinrichs*, BGB, § 276, Rn. 18 f sowie spezifisch in bezug auf die §§ 31 ff WpHG auch *Schäfer* in: Assmann/ Schütze, Hdb. des KapitalanlageR, § 28, Rn. 52; *Balzer*, Vermögensverwaltung durch Kreditinstitute, S. 165.

1293 *Schäfer* in: Assmann/ Schütze, Hdb. des KapitalanlageR, § 28, Rn. 52.

1294 Begr. RegE § 34 a WpHG, BT-Drucks. 13/7142, S. 110.

1295 Rundschreiben des BAWe vom 21. Oktober 1998 betreffend die Verwahrung der Kundengelder nach § 34 a I S.1 WpHG, abgedruckt bei *Kümpel/ Hammen/ Ekkenga*, Kapitalmarktrecht, Bd. 1, Nr. 634 a/1 sowie *Schäfer/ Müller*, Haftung für fehlerhafte Wertpapierdienstleistungen, Anhang XII.

1296 Unter § 3 A.II.

tums führen[1297], gleichwohl kein auf Fahrlässigkeit beruhender Verstoß des Wertpapierdienstleistungsunternehmens gesehen werden.

IV. Ersatzfähiger Schaden

Gemäß § 249 I BGB hat der regreßpflichtige Schädiger sodann denjenigen Zustand wiederherzustellen, der bestehen würde, wenn der die Ersatzpflicht auslösende Umstand nicht eingetreten wäre (sog. Differenzhypothese). Voraussetzung ist damit namentlich die Kausalität der Pflichtverletzung für den Schadenseintritt. Bei einem Verstoß gegen § 34 a WpHG werden folglich diejenigen Gelder oder Depotwerte ersetzt, um die das Vermögen des Anlegers gemindert ist, weil sie für den Kunden infolge einer nicht separierten Verwahrung, sei es durch Vermengung mit anderen Vermögenswerten oder sei es durch zweckfremde Verwendung, verloren gingen. Hiervon strikt zu trennen sind jedoch wirtschaftlich bedingte Verluste, die also ihre Ursache in Kursschwankungen haben. Diese haben, was Zuwiderhandlungen gegen § 34 a WpHG betrifft, bei der Schadensberechnung außer Betracht zu bleiben.[1298]

Zur Ermittlung des ersatzfähigen Schadens ist somit der vertraglich bestehende Herausgabeanspruch des Kunden im Hinblick auf die sich weiterhin auf seinen Konten befindlichen Vermögenswerte mit dem (hypothetischen) Herausgabeanspruch zu vergleichen, wie er sich ohne den Verstoß gegen das Gebot zur getrennten Verwahrung darstellen würde.

Problematisch ist damit bei Vermögensverlusten infolge von Verstößen gegen § 34 a WpHG an sich nicht die Feststellung der Schadenshöhe, sondern vielmehr der Umstand, daß der Schaden häufig erst im Insolvenzfall dadurch bemerkbar werden wird, daß die Vermögenswerte des Kunden nicht mehr zuordenbar und damit nicht mehr gemäß § 47 InsO aussonderbar vorhanden sind. Bei Zahlungsunfähigkeit des Wertpapierdienstleistungsunternehmens sind dann jedoch regelmäßig auch Schadensersatzansprüche gegen das Unternehmen faktisch nicht mehr, jedenfalls aber nicht mehr in voller Höhe durchsetzbar.

1297 Siehe oben A.II.1.

1298 In den Fällen von wirtschaftlich bedingten Verlusten, kommt ein Regreßanspruch in Betracht, wenn der Verwalter gegen Anlagerichtlinien verstoßen hat. Hier kann der ersatzfähige Schaden mitunter schwieriger zu ermitteln sein, siehe dazu *Schäfer* in: Assmann/ Schütze, Hdb. des KapitalanlageR, § 28, Rn. 53 ff; *Balzer*, Vermögensverwaltung durch Kreditinstitute, S. 165 ff.

V. Darlegungs- und Beweislast bei Verstößen gegen § 34 a WpHG

1. Anwendung der Grundsätze über die Beweislastverteilung nach Gefahren- oder Verantwortungsbereichen

Aus der Qualifizierung als positive Vertragsverletzung folgt, daß beweisrechtlich auch bei Verstößen gegen die Wohlverhaltensregeln des WpHG die allgemeinen vertragsrechtlichen Grundsätze zur Verteilung der Beweislast heranzuziehen sind.[1299] Insbesondere kann dem Anleger im Rahmen der pVV die in Analogie zu § 282 BGB (a.F.) entwickelte Beweislastverteilung nach Gefahren- oder Verantwortungsbereichen zugute kommen. Danach muß der Gläubiger nurmehr die objektive Pflichtverletzung beweisen, wenn die geschuldete Tätigkeit in die Verantwortungssphäre des Schuldners fällt. Der Schuldner hätte dann zur Vermeidung einer Haftung nachzuweisen, daß ihm weder Vorsatz noch Fahrlässigkeit zur Last zu legen ist, vgl. § 276 Satz 1 BGB.[1300] Da der Kunde bei der Vermögensverwaltung dem Wertpapierdienstleistungsunternehmen seine Gelder zur Verwaltung nach dessen eigenem Ermessen überläßt, liegt der Umgang mit dem Kundenvermögen fortan örtlich wie ökonomisch im Verantwortungsbereich des Unternehmens. Hinsichtlich der Pflicht zur Vermögenstrennung im Rahmen des § 34 a WpHG obliegt es somit dem Kunden, darzulegen und zu beweisen, daß seine Gelder oder Wertpapiere nicht in der vorgeschriebenen Form auf einem Treuhandkonto bzw. Depot verwahrt wurden sowie, daß ihm aus diesem Verstoß ein kausaler Schaden entstanden ist. Gelingt dies, findet hinsichtlich des Verschuldens eine Beweislastumkehr statt. Im Ergebnis entgeht somit das Wertpapierdienstleistungsunternehmen Für Pflichtverletzungen, auf die bereits das BGB in der Fassung des Schuldrechtsmodernisierungsgesetzes Anwendung findet, ergibt sich dies nun aus § 280 I Satz 2 BGB, der den nach bisherigem Recht für die Unmöglichkeit (§ 282 BGB a.F.) und den Verzug (§ 285 BGB a.F.) geltenden Grundsatz zum allgemeinen Prinzip macht.[1301] einer Haftung gemäß den Regeln der pVV nur, wenn es nachweisen kann, daß es die schädigende Handlung nicht gemäß den §§ 276, 278 BGB zu vertreten hat. Für Pflichtverletzungen, auf die bereits das BGB in der Fassung des Schuldrechtsmodernisierungsgesetzes Anwendung findet, ergibt sich dies nun aus § 280 I Satz 2 BGB, der den nach bisherigem Recht für die Unmöglichkeit (§ 282 BGB a.F.) und den

1299 Ebenso *Balzer*, Vermögensverwaltung durch Kreditinstitute, S. 179.

1300 Ständige Rechtsprechung, vgl. etwa BGHZ 48, 312; 64, 51; 66, 53; BGH NJW 1978, 2197; 1980, 2186; 1987, 1938, wobei der BGH teilweise noch die Bestimmung des § 282 BGB mit zitiert, teilweise auf deren zusätzliche Heranziehung verzichtet.

1301 Palandt/ *Heinrichs*, BGB, Ergänzungsband zur 61. Auflage, § 280, Rn. 34.

Verzug (§ 285 BGB a.F.) geltenden Grundsatz zum allgemeinen Prinzip macht.[1302]

Verstößt ein Kommissionär gegen die Pflichten des § 34 a I WpHG, so ergibt sich diese Umkehr der Beweislast gemäß § 390 I HGB ebenfalls unmittelbar aus dem Gesetz. Da die Verwantwortungssphären bei der Verwaltung fremden Vermögens noch deutlicher aufgeteilt sind als bei der Kommission, weil der Kunde sich des weiteren Einflusses auf sein Vermögen weitergehend und längerfristig begibt, kann auch die in § 390 HGB enthaltene gesetzliche Wertung auf die im HGB nicht explizit normierte Vermögensverwaltung übertragen werden. Die Regelung des § 390 I HGB bestätigt somit insgesamt die Angemessenheit dieser beweisrechtlichen Risikozuweisung an ein Wertpapierdienstleistungsunternehmen, das gemäß § 34 a WpHG für das Vermögen seiner Kunden Sorge zu tragen hat.

Da § 34 a WpHG ausdrücklich vorschreibt, welche Sorgfaltsanforderungen ein Wertpapierdienstleistungsunternehmen hinsichtlich des ihm anvertrauten Kundenvermögens einzuhalten hat und die möglichen Folgen einer Mißachtung regelmäßig vorherzusehen sind, dürfte hier der Entlastungsbeweis nur in besonders gelagerten Ausnahmefällen gelingen können.[1303] Für den Kunden wird es damit in aller Regel ausreichen, wenn er im Schadensfall nachweist, daß das zur Anlage anvertraute Vermögen nicht vorschriftsgemäß verwahrt wurde, um eine vertragliche Haftung des Wertpapierdienstleistungsunternehmens zu begründen.

Für die deliktische Haftung können die Grundsätze des § 282 BGB nach h.M.[1304] hingegen nicht entsprechend herangezogen werden. Hier ist aber bei entsprechender Sachlage unter Umständen ein Rückgriff auf die Grundsätze des Anscheinsbeweises[1305] möglich, die nicht nur in bezug auf das Verschulden Anwendung finden können, sondern bereits zu einer erleichterten Beweisführung im Hinblick auf die Kausalität einer Handlung für den Schadenseintritt führen.[1306]

1302 Palandt/ *Heinrichs*, BGB, Ergänzungsband zur 61. Auflage, § 280, Rn. 34.

1303 Vgl. bereits soeben IV.

1304 Palandt/ *Heinrichs*, BGB, § 282, Rn. 24 mit Nachweisen zur st. Rsprg.; MüKo/ *Emmerich*, BGB, § 282, Rn. 6.

1305 Siehe hierzu *Thomas/ Putzo*, ZPO, § 286, Rn. 12 ff; *Hartmann* in: Baumbach/ Lauterbach/
Albers/ Hartmann, ZPO, Anh. § 286, Rn. 15 ff sowie speziell zu § 823 BGB MüKo/ *Mertens*,§ 823, Rn. 58 ff und 190.

1306 *Thomas/ Putzo*, ZPO, § 286, Rn. 14; *Hartmann* in: Baumbach/ Lauterbach/ Albers/ Hartmann, ZPO, Anh. § 286, Rn. 22.

2. *Beweiserleichterungen bei Verletzung der Aufzeichnungspflichten aus § 34 WpHG*

Fraglich ist, ob dem Kunden eines Wertpapierdienstleistungsunternehmens zusätzliche Beweiserleichterungen zugebilligt werden können, wenn er sich zur Beweisführung deswegen außerstande sieht, weil das Wertpapierdienstleistungsunternehmen seine aus § 34 WpHG resultierenden Aufzeichnungspflichten verletzt hat. Insoweit käme als Hindernis einer schlüssigen Darlegung im Hinblick auf § 34 a WpHG insbesondere ein Verstoß gegen die Nr. 1 „(...) Ausführung des Auftrags," der in § 34 I WpHG geregelten Dokumentationspflichten in Betracht. Hierunter wird man richtigerweise auch die schriftliche Dokumentierung der von § 34 a WpHG geforderten Weiterleitung zu fassen haben, die insofern als gesetzlich vorgeschriebener Teil der Auftragsausführung auch in das vertragliche Pflichtenprogramm Eingang findet. Darüber hinaus ist der Sinn und Zweck des § 34 WpHG im Auge zu behalten, der gerade darin liegt, die Kontrollierbarkeit der §§ 31 ff WpHG durch die Aufsichtsbehörden zu gewährleisten.[1307]

Nach *Balzer* soll indes eine solche Beweiserleichterung nur angenommen werden können, wenn die mißachtete Verpflichtung zur Dokumentation gerade dem Interesse des Geschädigten dient, Feststellungen zu treffen.[1308] Die von ihm zitierte Entscheidung des BGH ZIP 1985, 312, 314 gibt dies jedoch nicht, keinesfalls aber mit der von *Balzer* implizierten Deutlichkeit her. Demgegenüber schlägt *Grundmann*[1309] vor, im Hinblick auf die in § 34 WpHG umgesetzten Aufzeichnungspflichten nach der WpDlRL die Grundsätze zur Beweislastumkehr im deutschen Arztrecht fruchtbar zu machen. Auch dem kann jedoch nicht gefolgt werden. Zum einen ist insoweit der Auffassung *Balzers* zuzugeben, dass hier der Patient einen materiell-rechtlichen Anspruch auf die Dokumentation seiner Behandlung hat[1310], wohingegen § 34 WpHG nach der eindeutigen Begründung des Gesetzgebers allein die Kontrolle durch die Aufsichtsbehörden erleichtern soll.[1311] Soweit *Grundmann* auf eine effektivere Durchsetzung des europarechtlich intendierten Anlegerschutzes abzielt[1312], steht dem, als zweitem

1307 Beschlußempfehlung des Finanzausschusses in: BT-Drucks. 12/7918, S. 105; *Koller* in: Assmann/ Schneider, § 34, Rn. 1; *Schäfer/Müller*, Haftung für fehlerhafte WpDl, Rn. 35; *Balzer*, ZBB 1997, 260, 268.

1308 *Balzer*, ZBB 1997, 260, 268.

1309 *Grundmann*, Europ. SchuldvertragsR, 4.20, Rn. 15.

1310 *Hartmann* in: Baumbach/ Lauterbach/ Albers/ Hartmann, ZPO, Anh. § 286, Rn. 62.

1311 Beschlußempfehlung des Finanzausschusses in: BT-Drucks. 12/7918, S. 105.

1312 Vgl. *Grundmann*, Europ. SchuldvertragsR, 4.20, Rn. 15.

seinem Vorschlag zuwiderlaufenden Aspekt, somit der klar geäußerte Wille des nationalen Gesetzgebers im Wege.[1313]

Richtigerweise wird man daher einer Zwischenlösung den Vorzug zu geben haben, die auch der BGH in Fällen der Verletzung von Dokumentationspflichten zu einer abgestuften Verteilung des beweisrechtlichen Risikos genutzt hat. Eine flexible und somit dem Einzelfall angemessene Lösung läßt sich nämlich über die Grundsätze der Beweislastvereitelung erzielen. Hiernach kann je nach Schwere des Verstoßes und seinen Auswirkungen für den Prozeß dem durch die fehlende Dokumentation Beweisunfähigen eine Beweiserleichterung zugebilligt werden, die im Einzelfall bis zur Beweislastumkehr führen kann, wenn dem Geschädigten nach tatrichterlichem Ermessen die auch nur teilweise Beweisführungslast für ein pflichtwidriges Verhalten des Gegners angesichts des von diesem verschuldeten Aufklärungshindernisses billigerweise nicht mehr zuzumuten ist.[1314]

Mit diesen Grundsätzen kann somit auch bei Verstößen gegen die Aufzeichnung des nach § 34 a WpHG geforderten Verhaltens eine adäquate Beweiserleichterung zugunsten des Wertpapierkunden erreicht werden.

VI. Ergebnis: Anspruchsnormenkonkurrenz; Besondere Bedeutung der deliktischen Haftung bei Verstößen gegen § 34 a WpHG

Im Ergebnis wird bei einem Verstoß des Wertpapierdienstleistungsunternehmens somit neben der vertraglichen Haftung des Unternehmens regelmäßig auch ein deliktischer Anspruch des Unternehmens jedenfalls gemäß § 823 II BGB gegeben sein.

Zwischen diesen Haftungsgrundlagen besteht sodann Anspruchsnormenkonkurrenz, d.h. der Kunde verfügt nicht über eine Mehrzahl von Ansprüchen, sondern lediglich über verschiedene Anspruchsgrundlagen zur Restitution ein- und desselben Schadensereignisses.[1315] Dabei kann insbesondere bei der Haftung wegen eines Verstoßes des Unternehmens gegen die getrennte Vermögensverwaltung i.S.d. § 34 a WpHG die zusätzlich bestehende deliktische Haftung in praxi von entscheidender Bedeutung sein.

1313 Vgl. dazu oben § 2 B.I.2.a)cc),(4).

1314 BGH ZIP 1985, 312, 314 = NJW 1986, 59, 61; BGHZ 132, 139; BGH NJW 1983, 332.

1315 So zutreffend für das Verhältnis von vertraglichen und deliktischen Ansprüchen, die aus der Verletzung von Wohlverhaltensregeln nach §§ 31 ff WpHG resultieren, *Schäfer/Müller*, Haftung für fehlerhafte WpDl, Rn. 40.

Wie oben angedeutet wird nämlich die Verletzung der Pflicht zur Vermögenstrennung häufig erst im Insolvenzfall offen zu Tage treten, wenn der Kunde feststellen muß, daß seine Vermögenswerte nicht gesondert vom Eigenvermögen des Unternehmens oder demjenigen anderer Kunden gehalten wurden. In diesem Fall vermag der Anleger dann weder entsprechend des Regelungszieles von § 34 a WpHG seine Gelder gemäß § 47 InsO zurückzuerhalten, noch in der Regel mit seinen Schadensersatzansprüchen gegen das Unternehmen faktisch durchzudringen. Da es sich in der ganz überwiegenden Mehrzahl der Fälle bei dem Wertpapierdienstleister um eine juristische Person, vorrangig in der Form einer GmbH handeln wird, kommt es in dieser Situation folglich auf eine persönliche Haftung der Organe der Gesellschaft an. Eine persönliche Inanspruchnahme der Geschäftsführer einer Vermögensverwaltungsgesellschaft mbH (oder der Vorstände einer Aktiengesellschaft) aus Deliktsrecht ist dabei nicht nur in dem Fall möglich, daß diese die Zuwiderhandlung in eigener Person begehen, sondern schon dann wenn sie einen Verstoß gegen § 34 a WpHG dulden.[1316] Aufgrund der dem Geschäftsführer obliegenden Organisationspflicht innerhalb seines Unternehmens, die durch § 34 a WpHG inhaltlich präzisiert wird, stellt eine solche Duldung eine eigene Verletzung von § 34 a WpHG durch Unterlassen dar, die dem Kunden einen direkten Anspruch gemäß § 823 II BGB vermittelt. Die Pflichten aus § 34 a WpHG sind wie gesehen zudem als konkrete Ausgestaltung der einem Wertpapierdienstleistungsunternehmen obliegenden Verkehrspflichten anzusehen. Ein eigener Verstoß des Geschäftsführers als für das Handeln des Unternehmens verantwortlichem Organ ist daher überdies bereits dann anzunehmen, wenn er den Angestellten, der intern für die tatsächliche Durchführung und Überwachung der Verwahrung der Kundenwerte bei einem hierfür geeigneten Bankinstitut zuständig ist, nicht hinreichend beaufsichtigt.[1317]

Darüber hinaus gewähren auch nur die deliktischen Ansprüche die Möglichkeit einem noch andauernden Fehlverhalten des Wertpapierdienstleistungsunternehmens mit einem Unterlassungsanspruch zu begegnen, wie er sich über die Verbindung mit § 1004 BGB in entsprechender Anwendung herleiten läßt.

Demgegenüber ist die vertragliche Haftung bei Zuwiderhandlungen gegen § 34 WpHG nurmehr in den Fällen von vorrangigem praktischen Interesse, in

---

1316 *Schäfer/Müller*, Haftung für fehlerhafte WpDl, Rn. 36, die hierin die wirtschaftlich größte Bedeutung der Vorschrift erblicken.

1317 Die dem Geschäftsführer obliegende Organisationspflicht wandelt sich im Falle ihrer Delegation auf eine dritte Person sodann in eine fortlaufend bestehende Aufsichts- und Überwachungspflicht um, vgl. etwa Palandt/ *Thomas*, BGB, § 823, Rn. 60 sowie ausführlich zur dogmatischen Einordnung der Delegation und der Intensität der Überwachungspflichten des Übertragenden Staudinger/ *Hager*, BGB § 823, Rn. E 59 ff.

denen deliktsrechtlich gemäß § 852 BGB bereits Verjährung eingetreten ist. Da die spezielle Verjährung gemäß § 37 a WpHG[1318] auf Schadensersatzansprüche wegen einer Verletzung von § 34 a WpHG keine Anwendung findet, bleibt es nämlich insoweit bei der regelmäßigen Verjährungsfrist des § 195 BGB.

VII. Stellungnahme zur zivilrechtlichen Ausgestaltung des Anlegerschutzes durch die § 31 ff WpHG

1. Zivilrechtliche Haftungsbegründung als Korrektiv für das Fehlen eines öffentlich-rechtlichen Drittschutzes

Die strittige Frage nach der rechtlichen Einordnung der Wohlverhaltensregeln des WpHG läßt sich mithin rechtssystematisch wie auch funktional am schlüssigsten lösen, indem man den 31 ff WpHG als öffentlichem Aufsichtsrecht über die Annahme einer Ausstrahlungswirkung auch für das Zivilrecht Bedeutung beimißt. Ausfüllungsbedürftige Rechtsbegriffe des Privatrechts - d.h. der bei der Erbringung von Wertpapierdienstleistungen anzulegende Sorgfaltsmaßstab - können auf diese Weise prägnanter gefaßt werden. Im Ergebnis entsteht so ein Gleichlauf öffentlich-rechtlicher und zivilrechtlicher Pflichten, welcher auch unter dem Aspekt der Einheit der Rechtsordnung für den Bereich des Wertpapierhandels künftig größere Rechtssicherheit verspricht. Aus Sicht des Anlegers wäre es zudem nur schwer verständlich, wenn das von ihm beauftragte Wertpapierdienstleistungsunternehmen offenkundig gegen ein Gesetz verstößt, das diesem vorschreibt, sich in einer bestimmten Art und Weise gegenüber seinen Kunden zu verhalten, er aber aus einem solchen Fehlverhalten resultierende Vermögensschäden nicht gegen das Unternehmen geltend machen könnte. Die Gewährung eines zivilrechtlichen Schadensersatzanspruchs dient damit zugleich der Kompensation des öffentlich-rechtlich bestehenden Individualschutzdefizites. Es wird hierdurch dem Umstand Rechnung getragen, daß der Kunde selbst im Falle schwerwiegender Versäumnisse des BAWe (ab dem 01. 05. 2002: die BAFin) bei der Aufsicht keine Möglichkeit hätte, das Amt für ihm entstandene Verluste zur Verantwortung zu ziehen, weil ein insoweit grundsätzlich zu erwägender Staatshaftungsanspruch immer schon am fehlenden drittschützenden Charakter der aufsichtlichen Tätigkeit scheitern muß, vgl. § 4 II WpHG. Bedeutsam wird

---

1318 Die Verjährungsregelung des § 37 a WpHG wurde durch das Dritte Finanzmarktförderungsgesetz neu eingeführt und begrenzt die Haftung des Wertpapierdienstleistungsunternehmens wegen Verletzung von Informationspflichten und wegen fehlerhafter Beratung nun zeitlich auf drei Jahre; ausführlich zur Verjährung nach § 37 a WpHG: *Schäfer* in: Festschrift für Schimansky, 1999, 699 ff.

die Einpassung der §§ 31 ff WpHG in das zivilrechtliche Haftungssystem ferner im Falle von noch andauernden Zuwiderhandlungen durch das Wertpapierdienstleistungsunternehmen. Weil in § 4 II WpHG der drittschützende Charakter einzelner Normen öffentlich-rechtlich für nicht existent bzw. zumindest für unbeachtlich erklärt wurde, kommt ein Anspruch des Kunden gegen das Bundesaufsichtsamt auf Tätigwerden nicht in Betracht. Der Kunde ist mithin im akuten Fall auf eine eigene rechtliche Handhabe angewiesen, um präventiv gegen drohende Vermögensverluste vorgehen zu können. Eine solche wird ihm über den sich aus §§ 823 II i.V.m. 1004 BGB analog ergebenden Unterlassungsanspruch gewährt.

Unabhängig von der Notwendigkeit einheitlicher und konkreter Maßgaben im öffentlichen und privaten Wertpapierhandelsrecht und über anerkennenswerte Belange des Kundenschutzes hinaus ist es aber auch aus behördlicher Sicht sinnvoll, den Wohlverhaltensregeln der §§ 31 ff WpHG für das Zivilrecht Beachtlichkeit zuzuerkennen.[1319] Im Hinblick auf mögliche Regreßansprüche wird der Anleger somit im ureigenen Interesse zur Aufdeckung allfälliger Verstöße gegen die Wohlverhaltensregeln der §§ 31 ff WpHG mobilisiert.[1320] Die Einhaltung des öffentlich-rechtlichen Aufsichtsrecht wird dann ergänzend zur staatlichen Überwachung auch über den Umweg des Privatrechts, d.h. des Haftungsrechts durchgesetzt.[1321] Hiervon darf man sich durchaus eine höhere Erfolgsquote bei der Erfassung von Unregelmäßigkeiten bei der Durchführung von Wertpapierhandelsgeschäften erwarten als sie über Stichproben des BAWe, und seien diese noch so systematisch durchgeführt, jemals zu erzielen sein dürfte.[1322]

Daß somit ein gerichtlich durchsetzbarer Individualschutz auf dem Zivilrechtsweg ermöglicht wird, dürfte zudem der verfassungsrechtlich geäußerten

---

1319 De facto entfalten allerdings nur die §§ 31, 32, 34 a WpHG privatrechtliche Wirkung, weil es den §§ 33 und 34 WpHG aus den unter 1.b) genannten Gründen an der Eignung zu einer Konkretisierung zivilrechtlicher Verhaltensmaßstäbe bzw. an der Qualität eines Schutzgesetzes i.S.d. § 823 II BGB fehlt.

1320 *Köndgen*, ZBB 1996, 361.

1321 So *Möllers*, Rechtsgüterschutz im Umwelt- und Haftungsrecht, S. 242 für die öffentlich-rechtlichen Betriebspflichten nach dem BImSchG.

1322 *Köndgen*, ZBB 1996, 361, der dies als das wichtigste Argument für die Annahme einer auch zivilrechtlichen Auswirkung der §§ 31 ff WpHG anzusehen scheint, indem er betont, es gehe ja letztlich nicht einfach um ein rechtssystematisches Glasperlenspiel. Siehe auch MüKo/ *Mertens*, BGB, § 823, Rn. 180 zur rechtspolitischen Dimension einer hieraus entstehenden Konkurrenz zwischen Bürokratie und Zivilrechtsprechung.

Kritik[1323] an dem Ausschluß einer staatlichen Haftung in § 4 II WpHG (bzw. 6 IV KWG) „mit einem Federstrich“ in einigen, wesentlichen Punkten den Boden entziehen. Insbesondere soweit diese Kritik sich auf staatliche Schutzpflichten aus Art. 14 I GG stützt,[1324] ist dem entgegenzuhalten, daß deren nähere Ausgestaltung das GG gemäß Art. 14 I Satz 2 GG ohnehin dem einfachen Gesetz überläßt, so daß dem Eigentumsschutz durch zivilrechtliche Schutzmöglichkeiten hinreichend Rechnung getragen sein müßte.[1325]

2. Europarechtskonforme Umsetzung eines individuellen Anlegerschutzes

Von einigen Autoren wird eine Diskrepanz zwischen dem Stellenwert, der dem Anlegerschutz in den Erwägungsgründen zur WpDIRL beigemessen wird, und seiner Umsetzung im deutschen Recht moniert. Teilweise werden dabei aus dem Fehlen eines individuellen Anlegerschutzes im deutschen (öffentlichen) Recht Zweifel an einer ordnungsgemäßen Umsetzung der WpDIRL abgeleitet.[1326] Wie im folgenden zu zeigen sein wird, sind jedoch auch diese Bedenken spätestens aufgrund der Ausstrahlungswirkung der drittschützenden Normen innerhalb der §§ 31 ff WpHG auf das Zivilrecht, wo sich der Individualschutzcharakter mangels Ausschlusses durchsetzen kann, als im Ergebnis nicht durchgreifend zurückzuweisen.

Denn die Ausstrahlungswirkung der 31 ff WpHG kann zunächst nicht lediglich als Resultat einer - unter dem hier in Frage stehenden Aspekt: europarechtskonformen - Auslegung durch Rechtsprechung und Literatur betrachtet werden, sondern muß als diesen Vorschriften, deren definitive Zuordnung zu einem Rechtsgebiet ohnehin schwerfällt, bereits immanent begriffen werden. Man könnte, wie dies in der Tat von manchen Autoren bevorzugt wird, mit einiger

---

1323 *Schenke/ Ruthig*, NJW 1994, 2324, 2326 f zu § 6 IV KWG sowie im Anschluß daran *Schäfer*, WpHG, § 4, Rn. 25; eingehende verfassungsrechtliche Bedenken äußert auch Beck, KWG, Bd. 1, § 6, Rn. 62 ff für den Parallelfall des § 6 IV KWG.

1324 Siehe vor allem *Schenke/ Ruthig*, NJW 1994, 2324, 2326, die indes selbst nicht umhin können, darauf hinzuweisen, daß die Bedeutung grundrechtlicher Schutzpflichten in bezug auf das Eigentum gering ist, weil „bereits das einfache Gesetzesrecht ausreichende, vor allem zivilrechtliche Schutzmöglichkeiten vorsieht und dadurch einen wirksamen Eigentumsschutz sicherstellt.“

1325 Wie hier und explizit gegen *Schenke/ Ruthig*, NJW 1994, 2324, 2326 jüngst auch LG Bonn NJW 2000, 815, 819, das die Verfassungskonformität von § 6 IV KWG im Ergebnis bejaht.

1326 So *Hopt*, ZHR 159 (1995), 135, 159 f; *Schäfer*, WpHG, § 4, Rn. 27; siehe für den Parallelfall des § 6 IV KWG eingehend *Schenke/ Ruthig*, NJW 1994, 2324, 2328 f.

Berechtigung insofern von einer „auch zivilrechtlichen Natur“[1327] sprechen. Für die zivilrechtliche Einflußnahme über die Eigenschaft als Schutzgesetz kann zudem § 823 II BGB als gesetzliche Verankerung gelten. In beiden Fällen resultiert somit die zivilrechtliche Beachtlichkeit der Wohlverhaltensregeln nicht lediglich aus einer Auslegung oder Rechtsfortbildung durch die Rechtsprechung ohne explizite normative Fundierung, wie sie in einem anderen Kontext als europarechtlich problematisch dargestellt wurde,[1328] sondern sie folgt bereits aus den gesetzlichen Regelungen selbst. Soweit man einwendet, für die durch die 31 ff WpHG Begünstigten sei Existenz und Ausmaß einer „Ausstrahlungswirkung“ auf das Zivilrecht nicht klar ersichtlich, so ist dem erstens entgegenzuhalten, daß sich die zivilrechtliche Bedeutsamkeit doch mit weitgehend identischen Rechtsfolgen auch über § 823 II BGB als einer im Zentrum des deutschen Schadensersatzrechtes stehenden Vorschrift ergibt. Zum zweiten muß es aber auch aus europarechtlicher Sicht ausreichen, wenn für den Laien eindeutig aus dem Gesetz ablesbar ist, in welcher Form sich das Wertpapierdienstleistungsunternehmen ihm gegenüber zu verhalten hat, will man nicht die Anforderungen an eine hinreichende Erkennbarkeit vollkommen überspannen und zukünftig verlangen, daß jede einzelne Norm ausdrücklich darüber Aufschluß zu geben hat, welche Rechtsfolgen sich bei einer Verletzung ergäben.

Selbst wenn man also aus den Erwägungsgründen zur WpDIRL, insbesondere der dort erwähnten doppelten Zielsetzung des reibungslosen Funktionierens der Wertpapiermärkte und des Anlegerschutzes[1329] eine Gleichwertigkeit dieser Ziele herausliest[1330] sowie hieraus teilweise die Notwendigkeit einer Umsetzung des Anleger schutzes als individuellem folgert[1331], führt dies hinsichtlich der §§ 31 ff WpHG noch nicht zur Gemeinschaftsrechtswidrigkeit der vom deutschen Gesetzgeber gewählten Lösung. Insoweit gilt auch hier, daß sich die Verbindlichkeit einer europäischen Richtlinienvorgabe gemäß Art. 249 III EGV auf die Erreichung des anvisierten Zieles beschränkt, während die rechtstechnischen

1327 So ausdrücklich *Reich*, WM 1997, 1601, 1604, der von einer „Doppelnatur“ ausgeht, was freilich weder dogmatisch noch funktional weiterführt, weshalb die klarere Lösung einer Zuordnung zum öffentlichen Recht mit den bezeichneten Auswirkungen im Zivilrecht hier favorisiert wird. Vgl. hierzu und zu weiteren Gesichtspunkten, die für die Qualifizierung der §§ 31 ff WpHG als öffentlich-rechtliche Vorschriften sprechen, oben § 1 A.II.

1328 Siehe oben § 2 B.I.2.b).

1329 Erwägungsgründe des Rates in: ABl. der EG vom 11. 06. 1993, Nr. L/141, 27 ff, insbesondere 30.

1330 So explizit *Hopt*, ZHR 159 (1995), 135, 160; *Schäfer*, WpHG, § 4, Rn. 27.

1331 Wie etwa *Hopt*, ZHR 159 (1995), 135, 159 f; *Schäfer*, WpHG, § 4, Rn. 27 sowie für den analog zu beurteilenden Fall des § 6 IV KWG: *Schenke/ Ruthig*, NJW 1994, 2324, 2328.

Modalitäten der Verwirklichung dem einzelnen Mitgliedstaat überlassen bleiben. Legt man gleichwohl die beschriebene Ansicht hypothetisch zugrunde und gesteht man weiter zu, daß ein effektiver Individualschutz die Möglichkeit beinhalten muß, die gewährten Rechtspositionen vor den nationalen Gerichten einklagen zu können, so spricht doch nichts dagegen, die individuelle Rechtposition privatrechtlich auszugestalten, solange sie durch gerichtlich durchsetzbare Ansprüche flankiert wird. Diese alternative Möglichkeit aber lassen *Schenke/Ruthig* außer acht, wenn sie uneingeschränkt die These aufstellen, ein europa-rechtlich indizierter Drittbezug von Aufsichtspflichten erfordere die Absicherung des daraus folgenden Individualschutzes durch Staatshaftungsansprüche.[1332] Namentlich läßt sich dies aus der angeführten[1333] Leitentscheidung des EuGH in Sachen Staatshaftung der Mitgliedstaaten „Frankovich"[1334] nicht mit der beanspruchten Exklusivität herleiten. Kernaussage dieser Entscheidung des EuGH ist vielmehr, daß die Inanspruchnahme des Staates ersatzweise an die Stelle einer privatrechtlichen Regreßnahme treten muß, soweit diese aufgrund eines gemeinschaftsrechtswidrigen Verhaltens des Mitgliedstaates scheitert, nicht hingegen kumulativ neben diese.[1335]

Im vorliegenden Fall kommt hinzu, daß das Bedürfnis eines Schutzes der Gläubigerinteressen durch eine mögliche Inanspruchnahme des Staates noch zusätzlich dadurch geschmälert wird, daß der Staat seiner Verantwortung gegenüber der Anlegerschaft für die wichtigste Gruppe von Schadensfällen infolge Insolvenz einer Wertpapierfirma auch bereits durch die gesetzliche Etablierung eines Entschädigungssystems nachgekommen ist.[1336] Im Gegensatz zu der im Einzelfall schwierig zu begründenden Staatshaftung ist dabei der Entschädigungsanspruch nach dem EAG über die Feststellung eines Entschädigungsfalles hinaus auch an keine weiteren Voraussetzungen geknüpft, vgl. §§ 3 I, 5 EAG.

Nach Ansicht des Verfassers läßt sich indes von der doppelten Zielsetzung ohnehin noch nicht zwingend auf die Gleichwertigkeit der beiden Zwecke schließen, da die bloße Proklamation, die Richtlinie solle beiden Zwecken dienen, sprachlogisch nichts über deren Rangverhältnis besagt.[1337] Auch führt die

---

1332 *Schenke/ Ruthig*, NJW 1994, 2324, 2329.

1333 *Schenke/ Ruthig*, NJW 1994, 2324, 2328, Fn. 56.

1334 EuGH, Rs. C-6/90 und C-9/90, Frankovich, Slg. 1991, I-5357.

1335 Zu den Kernaussagen dieser Leitentscheidung für die Begründung einer Staatshaftung der Mitgliedstaaten bei gemeinschaftswidrigem Verhalten vgl. bereits oben § 2 B.I.2.a),cc),(5).

1336 Dieses Argument zieht auch *Fülbier* in: Boos/ Fischer/ Schulte-Mattler, KWG, § 6, Rn. 73 heran, um die Verfassungswidrigkeit des gesetzlichen Haftungsausschlusses in § 6 IV KWG abzulehnen.

1337 Siehe zu der hier vertretenen Auffassung, daß die verschiedenen Zielsetzungen der WpDIRL - jedenfalls in ihrer Ausgestaltung im deutschen Recht - in einem hierar-

Hervorhebung des Anlegerschutzes noch nicht zwingend zu der Schlußfolgerung, dieser müsse in jedem Fall als individueller in die Hände des Anlegers selbst gelegt sein, weil die Wahl der Form und Mittel seiner Umsetzung noch immer bei den zuständigen innerstaatlichen Stellen verbliebe, vgl. § 249 III EGV; insoweit gilt es zu berücksichtigen, daß bislang für den Bereich des Kapitalmarktrechts viel eher die institutionelle Verwirklichung eines Anlegerschutzes typisch war. Vollends überinterpretiert würde aber die zweifache Zielvorgabe der WpDIRL, wollte man hieraus auf die Notwendigkeit der Gewährleistung individueller Ansprüche des Anlegers gerade im öffentlichen Recht schließen. Der Kritik aus gemeinschaftsrechtlicher Sicht kann somit in diesem Punkt nicht zugestimmt werden.[1338]

chisch abgestuften Mittel-Zweck-Verhältnis zueinander stehen unter Gliederungspunkt § 1 A.II.

1338 Auf die Frage, ob § 4 II WpHG entgegen seinem Wortlaut richtlinienkonform ausgelegt werden könnte, kommt es mithin nicht mehr an. Wie oben im einzelnen dargelegt wurde (unter Gliederungspunkt § 2 B.I.2.a),cc),(4)) stünde einer europarechtskonformen Auslegung im vorliegenden Fall der ebenso klare wie konträre Wille des deutschen Gesetzgebers im Wege, welcher nicht nur im eindeutigen Wortlaut der Vorschrift zum Ausdruck kommt, sondern auch in der hinter dieser Regelung stehenden Erwägung des sicheren Ausschlusses von Staatshaftungsansprüchen, vgl. nur Beschlußempfehlung des Finanzausschusses in: BT-Drucks. 12/7918, S. 100 und sehr eingehend zum Parallelfall des § 6 IV KWG Begr. RegE zu § 6 III KWG a.F. in: BT-Drucks. 10/1441, S. 20; a.A. wohl *Hopt*, ZHR 159 (1995), 135, 160 jedoch ohne näheres Eingehen auf die Problematik einer richtlinienkonformen Auslegung contra legem.

§ 7 Schlußbetrachtung

A. Ausblick: § 34 a WpHG de lege ferenda

Die Vorschrift des § 34 a WpHG reiht sich an systematisch zentraler Stelle ins aufsichtsrechtliche Regelwerk zum Schutze des Wertpapierkunden ein. Sie soll künftig diejenigen im Rahmen von Wertpapierhandelsgeschäften übergebenen Kundenwerte sichern, deren Schutz nicht bereits durch Unterwerfung unter das Einlagengeschäft gemäß § 1 I Satz 2 Nr. 1 KWG bzw. das Depotgeschäft gemäß § 1 I Satz 2 Nr. 5 KWG sichergestellt wird. § 34 a WpHG ist daher in seinem Abs. 1 als Auffangtatbestand zum Einlagengeschäft einerseits sowie in seinem Abs. 2 zum Depotgeschäft andererseits einzuordnen.[1339] Die Vorschrift eröffnet mithin eine neue Ebene des Schutzes von Geldern und Wertpapieren der Anleger unterhalb der bezeichneten Bankgeschäfte, die es notwendig machte, die Abgrenzung zu den übergeordneten bankgeschäftlichen Tatbeständen neu zu überdenken - und im Ergebnis präziser zu formulieren.[1340]

Sie krankt jedoch in ihrer jetzigen Fassung daran, daß der ihr systematisch zugedachte Stellenwert aufgrund der Beschränkung von Abs. 1 auf solche Gelder, die das Wertpapierdienstleistungsunternehmen zur Verwendung im eigenen Namen entgegennimmt, faktisch kaum zur Geltung kommt. Der ganz überwiegende Teil der bankunhabhängigen Vermögensverwalter, der die Gelder seiner Kunden gemäß § 164 BGB im fremden Namen anlegt („Vertretermodell"), wird somit von den Anforderungen an eine getrennte Verwaltung der Kundengelder nach § 34 a I WpHG nicht betroffen. Wie sich jedoch gezeigt hat, ist der Wertpapierkunde im Lichte von Art. 10 I Satz 2, Spiegelstrich 3 WpDIRL auch in diesem Fall schutzbedürftig, so daß die bestehende Begrenzung des Anwendungsbereiches nicht haltbar ist.[1341] Der Gesetzgeber wird daher nicht umhin

---

1339 Siehe § 2 A.II.1.b)aa) bzw. § 4 A.II.2.a)aa).

1340 Siehe § 2 B.I.2.a)bb),(2) bzw. § 4 B.I.1.a).

1341 Siehe § 2 B.I.2.a)cc),(2). Dieses Ergebnis ließ sich auch nicht über eine unmittelbare Anwendung von Art. 10 I Satz 2, Spiegelstrich 3 WpDIRL (§ 2 B.I.2.a)cc),(3)) oder eine europarechtskonforme Auslegung von § 34 a I WpHG (§ 2 B.I.2.a)cc),(4)) korrigieren. Für Verluste die dem Anleger bei der Vermögensverwaltung nach dem Vertretermodell aus einer ungetrennten Verwaltung seiner Gelder entstehen, droht daher eine Staatshaftung der Bundesrepublik Deutschland wegen unzulänglicher Umsetzung der Richtlinienvorgabe (siehe § 2 B.I.2.a)cc),(5)).

können, die Vorschrift ein weiteres Mal nachzubessern - und Abs. 1 de lege ferenda in etwa wie folgt zu fassen:

> Ein Wertpapierdienstleistungsunternehmen, das kein Einlagenkreditinstitut im Sinne des § 1 Abs. 3d Satz 1 des Gesetzes über das Kreditwesen ist, hat Kundengelder, die es im Zusammenhang mit einer Wertpapierdienstleistung oder einer Wertpapiernebendienstleistung entgegennimmt, unverzüglich getrennt von den Geldern des Unternehmens und von anderen Kundengeldern auf einem Konto bei einem Kreditinstitut, das im Inland zum Betreiben des Einlagengeschäftes befugt ist, oder einem geeigneten Kreditinstitut mit Sitz im Ausland, das zum Betreiben des Einlagengeschäftes befugt ist, zu verwahren. Inhaber des Kontos muß der Kunde sein. Das Wertpapierdienstleistungsunternehmen hat den Kunden unverzüglich darüber zu unterrichten, auf welchem Konto die Kundengelder verwahrt werden und ob das Kreditinstitut, bei dem die Kundengelder verwahrt werden, einer Einrichtung zur Sicherung der Ansprüche von Anlegern und Einlegern zugehört und in welchem Umfang die Kundengelder durch diese Einrichtung gesichert sind.

Die vorgeschlagene Änderung hinsichtlich der Art des Kontos, auf dem die Gelder zu verwahren sind, berücksichtigt die Einbeziehung des „Vertretermodells". Sie stellt es folglich dem Wertpapierdienstleistungsunternehmen frei, sich hinsichtlich des Kontos entweder dinglich ermächtigen zu lassen (Ermächtigungstreuhandkonto), mit dem Vorteil dann im eigenen Namen auftreten zu können, oder aber sich Vertretungsmacht einräumen zu lassen, wie es der aktuellen Handhabung nicht banklizensierter Vermögensverwalter entspricht. Satz 2 der jetzigen Fassung von § 34 a I WpHG kann entfallen, da bei Kontoinhaberschaft des Kunden zweifelsfrei ist, daß die Gelder für fremde Rechnung eingelegt werden. Abgesehen wurde von einer Umformulierung des Satzes 3, die deutlich machte, daß sich für inländische Kreditinstitute die Frage nach dem „Ob" der Zugehörigkeit zu einer solchen Einrichtung ebenso erledigt hat wie für ausländische Kreditinstitute im Geltungsbereich der Einlagensicherungsrichtlinie; denn zum einen verbleibt für jede der einzelnen Informationspflichten ein Anwendungsbereich zumindest hinsichtlich sonstiger ausländischer Banken[1342], zum anderen würde die Einfügung solch detaillierter Änderungen die Vorschrift sprachlich zu umständlich gestalten.

Mit dieser Neufassung von § 34 a I WpHG wäre nicht nur erreicht, daß der Regelung über die „Getrennte Vermögensverwaltung" (nach dem Vierten Finanzmarktförderungsgesetz nun: „Getrennte Vermögensverwahrung") als systematisch bedeutsamer Schnittstelle des neuen Aufsichtsrechts auch faktische der ihr gebührende Rang zukommt; man gelangt darüber hinaus auch nur so zu einer in sich stimmigen Fassung der Vorschrift: Im Gleichklang mit Abs. 2 wird somit die de facto ganz dominierende Gestaltungsform der Vermögensverwaltung nach

---

1342 Siehe § 3 E.

dem Vertretermodell nicht mehr nur hinsichtlich der Verwendung der Wertpapiere, sondern auch in bezug auf den Umgang mit den Geldern der Kunden erfaßt.

Über die hier vorgeschlagene Änderung der Vorschrift hinaus, ist ein Bedürfnis für Rechtsverordnungen zum Schutz der einem Wertpapierdienstleistungsunternehmen anvertrauten Gelder oder Wertpapiere nach § 34 a III WpHG nicht ersichtlich. Dies gilt namentlich deshalb, weil sich eine den Belangen von Anleger und Vermögensverwalter adäquate Ausgestaltung des Vertragsverhältnisses auch durch Auslegung der Vorschrift[1343] sowie ggf. zusätzliche vertragliche Abreden[1344] erzielen läßt.[1345] Eine Ausnahme hiervon gilt nur für das zwar wünschenswerte, jedoch wegen der Unzulässigkeit anonymer Konten nicht zu verwirklichende Ergebnis, den unabhängigen Wertpapierdienstleistern bei der Führung der Kundenkonten eine Offenlegung der Kundendaten zu ersparen. Dem kann indessen schon deswegen keine Abhilfe durch Rechtsverordnung geschaffen werden, weil § 154 AO einer entsprechenden Regelung als höherrangiges Recht Wege steht. Ebenfalls an Gründen der Normenhierarchie würde es scheitern, wollte die BAFin aus diesem oder anderem Grunde die Zulässigkeit der Einrichtung von Vollrechtstreuhandkonten per Rechtsverordnung festschreiben. Denn wenn in Abs. 3 von näheren Bestimmungen zum Schutz des Kunden die Rede ist, so kann dies nur im Sinne eines gegenüber der nach Abs. 1 und 2 bestehenden Rechtslage verbesserten Schutzes verstanden werden. Diese Zielsetzung würde aber durch normative Festlegung der weniger schutzintensiven Treuhandvariante konterkariert. Durch Erlaß einer derartigen Verordnung würde sich die Bundesaufsichtsbehörde zudem über die insoweit klaren Vorgaben in der Regierungsbegründung zu § 34 a WpHG hinwegsetzen, die die Ermächtigungstreuhand explizit als Grundlage des Verwaltungsverhältnisses im Rahmen von § 34 a I WpHG bezeichnet.

Gegenüber der notwendigen Erweiterung des Anwendungsbereiches der Norm in Abs. 1 erscheint die jetzt durch das Vierte Finanzmarktförderungsgesetz vorgenommene Änderung der Überschrift des § 34 a WpHG in „Getrennte Ver-

---

1343 Siehe zum Verständnis der einzelnen Tatbestandsmerkmale der Norm auf der Rechtsfolgenseite § 3 (Abs. 1) bzw. § 5 (Abs. 2).

1344 Dies gilt für die Ausgestaltung der Kontobedingungen, siehe § 3 B.V. (Abs. 1) bzw. § 5 B.IV (Abs. 2).

1345 Daß über die im folgenden zu besprechenden Regelungselemente hinaus weiterer Regelungsbedarf nach Abs. 3 derzeit nicht ersichtlich ist, mag überdies auch darauf zurückzuführen sein, daß es aus den genannten Gründen bislang an praktischen Erfahrungswerten im Umgang mit § 34 a WpHG mangelt.

mögensverwahrung" hingegen als bloße Makulatur, die über die weiterhin fehlende praktische Relevanz der Vorschrift kaum hinwegzutäuschen vermag.[1346]

B. Modell der Ermächtigungstreuhand als adäquate Lösung de lege lata; weiterführende Schlußfolgerungen für das deutsche Treuhandrecht im europäischen Kontext

Bis zu der unumgänglichen Neufassung der Norm fallen unter Abs. 1 lediglich die in der bankunabhängigen Vermögensverwaltung nicht gebräuchlichen Gestaltungsvarianten der Vollrechts- und der Ermächtigungstreuhand.

Soweit jedoch tatsächlich einmal ein Unternehmen ohne eine Lizenz zum Betreiben des Einlagengeschäftes nach § 1 I Satz 2 Nr. 1 KWG solchermaßen im eigenen Namen für fremde Rechnung und damit im Anwendungsbereich von § 34 a WpHG tätig wird, so sollte dem Verhältnis zwischen Wertpapierdienstleistungsunternehmen und Kunden jedoch das Modell der Ermächtigungstreuhand zugrundegelegt werden. Dementsprechend sind die Konten der Anleger als jeweils separate Ermächtigungstreuhandkonten zu führen.

Nicht nur konnte sich im Verlauf der Bearbeitung anhand der einzelnen Regelungselemente von § 34 a I WpHG nachweisen lassen, daß die Ermächtigungstreuhand die geeignetere Treuhandvariante zur Verwirklichung der in Art. 10 I Satz 2, Spiegelstrich 3 WpDIRL vorgegebenen Schutzzwecke darstellt.[1347] Durch die Wahl des Ermächtigungstreuhandmodells werden auch Rechtsunsicherheiten vermieden, die daraus resultieren, daß in der Verwaltung einer Vermögensmasse nach der Vollrechtstreuhand jedenfalls bis zum Inkrafttreten der 6.KWG-Novelle das Betreiben des Einlagengeschäftes gesehen wurde. Vor diesem Hintergrund kann es daher keinesfalls als gesichert gelten, daß ein Gericht für die Vermögensverwaltung nach dem „Treuhandmodell" nicht doch entsprechend der bisherigen Qualifizierung eine Bankerlaubnis für erforderlich halten würde.[1348]

Es stößt schließlich auch aus europarechtlicher Sicht auf Bedenken, dem durch § 34 a I WpHG reglementierten Verwaltungsverhältnis die Rechtsfigur der Vollrechtstreuhand zugrundezulegen. Nach den Anforderungen, die der EuGH

1346 Siehe dazu § 2 B.I.2.a)cc),(2b).

1347 Vgl. dazu insbesondere § 2 B.II.1. für die Grundfall der Verwaltung einer Vermögensmasse außerhalb eines Treuhandkontos sowie die Darlegungen unter § 3, die die Überlegenheit der Ermächtigungstreuhand als Gestaltungsform eines Treuhandkontos dokumentieren.

1348 Mit der Konsequenz, daß das betreffende Unternehmen jedenfalls objektiv den Straftatbestand des § 54 I Nr. 2 KWG verwirklichen würde.

unter dem Aspekt der Klarheit einer Regelung und deren Erkennbarkeit für die Begünstigten stellt, ist davon auszugehen, daß es für eine ordnungsgemäße Umsetzung einer Richtlinienbestimmung nicht ausreicht, wenn ihr Regelungsgehalt durch eine - wenn auch gefestigte - Rechtsprechung verwirklicht wird.[1349] Im speziellen Fall der Vollrechtstreuhand ergibt sich überdies die für den Insolvenzschutz des Kunden zentrale rechtliche Abgrenzung erst durch rechtsdogmatisch kaum nachvollziehbare und im Verlauf von Jahrzehnten immer wieder nachgebesserte richterrechtliche Grundsätze, die daher selbst für den juristisch geschulten Ausländer nicht aus dem Gesetz ablesbar sind. Im europäischen Kontext dürfte damit die herkömmliche deutsche Treuhanddogmatik kaum eine tragfähige Grundlage für die ordnungsgemäße Gewährleistung des Insolvenzschutzes durch rechtliche Abgrenzung bilden, wie ihn Art. 10 I Satz 2, Spiegelstrich 3 WpDIRL intendiert. Wie sich damit an § 34 a I WpHG beispielhaft manifestiert, liefert mithin der europäische Blickwinkel ein zusätzliches Argument für eine gesetzliche Reform des - nach Ansicht vieler ohnehin dogmatisch gescheiterten[1350]- deutschen Treuhandrechts.[1351]

Der vom WpHG-Gesetzgeber eingeschlagene Weg hin zu einer Etablierung der Ermächtigungstreuhand in den deutschen Gesetzesunterlagen sollte daher durch eine entsprechende Praxis der Kapitalmarktaufsicht weiter beschritten werden. War in Praxis und Lehre aufgrund der Beschränkung der althergebrachten Treuhandtheorie auf die fiduziarische, also Vollrechts-Treuhand der Blick auf die Ermächtigungstreuhand bislang weitgehend verstellt[1352], so ist Re-

1349 Siehe dazu näher oben § 2 B.I.2.b).

1350 So wörtlich *Henssler*, AcP 196 (1996), 37, 86 und der Sache nach wohl auch *Canaris* in: Festschrift für Flume, Bd. 1, 1978, S. 371, 410 ff; kritisch zum Unmittelbarkeitsprinzip ferner etwa *Gernhuber*, JuS 1988, 355, 361; *Einsele*, JZ 1990, 1005, 1010 sowie *Walter*, Unmittelbarkeitsprinzip, der dieser Kritik ein ganzes Werk widmet. Siehe ferner *Grundmann*, Treuhandvertrag, S. 1, welcher sich gar zu einer Kampfansage wider den Absolutheitsanspruch der deutschen Treuhanddogmatik veranlaßt sieht.

1351 Der letzte ernsthafte Versuch einer Kodifizierung des Treuhandverhältnisses wurde im Jahre 1930 auf dem 36. Deutschen Juristentag - ergebnislos - unternommen, vgl. das Gutachten von *Haemmerle*, 36. DJT 1930, Bd. 1, S. 632 ff. Nach dem Scheitern dieser legislatorischen Bemühungen schien die Rechtswissenschaft - von wenigen Ausnahmen wie insbesondere den Werken von *Coing* und *Walter* aus den Jahren 1973 und 1974 abgesehen - dieses Themas für lange Zeit müde geworden zu sein. Erst in den letzten Jahren hat wieder eine lebhaftere Diskussion eingesetzt.

1352 Ein anschauliches Beispiel hierfür liefert die Arbeit von *Wolter*, Treuhandrecht im Umbruch, der zwar zur Fortentwicklung des deutschen Treuhandrechtes unter anderem einen Vergleich zum Libanon bemüht, die Ermächtigungstreuhand aber nur in einer Fußnote erwähnt. Einer völligen Verkennung der Ermächtigung gemäß § 185 I BGB kommt es gleich, wenn er (a.a.O., S. 7) formuliert daß, „der Verwalter seine

gierungsbegründung zu § 34 a I WpHG als Schritt in die richtige Richtung zu begrüßen. Warum dem Treuhandbegriff die gerade zweckwidrige überschießende Rechtsmacht des Treuhänders immanent sein soll[1353], bleibt im Verborgenen. Erscheint die daraus resultierende „Diskrepanz zwischen Dogmatik und Wirklichkeit“[1354] schon im Kontext des nationalen Rechts fragwürdig und überflüssig, so wird diese in einem zunehmend enger zusammenwachsenden europäischen Markt immer deutlicher zu Tage treten und den deutschen Gesetzgeber auf kurz oder lang wohl zwingend zum Handeln aufrufen. Denn anders als bei dem häufig angeführten Standortnachteil für Deutschland, der als nachteilige Konsequenz aus der für ausländische Unternehmen kaum durchschaubaren Rechtslage gefolgert wird[1355], ist die Beachtung der europäischen Rechtsprechung nicht dem Gutdünken der deutschen Legislative überlassen.

Mit der Etablierung der Ermächtigungstreuhand in der deutschen Treuhandpraxis würde sich hingegen ein Argumentieren wider die klare formale Rechtslage und damit eine Aushöhlung an sich feststehender Rechtsgrundsätze erübrigen. Die nun für die Aufsicht zuständige BAFin täte daher auch aus diesem Grund gut daran, sich weitsichtigerweise an die vom Gesetzgeber vorgegebene Konzipierung von § 34 a I WpHG auf die Ermächtigungstreuhand zu halten

Aufgabe nur wahrnehmen kann, wenn er frei über das Treugut verfügen darf und ein Sachenrecht außerhalb des Eigentums ihm diese Möglichkeit nicht gewährt“.

1353 An dieses traditionelle Verständnis weiterhin anknüpfend etwa die aktuelleren Darstellungen von *Gernhuber*, JuS 1988, 355 f, *Henssler*, AcP 196 (1996), 37, 41 f; *Wolter*, Treuhandrecht im Umbruch, S. 7 f.

1354 So treffend *Henssler*, AcP 196 (1996), 37, 40.

1355 Insbesondere von *Wolter*, Treuhandrecht im Umbruch, S. 235 f sowie für die Transformation europäischer Richtlinien im allgemeinen von *Möllers*, Die Rolle des Rechts im Rahmen der europäischen Integration, S. 60, der dem nationalen Gesetzgeber nahelegt, die Schaffung von klarem und einfachem Recht als Wettbewerbsvorteil zu betrachten.

Literaturverzeichnis

Assfalg, Dieter, Die Behandlung von Treugut im Konkurse des Treuhänders – Rechtsvergleichende Studie zur Grenzbereinigung zwischen Schuld- und Treuhandverhältnis -, Berlin/ Tübingen 1960. (zitiert: *Assfalg*, Treugut im Konkurse)

Assmann, Heinz-Dieter/ *Schneider*, Uwe, Kommentar zum Wertpapierhandelsgesetz, 2. Auflage, Köln 1999. (zitiert: *Bearbeiter* in: Assmann/ Schneider, WpHG)

Assmann, Heinz-Dieter/ *Schütze*, Rolf A., Handbuch des Kapitalanlagerechts, 2. Auflage, München 1997. (zitiert: *Assmann/ Schütze*, Hdb. des KapitalanlageR)

Bachem, Walter, Die rechtsgeschäftliche Verwaltungstreuhand nach geltendem Recht, dargestellt auf der Grundlage der Ermächtigung, Würzburg 1935. (zitiert: *Bachem*, Rechtsgeschäftliche Verwaltungstreuhand)

Bähre, Inge Lore/ *Schneider*, Manfred, KWG-Kommentar: Kreditwesengesetz mit den wichtigsten Ausführungsverordnungen, 3. Auflage, München 1986. (zitiert: *Bähre/ Schneider*, KWG)

Balzer, Peter, Vermögensverwaltung durch Kreditinstitute. Eine Untersuchung der Beziehungen zwischen Kreditinstitut und Anleger bei der Verwaltung von Wertpapiervermögen, München 1999, zugl. Diss., Köln 1999. (zitiert: *Balzer*, Vermögensverwaltung durch Kreditinstitute)

Ders., Anlegerschutz bei Verstößen gegen die Verhaltenspflichten nach §§ 31 ff Wertpapierhandelsgesetz (WpHG), ZBB 1997, 260 ff.

Bar, Christian v., Verkehrspflichten: richterliche Gefahrsteuerungsgebote im deutschen Deliktsrecht, München/ Köln/ Berlin/ Bonn, 1980. (zitiert: *v. Bar*, Verkehrspflichten)

Baumbach, Adolf/ *Hopt*, Klaus J., Kommentar zum Handelsgesetzbuch, 29. und 30. Auflage, München 1995 bzw. 2000. (zitiert: *Baumbach/ Hopt*, HGB)

Baumbach, Adolf/ *Lauterbach*, Wolfgang/ *Albers*, Jan/ *Hartmann*, Peter, Zivilprozeßordnung, 60. Auflage, München 2002. (zitiert: *Bearbeiter* in: Baumbach/ Lauterbach/ Albers/Hartmann, ZPO)

Baur, Jürgen F./ *Stürner*, Rolf, Sachenrecht, 17. Auflage, München 1999. (zitiert: *Baur/ Stürner*, SachenR)

Beck, Heinz/ *Samm*, Carl-Theodor, Kommentar zum Gesetz über das Kreditwesen, Heidelberg, Loseblattslg.: Stand 06/2002. (zitiert *Beck*, KWG)

Becker, Florian, Das Urteil des EuGH zum deutschen Umweltinformationsgesetz, NVwZ 1999, 1187 ff.

Bleckmann, Albert, Europarecht, 6. Auflage, Köln/ Berlin/ Bonn/ München 1997.

Boos, Karl-Heinz/ *Fischer*, Reinfrid/ *Schulte-Mattler*, Hermann, KWG, Kommentar zu KWG und Ausführungsvorschriften, München 2000. (zitiert: *Bearbeiter* in: Boos/ Fischer/ Schulte-Mattler, KWG)

Brechmann, Winfried, Die richtlinienkonforme Auslegung: zugleich ein Beitrag zur Dogmatik der EG-Richtlinie, Diss., München 1994. (zitiert: *Brechmann*, Richtlinienkonforme Auslegung)

Büschgen, Hans E., Das kleine Börsenlexikon, 21. Auflage, Düsseldorf 1998. (zitiert: *Büschgen*, Börsenlexikon)

Brunner, Guido F., Die Vermögensverwaltung deutscher Kreditinstitute im Privatkundengeschäft, Frankfurt a.M./ Bern/ New York/ Paris 1987. (zitiert: *Brunner*, Vermögensverwaltung deutscher Kreditinstitute)

Bruns, Georg/ *Häuser*, Karl, Institutionen des deutschen Kapitalmarkts, Frankfurt am Main, 1982.

Bydlinski, Peter, Gemeinsames Ehegattenkonto und Kreditmithaftung - Zugleich eine Besprechung der Entscheidung des BGH vom 22.1.1991 - XI ZR 111/90, ZBB 1991, 260 ff.

Cahn, Andreas, Grenzen des Markt- und Anlegerschutzes durch das WpHG, ZHR 162 (1998), 1 ff.

Canaris, Claus-Wilhelm, Die Feststellung von Lücken im Gesetz – eine methodologische Studie über Voraussetzungen und Grenzen der richterlichen Rechtsfortbildung praeter legem, Berlin 1964. (zitiert: *Canaris*, Die Feststellung von Lücken im Gesetz)

Ders., Die Vertrauenshaftung im deutschen Privatrecht, München 1971.

Ders., Inhaberschaft und Verfügungsbefugnis bei Bankkonten, NJW 1973, 825 ff.

Ders., Die Ausgabe von Namensgewinnschuldverschreibungen an Arbeitnehmer in bankaufsichtsrechtlicher Sicht, BB 1978, 227 ff.

Ders., Die Verdinglichung obligatorischer Rechte, in: Festschrift für Flume, Bd. 1, Köln 1978, S. 371 ff.

Clark, Robert, The four stages of capitalism: Reflections on Investment Management Treatises, 94, Harvard Law Review 1981, 561 ff.

Claussen, Carsten Peter, Bank- und Börsenrecht, 2. Auflage, München 2000.

Coester-Waltjen, Dagmar, Die dingliche Surrogation, Jura 1996, 24 ff.

Coing, Helmut, Die Treuhand kraft privaten Rechtsgeschäfts, München 1973.

Ders., Rechtsformen der privaten Vermögensverwaltung, insbesondere durch Banken, in USA und Deutschland - Zugleich ein Beitrag zur Frage der Übernahme des Trustrechts - , AcP 167 (1967), 99 ff.
Ders., Bemerkungen zum Treuhandkonto im deutschen Recht, Festschrift für Cohn, Heidelberg 1975, S. 23 ff.
Ders., Die „Aufbewahrung" von Wertpapieren im Ausland als Treuhandgeschäft, WM 1977, 466 ff.
Cranston, Ross, The single market and the law of banking, second edition, London/ NewYork/ Hamburg/ Hong Kong 1995. (zitiert: *Cranston*, Single Market)
Cristea, Sever, Investmentbanking im Recht der Bundesrepulik Deutschland und der USA: Institute und ihre nichtinstitutionellen Kunden, Regensburg 2001, zugl. Diss., Leipzig 2001. (zitiert: *Cristea*, Investmentbanking)
Degenhart, Christoph, Staatsrecht I, 15. Auflage, Heidelberg 1999.
Demgensky, Sascha/ *Erm*, Andreas, Der Begriff der Einlagen nach der 6. KWG-Novelle, WM 2001, 1445 ff.
Di Fabio, Udo, Richtlinienkonformität als ranghöchstes Auslegungsprinzip? Überlegungen zum Einfluß des indirekten Gemeinschaftsrechts auf die nationale Rechtsordnung, NJW 1990, 947 ff.
Döbereiner, Stephan, Die Restschuldbefreiung nach der Insolvenzordnung, Bielefeld 1997, zugl. Diss., Regensburg 1996/1997. (zitiert: *Döbereiner*, Restschuldbefreiung)
Doris, Philippos, Die rechtsgeschäftliche Ermächtigung bei Vornahme von Verfügungs-, Verpflichtungs- und Erwerbsgeschäften, Diss., München 1975. (zitiert: *Doris*, Rechtsgeschäftliche Ermächtigung)
Ehricke, Ulrich, Die richtlinienkonforme und die gemeinschaftsrechtskonforme Auslegung nationalen Rechts, RabelsZ 59 (1995), 598 ff.
Einsele, Dorothee, Inhalt, Schranken und Bedeutung des Offenkundigkeitsprinzips unter besonderer Beachtung des Geschäfts für den, den es angeht, der fiduziarischen Treuhand sowie der dinglichen Surrogation, JZ 1990, 1005 ff.
Emmert, Frank, Europarecht, München 1996.
Engels, Wolfram, Institutionelle Rahmenbedingungen effizienter Kapitalmärkte, Frankfurt am Main 1989.
Erman, Walter, Handkommentar zum BGB, 10. Auflage, Münster 2000. (zitiert: Erman/ *Bearbeiter*, BGB)
Ferrarini, Guido, European Securities Markets: The Investment Services Directive and beyond, London/ The Hague/ Boston 1998. (zitiert: *Bearbeiter* in: Ferrarini, European Securities Markets: The ISD and beyond)

Flume, Werner, Allgemeiner Teil des Bürgerlichen Rechts, Bd. 2: Das Rechtsgeschäft, 4. Auflage, Berlin/ Heidelberg/ New York 1992. (zitiert: *Flume*, Rechtsgeschäft)

Gaßner, Otto/ *Escher*, Markus, Bankpflichten bei der Vermögensverwaltung nach Wertpapierhandelsgesetz und BGH-Rechtsprechung, WM 1997, 93 ff.

Geiger, Rudolf, EUV/ EGV, 3. Auflage, München 2000.

Gernhuber, Joachim, Die fiduziarische Treuhand, JuS 1988, 355 ff.

Gottwald, Die Bürgschaft als Anwendungsfall von § 1 Abs. 1 HaustürWG, BB 1992, 1296 ff.

Grabitz, Eberhard/ *Hilf*, Meinhard, EUV/ EGV, München, Loseblattslg.: Stand 01/ 2001.

Grundmann, Stefan, Der Treuhandvertrag, insbesondere die werbende Treuhand, München 1997. (zitiert: *Grundmann*, Treuhandvertrag)

Ders., Europäisches Schuldvertragsrecht: Das europäische Recht der Unternehmensgeschäfte, Berlin/ New York 1999. (zitiert: *Grundmann*, Europäisches SchuldvertragsR)

Ders., Richtlinienkonforme Auslegung im Bereich des Privatrechts - insbesondere: der Kanon der nationalen Auslegungsmethoden als Grenze, ZEuP 1996, 399 ff.

Haemmerle, Hermann, Empfiehlt sich eine gesetzliche Regelung des Treuhandverhältnisses?, 36. Deutscher Juristentag 1930 (Lübeck), Bd. 1, Berlin/ Leipzig 1931, S. 632 ff.

Hadding, Walther/ *Hopt*, Klaus J./ *Schimansky*, Herbert, Bankenrechtstag 1995, Das zweite Finanzmarktförderungsgesetz in der praktischen Umsetzung, Berlin 1996. (zitiert: *Bearbeiter* in: Hadding/ Hopt/ Schimansky, Das zweite Finanzmarktförderungsgesetz in der praktischen Umsetzung)

Hager, Günter, Die Prinzipien der Mittelbaren Stellvertretung, AcP 180 (1980), 239 ff.

Hamacher, Rolfjosef, Umfang der Pflicht zur Legitimationsprüfung nach § 154 Abs. 2 AO, DB 1987, 1324 ff.

Hay, Peter, US-Amerikanisches Recht, 2. Auflage, München 2002.

Heidner, Hans-Hermann, Die rechtsgeschäftliche Treuhand in Zivil- und Insolvenzrecht (Teil 1), DStR 1989, 276 ff.

Heinsius, Theodor/ *Horn*, Arno/ *Than*, Jürgen, Depotgesetz, Berlin/ New York 1975. (zitiert: *Heinsius/ Horn/ Than*, DepotG)

Hellner, Thorwald/ *Steuer*, Stephan, Bankrecht und Bankpraxis, Köln, Loseblattslg.: Stand 05/ 2002. (zitiert: *Bearbeiter* in: BuB)

Hendler, Reinhard, Anmerkung zu BVerwG, Urteil v. 06. 12. 1996 - 7 C 64.95, JZ 1998, 245 f.

Henssler, Martin, Treuhandgeschäft - Dogmatik und Wirklichkeit, AcP 196 (1996), 37 ff.

Herrmann, Harald/ *Berger*, Klaus Peter/ *Wackerbarth*, Ulrich, Deutsches und Internationales Bank- und Wirtschaftsrecht im Wandel, Berlin/ New York 1997. (zitiert: *Bearbeiter* in: Herrmann/ Berger/ Wackerbarth, Bank- und Wirtschaftsrecht im Wandel)

Heß, Burkhard, Anmerkung zu EuGH, Rs. C-91/ 92, Faccini Dori, JZ 149 f, JZ 1995, 150 f.

Heymann, Ernst, Handelsgesetzbuch, Bd. 4, Berlin/ New York 1990. (zitiert: Heymann/ *Bearbeiter*, HGB)

Hopt, Klaus J., Grundsatz- und Praxisprobleme nach dem Wertpapierhandelsgesetz insbesondere Insidergeschäfte und Ad-hoc-Publizität -, ZHR 159 (1995), 135 ff.

Hopt, Klaus/ *Mülbert*, Peter, Kreditrecht - Bankkredit und Darlehen im deutschen Recht, Berlin 1989 (Sonderausgabe der Vorbemerkungen zu §§ 607 ff BGB und §§ 607-610 BGB in: Staudinger, Kommentar zum Bürgerlichen Gesetzbuch). (zitiert: *Hopt/ Mülbert*, KreditR, Vorbem. zu §§ 607 ff))

Horn, Norbert, Werksparkassenverbot und Vermögensbildung durch Belegschaftsdarlehen und -obligationen, ZGR 1976, 435 ff.

Ders., Bankrecht auf dem Weg nach Europa, ZBB 1989, 107 ff.

Ders., Entwicklungslinien des europäischen Bank- und Finanzdienstleistungsrechts, ZBB 1994, 130 ff.

Ders., Zur Entwicklung des Finanzmarktes in Phase 3 der Europäischen Währungsunion, in: ZBB 1999, 1 ff.

Horn, Norbert/ *Schimansky*, Herbert, Bankrecht 1998, Köln 1998. (zitiert: *Bearbeiter* in: Horn/ Schimansky)

Huber, Ulrich, Die Rechtsstellung des Treugebers gegenüber Gläubigern und Rechtsnachfolgern des Treuhänders, in: Festschrift zum fünfzigjährigen Bestehen des Instituts für ausländisches und internationales Privat- und Wirtschaftsrecht der Universität Heidelberg, Heidelberg 1967, S. 399 ff.

Hueck, Alfred/ *Canaris*, Claus-Wilhelm, Recht der Wertpapiere, 12. Auflage, München 1986.

Hummer, Waldemar/ *Simma*, Bruno/ *Vedder*, Christoph/ *Emmert*, Frank, Europarecht in Fällen, 3. Auflage, Baden-Baden 1999.

Jarras, Hans D., Grundfragen der innerstaatlichen Bedeutung des EG-Rechts, Köln 1994.

Ders., Voraussetzungen der innerstaatlichen Wirkungen des EG-Rechts, NJW 1990, 2420 ff.

Ders., Folgen der innerstaatlichen Wirkungen von EG- Richtlinien, NJW 1991, 2665 ff.

Jarras, Hans D./ *Pieroth*, Bodo, Grundgesetz für die Bundesrepublik Deutschland: Kommentar, 5. Auflage, München 2000. (zitiert: *Jarras/ Pieroth*, GG)

Jentsch, Werner, Die EG-Wertpapierdienstleistungsrichtlinie: - Entstehungsgeschichte und Inhalt -, WM 1993, 2189 ff.

Jung, Mathias, Die Auswirkungen der 6. KWG-Novelle auf Anlagevermittler, (Börsen-), Makler und Vermögensverwalter, BB, 1998, 649 ff.

Karlsruher Kommentar zum Gesetz über die Ordnungswidrigkeiten, 2. Auflage, München 2000. (zitiert: KK/ *Bearbeiter*, OWiG)

Klein, Eckhart, Objektive Wirkung von Richtlinien, in: Festschrift für Everling, Bd. 1, Baden-Baden 1995, S. 641 ff.

Klein, Franz, Kommentar zur Abgabenordnung, 6. Auflage, München 1998. (zitiert: *Klein*, AO)

Koch, Karl/ *Scholtz*, Rolf-Detlev, Kommentar zur Abgabenordnung, 4. Auflage, Köln/ Berlin/ Bonn/ München 1993. (zitiert: *Bearbeiter* in: Koch/ Scholz, AO)

Köndgen, Johannes, Wieviel Aufklärung braucht ein Bankkunde?, ZBB 1996, 361 ff.

Ders., Die Entwicklung des privaten Bankenrechts in den Jahren 1992- 1995, NJW 1996, 558 ff.

Kötz, Hein, Trust und Treuhand: Eine rechtsvergleichende Darstellung des anglo-amerikanischen Trust und funktionsverwandter Institute des deutschen Rechts, Göttingen 1963. (zitiert: *Kötz*, Trust und Treuhand)

Koller, Ingo, Der gutgläubige Erwerb bei der Übertragung von Miteigentumsanteilen, JZ 1972, 646 ff.

Ders., Der gutgläubige Erwerb von Sammeldepotanteilen an Wertpapieren im Effektengiroverkehr, DB 1972, 1857 ff (1.Teil) und 1905 ff (2.Teil).

Kopp, Ferdinand O./ *Schenke*, Wolf-Rüdiger, Verwaltungsgerichtsordnung, 12. Auflage, München 2000. (zitiert: *Kopp/ Schenke*, VwGO)

Kopp, Ferdinand O./ *Ramsauer*, Ulrich, Verwaltungsverfahrensgesetz, 7. Auflage, München 2000. (zitiert: *Kopp/ Ramsauer*, VwVfG)

Kübler, Bruno M./ *Prütting*, Hans: InsO - Kommentar zur Insolvenzordnung, Köln/ Berlin/ Dresden, Loseblattslg., Stand 02/ 2002. (zitiert: *Bearbeiter* in: Kübler/ Prütting, InsO)

Kühn, Rolf/ *Hofmann*, Ruth, Kommentar zur Abgabenordnung und Finanzgerichtsordnung, 17. Auflage, Stuttgart, 1995. (zitiert: *Kühn/ Hofmann*, AO)

Kümpel, Siegfried, Bank- und Kapitalmarktrecht, 1. und 2. Auflage, Köln 1995 bzw. 2000. (zitiert: *Kümpel*, Bank- und KapitalmarktR)

Ders., Der Bestimmtheitsgrundsatz bei Verfügungen über Sammeldepotguthaben - zur Theorie des Bruchteilseigentums sui generis -, WM 1980, 422 ff.

Kümpel, Siegfried/ *Hammen*, Horst/ *Ekkenga*, Jens, Kapitalmarktrecht: ergänzbares Rechtshandbuch für die Praxis, Berlin, Loseblattslg.; Stand: 06/ 2002. (zitiert: *Kümpel/ Hammen/ Ekkenga*, KapitalmarktR)

Larenz, Karl, Methodenlehre der Rechtswissenschaft, 6. Auflage, Berlin/ Heidelberg/ New York 1991. (zitiert: *Larenz*, Methodenlehre)

Larenz, Karl/ *Canaris*, Claus-Wilhelm, Lehrbuch des Schuldrechts, Bd. 2: Besonderer Teil, München 1994. (zitiert: *Larenz/ Canaris*, SchuldR II/2)

Lenz, Carl Otto, EG-Vertrag: Kommentar zu dem Vertrag zur Gründung der Europäischen Gemeinschaften, 2. Auflage, Köln/ Basel/ Wien 1999. (zitiert: *Bearbeiter* in: Lenz, EGV)

Liebich, Dieter/ *Mathews*, Kurt, Treuhand und Treuhänder im Recht der Wirtschaft, 2. Auflage, Herne/ Berlin 1983. (zitiert: *Liebich/ Mathews*, Treuhand im Recht der Wirtschaft)

Liesecke, Rudolf, Das Bankguthaben in Gesetzgebung und Rechtsprechung, WM 1975, 214 ff (Teil I) und WM 1975, 286 ff (Teil III).

Ludewig, Wilhelm, Die Ermächtigung nach bürgerlichem Recht, Marburg 1922. (zitiert: *Ludewig*, Ermächtigung)

Maurer, Hartmut, Allgemeines Verwaltungsrecht, 13. Auflage, München 2000. (zitiert: *Maurer*, VerwR)

Medicus, Dieter, Bürgerliches Recht - eine nach Anspruchsgrundlagen geordnete Darstellung zur Examensvorbereitung, 18. Auflage, Köln/ Berlin/ Bonn/ München 1999. (zitiert: *Medicus*, BR)

Ders., Kurzkommentar zu BGH, Urteil vom 28. 5. 1991 - IX ZR 260/90, EWiR 1991, 693 ff.

Meixner, Rüdiger, Neuerungen im Bankenaufsichts- und Kapitalmarktrecht: Das Gesetz zur Umsetzung von EG-Richtlinien zur Harmonisierung bank- und wertpapieraufsichtsrechtlicher Vorschriften nebst Begleitgesetz, NJW 1998, 862 ff.

Miebach, Ralf, Private Vermögensverwaltung und Erlaubniserfordernis nach § 1 KWG, DB 1991, 2069 ff.

Mielk, Holger, Die wesentlichen Neuerungen der 6. KWG-Novelle, WM 1997, 2200 ff (Teil I), 2237 ff (Teil II).

Möllers, Thomas M. J., Rechtsgüterschutz im Haftungs- und Umweltrecht: Präventive Verkehrspflichten und Beweiserleichterungen in Risikolagen, Tübingen 1996. (zitiert: *Möllers*, Rechtsgüterschutz im Haftungs- und Umweltrecht)

Ders., Die Rolle des Rechts im Rahmen der europäischen Integration: zur Notwendigkeit einer europäischen Gesetzgebungs- und Methodenlehre, Tübingen 1999. (zitiert: *Möllers*, Die Rolle des Rechts im Rahmen der europäischen Integration)

Ders., Literaturbesprechung: Assmann/ Schneider, Wertpapierhandelsgesetz, JZ 1996, 787 f.

Ders., Anlegerschutz durch Aktien- und Kapitalmarktrecht - Harmonisierungsmöglichkeiten nach geltendem und künftigem Recht, ZGR 1997, 334 ff.

Ders., Doppelte Rechtsfindung contra legem, EuR, 1998, 20 ff.

Ders., Das neue Werberecht der Wertpapierfirmen: § 36 b WpHG, ZBB 1999, 134 ff.

Möllers, Thomas M. J./ *Ganten*, Ted, Die Wohlverhaltensrichtlinie des BAWe im Lichte der neuen Fassung des WpHG: - Eine kritische Bestandsaufnahme -, ZGR 1998, 773 ff.

Müller, Klaus, Das Geschäft für den, den es angeht, JZ 1982, 777 ff.

Münchener Kommentar zum Bürgerlichen Gesetzbuch, 3. Auflage, München 1992 ff; 1. Bd. (§§ 1-240) und 2. Bd. (§§ 241-432), 4. Auflage, München 2001. (zitiert: MüKo/ *Bearbeiter*, BGB)

Nerlich, Jörg/ *Römermann*, Volker: Insolvenzordnung, München, Loseblattslg., Stand 04/ 2002. (zitiert: *Bearbeiter* in: Nerlich/ Römermann)

Nettesheim, Martin, Auslegung und Fortbildung nationalen Rechts im Lichte des Gemeinschaftsrechts, AöR 119 (1994), 261 ff.

Neuner, Jörg, Die Rechtsfindung contra legem, Diss., München 1992.

Obst, Georg/ *Hintner*, Otto, Geld-, Bank- und Börsenwesen, 39. Auflage, Stuttgart 1993.

Opitz, Georg, Fünfzig depotrechtliche Abhandlungen, Berlin 1954.

Opitz, Georg, Depotgesetz, 2. Auflage, Berlin 1955. (zitiert: *Opitz*, DepotG)

Palandt, Otto, Kommentar zum Bürgerlichen Gesetzbuch, 61. Auflage mit Ergänzungsband, München 2002. (zitiert: Palandt/ *Bearbeiter*, BGB)

Pitschas, Rainer/ *Lessner*, Jan, Anmerkung zu EuGH, Urteil der Sechsten Kammer vom 9. 9. 1999 - C-217/97 -, DVBl. 332 ff.

Reich, Norbert, Informations-, Aufklärungs- und Warnpflichten beim Anlagegeschäft unter besonderer Berücksichtigung des „execution-only-business“ (EOB), WM 1997, 1601 ff.

Reischauer, Friedrich/ *Kleinhans*, Joachim, Kreditwesengesetz, Berlin, Loseblattslg.: Stand 02/ 2002. (zitiert: *Reischauer/ Kleinhans*, KWG)

Rixen, Hans-Hermann, Neuer Grundsatz II: Liquiditätsadäquanz nach dynamischem Maß, Die Bank 1999, 248 ff.

Schäfer, Frank A., Kommentar zum Wertpapierhandelsgesetz, Börsengesetz, Verkaufsprospektgesetz, Stuttgart/ Berlin/ Köln 1999. (zitiert: *Schäfer*, WpHG)

Ders., Materielle Aspekte der EG-Richtlinie über Wertpapierdienstleistungen, AG 1993, 389 ff.

Ders., Die Verjährung von Ersatzansprüchen nach § 37 a WpHG, in Festschrift für Schimansky, 1999, 699 ff

Ders., Literaturbesprechung: Balzer, Vermögensverwaltung durch Kreditinstitute, ZBB 2000, 150 ff.

Schäfer, Frank A./ *Müller*, Jörg, Haftung für fehlerhafte Wertpapierdienstleistungen; Anlageberatung, Vermögensverwaltung, Börsentermingeschäfte, Köln 1999. (zitiert: *Schäfer/ Müller*, Haftung für WpDl)

Schenke, Wolf-Rüdiger/ *Ruthig*, Josef, Amtshaftung von Bankkunden bei der Verletzung staatlicher Bankenaufsichtspflichten, NJW 1994, 2324 ff.

Scherzberg, Arno, Die innerstaatlichen Wirkungen von EG-Richtlinien, Jura 1993, 225 ff.

Schimansky, Herbert/ *Bunte*, Hermann-Josef/ *Lwowski*, Hans-Jürgen, Bankrechtshandbuch, 2. Auflage, München 2001. (zitiert: *Bearbeiter* in: Schimansky/ Bunte/ Lwowski, BkRhdb.)

Schlegelberger, Franz, Handelsgesetzbuch, Band VI, 5. Auflage, München 1977. (zitiert: Schlegelberger/ *Bearbeiter*, HGB)

Schlosser, Hans, Außenwirkungen verfügungshindernder Abreden bei der rechtsgeschäftlichen Treuhand, NJW 1970, 681 ff.

Ders., Deliktischer Schadensersatzanspruch aus § 823 II BGB und eigenständiger Interessenschutz des Verkehrsopfers - BGH NJW 1980, 1792, JuS 1982, 657 ff.

Schmidt, Karsten, Handelsrecht, 5. Auflage, Köln/ Berlin/ Bonn/ München 1999. (zitiert: *K. Schmidt*, HandelsR)

Ders., Schützt § 366 HGB auch das Vertrauen auf die Vertretungsmacht im Handelsverkehr?, JuS 1987, 936 ff.

Schmidt-Rimpler, Walter, Die Geschichte des Kommissionsgeschäfts in Deutschland, 1. Band: Die Zeit bis zum Ende des 15. Jahrhunderts, Halle a. d. S. 1915.

Schmidt-Bleibtreu, Bruno/ *Klein*, Franz, Kommentar zum Grundgesetz, 9. Auflage, Neuwied 1999. (zitiert: *Schmidt-Bleibtreu/ Klein*, GG)

Schmiedel, Burkhard, Deliktsobligationen nach deutschem Kartellrecht, Erster Teil: Zivilrechtsdogmatische Grundlegung: Untersuchungen zu § 823 II BGB, Tübingen 1974. (zitiert: *Schmiedel*, Deliktsobligationen nach deutschem Kartellrecht)

Schneider, Egon, Logik für Juristen: Die Grundlagen der Denklehre und der Rechtsanwendung, 5. Auflage, München 1999. (zitiert: *Schneider*, Logik für Juristen)

Schönke, Adolf/ *Schröder*, Horst, Strafgesetzbuch: Kommentar, 26. Auflage, München 2001. (zitiert: *Bearbeiter* in: Schönke/ Schröder, StGB)

Schönle, Herbert, Bank- und Börsenrecht, 2. Auflage, München 1976. (zitiert: *Schönle*, Bank- und BörsenR)

Schucht, Hans-Jürgen, Rechtsgeschäftlich begründete Verfügungsmacht im Bankverkehr, Emsdetten (Westfalen) 1938. (zitiert: *Schucht*, Verfügungsmacht im Bankverkehr)

Schulte-Mattler, Hermann, Preisrisiken im Mittelpunkt der 6. KWG-Novelle, WM 1994, 1412 ff.

Ders., Kredit- und Preisrisiken im neuen Grundsatz I, WM 1998, 1953 ff.

Schwanenwerde, Gerd, Finanzmärkte in der Bundesrepublik Deutschland im Rahmen von Geldvermögensbildung und Verschuldung innerdeutscher Sektoren, Berlin 1976. (zitiert: *Schwanenwerde*, Finanzmärkte in der BRD)

Schwintowski, Hans-Peter/ *Schäfer*, Frank A., Bankrecht: Commercial Banking - Investment Banking., Köln/ Berlin/ Bonn/ München 1997. (zitiert: *Schwintowski/ Schäfer*, BankR)

Serick, Rolf, Eigentumsvorbehalt und Sicherungsübertragung: Neue Rechtsentwicklungen, 2. Auflage, Heidelberg 1993. (zitiert: *Serick*, Eigentumsvorbehalt und Sicherungsübertragung)

Siebert, Wolfgang, Das rechtsgeschäftliche Treuhandverhältnis: Ein dogmatischer und rechtsvergleichender Beitrag zum allgemeinen Treuhandproblem, Marburg 1933. (zitiert: *Siebert*, Treuhandverhältnis).

Soergel, Hans-Theodor, Kommentar zum Bürgerlichen Gesetzbuch, 12. Auflage, Stuttgart 1987 ff; 2. Bd. (§§ 104-240), 13. Auflage, Stuttgart 1999. (zitiert: Soergel/ *Bearbeiter*, BGB)

Staub, Hermann, Großkommentar zum Handelsgesetzbuch, 4. Auflage bzw. 2. Auflage (Bankvertragsrecht II), Berlin/ New York 1988. (zitiert: Staub/ *Bearbeiter*, HGB)

Staudinger, Julius von, Kommentar zum Bürgerlichen Gesetzbuch, 13. Auflage, Berlin 1993; 1. Buch, §§ 164-240 Neubearbeitung 2001, Berlin 2001; 2. Buch, §§ 823-832 auch 12. Auflage, Berlin 1986. (zitiert: Staudinger/ *Bearbeiter*, BGB)

Steiling, Roland, Mangelnde Umsetzung von EG-Richtlinien durch den Erlaß und die Anwendung der TA Luft, NVwZ 1992, S. 134 ff.

Steuer, Stephan, Das Gesetz zur Umsetzung der EG-Einlagensicherungs- und Anlegerentschädigungsrichtlinie und seine Umsetzung in der Praxis, WM 1998, 2449 ff.

Szagunn, Volkhard/ *Wohlschieß*, Karl, Gesetz über das Kreditwesen: Kommentar, 5. Auflage, Stuttgart/ Berlin/ Köln 1990. (zitiert: *Szagunn/ Wohlschieß*, KWG)

Szagunn/ Volker/ *Haug*, Ulrich/ *Ergenzinger*, Wilhelm, Gesetz über das Kreditwesen: Kommentar, 6. Auflage (zuvor: Szagunn/ Wohlschieß), Stuttgart/ Berlin/ Köln 1996. (zitiert: *Szagunn*/ *Haug*/ *Ergenzinger*, KWG)
Thomas, Heinz/ *Putzo*, Hans, Zivilprozeßordnung, 24. Auflage, München 2002. (zitiert: *Thomas*/ *Putzo*, ZPO)
Tiedtke, Klaus, Gutgläubiger Erwerb im bürgerlichen Recht, im Handels- und Wertpapierrecht sowie in der Zwangsvollstreckung, Berlin/ New York 1985. (zitiert: *Tiedtke*, Gutgläubiger Erwerb)
Tröndle, Herbert/ *Fischer*, Thomas, Strafgesetzbuch und Nebengesetze, 50. Auflage, München 2001. (zitiert: *Tröndle*/ *Fischer*, StGB)
Vogenauer, Stefan, Richtlinienkonforme Auslegung des nationalen Rechts, ZEuP 1997, 158 ff.
Wallat, Joachim, Einlagenbegriff des Kreditwesengesetzes, NJW 1995, 3236 f.
Walter, Gerhard, Das Unmittelbarkeitsprinzip bei der fiduziarischen Treuhand, Diss., Tübingen 1974. (zitiert: *Walter*, Unmittelbarkeitsprinzip)
Weber, Ahrend, Das neue Einlagensicherungs- und Anlegerentschädigungsgesetz, Die Bank 1998, 470 ff.
Weber, Martin, Die Entwicklung des Kapitalmarktrechts 1998-2000: Publizität, Insiderrecht und Kapitalmarktaufsicht, NJW 2000, 3461 ff.
Weber-Rey, Daniela/ *Baltzer*, Corinna, Aufsichtsrechtliche Regelungen für Vermittler von Finanzanlagen und Vermögensverwalter nach der 6. KWG-Novelle, WM 1997, 2288 ff.
Wenzel, Franz, Keine Anwendbarkeit des Haustürwiderrufsgesetzes auf Bürgschaften, NJW 1993, 2781 ff.
Wiegand, Wolfgang, Berner Bankenrechtstag 1999: Die Banken im Spannungsfeld zwischen öffentlichem Recht und Privatrecht, Bern 1999. (zitiert: *Bearbeiter* in: Wiegand, Die Banken im Spannungsfeld zwischen öffentlichem Recht und Privatrecht)
Wolf, Klaus-Eckhart, Getrennte Verwahrung von Kundengeldern, BKR 2002, 892 ff.
Wolf, Manfred, Prinzipien und Anwendungsbereich der dinglichen Surrogation, JuS 1975, 643 ff, 710 ff sowie JuS 1976, 32 ff und 104 ff.
Wolff, Eberhard, Anmerkung zu BGH, Urteil vom 28. Mai 1991 - IX ZR 260/90, WuB I F 1a. - 15.91.
Wolter, Gerhard, Treuhandrecht im Umbruch? : ein Blick nach Frankreich, Luxemburg, in die Schweiz und in den Libanon sowie auf das Haager Trust-Übereinkommen, Diss. (Saarbrücken 1998), Frankfurt am Main/ Berlin/ Bern/ New York 1999. (zitiert: *Wolter*, Treuhandrecht im Umbruch)
Ziganke, Hans, Die Sonderbedingungen für Auslandsgeschäfte in Wertpapieren, WM 1961, 226 ff.

Zöller, Richard, Zivilprozeßordnung, 20. Auflage, Köln 1997. (zitiert: Zöller/*Bearbeiter*, ZPO)
Zöllner, Wolfgang, Wertpapierrecht, 14. Auflage, München 1987. (zitiert: *Zöllner*, WertpapierR).